四川旅游绿皮书

2019—2020

四川旅游发展报告

四川省旅游学会　四川大学旅游学院　编著

主编　李志勇　　　执行主编　刘俊

四川人民出版社

图书在版编目（CIP）数据

2019－2020四川旅游发展报告／四川省旅游学会，四
川大学旅游学院编著；李志勇主编；刘俊执行主编. －－
成都：四川人民出版社，2021. 10
（四川旅游绿皮书）
ISBN 978－7－220－12449－5

Ⅰ. ①2… Ⅱ. ①四… ②四… ③李… ④刘… Ⅲ. ①
地方旅游业－旅游业发展－研究－四川－2019－2020
Ⅳ. ①F592. 771

中国版本图书馆 CIP 数据核字（2021）第 199517 号

SICHUAN LÜYOU LÜPISHU：2019－2020 SICHUAN LÜYOU FAZHAN BAOGAO

四川旅游绿皮书：2019－2020 四川旅游发展报告

编 著	四川省旅游学会 四川大学旅游学院
主 编	李志勇
执行主编	刘 俊

出 品 人	黄立新
策划组稿	张春晓
责任编辑	唐 婧
封面设计	张 科
内文设计	张迪茗
责任营销	王其进
责任印制	祝 健

出版发行	四川人民出版社（成都槐树街 2 号）
网 址	http://www. scpph. com
E-mail	scrmcbs@ sina. com
新浪微博	@ 四川人民出版社
微信公众号	四川人民出版社
发行部业务电话	（028）86259624 86259453
防盗版举报电话	（028）86259624
照 排	四川胜翔数码印务设计有限公司
印 刷	成都东江印务有限公司
成品尺寸	170mm×240mm
印 张	38. 25
字 数	622 千
版 次	2021 年 10 月第 1 版
印 次	2021 年 10 月第 1 次印刷
书 号	ISBN 978－7－220－12449－5
定 价	188. 00 元

四川旅游绿皮书：2019—2020四川旅游发展报告编委会

编　　著　四川省旅游学会　四川大学旅游学院

顾　　问　陈加林　霍　巍

主　　编　李志勇

执行主编　刘　俊

副 主 编　黄　萍（成都信息工程大学管理学院）

　　　　　赖　斌（成都职业技术学院）

　　　　　张先智（四川旅游规划设计研究院）

　　　　　王世峰（四川旅游学院）

　　　　　汪洪亮（四川师范大学历史文化与旅游学院）

　　　　　杨　丹（四川省旅游学会）

编　　委　（按姓氏笔画排序）

　　　　　王汝辉　刘　旺　刘　勇　杨国良　杨晓红　李如嘉

　　　　　李忠东　李树信　李　原　吴晓莉　周锐京　钟　洁

　　　　　晋　超　郭　凌　唐　勇　梁　东　程　励　薛熙明

主要编撰者简介

陈加林　四川省旅游学会会长、四川省委省政府决策咨询委员会委员、四川省政府参事室特约研究员、四川大学旅游学院客座教授。《中国国家旅游》杂志社顾问、亚太旅游联合会顾问、联合国世界旅游组织成都观测点咨询专家。原国家旅游局政策法规司副司长（挂职）、原四川省旅游发展委员会副主任、一级巡视员。主要研究成果：《区域旅游学》（科学出版社）、《发展旅游学纲要》（中国旅游出版社）。

霍巍　四川大学杰出教授、四川大学历史文化学院考古系教授、博士生导师。四川大学历史文化学院（旅游学院、考古文博学院）院长、四川大学博物馆馆长、教育部人文社会科学重点研究基地四川大学中国藏学研究所所长。2000年入选教育部"跨世纪优秀人才"，2007年被评为享受国务院特殊津贴专家，2009年被教育部、人事部评为"全国模范教师"。

李志勇　四川大学旅游学院教授、博士生导师。四川大学旅游学院副院长、旅游管理专业负责人。兼任中国管理科学学会旅游管理专业委员会副主任委员、中国旅游协会会展教育联合会会副会长、四川省旅游协会教育分会会长、四川省会议展览业协会监事长、四川省旅游学会副会长、中澳旅游论坛和中澳旅游研究协作中心成员。

刘俊　四川大学旅游学院教授，博士生导师。2018年入选四川大学"校百人"计划。兼任中国自然资源学会资源生态研究专业委员会副秘书长、四川省旅游学会青年专家委员会主任、四川省智慧城乡大数据研究会旅游大数据专委会副主任等。

前 言

中国改革开放四十年，四川省实现了从旅游资源大省向旅游经济强省的伟大跨越，并成为中西部地区首个旅游收入突破万亿的省份。四川通过推进文旅融合、旅游扶贫、乡村振兴、县域旅游经济融合发展等重点工程建设，旅游业发展取得的成效显著，形成的"四川旅游样本"能够为其他地区旅游发展提供经验借鉴。在"十四五"开局之年，为进一步促进四川文化强省、旅游强省和世界重要旅游目的地建设，更好地将四川特色旅游发展模式进行理论化成果的输出并形成案例智库，四川省旅游学会和四川大学旅游学院作为发起单位，联合四川省内多所旅游高等院校、科研机构、旅游企业和行业协会等共同编著《四川旅游绿皮书》（系列年度报告），通过客观真实地呈现四川省旅游业的发展历程、发展特征以及取得的发展成就，以期为"十四五"时期四川文旅经济的高质量发展贡献绵薄之力！

《四川旅游绿皮书：2019—2020 四川旅游发展报告》（简称《绿皮书》）作为《四川旅游绿皮书》（系列年度报告）的第一版，旨在对 2019 年和 2020 年两个特殊年份四川旅游业的发展模式和特征、未来发展趋势进行全面的总结分析与评价。《绿皮书》由主题报告和专题报告两部分组成。主题报告包括发展环境、旅游经济运行总体状况、旅游需求、旅游供给等内容，专题报告则从红色旅游、智慧旅游、文旅交融等版块对四川省旅游资源、旅游业态、旅游教育、酒店行业支撑、市场营销与管理进行了深入剖析。

《绿皮书》是多研究机构参与、多视角剖析、多业态呈现，是集体智慧成果的结晶。《绿皮书》由四川省旅游学会陈加林会长策划统筹、学会秘书长杨丹老师负责推进，四川大学旅游学院副院长李志勇教授、刘俊教授进行统稿工作。《绿皮书》采取开放合作模式，广泛汇聚各方研究力量。参与此次撰写工作的有四川大学、四川农业大学、四川师范大学、西南民族大学等 20 余家单位机构，共 60 余位长期从事旅游教学和研究的专家学者、中青年学术骨干共同参与完成此次撰稿工作，历时近一年时间。

本书是《四川旅游绿皮书》（年度系列报告）的第一本，它的完成得益于相关机构、多位领导和专家学者的重视、关心、指导和帮助，感谢大家给予我们的热心关怀和悉心指导！为确保《四川旅游绿皮书》（年度系列报告）的连续性、系统性、前瞻性和引领性，希望大家能够继续对"《绿皮书》年度系列报告"给予关注和支持，也欢迎更多的旅游研究团队和科研机构能够加入并参与报告的撰写工作！《绿皮书》即将付梓，虽已尽心尽力，但难免有不成熟和疏漏之处，敬请大家批评指正！

希望就在远方，相信四川旅游业必将在度过危机后迎来新的重大发展！

四川省旅游学会副会长、四川大学旅游学院副院长　李志勇

序

  四川第一本旅游发展绿皮书即《四川旅游绿皮书：2019—2020 四川旅游发展报告》面世了。四川旅游绿皮书立足四川，面向全国，放眼世界，加强对四川旅游发展的理论、实践和案例研究，期望能够对四川乃至全国旅游发展有一定参考价值。

  四川是中国的旅游资源大省，改革开放四十年，实现了从旅游资源大省向旅游经济大省的跨越。2018 年，四川旅游总收入已过万亿元，是中西部首个万亿级旅游省，在全国位居前列。四十年来，四川旅游的发展为旅游理论研究提供了丰富多彩的案例支撑，形成并输出了四川模式；四川的旅游研究，既坚持基础性、规律性和前沿性的理论创新，又探索回答发展中的难点、热点问题，为不同阶段的旅游行业提供了与时俱进的智力支持。四川现在正推进文旅融合发展，大力发展文旅经济，向建设文化强省和旅游强省的目标迈进，旅游理论创新和问题研究探索大有可为。

  2019 年和 2020 年是旅游业的两个特殊年份。2019 年是文旅融合的开局之年，2020 年是决战脱贫攻坚，实现全面小康之年，是十三五收关之年，是在阻击和应对全球性新冠肺炎疫情背景下，四川旅游坚韧恢复之年。《四川旅游绿皮书：2019—2020 四川旅游发展报告》所选编的研究成果，在一定程度上呈现出2019 年和 2020 年鲜明的年度特点与印记，聚焦重点和热点研究领域及专题。

  《四川旅游绿皮书：2019—2020 四川旅游发展报告》是四川省旅游学会与副会长单位四川大学旅游学院发挥各自优势，携手相关高校、科研单位和旅游企业共建的全省性旅游科研成果年度发布平台，服务经济与社会发展，为科研助力、为行业赋能、为政府献策、为专家立名。

  四川大学旅游学院副院长李志勇教授作为本书的主编，刘俊教授作为本书的执行主编，为《四川旅游绿皮书：2019—2020 四川旅游发展报告》的稿件收集整理、主报告编写和统筹编撰付出了不少精力。本书的编委会副主编、编委和四川人民出版社编辑也做出了奉献和努力。

　　本书的顺利出版得到了主编单位四川大学旅游学院霍巍院长和陶宏书记的鼎力支持，得到了四川人民出版社黄立新社长的友情相助，得到了四川省文化和旅游厅相关处室的积极支援。在此，一并致谢。

　　《四川旅游绿皮书》以后将相继出版，努力使之成为四川旅游研究的品牌丛书，成为学界、业界了解四川旅游发展前沿的重要窗口。

四川省旅游学会会长　　陈加林

目　录

Ⅰ　主报告

Ⅱ　专题报告

01　疫情应对

I 主 报 告

旅游经济运行总体状况

[作 者] 查建平 余 乔 唐健英 李 程 文圆圆（四川大学旅游学院）

（一）疫情中断旅游增长态势，复工复产助力艰难复苏

疫情阻断增长趋势，国内旅游下滑明显。疫情暴发前，四川旅游业继续紧紧围绕旅游供给侧改革、创新体制机制、优化市场环境和产业结构，推进文旅融合、旅游扶贫等重点工程，旅游经济保持和延续平稳向好态势，国内旅游人次和旅游总收入实现双增长，规模效益创新高。疫情暴发后，四川旅游受疫情冲击明显，国内旅游首次出现负增长，旅游经济几大核心指标均出现较大程度下滑，尤其是旅游总收入跌破万亿，经济效益受损严重。2019 年，四川省全年旅游总收入为 11594.3 亿元，接待国内游客 7.5 亿人次，同比分别增长 14.7% 和 7.0%。2020 年，四川省全年旅游总收入为 7173.3 亿元，接待国内游客 4.5 亿人次，同比分别下降 38.1% 和 39.9%。

图 0－1　2016－2020 年四川省实现旅游总收入及其增长速度

图 0 - 2 2016 - 2020 年四川省接待国内游客人次及其增长速度

疫情阻断上升趋势，出入境旅游陷于停滞。疫情暴发前，四川省交通、签证、支付、语言环境等在内的旅游发展环境持续优化，出入境旅游市场的长期因素保持稳定，全省地区生产总值延续增长，经济支撑依然强固，四川省出入境旅游市场继续保持平稳增长。疫情暴发后，出入境业务被迫暂时中断，市场空间被极度压缩，增长逻辑被迅速打乱，出入境旅游经济出现断崖式下降，基本陷于停滞。2019 年全省共接待入境游客 414.8 万人次，增长 12.4%；旅行社组织出境游客人数为 184.4 万人，增长 9.5%。2020 年全省全年接待入境游客 24.6 万人次，同比下降 94.1%；旅行社组织出境游客人数为 8.9 万人次，同比下降 95.2%。

复工复产有序推进，旅游经济艰难复苏。面对疫情重创，企业自救、行业互助、政府兜底成为四川旅游业响应抗击新冠疫情，有序推进复工复产的基本范式，《支持文旅企业做好疫情防控有序复工复产的十条措施》《四川文化旅游疫后恢复发展计划》等政策措施相继出台，从金融支持、优化服务水平、产品打造、宣传推广等方面为全国贡献了统筹疫情防控、促进旅游产业恢复发展的四川样本，旅游市场恢复成效显著，展现出强大韧性。2020 年 1 - 7 月，全省实现旅游收入 3188.92 亿元，恢复到去年同期 46.5% 水平。2020 年端午期间，全省 715 家 A 级旅游景区共恢复开放 639 家，开放率达到 89.37%。

（二）坚持科技赋能，旅游业提质升级效果显著

推进科技与旅游深度融合，旅游服务品质不断提升。随着旅游消费品质化、个性化、休闲化需求稳步攀升，四川旅游业积极适应市场变化，更加注重旅游与科技的融合创新，大数据、云计算、移动通信和智能终端等新技术在旅游业加速应用，推动旅游与互联网融合发展的广度和深度，旅游服务质量和水平不断提升。2020 年，四川省加快"智游天府"全省文化和旅游公共服务平台建设步伐，把新技术作为新的生产力与公共服务相融合，为公众提供集全省文化和旅游资源为一体独具四川特色的智慧信息平台服务，文化旅游公共服务水平迈上新台阶。成都市充分运用大数据＋物联网＋移动通讯的创新技术手段，基于"掌游成都"APP，为大众提供全时、全域、全用户、全互通的智慧文旅服务。

强化智慧旅游营销，旅游消费潜力充分释放。四川旅游业以互联网科技为依托，统筹线上线下，逐步建立传统渠道和新媒体渠道相结合的全媒体信息传播机制，依据旅游大数据挖掘，构建智慧旅游营销体系。通过积极运用大数据、短视频、直播、虚拟现实等技术和方式创新消费场景，培育网络、定制、智能等消费新模式，旅游消费空间不断扩容，消费潜力得到充分释放。2020 年，成都市积极探索线上与线下相结合的营销方式，启动首个旅游云直播平台；通过云直播推广旅游产品，进而带动线下客流，助推成都旅游品牌建设，拉动入境旅游消费。成都宽窄巷子着力把握"科技＋消费"主线，做好街区的智慧化升级改造，推动 5G 智慧旅游街区建设迈上新台阶。

加快数字化转型，旅游用户体验持续改善。常态化疫情防控下，四川旅游业加速科技创新和数字化变革，通过旅游活动全过程、旅游经营全流程、旅游产业全链条数字化改造，着力提供全方位、全程化、个性化的智慧旅游服务，深层次满足游客安全性、便捷性等消费需求，旅游服务效率不断提高，旅游用户体验持续改善。都江堰景区加快数字化建设，开发智慧旅游应用小程序，通过景区直播、景区导览、语音导游、旅游问答和旅游投诉等功能，为游客提供舒适、便捷的"一站式服务"体验。四川省第三届文化旅游新技术应用大会设立 5G 应用、智慧景区、智能导览等主题的文化旅游新技术展，随着新技术应用为旅游带来新

变革、新发展，四川省大众文旅消费体验不断提升。

(三) 区域协同格局初步形成，一体化水平持续提升

加强旅游顶层设计，主动调整发展战略，以区域合作撬动旅游发展。新冠肺炎疫情暴发前，四川将跨国境的旅游合作视为提升入境游的重要抓手，通过系列活动不断将四川元素推向世界旅游舞台，融入世界旅游格局的步伐加快，并取得突出成就。2019年"一带一路"四川国际友城合作与发展论坛在川举办，同年四川省接待入境游客414.8万人次，旅游外汇收入为20.2亿美元。在新冠肺炎全球大流行、我国疫情防控常态化的背景下，为发挥我国规模市场优势、充分释放内需潜力，四川省及时调整旅游发展战略，深化国内区域旅游协作，促进各地文旅复工复产、合作共赢。四川坚持围绕全省"一干多支、五区协同"及"四向拓展、全域开放"的发展战略，完善"一核五带"的文旅发展布局，通过机制共建、资源整合、市场联合等措施，积极扩大区域合作范围，推动构建区域旅游合作体系，清除文旅发展的制度障碍，推动区域旅游合作逐步深化。

构建科学合理、重点突出的区域旅游发展格局。立足区位特点，依托禀赋资源，四川从省际、川渝和省内三个层面构建旅游发展格局，促进四川文旅提档升级、区域产业融合发展。从省际合作的层面出发，以特色文化符号为纽带，成立特色文旅发展联盟，如联合川渝陕14个"兄弟"区县成立"大巴山·大三峡"文化旅游发展联盟，打造系列主题线路，促进区域旅游产品组合营销，推动毗邻地区文旅高质量发展。与此同时，立足于川渝区位优势，打造优势互补、深度合作的川渝文旅一体化发展格局。依托成渝地区双城经济圈合作基础，搭建川渝旅游行业交流服务平台，打造空间布局一体化、产业发展一体化、市场开放一体化、公共服务一体化的旅游发展格局，先后签署《推动成渝地区双城经济圈建设战略合作协议》《成渝地区文化旅游公共服务协同发展"12343"合作协议》，与重庆携手打造中国西部文化旅游品牌。省内层面则紧密围绕"一干多支、五区协同"的发展战略，打造以成都为文旅经济发展核心区的"一核五带"文旅发展布局，成立"大峨眉"文旅发展联盟、四川省文化和旅游创意产业联盟等组织，推进地方旅游、经济等领域深化合作，构建宽领域、多层次协同合作的省内协作平台。

挖掘区域特色旅游资源，推进成渝重点景区深入合作。四川借助成渝双城经济圈的发展契机，大力推动成渝两地文旅合作，坚持优势互补、互利共赢，通过开放共赢、平台共建、相向共兴、优势共享，不断丰富区域协作内容、深化合作领域、丰富合作层次。双城文旅合作成果显著，两地于2019年底发布了24条互为旅游目的地的精品线路；2020年以组合营销的形式推进重点景区加强合作，青城山—都江堰、宽窄巷子等多个单位与重庆市景点达成合作协议，增强了两地文旅影响力，为旅游共赢创造了巨大空间。

(四) 文旅融合步伐加快，高质量发展成果显著

推动文化旅游深度融合，打造项目驱动型发展模式。为深入推动文化赋能，四川坚定文化自信，依托巴蜀传统文化，协调文化资源保护与开发，推动文化与旅游各要素、全方位、多业态深度融合，实现文化与旅游优势互补、协同并进、相互支撑。为满足游客体验需求为目标，坚持文旅产品质量与效益齐头并进；以文化创意为手段，开创了文旅经济发展的"四川模式"。两年来艺术创作成果丰硕、文旅产业蓬勃发展、文化与旅游公共服务提质增效，形成了以项目为支撑、大抓文旅产业的新局面。2019年确定全省文旅重点项目636个，其中文旅融合新业态项目投资达13624.13亿元；2020年聚焦"投资唱主角"，全年在建省文旅重点项目414个。

优化文旅产业结构，丰富旅游产品供给。四川近年大力推动旅游产品提质增量，不断打造旅游产业新增长点，多类型旅游产品遍地开花，满足了文旅高质量发展背景下多元化的游客旅游需求。各文旅企业、部门通过打通文旅产业链，共创多元化旅游产品，积极探索旅游发展新模式、新路径，以满足游客主体化、特色化、小众化的消费特征，充分挖掘旅游市场消费潜力，2019年四川实现旅游总收入11594.3亿元。四川持续优化旅游产品结构，大力发展度假、康养、研学等旅游新业态，推动旅游模式由传统观光游向体验游、度假游、健康游等深度体验游转变。资料显示，2020年竣工投运的74个省文旅重点项目中，夜间文旅、主题公园、冰雪旅游等新业态项目占比六成。

拓宽新媒体营销渠道，打造特色鲜明的四川旅游品牌。四川省基于自身文化

特色提出了清晰的营销规划，以建设具有国际范、中国味、巴蜀韵的世界级文化旅游目的地为目标，提出打造 4 个世界级文旅品牌、4 个国家级文旅品牌、10 大区域特色精品文旅品牌的旅游发展蓝图，持续提升"天府三九大、安逸走四川"文旅品牌的知名度、美誉度、影响力。同时，四川积极利用新媒体营销渠道，主动举办线上活动，大力推广各旅游目的地，树立积极正面、独具特色的地方形象，"2020 四川最受网友喜爱的网红打卡地 TOP100"大型网络评选活动成功受到了社会各界高度关注；面对康巴小伙的意外走红，果断采取行动，为小众旅游目的地争取发展机遇，推出系列话题并与广大网友线上互动，不断彰显其文化影响力和旅游吸引力。

(五) 创新旅游扶贫模式，高水平完成脱贫攻坚

2020 年，我国精准脱贫攻坚胜利收官。四川省政府高位推动脱贫攻坚工作，持续加大精准扶贫工作力度，取得良好成效。在旅游发展与扶贫开发有机融合的不断推进下，四川省政府积极总结"景区带动"、"商品带动"、"乡村旅游带动"扶贫新模式，使得旅游业成为产业扶贫的一支生力军，村民生活水平得到改善的同时，脱贫攻坚实现圆满收官。

政策引领，脱贫攻坚取得决定性成就。过去五年里，四川实现全省 625 万贫困人口全部脱贫，消除绝对贫困，实现了划时代的举措，其中旅游扶贫是四川省推进脱贫攻坚的重要抓手。四川省构建"1＋4＋N"旅游扶贫规划体系，出台配套的旅游扶贫政策，先后印发乡村旅游行动方案、乡村旅游扶贫行动计划等多个文件，设立全省旅游扶贫专项资金，完成深度贫困县投资 1.6 亿元，重点推动全省创建旅游扶贫示范区 5 个、旅游扶贫示范村 108 个、乡村民宿达标户 1000 户，以点带面推动实施全省乡村旅游扶贫，以旅游促脱贫、促振兴，全面激发群众内生动力，形成具有四川特色的"旅游＋扶贫"模式，为全国其他省份地区旅游扶贫政策的落地，提供了极具现实意义的参考。

聚焦重点，坚持精准扶贫方略。四川省以"三区三州"为脱贫攻坚的"主战场"，主攻"三州"深度贫困地区，整合优势资源和力量，组织编制《四川省民族地区全域旅游发展规划纲要》，帮助贫困村编制村级文化旅游扶贫规划，组

织开展"三区三州"深度贫困地区的旅游规划扶贫公益行动，因地制宜地将传统民俗村落与非物质文化遗产纳入规划布局，有效带动深度贫困地区的社会经济发展。2019年，根据文旅部发布的第三方机构评估数据，"三区三州"深度贫困地区旅游扶贫对贫困人口脱贫贡献度达19.98%，旅游扶贫成效显著，首批10个天府旅游名县农民旅游收入占纯收入比例超过13%，带动1306个旅游扶贫重点村退出，实现24.58万贫困人口脱贫增收，乡村旅游发展有效助推精准脱贫。

巩固成果，实现旅游扶贫可持续发展。四川省旅发委持续壮大旅游专业人才队伍，在20个贫困县启动了首批乡村旅游规划师、工程师和技术员的"两师一员"试点，培养2000名"留得住"的乡村旅游本土人才，同时每年投入2000万元培养引进民族地区旅游专业人才，以"内外"结合、多层次的人才梯队，全面加强乡村振兴的内生动力，脱贫攻坚成果同乡村振兴得以衔接，增强贫困地区自我发展能力，确保实现持久稳定有质量的脱贫。积极加强品牌建设，加大对贫困地区旅游产品线路的宣传、投资和开发力度，围绕全省文旅发展"一核五带"布局，整合"三州"地区优势文旅资源，完成"大九寨""大贡嘎""大香格里拉""茶马古道"等文旅品牌建设方案编制，"十大品牌"体系基本完备。

(六) 公共服务建设稳步推进，相关产业协调发展

"厕所革命"持续推进。四川省为加快完善景区基础公共服务设施，切实解决旅游景区厕所数量少、布局管理乱、卫生状况差等问题，全面改善四川省人居环境，提升政府公共服务水平。四川省人民政府办公厅正式印发了《四川省"厕所革命"实施方案（2017—2020年)》，着力新建和改造旅游厕所，并引导各旅游点修建第三卫生间，满足特殊人群的如厕需求，改善各旅游点的如厕条件。2019年全年，全省修建旅游厕所4800座，4A级及以上旅游景区全部建有第三卫生间，A级以上厕所占比近五成，旅游"厕所革命"成效显著。

以习近平总书记关于"厕所革命"的重要批示指示精神为指导，创新厕所管理机制，注重厕所管理质量，按照"一管二改三建四满意"的总体思路，充分运用市场化机制及现代技术加强厕所监督管理。四川省创新采用"商业＋厕所"的新型厕所管理模式，积极探索景区与企业的合作模式，鼓励和引进环保企

业对公共厕所连锁经营，逐渐实现规模化、品牌化、网格化的经营模式。坚持用技术革命推动全省旅游厕所革命，遵循生态实用优先，体现人文景观特色的基本原则，采用节能节水的材料，积极推广生态环保的新技术，形成传统与现代共存、生态与科技结合的特色。

"放管服"重点改革不断深化。营商环境是市场主体赖以生存和健康发展的土壤，对于经济发展有着重要的意义。2020 年面对新冠疫情带来的冲击，四川省为防控疫情，推进复工复产，发展社会经济，持续深化"放管服"重点改革，既帮助企业，又激发活力，为稳定就业和经济基本形势提供了有力支持。围绕旅游市场主体关切，坚定文化和旅游市场发展信心、进一步优化文化和旅游市场营商环境、有效实施行政审批工作落实"六保六稳"等工作背景，深刻把握文化和旅游行业行政审批工作的政治属性，确保意识形态领域安全，强化主体责任意识，加强延伸沟通交流，努力提升行政审批效能。2020 年，四川省文化和旅游厅加快推进互联网理政，制定了疫情期间简化流程、压缩时限、远程协助等 6 条便民审批服务工作举措，建立了行政审批窗口标准化建设规范化管理长效机制。全年，高效办理 72 项 12345 政务热线投诉事项，规范办理省级行政许可事项 1334 件。

为减少不当干预，加强公正监管，促进公平竞争，优化公共服务，四川省反对垄断和不正当竞争，加强市场监督管理力度，保护小微旅游企业和个体经营等市场主体的合法权益。完善和加强旅游市场消费安全与质量监管，针对文化旅游产品、服务，形成明码标价体系，整治文化旅游市场的不法行为，营造良好的消费环境，从而保证旅游产业长期有序发展。2020 年上半年，四川省各级保护消费者权益委员会受理的旅游相关消费者投诉占投诉总量比为 0.78%，与 2019 年同期相比，下降了近 0.23%。

"交通＋旅游"产业协调发展。四川省旅游资源丰富，交通发展不能满足旅游业发展需要一直是阻碍四川省旅游业发展的重要因素。四川省着力提升公路通达性、服务性、舒适性，"交通＋旅游"模式加快交旅融合产业发展，促进优势互补，实现共赢发展，加速提升四川旅游交通服务品质，助推文化旅游高速发展。四川交通正依托路网资源，以"中国最美景观大道"G318 线、G317 线等沿线服务区建设为示范试点，加强普通国省干线服务设施建设，促进公路服务质量提升，满足游客对于旅游交通的基本需求，促进地方经济发展；以"景区化"模式为抓手，全力打造高速公路服务区升级版，强化旅游文化功能，建设复合型交通廊道，满足人民群众高质量的"交通＋旅游"服务需求。

二
旅游需求基本特征

［作　者］贺腊梅　汪安雪　邓　杰　郭康佳（四川大学旅游学院）

（一）我国旅游需求基本特征

1.1　国内旅游需求旺盛，中短途旅游尤甚

据国民经济统计公报，2019 年我国国内旅游人次超过 60 亿人次，同比增长 8.4%，入境旅游人数和出境旅游人数分别达 14531 万人次和 15463 万人次，同比增长 2.9% 和 3.3%。全年旅游总收入 6.63 万亿元，同比增长 11.1%[①]。2020 年初，疫情来袭旅游增长态势被阻断。在国内游、入境游、出境游三大市场中，入境游与出境游由于境外疫情的不确定性，短期内无法恢复，而国内游随着疫情的控制逐渐复苏。以都市休闲为代表的中短途旅游市场率先恢复。2020 年国庆节、中秋节期间全国接待国内游客人次和国内旅游收入恢复至 2019 年同期的 79.0% 和 69.9%，2021 年春节期间全国接待国内游客人次和国内旅游收入恢复至疫前同期的 75.3% 和 58.6%[②]。2021 年劳动节期间全国接待国内游客人次和国内旅游收入恢复至疫前同期的 103.2% 和 77.0%[③]。国内旅游需求旺盛，市场恢复成效显著。

---

① https：//www.sohu.com/a/403254816_162758？_f=index_pagefocus_1
② https：//baijiahao.baidu.com/s？id=1680036058146189776&wfr=spider&for=pc
③ http：//www.gov.cn/xinwen/2021-05/05/content_5604769.htm

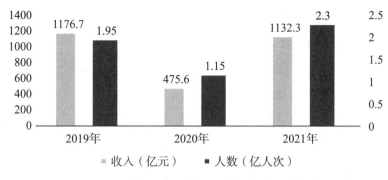

图 0 - 3   2019 年—2021 年五一期间旅游人次与收入

1.2 旅游消费人群发生巨变，呈年轻化态势

随着经济社会发展，中青年逐渐成为旅游市场的主力人群。据携程联合新华财经报告，2019 年五一出游人群中，90 后占比 30%，80 后占比 27%，70 后占比 21%，00 后占比 7%，60 后占比 6%。2021 年五一出游人群中，90 后达到 37%，成为出游的绝对主力，80 后占比 27%，70 后占比 10%，60 后仅占 2.7%，而 00 后旅游消费直追 80 后，占比 21%[①]。可见旅游消费者用户画像呈现年轻化态势，这群有知识、有文化、有追求、敢消费、更看重自身的"自由追求"的"中产阶层"逐渐成为旅游消费市场的主力军。

1.3 新兴旅游产品层出不穷，个性化品质游趋势明显

为满足年轻化的旅游消费人群新需求——追求旅行品质、旅途舒适性及旅游吸引物，个性化的旅游产品逐渐取代传统的全包观光旅游产品。其中各类主题型旅游产品最受欢迎，如体育主题的研学游、主题民宿或酒店等产品。总的来说，有文化内涵或文化特色的旅游产品更受年轻的旅游消费群体青睐。

（二）四川省旅游需求基本特征

2.1 客源地结构稳定，区域客源格局形成

据《2019 年四川省国民经济和社会发展统计公报》显示，四川省入境旅游人数达到 414.8 晚人次，实现旅游外汇收入 20.2 亿美元。入境旅游市场中美国、

---

① https：//baijiahao. baidu. com/s? id = 1698907458898743877&wfr = spider&for = pc

新加坡、英国、法国、德国成为主要的入境客源国，传统客源市场如日本、韩国、马来西亚等出现衰退，但新兴了泰国、俄罗斯等客源市场①。国内旅游客源，据 2018 年四川旅游大数据报告②③显示，渝、云、陕、贵、粤、浙、苏、甘和藏是四川省主要的客源地。

就区域客源格局而言，来自广东、江苏、浙江等东部省市的游客由于经济发达、居民可支配收入水平高，整体出游力强，对文旅产品或服务价格敏感度低；来自中西部省市的游客，自 2019 年以来旅游需求增长迅速，出游意愿和旅游消费量大幅提升。

依托成渝双城经济圈及巴蜀文化旅游走廊，近年来川渝两地的旅游合作更加紧密，为双方旅游业带来了新的需求增长点。重庆和四川互为对方最大的省外客源地，根据《川渝两地旅游口碑大数据分析报告》④，四川接待重庆游客共计 6703.5 万人次，相比 2018 年增长 21%，而四川省的国内游客的增长速度为 7%，远低于重庆游客的增速。《四川省文化和旅游厅重庆市文化和旅游发展委员会推进成渝城市群无障碍旅游合作 2019 年重点工作方案》⑤ 提出，加快推进成渝城市群无障碍旅游合作，合力打造具有国际知名度和影响力的巴蜀文化旅游品牌。2020 年 4 月 29 日，巴蜀文化旅游走廊建设联席会就推动中国诗歌节、高铁游等合作工作达成一致。双方将从产品开发、线路打造和文旅资源保护等方面出发，着力培育具有创新价值和文化吸引力的巴蜀文化旅游品牌。旅游产业方面，以成都和重庆两个文旅城市和其他知名景点为核心，着力打造文旅＋大熊猫、文旅＋影视等新兴业态，形成"巴蜀文脉"等特色产业集群。交通方面，完善省际公路网，推进渝广高速支线，南充至潼南至荣昌至泸州，资阳至合川，永川至泸州，大足至内江高速公路建设。在 2020 年 5 月"川渝百万市民免费互游百景区"活动⑥中，四川为来自重庆的游客提供了免费门票共 50 万张，包含峨眉山、乐山

---

① 依来阿支，钟美玲. 基于 SSM 的四川入境旅游市场结构研究［J］. 技术与市场，2020，27（07）：136－140.

② https：//mp. weixin. qq. com/s/ma5aGCZAYFClDBLW1EK0ag

③ https：//mp. weixin. qq. com/s/IWAllCuFD6oT0NnEQjXHxw

④ 《川渝两地旅游口碑大数据分析报告》

⑤ https：//baijiahao. baidu. com/s？id=1638770802028155016&wfr=spider&for=pc

⑥ http：//my. newssc. org/system/20200528/002933126. html

大佛、三星堆博物馆等 100 余个 A 级旅游景区，同时四川省 21 个市（州）对重庆游客均有不同程度的优惠政策，重庆市则共有 73 家旅游景区共为四川籍游客提供 60 万张免费门票。

2.2 旅游消费人群基本行为特征

在出行方式上，绝大部分省内游客选择自驾和大巴的方式出行，这与私家车普及、高速免费和省内班车便捷有关。省外游客多乘坐火车到达四川，也有部分游客钟爱高铁和飞机的快捷舒适性，这四种交通方式为国内游客在四川出游提供了多样的选择。旅行方式则以自助游、自由行为主，传统的组团式旅游开始式微。

从游客的年龄分布来看，四川省的游客年龄结构相比全国更加成熟化，70后和 80 后是主力军，但随着国内人口年龄结构发生变化，90 后和 00 后年轻一代已经全面崛起，增长快速。据 2019 年第一季度四川旅游大数据报告，80 后和 70后游客占了总游客的 30.88%。从全国层面来看，2019 年五一假期 80 后游客占比达 42.4%，90 后紧随其后，占比达 36.8%[①]。而 2021 年五一假期中，全国 90后游客占比超过 50%，00 后占比达 21%。另外，95 后年轻人群的出游增速达到1.85 倍，00 后增速达到 2.5 倍，成为旅游增长活力最高的人群。

90 后和 00 后群体都是自由的一代，崇尚小众性、个性化，注重体验感、品质感和仪式感，愿意为兴趣买单。他们追求新鲜小众的旅行主题，乡村游、房车游、户外游、定制游等新型旅游形式深受其追捧。他们是伴随网络成长的一代，消费决策受网络"种草"影响大，从目的地筛选、信息查询、票务及酒店预定，到美食购物等都离不开移动互联网。社交网络打造的一批批"网红景点"也成为他们追捧的旅游目的地，网红打卡成为旅途中的必要安排，成都 IFS 的火爆正是一个集中的表现。同时，年轻一代的爱国情怀和民族自豪感十分突出，红色旅游的热度也日益上升。但两类人群也有所不同，与职场人士不同，00 后绝大部分为学生，因此出游月份明显集中在 1 月、2 月和 7 月、8 月的寒暑假，对研学旅游产品的需求也激增。

80 后和 70 后游客是老牌的出游和消费主力军，具有一定的文化审美，注重情感交流，实践学习。80 后喜爱文化和美学强的目的地和旅游产品，名胜古迹、

---

① http://www.199it.com/archives/1242394.html

民俗村落、文化古镇和自然风光胜地是目的地选择的重要类型。80后通常与家庭或朋友结伴出行，亲子、研学等形式的家庭游成为热点。

旅游消费方面，大部分90后步入了职场，00后则大多家庭资源丰厚，因此旅游预算较高。据腾讯社交洞察数据，90后、00后旅游消费主要集中在2000～6000元之间，总占比约为65%。这说明90后、00后的人均消费充足，已成为旅游消费的生力军。消费结构上，年轻一代花费在饮食和购物方面的比重高，当地美食对其吸引力非常强。80后经济独立，也是消费决策的意见领袖，消费能力十分可观，尤其对亲子酒店的价格颇不敏感，因对此高品质的亲子旅游产品需求高。除了酒店、交通和住宿等开销，80后也乐于购买当地特产、民俗纪念品等商品，购物开支占总开支的比重高。

2.3 游客偏好旅游产品分析

在当前大众旅游新阶段、全面小康旅游新时代，四川省旅游消费需求持续提档升级，更趋品质化、体验化、个性化、多元化和主题化。自然观光游、休闲度假游、文化体验游、网红打卡游、夜游、冰雪旅游、乡村旅游和红色旅游等各类旅游主题得到充分挖掘。四川省依托丰厚优质的自然和文化旅游资源，积极打造和推出更有品质和创意的观光产品、休闲度假产品和各类新业态旅游产品。

2.3.1 自然观光游

为了暂时逃离拥挤、喧嚣、污染的城市环境，以及摆脱错综复杂的社会关系，达到回归自然、放松身心的目的，大量游客首选"原生态、野趣浓、旖旎幽静"的自然观光游。此类游客偏好风景独特性和观赏性强、知名度高的自然旅游目的地，热衷观赏彩池、草甸、飞瀑、云海、雾凇、雪山、森林、峡谷、溶洞等奇观异景。四川省自然风光风貌优越丰富，集聚九寨沟、黄龙、青城山、峨眉山、大熊猫基地、海螺沟、稻城亚丁、剑门关、碧峰峡等众多国家5A级旅游景区；它们风景独特瑰丽、美学观赏价值极强，吸引全国各地甚至海外游客前来观光。2021年五一期间，老牌景区九寨沟凭借其精美绝伦的自然风光火爆复苏，其游客接待总人数同比2020年的31060人次涨幅达214.92%，同比震前2017年的41227人次涨幅达137.84%，达到历史最高峰[①]。2019年春节期间，成都大熊猫繁育研究基地的境内外游客接待总量达34.68万人次，成为全球最受欢迎的观

---

① https://www.jiuzhai.com/news/scenic-news/7661-2021-05-05-11-34-52

光科普研学旅游目的地之一。都江堰市运用 VR、裸眼 3D 等科技元素，推出道韵青城、熊猫快闪、青城武术、洞经古乐等精品文化演艺活动，游客们可以沉浸式体验青城山—都江堰景区的自然美景和人文风情；其面向全球游客发起的"最美东方文化之旅"活动得到热烈响应，总计接待国内外游客 40 余万人次①。

2.3.2 休闲度假游

当前，休闲度假游受到越来越多游客的青睐和追捧，不断快速发展与完善，成为不可或缺的旅游类型之一。在大都市繁忙辛苦的工作及学习之余，为了更有效地达到舒缓压力、消除疲劳、修养身心、御寒消暑等目的，游客们不再满足于纯粹的游览观光，而希望在风景僻静优美、配套设施完善、服务贴心周到、娱乐活动有趣丰富的精品度假区长时间停留，以满足休闲、游乐、观光、康养、运动、餐饮、购物等多方面需求。休闲度假游客的旅游预算较高，愿意为高品质、高价格的旅游产品买单，比较追求品质和注重体验感，热衷参与逛游乐场、温泉、滑雪、采摘、露营、文创制作、游泳、划船、捕鱼、网球、高尔夫球、保龄球等多样化的文旅体验活动。四川省是休闲旅游度假资源大省，目前拥有西昌邛海、成都青城山、峨眉山峨秀湖等三大国家级旅游度假区，以及花水湾—西岭雪山、温江国色天香、海螺沟等其他知名休闲度假游景区。温泉滑雪成为四川省冬季休闲度假游的热门产品。近几年来，四川省抓住"迎接举办 2022 年北京冬奥会"的契机，加大力度发展冰雪旅游，重点建设秦岭南麓滑雪项目群，开设了西岭雪山、八台山、九鼎山、曾家山等一批滑雪产品，打造提升了峨眉山、花水湾、七里坪、海螺沟温泉等一系列温泉产品，吸引大批游客前往度假体验，众多冰雪旅游景区的游客接待容量直逼上限。2019 年春节期间，西岭雪山滑雪场—花水湾温泉的游客接待总量达 14.72 万人次；地处广元的曾家山滑雪场的游客接待总量达 17.03 万人次，营业收入达 2600 万元，拉动当地及周边酒店、民宿的1.7 万张床位入住率达 95% 以上，147 家特色美食店和农家乐客流量天天爆满，麻柳刺绣、珊瑚玉、曾家山甘蓝、曾家山米珍等工艺品和土特产销售额达 800 多万元。

2.3.3 文化遗址游

在全面推进文旅融合发展的大背景下，外加传统文化复兴、非遗民俗热、三

---

① http：//wlt.sc.gov.cn/scwlt/wlyw/2019/2/10/93fcb3d367b84f5d86761fa029e0ac27.shtml

星堆考古、建党百年等热点话题的频频涌现，越来越多的游客开始重视旅游的"文化属性"，注重深层次的文化体验和感受。出于研学、体验、求知的旅游动机，注重文化体验的游客偏好博物馆、艺术馆、历史遗迹、古镇、古村落、少数民族村落、寺庙道观、祠堂楼宇、红色纪念基地等各类人文旅游景点。他们通过观看展品和纸质、影像资料、聆听讲解、欣赏各类演艺活动、体验手工艺制作、购买文创纪念品等方式，全方位地感受和体验历史、民俗、宗教、红色等各类文化的魅力。目前，四川省全面深化文旅融合发展，充分挖掘和利用好世界文化遗产、考古文物遗址遗迹及艺术馆、博物馆、非遗展示馆等历史文化资源，创新提升古城、古镇、古街、古村落旅游发展的核心竞争力，着力推进旅游业与演艺、剧场、动漫、游乐等产业深度融合，借助 AI、VR、5G 及 5D 全息投影等先进科技手段，以微型音乐会、皮影戏、大木偶、川剧变脸和茶艺表演等形式动态讲好巴蜀多彩的文化故事，展示巴蜀文旅优秀的品牌形象。三星堆博物馆、金沙遗址博物馆、武侯祠、杜甫草堂、锦里、阆中古城、泸沽湖、邓小平故里等四川优质文化旅游景点享誉全国，受到各地游客的追捧。2021 年"五一"期间，在"文博热潮"不断发酵下，三星堆博物馆持续爆火，游客接待量达 8.09 万人次，综合营业收入达 531.44 万元，分别相比 2019 年同期增长 360.31% 和 355.39%[1]。

2.3.4　乡村体验游

乡村旅游消费者的主要旅游动机包括逃避和怀旧。乡村的自然景观能够抚慰游客的心灵，使游客逃离城市的喧嚣，获得内心的宁静。对于有乡村居住经历的游客来说，重返农村能够激起一种熟悉感，触发他们关于以往生活的记忆。乡村旅游游客的需求以休闲、度假、观光和非遗体验为主。休闲旅游的游客喜爱休闲娱乐、农业观光、民俗文化体验等活动，主要消费项目有品尝、垂钓、采摘、劳作体验和农技学习等[2]。有非遗体验需求的游客以亲子游、家庭游、跟团游群体为主，偏好文化底蕴深厚的旅游景点，如明月村和道明竹艺村。游客在明月村[3]偏好茶文化、竹编文化和制陶文化的学习，主要消费项目有农事体验、制陶体验和草木染体验。2020 年明月村接待游客 23 万人次，乡村休闲旅游收入达到 3300

---

① http://wlt.sc.gov.cn/scwlt/wlyw/2021/5/6/823eefc17da443cbb7f467f5ab5a38ea.shtml

② 郭焕成，韩非. 中国乡村旅游发展综述 [J]. 地理科学进展，2010，29（12）：1597 - 1605.

③ http://www.mingyuecun.cn/

万元，带动全村农民人均可支配收入达 2.7 万元①。竹艺村的游客喜爱"道明竹编"文化及其衍生产品，其需求以购物、体验、学习、休闲和娱乐为主。游客在竹艺村消费行为以参观美术馆、购买工艺品、体验竹编为主②。2019 年竹艺村收入 1561.8 万元，旅游业收入 1480.6 万元，人均可支配收入达 25595 元③。

2.3.5 红色教育游

随着国民的民族自豪感和历史认同感增强，以及在 2021 年建党 100 周年的背景下，红色旅游成为众多游客出行的新潮流，多地红色旅游景区和革命纪念馆成为新兴热门景点。红色旅游群体以亲子游群体为主，他们偏好度假旅游、观光旅游和研学旅游，追忆红色精神、学习红军历史、发扬红色文化是他们的主要旅游动机。红色旅游消费者喜爱的活动类型是文化体验和观光学习，他们偏好的旅游景点有纪念馆、烈士故居、革命旧址等，主要消费项目除场馆门票外，还有各类红色旅游文创产品，如纪念章、纪念币、红军服饰、缩微农用工具、红军城文具三件套等④。红色旅游消费者群体的一个显著变化是逐渐年轻化。同程旅行大数据报告显示，今年五一假期间，红色名人故居类景区成为众多年轻游客的出行目的地首选，其预订量较疫情前的 2019 年同期增长 859%。在红色旅游消费群体中，超过四成是 21 至 30 岁的 00 后和 90 后，其次是占比近三成的 80 后；整体上看，40 岁以下的青年群体占比 89.1%⑤。四川省热门红色旅游目的地有广安邓小平故居、朱德故里景区、陈毅故里纪念园、阿坝州汶川特别旅游区等。今年五一期间，四川省红色旅游需求旺盛，红色旅游成为四川假期旅游新亮点。成都战役纪念馆、成都建川博物馆等红色旅游景区景点在假期第二天，接待市民游客已超过 1.8 万人次，同比增长超过 198%。泸定桥、陈毅故里接待的游客分别增长 584.22% 和 459.04%。四川省红色旅游景区游客接待总量达 99.81 万人次，营业总收入达 270.40 万元，分别同比增长 193.43% 和 224.73%，全省过半红色旅游景区接待量同比增长 100% 以上。

---

① https：//baijiahao. baidu. com/s? id = 1693194313592675269&wfr = spider&for = pc
② http：//www. daomingzhuyicun. com/village_ intro. jsp? classId = 10826
③ http：//www. zgcdql. com/lvyou/99970. html
④ https：//mp. weixin. qq. com/s/OBJbzLu1MjeOtipC621dhg
⑤ http：//wlt. sc. gov. cn/scwlt/hydt/2021/5/10/578c4d39332e430484a32f84502e31f7. shtml

2.3.6 网红打卡游

在疫情的强烈冲击下，随着微博、抖音、快手、小红书等 UGC 平台的崛起，榜单推介和博主推荐下涌现出一大批热门网红打卡地，这些地方正在成为年轻游客群体的出游选择。此类游客多为热衷在网络上冲浪分享的 90 后群体，他们非常关注网络社交平台热点资讯和潮流风向，将"网红指数"作为旅游目的地选择的重要因素之一。网红打卡游客群体追求个性化、新奇、特色有趣的事物，其主要的旅游动机是家庭出游和拍照打卡，有噱头、有内容、彰显个性和定制化的网红文旅产品受到其青睐。根据美团研究院日前发布的《网红打卡地的网络评价、发展趋势与发展对策》调研报告，此类游客群体通常以家庭为出游单位，喜欢带着孩子前往打卡地进行游玩拍照，体验当地优美独特的自然风光和人文风情①。旅游消费者们对各类网红打卡地需求有所不同，环境独特新颖、价格适中、交通发达便利的场景更有潜力胜过其他同类竞品项目成为热门网红打卡地。总体上说，网红打卡地游客的最大关注点是环境要素，其次是价格合理适中、服务质量过关、交通停车便捷等吸引力要素。甘孜理塘、G318 公路、春熙路—太古里步行街、宽窄巷子等四川省旅游景点火爆全网，是当下热门的网红打卡旅游地。2021 年"五一"期间，被"甜野男孩"丁真带火的甘孜理塘县的旅游势头高涨，吸引着源源不断的游客前来打卡消费，比 2020 年同期交易金额增长约一倍，较于 2019 年同期增长超过两倍②。同期，被誉为"摄影家的天堂"的康定市新都桥镇，天气晴好，吸引了大量摄影爱好者前来打卡③。

2.3.7 夜间旅游

随着旅游消费的日益升级与多元化，以及促进夜间经济发展的政策文件的频频出台，夜游经济在疫情结束后快速复苏，夜游市场需求强势回归。夜间旅游消费群体主要为 80 后、90 后的中青年群体，喜爱夜间活动和注重文化体验，收入较高愿意为高品质的夜游活动买单，热衷于演艺剧场、书店影院、文创集市等有吸引力的夜间文化场景。夜游多为情侣出游和家庭亲子出游，其需求动机多样，包括观光、饮食、娱乐、购物、休闲等，钟爱潮流夜市、文创集市、微演艺、沉

---

① http：//ent. people. com. cn/n1/2021/0218/c1012 - 32030482. html
② https：//sichuan. scol. com. cn/ggxw/202105/58142872. html
③ http：//wlt. sc. gov. cn/scwlt/hydt/2021/5/7/a3488753bef14cc284d219337e4ff9bd. shtml

浸式夜游、展会等丰富多元的夜游消费体验场景。近年来，四川省夜游经济蓬勃发展，乐山"夜游三江"、自贡·中华彩灯大世界、夜游锦江、天府双塔灯光秀、融创文旅城光影秀、阆中古城灯光秀等特色夜游项目五花八门，受到全国众多游客的追捧。2019 年五一当天，宽窄巷子、太古里、夜游锦江等 8 个成都特色街区夜游人数达 62849 人，其中非成都用户占比高达 85% 以上[①]。根据高德数据显示，成都 2020 年国庆假期的夜游热度位居全国第一位[②]。2021 年五一期间，自贡华侨城中华彩灯大世界用彩灯讲述中国故事，接待游客 9.46 万人次，门票收入 697.85 万元；融创文旅城光影秀、天府双塔灯光秀用科技手段和光影效果，为游客们带来独特的沉浸式文旅消费新体验；剑门关景区上演首个实景崖壁灯光演艺秀《剑门长歌》；阆中古城灯火通明，流光溢彩，游人如织。

（三）后疫情时代四川省旅游需求新趋势

2.1　无聚集旅游

在防疫常态化的情况下，消费者最关注的旅游因素也发生改变，从关注"自然景观"到更关注"卫生健康状况"和"社会安全秩序"。新冠疫情改变了人们的日常生活习惯，生活习惯的改变也延伸到了旅游行为中，游客对"卫生健康状况"的关注度较高，更加注重餐馆的卫生条件和自身的卫生健康。更多家庭选择自驾游，避免了乘坐公共交通交叉感染的风险。许多游客到达酒店后选择自助式无接触办理入住，在餐厅自助扫码点餐，就餐时主动要求提供公筷等，更多无接触式服务都在被游客所需求和使用。

2.2　康养旅游

本次疫情的暴发无疑进一步唤醒了人们的生命安全意识，强化了人们对健康消费的认识，人们对身心健康和环境生态安全的要求达到前所未有的高度。以"健康养生"为主题的旅游方式也受到更多关注，游客在旅途中不仅能领略祖国大好风光，更能保持健康，成为更多旅游者的期望。四川省因地制宜，打造森林康养＋旅游、森林康养＋养老、森林康养＋健康等不同主题的康养基地，从邛海

---

① https：//cif. mofcom. gov. cn/site/html/sichuan/html/10528676/2019/5/6/1557126911300. html
② https：//sichuan. scol. com. cn/ggxw/202010/57919435. html

湿地公园、攀枝花花舞人间、峨眉半山七里坪等森林康养基地，到洪雅的玉屏山森林康养基地，崇州市的三郎康养基地，广安前锋区四方山康养旅游区等，这些康养基地在疫情之后都百花齐放，各自精彩。

2.3　云游四川

人们畅想已久的足不出户，游遍天下的"云游"，因为一场突如其来的疫情，而提前实现，成为丰富宅家生活的一种主要娱乐方式。伴随着各种"云游"模式的兴起，例如虚拟旅游、VR赏景、在线直播……大自然的无限风光以一种新的方式、新的视角出现在人们的视野中。2020年清明节，都江堰放水节就以"云端"的方式拉开序幕，网友们足不出户便可通过直播平台观看并参与这场传统放水盛典。同样，雅安石棉县也以"云赏花"的形式，将雅安石棉县杜鹃花盛开的美景分享给网友。这场"花开天府·云赏花"活动，也得到近百万网友观看，点赞，分享。6月，九寨沟景区官方抖音号，也将九寨沟碧蓝澄澈、明丽见底的海子搬到屏幕前，在导游小姐姐温柔动听的讲解下，镜头前的人们身未动，心早已飞进这色彩斑斓、碧水蓝天的童话世界里。在省委宣传部、省网信办的大力助推下，极具四川特色包括稻城亚丁、四姑娘山、杜甫草堂、熊猫基地等13个颇受全国网友关注的人气景区，纷纷通过直播的形式呈现给大家，带全国游客"云游四川"。

随着"云端旅游"短视频的飞速增长，游客不仅随时随地可以在各大平台观看美景，而且视频制作者们，更是以更新颖更巧妙的创造手段来打磨旅游短视频，使视频更加引人入胜。相比传统旅游，云旅游让更多的人了解景区，而且也能随时随地欣赏，足不出户云游四川，"诗和远方从未像今天这样触手可及"。

参考文献

［1］人民日报.统计公报数据显示：2019年国内游超60亿人次［N/OL］. https://www.sohu.com/a/403254816_162758？_f＝index_pagefocus_1，2020－06－21.

［2］中国网.解读：2020国庆、中秋假期旅游市场数据［N/OL］. https://baijiahao.baidu.com/s？id＝1680036058146189776&wfr＝spider&for＝pc，2020－10－09.

［3］新华社. 2021 年"五一"假期国内旅游出游 2.3 亿人次，超疫前同期水平［N/OL］. http：//www. gov. cn/xinwen/2021－05/05/content_ 5604769. htm，2021－05－05.

［4］二三里资讯."五一"旅行大数据：00 后爱探险，80 后在遛娃，90 后成绝对出游主力［N/OL］. https：//baijiahao. baidu. com/s？ id＝1698907458898743877&wfr＝spider&for＝pc，2021－05－05.

［5］中国旅游研究院. 中国旅游消费大数据报告［R］. 北京：2019.

［6］王莞. 以文化和旅游高质量发展绘就山水人城和谐相融新画卷——习近平总书记在全面推动长江经济带发展座谈会上的重要讲话引发业界热烈反响［N］. 中国旅游报，2020－11－18.

［7］重庆市文化和旅游数据中心. 川渝两地旅游口碑大数据分析报告［R］. 重庆：2020.

［8］上游新闻. 成渝城市群④｜推进无障碍旅游合作，打造智慧旅游实现"一部手机玩川渝"［N/OL］. https：//baijiahao. baidu. com/s？ id＝1638770802028155016&wfr＝spider&for＝pc，2019－07－11.

［9］四川新闻网. 川渝互送旅游"大礼包"两地市民可免费互游百余家景区啦［N/OL］. http：//my. newssc. org/system/20200528/002933126. html，2020－5－28.

［10］四川文旅厅. 数说四川旅游——2019 年第一季度四川旅游大数据报告［N/OL］. https：//mp. weixin. qq. com/s/ma5aGCZAYFClDBLW1EK0ag，2019－06－04.

［11］四川文旅厅. 2018 四川旅游大数据报告［N/OL］. https：//mp. weixin. qq. com/s/IWAllCuFD6oT0NnEQjXHxw，2019－04－26.

［12］旅行预订. 联通数科：2021 全国"五一"旅行大数据报告［N/OL］. http：//www. 199it. com/archives/1242394. html，2021－05－8.

［13］旅游营销处. 九寨沟景区"五·一"旅游井然有序游客接待量再创历史新高［N/OL］. https：//www. jiuzhai. com/news/scenic－news/7661－2021－05－05－11－34－52，2021－05－05.

［14］四川省文化和旅游厅. 2019 年春节假日旅游情况综述［N/OL］. http：//wlt. sc. gov. cn/scwlt/wlyw/2019/2/10/93fcb3d367b84f5d86761fa029e0ac27. shtml，2019－02－10.

［15］四川省文化和旅游厅."五一"假期全省文旅市场"爆发式"增长文旅经济强劲复苏［N/OL］. http：//wlt. sc. gov. cn/scwlt/wlyw/2021/5/6/823eefc17da443cbb7f467f5ab5a38ea. shtml，2021－05－06.

［16］郭焕成，韩非. 中国乡村旅游发展综述［J］. 地理科学进展，2010，29（12）：1597－1605.

［17］明月村. 明月村［N/OL］. http：//www. mingyuecun. cn/，2016.

［18］川观新闻. 入选全国"十大典型"，去年四川这个村旅游收入超3000万元［N/OL］. https：//baijiahao. baidu. com/s？id = 1693194313592675269&wfr = spider&for = pc，2021－03－03.

［19］四川发布. 这个"五一"，四川红色旅游成为"新宠"！［N/OL］. https：//mp. weixin. qq. com/s/OBJbzLu1MjeOtipC621dhg，05－06.

［20］四川省文化和旅游厅. 名人故居类景区五一预订量上涨859%红色旅游"00后""90后"占比超四成　红色旅游如何圈粉"Z世代"［N/OL］. http：//wlt. sc. gov. cn/scwlt/hydt/2021/5/10/578c4d39332e430484a32f84502e31f7. shtml，2021－05－10.

［21］人民网-人民日报海外版. 满足消费者求新求异心理网红打卡地如何长"红"？［N/OL］. http：//ent. people. com. cn/n1/2021/0218/c1012－32030482. html，2021－02－18.

［22］四川在线. 丁真家乡爆火！"五一"消费增长超2019年同期两倍［N/OL］. https：//sichuan. scol. com. cn/ggxw/202105/58142872. html，2021－05－06.

［23］新华网. 川西旅游"光盘"自觉渐成新风尚［N/OL］. http：//wlt. sc. gov. cn/scwlt/hydt/2021/5/7/a3488753bef14cc284d219337e4ff9bd. shtml，2021－05－07

［24］市场运行与消费促进处. 四川省2019年五一节日市场平稳消费结构优化升级［N/OL］. https：//cif. mofcom. gov. cn/site/html/sichuan/html/10528676/2019/5/6/1557126911300. html，2019－05－06.

［25］四川在线. 年轻游客关注度第一、夜游热度第一，这个长假成都又"火"出圈了［N/OL］. https：//sichuan. scol. com. cn/ggxw/202010/57919435. html，2020－10－09.

三

旅游供给基本态势

[作　者]崔　睿　王吟旭　杨凯璐　张晓萱　龙　茫（四川大学旅游学院）

根据《2019年四川省文化和旅游发展白皮书》统计,全省文化和旅游部门所属机构总收入119.56亿元,比上年增加31.14亿元,增长35.22%。全省文化事业费(不含基建拨款)47.22亿元,比上年增加4.2亿元,增长9.76%。全省各级文物部门所属机构总收入22.22亿元,比上年增加1.82亿元,增长8.92%。全省实现旅游总收入11594.32亿元,比上年增长14.7%。此外,2019年共有文旅重点项目636个,全年实际完成投融资2876亿元,同比分别增长23.3%、106%。但到2020年,受疫情影响,四川省共有在建文旅重点项目414个,实际完成投资1564.8亿元,同比分别下降34.9%和45.6%。

在2021年度的四川省发改委重点项目名单中,省内489个文旅项目持续建设,211个文旅项目将会新开工,共计700个,较2019年增长10.1%。同时,四川省正奋力落实金融纾困帮扶政策,不断推进政银企对接长效机制建设。2021年2月8日,四川省文旅厅发布了第一批文旅项目以及企业的融资需求清单,四川省内各金融机构将为163.12亿元的融资需求提供切实服务(包括28家企业、61个项目),推动相关产业项目有序落地实施。目前,四川省文旅项目投资态势稳中向好,预计2021年四川省文旅项目投资总额将超过疫情前水平。

(一) 旅行社服务业

1.1 行业规模

根据文化和旅游部近两年发布的年度全国旅行社统计调查报告,2018年四川省共有旅行社1094家,2019年增至1242家,2020年发展到1336家。从增长率来看,2019年的增长率为13.53%,远高于2020年7.57%的增长率。四川省旅行社的数量持续增加，但增长速度在近一年有所放缓。其中，放缓原因可能是新冠肺炎疫情导致旅游业几近停滞，部分旅行社难以维持经营而关停，而另一方面，随着旅游业的逐步复苏，部分旅行社投资意愿者进入该行业。但从总体上看，旅行社经营者对疫情后四川省旅游业恢复情况呈乐观态度。

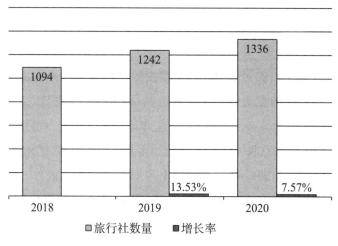

图 0-4　2018-2020 年四川省旅行社数量统计

1.2　分布情况

根据四川省文化和旅游厅网站公布的四川省旅行社名录（更新时间 2021 年 3 月 9 日），共收集到 1339 条旅行社地址信息，经过分析得出四川省旅行社分布情况。从图中可知，四川省的旅行社遍布全省 18 个地级市及 3 个自治州。旅行社在大成都范围内高度集中分布，数量多达 732 家，超过其他地区的总和，而在其他城市、自治州内旅行社数量分布较为均衡。这样的分布呈现出以成都为中心向全省范围辐射的态势，符合成都作为省会城市及经济中心的情形。

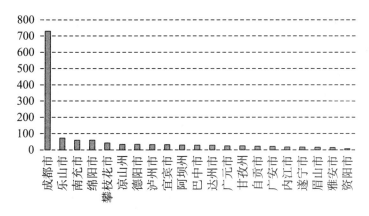

图 0-5　四川省旅行社分布情况

1.3　经营情况

2019 年度，四川省旅行社旅游业务营业收入为 8698831.74 千元，旅游业务利润 223077.68 千元，实缴税金 105399.42 千元。2020 年度，四川省旅行社旅游业务营业收入为 2225463.81 千元，旅游业务利润 51912.86 千元。与 2019 年度相比，2020 年度四川省旅行社旅游业务营业收入仅为上年的 1/4，收入骤减主要是因为新冠肺炎疫情导致旅游业几近停滞。但随着国内旅游市场的全面恢复及目前出境旅游受到限制，旅游者的报复性消费预计将为各省旅游营业收入带来大幅度增长。

三大旅游市场——国内旅游、出境旅游以及入境旅游，由于受到新冠肺炎疫情的影响，2020 年度的组织（外联）、接待人次数和人天数均较 2019 年度出现大幅度缩减，但四川省在三大市场的各项指标排序中全国排名均较稳定且靠前，总体发展良好。

2019 年度四川省旅行社国内旅游组织 6020649 人次（排名 11）、18006125 人天（排名 12），接待 4601954 人次（排名 15）、15913407 人天（排名 12）。2020 年度四川省旅行社国内旅游组织 1952082 人次（排名 9）、5889057 人天（排名 10），接待 2005106 人次（排名 13）、5131099 人天（排名 12）。

2019 年度全国旅行社出境旅游组织 6288.06 万人次、32070.63 万人天，其中四川省组织人次数排名第 12，人天数排名第 11。2020 年度全国旅行社出境旅游组织 341.38 万人次、1672.63 万人天，其中四川省组织人次数排名第 11。

2019 年度全国旅行社入境旅游外联 1227.29 万人次、4780.87 万人天，接待 1829.62 万人次、5911.27 万人天，其中四川省外联人次数排名第 13、人天数排名第 11，接待人次数排名第 15，人天数排名第 10。2020 年度全国旅行社入境旅游外联 41.31 万人次、156.05 万人天，接待 66.15 万人次、216.00 万人天，其中四川省外联人次数排名第 14、人天数排名第 8，接待人次数排名第 15，人天数排名第 10。

1.4 发展现状

旅行社数量众多，竞争激烈。在全省范围内的一千余家旅行社中，除国旅、中青旅、康辉等全国知名品牌外还存在着大量的中小型旅行社。不同于大型知名品牌旅行社拥有品类丰富的旅游产品及配套服务，大量中小型旅行社的产品单一且经营范围有限。因此，为了在有限的当地旅游市场上生存及发展，各旅行社在压缩成本、宣传营销等方方面面都展开了激烈的竞争。

产品同质化突出，缺乏创新。大量旅行社开设四川境内热门的旅游线路产品，诸如青都一日游、峨乐二日游、九黄三日游等，这些传统包价产品虽然在住宿、餐饮选择上略有不同，但总体上同质化突出，彼此间具有较强的可替代性，而仅有少数旅行社面向诸如银发市场、研学市场等细分市场做了特色旅游产品。同时，大多数旅行社提供的产品仍停留在大众观光阶段，缺乏对文旅融合、个性化体验的关注。

行业自律性不足，仍存乱象。四川省旅行社服务业总体而言规范发展，但行业内部的激烈竞争导致各种乱象仍然存在。低价团、隐性购物、行程操作不规范等乱象本质上是各旅行社、导游等从业人员不够自律，缺乏对规章制度的重视，完全以利益为导向而忽视其行为对区域旅游品牌形象的不良影响。

1.5 发展趋势

线上线下融合发展。根据易观分析提供的数据，2020 年度在线度假旅游市场的交易规模达到 523 亿元人民币。随着在线旅游市场的不断扩大，诸如携程、同程艺龙等的 OTA 形成了对传统旅行社的威胁，这促使许多旅行社在实体经营的同时纷纷转向在线平台，如在四川省内有 20 余家旅行社开发了微信小程序用于线上订购。

向生活服务商转型。受疫情影响，许多旅行社在待业期间纷纷展开自救，利用其客源开始了基于互联网的销售，如导游直播带货。甚至有旅行社对门店进行改造，不再局限于旅行业务，还增加了产品展示与销售。旅行社提供的产品涉及生活用品、特色美食等方面，如汶川车厘子、九寨沟牦牛肉。这样的转变促使传统旅行社向生活服务提供商转型。

（二）旅游景区

2.1　数量规模及其变化

四川省 A 级景区数量在疫情期间仍保持稳步较快增长，3A 级景区数量增长最快，3A 级、4A 级景区占比进一步提高，形成以 3A、4A 级景区为主导的景区等级格局。

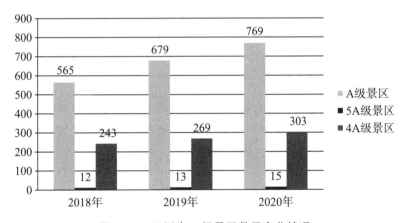

图 0 - 6　四川省 A 级景区数量变化情况

截至 2021 年 1 月 13 日，四川省共有 A 级旅游景区 769 家，其中 5A 级景区 15 家，4A 级景区 303 家，3A 级景区 344 家，比去年同期分别增长了 13.3%、15.4%、12.6% 和 25.5%。相较于疫情前 20.2% 的总体增长率，增速略有下降，但仍保持了稳步较快增长。

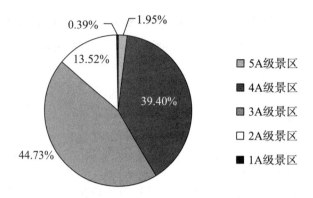

图 0-7　四川省 A 级景区等级结构

　　从等级结构来看，目前四川省 5A 级、4A 级、3A 级、2A 级和 1A 级旅游景区数量分别占比 1.95%、39.4%、44.7%、13.5% 和 0.4%，其中 3A 级、4A 级景区占比合计超过 84.1%，相较于 2019 年 12 月的 80%，提高了 4.1 个百分点，3A 级、4A 级景区的主体地位进一步提升。

　　2.2　位置分布及其变化

　　各市州 A 级景区数量普遍有所增加，三州地区和中心城市成为主要增长点，以中心平原、三州地区、川南、川北、川东各支点带动的全域旅游格局初步形成。

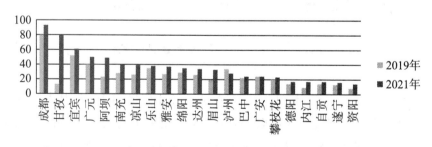

图 0-8　四川省 A 级景区数量分布及变化情况

　　目前，A 级景区数量居于前 7 位的成都、甘孜、宜宾、广元、阿坝、南充、凉山正好分布于中心平原、三州地区、川南、川北、川东，其交织形成的网络覆盖了四川大部分地区，成为各区域旅游支点。从内部结构来看，四川省 A 级景区分布呈现出以成都为中心，西强，东弱的基本格局。

对比疫情前后，除泸州外，四川省各市州 A 级景区数量均有所增加，尤以三州地区最为亮眼。其中，甘孜州在两年间，A 级景区数量增长了 515.4%，以年平均 148.1% 的增长率居全省第一，其数量排名也从全省第 18 位大幅跃升至全省第 2 位。此外，阿坝、凉山也各有 113% 和 50% 的高速增长。这可能是由于脱贫攻坚工作和财政转移支付对三州地区的大力扶持和持续供给，大量基础设施的建设和改善，补齐了制约三州地区参评 A 级景区的主要短板，集中释放了三州地区的优质旅游资源供给潜力。

2.3 经营效益及其变化

四川省景区经营效益已实现强劲复苏，接待人次、门票收入两项指标均超过疫情前水平。

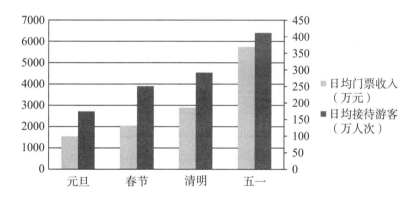

图 0-9　四川省 2021 年上半年重要假日 A 级景区主要经营指标

以今年重要节假日文化和旅游市场统计数据为例，2021 年元旦、春节、清明和五一节假日期间，对省内 A 级景区进行的统计显示四个重要假日分别实现门票收入 4626.91 万元、14400 万元、8648.95 万元和 28700 万元，分别实现接待游客 522.63 万人次、1755.55 万人次、875.84 万人次和 2058.83 万人次。按日平均计算，分别实现日均门票收入 1542.3 万元、2057.1 万元、2883 万元、5740 万元，分别实现日均接待游客 174.2 万人次、250.8 万人次、291.9 万人次、411.8 万人次。旅游景区产业复苏态势明显，尤其是五一期间，四川省 A 级景区两项指标均迎来疫后"爆发式"增长。

与往年相比，清明节假日期间，部分重点景区接待人次较 2020 年增长

159.83%，门票收入增长297.57%，较2019年接待人次增长11.73%，门票收入恢复至98.31%。五一节假日部分重点景区接待游客和门票收入分别较2020年（注：5天）增长238.72%和221.26%，较2019年（注：4天）增长58.59%和74.60%。四川省景区经营指标实现触底反弹，呈现出"V"形上升态势。

(三) 旅游住宿业

3.1 数量规模及其变化

2015年，四川星级酒店总数达到395家，达到近五年最高值。此后，2016年星级酒店总数出现大幅下降，减少了约100家，降幅为24.56%。随后三年，四川星级酒店开始不断增长。根据文旅部数据显示，2020年四川共有358家星级酒店，比上一年减少12家，表明疫情对四川省酒店业打击较为严重，酒店抗风险能力仍需提高。

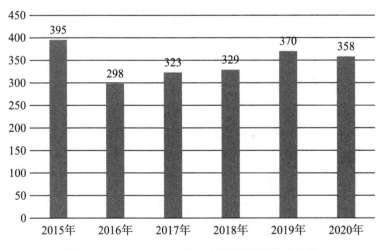

图0-10　2015-2020年四川星级酒店数量统计

从星级酒店的结构来看，与其他各地的省市一样，三星级酒店在四川省星级酒店市场占有很大比例。2019年，四川省共拥有137家三星级酒店、114家四星级酒店和33家五星级饭店。此外，还有一星级商务旅馆1家，二星级商务旅馆85家。

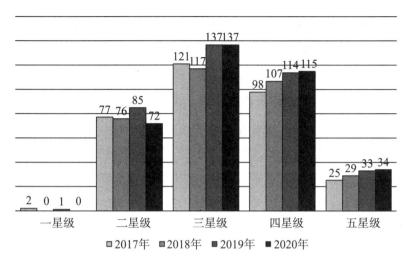

图 0 - 11　2017 - 2020 年四川各星级酒店数量分布

住宿设施增速放缓，产品质量稳步改善。2017—2020 年，全省新增客房数变化很小，各星级酒店数量增长逐步放缓。2017 年，拥有新住宿设施的客房平均数量甚至呈下降趋势。然而，从 2016 年到 2019 年，四川省新建住宿设施的平均房价稳步上涨，更多的新建住宿设施是精品小酒店，这符合住宿行业的发展趋势。

3.2　经营效益及其变化

在经营状况方面，2019 年，四川星级酒店实现营业收入 171.88 亿元，居全

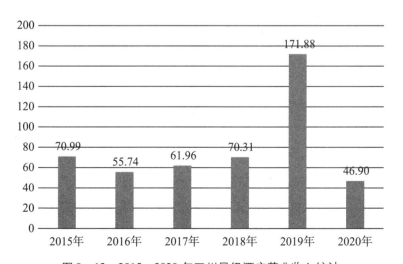

图 0 - 12　2015 - 2020 年四川星级酒店营业收入统计

国第四位，其中餐饮收入占 18.3%，客房收入占 13.63%。2020 年，实现营业收入 46.90 亿元，降幅高达 72.71%，表明疫情对住宿业的打击较为严重。

2020 年，四川星级酒店实现利润总额 -4.57 亿元，人均利润 -13770 元，是近年首次出现负利润，与全国整体情况相一致。

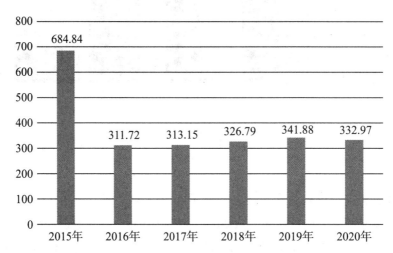

图 0 - 13　2015 - 2020 年四川星级酒店平均房价变化趋势图（元/间夜）

在平均房屋的出租比例上，2019 年，四川星级酒店的平均房屋出租比例大约为 55.18%，远远超过了全国的平均水准。在我国 31 个地方和省市中，四川酒

表 0 - 14　2015 - 2020 年四川星级酒店平均出租率（%）

店的入住率仅仅排在第7位。2020年，受到疫情的影响，平均房屋出租金额约为44.04%，较往年有大幅下降。

3.3　地区分布及其变化

在酒店供给量及酒店客房总量方面，成都平原经济区位居全省五大经济区首位，均占比60%以上。

在市州方面，据2020年文旅部数据显示，四川省酒店客房供给依然以成都为主体（占比25.42%），其次是凉山州（占6.70%）、绵阳（占6.42%）、乐山（占5.87%）、阿坝州（占5.03%）、广元（占5.03%）、遂宁市（占5.00%）、南充（占4.75%）。四川省酒店客房供应主要集中在成都和"三州"等旅游热门地，其酒店客房供给占比达64.22%。同时，成都及川西北地区酒店网络评分高于整体水平，供应满意度较高。

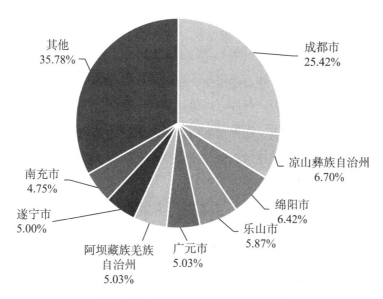

图0-15　四川省酒店客房供给主体

在网络口碑方面，成都地区的线上声誉相对较高。以2017年为例，四川省酒店网络慧评分数为85.88，较2016年得分83.8有较明显增长。在市州方面，成都地区为86.21，其次是川西北地区和川南地区。而川东北地区的网络口碑评分较低。

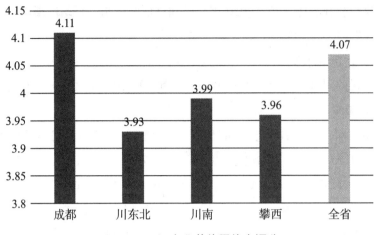

图 0 - 16　酒店业整体网络点评分

(四) 旅游新业态

4.1　总体情况

在目前的四川省旅游新业态建设中，旅游新业态的多样性和各类模式已经涌现，旅游新业态作为四川省旅游业态建设的新生力量，成为四川省旅游业态建设发展新的核心价值和增长点，而四川省也紧随新世纪时代旅游产业的变革和发展趋势，顺应四川省旅游业态建设新时代发展规律和需要，积极地推动旅游新业态的培育和发展，让四川省的旅游向更高层次、更高水平迈进。

根据《2019 年四川省文化和旅游发展白皮书》统计，四川旅游业呈现出旅游新业态，包括数字文旅、乡村民宿、冰雪旅游、夜间文旅、音乐旅游、水电旅游、生态旅游、文博旅游、旅游演艺等。

4.2　经营效益及其变化

数字文旅产业异军突起，互联网游戏服务相比去年同期增长 144%，动漫游戏数字服务内容相比去年同期增长 168%，平均年增长率 156%。音乐旅游取得重大突破，音乐产业全年实现产值 732 亿元，同比增长 15%，居全国第五位。乡村民宿增长显著，四川民宿线上年交易额同比增长 167%，接待游客数同比增长 192%，房源量同比增长 186%，成为休闲度假的"新网红"。冰雪旅游成为新增长点，2019 年冰雪季，四川省游客规模达 8961 万人次，同比增长 75%；实现综合营收 1542 亿元，是去年同期的 1.5 倍。

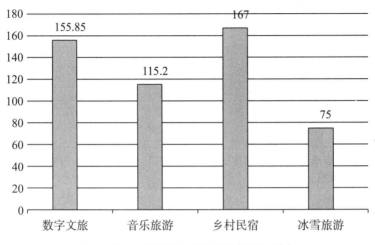

图 0-17　旅游新业态及交易额同比增长

　　此外，夜间文旅发展快速，全省打造夜间文旅新场景项目 62 个，总投资 398.23 亿元，累计接待游客 1.55 亿人次。旅游演艺也颇有成就，演出 650 余场，票房收入突破 3000 万元；打造改编《只有峨眉山》《丝路神灯》《今时今日安仁》等十余部旅游演艺精品。康养体育旅游、成都双遗马拉松赛、西昌邛海湿地国际马拉松赛、四姑娘山环山越野跑等一批体育赛事品牌牵手旅游为品牌增值。文博旅游也得到较快发展，博物馆接待游客 7900 万人次，门票收入 3.75 亿元，博物馆文创产品销售额 1.01 亿元。四川在全国率先提出水电建设与旅游开发融合的发展，出台《促进水电建设与旅游开发融合发展的指导意见》，成为全省"旅游＋"新亮点。在生态旅游方面，全省以大熊猫国际生态旅游为重点，举办生态旅游节会活动 100 余次，实现收入 1150 亿元。研学旅游推出 55 条暑期研学旅行精品线路、120 余个红色旅游目的地、150 余家省级以上爱国主义教育基地，形成品质持续提升的研学旅行体系。通过对包括老旧厂房、仓储用房等在内的工业遗址进行活化利用和创意改造，形成多种多样的新型城市文化空间，涌现出成都梵木文创、乐山上中顺特色街区等文创品牌。

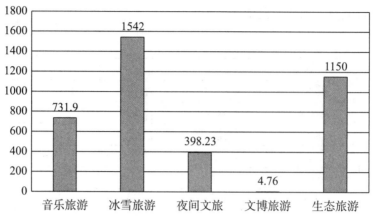

图 0-18　旅游新业态及销售额（单位：亿元）

4.3　发展趋势

世界旅游产业正在面临着艰巨的挑战与深刻的变革，从消费端来看，游客需求正从单一产品转向更加个性、多样的细分市场领域；从生产端来看，高度的资源依赖正逐渐让位于以产品为依托的运作能力，由此旅游新业态兴起并盛行。旅游新业态是旅游围绕旅游市场的发展、趋势和新的消费潜力与需求，与其他一、二、三产业之间不断融合、创新而产生的新的旅游领域、新的旅游产品及新的旅游消费运营形式，进而呈现出崭新的旅游产业链结构、旅游组织形态和旅游体验模式，从而实现新的旅游价值的创造过程。

"智慧旅游"催生旅游新业态。随着信息全球化的不断深入发展，各项产业都正面临着深刻的变革，传统的旅游业经营模式也同样被重塑，而以新兴信息技术为主要支撑力的智慧旅游显现，逐渐在旅游业中发挥作用，并越来越重要。

国际化时代的旅游新业态。随着国际商务旅行的市场份额逐渐爬升，四川省紧抓契机，大力推进国际商务会展旅游服务能力提升，国际商务会展旅游已成为各地市州打造地区形象的新抓手。同时，四川省把握国际会展新趋势，以科技创新赋能新业态，携手共建新发展格局，积极谋划，助力国家级贸易资源渠道和四川各项事业发展。

人口老龄化时代促进旅游新业态。银发旅游是有待开发并具有很大潜力的旅游市场，尤其是随着当前时代人口老龄化的进程加快，而四川省走在时代前沿，致力于发展银色经济。四川省是亚热带气候，气候条件适宜开发各项旅游产品，打造各类旅游路线，有丰富的旅游资源；同时四川省素有"中药之乡"的美誉，长寿文化闻名遐迩。四川正依托中医药旅游资源，加快特色旅游产品转化，先后推出温泉度假、国药养生等拳头产品，并积极使老年产品规范化，使老年服务体系专业化。

文旅融合推动旅游新业态。新时代以来，旅游与文化水乳交融、休戚与共。四川是中华文明的重要起源，巴蜀文化源远流长，始终保持着特色与活力。四川省在有效整合各类旅游资源的基础上，发扬和传承蜀汉文化，积极开发具有特色的旅游文化产品，形成文化精品旅游线路，如天府美食、长征丰碑、南方丝绸之路等，打造了一批批具有深远国际影响力的特色文化旅游产品。与此同时，还有"红色＋乡村"、"红色＋绿色"、"红色＋科技"、"红色＋研学"等旅游新业态逐渐兴起并兴盛，文化和旅游部2021年第一季度例行新闻发布会也提出，鼓励各地大力发展"红色＋"旅游新业态。

参考文献

［1］四川观察. 2020四川文旅成绩单：预计实现旅游总收入6500亿元［N/OL］. https://baijiahao. baidu. com/s? id＝1689298091125303204&wfr＝spider&for＝pc. 2021－01－19.

［2］执惠. 文旅惠评丨国内游2021年竞争将加码，"十四五"文旅投资地方定高目标［EB/OL］. https://zhuanlan. zhihu. com/p/356575231. 2021－03－12.

［3］中国饭店协会. 2020中国住宿市场网络口碑报告［EB/OL］. https://max. book118. com/html/2020/0821/7103042166002161. shtm. 2020－08

［4］当代旅游编辑部. 五一旅游高峰将至，红色旅游助力乡村振兴［J］. 当代旅游，2021，19（12）：1－2.

四
十项代表性工作

[作 者] 刘 俊 谭雨微 杨璐瑜 曹恩桓 邝 蒨（四川大学旅游学院）

（一）多措并举，产业复苏

面对新冠疫情，四川省文旅厅就全省文旅行业疫情防控工作进行统一安排部署，成立应对疫情联防联控机制领导小组，建立应急响应机制。一个月内，紧急关停 A 级旅游景区 678 家、旅行社 1242 家、各类文化市场经营场所 13766 家以及 517 家旅游饭店，取消群众文化活动 4035 场、演出演艺活动 5384 场，停止群众聚餐和会议等群体性活动，以最快速度和最大限度防止疫情扩展。积极、高效、妥善地安置滞留在川游客，专题研究湖北在川滞留游客服务保障工作。

为推动四川省文旅业复产复工，省文旅厅出台一系列措施办法，建立多级联系督导机制，强化疫情期安全服务保障。为给文旅企业纾困解难，出台系列优惠政策帮扶市场主体渡难关，给予 164 个文旅企业和行业组织纾困补助资金 6210万元，为 789 家旅行社暂退 2.62 亿元质保金，为 49 家 4A 级旅游景区申请财政一次性融资利息补贴 3609.31 万元。及时实施《四川文化旅游疫后恢复发展计划》和"文旅消费提振行动"、"夜间消费创新行动"，重振四川文旅市场信心。

为激发文旅市场活力，持续宣传"天府三九大·安逸走四川"等文旅品牌，大力宣传推广优质产品、重点线路和文旅活动；组织系列面向全球 30 多个国家和地区的主题推广会；组织省内旅企业参加国内综合性展会；开展省外系列专场推介。启动"春回天府·安逸四川"文化旅游季、"四川文旅秋冬消费季"系列活动；推出 50 条（春夏季）乡村旅游精品线路；开发旅游演艺、康养旅游、生态旅游、科技旅游新产品新业态。支持举办各类文化和旅游活动，支持各地推出文旅消费券、惠民卡等措施；引导各地争创文化和旅游消费试点城市、示范城市。

（二）文旅融合，开篇布局

2019年，是机构改革后四川文旅融合发展的开局之年。2018年11月正式全面启动全省机构改革以来，四川省将四川省文化厅和四川省旅游发展委员会的职责整合，新组建为四川省文化和旅游厅。全省21个市（州）机构改革也蹄疾步稳，相继全面完成，共设置各类实体机构1009个。

系列规划为文旅融合顶层设计奠定基础。省委省政府文化强省和旅游强省意见提出将围绕全省"一干多支、五区协同""四向拓展、全域开放"战略，完善"一核五带"文旅发展布局。2019年4月首届全省文化和旅游发展大会第一次把文化和旅游统筹研究谋划、系统部署推进，为文化旅游发展注入强劲动力。《建设文化强省中长期规划纲要（2019—2025年）》提出"实现文化建设由'大'到'强'的根本转变，到2025年基本建成文化强省发展目标"的发展目标。

融合发展成为全省文旅重点项目发展主题词。2019—2020年集中开工文旅融合重大项目投资总额共3754亿元。其中典型的文旅融合项目总投资150亿元的成都融创文旅城重大项目竣工投运，总投资35亿元的眉山文宫枇杷小镇重点文旅融合项目实现新开工。这些文旅融合项目的落地实施对全省文旅产业提振发展起到了重要支撑作用。

（三）扶贫攻坚，乡村振兴

在全省旅游系统和扶贫部门的高度重视和努力之下，通过发展旅游实现贫困地区脱贫致富取得显著成效。党的十八大以来，全省已有超过5000个行政村通过发展旅游带动农民致富，10%以上贫困人口由此脱贫，惠及贫困人口超过50万。

"现代化旅游产业新体系建设"和"优质旅游发展"是四川省旅游扶贫的主要方向。以帮助贫困群众实现就业增收为目标导向，全省坚持因地制宜的原则，着力发展特色产业，努力实现当地"自我造血"，开展了一系列工作，也总结出景区带动、商品带动、乡村旅游带动等多种扶贫模式。通过建设国家乡村旅游人才培训基地、开展乡村旅游带头人赴台培训、开展旅游"两师一员"建设、建设乡村旅游合作社等具体措施来开展文旅扶贫。此外，为实现贫困地区旅游业的可持续发展，文旅、扶贫、金融等各部门积极开展合作，形成"协同联动、多方参与"的旅游扶贫大格局。为全面覆盖贫困群众，四川省创新旅游扶贫带动模式。一方面，支持贫困户对闲置房屋进行改造，创建乡村民宿达标户；另一方面，在全省推进乡村旅游合作社普及，并大力支持旅游商品研发基地的创建等。

因地制宜，四川省以多样的创新模式引导不同地区开展旅游扶贫，并形成了众多极具示范性区域。川西部地区稻城县成功创建成为首批"天府旅游名县"；川西南地区安哈镇成为"景区带动"的典型；五龙村实践"公司＋农户"模式，引导村民发展特色民宿以此实现了乡村旅游的大发展；叙永县"非遗＋扶贫"有效助力苗族群众脱贫增收；川北部地区城北镇、开封镇依托石斛康旅产业园项目解决不少贫困人员就业问题；川南部地区古蔺县红色旅游品牌的打造成为该地脱贫攻坚的重要抓手之一。

(四) 双城战略，文旅走廊

成渝地区双城经济圈建设是国家优化产业链，构建新发展格局的重要举措。响应成渝地区双城经济圈建设，四川省和重庆市提出共建巴蜀文化旅游走廊，贯彻落实中央对成渝双城经济圈"打造具有巴蜀特色的国际消费目的地"的要求。

巴蜀文旅走廊建设工作机制逐步完善。四川省与重庆市合作建立了包括巴蜀文旅走廊建设专项工作小组、联席会议、联合办公及信息通报在内的四项工作机制，并就文旅联合执法、案件协查协办、文旅行政处罚信息、黑名单信息通报、跨省市投诉处理合作机制等方面达成约定，编制或达成了一系列工作方案和协议，全面指导建设工作的开展。

巴蜀文旅走廊建设工作陆续落实。四川省推动了以"智游天府"、"惠游重庆"公共服务平台对接为代表的文旅公共服务协作及一体化建设，成立了包括巴蜀世界遗产联盟、巴蜀石窟文化旅游走廊联盟、大渡河风景道联盟在内的联盟，策划开展"成渝地巴蜀情"区域文化活动，陆续推进在遗址公园建设、文化传承保护方面的交流合作。

(五) 献礼百年，红色旅游

围绕建党百周年，四川省文旅厅不断提升红色旅游的服务标准和建设标准，推进红色旅游干线交通建设，完善红色旅游公共配套服务设施；在夯实红色旅游发展基础之上，打造红色旅游精品线路，丰富红色旅游产品体系，建设红色旅游经典景区，培育红色旅游知名品牌。

稳步、高标准推进长征国家文化公园建设。四川省组织领域专家和学者集中进行长征历史的梳理、内涵的挖掘与伟大长征精神的阐发，为公园建设提供坚实理论支撑；启动长征文化线路（四川段）整体保护工程；组织开展调研，完成总展馆选址；确定线路关联文物点，统一保护标准、规划标识与配套建设；加强对重大事件历史遗存的调查研究与展览展示工作；开展长征文化线路保护利用及主题教育工作，推进相关精品展示片区的建设；在加强文物保护的同时，推动文旅融合，打造"重走长征路"旅游线；建设体现长征文化的文旅特色村镇。

四川红色旅游发展取得了显著的经济、文化和社会效益。四川建立起数个红色旅游试点城市，培育出诸多有竞争力的文旅企业，形成了一批典型的文旅融合发展示范区；打造了以"重走长征路"为特色的红色研学旅游及深度体验旅游产品，以此提升了四川长征文化的知名度和影响力；同产业融合，与区域联动，推出以红色旅游为主题、形式多样的复合型旅游产品和线路；培育出众多优秀红色故事讲解员与志愿者，推出红色文化演艺项目，组织系列红色主题体育赛事和红色旅游文创产品大赛，提高了四川红色旅游的知名度与美誉度。

(六) 资源普查，夯实基础

四川是全国文化和旅游资源大省，厘清省内文化和旅游资源是保护开发利用工作的前提，也是保证文旅产业高质量发展的重要基础。为开展文化和旅游资源普查，四川省成立了省级普查办、省级专家委员会，组织了4.8万余人的专业队伍，投入财政资金近1.5亿元，于2019年1月对全省21个市（州）、183个县（市、区）进行全方位、科学系统的文化和旅游资源普查。

资源普查工作依据《四川省文化和旅游资源普查工作方案》和《四川省旅

游资源分类、调查与评价（试行）》标准，按照"省上统筹，市（州）协调，县（市、区）为主体，三级联动，公众参与"模式，先后在宜宾市兴文县、都江堰、峨眉山、阆中、南江、汶川、泸定和西昌市等8个县（市、区）进行了试点，并开设工作培训班，将前期先行的宝贵经验推广至全省文旅资源普查工作中。

截至2020年9月，全省已普查出旅游资源24.548万个，普查出文化资源271.02万处，并在文化和旅游资源普查标准维度、工作维度、文本成果维度、成果运用维度以及资源大数据维度下取得了丰硕成果。文旅资源普查工作将摸清全省文旅资源家底，评估文旅产业的发展潜力，为编制"十四五"文旅规划，加快文化强省旅游强省建设提供科学支撑，奠定文旅产业的发展基础。

(七)"智游天府"，智慧赋能

2019年下半年，按照四川省文化和旅游部、省委省政府推动智慧文旅建设要求，"智游天府"四川文化和旅游公共服务平台开展建设。"智游天府"整合了全省文化和旅游资源，依托微信小程序、公众号、APP等载体，为大众提供文旅相关服务以及公共服务等，包括预订酒店、预约门票以及在线交易特色商品等，是独具四川文化特色的智慧文旅服务平台。

四川智慧旅游城市的建设可追溯至2012年，成都、绵阳、乐山市三市和青城山—都江堰景区、峨眉山景区、九寨沟景区三区被列入首批国家级智慧旅游试点项目。2014年，新增宜宾、攀枝花、南充、广安、眉山、阿坝州、凉山州等10个智慧旅游试点城市和30个智慧旅游试点景区。2018年，"都江堰智慧旅游实验室"成立，打造都江堰成为全国首个5G智慧旅游城市。2019年，乐山开通首个5G基站，成立了省内首个"5G文旅创新基地"……智慧文旅建设的持续推进，为游客提供了优质便捷的公共服务。

2020年底，在政策和科学技术发展的助推下，省文化和旅游厅、四川省旅投集团联合阿里巴巴、新希望、四川省投资集团等多家企业签订合作协议，力求发挥各方所长，高效整合全省旅游文化资源，加强"智游天府"平台运营合作，打造四川省"文化＋旅游＋科技"的智慧文旅模式。

（八）天府名县，四川名片

天府旅游名县建设是四川省以文旅产业带动区域产业，促进县域经济提质增效和全域旅游统筹发展的重要创举。2018 年四川省委十一届四次全会明确要扎实抓好县域经济和文化旅游发展工作，提出要开展天府旅游名县建设工作，通过打造天府旅游名县营造比学赶超、争当先进的良好县域旅游发展氛围。

天府旅游名县建设工作开展两年以来机制完备，推进有序。一是做好了规章制度顶层设计。相关工作实施意见及通知陆续发布，明确了天府旅游名县建设的意义、原则、目标，并对评选条件、评定方式、激励政策、组织管理做出了规定。二是科学开展评选并稳步落实了支持工作。通过自评申报、现场检查和第三方评估进行创建考核，并实行可递补的动态申报竞争机制。对创建成功的县（市区）在资金、用地、营销等方面给予支持，在绩效考核、人才培训等方面予以倾斜。三是积极开展宣传推介工作。组织天府旅游名县前往北京、重庆、西安、澳门等海内外城市开展文旅产品展销、文化演艺等形式的推介宣传活动，引起了广泛的关注。

天府旅游名县建设工作推进以来展现出良好成效。全省各县（市、区）响应积极，积极申报。2019 年全省 107 个县（市、区）申报天府旅游名县，2020年申报数达 140 个，占全省县市区总量近八成。成功创建两批共计 20 个天府旅游名县、30 个天府旅游名县候选县。2019 年，首批天府旅游名县接待游客累计 3.83 亿人次，占全省旅游接待人数的 50.7%，实现旅游收入 4811.6 亿元，占全省 41.5%，展现出天府旅游名县对四川文旅经济发展的有效带动作用。

（九）新"三九大"，形象担当

2018 年 11 月，四川省委书记彭清华在出席于香港举办的"川港澳合作周·走进香港"经贸合作论坛时，首次提出了"三九大"概念，其中"三"指三星堆，"九"指九寨沟，"大"指大熊猫。"三九大"代表了四川的文化魅力精华所在，是四川的悠久历史文化和丰富资源禀赋的集中体现。

四川省文旅厅围绕"三九大"开展了系列工作：一是确定并发布了新文旅口号，2019 年发布了"天府三九大，安逸走四川"的文旅口号及该主题的四川文化旅游宣传片；二是大力推进"三九大"品牌建设工作，编写了以"大遗址"、"大九寨"、"大熊猫"为核心的"三九大"品牌建设方案。依据品牌建设及已有产品线路的情况，分时期、分批次地推出品牌体系和产品线路，着力建设"天府三九大，安逸走四川"品牌集群和产品线路体系；三是多渠道宣传推介扩大"三九大"品牌影响力，开展吉祥物涉设计、形象广告投放、交流活动及展会推介等多样化的宣传亮相工作，持续擦亮"天府三九大安逸走四川"文旅品牌。

围绕"三九大"开展的工作取得了卓越的成效。"三九大"联盟区域文旅产业蓬勃发展，2019年，三星堆、九寨沟、中国大熊猫保护研究中心及相关联盟区域接待游客达到1300余万人次，实现旅游收入130余亿元。海内外媒体多次报道宣传"三九大"文旅新名片，社会舆论影响力显著。

(十) 网红经济，顶级流量

四川已经成中国旅游网红大省。在抖音，截至2020年10月31日，四川文旅相关视频总播放量超过129亿，位列全国第二，文旅相关视频的总投稿量超过500万个。2020年十一期间，四川文旅视频总播放量达48.8亿，位列十一假期期间全国热度榜TOP2省份。双节期间，四川省A级旅游景区恢复开放649家，实现门票收入3.13亿元，成都位居全国热门客源地首位，九寨沟景区、峨眉山景区、自贡恐龙博物馆等诸多景点均受到游客热捧。

四川具有众多网红元素，如广受网友和游客的关注与喜爱的大熊猫，其iPanda熊猫频道，微博粉丝数超过一千万，抖音粉丝高达四百多万。此外还有三星堆，其微博账户视频累计播放量超四百万，2020年3月27日，有超过9000人入三星堆博物馆参观，当日门票收入达51万元，创下三星堆博物馆建馆以来第二高门票销售额。

除网红元素外，四川也有众多知名网红人物，极具代表性的则是丁真。2020年11月11日开始，丁真的一则短视频刷爆全网，这位来自四川省甘孜州理塘县的普通少年一夜之间火遍全网，成为现象级网红代表。11月11日至11月30日，丁真相关信息在全网平台累计2525084条，丁真在网络上爆红之后，四川省各级政府部门、官方媒体便开始积极布局，一套组合拳成功让丁真突破传统网红标签，服务于本地文化旅游宣传。

Ⅱ 专题报告

新冠肺炎疫情对四川省入境旅游人数的影响

[作　者] 杜晓希　胡　丹　唐　勇（成都理工大学　旅游与城乡规划学院）

秦宏瑶　钟美玲（四川电影电视学院）

摘　要： 2020 年爆发的新冠肺炎疫情使得四川省旅游业损失巨大。采用双变量 ARIMA 模型，假设恢复期为 24 个月、30 个月、36 个月 3 种情景时，测算新冠肺炎疫情对不同恢复期下四川省入境旅游人数的影响程度。研究发现，恢复期越长，同比增长率平均降幅越大，入境旅游人数减少越多。其中，同比增长率平均降幅分别为 63.11%、63.53%、63.81%；入境旅游人数分别减少 594.77 万人次、720.14 万人次、863.83 万人次。研究结果揭示恢复期与同比增长率及入境旅游人数成反比的特征，有望为四川省入境旅游恢复提供决策依据。

关键词： 新冠肺炎疫情；四川省；入境旅游人数；双变量 ARIMA 模型

1　引言

新冠肺炎疫情既是突发公共卫生事件，也是重大旅游危机事件。疫情对旅游业的影响主要包括旅游人数的减少、旅游收入的下降、经济损失及没有实现本应实现的增长等方面。2019 年 12 月疫情发生以来，国家、省及各地出台了财税、金融、社保、房租、旅游等一系列扶持文化和旅游企业应对疫情共渡难关的政策措施。例如，《关于支持文旅企业做好疫情防控有序复工复产的十条措施》（川文旅发〔2020〕3 号）。在此背景下，科学研判新冠肺炎疫情对四川省入境旅游经济带来的负面影响是文化和旅游部门精准施策需要回答的首要基础性科学问题。

危机事件的旅游影响测算是统计学、旅游学、计量经济学等领域共同关注的重要问题。相关成果多为事后研究，常使用本底趋势线、ARIMA 模型等方法。近年来，对中国旅游业造成重大负面影响的危机事件主要包括 SARS、汶川地震、金融危机、新疆"7.5"事件等。新冠肺炎疫情对旅游的影响已有较多重要研究成果，仅陈旭、贺小荣等探究了疫情对四川省旅游业的影响。有鉴于此，采用双变量 ARIMA 模型，测算新冠肺炎疫情对不同恢复期下四川省入境旅游人数的影响，有望为入境旅游恢复提供决策依据。

2 数据来源与研究方法

2.1 数据来源

数据来源于"四川省统计局官网"与"四川省文化和旅游厅官网"。选择 2018—2019 年四川省月度入境旅游人数、2020 年第 1 季度入境旅游人数指标作为基础数据。2020 年 1—3 月数据缺失，仅包含该年第 1 季度数据（9.01 万人次，同比下降 86.68%）（表 1－1）。

表 1－1 2018—2019 年及 2020 年第 1 季度入境旅游人数（万人）

年/月	2018/1	2018/2	2018/3	2018/4	2018/5	2018/6	2018/7	2018/8	2018/9	2018/10
人数	17.97	17.54	25.09	15.24	26.68	37.22	43.87	44.92	51.53	42.94
年/月	2018/11	2018/12	2019/1	2019/2	2019/3	2019/4	2019/5	2019/6	2019/7	2019/8
人数	22.67	24.16	19.78	20.11	27.76	15.94	28.08	38.47	45.52	49.18
年/月	2019/9	2019/10	2019/11	2019/12	2020/1 *					
人数	54.48	54.29	28.78	32.34	9.01					

注：* 为 2020 年第 1 季度，下文同。

2.2 研究方法

双变量 ARIMA 模型经 ARIMA 模型衍生，用于识别季节波动与危机事件波动对因变量的影响。模型如下：

$$\ln Z_t = \sum_{i=1}^{n} W_{it} I_{it} + N_t \tag{1}$$

式中：Z_t 为 t 时刻入境旅游人数与去年同期入境旅游人数的比率，W_{it} 为第 i 个危机事件在 t 时刻的波动参数，I_{it} 为第 i 个危机事件在 t 时刻的波动函数，N_t 为季节波动模型。

因研究问题所需，将式（1）调整为：

$$\ln Z_t = W_t I_t + N_t \tag{2}$$

疫情的波动函数 I_t 用脉冲函数表示：

$$I_t = \begin{cases} 1, t \text{ 为有新冠肺炎疫情影响的时期} \\ 0, t \text{ 为无新冠肺炎疫情影响的时期} \end{cases} \tag{3}$$

将式（3）代入式（2）中：

$$\ln Z_t = \begin{cases} W_t + N_t, t \text{ 为有新冠肺炎疫情影响的时期} \\ N_t, t \text{ 为无新冠肺炎疫情影响的时期} \end{cases} \tag{4}$$

假设旅游行为影响因素保持不变，N_t 在疫情常态化前后为常数，式（1）简化为：

$$\ln Z_t = W_t \tag{5}$$

即：

$$Z_t = e^{W_t} \tag{6}$$

式中，Z_t 为疫情 t 时刻入境旅游人数与去年同期入境旅游人数的比率，W_t 为 t 时刻的波动参数。疫情对旅游的影响主要是旅游动机的减少，即旅游心理动力的缺乏，因此 W 主要由人的心理发展变化决定。

2.3 参数估计

2019 年 12 月疫情尚不严重，其防控还未受到高度重视，旅游活动不受影响，该月入境旅游人数基本保持往年的增长态势。2020 年 1 月，疫情在全国各地迅速暴发，旅游业处于停顿状态，入境旅游人数大幅度下降。2020 年 3 月 18 日，国内各地区无新增病例，四川省逐步开放旅游景区景点，旅游活动开始有限度的缓慢恢复。疫情影响划分为 3 个阶段：2019 年 12 月为影响初期，2020 年 1 月及 2 月为影响上升期，2020 年 3 月开始为恢复期。

2019 年 12 月入境旅游人数同比值（Z_t）代入式（6），求得 $W_{12} = 0.292$。

2020 年 1 季度入境旅游人数同比值（Z_t）代入式（6），求得 $W_{1*} = -2.016$。

假设在恢复期持续 n 个月后入境旅游人数同比增长率与预期相同，且旅游心理动力随时间等比例的增大到正常水平，W 等比例地回升，设等比例因子为 h，则：

$$W_{\text{恢复期}} = W_{t_{1*}} + nh \tag{7}$$

$$W_t = W_{t_{1*}} + h(t - t_{1*}) \tag{8}$$

将式（7）代入式（8）：

$$W_t = W_{t_{1*}} + \frac{W_{\text{恢复期}} - W_{t_{1*}}}{n}(t - t_{1*}) \tag{9}$$

预期同比增长率根据 2016—2019 年四川省入境旅游人数年增长率取平均值求得，为 11.33%。根据式（6）计算，W 预期 = W 恢复期 = 0.107（表 1-2）。

将已知值代入式（9），入境旅游人数波动参数：

$$W_t = -2.016 + \frac{0.107 + 2.016}{n}(t - 3) \tag{10}$$

根据式（10），分别计算恢复期区间月份的波动参数值。根据各类型危机事件后旅游业的恢复期及人们的旅游心理动力恢复期，结合全国各省市抗疫实际情况、世界抗疫实际情况，将按以下的 3 种情景即疫情常态化后 24 个月、30 个月、36 个月恢复到预期入境旅游人数来测算疫情对四川省入境旅游人数的影响（表 1-3；表 1-4；表 1-5）。

表 1-2　2016—2019 年四川省入境旅游人数及同比增长率对比（单位：万人）

年份	2016 年	2017 年	2018 年	2019 年
入境旅游人数	308.79	336.17	369.82	414.78
同比增长率	13.00%	9.90%	10.00%	12.40%

表 1-3　恢复期为 24 个月时新冠肺炎疫情影响期间不同时间段的波动参数（W_t）

年/月	2019/12	2020/1 *	2020/4	2020/5	2020/6	2020/7	2020/8	2020/9	2020/10	2020/11
W_t	0.292	-2.016	-1.928	-1.839	-1.751	-1.662	-1.574	-1.485	-1.397	-1.308

续表

年/月	2019/12	2020/1*	2020/4	2020/5	2020/6	2020/7	2020/8	2020/9	2020/10	2020/11
年/月	2020/12	2021/1	2021/2	2021/3	2021/4	2021/5	2021/6	2021/7	2021/8	2021/9
W_t	−1.220	−1.131	−1.043	−0.955	−0.866	−0.778	−0.689	−0.601	−0.512	−0.424
年/月	2021/10	2021/11	2021/12	2022/1	2022/2	2022/3				
W_t	−0.335	−0.247	−0.158	−0.070	0.019	0.107				

表1-4　恢复期为30个月时新冠肺炎疫情影响期间不同时间段的波动参数（W_t）

年/月	2019/12	2020/1*	2020/4	2020/5	2020/6	2020/7	2020/8	2020/9	2020/10	2020/11
W_t	0.292	−2.016	−1.945	−1.874	−1.804	−1.733	−1.662	−1.591	−1.521	−1.450
年/月	2020/12	2021/1	2021/2	2021/3	2021/4	2021/5	2021/6	2021/7	2021/8	2021/9
W_t	−1.379	−1.308	−1.238	−1.167	−1.096	−1.025	−0.955	−0.884	−0.813	−0.742
年/月	2021/10	2021/11	2021/12	2022/1	2022/2	2022/3	2022/4	2022/5	2022/6	2022/7
W_t	−0.671	−0.601	−0.530	−0.459	−0.388	−0.318	−0.247	−0.176	−0.105	−0.035
年/月	2022/8	2022/9								
W_t	0.036	0.107								

表1-5　恢复期为36个月时新冠肺炎疫情影响期间不同时间段的波动参数（W_t）

年/月	2019/12	2020/1*	2020/4	2020/5	2020/6	2020/7	2020/8	2020/9	2020/10	2020/11
W_t	0.292	−2.016	−1.957	−1.898	−1.839	−1.780	−1.721	−1.662	−1.603	−1.544
时间	2020/12	2021/1	2021/2	2021/3	2021/4	2021/5	2021/6	2021/7	2021/8	2021/9
W_t	−1.485	−1.426	−1.367	−1.308	−1.249	−1.190	−1.131	−1.072	−1.013	−0.955
时间	2021/10	2021/11	2021/12	2022/1	2022/2	2022/3	2022/4	2022/5	2022/6	2022/7
W_t	−0.896	−0.837	−0.778	−0.719	−0.660	−0.601	−0.542	−0.483	−0.424	−0.365
时间	2022/8	2022/9	2022/10	2022/11	2022/12	2023/1	2023/2	2023/3		
W_t	−0.306	−0.247	−0.188	−0.129	−0.070	−0.011	0.048	0.107		

3　研究结果

（1）情景1：恢复期持续24个月后（2022年3月），入境旅游人数恢复到预期人数。四川入境旅游人数同比增长率平均降幅为63.11%。其中2020年1—4季度平均降幅分别为86.68%、95.01%、90.44%、84.68%；2021年1—4季度平均降幅分别为75.63%、64.15%、50.94%、34.27%；2022年第1季度平均降幅为8.10%。2020年1—4季度入境旅游人数分别减少58.64、78.38、134.91、97.73万人次；2021年1—4季度入境旅游人数分别减少51.16、52.92、76.00、39.56万人次；2022年第1季度入境旅游人数减少5.48万人次。四川省入境旅游人数共减少594.77万人次（表1-6）。

表1-6 新冠肺炎疫情常态化后恢复期为24个月时的入境旅游人数变化（单位：万人）

年/月	基础人数	预期人数	预测人数	对比差值	年/月	基础人数	预期人数	预测人数	对比差值
2019/12	32.34	--	--	--	2021/3	27.76	30.91	10.68	-20.22
2020/1 *	67.65	--	9.01	-58.64	2021/4	15.94	17.75	6.70	-11.04
2020/4	15.94	17.75	2.32	-15.43	2021/5	28.08	31.26	12.90	-18.36
2020/5	28.08	31.26	4.46	-26.80	2021/6	38.47	42.83	19.31	-23.51
2020/6	38.47	42.83	6.68	-36.15	2021/7	45.52	50.68	24.96	-25.72
2020/7	45.52	50.68	8.64	-42.04	2021/8	49.18	54.75	29.47	-25.28
2020/8	49.18	54.75	10.19	-44.56	2021/9	54.48	60.65	35.65	-25.00
2020/9	54.48	60.65	12.34	-48.31	2021/10	54.29	60.44	38.84	-21.61
2020/10	54.29	60.44	13.43	-47.01	2021/11	28.78	32.04	22.48	-9.56
2020/11	28.78	32.04	7.78	-24.26	2021/12	32.34	36.00	27.61	-8.39
2020/12	32.34	36.00	9.55	-26.46	2022/1	19.78	22.02	18.44	-3.58
2021/1	19.78	22.02	6.38	-15.64	2022/2	20.11	22.39	20.50	-1.89
2021/2	20.11	22.39	7.09	-15.30	2022/3	27.76	30.91	30.90	-0.01

注：基础人数为2019年的统计数据；*为2020年第1季度，且2020年第1季度预测人数为统计数据，下文同。

（2）情景2：恢复期持续30个月后（2022年9月），入境旅游人数恢复到预期人数。四川入境旅游人数同比增长率平均降幅为63.53%。其中2020年1—4季度平均降幅分别为86.68%、95.66%、92.24%、88.15%；2021年1—4季度平均降幅分别为82.03%、74.71%、66.71%、57.12%；2022年第1—3季度平均降幅为 42.83%、25.70%、7.05%。2020 年 1—4 季度入境旅游人数分别减少 58.64、78.91、137.61、101.73 万人次；2021 年 1—4 季度入境旅游人数分别减少 55.49、61.63、99.52、65.92 万人次；2022 年 1—3 季度入境旅游人数分别减少 28.97、21.20、10.51 万人次。四川省入境旅游人数共减少 720.14 万人次（表 1-7）。

表 1-7　新冠肺炎疫情常态化后恢复期为 30 个月时的入境旅游人数变化（单位：万人）

年/月	基础人数	预期人数	预测人数	对比差值	年/月	基础人数	预期人数	预测人数	对比差值
2019/12	32.34	--	--	--	2021/6	38.47	42.83	14.80	-28.02
2020/1*	67.65	--	9.01	-58.64	2021/7	45.52	50.68	18.81	-31.87
2020/4	15.94	17.75	2.28	-15.47	2021/8	49.18	54.75	21.81	-32.94
2020/5	28.08	31.26	4.31	-26.95	2021/9	54.48	60.65	25.94	-34.71
2020/6	38.47	42.83	6.33	-36.49	2021/10	54.29	60.44	27.75	-32.69
2020/7	45.52	50.68	8.05	-42.63	2021/11	28.78	32.04	15.78	-16.26
2020/8	49.18	54.75	9.33	-45.42	2021/12	32.34	36.00	19.04	-16.97
2020/9	54.48	60.65	11.10	-49.55	2022/1	19.78	22.02	12.50	-9.52
2020/10	54.29	60.44	11.86	-48.58	2022/2	20.11	22.39	13.64	-8.75
2020/11	28.78	32.04	6.75	-25.29	2022/3	27.76	30.91	20.20	-10.71
2020/12	32.34	36.00	8.14	-27.86	2022/4	15.94	17.75	12.45	-5.29
2021/1	19.78	22.02	5.35	-16.67	2022/5	28.08	31.26	23.55	-7.71
2021/2	20.11	22.39	5.83	-16.56	2022/6	38.47	42.83	34.64	-8.19
2021/3	27.76	30.91	8.64	-22.26	2022/7	45.52	50.68	43.95	-6.72
2021/4	15.94	17.75	5.33	-12.42	2022/8	49.18	54.75	50.98	-3.77
2021/5	28.08	31.26	10.08	-21.19	2022/9	54.48	60.65	60.63	-0.02

（3）情景 3：恢复期持续 36 个月后（2023 年 3 月），入境旅游人数恢复到预期人数。四川入境旅游人数同比增长率平均降幅为 63.81%。其中，2020 年 1—4 季度平均降幅分别为 86.68%、96.08%、93.36%、90.19%；2021 年 1—4 季度平均降幅分别为 85.63%、80.38%、74.86%、68.46%；2022 年 1—4 季度平均

降幅为 59.22%、48.57%、37.34%、24.30%；2023 年第 1 季度平均降幅为
5.55%。2020 年第 1—4 季度入境旅游人数分别减少 58.64、79.26、139.27、
104.09 万人次；2021 年第 1—4 季度入境旅游人数分别减少 57.93、66.31、
111.68、79.01 万人次；2022 年第 1—4 季度入境旅游人数分别减少 40.06、
40.07、55.71、28.05 万人次；2023 年第 1 季度入境旅游人数减少 3.76 万人次。
四川省入境旅游人数共减少 863.83 万人次（表 1 - 8）。

表 1 - 8　新冠肺炎疫情常态化后恢复期为 36 个月时的入境旅游人数变化（单位：万人）

年/月	基础人数	预期人数	预测人数	对比差值	年/月	基础人数	预期人数	预测人数	对比差值
2019/12	32.34	- -	- -	- -	2021/9	54.48	60.65	20.96	-39.69
2021/1 *	67.65	- -	9.01	-58.64	2021/10	54.29	60.44	22.16	-38.28
2020/4	15.94	17.75	2.25	-15.49	2021/11	28.78	32.04	12.46	-19.58
2020/5	28.08	31.26	4.21	-27.05	2021/12	32.34	36.00	14.85	-21.15
2020/6	38.47	42.83	6.12	-36.71	2022/1	19.78	22.02	9.64	-12.38
2020/7	45.52	50.68	7.68	-43.00	2022/2	20.11	22.39	10.39	-11.99
2020/8	49.18	54.75	8.80	-45.95	2022/3	27.76	30.91	15.22	-15.69
2020/9	54.48	60.65	10.34	-50.31	2022/4	15.94	17.75	9.27	-8.48
2020/10	54.29	60.44	10.93	-49.51	2022/5	28.08	31.26	17.32	-13.94
2020/11	28.78	32.04	6.15	-25.90	2022/6	38.47	42.83	25.18	-17.65
2020/12	32.34	36.00	7.33	-28.68	2022/7	45.52	50.68	31.60	-19.08
2021/1	19.78	22.02	4.75	-17.27	2022/8	49.18	54.75	36.22	-18.54
2021/2	20.11	22.39	5.13	-17.26	2022/9	54.48	60.65	42.56	-18.10
2021/3	27.76	30.91	7.51	-23.40	2022/10	54.29	60.44	44.99	-15.46
2021/4	15.94	17.75	4.57	-13.17	2022/11	28.78	32.04	25.30	-6.74
2021/5	28.08	31.26	8.54	-22.72	2022/12	32.34	36.00	30.15	-5.85
2021/6	38.47	42.83	12.41	-30.41	2023/1	19.78	22.02	19.56	-2.46
2021/7	45.52	50.68	15.58	-35.09	2023/2	20.11	22.39	21.10	-1.29
2021/8	49.18	54.75	17.86	-36.89	2023/3	27.76	30.91	30.90	-0.01

4　结论与讨论

疫情的持续发展对我国经济产生重大影响，尤其对旅游业经济损失规模大、持续时间长及影响范围广。在此背景下，选取四川省入境旅游人数作为测算指标，采用双变量 ARIMA 模型，测算疫情对四川省入境旅游人数的影响。结果表明：

新冠肺炎疫情与 SARS 均属于突发公共卫生事件，对入境旅游人数影响的研究结果有相似之处。研究发现，恢复期与同比增长率及入境旅游人数成反比。恢复期为 24 个月、30 个月、36 个月 3 种情景时，同比增长率平均降幅分别为63.11%、63.53%、63.81%；人数分别减少 594.77 万人次、720.14 万人次、863.83 万人次。换言之，恢复期越长，同比增长率平均降幅越大，入境旅游人数减少得越多。从每年 1—4 季度入境旅游人数变化情况来看，第 3 季度人数大幅减少，极可能与周期性和季节性因素存在关联。

综上，通过测算新冠肺炎疫情对不同恢复期下四川省入境旅游人数的影响程度，有望为认识疫情对旅游经济的负面影响及研判未来旅游经济发展趋势，特别是入境旅游恢复提供决策依据。下一步研究既可考虑采用 Eview 等进行"事件研究"，也可将预测人数与同期实际值对比，或比较不同地域旅游指标受损差异。

参考文献

［1］Chen H，Huang X，Li Z. A content analysis of Chinese news coverage on COVID - 19 and tourism［J］. Current Issues in Tourism，2020，23（4）：1 - 8.

［2］祝铠. 新冠肺炎疫情对我国旅游业发展的影响及对策研究［J］. 四川旅游学院学报，2020（3）：13 - 16.

［3］夏杰长，丰晓旭. 新冠肺炎疫情对旅游业的冲击与对策［J］. 中国流通经济，2020，34（3）：3 - 10.

［4］Farzanegan M R，Gholipour H F，Feizi M，et al. International tourism and outbreak of Coronavirus（COVID - 19）：A cross - country analysis［J］. Journal of Travel Research，2020，

60 (3): 687 - 692.

[5] Zhong L, Sun S, Law R, et al. Tourism crisis management: evidence from COVID - 19[J]. Current Issues in Tourism, 2021, 24 (12): 1 - 12.

[6] 魏小安, 付磊. 旅游业受"非典"影响情况分析及对几个相关问题的辨析[J]. 旅游学刊, 2003, 18 (4): 14 - 23.

[7] 王少华, 王璐, 王梦茵, 等. 新冠肺炎疫情对河南省旅游业的冲击表征及影响机理研究[J]. 地域研究与开发, 2020, 39 (2): 1 - 7.

[8] 明庆忠, 赵建平. 新冠肺炎疫情对旅游业的影响及应对策略[J]. 学术探索, 2020 (3): 124 - 131.

[9] 马波, 王嘉青. 常态化疫情防控下的旅游产业新走向[J]. 旅游学刊, 2021, 36 (2): 1 - 3.

[10] 侯国林. 旅游危机: 类型、影响机制与管理模型[J]. 南开管理评论, 2005, 8 (1): 78 - 82.

[11] 孙根年. 论旅游危机的生命周期与后评价研究[J]. 人文地理, 2008, 23 (1): 7 - 12.

[12] Ghaderi Z, Som A P M, Henderson J C. Tourism crises and island destinations: Experiences in Penang Malaysia[J]. Tourism Management Perspective, 2012, 2 (3): 79 - 84.

[13] Peng B, Song H, Crouch G I. A meta - analysis of international tourism demand forecasting and implications for practice[J]. Tourism Management, 2014, 45: 181 - 193.

[14] 陈荣, 梁昌勇, 陆文星, 等. 面对旅游突发事件的客流量混合预测方法研究[J]. 中国管理科学, 2017, 25 (5): 167 - 174.

[15] 王小春, 梁运文. 国内危机事件对肇庆市入境旅游的影响[J]. 亚热带资源与环境学报, 2020, 15 (3): 65 - 72.

[16] 李锋, 孙根年. 基于旅游本底线法 (TBLM) 的旅游危机事件研究——以 2003 年"SARS"事件为例[J]. 人文地理, 2006, 21 (4): 102 - 105.

[17] 马丽君, 孙根年, 王宏丹, 等. 汶川地震对四川及周边省区旅游业的影响[J]. 中国人口·资源与环境, 2010, 20 (3): 168 - 174.

[18] Goh C, Law R. Modeling and forecasting tourism demand for arrivals with stochastic nonstationary seasonality and intervention[J]. Tourism Management, 2002, 23 (5): 499 - 510.

[19] 陈鹏, 吴玲, 宋徽. 基于 ARIMA 模型的安徽省入境旅游人数预测[J]. 安徽农业大学学报 (社会科学版), 2012, 21 (1): 32 - 35 + 116.

［20］徐秀美，杨扬. 基于ARIMA模型的危机事件对入境旅游需求的影响分析——以丽江为例［J］. 云南地理环境研究，2014，26（4）：60－64.

［21］朱迎波，葛全胜，魏小安，等. SARS对中国入境旅游人数影响的研究［J］. 地理研究，2003，22（5）：551－559.

［22］Wilders S. The severe acute respiratory syndrome：Impact on travel and tourism［J］. Travel Medicine and Infectious Disease，2006，4（2）：53－60.

［23］吴良平，张健，王汝辉. 基于SARIMA模型的汶川大地震对四川省旅游业影响研究［J］. 旅游论坛，2012，5（3）：56－60＋86.

［24］李向农，延军平. 汶川地震对区域旅游业的影响研究［J］. 资源科学，2014，36（8）：1652－1659.

［25］唐承财，郭华，袁海红，等. 金融危机对北京旅游业的影响分析［J］. 干旱区资源与环境，2016，30（5）：191－196.

［26］成观雄，喻晓玲. 突发事件对边疆地区入境旅游的影响——以新疆"7.5"事件为例［J］. 经济地理，2015，35（5）：204－208.

［27］陈旭. 新冠肺炎疫情对四川旅游业的影响及其对策［J］. 四川行政学院学报，2020（2）：5－14.

［28］贺小荣，彭坤杰. 新冠肺炎疫情对我国旅游业的影响：预测与对策［J］. 四川旅游学院学报，2020（4）：65－71.

［29］Box G E P，Tiao G C. Intervention analysis with applications to economic and environmental problems［J］. Journal of the American Statistical Association，1975，70（349）：70－79.

［30］何诚颖，闻岳春，常雅丽，等. 新冠病毒肺炎疫情对中国经济影响的测度分析［J］. 数量经济技术经济研究，2020，37（5）：3－22.

［31］刘卫东. 新冠肺炎疫情对经济全球化的影响分析［J］. 地理研究，2020，39（7）：1439－1449.

［32］游静，彭国川，李强. 疫情对旅游经济造成的影响与应对策略研究［J］. 特区经济，2020（7）：85－88.

［33］吕宛青，窦志萍，张冬，等. 新冠肺炎疫情对区域旅游发展影响及恢复发展应对策略研究——以云南省为例［J］. 旅游研究，2020，12（3）：1－12.

［34］Zhang H，Song H，Wen L，et al. Forecasting tourism recovery amid COVID－19［J］. Annals of Tourism Research，2021，87（4）：103－149.

［35］林玲，李江风. COVID－19对我国入境旅游人数的影响［J］. 特区经济，2020，

383（12）：23 - 26.

［36］秦宏瑶，唐勇. 基于季节指数的四川省旅游季节性研究［J］.资源开发与市场，2014，30（3）：374 - 377.

［37］方叶林，黄震方，侯兵，等. 中国入境游客周期波动特征及影响机理［J］.地理研究，2014，33（10）：1942 - 1955.

四川省民宿客栈与精品酒店行业受疫情影响专项调查

［作　者］张　立（四川十图文化旅游有限公司）

龚　宇（四川省旅游学会）

白　萱（四川省旅游协会民宿客栈与精品酒店分会）

民宿客栈与精品酒店是旅游住宿新业态的典型代表，是我省建设文化强省旅游强省的重点支持建设项目。在本次疫情肆虐下，该行业损失惨重，普遍面临发展困难。为摸清情况，精准施策，四川省旅游学会旅游产业投资研究分会、四川省旅游协会民宿客栈与精品酒店分会联合西南交通大学公共管理与政法学院、西南民族大学旅游策划与设计研究中心相关专家，共同开展四川省民宿客栈与精品酒店行业受新型冠状病毒疫情影响专项调查及应对策略研究。调查表明，行业损失比预期严重，发展暂时受挫，行业信心期待提升，期盼精准政策支持。

1　调查样本代表性说明

本次调研通过面向行业协会会员单位发放问卷及电话采访，同时访问携程旅行网、途家民宿、美团民宿等平台提供的数据进行分析。自 2 月 21 日至 27 日，共收集有效问卷 200 份，电话访问代表性企业 187 家，涉及四川省成都市、南充市、凉山州、阿坝州、眉山市、乐山市、德阳市等 14 个地市州，调查区域覆盖川内 66.6% 市（州）县，这些区域是我省民宿客栈和精品酒店发展迅速且具有较大影响力的区域。调查内容主要涉及企业性质与规模、员工人数、企业疫情期间经济损失情况、当前面临困难、自救措施、对恢复生产的信心等六个方面，通过数据分析，形成"四川省民宿客栈与精品酒店受疫情影响专项调查报告"。

2　调研主要结论

2.1　行业损失超过预期

2.1.1　订单量骤降

整体看，2020 年春节假期期间，在不计算通货膨胀和今年春节期间酒店房屋普遍降价等情况下，民宿、精品酒店类企业的经济收益只有去年同期收益的14.1%，收入减少超过80%。

从携程旅行网数据上来看，2020年1月24日至2020年2月22日期间，四川省民宿、精品酒店类企业共接收预订单36315单，其中取消22810单，取消率为62.8%；间夜量69121间，取消48901间，取消率为70.7%。实际间夜量20220间，与同比去年134416的间夜量下降84.9%。

途家民宿2019年2月3日至2月7日民宿预订量达105000，退订单达22000，成交83000，取消率仅为20.95%；而今年春节期间1月23日至2月24日近一月的订单量仅为20000，退单量达9000，成交单量达12000，取消率高达45%。与去年同期对比，订单量下降80.95%，成交单量骤降95.19%。从美团民宿平台数据看，四川省从2020年1月24日，共预订23925间夜，取消24314间夜，取消率101.2%。同比2019年的1月24日—2月23日，支付订单数46055单，支付77145间夜。而2020年同期只有12468单，订单量下降了72.9%。调查中，近70家企业表示2020年春季经营状况与往年同比下降100%。

实际的损失不仅仅是订单取消的收入，还包括为春节旺季所储备的众多物资（尤其是食品类储备）及预留加班的员工开支。

2.1.2 企业全面停业

通过200份有效问卷得知，疫情发生以来，200家企业中188家已全面停业，停业率达到94%。部分项目停业的企业3家，占受调查企业的1.5%；正常经营的企业2家，仅占受调查企业的1%。超过90%的受访企业表示：不清楚何时能恢复经营。卫生检查等方面的工作进展困难重重。

2.2 恢复生产困难较大

2.2.1 短期现金支付压力巨大

面对按期支付的工资、房租和经营贷款，相当多的企业都面临压力。刚刚经历重大的基础设施投入，经营期限较长，资金压力极大。员工大多数经济实力不强，工资收入对其日常生活的正常开展影响较大。

调查显示，近半数企业在停工期间正常发放员工工资，近四成企业与员工协商工资发放，酌情降薪以度过此次行业寒冬。

通过调查，经营旅游民宿、精品酒店等住宿企业的经营用房84%是租赁物业，16%为自有房产。因此，按期交纳房租、水电费用为经营的固定支出。通过进一步对上述租赁客房经营的企业调查，近半数企业月付房租费用多于 50 万，巨大的租金压力对企业维持正常经营提出了不小的考验。

调研发现，40% 企业存在还贷压力。如阿坝州理县桃坪镇桃坪村（田园客栈）表示已经借款 40 万，而企业迟迟不能复工，房租又加压，还贷压力大。

2.3 行业未来发展压力较大

2.3.1 经营恢复周期长

进一步复工之后，很多单位的假期都将缩短，对民宿业的客源未来经营收入的增长带来较大的不确定性。民宿行业多为小微企业，本身资本相对较弱，都表示酒店相对较稳定，而民宿业就很难了，很多政府补贴都享受不了。

2.3.2 员工流失风险

面对复工难题，相当一部分员工失去信心，开始另寻出路。对于服务行业而言，员工的素质和专业能力的培养不是一蹴而就。在疫情反复以及复工周期难以预料的背景下，企业经营压力巨大。

2.4 企业对未来依然拥有较强信心

面对此次疫情，整个住宿业正在经历一场前所未有的寒冬，但在这样艰难的时刻，行业经营者依然保持着乐观，对疫情过去后企业的恢复和发展抱有信心。在问及疫后对民宿及精品酒店行业信心如何时，收到的近 200 份有效问卷中，有 165 份问卷表示对行业有信心，占比达 78%。

其中：

1. 松潘蕃坊丝路商贸有限公司：对企业充满信心，原因：①九寨沟景区及周边旅游景点的开放，对酒店业会有很大带动作用。②精品酒店本身在当地需求量很大。③疫情管控期间，多数人居家不外出。从某种角度来说，景区开放给渴望外出旅游的人，提供了外出放松的机会。疫情过后也许会有很多旅游外出人员。所以对酒店的后期充满信心！

2. 涵涵客栈：如果疫情后，景区免费，政府大力扶持旅游业发展，游客增加，民宿酒店业将会迎来更好的发展。

3. 等风：虽然三产行业恢复较慢，暑假因学生时间调整预期也较为不乐观，但仍有信心；主要从内部管控、资金筹措、资源整合来谋求新的发展和变革；拥抱变化。

4. 都江堰闲在逅舍酒店：现在生存才是第一位，各种需要支付的资金确实导致压力巨大。最担心五一前都没有旅游人流量。希望行业能够尽快复苏，疫情过去到市场平稳至少要三个月，协会和政府能够用一些手段刺激旅游市场。各家也要努力创新，创造好的线路集合，相信困难总会过去，六月之后会迎来旅游市场的爆发。

5. 四川上乘居酒店管理有限公司：只要活下来，相信未来这个行业是有活力的行业。

2020 年我省文旅企业面临危机，望企业积极乐观，怀抱信心，抗疫情，内省提升，同时希望在政府引导下各企业、协会携手前进，共渡难关，走出困境。

2.5 亟待精准政策扶持

在收到的 200 份调查问卷中，有 145 份回答企业目前已获得政策扶持。其中，行业培训、税收减免、财政补贴和社保支持为主要扶持手段。尽管多数企业均表示获得政策扶持，但通过进一步了解得知，绝大多数企业表示收到的扶持杯水车薪，很难帮助企业解决现阶段的经营困难。

2.5.1 企业当下需求

为尽快复工，多数企业现阶段希望政府相关部门、协会、金融机构等给予政策支持，并提供指导和培训。

（1）提供专项补贴

调研中各个企业都希望政府能够在补贴上更加精准，主要是三个方面：适当增加一些房租补贴；一定额度的防护物资报销补贴；尽快落实国家以及省市的各项政策。

（2）对一些处于投资建设期的企业强化一企一策

相当一部分民宿企业还有投资项目，企业希望政府在投资手续审批等方面提供更多便利，尽快复工。

2.5.2 提供营销宣传扶持

企业已经展开了多种形式的营销宣传。调研发现，更多企业希望政府能整合既有资源，强化对民宿的宣传。如在各大景区、博物馆等区域发放民宿地图，集中宣传四川的民宿行业，提升四川民宿在全国的影响力，从而助推打造文化强省和旅游强省。

3 应对策略及建议

3.1 对企业的应对策略建议

对于疫情后的文旅住宿业如何发展，我们有许多可借鉴与可学习的例子，正如非典催生了阿里、京东等电商巨头，新冠又一次催生新型业态，不仅造成了民宿酒店行业的危机，也带来了疫情后的发展机遇。而我们现在思考的就是疫情后，我们该如何发展。这次疫情的暴发，恰恰给了我们这样的思考时间。与此同时，企业主管部门应就当前民宿酒店业所面临的困难与损失进行政策扶持与引导，帮助企业共渡难关。

3.1.1 稳定从业人员队伍

面临危机，企业要竭尽全力去面对困难和解决问题，坚定信心，共抗疫情，迎接疫情后的机遇。目前大部分企业已经全面停业，无任何收入和现金来源，此时稳住人心，留住员工，企业内上下同心，更加注重员工归属感和责任感是一种长远的策略。疫情在很大程度上刺激了居民的消费欲望，疫情过后的民宿酒店需求将持续上涨。

在没有收入和现金流的情况下，稳定住人心，稳定住员工，这不是一种上下相处的艺术，而是一种上下同心的归属和信任。有了员工队伍和管理团队的稳定，才有了复苏的基础，这一点对于小微旅游企业的生存尤为重要。四川七维旅游规划设计有限公司副总经理李如嘉教授表示构建企业命运共同体"密切企业与员工的关系，培养忠实员工打造负责任企业，时时刻刻把企业员工和企业链接成'命运共同体'必将是疫情过后要大力倡导和践行的事宜，也是构筑企业软实力的重要体现"。

3.1.2 节控成本，提高效率

此次疫情暴发在一定程度上是对民宿客栈以及其他住宿业的一次考验，能否在疫情洗礼下走出困境，迎来新的发展环境，可以说是行业的一种革新。文旅住宿业尤其是小微民宿业主要精打细算，缩减不必要支出，砍断不必要业务链，从而压低成本，制定疫情期间及疫情后详细的资金组织部署统筹，全力保障企业资金安全，有能力在疫情后尽快恢复正常经营。从调查中我们发现，目前大部分民宿企业已经面临严重的资金短缺问题，这是致命的危机。同时，文旅住宿业更重

要的是全面提升企业能效，充分利用互联网技术，在家、在线办公，采取部分上班或调休等弹性工作方式；与此同时，创新企业经营营销手段，做强自身品牌价值。

3.1.3 创新业务，多元渠道经营与营销

企业家应时刻保持企业家精神，清晰思考：如何做与如何做好。2020年疫情结束后，各行各业都会有巨大的变化，文旅住宿业面对广大消费群体，创新业务形态，多元化经营与营销，将过去的民宿酒店业务做到生活服务，更全面地提高消费者体验度，不仅能提高企业在面对困难时的能力，更能在未来发展中创造新的机遇。更加主动地去改变自身，加强自身业务能力，面对疫情后的新兴消费群体。此次疫情过后，旅游市场将迅速恢复和反弹，市场需求会发生更大的变化，同时也会出现新的市场细分，文旅企业应时刻关注与分析疫情后可能出现的市场机会。

由于受疫情的影响，消费者将更加注重旅游住宿消费的体验度，会更加懂得享受、珍惜生活，在需求变化的过程中文旅业将会有非常大的发展机遇。游客在旅游、住宿等方面，往往是追求不一样的、有别于常的体验。这更加要求文旅业要关注文旅消费者的"凝视"，提高服务的情感化、生活化、新颖性，多元的经营与营销必不可少。

3.1.4 寻求政府、协会、主管部门援助，创造外部环境

为支持受疫情影响严重的行业和企业渡过难关，财政部、国家发展改革委、文化和旅游部、商务部等部门及地方政府纷纷出台支持企业发展相关政策措施。旅游企业可认真研究各种相关支持政策，积极利用信贷渡过资金短缺难关。调查显示部分地区政府及相关部门已出台一定的税收、贷款、社保支持等扶助政策，这些能够一定程度上降低企业资金压力，迎来喘息之机。

3.1.5 建立紧急事件决策机构

企业应立即成立"疫情应对小组"或"重大突发事件管理委员会"等临时重大事宜决策机构，制定企业整体目标及应急预案，确保针对各种情况做出最迅速的决定。

在人员方面，委员会要评估自身的专业力量，必要时应结合本企业的业务特征、区域特征聘请专业人员参与。

3.1.6 评估风险，明确紧急事件的响应机制、预案和人员分工

企业应制定"紧急情况应急预案"或"业务可持续性计划"。在第一时间对本企业涉及的诸种风险进行全面的评估，如员工、外包方、政府、公众、供应等方面的风险；根据风险评估，企业应对诸如办公场地、生产计划、采购供应、物流、人员安全、财务资金等重大事项安排应急预案和人员分工。

3.1.7 建立正面、积极的面向员工、客户及供应商的信息沟通机制，形成标准的沟通文件

稳定供应链，稳定内部员工和外部合作伙伴的人心非常重要。加强宣传口径和客户服务话术管理，避免因为疏忽造成负面舆情。利用企业已有的信息系统及时收集、传递和分析疫情信息，实现风险预警。

3.1.8 利用本次疫情紧急事件，升级企业的风险管理机制

大多数企业都会在某一时刻面临突发风险事件，这是时间问题，而非会否发生的问题。企业应建立或升级系统的风险管控工作机制，提前识别重大风险并建立风险应对方案。强化风险管控系统与在第一时间处理负面事件具有同等的重要性。

3.1.9 调整预算与执行方案、现金流计划预警机制

3.1.10 践行社会责任，做好利益相关方的管理，把可持续发展战略纳入决策范围

企业应服从政府统一规划和安排。在特殊时期，恰当的企业信息披露可以提升企业在社会公众中的形象。最重要的一点，企业应学会从环境、社会、经济多角度践行企业社会责任，稳定员工就业，与供应商、经销商等其他外包方保持紧密联系，评估疫情影响程度和时间调整合作方案，并在股东或董事会层面，沟通拟采取的措施和评估的结果。

3.2 对政府部门的应对策略建议

3.2.1 加紧复工审查与批复

据调查显示，目前百分之八十以上企业关注疫情何时结束，企业何时正常复工。在电话调查中不少企业表示，政府对民宿行业重视程度不够，希望此次疫情后政府能够重视民宿行业，正规行业定位。政府应尽快落实《成都市民宿建设管理服务规范》的出台，从而带动川内其他市州民宿服务规范化管理与民宿的发展。民宿复工难在于目前民宿业的复工申请一直无法得到审批，民宿行业在复工

前的各项检查很难有效、快速地完成，致使复工一拖再拖。因此，民宿要得到快速复工，在于政府对民宿业的重视与规范化管理，加快民宿行业复工审查与批复。

3.2.2　减税降费，财政补贴

目前出台的部分相关补贴政策也虚有其名，大邑新场锦府驿表示十人以下企业无法申请补贴，自己已经交了材料，却被告知没有资格申请补贴。据调查显示，企业受到财政补贴只占18％，受到贷款相关扶持只占11％，税收减免只占20％，社保支持只占17.5％，没有收到任何补贴占30％。已出台政策惠及企业极少。部分业主表示，省内对于民宿的政策支持不足，民宿业主多租用小区房，因为房屋是私人的房屋，租金困难，有还贷压力，希望获得房屋租金补偿。要求租金减免占比达70％。政府应加大财政补贴力度，对承租国有企业经营性物业的非国有文旅中小企业（个体经营户）进行租金补贴。

3.2.3　降低文旅企业融资成本

调查显示61％的民宿酒店企业没有进行银行借贷、民间借贷或者网络借贷，其中有很大的原因在于没有相关政策优惠和补贴，企业只能死撑。电话访谈中有部分小微民宿业主表示，借贷能力不足，银行借贷困难重重；民宿客栈等住宿业在文旅行业是灵活的业态，对于旅游有着很大的促进推动作用。

市政府应对暂时陷入困难但前景较好的文旅中小微企业，财政上给予不超过贷款合同约定市场报价利率（LPR）实际发生利息额的50％的贷款贴息。充分发挥市级文创企业债权融资风险补偿资金池和"文创通"产品效能，在疫情解除前，分类降低"文创通"贷款准入标准。其次，全力做好文旅小微企业纾困工作。各金融机构不得盲目抽贷、断贷、压贷，对因疫情面临还款困难的小微企业，予以展期、续贷、减免逾期利息等帮扶，妥善安排还款方案，直到"一级响应"解除为止。鼓励金融机构利用央行支小再贷款政策支持民营和小微企业融资。积极争取中央财政对疫情防控重点保障企业有关贴息政策支持。为金融机构提供低成本放贷资金，力争2020年普惠小微贷款综合融资成本降低0.5个百分点左右。充分发挥各地应急转贷资金作用，支持受疫情影响小微企业转贷。

3.2.4　政策激励与引导

出台针对疫情防控下旅游住宿业复工复产的、基于经营提振的市场培育、引领、激励政策，引导市场新秩序，不打价格战，规范市场经营环境，推动旅游住宿业可持续健康发展。如支持并鼓励将政府部门会议和正常公务接待安排在旅游星级酒店进行；疫情结束后进一步加大会展、节庆活动的举办频次，增加人气、回升住宿业消费人流；给予文化旅游行业组织一定的财政支持，在政府主管部门的指导下，由民宿酒店、景区、旅行社协会组织旅游企业设计符合市场需求的产品投放市场、推动消费；以标准为引领，积极鼓励创建星级、主题、特色酒店及民宿，对创建成功的旅游酒店、民宿等给予大力度的奖补支持。

3.2.5 加大对企业稳岗稳产的支持力度

第一，对不裁员或少裁员的参保文旅住宿企业，申请返还其上年度实际缴纳失业保险费的50%。

第二，受疫情影响的参保文旅住宿企业，争取返还1～3个月不等的社会保险费，月返标准按2019年12月企业及其职工缴纳的社会保险费确定。

第三，因疫情影响，面临暂时性生产经营困难，无力足额缴纳社会保险费的文旅住宿企业，可缓缴社会保险费，相关补缴手续可在疫情解除后3个月内完成；对受疫情影响导致经营困难的文旅住宿企业，未及时缴存住房公积金的，其职工补缴之后视为正常缴存。

3.2.6 加强宣传推广

政府主导对旅游住宿业优质服务产品进行推广与介绍，广泛宣传四川是安全和值得信赖的旅游目的地，为旅游住宿企业恢复生产经营给予最大的国内外渠道支持与帮助。如在政府主管部门的指导下，整合行业资源，搭建由酒店（民宿客栈等）、景区、旅行社组成的旅游行业联盟，给予一定的专项经费支持，共同做好旅游服务产品的推荐；给予旅游住宿业更多的国内外免费宣传营销活动参与的机会，由政府主管部门统一规划并制作产品宣传推广的影视及文本资料等，助推我省旅游旅游相关企业迅速回血。

3.3 对行业组织的应对策略建议

四川省旅游学会、四川省及成都市旅游住宿业行业协会等组织积极展开线上职工培训。对受疫情影响全面停工的旅游住宿业停工期间组织职工参加各类线上技能培训、行业发展指导等培训，助力提高企业及员工技能素养，提升行业服务水平。

建议行业协会针对疫情影响，配合政府宣传引导旅游客源进入，加强特色民宿客栈、酒店宣传推广，客源引流与宣传并驱，助力文旅住宿业疫情后恢复与发展。

（本报告涉及数据由携程旅行网、途家民宿、美团民宿、四川省旅游学会旅游产业投资研究分会会员单位、四川省旅游协会民宿客栈与精品酒店分会会员单位、四川省凉山州民宿协会、四川阿坝州民宿协会等单位和个人提供。）

应对新冠肺炎疫情四川省文旅产业精准施策建议

［作　者］杨振之（四川省旅游学会、成都来也旅游发展股份有限公司、

四川大学旅游学院）

劳动密集型的民营中小微企业在文旅企业中占很大比例，其为丰富完善文旅产业供给提供有力支撑，是创造就业和乡村振兴的重要手段。这些企业本就在经济下行时期负重前行，此次疫情更是雪上加霜。如果任其衰退甚至倒闭，将对我省文旅产业发展乃至就业、扶贫工作带来负面影响。

当前全国各地应急施策的问题普遍在于政策针对性不强，优先受助企业遴选标准模糊，这会严重影响公共资源救助效率。衷心希望我省各级政府充分了解文旅企业的实际关切与诉求，因需施策，精准赋能，建议如下：

1　及时帮扶文旅产业

1.1　优先选择救活优选企业

有必要优先救活具有重大社会贡献且遵纪守法的优质企业，以税收作为企业社会贡献度的直接判定指标，以过去三年企业缴税额的平均值给予财政补贴，特别是针对民营中小企业中的纳税大户和就业大户。

此外，要以文旅企业自身特点和需求为根据，通过对还款安排、付息周期、还款期限等方面的调整，优化审批速度、流程便捷性、服务定制化等细节，以此支持文旅企业正常运营。若有企业因疫情影响未能及时还贷的，需根据实际情况，在资金方面提供支持，帮助其回到正轨。

1.2　成立"四川省文化和旅游产业应援基金"

此基金用于保障四川省文旅企业应对此类疫情的全员生存能力。建议由四川省政府牵头，文旅等多部门配合，联合国有资本和社会资本，针对受疫情影响的四川省文化和旅游企业，优先解决及时复工复产和减免裁员的问题。该基金年限可为1到2年，以无息/低息贷款的形式向目标企业投放，并设置企业资金归还标准。

一般来说，小微企业大多固定资产不足、缺乏抵押物。基于文旅行业内小微

企业偏多的特点，应援基金便比银行贷款更为实用。

1.3 成立"四川省文旅突发事件应急保障基金"

用于加强我省文旅产业今后应对公共安全事件的行政保障能力。针对此次疫情中如 OTA、旅行社等企业乃至官方/民间救援机构/团队在应急资金保障方面均出现能力和效率问题，建议由省政府牵头，各级财政、安监、医疗、文旅等相关部门配合，用于重大紧急情况下游客撤离、物资补给、专业救援等方面的资金保障。

1.4 建立"四川省文旅产业应急专项保险及绿色通道制度"

用于提升我省文旅产业今后应对公共安全事件的自救效率和能力。针对此次疫情中如 OTA、旅行社等企业在应急退款、赔付等方面应对能力不足，企业和客户在损失分担上存在分歧和博弈的实际情况，建议由省政府牵头，金融、文旅等部门配合，考虑文旅企业向供应方预付比例高，所采购的服务产品无法保存，导致成本风险大的特殊情况，研究出台切实有效的文旅产业应急专项保险及绿色通道制度，针对上述问题进行更为规范化、强制性且可操作的管理。

2 对几类重大项目的专项扶持措施

2.1 加强对重点文旅建设项目的政策支持

重点文旅建设项目既可以带动投资，又可以在疫情平复后拉动消费，有助于稳定经济，因此需要对重点文旅建设项目进行政策支持，消除由于疫情带来的投资观望心态，积极促进项目建设。

1. 采取积极财政政策，对于重点文旅建设项目贷款进行贴息，针对重点文旅建设项目可进行直接补贴，减轻投资压力。

2. 针对涉及重点文旅建设项目的企业和个人，实施企业、个人税费征收优惠政策。

3. 大力奖励按时开工、按时竣工、按时开业的项目。

4. 针对今年竣工开业的项目给予特别财政支持，及时提供资金支持和援助，使其能顺利开业、接待游客。

2.2 加强对文旅融合示范项目的扶持力度

文旅融合示范项目是我省文旅产业转型升级的关键抓手和支点所在，2020

年正处于三年行动计划中承上启下的关键年，应给予更大范围和力度的扶持。

1. 认真落实示范项目遴选，特别是不搞各市州之间的地方平均主义，以代表全省文旅产业发展方向和品质为原则，确保项目质量，并因项目施策，为相关项目提供真正亟需有效的对口帮扶。

2. 对今年内竣工开业的项目设立专项奖励和补贴资金，鼓励保时保质开展接待，以扩大我省优质文旅产品供给能力，迅速恢复和提高市场吸引力。

2.3　保障为公共性项目按时足额付款

对于我省国家机关和国有企事业单位委托民营企业的各类文旅产业相关智力服务与实体建设项目，应在项目进度和成果合格的前提下，按时足额支付款项，履行合同义务，确保不因拖欠款项而加重企业经营困难，必要情况下可考虑对信用状况良好、项目前景良好、创新意义和综合效益显著的企业采取预付方式，支持企业渡过难关。要像解决农民工工资一样解决对民营企业付款拖欠的问题。

2.4　切实鼓励关键领域的创新投入

无论是否发生此次疫情，契合国家战略政策，开发顺应新时期消费趋势的产品和业态都是我省文旅产业转型升级的关键领域，要特别鼓励在这些领域的创新投入。我们建议为智慧旅游、研学旅游、乡村旅游、冰雪旅游、数据挖掘与行业公共信息服务等领域的相关企业提供资金、人才、技术、知识产权、数据渠道等专项扶持，乃至与它们联合开发"定制化"政策包。

具体如企业研发投入在应纳税收入中全额抵扣，针对认定为综合效益突出/带动性强/行业紧缺的国内外知识产权和技术产品采购全额/部分减免/补贴关税及其他相关税费，重要人才个税减免/补贴，知识产权申报费用减免/补贴，针对与文旅项目规划/开发/运营等环节密切相关的地理/人口/生态/市场等公共数据提供开放度更高且成本更低的官方渠道。

2.5　公共性文旅项目采购要重点扶持本省企业

政府和国企采购是民营文旅企业的重要业务来源，在疫情后困难时期，对民企启动生产自救非常关键。

建议省政府牵头研究出台针对四川省各级政府和国有企事业单位文旅相关采购项目的疫情后恢复指导意见，优化招采流程和手续，提高简化/免除招标环节的采购金额上限（如智力服务采购为200万元），并针对本省企业适度优先。相关项目如国民素质教育相关文旅项目开发运营等。

2.6　引导金融机构与文旅中小微企业实效对接

根据大部分文旅中小微企业缺乏有效抵押担保物的现状，建议由四川省政府牵头，与资质合格的担保企业和代表性文旅企业合作，设立文旅专业担保公司。经熟悉文旅行业的专业人员的管理，这些担保公司针对文旅中小微企业提供向金融机构融资进行担保、增信的服务，大力帮助中小微文旅企业发展。

2.7　加紧建立四川省文旅资产交易市场

诸如旅游景区、酒店、主题乐园等投资规模大、回收期长的重要资产类项目，长期综合效益突出，是四川省提升发展质量和拉动内需的重要战略性资产。建议由省政府牵头，联合自然资源、住建、文旅等部门，建设可量化、便于流动的省级文旅资产/要素交易市场，使这类重要资产活跃起来。

2.8　大力推进全民研学旅游

不仅仅针对学生的研学旅行，还可大力推进全民研学旅游项目。

2.9　加大对中小企业的扶持

免掉中小企业三个月的五险一金费用，延迟交纳解决不了问题，中小企业仍然负担很重。取消企业住房公积金，会大大减轻企业和员工的负担。

3　通过积极行政举措提振市场

3.1　适时有效开展政府营销以重振消费信心

疫情后旅游消费信心的恢复极其重要，而旅游品牌重塑与之密切相关，是旅游业危机管理的重要一环。对于提升我省在国际旅游市场中的竞争地位，以及在国内旅游市场中的竞争能力，在灾中灾后以适当内容、手段和强度开展四川形象营销活动都是必要且紧迫的。建议由省委宣传部牵头，广电、文旅等有关部门和各市州政府配合。

在此过程中，应充分发挥各类新媒体和各方民间力量的作用，确保营销信息更准确传播，更广泛到达，更易于接受。可以细化为针对不同地理和人口对象的若干营销业务包，在省委省政府的领导和监督下，由更有经验、更专业、更熟悉大众信息接受偏好的企业或专业团队协作完成。

3.2　通过积极灵活的补贴方式加速消费复苏

游客口碑是最实在和有效的宣传渠道，特别是在疫情后恢复初期，首批游客会主动向外界传播安全信息和信心。

建议由四川省政府牵头,各级财政、发改、文旅等相关部门配合,各市州政府在疫情过后确保安全的前提下,及时向优质文旅企业开展政府采购,并将这些采购所得,以代金券、打折券、景区门票等形式向公众发放,积极促进公众开展文旅消费。疫情后首批游客出游的口碑传播,可能会进一步刺激更广大的客源市场,形成规模出游。基于此,文旅市场将得以迅速恢复,还能在不违反法规政策的前提下,向相关优质企业进行"精准转移支付"。

3.3 创新文旅投融资平台服务为产业赋能

建议由省政府牵头,联动各级金融、发改、文旅等部门,搭建四川省文旅创投在线平台。该平台基于 VR、AR、AI 等新技术,开展网上常态化路演活动,推动文旅企业快速复工复产。平台在线上可提供实时化、动态化的体验,在线下加强服务跟进落实,为企业和社会各界资本的对接提供良好的全方位无接触服务。

如此积极支持并引导企业足不出户,网上办事,将项目资源提供给社会各界投融资机构,为四川省文旅企业提供项目展示机会。

以旅游业恢复带动服务业复苏的建议

［作　者］盛　毅（四川省旅游学会、四川省社会科学院）

服务业是我省支柱产业，近几年一直以两位数增长，目前年营业收入已经达到 1.1 万多亿，成为全省新的经济增长点。由于本次防控新冠疫情的重点任务是最大限度减少人口流动，自然对服务业造成的打击最大，其中营业收入和增加值占全省 10% 左右的旅游业，则成为"重灾区"。四川在复工复产中，应把对四川经济增长贡献大，对服务业带动作用大的旅游业的恢复，作为当前最紧迫任务，以旅游业的尽早复苏，带动全省服务业恢复和发展，进而助力全省经济的恢复。

1　四川旅游业收入可能较正常情况减少 500 亿以上

目前，已经有不少关于新冠疫情对旅游业影响的分析，估计严重的是一季度会负增长，二季度有所恢复，全年能够实现正增长就是不错成绩。估计最轻的人为影响主要表现在一季度，增速下降几个百分点是肯定的，二季度基本能够恢复正常，全年可能比上年回落 2~3 个百分点。

疫情对四川旅游业的影响有多大，目前很难准确预测。目前，四川仅进入名录的旅行社和限额以上的住宿、餐饮企业就有近 5000 家，限额以外可能有几万家。此外，还有相关行业如文化娱乐、景区、交通运输企业、城市出租等。在短时间内，我们很难统计其损失。然而，只要不出大的意外，我认为全国的疫情可能在一季度之前基本得到控制，3 月中旬以后，大多数省份可能基本取消人员流动管制，如果旅游业从 3 月开始进入恢复阶段，经过下半年努力，增速比上年回落 2~3 个百分点或者再多一些，是可以预期的。而根据我省的疫情防控力度和效果判断，则有望在 2 月底基本实现新增病例为零，3 月初可以进入恢复期，有条件比全国许多省市率先迈出恢复的步伐。

基于以上判断，四川旅游业受疫情影响最严重的是 1 月底和整个 2 月，3 月还会有显著影响。3 月以后，如果政策措施到位，我省旅游业可以基本恢复正常营运，二季度以后则有望实现常态增长。若参照春运 40 天火车和飞机客运量下降 40%～50% 计算（铁路下降 45%，航空下降 30%～40%），全省旅游业收入可能比正常情况减少 600 亿元左右。假如 3 月再影响 20%～30%，损失收入 200～300 亿元。整个疫情期间，全省旅游将减收 800～900 亿元。考虑到下半年可以弥补一部分，全年减收估计在 600 亿元，这将导致全省旅游增速回落 3～4 个百分点，从上年的两位数增长降为个位数增长。当然，如果复工抓得早和机遇抓得好，不排除实现增长 10% 以上的可能性。

2 要力争 3 月初进入恢复阶段至少面临六个问题

我省从 2 月 3 日就按照国务院放假规定上班，各行业相应进入复工阶段，比许多省市抢前了一周左右时间。但在复工近两周后的 16 日根据局部统计，工业企业复工率只有三成，并且普遍达不到正常产能。而旅游及其相关服务业，则基本处于继续停业状态，与有专家估计的各类餐饮、酒店和旅游服务业开工率不会超过 1% 的情况完全类似。如果要恢复营业，面临的主要问题有六个方面：

一是各地政府近期要求居民尽可能留在家中，不参加各种形式的聚会，旅游消费需求自然被全面抑制。从铁路部门 1 月 25 日—2 月 14 日旅客运输量仅上年同期的六分之一，可以看出人员流动性很差。

二是旅游景区、文化娱乐场所、餐饮等，普遍没有被政府纳入近期恢复营业的范围。各地基本上按与疫情防控密切相关的企业、民生保障企业和重大工程项目、工业企业的顺序在安排，下一步才会轮到旅游及相关的服务业。

三是企业即使想恢复营业，也难以达到政府要求必须具备的开业条件，仅口罩就是一大难题。同时，一旦恢复营业出现感染者，不仅要承担相关人员被隔离的费用，而且还要承担隔离人员的工资，这对企业来说存在较大的不确定性风险。

四是不少旅游业员工春节回家以后，被困在当地不能外出，或者回来被隔离 14 天。据统计，到 2 月 15 日，我国春节前回家过节的务工人员有 3 亿左右，目前只有约 8000 万返回到工作所在地，缺人的情况还比较突出。

五是有一定数量的中小服务企业，由于经受不了如此长的停业时间或订单完全取消的冲击，不得不歇业或者转行。现在即使政府同意其恢复经营，这类企业也没有能力和信心。

六是作为消费者的居民自身，也担心染上病毒，即使旅游企业恢复营业，居民近期也不会有强烈的消费欲望。这个因素，将是近期制约旅游业恢复的关键。

3 恢复我省旅游业要从抓早复工和抓发展机遇着力

3.1 努力将本次冲击化为转型升级的动力

本次危机对我省旅游业发展而言，虽然主要带来的是挑战，但也存在一些新的机遇。疫情期间各相关企业探索的新技术应用场景、新经营模式，将推动旅游企业加快转变发展方式，催生新技术、新产业和新业态发展。危机冲击也是行业重组的最大机会，一些有实力的旅行社、酒店、餐饮、文化娱乐、交通运输企业，可以借机扩大规模，延伸产业链条，建设更有利于支撑行业健康发展、能够更好适应新时代发展需要的企业。有能力的旅游投资公司，正好可以参与部分旅游企业的重组，或者在政府支持下投资新的项目。许多国家对我国游客入境的限制，将使近期有更多旅游者转向国内，有利于国内旅游市场需求的扩大。为鼓励企业的产业和经营创新，鼓励企业重组和做大做强，实现高质量发展，政府可以考虑对今年营业收入和利润还超过上年的企业，或者在新兴领域和经营模式上有创新的企业，给予一定的荣誉和物质奖励。

3.2 分类解除特殊时期实施的流动性管制

国家和地方已经出台了诸多扶持中小企业的政策措施，但这些政策措施对困难大的企业而言，可以说是杯水车薪。最能帮助企业渡过难关的举措，就是帮助其早日恢复经营。每年的4—10月，正是旅游业的黄金时间，要千方百计保证3月基本恢复正常，从而迎接黄金时间的到来。为此，应根据我省不同区域的实际，分别确定完全放开、有限放开、继续管制的办法，这也符合国家有关部门倡议和我省已经提出的分区域管理思路。对于基本上无新增病例的区域，不仅企业恢复营业不需要审批，而且各种管制措施要全部取消，政府只是加强监管，防范出现新的病例。对于有限放开和继续管制的区域，也要尽可能为企业恢复营业提供方便，成立专门的服务机构并实行靠前服务，指导其建立防控机制和帮助解决防护用品需要，建立联络员制度等。同时，政府要根据本区域的疫情表现，取消目前小区的特殊管制措施，消除居民出行的担心。

3.3 近期要从疫情防控优先来部署恢复工作

在2月底之前，由于疫情防控任务依然较重，安排旅游及相关服务企业恢复营业，还要在防控优先的前提下，分类进行恢复。对不涉及大规模人员集聚的服务性项目，或者经营业务受上下游制约少的企业，原则上遵照省政府通知精神，由企业自行决定复工复产时间。实际上，仅面对几千家有一定规模的企业申请复工，政府根本没法逐一进行审查，何况还有几万家中小企业。因此，对重点企业采取"一企一策"给予帮助，对面大量广的中小企业，采取相对统一的、简单易行的办法，尽量降低企业复工的成本。对于员工而言，只要不是来自重点疫区，不需要进行隔离观察。具体操作由企业向所在地政府做出承诺。鼓励企业通过电话、网络等方式完成相应工作，鼓励企业采取错时、弹性等灵活工作方式。只对旅游团队人数、就餐人数、参与娱乐人数等，做一些限制性规定，待疫情基本消除后，再完全放开。对经营资金、物流、用工等存在困难的企业，政府有关部门要协助其与银行、财政、社保、运输、经营场地所有者等对接，充分利用好各种解困政策措施，帮助企业渡过难关和顺利恢复经营。对于恢复经营后发生疫情产生的人员隔离和工资，政府可以考虑给予补助。

3.4 加快落实和谋划支持旅游业发展政策

我省去年召开文化和旅游大会后，出台了一系列政策措施，目前要将还没有完全落实的政策措施尽快落实到位，根据旅游业受挫程度的不同，再推出一些短期性甚至较长时间实行的政策措施。如向旅行社返还部分质量保证金，对自驾旅游、旅游包车给予高速公路通行费、门票减免等。云南省内实行政府指导价的4A级以上景区，2020年门票价格一律优惠50%的政策，可作为参考。尤其是用好亏损可以在以后几年弥补的政策。同时引导各文化和旅游企业、景区、客运企业加快谋划1季度以后的经营和新兴产业发展，迎接疫情结束之后出现的旅游业复苏，进而带动交通、酒店、餐饮、购物、娱乐等行业的全面恢复。省委将在今年上半年召开服务业发展大会和对外开放大会，已经研究制定了一些促进政策，也可以考虑提前实施。

3.5 大力推动新产业和新运营模式的发展

支持研学旅游、营地教育、自然科普、户外运动、亲子度假、康养游、民宿游、宅旅游、云旅游等新产品门类的发展，加快建设数字旅游、智慧旅游、在线旅游、体验式场景、VR技术、线上办公等体系，构建基于大数据的营销方式，推动自驾游、家庭游及体验性旅游的发展。在景区普及一卡通，让游客在景区、酒店及不同业态下只需一卡或穿戴式设备就可以全部解决。对积极探索文旅融合，探索"互联网＋商业模式"、"智能化＋降低成本"、"数字科技＋内容创新"、"新媒体＋营销"等跨界融合的经营模式，充分运用各类公众号、主流小程序平台等为企业构建立体的品牌展示场景，提升客户的多维度认知的探索，在税收、财政、产业政策、土地政策、要素政策等方面给予一定支持。

国内外疫情背景下，四川旅游主动应对并转危为机的对策建议

[作　者] 李立华（四川省旅游学会、中科院成都山地灾害与环境研究所）

2019 年底的新冠疫情给旅游业带来了前所未有的巨大冲击，再次凸显了旅游业的脆弱性。在自然暴露我省旅游业的核心竞争优势和薄弱基础的同时，也让我们更加看清了我省旅游业未来发展的方向和前景，为此，特提出如下对策建议，仅供参考。

一、进一步提升旅游产业战略定位　隔离和举国驰援是我国为国际社会抗击疫情提供的中国方案，同时，我们也从隔离举措中看到寻求居家以外旅游空间的巨大潜在需求，更加确信旅游的消费带动潜能；国际社会疫情蔓延态势，也让我们看到人类命运共同体的世界趋势不可阻挡，"一带一路"倡议将会得到国际社会广泛支持，旅游业的民间外交和文化交流潜能将亟待释放；此次疫情既让我们看到中国制造业、物流业、移动信息产业等产业的国际优势，特别是科学技术的快速进步，更让我们明确了四川省在"一带一路"、特别是"孟中印缅"经济走廊中的支撑中心地位，从而也增添了发展旅游的产业基础信心和产业引领责任担当；此外，中国国内此次疫情的城乡巨大差异，让我们看到旅游业脆弱性的同时，也让我们注意到旅游业的逆城市化潜能，特别是我省广大乡村地区的生态空间旅游资源优势、多样的文化品牌等"无形"旅游资源优势。所以，我们认为完全有理由，在过去业已高度重视旅游业的基础上，进一步提高旅游业的战略定位，积极主动应对疫情，以旅游业为战略抓手，加快旅游业又好又快发展，充分发挥旅游业国际国内战略引领作用，加速四川经济社会发展和生态环境保护全面进步。为此，有三点建议。

一是设置副省级长江—黄河上游旅游生态文明示范区。以阿坝州府马尔康和甘孜县城为两中心，以甘孜州的石渠、色达、炉霍、甘孜，以及阿坝州的红原、若尔盖、阿坝、壤塘、马尔康为框架范围，构建长江—黄河上游旅游生态文明示范区，发挥旅游产业生态友好型产业优势，以体制机制改革为动力，扎实推进长江和黄河大保护，强化藏区治理能力现代化，为实现绿水青山就是金山银山发展理念的目标，创建可复制的经验和方案，为全省经济社会发展积极融入"孟中印缅"经济走廊增添动力臂膀，形成与川藏铁路阴阳互动，优化提升全省空间效能

关键节点。

二是扎实推进以九寨沟为代表的自然旅游景区点体制机制改革。本次疫情让我们看到了广大乡村地区特殊的防抗疫情价值，以九寨沟为代表的自然景区点既是我省旅游核心竞争力之所在，也是我省旅游品牌经济之根系，更是实现逆城市化人口流动，实现偏远乡村发展的主要拉力。因此，强化以自然景区点为支撑的乡村振兴发展势在必行，推动改革过于依赖门票经济的体制机制藩篱迫在眉睫。

为充分发挥自然旅游景区点的主动性和创造性，实现从门票经济向品牌经济等多元旅游经济转变，为国家公园体制试点积累成功经验，建议一：将九寨沟管理局等现有的事业一类单位改为事业二类单位，允许景区在保证公益前提下有一定自主经营权限，积极参与景区品牌经济建设；为应对日益增长的自然景区点的公共属性社会需求舆情，建议二：将全省所有的 5A 景区提升为副厅级，强化旅游景区点的责任和权力，改变现在责权不对等状态；同时，根据现在自媒体技术的快速发展，特别是线上旅游产品的泛滥流行，强烈建议三：建立以九寨沟为代表的全省重点自然生态旅游景区信息化建设标准及其相关地方法规，除宣传图片外，禁止景区各类线上旅游产品上线，维持景区点自然性和神秘性，充分发挥自然景区点的线下功能；为实现自然景区科学可持续发展，满足日益增长的旅游者对生态保护科技文化需求，建议四：各类自然旅游景区点，特别是 5A 级景区和重点 4A 级景区建立旅游景区生态保护科学研究院（所），将景区科研院（所）的建立及运行状态纳入 A 级考评和审核的核心内容。

三是加强以旅游城镇化为基础的支撑体系建设，提升旅游业抗风险能力。本次疫情，举国对口驰援湖北二三线城市，让我们看到了我国乡村地区医疗救护能力发展的不均衡，安全作为旅游可持续发展的三要素之一，加速旅游城镇化的基础能力，包括医疗卫生、教育、科技、人才等支撑体系建设，无疑是提升旅游抗风险能力的关键。所以，建议以九寨沟景区所在的九寨沟县兰坪镇和章扎镇为试点，创新制定旅游城镇建设标准，围绕旅游发展和生态保护的双重目标，发挥社会主义制度优势，创新旅游城镇化建设模式，将兰坪镇升级为九寨沟市，新建九寨沟文理学院，发展康养产业、生态保护产业、文化产业等新兴产业，以此为示范，建设一批与自然景区点相配套、具有内生活力的新型旅游城镇。

四是创新应对疫情风险的市场机制。本次疫情给人最大的启示是政府以兜底方式应对疫情风险是必要的，但是不充分的，本次疫情对旅游业的冲击可能不是税费减免或"五险一金"缓缴等政府措施能解决的，但旅游企业对就业的贡献、旅游创新的贡献是确定无疑的。旅游企业的困难只是暂时的现金流紧张，不存在行业前景问题。所以建议，能否尝试发行旅游国债，专门为中小微旅游企业开办借贷业务，用市场办法，缓解旅游中小微企业现金流难题，稳定旅游就业大局，留住一批旅游人才。

二、着力夯实旅游发展新基础　此次疫情让我们看到了四川旅游业存在的问题：全域旅游基础薄弱、抗疫情等风险能力低下、产品同质化老化现象严重、企业散小弱差状况没有根本改变、文化与旅游深度融合不力、旅游文化软实力不强。

面对日益激烈的市场竞争，特别是此次疫情的深度广度影响，全省不仅要积极主动应对疫情，还要将疫情应对与夯实发展基础紧密结合，与培植旅游发展新动能密切相连，与创新旅游发展方式环环相扣，以建设生态文明高地为目标，以推进对内对外开放为引领，以创新落实"放管服"体制机制改革为动力，加速旅游信息基础设施建设，加速人工智能、云技术等高新科技的旅游应用和人才建设，强化生态空间资源和文化、品牌等"无形"新型旅游资源和产品开发建设，充分利用后疫情时代旅游震荡恢复黄金窗口期，以旅游新投资激活旅游企业新活力为重点，催生旅游新企业，以本地市场、周边市场为主导，培育引导国内市场、海外市场、国际市场，以新产品、新动能创新旅游发展新方式，建设旅游文化软实力和市场竞争力。

具体建议如下：一是加强新型旅游资源调查与评价，为旅游产品创新奠定坚实基础。以全省文化和旅游资源普查为契机，加强全省生态空间、文化与品牌、特色商品等新兴旅游资源普查力度，以此为基础，制定一系列关于新兴旅游资源保护和产品开发建设的政策和措施，为后疫情时代，特别是后精准扶贫时代旅游发展储备新动能。由于现行国家旅游资源普查标准存在太多问题，以此为基础开展的全省旅游资源普查工作，恐难以满足新时代对旅游资源要求。建议彻底改变原有旅游资源国标框架体系，主动担当作为，凝聚省内外、国内外技术力量，结合新形势重新编制资源普查分类标准体系，促进普查成果转化为知识经济时代的有效资源。二是加大旅游信息基础设施建设投资力度，为转变发展方式奠定基础。建议以全省文化和旅游资源普查的旅游资源管理信息系统为基础，编制全省旅游信息化发展战略规划，以此为基础，加速旅游信息基础设施项目建设，加速项目前期论证和规划编制立项，创新投融资机制，强化科技创新，力争使全省旅游信息基础设施建设成为全省投资拉动发展战略新方向、数字产业发展孵化器、长江和黄河流域大保护的切入着力点、新农村建设和乡村振兴的基础支撑。

关于新冠肺炎疫情下重振四川旅游业的建议

[作　者] 四川省旅游学会

　　旅游及相关产业受新冠疫情影响严重，出现极大的损失，也面临着极大的经营困难。为应对疫情影响，省旅游学会组织省内外专家、企业家、智库对旅游发展进行深入研究，形成了近 30 份报告。四川智库办在此基础上对相关建议汇编如下，以供参阅。

1　扶助企业发展

　　（1）企业面临较大困难。以民宿、精品酒店类企业为例，2020 年春节假期期间出现订单量骤降，收入减少超过 80%，停业率达到 94%。恢复生产困难较大，近半数企业在停工期间正常发放员工工资，近四成企业与员工协商酌情降薪，从业人员队伍流失明显。在收到的 200 份调查问卷中，145 家企业回答已获得政策扶持，收到财政补贴占 18%，贷款扶持占 11%，税收减免占 20%，社保支持占 17.5%，没有收到任何补贴占 30%。

　　（2）遴选并救活优选企业。以税收作为企业社会贡献度的直接判定指标，按过去三年企业缴税额的平均值给予财政补贴，通过变更还款安排及付息周期、延长还款期限、无还本续贷、信贷重组等手段，以快速审批、简化流程、利率优惠、定制化服务等方式，支持企业正常运营。因疫情影响未能及时还贷的，按企业实际发展情况，给予一定资金支持，帮助企业健康发展。

　　（3）加快落实和谋划支持政策。把去年文化和旅游大会的政策措施尽快落实到位，结合服务业发展大会和对外开放大会，再推出一批新的政策措施，引导文旅相关企业加快谋划 1 季度后的经营和发展，迎接旅游业复苏，进而带动交通、酒店、餐饮、购物、娱乐、购物等行业的全面恢复。

　　（4）建立省文化和旅游产业应援基金。建议由省政府牵头，财政、发改、文旅等部门配合，国有资本和社会资本联合发起，定向投放于受疫情影响的我省文化和旅游企业，重点解决及时复产和减免裁员问题。该基金年限可为 1 到 2 年，提供相当于无息/低息贷款，并设置受助企业恢复正常经营的标准和考核办法，企业确认达标后即归还。

（5）建立"文旅产业应急专项保险及绿色通道制度"。针对此次疫情中如OTA、旅行社等企业在应急退款、赔付等方面应对能力不足，企业和客户在损失分担上存在分歧和博弈的实际情况，由省政府牵头，金融、文旅等部门配合，考虑文旅企业向供应方预付比例高，所采购的服务产品无法保存，导致成本风险大的特殊情况，研究出台切实有效的文旅产业应急专项保险及绿色通道制度。

（6）因地制宜推动旅游景区复工复产，以市州为单位，以疫情严重程度为衡量指标，以"疫情基本稳定—疫情全面结束—市场全面回暖"等时间为重要节点，对疫情较轻甚至无疫情的地区有条件地进行谨慎开放。

（7）重点支持疫后文旅企业发展。大多数的企业在疫情期间处于停业状态或出现断崖式收入下跌，在疫情期间免征营业税意义不大。建议将免征疫情期间营业税改为免征疫情结束之后6个月的营业税、对上一年度文旅企业缴纳的所得税给予一定程度的返还，将水电气等能耗减免的时限延长到疫情结束后3个月。

2　促进产业发展

（8）建立新业态发展基金，支持鼓励大力发展科技旅游、智慧旅游、虚拟旅游、动漫游戏等文化娱乐、康养、研学等新业态文旅项目。

（9）大力发展旅游装备产业。我国旅游装备制造业还处于起步阶段，建议我省优先发展健康旅游装备、旅游信息装备、旅游美食装备、旅游交通装备、旅游文化装备、导游服务装备、旅游基础设施装备（如旅游厕所装备）、户外旅游装备等。

（10）完善旅游防疫安全保障体系，此次旅游业恢复阶段可分为全面歇业期、防疫式释压期、分区分流恢复期、常态高质量发展期。主张谨慎积极的恢复，创造条件解禁，疫情拐点下行后，优先推出防疫减压的绿色旅游产品和出行方式，重点开展生态游，以"分散、小型、自助、观光"为主要旅游方式，推出适合自驾游、自助游、定制游、家庭游的生态旅游产品和乡村旅游产品。推广网上预约购票，将旅游目的游客承载量控制标准，调整为旅游防疫安全流量控制标准，节制井喷现象。

（11）构建创新联盟体系，与省内外旅游景区、民宿、温泉和新媒体自驾联盟及行业协会等旅游服务产业链联动起来，打造旅游行业丝路旅游产业联盟平台，促进各地区文旅协同发展。

（12）尽快研究编制《四川省健康旅游产业发展专项规划》，让"四川健康旅游"成为疫后恢复和重振四川文旅产业的排头尖兵，率先在全国举起"2020全民健康旅游年"标杆大旗。

（13）构建文旅发展智库，整合学会、协会、企业联合体等分散的力量，构建一个提得出问题、想得到办法、给得出解决方案并且能落地执行的多"兵种"协和中心，为各个地方的文旅发展提供智力、专业、技术和市场运营综合服务。

（14）以游客体验为核心，提升供给服务能力和水平。在产品设计上，推动以健康生活方式为引领的旅游产品；在餐饮安全上，严禁经营野生动植物及其制品，提倡分餐制；在住宿健康上，遵循国家《绿色建筑评价标准》，吸收美国WELL健康建筑建设标准中的细节关怀，创造出更人性化、更舒适的建筑环境；在景区管理上，推进服务智能化、效率化，并提供无接触服务。

（15）抓紧研究制订疫情结束后四川省旅游业振兴行动方案。旅游业发展关系到稳定就业、稳定经济增长、脱贫目标实现等2020年攻坚目标实现，迫切需要在政府层面给予系统扶持引导。建议四川省文化和旅游厅联合相关部门研究制订疫情后四川旅游业振兴行动方案，找准四川省疫后旅游业率先恢复振兴的发展重点、需求亮点和政策着力点。

（16）研究对应疫情对会展经济的影响，研究加快发展线上线下结合、甚至以线上为主的新会展经济，推进会展业创新发展。

（17）抓紧研究重点扶持振兴乡村旅游助力扶贫和全面小康，制定乡村旅游扶持的精准措施，挖掘乡村旅游的健康价值，加快促进乡村旅游创新升级，打造适合市场需求的乡村旅游新业态。

3 提振旅游消费

（18）谨慎看待疫情之后的"报复"性行情。从历史相似事件中分析，疫情解除后旅游市场不存在短期"报复"性反弹消费，难以呈现所谓的旅游消费"狂潮"。如果简单判断旅游市场会自发形成"报复"性消费"狂潮"，则有可能导致旅游行业在发展战略和战术上出现失误，造成盲目的严重"后疫情"影响。

（19）通过积极灵活的补贴方式加速消费复苏。建议省政府牵头，财政、发改、农业、交通、文旅等有关部门配合，各市州政府在疫情过后确保安全的前提下，及时向优质文旅企业开展政府采购，并转化为向公众发放的代金券、打折券、奖励票、本地景区通票年卡等，引导疫情后首轮文旅消费。

（20）做好文旅预热准备。疫情过后会有一个平台期，不会马上爆发性出游，五一预计会有好转，建议瞄准五一做好提前预热。

（21）制订有效应对各类突发危机的危机处理计划和较成熟的危机处理操作方案，借鉴《浙江省新冠肺炎防控旅游景区有序开放工作指南》，出台相关文件和指南，包括事前预防、事中应对、事后恢复，形成标准化要求、详细流程图，为景区有序受控开放做好基础性工作。

（22）提前研究未来重要节假日的旅游市场启动及应急方案，做好五一等长假的旅游适度启动和防疫预案，重点做好暑期旅游启动和防控保障方案和应急预案。

（23）调整假期制度，实行错峰旅游，减少安全隐患。促进分散、灵活、带薪休假制度的变革，制定分散休假、灵活休假和带薪休假的可行的实施办法，可试点实行周末两天半工作制，促进全省休闲旅游发展。

4 创新旅游业态

（24）大力推动新产业和新运营模式的发展。支持研学旅游、营地教育、自然科普、户外运动、亲子度假、康养游、民宿游、宅旅游、云旅游等新产品门类的发展，加快建设数字旅游、智慧旅游、在线旅游、体验式场景、VR 技术、线上办公等体系，构建基于大数据的营销方式，推动自驾游、家庭游及体验性旅游的发展。

（25）构建全省旅游景区统一的在线智能＋AR 虚拟体验服务平台。以全省正在打造的全域旅游示范区为基础，建立全省各地市州的旅游景区＋风土人情在线智能＋AR 虚拟体验服务，同时，AR（增强虚拟现实）平台可以与景区的纪念品相结合，将文化融入纪念品之中，使得景区的文创产品更加丰富和有价值，从而逐步摆脱门票经济。

（26）进一步整合共享数字文旅产品，抓紧研究制订全省数字文旅加快发展的行动方案，整合政府、企业、社会的数字文旅资源和产品，为疫情后推进全省数字文旅新发展新作为提供行动蓝图。

（27）发挥"国家西部旅游人才培训基地"平台资源作用，助力"停课不停学"、"停工不停业"，将该平台与教育部门及企业、社会的主要在线教育平台对接，发挥课程资源作用，宣传四川文旅形象。

（28）开展文旅健康赋能行动，在四川十大文化旅游品牌基础上，遴选推进生态健康度假为主题的新十大品牌，加快推进成都建设世界健康之都，在"天府旅游名县"创建工作中加入健康赋能，将天府旅游名县建成健康名县，加快推进四川大健康产业发展。

（29）以"健康旅游"打开"中华医药"四川宝库。四川文旅充分利用本身丰富的自然与文化资源，有效结合卫生健康部门，特别是"中医药"特色资源，积极开发"养生健体"、"药膳美食"等健康旅游产品，大力发展自然养生、文化养心旅游项目，让四川"中华医药"珍宝在"健康旅游"中大放异彩。

5　打造旅游品牌

（30）整合各方资源统一营销。打破四川省旅游景区营销各自为政的现状，由省文旅厅牵头，各地配合，行业协会和旅游企业参与，结合线上线下新营销，开展游客线上和线下的抽奖活动，将抽奖体现到景区范围内大至门票、小至观光车、缆车和住宿、餐饮及旅游商品方面。开展"抗疫英雄免费游四川"爱心公益活动，以全国医护工作者及解放军、武警、公安为目标群体，时效到2021年元宵节截止。

（31）适时有效开展政府营销以重振消费信心。由省委宣传部牵头，广电、文旅等有关部门和各市州政府配合，以适当内容、手段和强度开展四川形象营销活动。

（32）邀请国际国内网红、大V游四川，由他们来发现网红热点，推出网红"导游达人"。打造一支非常优秀的导游队伍，态度友好、业务娴熟、技艺出众，使其成为四川名片。

（33）做好危机后宣传营销，拍摄一部电影或电视剧，宣传展示四川文化旅游人的大爱和无私；收集文旅行业在此次抗击新冠疫情过程中的先进事迹，举办摄影展。

02

旅游资源

四川省文化和旅游资源普查

[作 者] 李忠东 杨义东 高竹军 彭相荣（四川省地矿局物探队）

张若然（四川省地矿局区调队）

摘 要： 四川省历时两年完成了全省21个市（州）、183个县（市、区）文化和旅游资源"双普查"，共查出六大类文化资源305.74万处，旅游资源24.57万处，形成了"五维合一"系列普查成果，完成了文化和旅游部的试点任务，"四川案例"在全国推广学习，并为全省"十四五"文旅规划编制、文化旅游业高质量发展、文化强省旅游强省建设提供了科学支撑。笔者有幸作为本次普查的技术总监全程参与了本项工作，本文系这次普查的一些做法总结和取得的主要成果综述。

关键词： 文化和旅游资源；双普查；普查成果；四川案例

1 普查背景及工作概况

1.1 普查背景

四川是全国文化和旅游资源大省。习近平总书记来川视察时指出"四川是个好地方，山水秀丽、民风淳朴、文化多彩，要求充分绽放四川独特的自然生态之美、多彩人文之韵，谱写美丽中国的四川篇章"。为贯彻落实习近平总书记对四川工作系列重要指示精神，省委、省政府明确提出要把四川突出的资源优势转化为发展优势，推动文旅资源大省向文旅经济强省转变，决定在全省实施文化和旅游资源普查，抓好文化和旅游部全国文化和旅游资源普查试点任务，全面摸清资源家底。

全省文化和旅游资源普查工作自2019年1月启动，省市县三级联动，共投入财政资金 1.5 亿元，组建了 4.8 万余人的专业队伍，历时两年，对 21 个市（州）、183 个县（市、区）进行了全方位系统化的文化和旅游资源"双普查"。全省共普查出六大类文化资源 305.74 万处，旅游资源 24.57 万处（其中新发现新认定 6.51 万处；评定五级旅游资源 1864 处，四级旅游资源 5250 处）。总结提炼形成了"五维合一"系列普查成果，即标准维度——《四川省文化和旅游资源普查标准体系》、工作维度——《四川省文化和旅游资源普查工作手册》、文本成果维度——《四川省文化和旅游资源普查报告》、成果运用维度——《四川省旅游资源保护与利用指南》和资源大数据维度——四川省文化和旅游资源云平台；圆满完成了文化和旅游部的试点任务，"四川案例"在全国推广学习。在国内国际双循环相互促进的新发展格局战略背景下，文化旅游业作为国民经济的战略性支柱产业，未来势必在加快信心恢复与消费复苏、稳定就业与确保经济增长、健全现代文化产业体系及促进和提升社会文明等方面，承担起更加重要的历史使命。本次普查成果为编制"十四五"文旅规划，促进文化旅游业高质量发展，加快文化强省旅游强省建设提供了科学支撑，夯实了发展基础。

1.2 普查工作概况

1.2.1 普查目标与任务

本次普查的目标任务是通过普查工作摸清和掌握全省 21 个市（州）、183 个县（市、区）的文化和旅游资源家底，运用全新的资源观和价值观，重新发现、认识、评估四川省文化和旅游资源，充分挖掘发展潜力，促进保护传承，将资源优势转化为比较优势、发展优势，为科学谋划"十四五"规划，推动文化旅游事业高质量发展，为建设文化强省旅游强省、打造世界重要旅游目的地提供科学依据，为推动治蜀兴川再上新台阶提供有力支撑。同时，全面总结四川普查工作的典型做法，形成可复制、可推广、可借鉴的经验模式，为全国提供技术标准、工作路径、组织模式、成果运用和普查示范。

1.2.2 普查对象

本次普查对象分为文化资源和旅游资源两大部分。

1.2.1.1 文化资源

根据《中共中央办公厅国务院办公厅关于实施中华优秀传统文化传承发展工程的意见》（中办发〔2017〕5 号）精神，按照《中华文化资源普查工程实施方案》，重点对古籍、美术馆藏品、地方戏曲剧种、传统器乐乐种、非物质文化遗产、文物（可移动文物和不可移动文物）六大类文化资源进行普查。

1.2.2.2 旅游资源

在《旅游资源分类、调查与评价》（GB/T18972－2017）的基础上，结合四川省实际编制了《四川省旅游资源分类、调查与评价（试行）》，对地文景观、水域景观、生物景观、天象与气候景观、建筑与设施、历史遗迹、旅游购品（文创产品）、人文活动八大类旅游资源开展普查。

1.2.2 普查工作阶段

普查工作于2019年1月启动，历时两年，历经"顶层谋划、组织实施、成果编制、成果转化"四个阶段，对全省进行了全方位、系统化的文化和旅游资源双普查。通过普查，形成了一套完整的普查成果体系，同时还加大对成果运用的转化，为产业规划、项目孵化、政府谋划提供支撑。

1.2.2.1 顶层谋划阶段（2019年1月—2019年7月）

主要完成了以下工作：建立了省市县三级联动的普查工作机制，组建了行政、技术、专家三线并举的普查队伍，明确了"文旅双普、应普尽普"的工作要求，制定了符合四川实际的资源普查标准体系，进行了全面动员部署。

1.2.2.2 组织实施阶段（2019年8月—2020年7月）

采用"1＋7＋175"（即第一批1个县试点，第二批7个县试点，第三批175个县〔市、区〕全面铺开）三步推进，先试点再铺开的工作模式组织实施普查。主要完成了以下工作：开展了多元化培训，累计培训并指导近100万余人次，实现普查技术人员全覆盖；开展了两批试点工作，验证了技术标准、锻炼了普查队伍、探索了普查模式；按照时间节点全面完成了普查工作；同步推进普查宣传，引导社会各界参与普查工作，构建了全民参与、以普促宣、普宣结合的氛围。

1.2.2.3 成果编制阶段（2020年8月—2020年10月）

根据普调结合的原则，在实地调查基础上，结合各部门、行业和科研单位现有成果，精心组织成果编制，形成了集标准、工作、文本、成果运用、资源大数据"五维合一"的成果体系。

1.2.2.4 成果运用阶段（2020年10月—）

通过编制《四川省旅游资源保护与利用指南》，系统总结保护与利用成效问题，对资源保护利用时序、分区、重点、特色进行科学研究，有效指导旅游资源的科学保护和合理利用；通过编制《文化和旅游资源普查示范项目——四川案例》，总结全省普查试点经验，向全国进行推广；通过"四川省文化和旅游资源云"和"四川省旅游学会文旅资源孵化专委会"等大数据平台、学术平台，全面促进全省文化和旅游资源的高效利用、有序开发和可持续发展。

1.3 取得的主要成果

1.3.1 基础性成果

本次普查共查明六大类文化资源305.74万处；旅游资源24.57万处，其中新发现新认定旅游资源6.51万处，优良级资源共46977处（含五级旅游资源1864处，四级旅游资源5250处）；共计形成文字4.5亿字，图片300余万张，视频1.4万条，为全省文化和旅游资源的保护与利用奠定了基础，为重新评估全省文化和旅游产业发展潜力提供了科学依据。

1.3.2 综合性成果

按照文化和旅游部"出标准规范、普文旅资源、探组织方式、明工作路径、用普查成果、建数据平台"的试点工作要求，形成了一套综合性成果，概括为"五维合一"的普查成果体系。包括：（1）标准维度——《四川省文化和旅游资源普查标准体系》；（2）工作维度——《四川省文化和旅游资源普查工作手册》；（3）文本成果维度——《四川省文化和旅游资源普查报告》；（4）成果运用维度——《四川省旅游资源保护与利用指南》；（5）资源大数据维度——四川省文化和旅游资源云。

1.3.3 示范性成果

四川省是全国第一个完成文化和旅游资源普查的省份。通过普查方式、标准体系、工作路径、成果展示等系列创新做法，形成了可复制、可推广、可借鉴的经验模式，主要体现于：（1）开展文化和旅游资源"双普查"，制定了"文旅双普"的标准体系；（2）形成了"三级联动"的普查工作机制；（3）坚持了"普调结合"的工作路径；（4）采用了"三审两定"的评定原则；（5）形成了一套完整的"五维合一"的成果体系；（6）践行了"重在运用"的价值理念；（7）构建了"数字文旅"共建共享资源云平台。

在文化和旅游部的指导下，对四川模式和经验进行总结提炼，编制了《文化和旅游资源普查示范项目——四川案例》，为全国提供了四川样本，贡献了四川力量。

1.4　主要亮点和创新

1.4.1　创新制定"文旅双普"标准体系

开展文化和旅游资源"双普查",是新时代下适应现代文化事业、文化产业和旅游业发展需要,是文旅融合后统筹文化和旅游资源的积极探索和大胆尝试。

1.4.1.1　确定文化资源普查标准

为贯彻中共中央办公厅、国务院办公厅《关于实施中华优秀传统文化传承发展工程的意见》要求,围绕中华优秀传统文化、革命文化和社会主义先进文化三个重要内容,本次文旅资源普查结合《中华文化资源普查工程实施方案》,重点对古籍、美术馆藏品、地方戏曲剧种、传统器乐乐种、非物质文化遗产、文物(可移动文物和不可移动文物)六大类文化资源进行梳理、入库,形成了文化资源普查标准,包括《古籍普查著录规则》《四川省美术馆藏品普查报表制度》《四川省地方戏曲剧种普查报表制度》《四川省传统器乐乐种普查报表制度》《四川省非物质文化遗产项目调查统计相关说明》《可移动文物调查资料》《不可移动文物调查资料》。

1.4.1.2　制定旅游资源普查标准

在《旅游资源分类、调查与评价》(GB/T18972－2003)基础上,创新编制了《四川省旅游资源分类、调查与评价(试行)》。标准突出了四川特色,不仅为全省普查工作提供了行动指南,而且为全国普查提供了借鉴。

1.4.2　准确把握普查对象

统筹开展文化和旅游资源普查在全国没有先例。在当前文旅融合发展的新形势新任务下,更新资源观念,明确普查对象。一是突出融合。首次将文化资源和旅游资源同时纳入普查,从而实现由侧重旅游资源向文化资源和旅游资源并重的转变。二是突出重点。我们紧紧围绕文化强省旅游强省建设的总体要求,重点围绕全省"一核五带"总布局、文旅枢纽项目培育和十大文旅品牌打造等开展普查工作,实现普查工作与全省文旅发展大局同频共振、同向发力。三是突出新资源。主动适应当前文化旅游逐步的新趋势新特点,重点针对美食、休闲、音乐、体育、康养、网红打卡地等新兴业态资源开展,让普查工作与人民群众日益增长的美好生活需要相适应。

1.4.3　探索创新普查方法

国家文旅部确定我省为全国首个试点省,希望四川为全国"探索积累经验"。在普查中，我们不断总结经验，形成了集"文旅同步普查调查、数字化培训调查、标准化进度管理、多元化宣传动员"等于一体的四川模式，为全国资源文化和旅游资源普查工作提供了四川智慧，起到了示范作用。

1.4.3.1 创新工作机制

一是确立"省上统领、市级协调、县为主体"的工作机制；二是建立"行政＋专家＋技术"普查工作组织体系；三是形成"4＋1"的基层普查队伍；四是开展"多层级＋多形式"的培训；五是形成"现场调研＋驻点督导＋专项督导"的工作推进机制。

1.4.3.2 创新工作方法

一是确立"两阶段三步走"策略，两阶段就是"1＋7"两批试点阶段和175个县全面普查阶段，三步走是将普查工作分前期准备、全面普查、成果编审三个步骤。二是建立普查联席会议制度、交叉检查制度、多级审查制度、普查质量监督制度和资源普查报表制度五大类普查工作制度。三是在普查中形成了一批富有价值和特色的工作方法。如汶川县实践出"双向工作完成法"、南江县"五字诀"、泸定县"三挂钩"等。四是形成"三审两定"质量审核体系。三审是建立省市县三级专家委员会（县级初评、市州审核、省级审定）独立评审机制。两定是对四级、五级重要旅游资源实施专家审定、行业认定并行的定级原则。

1.4.3.3 创新工作模式

通过普查，形成兴文"223344"、都江堰市"222X"、峨眉山市"12345N"、阆中市"337"等县域普查工作模式；省外业工作组总结出"1234"＋"343"的外业指导工作模式。这些都将为全国文旅普查提供示范。

1.4.4 创新应用信息技术

在普查中，充分利用互联网技术和大数据技术，一是开展普查工作管理研究。研发全省文化和旅游资源普查工作动态管理系统APP，通过系统进行统计分析，形成进度的可视化管理。二是创新研发全国首套"全省文化和旅游资源普查外业工程师培训与考核系统"。所有从事文旅普查的技术人员均可通过网上学习并完成考核。三是研发四川文旅游资源云。充分运用大数据分析、云计算等新技术，以打造全国文化和旅游资源普查智慧样板工程为目标，以"网络化、数字化、标准化、可视化"为切入点，在四川省大数据中心政务云平台上建设了四川文旅资源云。建立资源查询、资源管理两大系统，成为全省最权威、唯一的文旅资源数据总入口、资源管理总枢纽、普查成果总展馆。

1.4.5　重视普查成果的孵化与转化

本次文旅资源普查根据"三线一单"生态环境分区管控要求，对全省旅游资源的保护利用时序、分区、重点、特色进行了科学研究，创新编制了《四川省旅游资源保护与利用指南》，引导在保护的前提下有序开发资源，为编制《四川省"十四五"文旅融合发展规划》《四川省全域旅游发展规划》《巴蜀文化旅游走廊（四川区域）建设实施方案》《四川省黄河文化保护传承弘扬专项规划》及《长征国家文化公园四川段建设保护规划》等全省重大文旅规划提供了科学、全新、坚实的基础支撑。

此外，由四川旅游业界学者、专家和相关企事业单位自愿结成的地方性、学术性、非营利性社会组织——四川省旅游学会文旅资源孵化专委会，形成了"文旅项目资源库、专家资源库、投融资资源库"，"培训平台、创意传播平台、项目策划孵化平台、资源交易平台、投融资平台"的"三库五平台"文旅资源孵化体系，全面促进全省文旅资源的高效利用、有序开发和可持续发展。

2　旅游资源普查成果

2.1　旅游资源分类及定级体系

《四川省旅游资源分类、调查与评价（试行）》是在现行国标（《旅游资源分类、调查与评价》〔GB/T18972-2017〕）的基础上，结合文旅融合发展趋势以及四川省实际情况和发展定位编制而成。

2.1.1　分类体系

《四川省旅游资源分类、调查与评价（试行）》将旅游资源分为 8 个大类，26 个亚类和 131 个基本类型，相对现行国标增加了 3 个亚类 21 个基本类型，补充完善了具有四川特色的资源类型，拓展纳入了具有旅游价值的文化资源。

2.1.2　评价定级体系

本次普查建立了省市县三级专家委员会（县级初评、市州审核、省级审定）独立评审机制，严格按照《四川省旅游资源分类、调查与评价（试行）》的资源评价体系，通过县市省三级审查，完成旅游资源的定级，对四、五级资源同时采用行业认定和专家审定相结合的方式，确保资源定级的科学准确。

按照《四川省旅游资源分类、调查与评价（试行）》的资源评价体系，根据旅游资源评价总分值，将全省旅游资源划分为五个等级，从高到低级别分别为：五级旅游资源，得分值域≥90分或资源要素价值得分≥70分；四级旅游资源，得分值域75～89分；三级旅游资源，得分值域60～74分；二级旅游资源，得分值域45～59分；一级旅游资源，得分值域30～44分；低于29分（含）为未获等级旅游资源，未纳入本次普查。其中五级、四级、三级为"优良级旅游资源"，二级和一级为"普通级旅游资源"。

2.1.3　新资源界定

此外，本次普查还创新提出了新资源概念，包含新发现和新认定两种情况，其认定原则为：新发现旅游资源是指目前掌握资料中从未记载过和其他行业已有资料中有记载，但从未作为旅游资源进行过记录的资源；新认定旅游资源是指通过本次普查对已记载资源的旅游价值明显被低估或存在认知偏差、旅游属性认知不全的资源的重新认定，以及通过不同的景观组合所形成全新的组合性资源。

2.2　旅游资源类型数量结构

2.2.1　总体数量结构

全省共查明旅游资源数量为245748处，其中新发现新认定旅游资源点65146

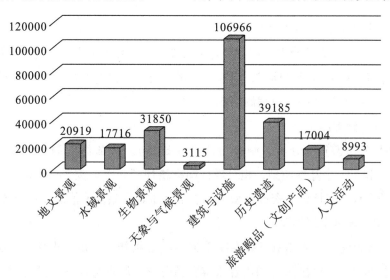

图2-1　四川省旅游资源分类统计柱状图

处，占总量的 26.51%。所有资源分布于 8 个主类、26 个亚类、131 个基本类型，全面覆盖了本次普查标准。与国标相比，覆盖国标的 8 个主类，同时亚类新增的典型物种、特色镇村（寨）、传统与特色菜品饮食、现代节事活动等都全部涵盖，在基本类型方面本次普查 131 个基本类型全覆盖，比国标增加了 21 类。

2.2.2 分类数量结构

2.2.2.1 地文景观

本次普查全省共查明地文景观类旅游资源 20919 处，占四川省旅游资源总量的 8.51%，其中新发现新认定资源 8425 处，占地文景观总量 40.35%，地文景观类旅游资源分布于 4 个亚类、21 个基本类型。

从 4 个亚类资源数量来看，除自然标记与自然现象资源相对较少外，其余三个亚类资源量均较为丰富。新发现新认定资源则主要集中分布于自然景观综合体、地表形态和地质与构造形迹亚类，分别占地文景观主类新发现新认定总量的 33.46%、34.74% 和 30.00%。

从 21 个基本类型资源数量来看，奇特与象形山石数量最多，占地文景观类总量的 19.51%；其次为山岳型景观、岩石洞与洞穴，占比分别为 17.26% 和 14.87%；最少的为奇异自然现象，仅占 0.4%。新发现新认定资源也主要分布于奇特与象形山石、岩石洞与岩穴、山岳型景观等基本类型。

表 2-1 四川省地文景观类旅游资源分类统计表

资源类型	总量	新发现新认定数量	资源类型	总量	新发现新认定数量
自然景观综合体	7790	2814	地表形态	6857	2928
山岳型景观	3599	1216	台丘状地景	619	260
丘陵型景观	1431	399	峰柱状地景	626	270
盆地型景观	152	74	垄岗状地景	133	44
台地（高原）型景观	242	100	沟壑状地景	711	335
沟谷型景观	1916	800	钙华与泉华	232	128
滩地型景观	450	225	岩土圈灾变遗迹	455	209
地质与构造形迹	5960	2531	奇特与象形山石	4081	1682

续表

资源类型	总量	新发现 新认定数量	资源类型	总量	新发现 新认定数量
构造形迹景观	469	221	自然标记与自然现象	312	152
地层与剖面	398	93	奇异自然现象	83	36
岩壁	1538	812	自然标记地	229	116
岩石洞与岩穴	3109	1279			
古生物化石点	239	58			
岩矿石点（矿床）	207	68			

总体看来，全省地文景观资源具有分布广、类型全、数量多的特点，这与四川独特的地质构造背景、变化多样的地形地貌相吻合。

2.2.2.2 水域景观

本次普查全省共查明水域景观类旅游资源17716处，占四川省旅游资源总量的7.21%，其中新发现新认定资源6607处，占水域景观总量的37.30%。水域景观旅游资源分布于4个亚类、13个基本类型。

从4个亚类资源数量来看，湖沼亚类数量最多，占水域景观总量的50.75%；其次为河系亚类，占比为40.64%。新发现新认定资源也主要集中分布于河系、湖沼2个亚类。

从13个基本类型资源数量来看，湖泊水库基本类型的数量最多，占水域景观类总量的36.09%；其次为游憩河段、瀑布跌水2个基本类型，占比分别为18.07%和11.90%。新发现新认定资源也主要集中分布于这3个基本类型。

表2-2　四川省水域景观旅游资源分类统计表

资源类型	总量	新发现 新认定数量	资源类型	总量	新发现 新认定数量
河系	7199	3262	湖沼	8991	2764
河曲与河湾	1492	719	湖泊、水库	6393	1780
游憩河段	3201	1302	潭池	1626	568
古河道	113	53	湖湾、湖心岛	262	99

资源类型	总量	新发现新认定数量	资源类型	总量	新发现新认定数量
河（江）心岛	285	154	湿地	710	317
瀑布、跌水	2108	1034	冰雪地	330	147
地下水	1196	434	积雪地	234	97
泉水	985	369	现代冰川	96	50
埋藏水体	211	65			

2.2.2.3 生物景观

本次普查全省共查明生物景观旅游资源31850处，占全省旅游资源总量的12.96%，其中新发现新认定资源8754处，占生物景观总量的27.49%。生物景观旅游资源分布于3个亚类、11个基本类型。

从3个亚类资源数量来看，典型物种亚类数量最多，占生物景观类总量的71.18%；其次为植被景观，占生物景观类总量的25.16%。新发现新认定资源也主要集中在这两个亚类。

从11个基本类型资源数量来看，古树名木基本类型数量最多，占生物景观类总量的49.12%；其次为珍稀动物和林地两个基本类型，占比分别为14.32%和13.58%。新发现新认定资源主要分布于古树名木、林地、花卉地和草地等4个基本类型。

表2-3　四川省生物景观类旅游资源分类统计表

资源类型	总量	新发现新认定数量	资源类型	总量	新发现新认定数量
植被景观	8013	3581	野生动物栖息地	1164	364
林地	4323	1913	水生动物栖息地	134	29
草地（草原）	1548	765	陆地动物栖息地	589	168
花卉地	2037	846	鸟类栖息地	383	140
高山苔原	105	57	蝶类或其他昆虫栖息地	58	27
典型物种	22673	4809			

续表

资源类型	总量	新发现 新认定数量	资源类型	总量	新发现 新认定数量
古树名木	15644	4008			
珍稀植物	2467	368			
珍稀动物	4562	433			

2.2.2.4 天象与气候景观

本次普查全省共查明天象与气候景观类旅游资源共 3115 处，占全省旅游资源总量的 1.27%，其中新发现新认定旅游资源 1410 处，占该类总量的 45.26%。天象与气候景观旅游资源分布于 4 个亚类、13 个基本类型。

从 4 个亚类资源数量来看，天气与气候现象亚类数量为主，占天象与气候景观类总量的 75.96%，其次为天象景观亚类。新发现新认定资源也主要分布于天气与气候现象亚类。

从 13 个基本类型来看，云雾多发区基本类型数量最多，占比 29.21%；其次为物候景象和太空景象观赏地 2 个基本类型，占比分别为 23.76% 和 15.76%。新发现新认定资源也主要分布于上述 3 个基本类型。

表 2-4　四川省天象与气候景观类旅游资源分类统计表

资源类型	总量	新发现 新认定数量	资源类型	总量	新发现 新认定数量
天象景观	749	339	天气与气候现象	2366	1071
太空景象观赏地	491	229	云雾多发区	910	464
光现象观察地	258	110	极端与特殊气候显示地	176	55
			物候景象	740	303
			避暑、避寒气候地	291	147
			康养气候地	249	102

2.2.2.5 建筑与设施

本次普查全省共查明建筑与设施类旅游资源 106966 处，占全省旅游资源总量的 43.52%，其中新发现新认定资源 28394 处，占该类总量的 26.55%。建筑与设施类旅游资源分布于 4 个亚类、32 个基本类型。

从 4 个亚类资源数量来看，实用建筑与核心设施亚类数量最多，占比达 47.49%；其次为人文景观综合体、景观与小品建筑 2 个亚类，占比分别为 23.96% 和 24.62%。新发现新认定资源主要分布于实用建筑与核心设施和景观与小品建筑 2 个亚类。

从 32 个基本类型资源数量来看，农家乐、乡村酒店与民宿和纪念、宗教、祭祀活动场所 2 个基本类型最多，占比分别为 10.42% 和 10.19%；其次为陵墓和景观农林畜牧场所 2 个基本类型，占比分别为 6.75% 和 7.93%。新发现新认定资源则主要分布于景观农林畜牧场所和农家乐、乡村酒店与民宿 2 个基本类型。

表 2-5　四川省建筑与设施类旅游资源分类统计表

资源类型	总量	新发现新认定数量	资源类型	总量	新发现新认定数量
人文景观综合体	25631	5579	景观与小品建筑	26344	7314
社会与商贸活动场所	1229	213	观景点	4746	2582
军事遗址与古战场	451	93	亭、台、楼、阁	2726	587
教学科研实验场所	1088	188	雕塑	3049	641
建设工程与生产地	3862	1195	碑碣、碑林、经幢	2251	459
文化教育科技体育活动场所	3505	670	牌坊牌楼、影壁	978	173
医疗康养游乐休闲场所	3996	813	门廊、廊道	902	194
纪念、宗教、祭祀活动场所	10904	2301	塔形建筑	2541	708
交通运输服务设施	596	106	水井	1590	330
实用建筑与核心设施	50794	14153	广场与喷泉	2699	574
特色街区（店铺）	3892	754	堆石	1506	402
特性屋舍	5679	1367	摩崖字画	2355	407
渠道、运河段落	805	221	栈道、通道	1001	257
堤坝段落	926	259	特色镇、村（寨）	4197	1348
港口、渡口与码头	549	133	古镇古村（寨）	1363	326
洞窟	802	197	新镇新村（寨）	2834	1022
陵墓	7217	915			

资源类型	总量	新发现 新认定数量	资源类型	总量	新发现 新认定数量
景观农林畜牧场所	8486	3949			
农家乐、乡村酒店与民宿	11145	2815			
特色市场	280	66			
特色园区	5235	1838			
景观公路、铁路与桥梁	5778	1639			

2.2.2.6 历史遗迹

本次普查全省共查明历史遗迹类旅游资源 39185 处，占全省旅游资源总量的 15.95%，其中新发现新认定旅游资源 6081 处，占该大类总数的 15.52%。历史遗迹旅游资源分布于 2 个亚类、17 个基本类型。

从 2 个亚类资源数量来看，物质类文化遗存数量最多，占历史遗迹总数的 74.33%；其次为非物质类文化遗存。新发现新认定旅游资源也以物质类文化遗存亚类最多。

从 17 个基本类型资源数量来看，建筑遗迹基本类型数量最多，占历史遗迹总量的 29.65%；其次为可移动文物，占历史遗迹总量的 27.23%。新发现新认定资源也主要分布于这 2 个基本类型。

表 2-6　四川省历史遗迹类旅游资源分类统计表

资源类型	总量	新发现 新认定数量	资源类型	总量	新发现 新认定数量
物质类文化遗存	29125	4338	非物质类文化遗存	10060	1743
史前人类活动遗址	263	65	民间文学	2269	401
历史事件发生地	1992	439	传统音乐	1385	265
建筑遗迹	11619	1947	传统舞蹈	833	125
交通遗迹	2004	452	传统戏剧	204	38
工程与生产遗迹	1451	359	曲艺	206	32
古城遗址与聚落遗迹	1124	181	传统体育、游艺杂技	390	73

资源类型	总量	新发现 新认定数量	资源类型	总量	新发现 新认定数量
可移动文物	10672	895	传统美术	945	159
			传统技艺	1972	360
			传统医药	495	39
			民俗	1361	251

2.2.2.7 旅游购品（文创产品）

本次普查全省共查明旅游购品（文创产品）类资源 17004 处，占全省旅游资源总量的 6.92%，其中新发现新认定旅游资源 3904 处，占旅游购品（文创产品）总量的 22.96%。旅游购品（文创产品）分布于 4 个亚类、18 个基本类型。

从 4 个亚类资源数量来看，以农业产品亚类数量最多，占旅游购品类总量的 49.69%；其次为传统与特色菜品饮食，占旅游购品类总量的 29.07%。新发现新认定资源也主要分布于农业产品亚类。

从 18 个基本类型资源数量来看，以农副土特产品数量最多，占旅游购品类总量的 37.76%；其次为川菜菜品与饮食，占旅游购品类总量的 20.68%。新发现新认定资源也主要分布于农副土特产品、川菜菜品与饮食和地方药材这 3 个基本类型。

表 2-7 四川省旅游购品（文创产品）类旅游资源分类统计表

资源类型	总量	新发现 新认定数量	资源类型	总量	新发现 新认定数量
农业产品	8449	2143	手工工艺品	3141	778
农副土特产品	6420	1621	绣品	327	34
地方地道药材	2029	522	织品、染织	351	74
工业产品	471	141	灯艺	17	3
日用工业品	267	78	竹、木工艺品	745	184
旅游装备产品	18	8	文房用品	55	18
旅游科技产品	18	3	特色家具	114	40

续表

资源类型	总量	新发现 新认定数量	资源类型	总量	新发现 新认定数量
其他旅游工业品	168	52	金石陶器	630	197
传统与特色菜品饮食	4943	842	纸艺、书画作品	331	102
川菜菜品与饮食	3516	615	其他物品	571	126
民族菜品与饮食	1256	189			
外域菜品与饮食	171	38			

2.2.2.8 人文活动

本次普查全省共查明人文活动类旅游资源8993处，占四川省旅游资源总量的3.66%，其中新发现新认定旅游资源1571处，占人文活动总量的17.47%，人文活动类旅游资源分布于3个亚类、10个基本类型。

从3个亚类资源数量来看，人事活动记录亚类数量最多，占人文活动类资源总量的56.01%；其次为现代节事活动，占人文活动类旅游资源总量的30.65%；岁时节令为最少。新发现新认定资源也主要分布于人事活动记录亚类，占该人文活动类新发现新认定总量的53.91%。

从10个基本类型资源数量来看，地方人物基本类型的数量最多，占该大类资源总量的45.95%；其次为现代节庆、地方事件和宗教活动与庙会3个基本类型，占比分别为12.84%、10.06%和9.55%。新发现新认定旅游资源也主要分布于地方人物、现代节庆基本类型。

表2-8 四川省人文活动类旅游资源分类统计表

资源类型	总量	新发现 新认定数量	资源类型	总量	新发现 新认定数量
人事活动记录	5037	847	现代节事活动	2756	559
地方人物	4132	681	现代节庆	1155	258
地方事件	905	166	会议论坛	85	13
岁时节令	1200	165	展览	140	23
宗教活动与庙会	859	110	赛事	372	77

续表

资源类型	总量	新发现新认定数量	资源类型	总量	新发现新认定数量
农时节日	341	55	演艺	418	73
			特色主题活动	586	115

2.3 旅游资源空间数量结构

2.3.1 市（州）资源数量结构

从全省21个市（州）旅游资源的空间分布来看，"三州"（阿坝州、甘孜州、凉山州）地区及成都平原片区的成都市、绵阳市、雅安市，这六个市（州）的旅游资源数量最为突出，其总量占全省旅游资源总量的近60%，其中甘孜州排名第一，资源总量超过3万处，成都市排名第二，资源总量接近3万处，遂宁市、攀枝花市、资阳市旅游资源数量则均不足5000处。

表2-9 四川省21市（州）旅游资源分布情况

序号	市（州）	辖区面积/平方公里	县（市、区）数量	旅游资源总量
1	成都	14335	20	29908
2	自贡	4381	6	5649
3	攀枝花	7414	5	3838
4	泸州	12232	7	7854
5	德阳	5910	6	5776
6	绵阳	20248	9	16811
7	广元	16319	7	9186
8	遂宁	5322	5	4890
9	内江	5385	5	5322
10	乐山	12720	11	13962
11	南充	12514	9	10646
12	宜宾	13283	10	11144
13	广安	6339	6	7969
14	达州	16588	7	9642

续表

序号	市（州）	辖区面积/平方公里	县（市、区）数量	旅游资源总量
15	巴中	12325	5	8277
16	雅安	15046	8	12027
17	眉山	7134	6	6767
18	资阳	5747	3	3507
19	阿坝	84242	13	15641
20	甘孜	152629	18	36112
21	凉山	60423	17	20820
总计		48.6万	183	245748

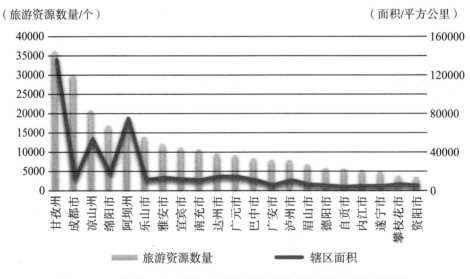

图2-2 四川省21市（州）旅游资源数量与辖区面积对比关系图

2.3.2 县（市、区）资源数量结构

从全省183个县（市、区）资源数量来看，其分布存在明显差异，数量最多的超过3000处，最少的仅300余处。全省183个县（市、区）数量2000处以上的有22个；1000~2000处之间的有147个，占比近80%；1000处以下有14个。从结构来看，纺锤形特征非常明显，大多数县（市、区）数量都在1000~2000处之间。

表2-10 四川省183个县（市、区）旅游资源数量统计表

县（市、区）名称	资源数量（处）
理塘县、康定市、宣汉县、丹巴县、稻城县、峨眉山市、平武县、宝兴县、南江县、通江县、白玉县、江油市、道孚县、都江堰市、邛崃市、三台县、崇州市、德格县、新龙县、甘孜县、青羊区、冕宁县（22）	2000处以上
安州区、雅江县、武侯区、得荣县、梓潼县、石棉县、锦江区、北川羌族自治县、邻水县、壤塘县、炉霍县、乡城县、涪城区、武胜县、西昌市、九龙县、彭州市、会理市、盐边县、阆中市、双流区、大邑县、荥经县、盐源县、安岳县、苍溪县、色达县、合江县、朝天区、德昌县、犍为县、若尔盖县、旺苍县、广安区、天全县、金牛区、木里藏族自治县、古蔺县、新都区、郫都区、简阳市、小金县、仪陇县、芦山县、荣县、温江区、昭化区、龙泉驿区、洪雅县、夹江县、雨城区、资中县、巴州区、九寨沟县、屏山县、南部县、长宁县、乐山市市中区、金堂县、青川县、平昌县、汶川县、盐亭县、渠县、叙永县、嘉陵区、富顺县、东坡区、岳池县、汉源县、巴塘县、蒲江县、泸定县、叙州区、越西县、美姑县、沐川县、石渠县、丹棱县、大竹县、茂县、金阳县、名山区、翠屏区、船山区、黑水县、利州区、高县、甘洛县、营山县、沙湾区、前锋区、布拖县、金川县、万源市、恩阳区、松潘县、理县、剑阁县、中江县、马尔康市、米易县、绵竹市、阿坝县、江阳区、西充县、达川区、金口河区、泸县、仁寿县、大英县、珙县、通川区、雁江区、隆昌市、南溪区、内江市中区、高坪区、筠连县、什邡市、红原县、顺庆区、纳溪区、井研县、昭觉县、马边彝族自治县、东兴区、射洪市、大安区、开江县、青白江区、罗江区、华蓥市、彭山区、五通桥区、普格县、新津县、会东县、蓬安县、宁南县、广汉市、峨边彝族自治县、兴文县、成华区、青神县、江安县（147）	1000~2000处
乐至县、威远县、安居区、蓬溪县、贡井区、喜德县、沿滩区、雷波县、龙马潭区、旌阳区、仁和区、自流井区、攀枝花市西区、攀枝花市东区（14）	1000处以下

2.4 旅游资源等级划分及评价

2.4.1 总体定级结果

依据上述等级划分体系，对本次普查出的全部旅游资源进行了定级与统计，其结果如下：全省 245748 处旅游资源中，五级资源 1864 处，占总量的 0.76%；四级资源 5250 处，占总量的 2.14%；三级资源 39863 处，占总量的 16.22%；二级资源 88947 处，占总量的 36.19%；一级资源 109811 处，占总量的 44.68%；此外，另有 13 处资源因特殊原因未定级。

从全省旅游资源的类型来看，主类中建筑与设施因数量最为庞大，因而在评定的所有五个级别资源中，建筑与设施均占绝对优势；但从各级别资源占该主类资源总量的比重来看，五级、四级、三级资源中以天象与气候景观最为突出，占比分别为 2.02%、4.46%、34.22%，说明该主类资源尽管数量不多，但品质突出；二级资源以旅游购品（文创产品）最为突出，占比 39.44%，一级资源以生物景观最为突出，占比为 49.82%。

从全省旅游资源定级结果来看，级别从低到高数量依次递减，即资源级别越高，数量越少，占比越低，完全符合金字塔形的排列规律。

表 2 - 11　四川省旅游资源定级结果一览表

旅游资源主类	五级	四级	三级	二级	一级	未定级	合计
地文景观	287	816	4024	7102	8690	–	20919
水域景观	245	494	3350	6644	6983	–	17716
生物景观	153	385	4356	11089	15866	1	31850
天象与气候景观	63	139	1066	1051	796	–	3115
建筑与设施	651	2328	17227	38900	47860	–	106966
历史遗迹	278	631	5444	14389	18443	–	39185
旅游购品（文创产品）	97	190	2277	6706	7734	–	17004
人文活动	90	267	2119	3066	3439	12	8993
合计	1864	5250	39863	88947	109805	13	245748

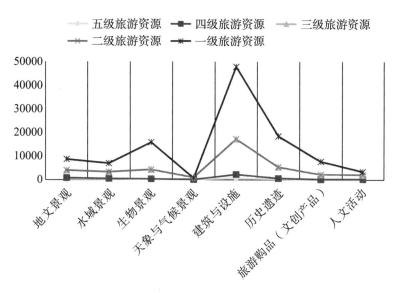

图 2 - 3 四川省旅游资源八大类定级结果折线图

2.4.2 优良级资源分布特征

2.4.2.1 五级资源

（1）空间分布特征

全省五级旅游资源共计 1864 处，21 个市（州）平均数为 88 处，其中超过平均数的市（州）有 9 个，依次为甘孜、成都、阿坝、凉山、雅安、绵阳、宜宾、乐山、泸州。这 9 个市（州）的五级资源总量占全省五级资源总量的 72%，是全省旅游资源品质相对较为突出的区域。各市（州）五级资源的分布情况见下表。

表 2 - 12 四川省 21 市（州）五级旅游资源定级结果

市（州）	五级
成都	231
自贡	46
攀枝花	17
泸州	88
德阳	38

市（州）	五级
绵阳	102
广元	80
遂宁	24
内江	24
乐山	90
南充	69
宜宾	94
广安	54
达州	51
巴中	50
雅安	106
眉山	42
资阳	20
阿坝	205
甘孜	308
凉山	125
合计	1864

（2）类型分布特征

五级旅游资源是全省旅游资源的精华，具有最高的知名度和最佳的开发条件。从资源的类别角度分析，在全省 1864 处五级旅游资源中，地文景观 287 处，水域景观 245 处，生物景观 153 处，天象与气候景观 63 处，建筑与设施 651 处，历史遗迹 278 处，旅游购品（文创产品）97 处，人文活动 90 处。

从 8 个主类来看，五级资源主要集中在建筑与设施、地文景观、历史遗迹和水域景观，这 4 大主类五级资源总量超过全部 8 大类五级资源总量的 78%；从 26 个亚类来看，五级资源主要分布在人文景观综合体、自然景观综合体、湖沼、物质类文化遗存和非物质类文化遗存，这 5 个亚类五级资源均在 100 处以上，总量超过五级资源总量的 47%。从 131 个基本类型来看，五级资源数量排名前十的有纪念、宗教、祭祀活动场所（166 处），湖泊、水库（114 处），山岳型景观（102 处），医疗康养游乐休闲场所（103 处），古镇古村（寨）（87 处），沟谷型景观（83 处），文化教育科技体育活动场所（66 处），农副土特产品（60 处），建筑遗迹（49 处），珍稀动物（45 处），这 10 个基本类型五级资源总量占到了全省五级资源总量的 46%。

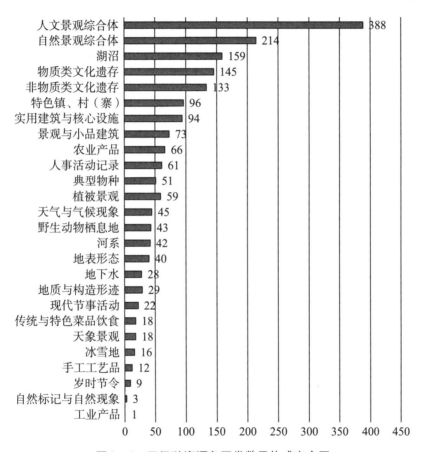

图 2-4　五级游资源各亚类数量构成直方图

2.4.2.1　四级资源

（1）空间分布特征

全省四级旅游资源共计 5250 处，21 个市（州）平均数为 250 处，其中超过平均数的市（州）有 8 个，依次为甘孜、成都、绵阳、阿坝、泸州、凉山、宜宾和广安。上述8个市（州）四级资源数量占全省四级旅游资源总量的67%。各市（州）四级资源的分布情况见下表。

表2-13　四川省21市（州）四级旅游资源定级结果

市（州）	四级
成都	471
自贡	98
攀枝花	59
泸州	412
德阳	70
绵阳	429
广元	187
遂宁	106
内江	110
乐山	231
南充	120
宜宾	354
广安	260
达州	226
巴中	172
雅安	223
眉山	88
资阳	47
阿坝	424
甘孜	754
凉山	409
合计	5250

（2）类型分布特征

从资源的类型角度分析，全省5250处四级旅游资源中，地文景观816处，水域景观494处,生物景观385处,天象与气候景观139处,建筑与设施2328处,历史遗迹631处,旅游购品(文创产品)190处,人文活动267处。

从8个主类来看,四级资源集中分布在建筑与设施、地文景观和历史遗迹,这3大主类四级资源总量占全省四级资源总量的71.90%;从26个亚类来看,四级资源主要分布在人文景观综合体、实用建筑与核心设施、自然景观综合体、物质类文化遗存和典型物种,这5个亚类四级资源均在300处以上,总量占全省四级资源总量的52.07%;从131个基本类型来看,四级资源数量排名前十的为医疗康养游乐休闲场所(474处),纪念、宗教、祭祀活动场所(432处),山岳型景观(224处),湖泊、水库(221处),沟谷型景观(204处),建筑遗迹(190处),文化教育科技体育活动场所(176处),古镇古村(寨)(166处),特色园区(147处),新镇新村(寨)(115处)。这10个基本类型四级资源总量占到了全省四级资源总量的44.74%。

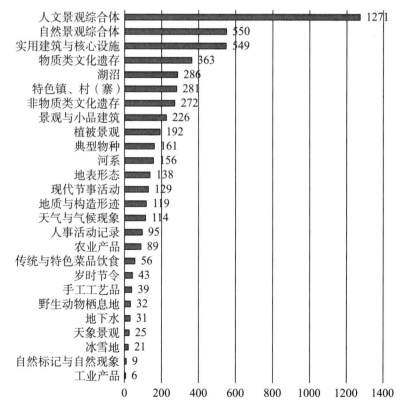

图2-5　四级资源各亚类数量构成直方图

2.4.2.3　三级资源

（1）空间分布特征

全省三级旅游资源共计39863处，21个市（州）中超过平均数1898处的市（州）依次为甘孜、成都、凉山、阿坝、绵阳、乐山、宜宾、雅安和广元，上述9个市（州）三级资源数量占全省三级旅游资源总量的72%，其余12个市（州）均低于1889处。

表2－14　四川省21市（州）三级旅游资源定级结果

市（州）	三级
成都	4427
自贡	1344
攀枝花	572
泸州	1323
德阳	946
绵阳	2825
广元	2079
遂宁	600
内江	798
乐山	2745
南充	1354
宜宾	2588
广安	1051
达州	1129
巴中	1401
雅安	2227
眉山	755
资阳	534
阿坝	3049
甘孜	5243

续表

市（州）	三级
凉山	2873
合计	39863

（2）类型分布特征

从资源的类型角度分析，全省 39863 处三级旅游资源中，地文景观 4024 处，水域景观 3350 处，生物景观 4356 处，天象与气候景观 1066 处，建筑与设施 17227 处，历史遗迹 5444 处，旅游购品（文创产品）2277 处，人文活动 2119 处。

从 8 个主类来看，三级资源集中分布在建筑与设施、历史遗迹、地文景观和生物景观，均超过 4000 处；从 26 个亚类来看，主要分布在实用建筑与核心设

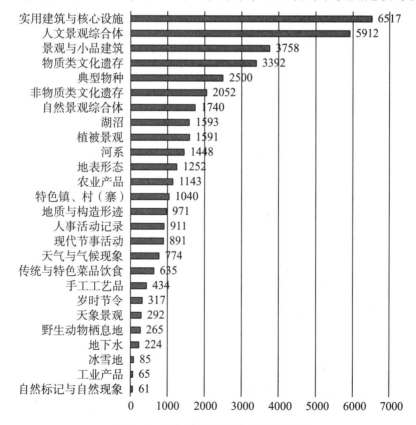

图 2-6 三级资源各亚类构成直方图

117

施、人文景观综合体、景观与小品建筑、物质类文化遗存、典型物种和非物质类文化遗存，数量均在 2000 处以上；从 131 个基本类型来看，三级资源数量排名前十的有纪念、宗教、祭祀活动场所（2446 处），建筑遗迹（1593 处），农家乐、乡村酒店与民宿（1581 处），医疗康养游乐休闲场所（1165 处），湖泊、水库（1128 处），珍稀动物（1100 处），文化教育科技体育活动场所（1039 处），特性屋舍（1020 处），农副土特产品（952 处），古树名木（922 处）。这 10 个基本类型三级资源总量占到了全省三级资源总量的 32.48%。

3　旅游资源地域分布及评价

全省根据资源条件、地理区位和发展潜力，在充分发挥各地区特色与优势、保护好和引导好各地区加快发展积极性的前提下，将全省大致划分为成都平原片区、川东北片区、川南片区、攀西片区、川西北片区五大片区，五大片区自然旅游资源丰富多彩，文化旅游资源独具一格，既各具特色，又相互补充。

表 2 - 15　全省五大片区市（州）划分情况一览表

资源片区	市（州）
成都平原片区	成都市、德阳市、绵阳市、乐山市、眉山市、资阳市、遂宁市、雅安市
川东北片区	南充市、广安市、达州市、广元市、巴中市
川南片区	自贡市、泸州市、内江市、宜宾市
攀西片区	攀枝花市、凉山彝族自治州
川西北片区	阿坝藏族羌族自治州、甘孜藏族自治州

3.1　成都平原片区

成都平原片区位于四川中部，以成都为中心，包括成都市、德阳市、绵阳市、乐山市、眉山市、资阳市、遂宁市和雅安市 8 市。区内旅游资源数量丰富，类型齐全，禀赋极高，且呈现出多元化的结构特征，既有密集的世界遗产资源、丰富的历史文化资源、重要的道教佛禅文化资源、奇特的自然景观资源，又有特色突出的休闲文化资源和乡村度假资源。品位极高的旅游资源以成都这个西部特大中心城市为依托，具有很强的市场竞争力。

3.1.1 资源类型结构

本次普查，该片区共查明旅游资源 93648 处，占全省资源总量的 38.11%，其中新发现新认定旅游资源 18793 处，占该区资源总量的 20.07%。

表 2-16 成都平原片区旅游资源分类统计表

市（州）	成都	德阳	绵阳	乐山	眉山	资阳	遂宁	雅安	合计
数量/处	29908	5776	16811	13962	6767	3507	4890	12027	93648
比例/%	31.94	6.17	17.96	14.91	7.22	3.74	5.22	12.84	100.00

从资源类别的角度分析，该片区 8 大主类中，建筑与设施共计 44972 处，占片区资源总量的 48.02%，占全省该类资源的 42.05%，无论是全省还是片区范围内，该类资源均占据绝对优势；此外，该片区历史遗迹和生物景观也具有一定的优势，其中历史遗迹数量较多的为成都市，占全省历史遗迹类资源总量的 15.07%；水域景观、生物景观主要分布于成都市、雅安市、绵阳市、乐山市等的盆周山地区域；天象与气候景观在片区相对较少，主要分布于山地地貌占比较大的绵阳市、乐山市、雅安市等地，其中雅安市分布有众多高品质的该类资源。

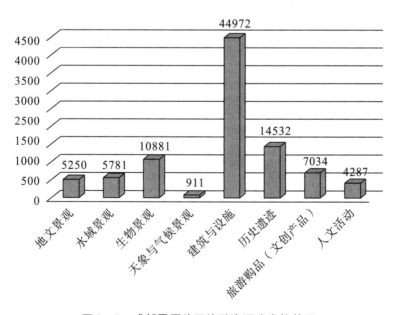

图 2-7 成都平原片区旅游资源分类柱状图

此外，该片区的旅游购品（文创产品）和人文活动类资源方面在全省同样优势明显。旅游购品（文创产品）数量较多的市（州）为绵阳市、成都市、乐山市，分别占全省该类资源总量的11.11%、10.96%、7.79%；人文活动类资源中，成都市占据绝对优势，共有人文活动类资源为1945处，占全省该类资源总量的21.62%。

3.1.2 优良级资源结构特征

从资源级别来看，该片区优良级资源共计17377处，占该区资源总量的18.56%，其中五级资源653处，占全省1864处五级资源的39.43%，是五大片区中五级资源数量最多的。从片区市（州）的分布来看，优良级资源数量在3000处以上的市（州）有成都市、绵阳市和乐山市，分别占该片区优良旅游资源总量的31.10%、20.43%和18.60%；优良级资源较少的为眉山市和遂宁市。优良级资源在空间分布上呈现出集聚分布特征，尤其是在成都市、绵阳市、雅安市和乐山市，优良级资源集聚程度极高，形成了大量的优良级资源集中分布区。

3.1.3 特色资源评价

成都平原片区旅游资源丰富，形成了以龙门山山地景观资源等为代表的自然景观资源，以熊猫文化、古蜀文化、三国文化、水利文化、三苏文化、道教文化、佛禅文化、农耕文化（川西林盘）等为代表的特色文化资源，以川剧、川菜、川茶等为代表的丰富多彩的天府休闲文化资源。

表 2-17 成都平原片区特色优势资源一览表

特色优势	代表性资源
熊猫文化	成都大熊猫繁育研究基地、都江堰熊猫谷、平武大熊猫栖息地、唐家河大熊猫、世界第一只大熊猫科学发现地、中国大熊猫保护研究中心都江堰基地、蜂桶寨自然博物馆、邓池沟天主教堂、阿尔芒·戴维、大熊猫文化宣传教育中心、宝兴大熊猫栖息地、洪雅大熊猫栖息地、老君山保护区大熊猫、小相岭大熊猫野外放归基地、石棉大熊猫栖息地、大熊猫文化宣传教育中心等
三苏文化	东坡文化、三苏祠、苏轼、中国泡菜城、蟆颐山蟆颐观、彭祖长寿文化、彭祖山、江口古镇、江口明末古战场遗址、东坡岛、中国泡菜博物馆、东坡泡菜文化、东坡泡菜制作技艺、东坡泡菜、东坡肘子制作技艺、东坡肘子、寿书会、苏洵、苏辙、苏坟山公园祭祀场所、苏东坡酒传统酿造技艺、苏东坡酒、彭祖、三月三朝山会、长寿养生文化节等

续表

特色优势	代表性资源
古蜀文化	宝墩遗址、金沙遗址、三星堆国家考古遗址、三星堆博物馆、三星堆遗址、玉璋、铜纵目面具、Ⅰ号大型铜神树、铜大立人像、金杖、商周太阳神鸟金饰、三星堆青铜馆、三星堆综合馆、三星堆古城古国古蜀文化陈列、成都金沙太阳节演艺活动、金沙遗址博物馆等
佛禅、道教文化	青城山、峨眉山、大慈寺、报国寺、灵岩寺、普照寺、报恩寺、宝光寺、伏虎寺、万年寺、千佛寺、夹江千佛岩、乐山大佛、圣水寺、上清宫、建福宫、青羊宫、文殊院、昭觉寺、石经寺、龙藏寺、慈云寺、安岳石刻、川王宫、都江堰真武宫、西武当太极宫、青城山圆明宫、什邡南华宫等
茶马古道文化	临邛古城、雅安茶厂、藏茶世界、蒙顶山、牛碾坪万亩茶园、汉源清溪茶马古道遗址、天全茶马古道遗址、九襄古镇、平乐茶马古道、蒲江茶马古道遗址、茶马古道新添段、茶马古道石棉段等

3.2 川东北片区

川东北片区位于四川东北部川、陕、甘三省交界处，包括南充市、广安市、达州市、广元市和巴中市5市共34个县（市、区），是"伟人将帅故里"和"川陕苏区"的中心区域，丰富的红色文化、三国文化与秦巴山地、川东平行岭谷等交相辉映，优势互补，形成片区旅游的一大亮点。

3.2.1 资源类型结构

本次普查，该片区共查明旅游资源45720处，占全省资源总量的18.60%，其中新发现新认定旅游资源14939处，占该片区资源总量的32.67%。

表 2-18 川东北片区旅游资源统计一览表

市（州）	南充	广安	达州	广元	巴中	合计
数量/处	10646	7969	9642	9186	8277	45720
比例/%	23.29	17.43	21.09	20.09	18.10	100.00

从资源类别的角度分析，该区域8主类资源中，建筑与设施类共计21472处，占该片区资源总量的46.96%，占全省建筑与设施类总量的20.07%，具有绝对优势；其次为历史遗迹、生物景观、地文景观和水域景观，分别为7048处、5240处、4785处和3781处。天象与气候景观、旅游购品（文创产品）及人文活动相对较少。

　　从各主类在该片区的分布来看，建筑与设施以南充市最为丰富，占全省建筑与设施总量的4.77%，地文景观分布数量较为靠前的市（州）有达州市、巴中市、广元市，分别占全省地文景观资源总量的5.91%、5.78%、5.10%；水域景观以达州市数量居多，南充市、巴中市数量接近全省的平均数，广安市、广元市数量较少；天象与气候景观分布数量较为突出的为广元市、达州市，占天象与气候景观资源总量的6.29%、4.46%。历史遗迹、生物景观、旅游购品（文创产品）以及人文活动优势不明显，片区各市（州）数量均低于全省的平均数。

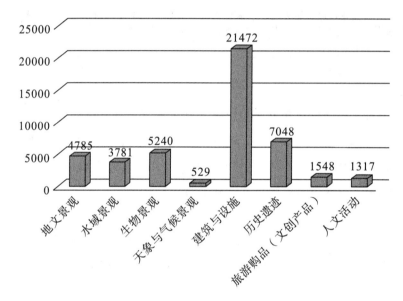

图2-8　川东北片区旅游资源分类柱状图

3.2.2　优良级资源结构特征

　　从资源级别来看，该片区优良级资源共计8283处，占该区资源总量的18.12%，其中五级资源304处，占全省1864处五级资源的16%，五大片区中排名第三。从优良级资源在片区市（州）的分布来看，整体较为均衡，均在1000～3000处之间，其中广元市略为突出，共2346处，占全省优良级旅游资源总量的5.00%。

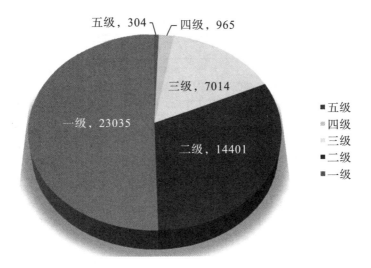

图2-9　川东北片区旅游资源定级饼图

3.2.3　特色资源评价

　　川东北片区旅游资源类型多样，特色鲜明，是巴文化和蜀文化交汇融合之地，自然与人文资源相得益彰，既有以光雾山—诺水河喀斯特地貌景观、宣汉百里峡、大巴山褶皱、华蓥山平行岭谷景观等为代表的秦巴自然生态旅游资源，又有以剑门关、翠云廊、陈寿旧居、阆中古镇为代表的蜀道三国文化旅游资源，还有以川陕苏区红军遗址、朱德故里、邓小平故里等为代表的红色文化旅游资源。

表2-19　川东北片区特色优势资源一览表

特色优势	代表性资源
蜀道三国文化	剑门关、昭化古城、明月峡、桓侯庙、阆中桓侯祠、万卷楼、王平墓、陈寿旧居、阴平古道广元段、明月峡古栈道、翠云廊等
巴人文化	罗家坝遗址、城坝遗址、恩阳古镇、巴山背二歌、翻山铰子、神龙山巴人石头城、巴山大剧院、薅草锣鼓等
川籍将帅故里、故居红色旅游	邓小平故里、邓小平故居陈列馆、邓小平缅怀馆、南充罗瑞卿故居、仪陇朱德故里、达州张爱萍故里、红四方面军总指挥部旧址纪念馆、通江红军石刻标语群、蜀道通江段、唱歌石林、川陕革命根据地红军烈士陵园、空山战役纪念园、红四方面军总医院旧址群、南江县红军石刻群、巴中将帅碑林、太公红军山、华蓥山游击队遗址等

续表

特色优势	代表性资源
南北过渡带喀斯特地貌	燕子岭峰丛、十八月潭、光雾山、米仓山、贾郭山峰丛、香炉山、大坝冰雪地、神门洞峰丛、中峰洞、龙湖洞、诺水洞天、空山战役纪念园、临江丽峡、空山森林、空山天盆、樱桃河谷、万字格石林、太极天坑、焦家河峡谷、龙架烟云、韩溪河峡谷、两河口、珍珠沟峡谷、婚纱瀑布、万笏朝圣、七仙女峰丛、桃园后河岩群（扬子陆核）剖面、大兰沟峡谷、小兰沟峡谷、小光雾山、龙神店峰丛、回龙洞、夏家沟峰丛、神门洞、吴家湾峰丛、水龙洞、中峰洞嫦娥奔月、中峰洞巴人会盟、中峰洞天地吉祥、楼房洞、龙湖洞棕榈树、龙湖洞水帘瀑布、狮子洞、龙湖洞龙宫仙境、太极锁黄龙、鲁班寺、金童山、玉皇坝、国画屏、空山云海、空山雪景、凤凰洞、七星飞瀑、空山彩林、待皇树、天元峰、天鹅戏水、临江丽峡百潭群、临江丽峡凌云瀑、临江丽峡一线天、临江丽峡万年灵芝群等
剑门砾岩地貌	剑门关绝壁、剑阁五指山、剑门关石笋峰、金子沟姐妹峰、剑阁十三峰、剑门关元阳巨石、剑门七十二峰、长江沟地层剖面等
川东平行岭谷地貌	川东平行岭谷、邻水泥汉坪、天意谷、御临河小三峡、华蓥山石林、华蓥山褶皱山系、华蓥山绝壁、仙鹤洞、华蓥山八阵迷踪、地缝峡、翡翠峡、铜板沟等

3.3 川南片区

川南片区位于四川东南部，川、渝、滇、黔四省交界处，包括自贡市、泸州市、内江市、宜宾市4市，共计28个县（市、区），是我国沿海地区与长江流域组成的"T"字形生产力布局的底部。川南片区旅游资源丰富，宜宾以蜀南竹海、石海洞乡、五粮液而享誉世界；自贡以千年盐都、恐龙之乡、国际灯会蜚声国际；泸州以酒城药乡、南北水果大观园而声名远扬；内江则以名人故里而备受敬仰。总体来看，川南片区各类自然景观和人文景观交相辉映，层次组合完美，既广泛分布，又相对集中，地域组合优越。

3.3.1 资源类型结构

本次普查该片区共查明旅游资源29969处，占全省资源总量的12.20%，其中新发现新认定旅游资源7842处，占片区资源总量的26.17%。

表 2-20 川南片区旅游资源统计一览表

市（州）	自贡	泸州	内江	宜宾	合计
数量/处	5649	7854	5322	11144	29969

续表

市（州）	自贡	泸州	内江	宜宾	合计
比例/%	18.85	26.21	17.76	37.18	100

从资源类别的角度分析，该片区 8 主类资源中，建筑与设施旅游资源 13149 处，占该片区资源总量的 43.88%，占全省建筑与设施总量的 12.30%，主要以宜宾市分布最多；其次为历史遗迹、地文景观、生物景观和水域景观，数量均在 3000~4000 处之间。其中地文景观分布数量最多的市（州）为宜宾市，占全省地文景观资源总量的 8.13%，其次为泸州市，与其数量与全省 21 市（州）平均数量相当。川南片区的喀斯特地貌、丹霞地貌较为丰富，且有特色，主要分布于宜宾市、泸州市的中低山区。

此外，天象与气候景观、旅游购品（文创产品）及人文活动相对较少，片区优势不突出，除宜宾市的天象与气候景观超过全省的平均数之外，其余市（州）这几类资源均低于全省的平均数，优势不明显。

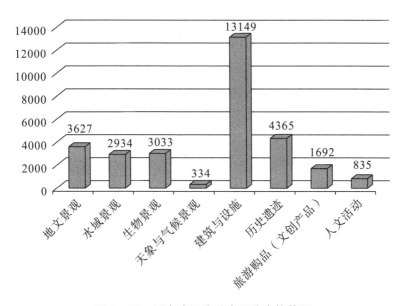

图 2-10 川南片区旅游资源分类柱状图

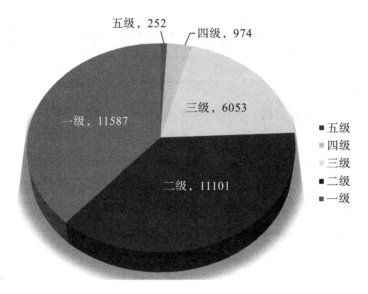

图 2-11　川南片区旅游资源定级饼图

3.3.2　优良级资源结构特征

从资源级别来看，该片区优良级资源共计 7279 处，占该区资源总量的 24.29%，其中五级资源 252 处。从优良级资源在片区市（州）的分布来看，整体呈现集聚性分布特征，尤其以宜宾市居多，占全省优良旅游资源总量的 6.47%，泸州市、自贡市优良级旅游资源数量在 1000~3000 之间，内江市相对较少。

3.3.3　特色资源评价

区域内旅游资源种类丰富，集中程度高，形成了以蜀南竹海、福宝国家森林公园、川南岩溶地貌、丹霞地貌、恐龙遗迹等为代表的自然旅游资源；以五粮液、泸州老窖、古蔺郎酒等名酒为代表的名酒文化旅游资源，以及以李庄古镇、福宝古镇等为代表的古镇旅游资源及民族民俗文化旅游资源。

表 2-21 川南片区特色优势资源一览表

特色优势	代表性资源
酒文化	郎酒庄园、中国白酒金三角酒业园区、郎酒系列酒、中国国际酒业博览会、龙洞酒庄、茶酒小镇、泸州老窖系列酒、中国竹酒博物馆、花田酒地、五粮液、五粮液酒传统酿造技艺、南溪区白酒生态园、仙潭酒厂、仙潭酒品、郎酒储酒洞、定记窖池群及酿酒作坊、梨花村瓢梨酒、泸州醉八仙酒传统酿制技艺、沈子国酒庄、中国沈酒系列酒、龙洞酒庄中国白酒文化博览馆、中国沈酒庄、合江小曲酒传统酿造技艺、中国美酒音乐欢乐季、玉蝉酒、麒麟温酒器、龙泉井、泸州老窖封藏大典、美酒河大峡谷、美酒河摩崖石刻、泸州老窖博物馆、纯阳洞等
盐文化	自贡盐业历史博物馆、燊海井、吉成井、艾叶古镇、旭水河古盐道、东源井古盐场、公井古城、仙市古镇、赵化古镇、桓侯宫、狮市古镇、汇柴口古盐道、老盐场1957、盐都植物园、仙市镇华南宫、仙市古街道、陈家祠家风馆、艾叶码头、金流井、东源井天车、玉川公祠、王家大院等
恐龙文化	青龙山恐龙化石群、自贡世界恐龙地质博物馆、国际恐龙灯光节、大山铺恐龙化石群、方特恐龙王国等
竹资源	蜀南竹海、纳溪丹霞竹海、长宁西部竹石林、仁和白竹海、江安竹簧工艺、兴文僰王山、全竹宴、白节竹韵竹工艺品、中国竹酒博物馆、大旺国际竹种园、法王寺楠竹林、玉兰竹海等
川南岩溶地貌	箭竹大黑洞、万佛洞、古郎洞、青岗坡沟谷景观、鸡鸣三省大峡谷、小岩湾天坑、兴文天泉洞、西部洞群、后山镇天台山、叙永县龙泉洞、马嘶阿喀洞天坑、二十八宿拜紫薇、古郎洞钙华池、郎酒储酒洞、老鹰岩大峡谷、马嘶乡天生桥、三鱼洞、黄荆湾村溶洞、叙永县营山镇太康溶洞群、太安石林、石海迷踪（石林）、永寿僰人巨石阵、护家石林、鱼化水洞坪峡谷、马嘶乡天生桥、罗泉溶洞、宜宾红岩山、龙头村竹石林、龙背岭石林、曹营—观斗喀斯特地貌、底洞喀斯特地貌、石板溪大溶洞、蜀南地宫、姜家河溶洞群
川南丹霞地貌	黄荆老林、画稿溪、叙永县丹山、叙永县丹山梯田、丹霞地貌、古蔺普照山、纳溪丹霞竹海、天仙硐、合江丹霞地貌、笔架山、老君山（宜宾）、胜天红岩山（高县北红岩山）、叙永县丹山岩壁、龙爪河大峡谷、长滩、笋子山、官山、天仙硐丹霞石壁、车辋丹霞天台山、合江佛宝丹霞地貌、水尾镇官斗村丹霞岩、七洞沟丹霞、环崖丹霞（宜宾）、打鱼村丹霞地貌景观等

3.4 攀西片区

攀西片区位于四川南部，地处青藏高原、云贵高原与四川盆地过渡地带的高山峡谷地区，包括攀枝花市和凉山彝族自治州2个市（州）。该区是中国最大的彝族聚居地，是我国西南民族风情观光走廊的重要部分，香格里拉文化圈的关键区域，东南亚旅游通道的门户之地。该区自然山水景观主要分布于凉山州，有明显的高原特征，拥有雪山、峡谷、溶洞、石林、温泉、湖泊等独特的原生态自然景观。而攀枝花地区具有突出的避寒气候条件，被誉为"阳光城"，西昌被誉为

"小春城"，独特的气候条件成为攀西阳光度假旅游的有效载体，填补了四川冬季旅游的空缺，为四川开辟特色旅游和精品旅游提供了有效载体。

3.4.1 资源类型结构

本次普查，该区共查明旅游资源 24658 处，占资源总量的 10.03%，其中新发现新认定旅游资源 7306 处，占片区资源总量的 29.63%。

表 2-22　攀西片区旅游资源统计一览表

市（州）	攀枝花	凉山	合计
数量/处	3838	20820	24658
比例/%	15.56%	84.44%	100.00%

3.4.2 优良级资源结构特征

从资源级别来看，该片区优良级资源共计 4055 处，占片区资源总量的 16.44%，其中五级资源 142 处。从优良级资源在片区市（州）的分布来看，由于该片区两个市（州）面积差异较大，凉山州占有绝对优势。在空间分布上，优良级资源呈现出集聚分布特征，尤其是以安宁河谷一带，具有明显的带状分布特征，形成了大量的优良级资源集中分布区。

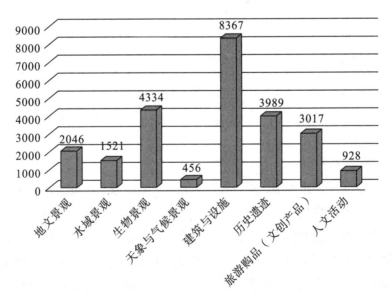

图 2-12　攀西片区旅游资源分类柱状图

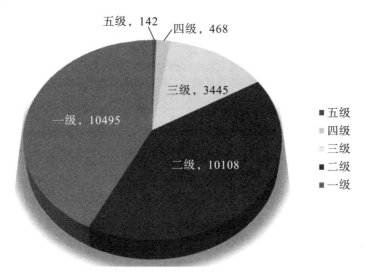

图2-13 攀西片区旅游资源定级饼图

3.4.3 特色资源评价

攀西片区阳光度假气候资源、康养资源优势明显，汇集了泸沽湖、泸山—邛海、螺髻山、彝海、西昌卫星发射基地等众多高品位旅游资源，形成了以泸沽湖、邛海、米易太阳谷、西昌国际康养地等为代表的康养旅游资源；以毕摩文化、彝族服饰、火把节、彝族漆器等为代表的彝文化；以三线建设博物馆、三线建设人文事迹等为代表的三线建设文化；以彝海结盟遗址、皎平渡遗址、会理会议遗址等为代表的红军长征文化。

表2-23 攀西片区特色优势资源一览表

特色优势	代表性资源
彝文化	毕摩文化、彝族服饰、彝族火把节、"库斯"彝族年、彝族漆器、峨边甘嫫阿妞文化、大凉山彝族服饰陈列馆、彝族毕摩绘画、拖木彝族文化村寨、彝族抢婚民俗、彝族高腔、白沙村彝族村寨、彝族服饰文化节、彝族毕摩音乐、传统彝医药、达体舞、朵乐荷、阿都丧葬文化、剪羊毛节、彝族赛马习俗、彝族克智、支格阿龙、彝族克智、彝族尼木措毕祭祀等
三线建设资源	攀枝花中国三线建设博物馆、503地下战备电厂三线遗迹、攀枝花三线建设事迹、大田会议会址、西昌三线建设遗迹等

特色优势	代表性资源
长征红色文化	彝海结盟遗址、红军长征纪念馆、皎平渡遗址、会理会议遗址等
康养资源	西昌国际阳光康养地、核桃村康养小镇、米易太阳谷康养度假地、马头山森林康养地、盐源康养度假地、德昌坡森林康养休闲区、野租泉民俗生态康养地、纳龙河康养地、美姑县城康养基地

3.5 川西北片区

川西北片区位于四川西部,是四川盆地与青藏高原的接合部位,属青藏高原东南缘和横断山脉的一部分,范围涵盖了阿坝州和甘孜州2个市(州)。该区汇聚了四川壮美的自然景观、独特的地域文化和灿烂的民族风情。这里是中国唯一的羌族聚居区和第二大藏族聚居区,是全国第二、四川最大的林区,也是大熊猫的原生态栖息地、世界自然遗产群,贡嘎山、四姑娘山、亚丁雪山等极高山,长江、黄河源头草原湿地等众多高品位旅游资源集中荟萃之地,还是红军长征途经的重要地区。

3.5.1 资源类型结构

本次普查该区共查明旅游资源51753处,占资源总量的21.06%,其中新发现新认定旅游资源16266处,占片区资源总量的31.42%。

表2-24 川西北片区旅游资源统计一览表

市(州)	阿坝	甘孜	合计
数量/处	15641	36112	51753
比例/%	30.23%	69.77%	100.00%

3.5.2 优良级资源结构特征

从资源级别来看,该片区优良级资源共计9983处,占片区资源总量的19.29%,其中五级资源513处,占全省五级资源的27.52%,在五大片区排名第二。从优良级资源在片区市(州)的分布来看,由于该片区两个市(州)国土面积较大,均在全省占有绝对优势。在空间分布上,优良级资源具有组团式和带状分布特点,阿坝州以九寨—黄龙一带较为突出,沿317国道具有一定的带状分布特征;甘孜州以318国道沿线呈带状分布,康定泸定一带具有组团式分布特征，南部的稻城、九龙、得荣优良级资源分布也较为集中，北部的石渠县优良级资源分布相对较少。

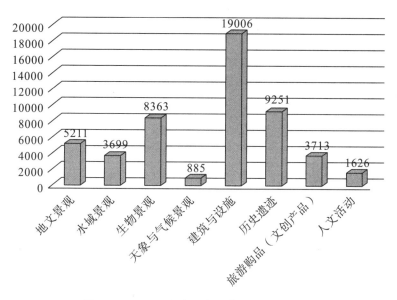

图 2-14　川西北片区旅游资源分类柱状图

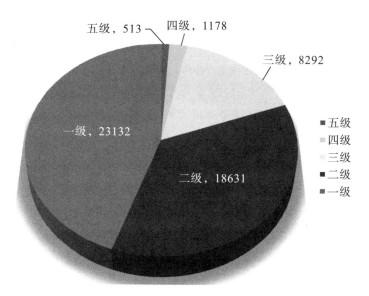

图 2-15　川西北片区旅游资源定级饼图

3.5.3 特色资源评价

川西北片区幅员辽阔，高山、峡谷、湖泊、草原纵横相间，九寨沟、黄龙、四姑娘山、海螺沟、贡嘎山、稻城亚丁、美人谷、丹巴藏寨古碉、德格印经院等大批旅游资源价值突出，形成了以雪山、冰川、湖泊、峡谷、温泉、瀑布等为代表的自然生态型景观；以藏族文化、彝族文化、羌族文化等为代表的民族文化；以母系文化、藏传佛教文化、格萨尔文化、茶马古道文化、康巴文化等为代表的地域文化。

表2-25　川西北片区特色优势资源一览表

特色优势	代表性资源
藏文化	木雅藏戏、南派藏药、藏历春节、丹巴嘉绒藏族风情节、中路藏寨、甲居藏寨、牦牛藏寨、道孚崩科藏式民居等
格萨尔文化	格萨尔千幅唐卡、格萨尔文化博物馆、格萨尔石刻、格萨尔王城、德格格萨尔说唱、格萨尔兵器部落、格萨尔王故里、阿须格萨尔经堂、格萨尔藏刀、格萨尔藏戏等
羌文化	桃坪羌寨、羌族博物馆、中国古羌城、熊猫羌年、羌戈大战、羌绣、羌族碉楼营造技艺、羌笛演奏及制作技艺、羌族服饰、羌族多声部民歌等
高寒岩溶（地表钙华）地貌	九寨沟、黄龙、神仙池、牟尼沟、卡龙沟、亚龙沟钙华滩、康定泉华滩、奇峡沟钙华、宋玉泉华滩、万层滩、柏林村燕子洞、格日溶洞、下坝溶洞、正斗草场溶洞群、卡斯地狱谷钙华、贡波乡大溶洞、瓦卡镇阿洛贡溶洞等
冰川地貌	仙乃日冰川、夏诺多吉冰川、央迈勇冰川、达古冰川、四姑娘山冰川、莲宝叶则冰川、燕子沟冰川、别斯满冰川、猎塔湖鲸背岩群、海子山古冰漂地貌、海子山古冰帽、沙鲁里冰川、达古一号冰川、达古二号冰川、达古三号冰川、龙谷冰川、雪隆包冰川、麻贡嘎冰川、大树子沟U形谷等
长征文化	马尔康红军长征纪念馆、红军长征纪念碑碑园、红军长征中共中央芦花会议会址、红军会师联欢会场、红军飞夺泸定桥纪念馆、乡城红军纪念馆、泸定桥、巴西会议遗址、两河口会议遗址、沙窝会议会址、雅克夏山红军烈士墓、磨西红军长征陈列馆、红军飞夺泸定桥纪念碑、得荣红军桥、红军飞夺泸定桥战前动员会旧址等

四川省文化和旅游资源孵化

〔作　者〕杨义东　李忠东（四川省地矿局物探队）

谈德川　郑　懿（中社科〔北京〕城乡规划设计研究院四川分院）

高竹军　彭相荣　杨金山（四川省地矿局物探队）

摘　要： 作好全省文旅资源普查后续篇章，以普查成果为基础，利用"三库五平台"文旅资源孵化体系，开展文旅资源的价值提升、优势挖掘、资源包装、营销策划等系统性工作，提炼出一批优势资源，打造出一批重点项目，形成一批具有地方特色和市场竞争的优势产品，助力招商引资，充分体现地方文旅普查工作的良好成效，全面促进全省文旅资源的高效利用、有序开发和可持续发展，为全省文旅产业的创新发展贡献力量。

关键词： 文旅资源孵化；三库五平台；项目产品

1　背景

2019 年 1 月，四川启动文化和旅游资源普查工作，历时近两年，历经"顶层谋划、组织实施、成果编制、成果转化"四个阶段，对全省 21 个市（州）183 县（市、区）进行了全方位、系统化的文化和旅游资源双普查。截至 2021 年 4 月，全省已普查出六大类文化资源共 305.7 万余处，八大类旅游资源共 24.5 万余处。新发现新认定旅游资源 65146 处，评定优良级旅游资源共 46977 处，其中五级旅游资源 1864 处，四级旅游资源 5250 处。通过普查，不仅形成了一套完整的普查成果体系，同时还加大对成果运用的转化，为产业规划、项目孵化、政府谋划提供参考。

2020 年 10 月 18 日，四川省旅游学会文旅资源孵化专委会成立，文化和旅游厅党组成员、副厅长游勇出席并发言。文旅资源孵化专委会创建了以"文旅项目资源库、专家资源库、投融资资源库"，"培训平台、创意传播平台、项目策划孵化平台、资源交易平台、投融资平台（三库五平台）"的文旅资源孵化体系，充分发挥政府与企业之间的桥梁与纽带作用，全力服务地方政府培育孵化文旅资源，并将成果推向市场；同时助力企业、商家寻求匹配的文旅资源，为企业发展助力。全面促进全省文旅资源的高效利用、有序开发和可持续发展，为四川文旅产业的创新发展贡献力量。

2 何为文旅资源孵化

通过对各市（州）、县（市、区）文旅资源的价值提升、优势挖掘、资源包装、营销策划等系统性工作，提炼出一批优势资源，形成一批优势产品，开展一系列宣传活动，助力招商引资，充分体现地方文旅普查工作的良好成效。

3 文旅资源孵化意义何在

四川省是文旅部所确定的首批旅游普查试点省。全省文化和旅游资源普查是我省的一项省情省力调查，其目的是对全省文化和旅游资源进行重新审视和梳理，在审视梳理的基础上加快推进四川全域旅游发展。这项工作得到了省委省政府的高度重视，也得到了文化和旅游部的高度评价和大力支持。

本次全省普查出来的文旅资源，将对省、市、县下一步挖掘评估各自文旅发展潜力，明确重点发展区域，编制"十四五"规划，制定建设文化强省旅游强省、建设世界重要旅游目的地发展战略、成渝地区双城经济圈、巴蜀文旅走廊、长江经济带建设提供科学依据。

4 文旅资源孵化的总体思路和方向

文旅资源普查工作结束后，全省各地工作重点和焦点集中在文旅资源的提炼、宣传、推介等成果孵化上，如何迅速高效地开展相关工作就显得格外重要。

4.1 以文旅普查成果为基础，孵化出优质的文旅项目和产品，让优质资源找到优质资本，最终让资源优势转化为产业优势

通过本次普查掌握了全省文旅资源家底，形成了系列普查成果。文旅孵化就

是要从海量资源中梳理出优势资源，从优势资源中梳理出核心资源，这是一个从"多"到"优"再到"精"的过程。以文旅资源的价值提取、提炼为载体，形成符合时代特色、地域特点、市场需求的优质文旅项目和产品。与此同时，为优质资源寻找优质资本，搭建资源与资本之间的信息交换、产权交易平台，最终让资源优势转变为产业优势。

4.2 做好光彩工程，通过精心的策划、包装、宣传让优质文旅资源出于其类，拔乎其萃，让普查的亮点真正亮起来

通过本次普查打捞出来的资源，更多的是未经打磨雕琢的原石璞玉，石不雕不成玉，玉不琢不成器。文旅孵化就是要做好文旅资源的光彩工程，将我们的优质资源进行精心策划、包装，通过报、网、屏、微、端"五媒一体"的联动传播方式，通过举办新闻通气会、媒体采风采访活动、景观选"美"、寻找"新景"等灵活多样的形式，宣传展示各地优质文旅资源，不断提高文化旅游知名度、美誉度、开放度。

4.3 文旅孵化助推全域旅游示范区、天府旅游名县以及天府旅游名镇、名村、名宿（旅游民宿）、名导（导游、讲解员）、名品（文创产品、旅游商品）和美食等系列"天府旅游名牌"等创建

文旅资源普查和孵化要与全域旅游示范区、国家旅游度假区、A级景区、天府旅游名县以及天府旅游名牌创建等创建工作有机结合起来，紧密围绕各市县近期工作重点，主动策划、积极谋划、共同运作项目，为各市县各种创建工作提供资源支撑、品牌支持、智力支持，营造良好的创建氛围、舆论环境。

4.4 文旅孵化要围绕"十四五"规划编制、成渝双城经济圈、巴蜀文旅走廊、长江经济带建设等国家战略开展，帮助各市（州）、县（市、区）对标区域发展战略

以"十四五"规划编制、成渝地区双城经济圈、巴蜀文旅走廊、长江经济带建设为契机，通过文旅孵化将本次普查的效应发挥到最大。帮助各市、县找准自己的位置，确定自身的优势，对标区域发展战略，形成自己的文旅发展战略。

4.5 文旅资源孵化的主要内容

4.5.1 文旅普查成果的提升、提炼，形成一批具有地方特色和市场竞争优势的文旅产品

对文旅普查成果进行再梳理、再审视，从新发现新认定的优质旅游资源中提

升、提炼出一批具有地方特色和市场优势的文旅产品。

4.5.2　核心文旅资源详细调查及开发策划方案

对本次普查核心优质资源或新发现新认定具有核心竞争力的优质资源进行详细调查，形成文、图、影像等系列成果，并编制调查报告及开发策划方案。

4.5.3　以文旅普查为基础，通过打造、连接、借势形成文旅新IP

文旅IP从旅游投资从业人员口中的流行词，到政府文件中的关键词，彰显了文旅IP在文化和旅游发展中的重要推手作用。以文旅普查为契机，用"新资源观"指导产品开发，打造新IP，同时为传统景区景点和旅游产品寻找新的IP赋能。实现从文旅流量经济到文旅IP经济转变。

4.5.4　系统展示文旅普查成果

以文旅普查的优质资源内容为主线，推出具有震撼力的影像图书、专题片。通过科学梳理，艺术呈现，文化表达，呈现一个不一样的经典。

4.5.5　活动策划与宣传报道

以本次文旅普查为契机，配合各地全域旅游示范区、天府旅游名县及名牌创建等工作，策划系列活动，并充分利用微信公众号、微博、抖音、小红书等新媒体平台，邀请有流量的KOL进行内容生产和发布。

03
智慧旅游

四川智慧旅游建设的创新与实践

［作　者］黄　萍（成都信息工程大学　管理学院）
周道华　洪　江（成都中科大旗软件股份有限公司）

摘　要： 现代信息技术的快速演进对旅游业的发展产生了深刻的变革性影响。面对消费市场需求结构、内容和形式的巨大改变，四川省坚持实施创新驱动战略，以数字化转型为重点，推动旅游企业"上云用数赋智"。加快推进旅游信息化新型基础设施建设，发挥数据要素生产力，加强旅游数据整合应用，以体系和平台建设为抓手，推动旅游信息化应用建设，全面提升旅游管理、服务和营销水平。加快构建多样化、系统化、递进化的智慧旅游体系框架，建立旅游信息化应用生态，开展智慧旅游创新应用与示范。

关键词： 智慧旅游；创新驱动；四川实践

随着云计算、大数据、物联网、移动互联网（5G）、人工智能和区块链等现代信息技术的快速发展，不仅催生了数字文旅新产业，也显著改变了人们的消费行为，大大拓展了游客的消费时间和空间，推动我国旅游消费迅速跨入了散客自助消费的新时代。在急剧变化的客观环境下，旅游业如何应用信息技术智慧发展，成为近十年来各级旅游行政主管部门应对现实挑战、推动旅游业由传统服务业向现代服务业转型发展的基本选择。

1　互联网对旅游发展的变革性影响

当前，全球互联网已经从基于 PC 终端的传统互联网演进到基于移动终端的移动互联网时代，在互联网即时、全球、互动、多媒体等特性基础上，移动互联网以其更加便携、实时、精准、个性等特征，推动了游客、旅游企业、政府旅游部门三个紧密关联主体行为方式的深刻变革。

1.1 互联网对游客需求行为的变革影响

在传统时代，游客获取信息和分享旅行体验等需求，主要借助报刊、图书、广播、电视、电影等传统媒体或与亲友交谈、书信、电话等形式，信息渠道少，信息量有限，信息传播面较窄，因此在旅游产品购买决策上，主要依靠各类旅行社提供的旅游产品来完成，常受供应商经加工的"诱导产品信息"影响，信息不对称且信息单向传播，往往造成购买决策有许多不确定性，甚或充满陷阱与风险，游客的个性需求得不到足够重视，也难以获得满意的旅游体验。在互联网时代，特别是移动终端的移动性及其拥有的拍摄、声音记录、文字输入、地理定位等应用功能，彻底让互联网"生动"起来，而最具颠覆性变革的是游客自身成了旅游信息的制造者、发布者，不仅极大地丰富和制造了旅游信息，而且也推动游客在线获取信息、定制个性化旅游产品、分享旅行体验逐渐成为常态。根据中国互联网络信息中心（China Internet Network Information Center，简称 CNNIC）发布的统计报告显示，截至 2020 年 12 月，我国网民规模为 9.89 亿，互联网普及率达 70.4%。其中，手机网民规模达 9.86 亿，占整个网民规模的 99.7%，是全球第一大移动网络用户国家。截至 2018 年 12 月，中国网民在线旅行预订用户规模达 4.10 亿，占网民规模的 41.5%；网上预订机票、酒店、火车票和旅游度假产品的网民比例分别为 27.5%、30.3%、42.7% 和 14.5%。其中，预订旅游度假产品的用户规模增速最快，增长率为 35.5%，占网民总数的 22.4%。

移动互联网的快速普及，电子商务和移动 APP 的快速发展，给游客自主购买选择创造了巨大空间和自由度，也在一定程度上催生了大量自助游、自驾游，助推中国快速跨入了散客自助游时代。在游客需求日益碎片化、个性化、体验化的变化影响下，需求内容也由传统的线下"吃、住、行、游、购、娱"六要素拓展为线上线下互动的"6 + N"需求要素，即扩展了游客"行前"的在线咨询、虚拟体验、在线预约预订、行程规划等，"行中"的导游导览导航、在线商品购买、旅游体验即时分享等，"行后"的游历分享、在线评价与投诉等。

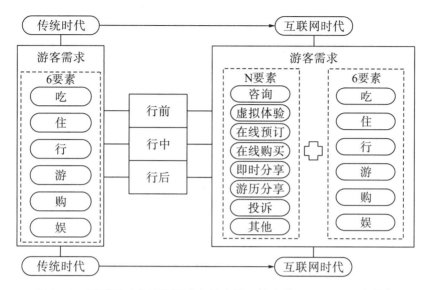

图 3 - 1　互联网时代旅游需求向线上线下结合的"6 + N"要素转变

1.2　互联网对旅游企业商业行为的变革影响

在传统旅游时代，游客的需求要素提供主要依靠旅行社组团旅游来完成，在旅行社为龙头的商业模式下，旅游企业之间重点关注"一对一"的稳固合作关系，缺乏横向利益链上下游企业之间的双向或多向沟通机制，关联性虽然很强，但是灵活性不足，企业难以跳过某个价值节点与其他企业保持灵动的联系和调节，旅游运营效率较低，相互制约大，一旦利益链上某个重要环节出现问题，整个利益链的商业运作就极易陷入整体瘫痪的绝境。因此，传统旅游企业普遍存在经营业务单一，规模较小，自我抗风险能力弱、竞争实力小等问题。

而进入互联网时代，旅游景区、酒店等传统旅游企业一方面可以实现自身运营管理的信息化，包括企业资源管理（ERP）、客户关系管理（CRM）等，另一方面也可以借助互联网将实体服务与虚拟服务相结合，从线下走向线上，通过开展电子商务实现旅游产品与服务不经任何旅行社等中介机构而直接面对消费者，不仅使传统旅游时代产品和服务相对单一、公式化、同质化的现状得到改善，而且还实现了"一对多"、"多对多"、"多对一"的多样化合作机制，推动传统旅行社走向线上，实现传统业态的转型升级发展，催生一大批基于互联网搜索、信息整合和专业服务的线上旅游电子商务企业，以及从事旅游 APP 软件开发等网络技术环境下的新概念企业，如以携程、艺龙等为代表的综合性旅游电商服务企业，以马蜂窝为代表的旅游社交媒体，以驴妈妈等为代表的旅游团购电商企业等，彻底改变了原有旅游产业结构的组合模式。近年来，在线文旅企业迅猛增长，成为我国电子商务界风生水起、品牌竞逐的亮丽风景。根据相关机构发布的信息，线上旅游企业挤进"中国旅游集团二十强"榜单中的数量和排名均有增加和提升。

表 3-1　近十年在线旅游企业在中国旅游集团 20 强排名中的演进情况

在线企业名称	2011 年度排名	2015 年度排名	2019 年度排名	2020 年度排名
美团点评	—	—	5	4
携程旅游集团	3	1	11	10
去哪儿（趣拿软件）	20	3	—	—
同程网	—	13	16	15
景域驴妈妈集团		16	13	13

资料来源：根据中国旅游研究院发布信息整理，参见 http：//www. ctaweb. org/html/。由于此项排名是综合排名，如果仅从营收规模角度，艺龙网应该入围 20 强。其中去哪儿 2016 年并入携程。

互联网时代，在线旅游市场释放出巨大的需求力度。根据艾瑞咨询公布的数据，中国在线旅游市场交易规模 2013 年是 2204.6 亿元，2016 年增长为 5934.6 亿元，2018 年交易规模突破 1.51 万亿元，增长速度远超传统旅游产业增长速度。2013 年中国在线旅游市场在线化率仅为 10.6%；到 2018 年在线旅游市场在线化渗透率提升到了 36.9%。其中，在线旅游（OTA）市场营收规模由 2012 年的 94 亿元增长为 2016 年的 295.3 亿元。如果说传统旅游企业跨入网络是一次变革机会，那么网络服务的移动化、无线化将成为旅游企业的第二次变革机遇，既有的市场格局还将在转型中发生颠覆。从 2013 年起，在线旅游企业已经开始纷纷抢夺移动市场份额，除携程、艺龙率先实施移动旅游战略转移外，阿里巴巴也于 2014 年 10 月将"淘宝旅行"升级为全新的独立旅游电商品牌"飞猪"，提出以无线、服务、创新、平台作为四大战略，重点关注消费者的度假出行需求。新一轮竞争的激烈风波充分显示出互联网时代移动旅游蕴含的巨大商机，对于旅游企业而言，无论是提供实体服务还是信息服务，转型发展大势已定，无论是选择

B2B、C2C，还是 B2C、O2O 等运营模式，旅游企业服务游客的本质不会改变，改变的只是如何让游客获得更加满意的服务。

1.3 互联网对政府旅游部门管理与服务行为的变革影响

政府旅游部门作为国家行政机构，其不仅在人们的旅游社会经济文化生活中扮演着管理者和协调员的重要角色，而且承担着大量旅游公众事务的管理和服务职能。互联网的高效性、交互性、集成性，为政府管理的科学化、高效化和前瞻化提供了前所未有的条件和便利，推动了我国旅游政府部门的信息化建设，构建起基于电子政务的包括政府对政府（G2G）、政府对旅游企业（G2B）、政府对公众（G2C）的"电子政府"新体系。

在传统旅游时代，政府的管理与服务是自上而下的层级体制，信息不对称、不及时、不透明，降低了决策的科学性、合理性，行政效能较低。而在互联网时代，面向公众开放的多元化旅游电子政务平台，不仅成为快速联系各地各级政府、旅游企业与游客的重要桥梁和纽带，而且也使政府旅游部门的管理与服务职能更加贴近用户需求，推动政府管理行为的透明化、公开化和国际化，对提高政府管理水平和效能，提升政府竞争实力和科学预见性，更好地发挥政府在促进市场对旅游业资源配置起决定性作用上的保障行为，确保旅游业在市场规律、行业规律下健康持续发展具有显著变革性影响。尤其是在管理与服务手段创新方面，互联网给政府旅游部门提供了大有作为的实践空间，可以通过建立旅游运行监控平台、安全应急指挥管理平台、户外应急救助平台、面向全球客户的旅游资讯平台、各种新媒体平台，等等，在旅游目的地应急管理、形象塑造、营销传播及游客服务等方面形成有效的"推－拉"力量。

2 互联网思维下四川智慧旅游建设的创新模式

旅游业变革已经成为互联网时代的发展主题，旅游信息化的趋势十分强劲。当然，互联网时代新兴技术推动旅游业变革性发展，需要顺应"互联网思维"，积极探索旅游业的智慧发展。

2.1 如何理解互联网思维

互联网思维是目前媒体和产业界谈得比较多的话题，但是究竟什么是互联网思维，尽管当前国内外学术界、产业界对于什么是互联网思维的阐释各异，但普遍公认"连接一切、跨界融合"与"开放、平等、互动、协作、共享"是互联网最显著的特点。就此意义而言，"互联网思维"应包括四个基本含义，即：创新、用户、共赢、重构。其中，创新是动力，用户是核心，共赢是前提，重构是最重要的基础。"创新"是提出有别于常规或常人的见解和思路，是一种人的创造性实践行为，对物质世界矛盾的利用和再创造，让一切合理的新思想、新理念、新活动变为可能。"用户"就是以用户为中心，了解用户需求、引导用户需求、满足用户需求。"共赢"就是平等、开放，打破传统旅游时代产业内部及相关产业之间你死我活的竞争，转向合作共赢的良性发展机制。"重构"主要包括业态的重构、产品的重构、组织的重构、经营的重构等，通过重构可以给旅游业态创新、旅游产品创新、旅游服务模式创新等提供更多条件和机会，使一切围绕着用户需求的旅游创新想法在互联网思维下皆有可能，真正实现推动旅游业转型升级和跨越发展。

2.2 智慧旅游建设体系的基本框架

随着智慧旅游建设在市场主导、政府推动下蔚然成风，我国智慧旅游建设体系的框架、内容和发展模式已基本成型。回溯形成过程，可以判定目前的建设模式只是阶段性的样态，必然会随着技术、市场、装备、平台等的向前演进而不断变化。

早在2011年，原国家旅游局就提出了我国将争取用十年左右的时间，初步实现基于信息技术的"智慧旅游"，使旅游企业经营活动全面信息化，基本把旅游业发展成为高信息含量、知识密集的现代服务业。在《中国旅游业"十二五"发展规划信息化专项规划》中，北京、成都等18个城市被确定为首批国家智慧旅游城市试点城市，青城山－都江堰景区、峨眉山景区等22家景区被确定为全国智慧旅游景区试点单位。2014年，全国旅游主题年又被确定为"中国智慧旅游年"，顿时在全国各地掀起了智慧旅游建设热潮，智慧旅游城市、智慧旅游景区、智慧乡村旅游、智慧旅游饭店、智慧旅游线路等不同类型的智慧旅游建设概念也被相继提出。

然而，智慧旅游建设体系究竟应该包含哪些主体和基本内容，这个问题不梳理清楚，各地智慧旅游建设实践的推进就有可能走弯路，造成不必要的建设浪费。客观上讲，智慧旅游不完全等同于旅游信息化，智慧旅游是以服务游客为核心，换句话说，只有以服务游客为核心的旅游信息化才是智慧旅游。因此，智慧旅游是旅游信息化的新阶段，当然不是最终阶段。这一点从 2020 年以来数字文旅产业概念的产生也可得到进一步证实。那么，智慧旅游与旅游信息化的区别在于什么呢？主要体现在技术和应用两个层面。从技术层面而言，智慧旅游借助信息技术和网络平台，实现了旅游信息服务在旅游活动的全流程、全时空、全媒介、全关联利益群体之间的整合、协同、优化和提升，消除了旅游供需信息不对称、不完整现象，真正做到信息服务透明公开、共建共享、实时互动、高效利用。从应用层面而言，智慧旅游具有三个应用目标：一是为各类游客提供更加便捷、智能化的旅游信息服务和旅游体验；二是为行业管理提供更加高效、智能化的信息管理平台；三是促进旅游资源的整合和深度开发利用，创建高品质、高满意度的旅游新产品和旅游目的地服务体系。

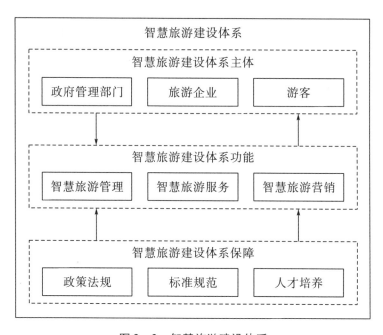

图 3-2 智慧旅游建设体系

可见，智慧旅游建设不仅是政府的职责，更是旅游市场主体的目标、游客的追求。因此，智慧旅游建设体系的主体包括政府管理部门、旅游企业和游客。其中，政府以提供旅游公共管理和公益服务为主，旅游企业以提供专业性商业服务为主，游客以分享智慧旅游体验、参与提供旅游信息为主。三大主体缺一不可，互相影响，互相促进。同时，在以服务游客为核心的智慧旅游建设体系下，围绕着建设目标，各地无论推进哪一类型的智慧旅游建设，都始终要满足三大应用功能，即：智慧旅游管理、智慧旅游服务、智慧旅游营销；提供三大保障，即：政策法规、标准规范、人才培养。

2.3 四川省智慧旅游建设创新模式

自 2011 年以来，四川全省上下高度重视互联网对旅游业的变革性影响，主动顺应时代变化，充分利用新一代信息技术，加快创新全省智慧旅游建设模式，对推动四川旅游业迈向高质量发展产生了积极作用。2013 年，四川旅游总收入在全国的排名直接上升了两位，从 2012 年的第 9 位跃居到全国第 7 位；2015 年，再次跃居到全国第 5 位；2019 四川旅游总收入突破万亿元，站在万亿级产业地位上，在西部地区位居首位。纵然四川旅游业的突飞猛进是多种因素共同作用的结果，但是，四川在智慧旅游建设上的超前性和智慧服务的有效性是起到了显著积极作用的。

纵观四川智慧旅游的建设，可以分为两个主要阶段：

第一阶段是 2011—2017 年，这是四川智慧旅游奠定设施基础、彰显创新特色的重要阶段。"十二五"期间，四川省旅游行政主管部门紧紧围绕省委、省政府提出的"推进旅游经济强省跨越，建设世界知名旅游目的地"的目标，按照"统筹规划、完善机制、政府引领、市场主导、全面建设、强化服务，充分发挥智慧旅游在旅游业转型升级的助推作用，以信息化为主要途径，全面提升现代旅游服务业发展水平，加快推进世界旅游目的地建设"的思路，构建起"以规划

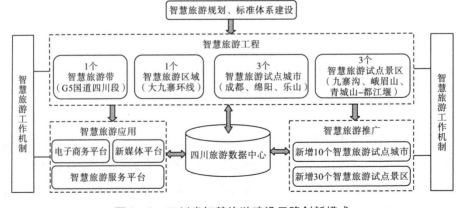

图 3-3 四川省智慧旅游建设思路创新模式

和标准建设为引领，以健全工作机制为基础，以重点项目为抓手，以数据整合和应用提升为核心，以先行先试、示范推广为突破"的智慧旅游建设创新模式。

该模式包括以下几个主要方面建设内容：

1. 智慧旅游规划、标准体系建设。以规划促建设，以标准促质量，既要编制统领四川旅游信息化的发展规划，也要重点分区突破，编制一系列区域性智慧旅游建设规划，建立各级各类智慧旅游建设标准，构建智慧旅游标准体系。

2. 建立健全智慧旅游建设工作体制机制。即构建省、市（州）、县（市、区）、景区四级一体的智慧旅游建设体制；主动联合相关部门，整合旅游企业，实现纵横贯通、上下联动的智慧旅游建设工作机制。

3. 推动智慧旅游重点项目建设。即建设 1 个四川省旅游数据中心、1 个智慧旅游带（G5 国道四川段智慧旅游带）示范工程、1 个智慧旅游区域（大九寨环线智慧旅游区）、1 个旅游运行监管及安全应急管理联动指挥平台。

4. 智慧旅游应用服务。坚持以服务游客为核心，不断提升旅游信息化在管理、服务和营销中的应用广度和深度，在应用层面上尽显智慧旅游创新发展水平。

5. 智慧旅游示范推广。通过对 13 个智慧旅游试点城市、33 个智慧旅游试点景区开展试点先行工作，形成示范，带动全省智慧旅游建设的全面推广。

第二阶段是 2018 年以来，这是四川以建设"智游天府"为重点，促进文旅平台整合应用，推动智慧旅游迈向高质量发展的关键阶段。这一阶段，四川紧紧围绕文旅融合发展思路，加快推进"互联网＋旅游"进程，通过启动"智游天府"平台的规划与建设，不断夯实旅游信息化基础设施建设，利用新型智能化手段提升文化和旅游行业的游客服务、行业监管和宣传营销等方面的水平。

"智游天府"是基于移动端的文化和旅游公共服务平台，连通省、市（州）、县（市、区）三级平台，涵盖文化事业、文化产业和旅游产业基本要素，涉及各类各级文化馆、博物馆、图书馆、美术馆、展览馆等文博场馆及吃住行游购娱等旅游要素和自驾游房车露营地、旅游厕所、停车场、集散中心等公共服务要素，惠及政府、企业、游客、当地居民等多元主体，实现"互联互通、资源共享、全域开放"目标。

四川省高度重视"智游天府"建设，四川省人民政府办公厅专门出台了《关于印发四川省加快"智游天府"全省文化和旅游公共服务平台建设实施方案的通知》（川办函〔2020〕40 号），指出力争用 3 年时间，建成覆盖全面、功能完善、运转高效、方便快捷的"智游天府"文旅公共服务平台。其建设体系是"一中心三平台"，即：文旅大数据中心及综合管理平台、公众服务平台和宣传推广平台。具体建设内容如下：

1. 全省文旅大数据中心。通过全省文旅政务信息资源共享平台，全面整合各类基础数据、生产数据、消费数据和周边数据，分类建立各主题数据库，构建纵向贯通、横向协同的文化和旅游大数据体系。

2. 综合管理平台。集成产业监测、指挥调度、决策支撑等功能的管理运行平台。

3. 公众服务平台。在移动端通过 APP、小程序、微信等系统，为公众提供在线咨询预订、电子支付、投诉维权等全过程、一站式服务。

4. 宣传推广平台。构建覆盖广播电视、报纸杂志及网络媒体的在线推广体系。

5. 建设智慧化文旅信息标准体系。开展智慧景区、智慧旅游城市、智慧文旅小镇、智慧营地、数字博物馆、数字文化馆、数字图书馆等地方标准体系建设，为形成四川经验、贡献四川智慧探索一条发展创新之路。

3 四川省智慧旅游的创新示范价值

3.1 明确定位，统筹规划，标准引领，开创智慧旅游建设新体系

2012 年，四川省结合《国家"十二五"旅游信息化发展规划》和《四川省"十二五"旅游业发展规划》，编制完成《四川省"十二五"旅游信息化发展纲要（2012—2015）》。围绕《发展纲要》提出四川省"十二五"旅游信息化建设总目标："为职能管理部门提供电子政务、为旅游企业提供信息化管理和电子商务营销、为游客提供智慧旅游服务。"在"十二五"期间，四川构建了一个数据中心和三个集群模块（智慧管理、智慧服务、智慧营销）的"1＋3"智慧旅游体系，率先在全国建成首个省级旅游产业运行监管及安全应急管理联动指挥平台、基于北斗兼容系统的户外应急救援平台和"1＋21＋N"的 Tsichuan 多语种旅游资讯平台，整合了气象、环保、交通、公安、测绘、通信运营商、OTA 等多

部门、多领域的信息和数据资源,并编制完成了《G5(108)国道(四川段)和大九寨环线智慧旅游总体规划》《318国道智慧旅游带总体规划》及《游客高峰时段旅游景区应对标准(A＋＋标准)》等规划和标准。此外,打造出10多个智慧旅游城市和以"智慧九寨"为典型的20多个智慧景区,推动四川成为国内智慧旅游体系创新建设的领跑者。2014年,四川荣获"中国智慧旅游创新项目TOP10",四川旅游新浪官方微博荣获了"十大影响力省级旅游局官方微博",四川旅游官方微信获得"2014中国旅游互联网创新实践奖",一系列的创新成就吸引了国内众多省市的关注,仅2014—2015年,四川就接待了来自全国各省、市级文旅等部门的参观学习者150多场、近500人次,为全国各地的智慧旅游体系建设提供了可行实践范例。

3.2 上下联动,政企联合,纵横贯通,构筑智慧旅游一体化推进机制

四川省坚持按照"政府引导、部门配合、企业主体、社会参与"的原则,一是由省级旅游主管部门牵头,在全省建立起省、市(州)、县(市、区)三级政府旅游部门和景区等企业联动的智慧旅游管理工作体系;二是在四川省旅游产业发展领导小组协调下,建立起由旅游、发改、经信、财政、交通、气象、环保、测绘、公安等主要相关部门协同的智慧旅游协调工作机制,实现数据共享、协同决策;三是政府旅游主管部门与四川电信、移动、联通三大通信运营商及相关金融机构、数字景区等建立起战略合作伙伴关系,构建了涉旅信息共享交换和联动协作机制,以多渠道、多形式、多样化的协同机制确保智慧旅游建设成效。

2019年四川推出"天府旅游名县"创建机制,对天府旅游名县的现场检查中,专门明确智慧旅游建设内容的检查评价,进一步推动各县高度重视文旅大数据中心与智慧管理、智慧服务、智慧营销的"一中心三平台"建设,也为"智游天府"建设中实现从省到县的平台连通与数据共享奠定了基础。

3.3 平台先行,重点突破、试点推广,推进智慧旅游体系持续提升完善

3.3.1 强化智慧旅游管理体系建设。

其一,建立了集省、市(州)、县(区、市)三级旅游政务网为一体的四川旅游电子政务网平台体系。其二,建立了旅游应急救助管理系统。2012年,在四川省发改委、经信委、财政厅、科技厅等厅局的支持下,四川省旅游主管部门先后完成了"四川旅游运行监管及安全应急管理联动指挥平台"、"基于北斗兼容系统的户外应急救援平台"、"移动信息技术的应用"等重点平台项目建设。

2013 年 11 月正式启用应急指挥平台，该平台能对全省旅游市场日常运行状况实时监测预警，对突发事件开展应急指挥调度，包括景区视频监控随时调用，旅游车辆运行轨迹跟踪，游客流量事先预测和远端分流，电子行程单和车辆轨迹整合应用、移动应急通信传输等功能，实现旅游应急管理"看得见、联得上、呼得应"的智慧建设目标。自 2014 年以来，该平台充分发挥作用，通过各方面信息的综合运用和大数据分析技术，向旅游目的地发布客流预警、安全预警，有效提升了全省旅游市场实时监测、有序分流、安全预警和联动指挥水平，对保障全省旅游市场合理调度、平稳运行起到了积极作用。2020 年疫情期间，政府主管部门借助"智游天府"平台，向客户移动端发布旅游疫情安全预警，为实现有序的预订、限流、分流的安全管理起到了有效作用。

3.3.2 健全智慧旅游服务平台体系。

其一，建立了"1＋21（21 个市州）＋N（多种语言）"的多语种四川文化和旅游资讯网站服务体系（www.tsichuan.com），上线推出英文、法文、德文、西班牙文、俄文、日文、韩文、繁体中文、简体中文等版本，网站系统实现自适应语言版本功能，在 12 个国家和地区进行服务器镜像落地。截至 2021 年 5 月，网站有各类信息 15 万余条、图片 8 万余张、视频 300 多个，成为展示和宣传"天府三九大安逸走四川"文旅形象的重要窗口，是面向海内外客源市场的唯一官方宣传平台。其二，与携程、艺龙、芒果、途牛、同程等知名旅游网络营运商合作，建立四川旅游网络旗舰店，推动全省旅游企业电子商务平台建设，携程、艺龙、途牛等相继在成都建立了分公司，已发展成为四川最大的旅游网络运营商。其三，加强新媒体多平台应用，在"十二五"期间着力开发了"四川好玩"APP 客户端、四川旅游微信、微博服务平台、G5（108）国道及大九寨环线多媒体互动智慧旅游地图、景区微卡、智慧旅游多媒体查询终端等基础上，2018 年以来全力投资打造了"智游天府"移动终端的智慧旅游平台，成为目前四川智慧文旅系统中资源涵盖最广、最好用、最便捷的一个新型系统，全省 100% 的市州和 4A 级以上主要景区均建立了官方微博、微信平台，开发了 APP 客户端，链接到"智游天府"平台上。2020 年以来，四川文化和旅游主管部门还开通了快手、抖音等热门短视频，开启了"短视频＋文旅"的发展模式，不仅为游客提供了便捷的信息咨询服务平台，助力提升游客自主决策能力，也确实带动了"四川文旅"的热度。

3.3.3 创新智慧旅游营销模式。

其一，注重整合平台，四川省通过各级各类官方微博与官方微信联动，策划整合推广营销活动，成为面向市场的重要营销途径。如截至 2021 年 5 月 31 日，四川省旅游局新浪官方微博的粉丝量已从 2014 年的 62 万人增至 144.9 万人。2014 年原四川省旅游局官方微博获评为"四川十大省级部门政务微博"、"十大影响力省级旅游局官方微博"、"西南政务影响力奖"等；在 2020 年疫情期间，该平台成为帮助网民"宅游抗疫"的重要平台。其二，注重事件驱动，如 2014 年推出"爱，在四川"系列微电影，突破传统旅游宣传片形式，在网络上聚集大量人气，有效提升了四川旅游知名度，仅此活动就吸引网络点播量超过 5000 万次，带来了极大的下载流量，创造了新的旅游信息消费热点。其三，注重传统媒体和新媒体的互动营销，推出国内首档户外旅游真人秀节目《两天一夜》，在传统的电视综艺节目中植入旅游元素，同时通过网络和自媒体广泛传播，网络点播量很快超过 3 亿次，在 2013 年第三届中国旅游产业发展年会上荣获"中国旅游营销创新 TOP10"；再就是利用央视频道播放国宝大熊猫的有趣样态及与人亲密接触的呆萌状态，也赢得了观众的高流量。如 2017 年 4 月央视网熊猫频道通过不间断 24 小时直播成都大熊猫繁育研究基地的两段视频，将大熊猫的呆萌神态、可爱举止呈现在观众面前，点滴间也将绿色、环保、公益的正能量轻松地传递给观众，两段视频一挂上线，就赢得全球超 4000 万的点击量。其四，线上线下互动营销。通过淘宝推出寻找"稻城亚丁最美星空"活动，1000 多份产品在活动推出后 5 分钟内被网友抢购一空；同时，开展了"行摄 365 画说四川""寻找四川 100 个最美观景·拍摄点"评选活动等，收集并发布了 4 万余张精美图片，提高了参与景区的知名度。其五，利用"短视频＋文旅"模式，抓住"丁真"等网红达人，在抖音、快手等短视频上开展及时宣传，引起了高度的关注。如 2020 年 11 月—2021 年 1 月，"四川文旅"的快手账号凭借丁真网红热度的不断升温，迅速吸引了约 127 万＋粉丝，在清博指数快手号总榜中夺得了月榜第 33 位的好成绩，"四川文旅"的快手传播力指数（KCI）平均值也达到了 1276.44。其六，与国际知名网络渠道和企业合作营销。与谷歌、TripAdvisor、Youtube、百度、携程、淘宝等 20 余家网络平台合作，构建境内外网络营销平台及渠道体系。

与全球最大的视频网站 Youtube 合作，联合制作四川旅游创意视频，建立视频专区，以互动视频、图片、文字、地图等多媒介元素整体呈现四川旅游美丽形象，点击率已近数百万次。其七，连续举办全球旅游网络营运商合作交流会，搭建旅游企业和境内外 OTA 交流合作平台，有力助推四川在线旅游行业的发展。其八，适应疫情新常态，近郊围绕做强内循环、促进国际国内双循环发展要求，积极瞄准国内国外市场创新在线营销模式。如自 2020 年 3 月以来，四川省文旅厅紧密结合四川文旅资源、品牌特点和优势，推出了一系列以中华传统文化、巴蜀文化为特色的优质宣传内容，并在 5·18 国际博物馆日期间开展了"古蜀文物海外线上展览"，在 6 月 13 日第 15 个"文化和自然遗产日"期间推出"天府四川·云享非遗"线上展览活动，用英语、法语、德语、西班牙语、日语、韩语、俄语七种外语和繁体中文等，以文字、图片、视频视听全方位结合的形式呈现，在全国成为首创，走进了全球 30 个国家和地区，覆盖了约 200 个海外推广平台，让海内外网友在"云"端邂逅四川非遗之美。在 2020 年 6 月文旅产业指数实验室发布的全国省级文旅新媒体国际传播力指数 TOP10 榜单中，四川排名第二位，在线营销取得显著成效。

4 四川省智慧旅游发展思考

4.1 服务于游客的旅游信息化才是智慧旅游

智慧旅游的本质是包括信息通信技术在内的智能技术在旅游业中的应用，无论怎样创新智慧旅游平台，都必须坚持以服务游客为中心，以创新旅游管理、提升旅游服务、改善旅游体验、优化旅游资源利用为目标，才能持续增强产业竞争力，提升行业管理水平，扩大行业产业规模，推进文化和旅游的现代化发展。

4.2 做好顶层设计和总体规划，因地制宜发展智慧旅游

顶层设计既要有前瞻性、科学性、系统性，又要因地制宜，符合实际，使战略实施每一步都具有可操作性。要保证智慧旅游建设与实施的连续性、灵活性和可扩展性，使之成为智慧城市的有机组成部分。

4.3 充分发挥政府主导和市场主体作用

用"政府＋市场"的模式推动智慧旅游健康快速发展，政府和企业的互动合作才会促进智慧旅游建设更有生命力，更具实效。务实解决建设资金筹措和建

设后的运维及应用问题，处理好政府公共服务和企业市场经营的关系。

4.4 着力深化省、市、县三级政府与企业一体化的工作推进机制

政府主导，分级负责；部门联动，共建共享；企业主体，市场运作；社会参与，多方共赢。创立部门联动和信息资源共享机制，采用"不求所有，但求所用"的原则，凡是社会和部门已建已有的信息设施和资源，整合共享。

4.5 确保政策支持，营造智慧旅游的良好发展环境

智慧旅游将引领旅游业第二次革命，国家政策层面大力支持，增加专项资金投入，吸引民间资本参与；各级政府高度重视，部门支持，旅游主管部门积极创新、主动作为，企业参与，全社会共推，创建智慧旅游良好的发展环境。

4.6 加强人才培训，提供强有力的人才保障

智慧旅游的根本是"以人为本"，是为了让游客的旅游体验变得更加智慧，考量的是政府和企业的智慧管理、智慧服务能力和水平，拥有"互联网＋旅游"的复合应用型人才是四川智慧旅游高质量发展的关键，应建立政府、企业、学校、社会等协作的一体化联合培训体系，为四川智慧旅游建设提供强有力的人才保障。

参考文献

［1］郝康理，柳建尧. 智慧旅游导论与实践［M］.北京：科学出版社，2014.

［2］张凌云. 智慧旅游：个性化定制和智能化公共服务时代的来临［J］.旅游学刊，2012（5）.

［3］郝康理，黄萍. 互联网时代四川智慧旅游建设的创新与实践［M/OL］.旅游绿皮书：2014－2015 年中国旅游发展分析与预测. 北京：社会科学文献出版社，2015.

［4］黄萍，苏谦，任耘，等：互联网时代的旅游业态创新研究报告［R/OL］.四川省旅游局"十三五规划"基础研究课题，2014.

［5］四川省旅游局. 四川省"十二五"旅游信息化发展纲要［R/OL］.2012.

［6］四川省旅游发展委. 四川省"十三五"旅游信息化发展纲要［R/OL］.2017.

［7］四川省旅游局. G5 高速四川段与大九寨环线智慧旅游总体规划［R/OL］.2014.

［8］四川省旅游局旅游信息中心，四川省智慧旅游工作的探索与实践［R/OL］.2014.

数字文旅产业：内涵功能、结构体系与实践路径

[作 者]黄 萍 罗 鉴 张 玥（成都信息工程大学 管理学院）

摘 要： 数字文旅产业是数字技术与文旅产业融合的新产业形态，融合共享是其本质内涵，其具有立体协同共振、资源整合提升、聚势赋能裂变、虚拟产业集群、系统集成优化五大主要功能，涵盖技术支撑、设施装备、内容产品、应用平台四个紧密关联层次的产业结构体系，包括用户导向、价值驱动、内容为王、融合支撑、平台突破的五大创新路径。

关键词： 数字文旅产业；协同生态圈；含义功能；结构体系；实践路径

1 引言及研究综述

在 2020 年全球突发新冠肺炎疫情影响下，中国境内线下文化和旅游消费场景立即停摆，被遏制宅居的消费者大量转向线上，云游消费迅速崛起，推动中国数字文旅供需呈现异常活跃，彰显数字文旅产业发展的新契机。为了加快构建"智能＋"数字消费生态体系，2020 年 3 月国家发改委、中央宣传部、文化和旅游部等 23 部门联合印发了《关于促进消费扩容提质加快形成强大国内市场的实施意见》（发改就业〔2020〕293 号），2020 年 7 月国家发改委、文化和旅游部、网信办等十三部门又联合发布《关于支持新业态新模式健康发展激活消费市场带动扩大就业的意见》（发改高技〔2020〕1157 号），都纷纷强调要鼓励文化旅游等领域产品智能化升级和商业模式创新，加快打造数字经济新优势。2020 年 11 月文旅部专门制定《关于推动数字文化产业高质量发展的意见》（文旅产业发〔2020〕78 号），也提出要开展实施数字化战略，发展文化产业新型消费模式，提升产业的核心竞争力，健全文化产业体系，丰富产品供给，促进产业消费升级。

然而，当前我国传统线下文化和旅游的投资者、经营者对于数字技术的认知

判断及应用能力显然不够，主动推进实体经济与数字技术深度融合的创新意识普遍欠缺，反映出我国数字文旅产业整体发展水平不充分不平衡，亟待将时代之机转变成我国数字文旅产业的新增长点，构建开放合作及共生共享为特征的数字文旅产业协同生态圈，推动数字文旅产业迈向高质量发展。

数字文旅产业是数字经济的重要组成。数字经济由信息经济概念演变而来，是互联网驱动下的新经济模式。对此，国内外研究者较早注意到互联网连接一切与融合技术是推动传统产业走向数字产业变革的核心与关键。姜奇平 1998 年就指出，"融合技术导致业务融合，最后达到产业融合……而归根结底是生产和消费的直接'合'在一起。"乔布斯在世时曾经视"一切都将无缝连接"为苹果的持续竞争优势；2014 年 Facebook 将"我们想要连接整个世界"作为其未来十年主攻任务的第一位；2014 年马化腾在互联网大会上就提出了"互联网的未来是连接一切"；2015 年中国《政府工作报告》中明确将"互联网 +"纳入国家行动计划。在"互联网 +"战略推动下，我国数字经济沿着"跨界融合，连接一切"的特质迅速崛起，数字技术支撑的新产品、新服务、新业态、新商业模式正在成为经济增长的主力军。研究者认为"十四五"期间，我国的数字经济将继续快速发展、全面发力，着力提升消费、生产领域，推进产业融合，打造数字化网链、生态，重构资源配置，并强调在数字与实体融合方面，需要依托新基建，促进互联互通，通过智能化、协同化的新生产方式对实体经济进行改造升级，全面提高实体经济的质量、效益的竞争力，以数字经济助力实体经济转型升级。

数字文旅产业，主要呈现出数字文化、数字旅游、数字文化和旅游三种基本产业融合形态。国内外学术界对数字文旅相关问题的研究，主要在基本概念、技术基础、产品供求、发展意义等方面形成了一些分散性的研究成果。在概念上，陈铖等认为数字文旅是各类数字技术促进文旅融合的现象总和；吴丽云认为数字文旅是以网络为载体，各类数字化技术据此促进文旅融合发展，进而产生的一种新产业形态。在技术问题方面，Koo C 提出数字文旅是以数字化、网络化技术为主，智能化技术在过程中起重大的推动作用；Suyunchaliyeva M 讨论各类信息技术与对应的硬件设备，如 VR、AR、大数据、人工智能等，对线上文旅产品及线下沉浸式产品创新升级的重要作用。在供需方面，研究者普遍认为数字文旅需求远大于供给，且需求呈多元化趋势。在发展意义方面，Happ É 认为各类数字化技术有助连接供需两侧，形成新业态，刺激消费；Kayumovich KO 认为数字文旅的发展有助推动文旅产业的高质量发展，提升行业创新力、竞争力。

从研究情况看，当前关于数字文旅产业的理论逻辑研究较为薄弱，特别是关于产业功能、结构体系、产业要素特征及互动关系、创新路径等关键问题还处于比较失缺状态，理论研究严重滞后，不能为国家大力推动数字文旅产业发展提供必要的理论支撑，亟待加快开展系统研究。

2 数字文旅产业的基本内涵

数字文旅产业，是数字技术与文化产业、旅游产业、文化和旅游产业融合进程中的新产业形态。其"融合"属性不仅包括了供需全部环节的融合，即从产品设计、生产、分配、流通、消费的全过程都融入了数字技术，从而形成新的生产组织方式和商业模式；而且也包括线下线上的融合，在不受任何时空限制的互联网技术帮助下，线下文旅企业可以将有时空限制的数字化产品拓展到线上的无限时空，不仅可以满足线下人与人、人与物的近距离接触旅游消费，还可以转变成线上无接触体验消费，特别是以互联网平台为供需交互的融合形式成为数字文旅产业与传统文旅产业最本质的区别。

当然，数字技术的开放性、无边界性、互联性、共享性等特征与文旅产业的资源富集性、带动关联性、市场庞大性等特征融合在一起，并非简单叠加，而是互相交叉集合创新更多融合形态、创造更多消费场景、激发更大市场活力，获得更广共享空间。

原文化部在《关于推动数字文化产业创新发展的指导意见》中，首次提出了数字文化产业的概念："数字文化产业以文化创意内容为核心，依托数字技术进行创作、生产、传播和服务，呈现技术更迭快、生产数字化、传播网络化、消费个性化等特点，有利于培育新供给、促进新消费。"这一概念基本上成为国内研究者对数字文化产业含义认识的主流。

实际上，沿着数字文化产业概念的定义逻辑，对数字文旅产业含义的界定，应把握住"融合结构"的本质，既兼顾融合产业各自的基本属性，也充分延展融合产业的创新特性。据此，界定数字文旅产业的概念至少把握三层含义：其一，是以需求导向的内容产品数字化创造、优化为核心；其二，是依托各类数字技术实现产品生产、交换、流通、消费供需关联的经济集合体；其三，融合协同是其产业生态的关键特征，是连接技术、装备、产品、平台一体化协同互动、开放共享的一种新商业模式。换句话说，数字文旅产业是随着数字技术的不断催生及融合深度广度的拓展而发展变化的一个无边界、协同共生、开放共享的大产业体系，依托于互联网平台而实现供需交互的商业模式成为数字文旅产业与传统文旅产业最区别的特质。

3 数字文旅产业的主要功能

数字文旅产业作为"文旅＋数字技术"的跨界融合产业，其产业功能既有传统文旅产业的稳就业、扩消费、促增值、惠民生等基本功能，也融入了基于"互联网"的"连接一切、跨界融合"特征赋予的融合功能。主要包括以下五大融合功能：

一是立体协同共振功能。数字化、网络化、智能化等现代技术的融入让传统文旅产业的边界趋于消失，数字文旅产业的基础不再是有限的几个行业间各企业的关联，行业内的各企业也不再是独立的、分散的个体，而是隶属于互联互通的、数字经济大环境下的诸多节点，众节点构成"横向无边、纵向到底"的关联集合体。企业将突破传统边界，利用各类数字技术，打通与其他企业、行业、产业的连接，形成多企业、跨行业的共同参与、共同建设、共同分享、共同治理、共同维护的一个新产业协同生态圈，在全社会形成"共振效应"。

二是资源整合提升功能。数字文旅产业所依托的"资源"内涵泛指数字文旅产品从生产到消费过程中集合的数字技术资源与文旅内容资源，其整合提升功能主要表现在以下四个方面：其一，文旅资源的无边界整合提升。应用数字技术的再生产、加工及平台消费，彻底打破传统地理空间上独有的文旅资源地域垄断格局，创生出国家化、全球化的资源应用整合共享机会。其二，供应链要素资源的整合提升。数字文旅产品以内容形式借助平台形成新消费场景，自动促进供应链打通从数字、装备、内容产品到平台的一体化资源整合，实现供应链的运营结构由"链式"走向"网状"，促进供应链跨界产业要素的高度集合与协同。其三，产品资源线上线下整合提升。通过应用数字技术对传统文旅产品进行"线下实体化"向"线上数字化"的改造，使线下旅游地的近距离身心接触体验与线上无接触虚拟体验交互协同，实现线上线下产品资源的整合升级。其四，消费市场资源整合提升。利用数字技术，可以便捷地将文旅信息植入品牌、内容产品及营销推广等消费资源信息中创新数字文旅产品的跨界整合。可见，资源整合功能为形成一个开放共享的数字文旅产业协同生态圈的大发展格局创造了一切可能。

三是聚势赋能裂变功能。数字技术是数字文旅产业的重要生产要素，是促成文旅业态迈进数字化、智能化、网络化发展新领域的关键支撑，数字技术本生具有的聚势赋能、聚合裂变的功能特征，在产业数字化、数字产业化过程中，也随即赋予数字文旅游产业拥有此相应功能。即通过数字技术的聚势赋能、聚合裂变功能，数字文旅产业的供应链、消费链各环节、各主体将获得协同聚集发展的平等机会，促成产业链更快速实现各类要素集群，产生协同优势、规模优势、交互优势、自调适优势等，极大扩增产业动能。同时数字技术的科技张力，赋能数字文旅产业在无限创新产品内容、创造新消费场景、衍生新商业模式、演化新行业生态上插上了腾飞的翅膀，促成数字文旅产业"聚势赋能"后实现"裂变"发展，循环往复、螺旋上升。

四是虚拟产业集群功能。数字文旅产业是基于互联网平台构造出一个突破物理边界的"云游"虚拟产业集群模式，其与根植于物理空间的传统文旅产业集群不同，虚拟产业集群没有实际物理空间边界或产业园区实体，供应商可以分散在全球任何一个有互联网的地方，通过"云端"虚拟空间，达成有产业链、价值链、创新链等相互关系的企业、机构或个体聚集云端，实现专业化分工与整体协作的虚拟化产业集合体。虚拟产业集群具有三大突出功能：其一，能带动实体文旅经济从实际地理空间向地理空间与虚拟化平台空间相结合的方向转变，形成线下线上融合互动态势，打破线下产业集群成员数量和规模等各种限制，让所有自愿参与者都可获得进入的平等机会，并由此获得无限的虚拟拓展空间，小企业也可以成为一匹"大黑马"；其二带动实体文旅经济从"企业集中——产品链上下游局地联结——区域产业互利生态链"向"平台聚集——价值链网络化全球联结——线上线下融合产业协同生态圈"转型，使传统区域分工体系通过云端直接嵌入虚拟空间的全球化分工体系中，为任何一个参与者带来国际集群竞争力与全球影响力的共享共赢机会；三是带动实体文旅企业从有限生命周期向无限生命周期转型，因为数字产品的使用是无限的、可更新的，智能化技术可以在机器学习中不断创新产品内容、创造新的体验价值，借助网络化可以获得全球性市场，无限延展市场生命周期，为参与者塑造新的商业价值创造无限可能。

五是系统集成优化功能。数字文旅产业是一个基于互联网连接一切、协同共生的大系统。一方面数字技术促使传统文旅产业的资源、产品、供需主体等各要素实现"细胞级连接"，由"点"连成"块"、"层"、"面"，进而连成"链"形成"圈"，使原本孤立的各要素集合成为命运共同体。但凡参与者选择加入虚拟空间的全球化分工体系，就意味着参与者须自觉遵从互联网法律法规，成为懂规则、讲规矩的行事者，促成透明、公开、效率的营商新环境。另一方面，数字文旅产业是各相关系统集成的大系统，原本独立的各个成员因共同的价值创造而连接一体，在资源充分共享、要素充分流动、价值充分发挥的运行中，产出更大效益，创造更优价值，提升更大竞争力。

4　数字文旅产业协同生态结构体系的构建逻辑与集成特征

4.1　产业结构体系的构建逻辑

数字文旅产业是数字技术与文旅产业跨界融合的新产业体系，其新的根基在于以"互联网"为基础的数字技术，而"连接一切、跨界融合"与"开放、平等、互动、协作、共享"是被公认的互联网最显著特点，也成为数字文旅产业结构体系构建的重要逻辑。

事实上，我国在《关于促进文化和科技深度融合的指导意见》中，关于数字文旅的发展指导意见正是体现了连接融合、开放共享为特征的"结构化"协同生态圈发展思路。《意见》提出"以数字化、网络化、智能化为技术基点，开发内容可视化呈现、互动化传播、沉浸化体验技术应用系统平台与产品，建设'内容＋平台＋终端'的新型内容生产和传播体系"，即明确了数字文旅融合产业体系是基于技术、装备、内容（产品）及平台应用的新经济产业生态链。该产业体系的基础支撑要素是"技术"与"设备（装备）"，重点是"平台"，核心是"内容（产品）"。

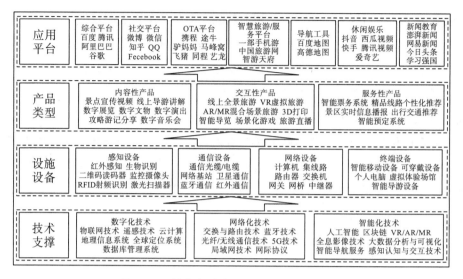

图3-4　数字文旅产业协同生态结构体系

4.2　产业结构体系的集成特征

由于"互联网"等数字技术的介入，数字文旅产业结构体系的边界变得十分模糊，反而具备了"点"、"块"、"层"、"面"、"链"、"圈"的集成性特征。"点"即独立的经营个体、机构、企业或企业群；"块"即每一个子系统模块，该模块内部主要由具有相同或相似特征的要素企业或产业聚合构成的关联体；"层"即代表结构体系中包含的技术支撑层、设施设备层、产品类型层和应用平台层四大层次，每一层都由横向关联、纵向递进的"块系统"构成相辅相成的紧密关系；"面"即由四个子系统集成的整体系统，是数字文旅产业相互依存、相互推拉的共同体，当任何一层"块系统"变坏时，都会影响到其他"块系统"的发展势态与生命周期，由此，只有各个"块系统"不断优化才会推进整体系统可持续发展；"链"是一种连接系统内部以及本系统与其他系统的通道，具体呈现为互联网、泛在网等各类网络结构体系；通过"链"形成产业生态圈，从而突破了传统文旅产业受制于时空的限制，构建出一种去龙头、去边界、去中心的新发展环境，使更多商业模式的创新发展成为可能。当然，各个"点"之间、各个"块"之间具有可替代关系，只要产业结构体系中的各结构层次完好，就能保障体系的完整性，保证数字文旅产业的各项功能。因此，该结构体系模型并不会因为局部的"点"、"块"出现问题而导致崩塌，它具有自修复、自调节、自完善创新功能。特别强调一点，由于结构体系的整体性、系统性，所以，该体系中的任何一"点"的提升，均会带动"块"和"层"的提升改变，最终实现"面""链""圈"的联动提升。因此，每一个经营个体、机构、企业或企业群只需立足自己这个点，将自身的业务开发推向最好的方向，就可以在产业系统中产生作用和贡献，也可以获得存在与发展的机会。

5 数字文旅产业的实践路径

在"数字技术＋"赋能下，数字文旅产业获得了源源不断升级创新、实现可持续高质量发展的重要动力。可以通过用户导向、价值驱动、内容为王、融合支撑、平台突破五个路径，借助数字技术快速发展的支撑，实现数字文旅产业的创新发展。

5.1 用户导向

数字技术对文化和旅游的消费需求至少带来了三大显著变革：创造云游新消费行为、创造智能化体验消费、创造个性化网络定制消费。近年来，我国的数字博物馆、数字景区、虚拟竞玩、虚拟旅游场馆、虚拟演艺场馆等各类数字文旅业态蓬勃应运而生，特别是以故宫博物院、国家博物馆、中国美术馆、敦煌博物院等一批国家级、省级文博单位开发建设的数字文博产品，展示方式与展示技术都达到了国际先进水平，在 2020 抗疫中深受公众喜爱。因此，树立游客及社会公众的"全游客的市场观"，坚持用户需求导向，优化供给服务，是数字文旅产业实现可持续运营价值、保持比较竞争优势的基本路径。

5.2 价值驱动

在数字文旅产业协同生态圈体系下，通过平台实现供需双方直接交互，价值链分工方式扁平化，降低了投入成本，提高了价值创造效率。同时，通过大数据可以迅速获取市场需求信息反馈，为满足个性化需求的差异化供给创造提供了更优价值链条，也为全体参与价值链分工者提供了平等竞争机会，是促成"以消费者为中心"的多元利益主体共赢。

参考文献

[1] 谢茂松，牟坚. 文明史视野中的70年[J]. 开放时代，2019（05）：13-33+5.

[2] 高钢. 网络问政：从形态文明到数字文明[J]. 当代传播，2011（2）：74.

[3] 涂子沛. 数文明：大数据如何重塑人类文明、商业形态和个人世界[M]. 北京：中信出版社，2018.

[4] 付玉辉. 后移动互联网时代：数字文明融合新阶段[J]. 互联网天地，2011（06）：48-49.

[5] 崔林，朱玺. 数字革命波及的三个层面：媒介、社会与文明[J]. 中国新闻传播研究，2019（02）.

[6] 季燕京. 什么是数智文明：重新解读科技文明史[J]. 文明，2019（12）：162-165.

[7] 陈鹏. 新基金：通达人类数字文明的桥梁[N]. 学习时报，2020-05-20（6）.

[8] 杨东. 区块链：数字文明的"钥匙"[J]. 知识就是力量，2020（01）：6-7.

[9] 徐新建. 数智革命中的文科"死"与"生"[J]. 探索与争鸣，2020（01）：23-25.

[10] 数智文明大趋势：网络空间命运共同体[J]. 文明，2019（12）：176-177.

[11] 玛丽贝尔·洛佩兹. 指尖上的场景革命：打造移动终端的极致体验感[M]. 平宏伟，龚倩，徐荣，译. 北京：中国人民大学出版社，2016：95.

[12] 赵涛，彭龙. 商业文明·要素文明·形态文明[J] 山东社会科学，2013（11）：130-135.

[13] 中国社科院信息化研究中心，阿里巴巴集团研究中心. 新商业文明研究报告[J]. 中国信息界，2010（5）：63-66.

[14] 什么是商业文明[J]. 文明，2019（11）：138-140.

[15] 阿里研究中心. 新商业文明宣言[C]. 新商业文明通讯，2010（2）：6-7.

[16]《新商业文明倡议书》出炉首次采用区块链技术发布[EB/OL].［2018-08-13］. http://news.ikanchai.com/2018/0813/229038.shtml.

[17] 张瑞敏. 创造价值的新商业文明[J]. 企业研究，2017（5）：1.

[18] 乌麦尔·哈克. 新商业文明：从利润到价值[M]. 吕莉，译. 中国人民大学出版社，2016：1-3.

[19] 幽兰. 新商业文明推动企业转型升级[J]. 中关村，2017（5）：83-85.

［20］姜奇平. 21 世纪数字经济与企业未来［N］.互联网周刊. 1998 - 09 - 21 （7）.

［21］马化腾. "互联网＋"国家战略行动路线图［M］.北京：中信出版社，2015：1 - 62.

［22］我国数字经济增加值规模去年达 35.8 万亿元［EB/OL］.2020 - 07 - 06. http：//cq. people. com. cn/n2/2020/0706/c365403 - 34135007. html.

［23］江小涓."十四五"时期数字经济发展趋势与治理重点［N］.光明日报. 2020 - 09 - 21 （16）.

［24］王琨，特木钦. 推动数字经济和实体经济深度融合［N］.人民日报. 2021 - 03 - 16 （9）.

［25］张玥，黄萍，罗鉴，等. 数字文旅产业含义、功能及结构模型［J］.旅游纵览，2020 （18）：61 - 64.

［26］陈铖，朱举. 5G 背景下数字文旅发展策略研究——以成都"夜游锦江"为例［J］.西部广播电视，2020 （9）：55 - 56.

［27］吴丽云. 加快数字文旅发展要实现四个突破［N］.中国旅游报，2020 - 07 - 28 （3）.

［28］Koo C，Gretzel U，Hunter W C，et al. The role of IT in tourism［J］. Asia Pacific Journal of Information Systems，2015，25 （1）：99 - 104.

［29］Suyunchaliyeva M，Shedenova N，Kazbekov B，et al. Digital Economy：Information Technology and Trends in Tourism ［C］//E3S Web of Conferences. EDP Sciences，2020，159：04029.

［30］刘洋，肖远平. 数字文旅产业的逻辑与转型——来自贵州的经验与启示［J］.理论月刊，2020 （4）：104 - 110.

［31］Happ É，Ivancsó - Horváth Z. Digital tourism is the challenge of future - a new approach to tourism［J］. Knowledge Horizons. Economics，2018，10 （2）：9 - 16.

［32］Kayumovich K O. Prospects of digital tourism development［J］. Economics，2020 （1 （44））.

［33］Savina T N. Digital economy as a new paradigm of development：challenges，opportunities and prospects［J］. Finance and credit，2018，24 （3）：579 - 590.

［34］文化部出台《指导意见》推动数字文化产业创新发展［N］.中国文化报. 2017 - 04 - 26 （6）.

［35］ Buhalis D. Technology in tourism－from information communication technologies to eTourism and smart tourism towards ambient intelligence tourism：a perspective article ［ J ］. Tourism Review, 2019.

04

红色旅游

四川省红色旅游资源普查

［作　者］周锐京（四川省文化和旅游厅、四川旅游规划设计研究院）

摘　要： 在全省文化和旅游资源普查的基础上，为进一步厘清我省红色旅游资源的基础与优势，全面提升红色旅游资源保护与利用水平，培育和打造红色旅游品牌，助力文化强省和旅游强省建设，特编制《四川省红色旅游资源专题报告》。本报告概述了当前我省的红色旅游资源概况，深刻分析其特征和问题，注重红色旅游资源的保护与利用，提出了红色旅游资源开发利用总体思路和重点方向，为全省红色旅游健康、持续、稳定、快速发展提供依据。

关键词： 四川省；红色旅游资源；报告

1　红色旅游资源概况

1.1　红色旅游资源普查成果

本报告中红色旅游资源主要指中国共产党领导人民在革命、建设和改革时期建树丰功伟绩所形成的纪念地、标志物，及其所承载的光辉历史、英勇事迹和革命精神，具体包括战争或重大事件发生地、重要会议会址、各种重要机构的办公地旧址、杰出人物的故居或纪念堂、革命烈士陵园、纪念馆、各类革命建筑文物，还包括抗震救灾遗址遗迹及典型事迹，也包括改革开放后取得的重大成就，如：重大工程与生产遗址遗迹及影响全国的重大事件等。

1.1.1　数量

1.1.1.1　总数

红色旅游资源富集。据全省文化和旅游资源普查，全省共有红色旅游资源点
3238个，占全省旅游资源的1.31%。

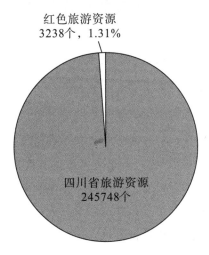

图4-1　四川省红色旅游资源占旅游资源总数的情况

1.1.1.2　各类型资源数量

红色旅游资源类型多样，涉及《四川省旅游资源分类、调查与评价（试
行）》标准类型的6个主类、11个亚类、24个基本类型，分别占全省旅游资源标
准类型的75%、42.31%、18.32%。

1.1.1.3　新发现资源数量

新发现新认定红色旅游资源点597个，占全省红色旅游资源总数的18.43%。
其中新发现历史遗迹旅游资源325个，占新发现红色旅游资源总数的54.44%；
新发现人文活动153个，占新发现红色旅游资源总数的25.63%。

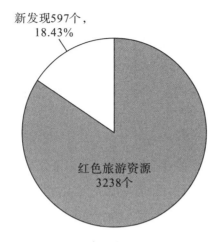

新发现597个，
18.43%

红色旅游资源
3238个

图 4-2　四川省新发现红色旅游资源

1.1.2　类型

1.1.2.1　地文景观类旅游资源

据全省文化和旅游资源普查，地文景观类红色旅游资源 1 个，为凉山彝族自治州雷波县杉树堡乡五里村荆竹嘴（溪洛渡）观景台。

1.1.2.2　水域景观类旅游资源

全省共有水域景观类红色旅游资源 7 个，其中河系亚类资源点 2 个，湖沼亚类资源点 5 个。

1.1.2.3　建筑与设施类旅游资源

建筑与设施类红色旅游资源亚类中人文景观综合体分布最多，基本类型中纪念、宗教、祭祀活动场所数量最多，其次是文化教育科技体育活动场所。全省共有建筑与设施类红色旅游资源 806 个，占全省红色旅游资源的 24.89%。亚类有人文景观综合体 548 个，占建筑与设施类红色旅游资源总数的 67.99%。基本类型包括纪念、宗教、祭祀活动场所，特性屋舍，牌坊牌楼、影壁等 11 类。

1.1.2.4　历史遗迹类旅游资源

历史遗迹类红色旅游资源亚类中物质类文化遗存分布最多，基本类型中历史事件发生地数量最多。全省共有历史遗迹类红色旅游资源 1574 个，占全省红色旅游资源的 48.61%。亚类有物质类文化遗存 1550 个，占历史遗迹类红色旅游资源总数的 98.48%。基本类型包括历史事件发生地、建筑遗迹、工程与生产遗迹等 5 类。

1.1.2.5　旅游购品（文创产品）类旅游资源

旅游购品（文创产品）红色旅游资源亚类均为工业产品，基本类型为其他旅游工业品。全省共有旅游购品（文创产品）类旅游资源 8 处，占全省红色旅游资源总数的 0.25%。

1.1.2.6　人文活动类旅游资源

人文活动类红色旅游资源亚类中人事活动记录分布最多，基本类型中地方人物数量最多，其次是地方事件。全省共有人文活动类红色旅游资源 842 个，占全省红色旅游资源的 26.00%。亚类有人事活动记录 818 个。

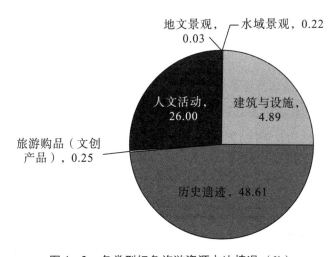

图 4 - 3　各类型红色旅游资源占比情况（%）

1.1.3　等级

1.1.3.1　资源等级概况

红色旅游资源品位较高。全省共有优良级红色旅游资源 1176 个，占红色旅游资源总数的 36.32%，其中五级红色旅游资源 79 个，占全省红色旅游资源的 2.44%。

1.1.3.2　各等级资源情况

1. 五级旅游资源

全省五级红色旅游资源以建筑与设施旅游资源分布最多，其次是人文活动旅游资源，分别占五级红色旅游资源总数的 49.37% 和 25.32%。

2. 四级旅游资源

全省共有四级红色旅游资源 178 个，占全省红色旅游资源的 5.50%，以建筑与设施旅游资源和历史遗迹旅游资源分布最多，其次是人文活动旅游资源，分别占四级红色旅游资源总数的 48.31%、34.83% 和 16.29%。

3. 三级旅游资源

全省共有三级红色旅游资源 919 个，占全省红色旅游资源的 28.38%，以历史遗迹旅游资源分布最多，其次是建筑与设施旅游资源，再次是人文活动旅游资源，分别占三级红色旅游资源总数的 44.50%、34.17% 和 20.78%。

4. 二级旅游资源

全省共有二级红色旅游资源 1156 个，占全省红色旅游资源的 35.70%，以历史遗迹旅游资源分布最多，其次是人文活动旅游资源，分别占二级红色旅游资源总数的 54.07% 和 24.74%。

5. 一级旅游资源

全省共有一级红色旅游资源 906 个，占全省红色旅游资源的 27.98%，以历史遗迹旅游资源分布最多，其次是人文活动旅游资源，分别占一级红色旅游资源总数的 50.88%、34.88%。

1.1.4 分布

1.1.4.1 各市（州）红色旅游资源分布

1. 数量情况

红色旅游资源分布广泛。全省 21 个市（州）均有红色旅游资源分布，以甘孜州红色旅游资源数量最多，占全省总数的 11.89%，涉及长征丰碑、将帅故里、改革开放伟大成就、三线建设、抗震救灾等多主题；广元市其次，占全省总数的 11.21%，涉及川陕苏区、长征丰碑、将帅故里、抗震救灾、三线建设等多主题；巴中市位列第三，红色旅游资源数量占全省的 9.20%；阿坝州位列第四，红色旅游资源数量占全省的 8.34%。

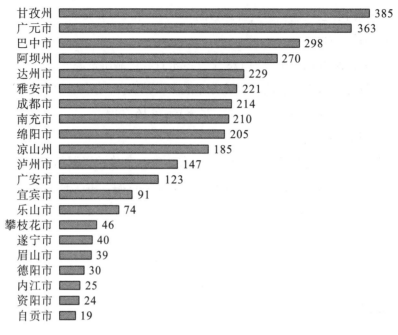

图4-4 各市（州）红色旅游资源数量

2. 等级情况

五级红色旅游资源分布在全省18个市（州），以甘孜州分布最多，其次是南充市，凉山州、雅安市、阿坝州、巴中市并列第三。五级以下各级红色旅游资源在21个市州均有分布，其中四级以绵阳市分布最多，三级以广元市分布最多，二级以甘孜州分布最多，一级以广元市分布最多。

1.1.4.2 各类型资源集中分布区域

建筑与设施类红色旅游资源广元市分布最多，其次是雅安市和巴中市。历史遗迹类红色旅游资源甘孜州分布最多，其次是广元市。人文活动类红色旅游资源阿坝州分布最多，甘孜州紧随其后，再后是成都市。

1.2 红色旅游资源主题特征分析

1.2.1 总体特征

1.2.1.1 资源主题多样

从品牌主题角度看，全省红色旅游资源主要包括长征丰碑、将帅故里、川陕苏区、抗震救灾、三线建设、川军抗战、辛亥革命、改革开放伟大成就、其他类型等九大主题，其中长征丰碑主题资源最多，其次是川陕苏区，将帅故里主题资源位列第三。

1.2.1.2 长征丰碑、川陕苏区、将帅故里品位高

优良级红色旅游资源中长征丰碑主题最多，共计432个，占全部优良级红色旅游资源总数的36.73%；其次是川陕苏区和将帅故里，分别占全部优良级红色旅游资源总数的22.53%和15.39%。其中五级旅游资源以长征丰碑最多，共计26个，占五级红色旅游资源总数的32.91%；其次是将帅故里主题旅游资源，共计18个，占五级红色旅游资源总数的22.78%。

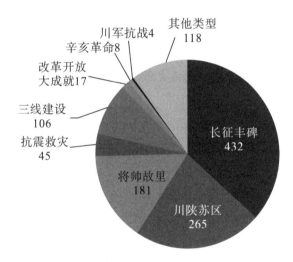

图4-5 各主题优良级红色旅游资源数（个）

1.2.2 各主题红色旅游资源类型及分布特点

1.2.2.1 长征丰碑红色旅游资源

全省共有长征丰碑主题红色旅游资源1124个，占全省红色旅游资源总数的34.71%，以甘孜州分布最多，其次是雅安市。主要资源类型为历史遗迹，其次是人文活动和建筑与设施资源。

1.2.2.2 川陕苏区红色旅游资源

全省共有川陕苏区主题红色旅游资源777个，占全省红色旅游资源总数的24.00%，主要分布在川东北地区，以广元市和巴中市最多，其次是达州市和南充市。主要资源类型为历史遗迹，其次是建筑与设施资源。

1.2.2.3 将帅故里红色旅游资源

全省共有将帅故里主题红色旅游资源682个，占全省红色旅游资源总数的21.06%，以成都市分布最多，其次是达州市、阿坝州和南充市。主要资源类型为人文活动类。

1.2.2.4 抗震救灾红色旅游资源

全省共有抗震救灾主题红色旅游资源87个，占全省红色旅游资源总数的2.69%，以阿坝州分布最多，其次是成都市。主要资源类型为建筑与设施，其次是人文活动。

1.2.2.5 三线建设红色旅游资源

全省共有三线建设主题红色旅游资源213个，占全省红色旅游资源总数的6.58%，以绵阳市分布最多，其次是攀枝花市，凉山州和乐山市并列第三。主要资源类型为历史遗迹，其次是建筑与设施资源。

1.2.2.6 川军抗战红色旅游资源

全省共有川军抗战主题红色旅游资源10个，主要分布在成都市。主要资源类型为人文活动。

1.2.2.7 辛亥革命红色旅游资源

全省共有辛亥革命主题红色旅游资源14个，以成都市分布最多，其次是泸州市。主要资源类型为建筑与设施资源，其次是历史遗迹。

1.2.2.8 改革开放伟大成就红色旅游资源

全省共有改革开放伟大成就主题红色旅游资源23个，占全省红色旅游资源总数的0.71%，分布在凉山州、雅安市、宜宾市、达州市、甘孜州和成都市。主要资源类型为建筑与设施，其次是水域景观资源。

1.2.2.9 其他类型红色旅游资源

其他类型红色旅游资源是指除上述八大类主题资源外的红色旅游资源，全省共有其他类型主题红色旅游资源308个，占全省红色旅游资源总数的9.51%，以成都市和广安市分布最多，其次是凉山州、遂宁市、乐山市和泸州市。主要资源类型包括建筑与设施、历史遗迹和人文活动类。

1.3 红色旅游资源优势评价

1.3.1 红色旅游资源富集、优势明显

长征文化旅游资源最富集。四川遗存有不可移动长征文物442处，在红军长征途经全国 15 个省（市、区）中位列第一，占全国总数的 27.5%，是唯一有见证三大主力红军长征的文物省份。四川长征文物涵盖了从机构旧址、会议会址、名人旧居、战场遗址、防御工事、交通设施、烈士墓、纪念建筑、石刻、标语墨书等多种类型遗存，且不乏价值突出、特色鲜明者，如雅克夏山红军烈士墓是全国海拔最高的红军烈士墓；松潘红军长征总碑是全国规格最高的长征纪念建筑。

红军石刻标语全国第一。川陕苏区的红军石刻数量之庞大，内容之丰富，形式之多样，规模之宏伟，居革命战争年代全国之首，全省现有红军石刻标语 3000 余副，占全国的 30%。

伟人将帅故里独具魅力。既有邓小平、朱德、陈毅等老一辈无产阶级革命家的故乡，也有郭沫若、吴玉章等革命文化将领及张思德、黄继光等革命先烈的家乡。

四川是抗震救灾和恢复重建的主战场，抗震救灾遗址遗迹最多，灾后重建成果最丰富。汶川地震震中龙门山断裂带是世界上迄今为止地震遗址保留最丰富、最完整的地区，是天然的科研基地和实验室，极具观赏和研究价值，汶川县水磨镇被全球人居论坛理事会授予"灾后重建最佳典范"等方面。

四川是我国战略后方基地的重要组成部分，是全国三线建设的重中之重。三线建设期间四川省总投资规模占全国三线建设投资的四分之一，在我省新建扩建内迁以重工业为主的项目达 250 多个，建成了 350 多个以国防科技为主的企事业单位和科研院所，几乎所有市（州）都分布有三线建设项目。

四川是抗战大基地、大后方，川军的足迹遍布了全国的抗日战场，参战人数之多、牺牲之惨烈居全国之首，四川出兵总计约 340 万人，征兵数量占全国的 20% 以上，产生了很多杰出的抗日名将和民族英雄。

1.3.2　红色文化链条最完整、文化价值突出

四川是红色文化基因传承脉络最清晰、链条最完整的省份之一。既有家喻户晓、深入人心的长征文化、以体现爱国主义伟大民族精神的川军抗战文化，也有义无反顾、舍家为国的三线建设精神文化、以体现民族团结的抗震救灾精神文化；四川既是邓小平、朱德等伟人将帅故里，也是第二次国内革命战争时期全国第二大苏区的中心区域，也有辛亥革命时期最突出的历史事件之一保路运动；四川在全国发展大局中具有重要地位，尤其是改革开放以来，涌现很多影响全国的重大事件，取得了一系列举世瞩目的重大成就，为全国改革开放做出了重大

贡献。

四川红色旅游资源价值突出、影响深远。主要表现为：红军长征在四川是长征途中最灿烂辉煌的篇章，四川是中国工农红军二万五千里长征行程最长、召开会议最多、重要战斗战役最多、自然环境最恶劣、得到各民族支持最多、斗争最复杂、损失最惨重、创造奇迹最多、铸就长征精神最重要的省份。长征期间中央召开的 32 次重要会议中有 14 次在四川举行。川陕苏区"红军石刻标语群"是一部浓缩了的、独一无二的、极其厚重的红四方面军和川陕苏区人民奋斗足迹的石刻史书，作为中国共产党进行社会宣传动员的历史见证，在近代历史上占有独特的地位，是中国乃至世界战争史中的"文化武器"。四川旅游灾后重建的经验与智慧是全球灾后重建样本，形成了众多宝贵精神财富，开创了一个个重建奇迹与重建模式。

1.3.3　资源组合好，开发潜力大

我省红色旅游资源与自然景观、绿色生态、历史文化、民族风情等紧密融合，具有较大的影响力、吸引力和开发潜力。我省西部是红军长征途经和聚集的主要地区，这里汇聚了大熊猫的原生态栖息地、世界自然遗产九寨沟、黄龙及稻城亚丁、贡嘎山、四姑娘山、夹金山、红原大草原、黄河九曲第一湾、泸沽湖、彝海、西昌卫星发射基地等高知名度和美誉度的精品景区，也拥有独特的地域文化和绚烂的民俗风情，是全国第二大藏区、最大的彝区和唯一羌族聚集区。东北部是"伟人将帅故里"和"川陕苏区"的中心区域，红色文化融入华蓥山、剑门关、阆中古城等著名旅游景区内，与三国文化、古蜀文化交相辉映。此外地震遗址遗迹、灾区新貌以及三线建设工厂遗址、设施设备等资源与周边特色古镇、美丽乡村、多彩民族风情与民俗文化、现代城镇等资源有机融合。丰富的红色旅游资源，与雄浑秀美的自然风光、多姿多彩的民族文化交相辉映，为红色旅游与其他资源深度融合发展提供了良好基础。

2　红色旅游资源利用综合分析

2.1　红色旅游资源保护持续改善

2.1.1　保护政策法规不断完善

制（修）订了《四川省〈中华人民共和国文物保护法〉实施办法》，出台了

《中共四川省委办公厅、四川省人民政府办公厅关于加强文物保护利用改革的实施意见》《四川省革命文物保护利用规划纲要》《四川省革命文物保护利用工程实施方案》《四川省推进工业文化发展实施方案》等，促进了革命文物保护的法制化、规范化。省内各市（州）也积极为重要文物与遗址保护提供有利的政策保障。攀枝花市多次组织专家学者对攀枝花"三线建设"遗产保护传承、发展利用进行研讨，并通过了《中国三线建设文化遗产保护·攀枝花共识》。

2.1.2 保护状况逐步改善

革命文物保护级别和力度不断提升与增强。近年来，省政府和各地相继公布了大批革命文物为省、市（州）、县（市、区）文物保护单位，持续增加中央、省级财政资金对革命文物保护的投入，开展了达维会师桥、亚克夏山红军烈士墓等的本体维修、环境治理、数字化保护及保护规划编制等工作。截至 2020 年底，全省共有 20 个全国重点文物保护单位。通过对红军长征遗址保护、革命旧址维修保护、重点革命纪念设施专人看护与修缮等工作举措，不但使大批革命文物得到有效保护，还在一定程度上支持了革命老区振兴发展。据统计，通过全国三期红色旅游经典景区项目实施，我省已有 42 个红色旅游项目获得中央预算内资金支持，总计超过 5.5193 亿元。加大革命文物保护，2010—2018 年累计对 158 个革命文物保护项目投入中央、省级财政资金 1.48 亿元。

2.1.3 展示水平日益提升

加强革命文物展示利用，先后建成革命文物专题博物馆、纪念馆（陈列馆）65 个，展览展示面积达 14.8 万余平方米。长征国家文化公园（四川段）建设积极推进，实施了长征文化线路（四川段）整体保护工程，对"鸡鸣三省"会议、强渡大渡河、彝海结盟等重大事件历史遗存进行了系统的调查与展览展示，开展了阿坝州红军长征遗址等长征文化线路展示利用示范段建设。2019 年四川博物院"重温长征史·共筑中国梦——红军长征在四川"展览入选全国革命文物保护利用十佳案例。推动全面反映地震遗迹并兼具纪念意义的地质公园建设，打造形成了四川绵竹清平—汉旺地质公园、四川青川地震遗迹地质公园 2 个国家级地质公园。

2.2 红色旅游资源利用水平逐步提升

2.2.1 红色旅游市场规模持续扩大

2013—2018 年全省累计实现红色旅游收入 1989.15 亿元，年均增长 27.4%，高于全省旅游总收入年均增长率6.3个百分点;省内红色旅游景区累计接待游客4.6亿人次,年均增长11.7%,高于全省接待游客数量年均增长率4.1个百分点。2018年全省实现红色旅游收入600多亿元,占全省旅游总收入的5.9%;接待红色旅游游客达1亿多人次,占全省接待游客数量的14.2%。

2.2.2 红色旅游著名品牌持续唱响

加快红色旅游景区标准化建设。全省红色旅游景区(点)列入全国红色旅游经典景区的共9处50个。截至2020年底,全省成功创建4A级及以上红色旅游景区43个,其中5A级旅游景区5个、4A级旅游景区38个。

红色旅游品牌形象逐步提升。一是树立"长征丰碑"品牌形象,推出"四渡赤水"、"巧渡金沙江"、"彝海结盟"、"强渡大渡河"、"飞夺泸定桥"、"爬雪山过草地"等系列"重走长征路"红色旅游精品旅游线路;二是树立"伟人故里"品牌形象,推出小平故里、朱德故里、陈毅故里等伟人故里红色旅游目的地;三是树立"川陕苏区"品牌形象,着力打造秦巴山区红色旅游与生态旅游融合发展;四是树立"抗震救灾"品牌形象,建设国家级生态文化旅游融合发展试验区,推出了地震遗址红色旅游线路。

2.2.3 红色旅游融合发展成效显著

近年来,以国家高度重视红色旅游发展为契机,我省以市场需求为导向,全方位推进红色旅游产业升级。着力推进红色旅游与观光旅游、乡村旅游、休闲度假旅游、民俗文化旅游、生态旅游等旅游产品和资源相互整合,形成了"追寻伟人足迹,感受改革新貌""川陕缅英烈,巴山耀华夏""蜀道风云,灾后新貌""雪山草地,长征丰碑"等10余条红色旅游与生态旅游、乡村旅游等结合的旅游经典线路。着力推进华蓥山国家级旅游度假区、通江县空山天盆红色生态旅游项目、梓潼县两弹城红色经典景区建设项目等一批红色旅游项目建设,广安协兴镇牌坊社区创建为全国乡村旅游重点村,泸州古蔺太平镇、阿坝小金沃日乡官寨村等创建为全国特色景观旅游名镇名村,安顺场红色文旅小镇等创建为省级文化旅游特色小镇。积极拓展红色旅游外延产品,丰富红色旅游主题活动,组织开展"弘扬长征精神·传承红色记忆"纪念红军长征胜利80周年红色旅游系列活动、国家公祭日红军烈士公祭活动、小平同志110周年诞辰系列纪念活动,中国四川华蓥山旅游文化节迄今已举办了11届。

2.2.4 社会综合效益不断彰显

2013—2017 年红色旅游带动直接就业人数累计达到 19.73 万人，带动间接就业人数累计达到 79.13 万人。2017 年全省共举办红色旅游相关培训班 240 余次，培训人数 1 万 7 千余人次。截至 2017 年底，全省以红色旅游发展为引领的贫困村共计 57 个，贫困户 3073 户，贫困人口 9497 人。加强红色旅游与革命文物展示利用相结合，全省已建成的革命博物馆、纪念馆（陈列馆）免费开放率达到 90%，泸定桥、邓小平故居等年接待人数超过百万人次，影响力不断增强，革命传统教育成效显著。

2.3 红色旅游市场前景广阔

2.3.1 全国红色旅游市场需求旺盛

2.3.1.1 根据同程艺龙与同程旅游联合发布的《2019 红色旅游趋势报告》分析，2019 年暑期（7 月和 8 月）同程艺龙平台红色旅游景点的客流量同比增长了 90.4%，主要以红色主题博物馆和红色主题景区（遗址）最受欢迎。旅游线路方面，主要以革命老区及重大革命历史事件发生地最热门，延安、井冈山、遵义等已经成为客流量最大的"红色经典"目的地。红色旅游的游客结构出现了明显的年轻化趋势，青年和少年儿童已成为最大的需求群体。

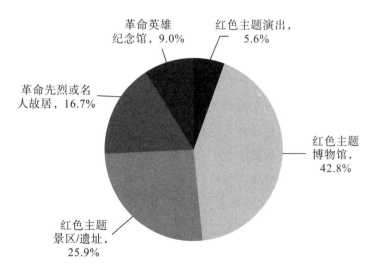

图 4-6 国内红色旅游需求结构（来源：同程艺龙）

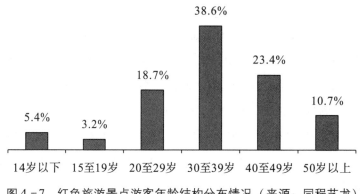

图 4 - 7　红色旅游景点游客年龄结构分布情况（来源：同程艺龙）

红色旅游带动了农村居民的出游积极性，农村出游比例高于城镇。2019 年城镇地区参与红色旅游出游人次和花费占到国内市场的比重分别是 10.76% 和 7%，农村居民红色旅游出游人次和参与比重达到 14.27% 和 13.68%。

红色旅游景点的游客年龄结构相对年轻，其中，14 岁以下的中小学生占比 5.4%，20 至 39 岁青年群体占比 57.3%。

红色旅游社会影响力逐步增强。2019 年 370 家景点景区每月吸纳就业人员 1.5 万人次。A 级景区吸纳就业人员占比最高，达到 57.48%。国家级爱国主义教育基地吸纳就业人员占比 41%；国家级文保单位吸纳就业人员占比达到 30.03%。知名度和影响力比较高的红色旅游景区，间接带动就业和带动产业发展的效益更加明显。

2.3.1.2　根据途牛《2018 年度红色旅游消费报告》分析

在游客特征方面：青少年出游比例持续提升，较 2017 年同比增长 7 个百分点，感受历史、感悟时代变迁成为他们出游的主要目的。

在出游时间方面，更加集中在 9—11 月。2018 年红色旅游市场错峰游的趋势与往年相比更为明显，主要集中在 9 月、10 月中下旬及 11 月。

在红色旅游热度上，2017 年，北京、上海、浙江、湖南、福建、四川、陕西、江西、贵州、甘肃等地是游客喜爱的红色旅游目的地 TOP10。

2.3.1.3　根据驴妈妈《2018 中国红色旅游报告》分析

游客性别差异正在减弱。2018 年 1—6 月，驴妈妈旅游网平台赴国内红色旅游目的地的游客性别占比为男性 45%，女性 55%，比照往年以男性为主导的结果来看，差异化明显减弱，女性游客与红色旅游相关的消费已经超过了男性。

红色旅游两人两天行程独占鳌头。2018 年 1—6 月，驴妈妈旅游网平台赴国内红色旅游的产品订单中，单人行占比 30.2%、两人行占比 46.2%、三人行占比 11.5%、四人行占比 9.4%、多人同行占比 2.7%。旅行天数集中在 2 天（占比 29.5%）、1 天（占比 21.9%）。

红色旅游热度增加。2018 年 1—6 月，驴妈妈平台红色旅游目的地重游率的占比为 15.4%，说明在一定程度上，红色旅游景区的建设已经日趋完善，游客体验相对较好。与此同时，媒体报道和网民关注持续走高，整体舆情热度全面攀升，营造了良好的舆论基础，游客的社交媒体分享也给红色旅游景区赢得了大量曝光。

2.3.2 四川红色旅游市场空间较大

2.3.2.1 红色旅游景区（点）网络宣传力度不高

根据中国红色旅游网络关注度时空特征及影响因素研究，对 2016 年公布的《全国红色旅游经典景区名录》共 300 处红色经典景区（不含香港、澳门和台湾），使用经典景区名称在百度指数中进行检索，共获得 125 个景区，其中东部 60 个，中部 30 个，西部 35 个，具体省（市、区）中，北京最多共 13 个，湖南、广东、贵州、四川均为 8 个，为第二梯队，对四川 8 个关键词进行筛选，全国红色旅游网络关注度总体呈波动上升态势，且每年 6 月为红色旅游网络关注度达到峰值且红色旅游网络关注度存在季节性差异，特别是中国共产党诞生纪念日前期，红色旅游尤其是红色旅游 5A 级景区网络关注度愈高，时间集中度差异显著。

除 8 个关键词涉及的景区外，其他红色旅游景区（点）在旅游专业平台上的网络关注度较低，游记篇数少，浏览数不高，潜在市场客源尚未充分挖掘。

2.3.2.2 四川主要红色旅游景区景点市场分析

根据百度指数，以泸定桥、彝海结盟、朱德故居、王坪烈士陵园、建川博物馆、小平故里、地震遗址公园为关键词，以 2015 年 12 月 7 日至 2020 年 12 月 7 日为时间段进行分析，从地域分布来看，四川红色旅游景区（点）旅游客源市场省外游客主要是北京、广东、江苏、山东等地，东部沿海发达地区的游客较多。临近省份中除重庆网络关注度相对靠前，其余省份尚未成为我省红色旅游的主要客源地。从搜索和关注量来看，四川主要红色旅游景区景点的时空关注度主要集中在节假日期间，兼顾寒暑假。

2.4 存在的问题

2.4.1 革命文物保护利用有待加强

革命文物保护现状有待改善。全国重点文物保护单位较少。部分保护级别较低的革命文物遭受不同程度的自然和人为破坏，保护经费投入不足，基层革命文物收藏单位有的文物库房狭小，功能和设施简陋。

革命文物利用水平有待提高。具备条件展示的文物数量比例较低。散落民间的重要革命文物亟待征集和集中保护。各地管理人员和保护技术人员匮乏。红色旅游景区（点）多以场馆、纪念碑、纪念广场单一展示形式为主，智能化展示方式较少。

2.4.2 红色旅游开发模式较单一

红色旅游产品市场竞争力不足。我省红色旅游产品以观光为主，多为故居、红色场馆等。相邻地域间的同主题红色旅游景区资源相似、相互替代性较强，如夹金山、松潘、瓦切、班佑长征主题旅游产品同属雪山草地品牌。红色旅游产品与"贴近历史、贴近生活、贴近大众"的需求之间还有一定的距离。许多红色旅游景区没有很好地将自身与当地自然资源、民族风情相结合。

市场化程度不高。红色旅游项目开发融资渠道狭窄，主要以政府投资为主。不少红色旅游景区的宣传大都基于口碑的历史记忆，旅游景区的形象定位、卖点没能与旅游市场的兴趣点相结合起来。营销渠道单一，未能借助新媒体、网络、智慧平台实现客源地综合营销，缺失主题活动、节庆论坛等特色活动营销。

游客来源较为单一。红色旅游景区（点）旅游活动多以接受培训和爱国主义教育为目的，客源的文化程度、年龄、职业、区域结构有一定的局限。从游览时间来看，在重大节庆节日举办的主题活动期间，迎来景区"旺季"，活动过后游客数量明显下降。

2.4.3 红色旅游基础设施建设滞后

交通基础设施有待提升。相当一部分红色旅游资源所在地交通路网不完善。部分纳入全国红色旅游经典景区的红色旅游景区（点）与附近高速公路、国省干线连接不顺畅。分散的红色旅游景区之间、红色旅游景区与周边其他旅游资源之间交通连接性不强。服务区、交通旅游标志等配套设施不完善。

旅游公共服务设施建设滞后。部分红色旅游资源所在地供水、供氧、污水、垃圾处理等建设滞后；停车难、如厕难等问题长期存在。旅游公共服务精细化不足、专业化不强。信息化水平不高，公共服务信息化平台建设推进不畅，新型信息技术应用不足。

旅游接待设施薄弱。旅游住宿、餐饮等设施数量少、档次不高。红色旅游商品没有特色、千篇一律。红色文化主题演艺项目基本空白，目前还没有常态化演出的红色文化主题演艺项目。

3 红色旅游资源开发利用总体思路

3.1 指导思想

深入贯彻落实习近平总书记关于红色旅游发展的系列重要讲话精神，以培育和践行社会主义核心价值观为根本，以利用好红色旅游资源为核心，以发扬红色传统、传承红色基因为目标，以改革创新为动力，以融合发展为路径，强化科学保护与创新传承，突出教育功能，深入挖掘和系统阐发红色旅游资源蕴含的文化内涵和时代价值，注重应用现代科技手段，推进红色文化创造性转化创新性发展，推动红色旅游产品多元供给，培育特色旅游品牌体系，完善提升公共服务，加强规范开发，不断增强红色旅游吸引力和影响力，助力文化强省、旅游强省建设。

3.2 基本原则

3.2.1 寓教于游，强化社会效益

坚持发展红色旅游的核心是进行红色教育、传承红色基因，让干部群众来到这里能接受红色精神洗礼。旅游活动设计紧扣主题与需求契合、故事与背景融合、历史与现实贯通、启示与警示并重、讲解与互动兼顾等标准，注重红色教育的与时俱进，充分展现红色文化遗产和资源的历史意义和现实意义。明确把社会效益放在首位，要与青少年思想道德建设、党团学习教育、社会主义核心价值观培育相结合，大力弘扬以爱国主义为核心的民族精神和以改革创新为核心的时代精神，打造常学常新的理想信念教育课堂。

3.2.2 不失底色，朴实接地气

理好工作思路，坚持正确指导思想，从实际出发，科学规划旅游发展的内容和规模，旅游设施建设要同红色纪念设施相得益彰，要接红色纪念的地气，发扬

好革命传统，不能追求高大全，过于现代化。

3.2.3 保护优先，创新传承

遵循保护为主、抢救第一，合理利用、分类管理的基本原则，统筹推进抢救性与预防性保护、文物本体与周边环境保护，确保革命文物的历史真实性、风貌完整性和文化延续性。加强对周边自然生态、文化生态环境及农业环境的保护，科学确定开发强度，坚持适度、适量开发。积极创新传承方式，深入挖掘革命文物和红色文化旅游资源精神内涵，突出活化传承和合理利用，创作红色文艺精品、文创作品，有机融入文化教育、科学研究、旅游休闲等功能，多角度、多手段、多载体、多平台讲好红色故事。

3.2.4 政府推动，多方参与

充分考虑红色旅游资源在四川分布的地域广泛性和涉及区域文化多样性、资源差异性，加强顶层设计、规划统筹，把发展红色旅游与新型城镇化、乡村振兴、环境保护、教育实践、文化创新、科技应用等工作结合起来，完善统筹协调机制。充分发挥社会各界和广大群众的积极性、创造性，改革体制机制，创新发展模式，积极引进市场主体，吸引社会资本进入，增强发展后劲和活力。

3.3 利用策略

3.3.1 科技赋能策略

立足互联网思维，加强新技术、新手段与红色文化相结合，推进红色旅游智慧纪念馆、博物馆建设升级，打造虚拟展馆、多媒体剧场、环幕影院、3D影院等场景，多角度、多维度、沉浸式再现革命场景，制作推出迎合时代、不失红色底色的文创作品，促进红色旅游资源开发与现代消费需求有效对接，推动红色文化旅游产品、业态、模式、管理创新，推动红色旅游资源转化为现实吸引物。

3.3.2 融合发展策略

以红色文化为引领，全面推进区域内文化和旅游深度融合，做到宜融则融，能融尽融，以文促旅，以旅彰文。立足经济社会发展全局，促进红色旅游开发与教育实践、文化创新、科技应用等工作结合，与生态旅游、民族文化旅游、乡村旅游、康养度假、研学旅行、工业旅游、智慧旅游等旅游业态组合，与一二三产业融合发展，拓展红色旅游内容空间和产品体系，促进红色旅游高质量发展。

3.3.3 统筹推进策略

充分考虑红色旅游资源在四川的地域广泛性和区域文化多样性、资源差异性，加强顶层设计、规划统筹，围绕弘扬红色文化传统、讲好红色经典故事，联动周边风光优美的自然生态、绚丽多彩的民族文化，推动区域差异化开发。加快构建省内外协同、省市县联动的统筹协调发展格局，加强部门间综合协调，形成工作合力，推动资源整合、实现共建共享。

4 红色旅游资源开发利用重点方向

4.1 红色旅游资源保护与文化传承

4.1.1 加大红色旅游资源保护

加强革命文物修缮保护。开展全国重点文物保护单位和省级文物保护单位的文物保护专项规划编制和修编，加强革命旧址、抗战文物、红军长征遗迹等具有重大影响和纪念意义的革命旧址群保护利用规划编制工作。加强革命文物的日常保养维护，针对长征文物遗存状况，实施抢险加固、重点修复和全面修缮等保护工程，重点开展保护级别较低、有利于展示利用的长征文物本体维修保护和环境治理。加强长征文物的安防、消防及防雷设施建设，重点加强私有产权的建筑类长征文物的安消防设施建设。

加强革命文物定级。以旅游资源普查工作为契机，根据文物价值和保存状况，依法公布为各级文物保护单位，对存在险情的革命文物，应视轻重缓急，制订保护修复计划。加强对革命文物和革命文献档案史料、口述资料的调查征集，开展散落民间的抗战、红军长征等革命文物的征集、鉴定工作，持续做好馆藏革命文物的认定、定级、建账和建档工作。

完善文物管理保护机制。建立健全革命文物保护管理机构，完善管理规章制度，健全文物保护修缮、风险方案、旅游管理等相关制度，将革命文物保护利用工程实施情况纳入各级政府工作重点。落实专人看护制度，加强革命日常安全保护管理。实施革命文物动态监测制度，开展重要革命文物本体及赋存环境的定期和系统监测。

4.1.2 推动文化内涵研究挖掘

打造红色文化学术研究高地。鼓励文物博物馆机构、高等学校、科研机构开展革命文物保护利用研究。联合党史、军史、社科、党校、方志等有关部门，集聚全国长征文化智库资源，建立长征文化研究院，打造成为全国领先的长征文化研究学术高地。

构建红色旅游理论体系。联合省社科联、省旅游学会、省旅游协会旅游教育分会，围绕"红色旅游与习近平新时代中国特色社会主义思想"、"红色旅游与全面建成小康社会"、"红色旅游与中华民族伟大复兴"、"红色旅游与四个自信"、"红色旅游与国家记忆"、"红色旅游的时代精神"、"红色旅游国际化"、"中国改革开放理论研究"等方向，共同发布红色旅游创新发展研究课题，定期举办红色文化理论研讨会、主题论坛、学术研究和交流活动。

推动红色旅游与中小学教育、干部教育相结合。依托广安邓小平城乡发展学院等高校和科研单位，建设一批红色旅游创新发展研究基地，支持有条件的高等院校开设红色旅游的相关课程和校本课程，提升红色旅游创新发展理论研究水平。

编撰发行红色文化出版物。收集整理红色文化历史和文物史料，深入挖掘思想精神及时代价值，突出红色历史发展脉络和地位，编撰出版一批红色旅游与红色文化研究书籍、论文集等相关研究成果。

4.1.3 加强红色文化展示展陈平台建设

适时更新展陈内容。陈列展览坚持有址可寻、有物可看、有史可讲、有事可说的原则，在保持博物馆、纪念馆基本陈列和革命旧址原状陈列相对稳定的前提下，深化研究、及时补充彰显时代精神的展陈内容。联动宣传、文物、党史文献等部门，加强对展陈内容和解说词的研究审查，增强展陈说明和讲解内容的准确性、完整性、权威性。

创新展陈方式。在把握正确方式，不失去底色的前提下，利用声、光、电、数字影像、VR（虚拟现实）等高科技手段，创新场馆场景设计、交互性设计和视觉识别系统设计，提升红色场馆吸引力。推进现有红色场馆改造升级，引入新技术新载体，鼓励有条件的景区打造虚拟展馆、多媒体剧场、环幕影院、3D影院等场景，多角度、多维度、沉浸式再现革命场景。

建设精品展陈工程。实施红色主题博物馆倍增计划与博物馆服务质量提升计划，推进文创产品进博物馆。建设一批红色革命遗址网上博物馆，持续有计划推进博物馆夜间开放。优化提升现有博物馆、纪念馆、烈士陵园等纪念设施，重点加强展陈内容、展陈手段、讲解服务、周边匹配和智慧展馆的建设。新建一批红色主题纪念馆、博物馆及产业园区，博物馆、纪念馆等设施，围绕主题展馆内容，注重丰富时代内涵，构建特色展示解说体系。红色文化主题产业园项目，要整合周边资源，突出红色主题，注重互动性体验性项目设计，完善基础和公共服务设施和功能配套。

4.1.4 创新红色文化传播方式

拓展传播途径。推动革命传统教育进学校进教材进课堂，编纂出版系列革命文物知识读本，鼓励学校、党校（行政学院）到革命遗址遗迹、红色文化博物馆纪念馆、红色主题教育基地等场所开展现场教学。建立革命旧址、红色文化博物馆纪念馆与周边学校、党政机关、企事业单位、驻地部队、城乡社区的共建共享机制，适时组织开展具有庄严感和教育意义的系列主题活动。

丰富传播载体。结合重大历史事件、重要历史人物和中华民族传统节庆，精心设计活动内容和载体，策划举办伟人诞辰周年庆、抗战胜利周年庆、红色文化艺术节、主题研讨会、红色体验营、夏（冬）令营、马拉松赛、重走长征路等纪念活动、文体活动。联合宣传、党史等有关部门，围绕各主题红色旅游资源，从史实、人物、事件、景点及旧址、地方风物等方面，编辑系列红色文化和红色旅游书籍，研发推广长征诗词绘本、伟人故事绘本、长征小故事动漫、红色主题歌曲等红色文化旅游衍生产品，定期组织开展红色旅游摄影、征文、绘画、歌唱比赛、艺术节、媒体采风等一系列群众性文化活动。推出一批研学旅行和体验旅游精品线路，提升红色旅游品牌知名度。

创新传播方式。充分利用好主流媒体和微博、微信、APP、抖音、网络直播等社交媒体平台，采取短视频、手机游戏、全景（VR/AR）、MG 动画、创意 H5 等表达方式，加大创意，讲好红色故事，对红色文化和红色旅游进行全景式、立体式、延伸式展示宣传，依托中心城市、交通枢纽等公共空间区域，设置红色旅游宣传标志。

4.2 红色旅游资源利用建议

4.2.1 构建七大红色旅游产品体系

4.2.1.1 红色主题研学实践教育基地

深入挖掘红色旅游景区所蕴含的红色文化内涵，把红色旅游景区建设成一流的爱国主义教育基地、国防教育基地、研学基地、廉政教育基地、党性教育基地。以红色旅游经典景区为平台，以教育实践为重点内容，按照主题突出、内容丰富、服务规范、配套完善、安全有序、政策优惠的标准，遴选建设一批研学实践教育基地和现场教学点，推出一批专题教学、现场教学、情景教学、拓展教学、互动教学等优质研学课程。

4.2.1.2 红色文创基地

结合城镇休闲空间，挖掘具有红色文化底蕴的遗址遗迹、古旧小巷、古旧建筑、车间厂房等资源，充分整合红色主题村寨休闲农业资源，开发创客孵化中心、VR体验馆、主题酒店、主题餐饮体验中心、主题民宿、红色主题纪念品商店、主题彩绘手工作坊、主题书画廊、主题书店、长征主题音画影剧场、文化传承基地、主题文化艺术街区等项目，打造一批集商业、休闲、娱乐、旅游、创作等多种业态于一体的红色文化主题文创基地。

4.2.1.3 红色旅游小镇

进一步加强红色旅游与新型城镇化建设结合，融合小镇生态资源、古镇风貌、人文历史、地方节庆活动，重点打造一批集红色场景体验、旅游观光、休闲度假、参观学习为一体的红色旅游小镇。

专栏1 重点培育的红色旅游小镇名单

成都大邑安仁古镇、邛崃高何镇，攀枝花红色记忆河门口文创小镇，泸州古蔺太平镇、二郎镇、合江五通镇、叙永石厢子彝族乡，德阳中江继光镇，绵阳江油青林口古镇、北川禹里镇、平武县平南苏维埃红色旅游小镇，广元旺苍红军城、木门镇、东河镇、苍溪陵江镇、黄猫垭乡，乐山金口河红华三线文化记忆小镇，南充市仪陇马鞍镇、阆中老观镇，宜宾李庄古镇、珙县洛表镇、兴文古宋镇，广安翰林旅游小镇，达州达川石桥古镇、通川罗江镇、宣汉清溪镇，雅安石棉安顺场古镇，巴中恩阳区恩阳古镇、通江空山镇、毛浴古镇、永安镇、平昌得胜镇、龙岗镇，阿坝红原邛溪镇、瓦切镇，甘孜泸定磨西镇，凉山冕宁彝海镇、西昌礼州古镇。

4.2.1.4 红色旅游特色村

结合实施乡村振兴战略，突出地域风情特色，打造一批打造具有历史记忆、地域特色、民族特点，宜居宜游的红色主题文旅特色村寨，修复村镇风貌，植入学习教育、娱乐休闲、特色民宿、农业体验和红色文化场景体验等功能，结合市场需求不断推动文化旅游产品和休闲业态迭代升级。以红色文化底蕴为基础，策划红色旅游与乡村旅游相结合的体验项目和活动，培育红色文化主题客栈、红色文化主题餐饮、红色旅游纪念品销售等业态，引导红色旅游资源富集的村寨创建成为 A 级景区。

4.2.1.5 红色主题 A 级景区

加大红色旅游文化精品的开发力度，打造一批"红色品牌突出、文化内涵深厚、功能配套完善、管理服务一流、环境和谐优美"的红色旅游精品景区，进一步提升现有红色旅游 A 级景区品质，新建一批 A 级景区，推进太平古镇等创建为国家 5A 级景区。积极推动新技术在红色旅游景区的广泛应用，重点开发角色模拟、情景再现、生活体验等红色旅游参与项目，实现寓教于游、寓教于乐，增强景区吸引力。

专栏 2 具备打造国家 5A 级红色主题旅游景区潜质的景区名单

序号	所在市（州）	所在县（市、区）	具备国家级 5A 景区品质的产品
1	成都市	大邑县	安仁古镇
2	成都市	都江堰市	虹口康养旅游区
3	成都市	邛崃市	平乐古镇—天台山旅游区
4	成都市	崇州市	街子古镇
5	攀枝花市	仁和区、东区	中国三线建设博物馆
6	泸州市	古蔺县	四渡赤水太平—二郎红色旅游区
7	绵阳市	梓潼县	两弹城旅游景区
8	广元市	旺苍县	红军城—米仓古道旅游区
9	广元市	苍溪县	红军渡·西武当山景区
10	雅安市	石棉县	安顺场景区
11	巴中市	通江县	空山—王坪旅游区
12	资阳市	乐至县	陈毅故里景区
13	甘孜州	泸定县	泸定桥旅游景区
14	凉山州	会理县	会理会议纪念地
15	凉山州	冕宁县	彝海景区
16	凉山州	冕宁县	西昌卫星发射基地

4.2.1.6　红色主题节事会展旅游

打造主题纪念与会展产品，结合革命纪念日、建党建国、伟人诞辰、抗战胜利周年庆等重大历史事件和时间节点，开展向革命先烈致敬献花、抗战舞台剧展播、"万人缅怀伟人"主题日等纪念活动，策划专题展览、灾后重建成果展、红色文化学术研讨会、主题文创博览、主题摄影展、主题红色旅游项目招商会、影视演艺作品发布会等会议会展；策划主题赛事活动，定期组织举办红色歌曲竞赛、红色诗词创作大赛、长征 VR 动漫设计体验大赛、防震减灾知识大赛、地震科普讲解大赛等活动，以及长征沿线徒步挑战、马拉松、山地自行车越野等体育赛事活动。

4.2.1.7　红色主题文化演艺

培育红色文化演艺项目，运用现代化的舞美、灯光、音响，打造话剧"四渡赤水"及实景音舞诗画剧、鸡鸣三省大峡谷山壁舞台灯光秀，提升"飞夺泸定桥"实景影画剧等驻场演出文艺作品，推动红军长征纪念碑园、小平故里等景区创作并驻场表演红色文艺作品。围绕革命历史事件及感人至深的故事，结合民间艺术、民族风情、地方民俗，创作系列小剧场话剧、音乐剧、歌舞剧、音乐会、川剧、清音、扬琴、杂技、木偶、皮影艺术，创作系列小剧场话剧、音乐剧、歌舞剧等舞台艺术作品，在品牌所在区域及客源地定期巡回演出。研发推出动漫影视等红色文化旅游衍生产品，结合四川境内革命历史、三线建设事迹、抗震救灾真实故事，推出系列影视作品、摄影集、红色小说、画册图书、红色歌曲、卡通动漫、公益广告等作品，不断提升四川红色旅游的社会影响力。

4.2.2　培育八大红色旅游品牌

4.2.2.1　长征丰碑

1. 理想信念教育

依托新组建的长征干部学院（省委党校）和长征干部学院（阿坝）、泸定桥干部学院（甘孜）、彝海结盟干部学院（凉山）、夹金山干部学院（雅安）、四渡赤水干部学院（泸州），加快开发具有四川特色的理论教育和党性教育课程，形成展现长征史实、凸显长征精神、体现时代特色的课程体系。将中央红军长征沿线各主题纪念设施、革命遗址遗迹、特色现场教学点和配套设施"串点连线、区域成环"，形成展示长征文化、弘扬长征精神的精品教学线路。加强红色教育优质师资队伍建设，建好用好长征文化专家顾问团队，实施骨干师资专项培养计划，建设红色讲解员队伍。开发与时俱进的课程内容，通过专题教学、现场教学、遗址遗迹参观、实景体验、拓展训练等方式，开展穿红军服装、走长征路、吃红军饭、唱红色革命歌曲、听长征精神专题课、参观红军长征纪念设施和遗址遗迹、访谈老红军后代、进行社会实践调查、重温入党誓词、观看长征主题实景演出等活动，形成"历史文化＋革命传统＋理想信念＋触动心灵＋启迪思想＋引导生活"的构架，使形式与内容高度融合，使接受教育的人员能真正有所学、有所悟、有所获，真正得到精神的洗礼与心灵的震撼，将长征主题红色旅游景区（点）打造成常学常新的理想信念教育课堂，推进爱国主义和革命传统教育大众化、常态化。

2. 长征主题研学旅游

推动一批长征主题红色旅游景区（点）创建成为研学旅游示范基地。联合长征主题纪念馆、长征主题红色旅游景区（点），根据大中小学生不同学段的研学旅行目标，有针对性地开发雪山草地自然生态类、长征战例类、长征故事类、长征诗词类等多种类型的活动课程；定期组织长征主题红色旅游景区（点）讲解员走进学校宣传长征精神和长征文化；开展小小讲解员培训；开通长征主题研学旅游专列；打造长征主题红色旅游冬、夏令营产品，开展"小红军"重温少先队员誓词、听老红军讲革命故事、"重温红色经典歌曲"竞猜等活动，提供户外拓展训练，培养中小学生团队精神与心理、体育、语言、艺术等方面综合能力，强化红色旅游教育功能，传承长征精神。

3. "重走长征路"自驾游

联合旅行社、自驾车旅游协会、旅游营地协会、汽车租赁、汽车俱乐部等行业及相关部门，沿长征沿线区域，推出一批针对不同细分游客市场、线路时长不同的自驾车旅游线路。建设长征主题自驾车营地与汽车旅馆，配套建设加油站、汽车保养与维护站、信息亭、无线网络基站、便利商店等相关服务设施，提供旅游信息咨询、餐饮接待、车辆租赁维修等服务。

4. 长征国家文化公园

加快推进长征国家文化公园四川段建设，提升飞夺泸定桥、爬雪山过草地长征历史步道、强渡大渡河遗址、长征纪念总碑、四渡赤水战役遗址、彝海结盟遗址群、若尔盖红军长征遗址群、小金红军长征遗址群等，建设红军长征纪念总馆、长征总碑文化园区，和四渡赤水二郎太平、彝海结盟等核心展示园，对红军

187

长征沿线各级纪念馆、博物馆、烈士陵园等纪念设施进行整体提升，推动长征精神、红色文化创造性转化创新性发展。

4.2.2.2 将帅故里

1. 革命传统教育

加强川籍无产阶级革命家生平、党史、革命精神研究，深挖邓小平等伟人和开国将帅革命精神特质、优良传统和革命故事，通过课文、本地教材、知识读本和特色课程等方式，纳入全省中小学教育体系和干部教育体系。

依托小平故里、朱德故里、陈毅故里、张爱萍故居、罗瑞卿故居，建设红色主题研学实践教育基地，设计兼具教育性、参与性、体验性的课程，通过实景体验、情景模拟、党性分析等特色教学模式和观赏专题电影电视节目、演唱革命歌曲、拓展训练等项目，进行新时期爱国主义教育、理想信念教育、社会主义核心价值观教育。

2. "将帅故里 +"旅游

依托区域内秀美的自然山水、良好的生态环境和丰富多彩的地域特色文化，大力发展红色文化体验、生态休闲、避暑度假、康体养生等旅游产品与业态，结合川东北地区特色菜肴、小吃、点心，融入本地红色文化，每年推出一批红色文化特色餐饮（菜品、餐饮点）。

提取伟人将帅故里红色文化内涵和特征，利用土特产品、传统手工艺等作为红色旅游商品的制作材料和设计灵感，突出纪念性、地域性、生活化、观赏性、实用性，以伟人情结、巴山魂等为主题，开发红色主题系列旅游纪念品、文创产品。

以革命历史事件为主题，创作"历史转折中的邓小平"等舞台剧作品，研发推广伟人故事绘本、伟人事迹动漫、主题歌曲等文化衍生产品，扩大"将帅故里"红色文化品牌影响力。

将红色文化元素与川北大木偶、云童舞等非物质文化遗产和地域民俗文化有机融合，综合运用"声、光、电、影、音"等高科技手段，高水平创作一批展示地域人文风情、历史文化的红色文化演艺节目，实现常态化演出。

促进红色旅游从单一的参观、瞻仰型向兼具参观、瞻仰、参与、体验等于一体的综合型转变，推进以邓小平故里、朱德故里 5A 级旅游景区为核心支撑的省级文旅融合发展示范园区建设，推进马鞍镇创建省级文化旅游特色小镇。

4.2.2.3 川陕苏区

1. 川陕苏区研学教育

依托大巴山干部学院、红军精神培训学院（旺苍）、红军渡干部学院（苍溪）等红色教育基地，以及旺苍中国红军城、苍溪红军渡、川陕革命根据地红军烈士陵园、通江红军石等资源点，组织开展多种形式的研学、实践、交流活动。联动周边学校和红色旅游景区（点）共同开发爱国主义和革命传统教育研学旅行课程，将红色旅游作为研学教育的重要内容，引导学生了解、探究中国革命和中国特色社会主义建设历史，深化青少年社会主义核心价值观教育。定期组织开展"清明祭英烈"、向国旗敬礼、童心向党歌咏活动、小小讲解员、唱响红色经典、红色剧目表演等丰富多彩的主题教育活动和学生社团活动，举办红色夏令营、冬令营、大学生红色旅游创意策划大赛、红色历史知识竞赛。

2. 川陕苏区"文旅＋"

以弘扬川陕苏区精神，创新旅游融合机制为核心，以通江红四方面军总指挥部旧址、宣汉红三十三军纪念馆、万源保卫战战史陈列馆、剑阁县红军攻克剑门关遗址、巴中川陕革命根据地博物馆、旺苍红军城遗址群等川陕苏区革命遗址及红色精品景区为载体，联动区域内光雾山、米仓山、空山天盆、诺水河、唐家河等山水自然景观资源，恩阳古镇、王坪新村等村镇资源，以及巴山风情等资源，开发巴山康养、山地运动、生态度假，建设一批红色主题旅游产业园区、文旅融合发展示范园，构建以缅怀纪念、教育学习、场景体验等主体，巴山康养、民俗体验、山地运动、生态度假等联动发展的产品体系。

3. 川陕苏区红军文化公园

联合重庆、陕西共同推进川陕片区革命文化研究，深化对川陕片区精神内涵和时代价值的研究和阐释，开展川陕片区革命文物的集中连片保护，整合区域内文物、文化遗产、自然和文化资源，推进川陕苏区红军文化公园建设。

4.2.2.4 抗震救灾

1. 爱国教育旅游

面向大中小学生、党政机关企事业单位干部职工、部队官兵等群体，依托5·12汶川特大地震纪念馆、汶川映秀震中地震遗址纪念地、绵竹汉旺东汽工业地震遗址纪念地、青川东河口地震遗址公园等爱国主义教育基地，以及灾后重建旅游城镇、乡村、景区等，通过专题教学、现场教学、遗址遗迹参观、模拟应急演练、拓展训练等方式，发展表现爱国主义、集体主义、社会主义精神的教育旅游，传承以爱国主义为核心的民族精神和以改革创新为核心的时代精神。

2. 地震科普旅游

依托5·12汶川特大地震纪念馆、汶川映秀震中地震遗址纪念地、绵竹汉旺东汽工业地震遗址纪念地、都江堰虹口深溪沟地震遗迹纪念地、青川东河口地震遗址公园等抗震救灾遗迹，打造观光、纪念、科普教育、虚拟场景展现与体验等产品，通过集体教育活动、企业培训、学生参观实习等方式，进行地震科普教育，普及防震减灾知识，培育一批红色主题研学实践教育基地和防震减灾科普教育基地。联动宣传、教育、科技、科协、文化旅游、新闻出版广电等部门，动员学校、企业、基层组织和社会组织等结构，开展防震减灾科普创作和科普文艺作品创作，形成适应不同群体需求，满足科学防震、科学避震、科学减灾要求的防震减灾科普微视频、文章、宣传手册、绘本等系列作品。以抗震救灾事迹和灾后重建典型案例为题材，拍摄纪录片，提升品牌影响力。研发科普展教品、科普玩具、科普游戏等防震减灾科普产品，打造独具特色的科普产业品牌。

3. 灾区新貌休闲度假

依托水磨古镇、北川羌城、吉娜羌寨等资源，打造古镇休闲、民俗体验、美食购物、商务会展等旅游产品。围绕灾后绵竹年画村、龙门乡青龙场村等重新美丽田园新村建设，促进乡村民俗旅游、乡村休闲、田园养生等旅游产品开发。依托龙门山优良的生态环境，打造生态度假、避暑养生、户外运动等高品质休闲度假产品。通过舞台艺术、美术绘画等艺术载体，借助艺术创作、剧目演艺、作品展示等手段，强化灾后重建成果展示和经验分享，针对市场需求，以"历史、文化、风情、山水"为主题元素，策划展示灾后重建成果的舞台剧和美术书法摄影展，促进旅游资源鲜活化、艺术化。突出纪念性、地域性、生活化、观赏性、实用性，以地震科普、感恩回馈等为主题，推出一批文创旅游商品。

4.2.2.5　三线建设

1. 三线建设文博旅游

加强对三线建设时期冶金、机械、电子、航空、航天等领域废弃矿区、工业遗产等的开发利用，增强旅游服务功能。推进三线建设遗址遗迹、文物藏品的保护和展示，构建"总馆＋分馆＋微型博物馆"的全省三线建设文化遗产保护展示体系。总馆设在攀枝花中国三线建设博物馆，扩大攀枝花中国三线建设博物馆知名度和影响力，提升展陈水平和服务功能。依托绵阳两弹城、乐山铁道兵博物馆、广安三线工业遗产陈列馆、德阳金鑫公司老厂区、广元三堆镇"三线记忆"小镇、华蓥山区三线遗址、泸州茜草工业遗址保护区，分区、分主题设立系列具备一定规模及影响力的分馆。依托三线工业遗址点、相关主题陈列室设立微型博物馆。不断提升各级博物馆展陈水平，综合运用 VR、高清全息投影及声光电等高科技手段，强调情景式体验与互动，复原曾经的生活场景和工作环境，增强展示效果。采取微信、视频识别、4G、APP 等移动智能技术，开展智能（自助）导览服务。深入拓展博物馆的文化艺术、教育等功能，推动博物馆旅游化发展。

2. 三线建设工业遗址文创旅游

围绕创意、时尚、休闲、怀旧等主题，培育引进影视摄影、文化旅游、精品民宿、素质拓展以及非遗体验等业态形式，打造怀旧旅馆、红砖公寓、记忆公园、文化广场、职工俱乐部、职工食堂、体验工厂、文创商店、特色演艺等项目。以攀枝花中国三线建设博物馆为核心支撑建设省级文旅融合发展示范园区，推进河门口文创小镇、广元三堆镇创建省级文化旅游特色小镇。推动话剧《记忆密码》在攀枝花驻场演出。

3. 三线建设科普研学旅游

依托攀枝花中国三线建设博物馆、铁道兵博物馆、攀钢集团展厅、十三幢纪念馆、攀钢轨梁生产线、大田会议纪念馆、二滩展览馆、"308"三线军工暨永利川厂旧址等博物馆、旧厂及设备等资源，开发三线建设科普研学旅游产品，针对不同群体，开发设计多样化的科普研学课程，开发"铭记三线历史、弘扬三线精神"青少年教育系列项目，按照主题突出、内容丰富、服务规范、配套完善、安全有序、政策优惠的标准，遴选建设一批国家级、省级研学实践教育基地。定期举办三线建设主题图片展、摄影展、书画展、科技成果展和读书会、讲座论坛等活动。

4.2.2.6 川军抗战

依托建川博物馆、川军抗日阵亡将士纪念碑等，开发铁血抗战爱国教育、缅怀纪念等旅游，面向学校、机关、企事业单位、社会组织等设计专题教育培训课程，邀请专家进行专题授课，开展经典诵读活动，采用娱乐与游戏等方式，以色彩鲜艳的动画、彩绘拼图、漫画、电脑游戏等形式，设置场景模拟、战略游戏、乘坐军车、角色表演等项目。在中国人民抗日战争胜利纪念日、"七七"抗战纪念日、"九一八"纪念日等重要时间节点，组织抗战老兵遗属、学生、党员干部等举行川军抗日阵亡将士纪念碑祭扫活动，缅怀与凭吊烈士。开展川军抗战主题文艺创作，鼓励以话剧、舞剧、川剧、清音、金钱板、小品、歌曲、微电影、短视频等形式，创作一批以抗战人物、史实、事迹等为题材的优秀文艺作品，以弘扬爱国主义精神，缅怀革命先烈，增强爱国情感和民族自豪感。

4.2.2.7　辛亥革命

依托辛亥秋保路死事纪念碑、四川保路运动史事陈列馆、蒲殿俊故居、荣县玉章故里、辛亥革命首义荣县军政府旧址等，定期举办辛亥革命主题讲座和学术论坛，开发革命传统教育旅游，在清明节、辛亥革命纪念日等重要时间节点，举行辛亥秋保路死事纪念碑祭扫活动，缅怀与凭吊烈士，了解保路运动，学习革命精神。

4.2.2.8　改革开放伟大成就

1. 水电科普观光

依托溪洛渡巨型电站、白鹤滩—乌东德世界级巨型梯级水电站等，以及库区水域、岸线资源，重点开发水电科普教育、库区观光休闲等旅游产品。参照工业旅游的观光模式，在保障电站正常安全生产的前提下，对游客进行有限制开放，联动水电企业和旅游开发企业共同规划设计旅游产品与游览线路，并按程序报批，寓教于游，使大坝、厂房建设成为可观、可学、可玩的科技旅游景点，将用地开阔的坝区建设成为"战天斗地"水电开发精神文化内涵展示的重要场所和水电科普教育基地。

2. 雅攀、雅康高速桥梁观光与虚拟体验旅游

在雅康高速兴康特大桥附近，探索规划建设超级工程观光服务区，以兴康特大桥为核心资源，将观桥、赏桥、旅游、户外运动等结合起来，进一步拓宽兴康特大桥价值，打造"交通＋山地旅游"观光园（服务区）标杆项目。在拖乌山双螺旋隧道、兴康特大桥等重大工程附近的高速服务站，开发雅攀、雅康高速桥梁"4D虚拟旅游体验"项目，借助虚拟头盔、数据衣和力觉反馈器等配套传感器等设备，采用低空无人机或隧道赛车的视角，让游客在虚拟的3D立体旅游环境中体验雅攀、雅康高速超级工程的险峻与神奇。

4.2.3 打造"17＋8"红色旅游精品线路

立足四川丰富的红色文化旅游资源，以传承红色文化，弘扬革命精神为核心，契合市场需求特征，围绕重温红色历史、感受大国力量、助力乡村振兴主题，打造推出 17 条红色主题经典旅游线路。将红色旅游产品融入区域总体产品体系中，与生态旅游、民族文化旅游、乡村旅游、康养度假、工业旅游、研学旅行等产品密切结合，面向细分客源市场，打造推出 8 条融红色、生态、文化于一体的综合型、复合性旅游线路。

4.2.3.1 17 条红色主题旅游线路

1. "翻越夹金山"旅游线

雅安市—宝兴县（红军长征翻越夹金山纪念馆、夹金山、硗碛藏寨）—小金县（达维会师遗址、两河口会议旧址及纪念馆、四姑娘山）

2. "雪山草地"旅游线

松潘县（川主寺红军长征纪念碑园、毛儿盖会议旧址）—若尔盖县（中国工农红军班佑烈士纪念碑、巴西会议旧址、包座战斗遗址）—红原县（日干乔、瓦切红军长征纪念遗址）—马尔康市（卓克基会议旧址）—黑水县（芦花会议会址、达古冰川）

3. "强渡大渡河"旅游线

雅安市—天全县（二郎山）—汉源县（汉源湖、大渡河峡谷）—石棉县（安顺场旅游区、栗子坪、田湾河）—泸定县（泸定桥、海螺沟）

4. "四渡赤水"旅游线

泸州市—叙永县（鸡鸣三省大峡谷、鸡鸣三省石厢子会议旧址）—古蔺县（四渡赤水太平渡陈列馆、太平古镇、二郎镇、双沙总司令部驻地旧址）

5. "巧渡金沙江"旅游线

会理（会理会议遗址、会理长征纪念馆、皎平渡红军渡江遗址、会理古城、金沙江）—西昌（中国工农红军礼州军事会议会址、邛海）—冕宁（凉山红军长征纪念馆、彝海结盟纪念地）

6. "激战嘉陵"旅游线

剑阁县（红军攻克剑门关遗址、剑门关）—旺苍县（红军城）—苍溪县（苍溪县黄猫垭战役遗址、苍溪县红军渡江纪念地）

7. "甘孜会师"旅游线

丹巴县（红五军团政治部遗址）—道孚县（灵雀寺、莫洛寨）—炉霍县（红军纪念馆、虾拉沱红军村）—甘孜县（朱德司令和五世格达活佛纪念馆、红军"甘孜会师"旧址普玉龙孜苏寺）—稻城县（稻城亚丁）—乡城县（乡城红军长征纪念馆）—得荣县（得荣子庚红军桥）

8. "长征足迹"旅游线

成都市—邛崃市（邛崃市红军长征纪念馆）—江油市（江油红军文物陈列馆、青林口红军桥）—北川（红军碑林馆）—茂县（土门战役战场遗址）

9. "伟人故里"旅游线

广安（邓小平故里）—华蓥市（华蓥山旅游区）—仪陇县（朱德故里）—顺庆区（罗瑞卿故居）—西充县（张澜故居）—乐至县（陈毅故里）

10. "川陕苏区"旅游线

达州市—宣汉县（红三十三军纪念馆、巴山大峡谷）—万源市（万源保卫战战史陈列馆）—平昌县（刘伯坚烈士纪念馆）—通江县（红四方面军总指挥部旧址纪念馆、川陕革命根据地红军烈士陵园、王坪新村、空山）—巴中（川陕革命根据地博物馆、川陕苏区将帅碑林、恩阳古镇）

11. "大爱无疆"旅游线

成都—都江堰（虹口深溪沟地震遗址纪念地、大观茶坪村）—汶川（映秀镇汶川地震震中纪念地、水磨古镇）—茂县—北川（5·12汶川特大地震纪念馆、北川羌城）

12. "水电工程"旅游线

叙州区（向家坝水电站）—雷波（溪洛渡水电站）—宁南（白鹤滩水电站）—盐边（二滩水电站）

13. "蜀中筑梦"旅游线

成都—雅安（双螺旋高架桥）—西昌（雅西高速）

14. "最美川藏路"旅游线

成都—邛崃（红军长征纪念馆）—天全县（雅康高速二郎山隧道、飞仙关、喇叭河）—泸定（泸定大渡河大桥）—康定（新都桥、折多山）—雅江县（天路十八弯、高尔寺山）

15. "致敬成昆铁路英雄"旅游线

成都市—金口河区（铁道兵博物馆、大渡河金口大峡谷）—西昌（卫星发射基地）—攀枝花（成昆铁路）

16. "三线建设"旅游线

攀枝花（攀枝花中国三线建设博物馆、攀枝花开发建设纪念馆〔十三幢〕、大田会议纪念馆）—成都（东郊记忆、中车共享城）—绵阳市（绵阳市科技馆、跃进路）—梓潼（两弹城）

17. "脱贫攻坚"旅游线

西昌市（安哈镇）—昭觉县（悬崖村、谷莫村）—美姑县—雷波县（黄琅镇、马湖）

4.2.3.2　8条复合型旅游线路

1. "雪山草地，世界遗产"旅游线

成都—都江堰（青城山—都江堰、中华大熊猫苑、柳街镇青城湾、七里诗乡林盘、灌区映像林盘）—小金（达维桥、懋功会议旧址、两河口会议纪念馆、四姑娘山）—马尔康（卓克基旅游区）—红原（日干乔旅游区、月亮湾）—若尔盖（巴西会议遗址、花湖、黄河九曲第一湾）—九寨沟县（九寨沟、勿角乡甲勿村、草地乡上草地村、）—松潘（川主寺红军长征纪念碑园、黄龙、松潘古城）—茂县（叠溪·松坪沟旅游景区、九鼎山、雅都镇九龙村、松坪沟乡二八溪村）—汶川（汶川特别旅游区、水磨古镇）—成都

2. "长征足迹、川西秘境"旅游线

成都—天全（天全县红军长征遗址群、天全县红军纪念馆）—泸定（泸定桥）—康定（木格错、新都桥、俄达门巴村、水桥村）—理塘（格聂山、海子山、汉戈村、勒通古镇）—稻城县（稻城亚丁、桑堆镇吉乙一村、桑堆镇所冲二村）—乡城县（然乌乡克麦村、青德藏乡田园）

3. "四渡赤水、乌蒙风情"旅游线

合江（福宝古镇、福宝森林公园、尧坝古镇、神臂城遗址、法王寺）—叙永（春秋祠、画稿溪、丹山、鸡鸣三省大峡谷、鸡鸣三省石厢子会议旧址）—古蔺（黄荆老林、四渡赤水太平渡陈列馆、太平古镇、二郎镇）—长宁县（蜀南竹海、竹海镇龙庆村、双河镇铜锣村）—高县（来复镇、落润乡振武村）—屏山县（鸭池乡越红村、书楼镇高田村、向家坝金沙平湖旅游度假区、龙华

古镇）

4. "三线探秘、阳光康养"旅游线

金口河区（铁道兵博物馆、大渡河金口大峡谷、大瓦山）—汉源（汉源湖、清溪古城、九襄花海果乡）—石棉（田湾河、栗子坪、安顺场、王岗坪—黄草山）—西昌（邛海—泸山、螺髻山、卫星发射基地、安哈镇）—攀枝花（攀枝花中国三线建设博物馆、十三栋纪念馆、攀钢集团展厅、阿署达花舞人间景区、普达阳光国际康养度假区）

5. "伟人踪迹、巴蜀探秘"旅游线路

成都（金沙遗址、宽窄巷子）—仪陇（朱德故里、琳琅山）—广安（小平故里、华蓥山）—达州（张爱萍故居）—宣汉（罗家坝遗址、巴山大峡谷、洋烈水乡、峨城山、红三十三军纪念馆、龙泉土家族乡黄连村—鸡坪村、三墩土家族乡大窝村）

6. "红色记忆、巴山康养"旅游线路

青川（青溪古城、唐家河、青川东河口地震遗址公园、青川战国墓葬群遗址）—广元（三堆镇"三线记忆"小镇）—南江（光雾山、米仓山、巴山游击队纪念馆）—通江（王坪、诺水河、空山天盆、空山乡中坝新村、诺江镇新华村）—平昌（佛头山、白衣古镇）—万源（龙潭河、八台山、万源保卫战战史陈列馆、万源保卫战战史馆、花萼乡苟坝子村、白羊乡三清庙村）

7. "灾区新貌、藏羌风情"旅游线

绵竹（年画村、金色清平·童话小镇、九龙山—麓棠山、中国玫瑰谷）—茂县（中国古羌城）—北川（北川羌城、吉娜羌寨）—汶川（映秀镇、水磨古镇、三江水乡藏寨）—理县（桃坪羌寨、毕棚沟、米亚罗、桃坪镇佳山村、夹壁乡二古溪村、薛城镇塔子村、通化乡西山村/浮云牧场）

8. "改革成就、美丽乡村"旅游线

成都市—郫都区战（旗村）—石棉县（双螺旋高架桥）—西昌（卫星发射基地、安哈镇）—昭觉县（谷莫村、悬崖村、古里大峡谷景区）—美姑县（依果觉乡古拖村）—雷波县（溪洛渡水电站、马湖、黄琅镇）

4.3 红色旅游资源分区利用方向

结合四川省文化旅游发展总体布局，以红色旅游资源地域分布为基础，以交通为纽带，以城镇为依托，发挥各地特色和优势，按照不同主题充分整合资源，构建四川红色旅游"一廊、三区、多点"发展格局。

4.3.1　长征红色旅游走廊

主要包括泸州市古蔺、叙永，宜宾市兴文、长宁，雅安市石棉、汉源、荥经、天全、宝兴、芦山，阿坝州松潘、若尔盖、红原、小金、马尔康、茂县、黑水，甘孜州泸定、甘孜、道孚、丹巴、乡城、稻城、理塘、巴塘、德格，凉山州会理、冕宁、西昌、德昌等区域。结合长征国家文化公园四川段建设，深入推进"长征文化＋自然生态"、"长征文化＋民族风情"、"长征文化＋历史文化"、"长征文化＋城镇"、"长征文化＋乡村"融合开发，着力培育一批文旅融合发展示范区，重点打造理想信念教育、长征主题研学旅游、"重走长征路"自驾游等主题旅游产品，推出雪山草地、四渡赤水、巧渡金沙等主题线路，加快推进长征国家文化公园建设，建设长征步道、长征文化演艺项目，全面提升沿线基础及公共服务配套水平。

4.3.2　三大红色旅游区

1. 将帅故里红色旅游区

主要包括广安市广安区、南充市仪陇、顺庆、西充，达州市达川，资阳市乐至及乐山市沙湾区等区域。依托小平故里、朱德故里、陈毅故里、罗瑞卿故居、张澜故居、张爱萍故居、郭沫若故居、张思德纪念馆等资源，联动周边城镇、乡村，融合特色民俗文化，重点开发理想信念教育、研学旅行、红色主题文化创意、民俗文化体验游产品。深度挖掘老一辈无产阶级革命家和革命文化将领生平事迹和感人故事，开发一批特色文创旅游商品，开发主题舞台剧、伟人故事绘本、伟人事迹动漫、主题歌曲等作品，推动优秀文化创造性转化和创新性发展。进一步提升现有景区品质，打造一批省级文旅特色小镇和红色旅游特色村，推进广安红色旅游融合发展示范区高水平建设与发展。

2. 川陕苏区红色旅游区

主要包括巴中市、达州市、广元市、绵阳市、南充市等区域。依托中国工农红军第四方面军总政治部暨徐向前住地旧址、旺苍中国红军城、苍溪红军渡、大力开展爱国主义和革命传统教育、理想信念教育和社会主义核心价值观教育活动。推动将"川陕苏区"红色主题旅游与其他业态的融合发展，在突出红色元素的基础上，大力发展"红色旅游＋生态旅游"、"红色旅游＋民俗文化旅游"、

"红色旅游＋乡村旅游"等"双向融合"模式，以及"红色旅游＋生态＋康养"、"红色旅游＋文化＋会展"等"多向融合"模式，推动打造一批省级文化旅游特色小镇，推进王岗坪创建为国家级生态旅游示范区。

3. 灾区新貌红色旅游区

主要包括阿坝州汶川、九寨沟，绵阳市北川，雅安市芦山，成都市都江堰、彭州，德阳市绵竹，广元市青川等区域。依托"5·12"汶川地震、"4·20"芦山地震与"8·8"九寨沟地震形成的系列地震遗址遗迹，以映秀镇汶川地震震中纪念地、"4·20"芦山强烈地震纪念馆、水磨古镇、北川羌城、绵竹年画村等为载体，发展灾区新貌观光、大爱中国爱国教育、科普研学、地震虚拟展示与体验等旅游产品与项目，推出"大爱无疆、奇迹中国"、"灾区新貌、藏羌风情"等旅游线。

4.3.3 多点——三线建设红色旅游点

主要包括成都市成华区，攀枝花市东区、西区、仁和区，绵阳市梓潼，凉山州西昌，乐山市金口河区、五通桥区，德阳市旌阳区，自贡市大安区等区域。依托绵阳两弹城、中国三线建设博物馆、"308"三线军工暨永利川厂旧址、铁道兵博物馆、东郊记忆、大安老盐场1957等资源，打造文创基地、主题博物馆、工业特色小镇、国家A级景区、红色主题研学实践教育基地等项目，大力开发工业文化创意、工业文化科普展示、工业研学教育旅游等产品，支持创建一批国家级和省级工业旅游示范基地。

4.4 红色旅游利用管理规范

4.4.1 加强顶层设计

兼顾红色旅游资源的多样性和地域性，科学编制红色旅游资源保护开发规划。将红色旅游作为推进全域旅游的重要组成部分，坚持规划引导与规范建设相结合的方针，全省修编《红色旅游发展总体规划》，有关市（州）制定出台红色旅游发展规划和红色旅游与其他资源融合发展的详细计划，纳入当地经济社会发展总体规划。加强全省文化和旅游资源普查成果运用，建立红色资源数据库，针对革命遗迹等重要红色旅游资源制订保护、开发利用和提升的计划。

充分调动市场和社会的积极性，形成资源开发和利用的合力。适当加大财政投入的力度，充分发挥社会力量的作用，构建多元化投资开发新体系。加大对革命老区红色资源挖掘保护、修缮利用的投入，加大对红色旅游经典景区建设、革命纪念设施修缮改造和重要革命遗址文物保护布展的倾斜力度。支持引入产业投融资 PPP 模式，多方筹集资金，鼓励和吸引社会各界投资红色旅游，形成"政府引导、社会参与、市场运作"的投资运营新格局，涉及保护开发利用中集体或私有产权问题，可以采取合作、入股、租赁、置换等方式解决，也可以由政府或经营者买断经营权或产权的方式解决。

加强制度建设和完善政策保障。创新监管机制，对于在推进全域旅游中的红色资源保护、开发和利用状况，投入运行所产生的社会效益、经济效益和生态效益情况，支持各地委托当地老区建设促进会作为第三方评估单位，实施监测评估。落实差异化用地政策，对重要的发展前景好的红色资源开发利用项目优先安排用地指标。公众和社会团体对于革命历史博物馆、纪念馆、烈士纪念设施和爱国主义教育基地等捐赠支出，按规定享受税收抵扣政策。

4.4.2　出台系列标准

完善红色旅游服务标准体系。研究制定《四川省红色旅游景区服务规范》《四川省红色旅游景区设施规范》《四川省红色旅游基地服务规范》《四川省红色旅游基地设施规范》《四川省红色教育培训服务标准》，加快推进红色旅游演艺安全、服务和管理等方面标准的制修订工作，支持相关市（州）制定红色文化保护与传承、红色特色文化表演管理要求相关专项标准。研究制定红色教育培训管理办法和相关实施细则，推动红色教育培训规范化、高质量发展。针对红色主题景区、基地在设施、展陈、服务、配套、卫生、安全和管理等软硬件方面提出统一的建设与服务质量要求，全面提升全身红色旅游建设与管理水平，推动红色景区（点）向标准化、品牌化方向发展。

4.4.3　加强基础设施和硬件建设

推进红色旅游干线交通建设。以红军长征在四川的线路为依托，加快提升沿线干线公路技术等级，完善交通配套设施。以高速铁路、高速公路、民航等为主体，以普速铁路、国省干线等为补充，构建"无缝衔接"的立体交通网络。

推进红色旅游景区（点）"最后一公里"建设。加强通往红色主题旅游景区、旅游小镇、重点旅游村等支线旅游交通和通景道路建设，对现状为四级及以下、具备条件的直接连接和服务红色旅游景区（点）普通干线公路进行升级改造，扩大农村公路对红色主题旅游景区（点）的覆盖范围、延伸深度，全面改善红色旅游景区（点）对外交通条件。

完善提升红色旅游公共配套服务。深化交通运输与红色旅游融合发展，推动通用航空短途运输、内河水运旅游、轨道交通旅游等融合发展，打造一批交通与文化、旅游融合的精品工程。提升机场、火车站、汽车站等客运枢纽旅游服务功能，进一步完善高速公路旅游服务设施，推动高速公路服务区增设休憩娱乐、物流、票务、信息咨询和特色旅游产业，建成一批红色主题服务区，完善配套停车、观景台等设施，提升交通运输服务保障水平。以红色旅游 A 级景区、红色旅游小镇、红色旅游特色村寨等为重点，合理设置旅游咨询中心、游客集散中心、分布中心和集散点，完善旅游厕所、旅游停车场、旅游标志标牌、智慧旅游、旅游应急救援避难场所（救援点）等公共服务设施。充分依托 5G、VR、人工智能等技术手段，推进红色旅游智慧纪念馆、博物馆建设，根据发展需要配套建设 5G + VR 智能自主体验终端，提升红色旅游数字化水平。打造一批具有长征文化特色的旅游步道。依托长征行军路线较明确、文物环境保存完整、自然和地质条件较好、基础设施较成熟的地区，兼顾保护与利用，强化主题与功能复合，建设融长征文化体验、休闲观光、徒步骑行于一体的长征步道系统。

4.4.4 着力提升服务品质

遵循创新发展理念，挖掘红色文化内涵，结合 VR、AR、互联网等现代科技手段，丰富展陈形式，创新宣传教育场景，设计推出彰显时代性、体现参与性、突出体验性的产品项目，坚持开放发展理念，加强资源整合、要素聚集、产业融合、服务支持，不断创新红色旅游产品和服务。

提升红色旅游服务管理能力和标准化水平，规范管理流程，在投诉管理、游客管理、协同管理上，做到妥善处理、规范引导、保障有力。

改进和优化软件服务。突出人性化、合理化、多元化，细化红色旅游咨询预约、迎接引导、游览解说、互动体验等服务内容。建立红色旅游服务清单制度，定期开展游客服务需求调查和服务评价。坚持人本理念，提升红色旅游公共服务水平和社会服务功能，满足社会公益要求。

进一步加强业务指导和培训力度。强化对导游人员、讲解人员等的培训，深化他们对革命历史、英雄人物的认知，不断提升服务人员的工作能力。加大信息技术在红色旅游培训方面的运用力度。充分利用好国家西部旅游人才培训基地在线培训平台，通过网络和手机平台，实时开展红色旅游知识和业务培训。开展红色旅游志愿服务，组织老干部、老模范、老教师、老战士、老专家和亲历者、知情人开展红色旅游景区义务讲解，鼓励大学生、社工组织义务开展志愿服务，建立一支稳定的、专业化的志愿者队伍。

四川长征文化公园文旅融合发展研究

［作　者］李树信　顾相刚　张海芹　崔　佳（四川旅游规划设计研究院）

沈兴菊（西南民族大学）　罗　勇（成都理工大学）

摘　要： 新时代背景下，建设高水平长征国家文化公园亟待理论指引和路径创新，文旅融合发展道路为其提供了可能选择。四川长征文化公园文旅融合发展资源优势明显、产业基础坚实，但仍存在资源保护不力、长征文化内涵挖掘不够、基础和配套设施不健全等问题，本研究在对四川长征文化公园文旅资源概况和其文化旅游现状、前景进行系统分析基础上，提出需聚焦"保护优先、强化传承"、"突出特色、融合发展"、"以人为本、寓教于游"、"整合协调、统筹推进"四大发展思路，切实从构建新格局、运用新科技、发展研学游、培育新业态、打造新产品、完善新基建、全媒体宣传、培育传承人、构建新机制等九大路径发力，推动四川长征文化公园实现文旅融合高质量发展。

关键词： 长征国家文化公园；文旅融合；发展路径；四川段

1　四川长征文化公园文旅资源概况

1.1　文化旅游资源

1.1.1　长征文化遗产

红军长征在四川留下了大量珍贵文化遗产，包括不可移动长征文物442处，其中，全国重点文物保护单位11处；有可移动长征文物2788件（套）。省内与长征主题相关的红色旅游资源多达702处，超过全省红色旅游资源总数的四分之一，其中43%是优良级旅游资源，占全省优良级红色旅游资源总数的33%。主要分布在阿坝州、甘孜州、雅安市和泸州市。主要资源类型为历史遗迹，其次是人文活动和建筑与设施资源，基本类型以历史事件发生地为主，其次是地方事件和纪念、宗教、祭祀活动场所。

此外，从川南的赤水河流域到川北的雪山草地，再到川西的峡谷激流，全省 1/3 的区县都留下了红军长征极为重要的革命遗迹。这些遗址遗迹具有的重要纪念意义和研学教育功能，是党史国史教育、爱国主义教育、革命传统教育的重要抓手，是领会中国特色社会主义核心价值体系的重要阵地，是弘扬伟大民族精神、实践文化自信的重要窗口，是红色文化传承不可替代的载体。

1.1.2 区域相关文化旅游资源

长征线路贯穿四川南北，经过了我国地形第二级阶梯向第一级阶梯的过渡地带，区域内丰富多元的少数民族文化与极富特色的地域文化交织，由此衍生的文化旅游资源天然禀赋优势明显。从历史文化与民族文化资源来看，红军长征在四川经过了彝族、羌族、藏族等多个少数民族聚居区，所经区域还拥有茶马古道、蜀道三国、南方丝绸之路、酒文化、竹文化等大量历史文化遗迹。从自然生态资源来看，四川长征文化公园地跨青藏高原、横断山脉、云贵高原、秦巴山地、四川盆地等地貌单元，地形地貌复杂多样，生态环境优越，自然景观雄秀壮美，汇聚了大熊猫原始生态栖息地、九寨沟、黄龙、稻城亚丁、贡嘎山、四姑娘山等具有很高知名度和影响力的自然生态资源。

1.2 文化特质

1.2.1 红军长征是人类大无畏精神的史诗

长征是中国历史上一部气势恢宏的壮阔史诗，也是一支荡气回肠的英雄凯歌。长征的壮举吸引了世界上无数的目光，受到世人的高度称颂。美国著名新闻记者斯诺在《红星照耀中国》一书中把红军长征誉为"当今时代无与伦比的一次史诗般的远征"。国际知名战略学家、曾担任美国总统国家安全事务助理的布热津斯基博士，在重走了一段长征路后，感叹长征的意义远不止于一部简单的英雄主义史诗，它不仅象征着国家的统一精神，更昭示着先进事物克服落后事物的必然规律。美国著名记者哈里森·索尔兹伯里在《长征——前所未闻的故事》一书中认为，"（长征）将成为人类坚定无畏的丰碑，永远流传于世。"红军长征革命遗存和附着在遗存上的精神财富文化价值突出、意义重大。

1.2.2 四川是长征精神凸显之地

红军长征在四川是长征途中最灿烂辉煌的篇章，四川在红军长征中具有不可替代的特殊地位和突出贡献。红军长征在四川转战 10 个市（州）69 个县（区），足迹遍及全川东南西北 30 余万平方公里。中央红军在四川转战 8 个月，行程近万里，红四方面军长征在四川境内转战 17 个月，行程达 6000 里，红二方面军长征在四川境内转战 4 个月，行程达 5000 里。长征期间中央召开的 32 次会议中有 14 次在四川举行，巩固了遵义会议确立的毛泽东同志的领导地位，确立并一再坚定执行北上的战略方针。纪念红军长征胜利 80 周年大会上，习近平主席在讲话中提到的 8 个著名战役战斗中，有 5 个发生在四川。

四川是中国共产党民族政策最初的实践地，是我党首次处理民族问题和宗教问题的地方。川西北是我省藏族、羌族、彝族同胞的聚居地，受历史影响和反动统治阶级长期歪曲宣传，少数民族同胞与汉族因文化和风俗的差异有一定的隔阂。在长征途经这些民族地区时，我党敏锐地意识到解决好民族问题和宗教问题，团结好广大少数民族同胞和宗教人士是赢得群众支持，保障革命走向胜利的关键。为此，其对这些地区的社会制度进行了适当变革，受到了各族群众的欢迎、信任和支持。

1.3 文旅资源特点

1.3.1 核心遗产数量庞大、类型齐全、价值突出

四川遗存的不可移动长征文物数量在红军长征途经全国 15 个省（市、区）中位列第一，占全国总数的 27.5%。四川长征文物涵盖了从机构旧址、会议会址、名人旧居、战场遗址、防御工事、烈士墓、纪念建筑、石刻、标语墨书等多种类型，且不乏价值突出、特色鲜明者，如雅克夏山红军烈士墓是全国海拔最高的红军烈士墓；卓克基土司官寨，既是卓克基会议的发生地，同时也是一座体量庞大、极具艺术价值的嘉绒藏族建筑；松潘红军长征总碑是全国规格最高的长征纪念建筑等。

红军长征在四川发生的重大历史事件及其相关遗存众多，整体知名度较高。习近平总书记在纪念红军长征胜利 80 周年大会上的讲话中提到的 8 次著名战役战斗中，巧渡金沙江、强渡大渡河、飞夺泸定桥、勇克包座等 5 个战役均发生在四川，四渡赤水战役也有相当一部分是在四川境内发生；长征途中 32 次重要会议有 14 次是在四川境内召开；爬雪山、过草地是红军战胜恶劣自然条件的最具代表性事件。目前大多数重要事件均保留有遗址遗迹等实物佐证，其中更有在国内享有极高知名度的泸定桥、太平及二郎古镇和渡口、懋功会师旧址等重要文物。

1.3.2 艰难险阻与壮阔美景并存

长征在四川跨越了地形两大阶梯，高山峡谷纵横，雪山草地交织，沿途风光壮美，途经的山地、河流、高原与红军坚毅的精神融为一体，共同构成不朽的史诗。红军长征经过的川西高原，是全球高山、极高山分布最密集的区域之一，海拔大于 5000 米的极高山超过 100 座，极具粗犷与豪迈之美，还汇萃了雪峰之美、冰川之美、高山湖泊之美、森林之美。四川长征文化公园地跨青藏高原、云贵高原、横断山脉、秦巴山地、四川盆地等地貌单元，多样的地形地貌造就了无数瑰丽神奇的奇峡险谷。红军经过了金沙江大峡谷、雅砻江大峡、大渡河峡谷等，其中大渡河峡谷被誉为"世界最具魅力的天然公园"、中国最美的十大峡谷，峡谷两岸奇峰高耸入云，河川纵横交错，切割极深，拥有绝壁深涧一线天的奇观，最窄处仅 20 余米，最深处有 2675 米。红军经过的若尔盖湿地是中国三大湿地之一、世界面积最大、保存最完好的高原泥炭沼泽湿地，孕育着黑颈鹤、黄鸭、高原鱼类等 10 余种高原湿地类世界珍稀动物。

1.3.3 长征精神与地域文化交相辉映、交融互补

红军长征途经的四川沿线区域现存诸多历史文化遗产和民族村寨，且大多与长征紧密相关。在很多地方，红军长征是沿着当年的茶马古道、蜀道行进。五世格达活佛送别红军诗句，被谱上曲，编成弦子，当地称为"格达弦子"，在甘孜群众中广为传诵。红军长征经过的多个村落至今都仍流传着"彝海结盟"、"红三军团先锋部队开仓为周围百姓分盐"、"红军二渡赤水，百姓用郎酒为红军疗伤驱寒"、"红军朋友藏族领袖"等红军过境时军民情深的佳话，桑披寺、嘎托寺、甘孜寺、白利寺等均是红军保护宗教自由的见证，承载了长征时期红军在川团结少数民族、广播革命火种的重要历史。国家历史文化名镇、省级重点文物保护单位——太平古镇是川南独有的山地古镇，现存房屋大多为明清所筑，红军长征经过时曾在古镇上居住，还留下了红军银行旧址、红三军团驻地旧址、地下党活动旧址等长征遗迹和许多红军故事。蜀道重镇——青林口古镇的红军桥，街道两旁的红色石刻标语、墙壁上的墨写标语以及保存下来的红色资料都昭示着当年红军在青林口传播革命火种、不畏牺牲的历史。

2 四川长征文化旅游发展现状与前景

2.1 四川长征文化旅游产业发展现状

2.1.1 规划引领

近年来，四川以"长征丰碑"为红色旅游品牌，编制了多项省级红色旅游相关发展规划和行动指南。2002 年原四川省旅游局组织编制了《四川省开展红军长征旅游产品可行性研究报告》。2004 年 12 月，中共中央办公厅、国务院办公厅印发的《2004—2010 年全国红色旅游发展规划纲要》中确定了 12 个重点红色旅游区，其中"雪山草地红色旅游区"就是以弘扬长征精神为主题。2005 年出台的《四川省红色旅游发展总体规划（2005—2010 年)》中明确提出围绕长征丰碑主题，重点开发四渡赤水、金沙江—彝海、大渡河—甘孜、雪山草地 4 个红色旅游片区，培育雪山草地等 6 条红色旅游精品线路，建设泸定桥、四渡赤水等22 个红色旅游景区。2008 年 1 月，原四川省旅游局组织编制了《四川省"重走长征路"红色旅游线要素整合实施意见》，运用线路统筹的方式对长征沿线旅游景区、旅游城镇、旅游通道建设做出详细安排。2017 年四川省委办公厅和省政府办公厅印发的《关于贯彻落实〈2016—2020 全国红色旅游发展规划纲要〉的实施意见》和 2018 年 9 月原四川省旅游发展委员会组织编制的《四川省红色旅游三年行动计划（2018 － 2020 年)》中，都明确将"长征丰碑"作为重点品牌予以打造。2018 年 7 月四川省旅游产业发展领导小组印发了《四川红军长征线路旅游专项规划》，明确了"将'长征丰碑'红色旅游线建设成为国际国内著名的经典旅游品牌、长征文化旅游目的地"的目标。2019 年四川省委宣传部、省发改委和文旅厅共同编制的《长征国家文化公园四川段建设保护规划》中也提出"促进长征文化旅游与一、二、三产业深度融合"，"推广经典长征文化旅游线路"。

2.1.2 文物保护

保护政策方面，出台了《四川省〈中华人民共和国文物保护法〉实施办法》《中共四川省委办公厅四川省人民政府办公厅关于加强文物保护利用改革的实施意见》《四川省文物事业发展"十三五"规划》《四川省革命文物保护利用规划纲要》《四川省革命文物保护利用工程实施方案》等保护政策、规划与方案，为长征文物保护提供了政策支持。长征文物保护级别和力度不断提升与增强，大批长征文物被纳入省、市、县级文物保护单位名录，持续增加中央、省级财政资金对长征文物保护的投入，开展了达维会师桥、亚克夏山红军烈士墓等的本体维修、环境治理、数字化保护及保护规划编制等工作，还积极开展长征文物的收集整理研究、纪念馆和遗址维护修缮、纪念地环境的整治等工作。如2010年12月，红军长征两河口会议纪念馆开馆；2011年9月，中国工农红军班佑烈士纪念碑建成；2012年，岚安红军烈士纪念碑建成。2019年启动了长征文化线路（四川段）整体保护工程，重点加强"鸡鸣三省"会议、强渡大渡河、达维会师、彝海结盟、两河口会议等重大事件历史遗存调查和展览展示。

2.1.3　产品打造

截至2019年底，四川共有省级及以上长征纪念设施（博物馆、纪念馆、陈列馆和烈士纪念设施）32处；长征主题全国红色旅游经典景区23个；长征主题A级旅游景区17个，其中4A级及以上景区12个。同时，以市场需求为导向，积极延长长征文化旅游产品链，推动长征文化与旅游深入融合发展，推出了"重走长征路"系列旅游精品线路。

2.1.4　宣传推广

四川不断加大长征文化旅游宣传力度，采用"请进来、走出去"的方式，通过各类媒体，以及形式多样、丰富多彩的主题活动，开展长征文化旅游宣传促销活动，努力推进市场开发的不断深入。早在1999年，四川就在全国率先开展"重走长征路、将帅故里游"活动，并连续5年在国内旅游交易会上推介该线路。2005年，四川省委、省政府在北京人民大会堂举行了"长征精神永放光芒"四川红色旅游宣传月活动，该活动是全国第一个红色旅游展，也是全国各省、市、自治区首次在人民大会堂举办的旅游宣传促销活动，共接待参观者30余万人次，发放旅游宣传资料80余类200余万份，《人民日报》、中央电视台、香港《商务旅游》周刊等海内外百余家新闻媒体对活动进行了宣传报道，创下了我国旅游展参观人数最多的历史纪录，极大地提升了四川红色旅游的影响力和市场知晓度。2016年，以广元市、阿坝州、甘孜州、凉山州、泸州市、雅安市等长征途经地为重要节点，举办了重走长征路、长征故事汇、红色旅游成果展、"红色旅游驿站"评选以及"学长征精神——做红色传人"青少年学习教育活动等"重走长征路"主题系列活动，提升长征文化旅游品牌。2019年，中央宣传部组织开展了"壮丽 70 年·奋斗新时代——记者再走长征路"主题采访活动，人民日报等中央媒体，会同四川日报等省内主流媒体记者一行再走长征路，调查、整理、记录的感人肺腑长征故事，挖掘、传承、弘扬历久弥新的长征精神。

2.1.5 旅游经济

长征文化旅游经济增长迅速。2009—2016 年，长征景区与红色旅游景区旅游接待人次的年均增长率相当，"十一"黄金周长征景区旅游接待人次年均增长率为 11.8%，高于红色旅游景区旅游接待人次的年均增长率，2016 年春节和"十一"黄金周长征景区旅游接待人次占红色旅游景区旅游接待人次的百分比分别为 24.5% 和 28.4%。近年来，伴随交通等旅游基础设施的不断健全，四川长征主题相关景区游客接待量呈现持续增长态势。

2.2 四川长征文化旅游发展前景分析

2.2.1 优势

（1）资源优势

长征文化遗产类型全、数量多、分布广、价值高。四川是红军长征历史上三大主力会师中的第一次和第二次会师地，是红军三大主力之一的红二方面军诞生地，四渡赤水、巧渡金沙江、彝海结盟、强渡大渡河、飞夺泸定桥、爬雪山、过草地等史诗般重大事件发生地。四川长征沿线区域相关文化旅游资源品位高、组合好，长征旅游资源富集的川西、川东北地区，是四川自然和文化遗产精品的集中分布地，汇聚了大熊猫原始生态栖息地、九寨沟、黄龙等具有很高知名度和美誉度的精品景区，也拥有独特的地域文化和绚烂的民俗风情，还是全国第二大藏区、最大的彝区和唯一的羌族聚居区。沿线优美的自然景观、多元的地方文化、深厚的历史底蕴、特色的民俗风情等可与长征文化资源进行深度融合，为建设长征文化公园，促进文旅融合发展打下良好的基础。

（2）产业优势

四川是全国开展红色旅游较早的省份之一，很早就开始打造"长征丰碑"红色旅游品牌，并得到了省委省政府的高度重视和持续推进，通过健全规划体系、增强长征文物保护力度、打造红色旅游景区和精品旅游线路、举办丰富多彩的宣传推广活动，长征文化旅游经济增长迅速，发展基础不断夯实。四川现有长征主题全国红色旅游经典景区 2 个、景点 23 个，全国排名第一。目前，"长征丰碑"已经成为四川红色旅游五大品牌之一。

2.2.2　劣势

（1）资源保护力度有待加强

大部分长征文物分布于贫困地区、民族地区，地理位置偏远、交通通行条件较差，很难得到及时地维修保护和管理。部分保护级别较低的长征文物也遭受了不同程度的自然和人为破坏。绝大多数长征文物不具备展示条件，散落民间的重要长征文物亟待征集和集中保护。

（2）文化内涵挖掘不深，资源利用程度不高

现有对长征文化、长征精神的研究大多从党史角度出发，对长征文化与地域文化、普通百姓当下生活需求之间的联系，长征精神与现代多元文化、时代精神的关系等研究、阐释、提炼不够深入，缺乏多学科、多视角的合作研究，对长征经过四川时的历史细节、历史故事的挖掘有待加强；长征文化和长征精神宣传力度不够、传播渠道单一。旅游发展模式单一，长征景区多以遗址参观、场馆展览、纪念碑展示为主，陈列布展内容简单重复、主题不突出，缺乏具有创新性、体验性的旅游项目；宣传大都基于口碑的历史记忆，景区的形象定位、卖点不能与旅游市场的兴趣点相结合起来，与普通游客能够接受的方式相隔甚远，不能有效激发游客的情感共鸣、文化认同和游览兴趣。

（3）旅游基础设施建设滞后，公共服务水平低

绝大部分长征文化旅游资源分布在经济欠发达的民族地区、贫困地区，交通路网不完善，等级低、密度低、通达深度不够。分散的长征景区之间、长征景区与周边其他重点景区之间交通连接性不强。部分长征文化旅游资源所在城镇供水、供暖、供氧、污水、垃圾处理等建设跟不上发展需求，旅游配套设施不完善，环境建设及综合管理滞后，限制了旅游业的发展。

（4）市场化程度不高，资源整合仍须加强

一方面，政府仍是当前长征主题景区投资的主力，其他资本的进驻相对匮乏。同时，长征主题旅游活动的政治色彩较浓，旅游的季节性表现突出，很多景区业绩在建军、建党、建国等重大节庆时往往表现不俗，在其他时间段则游客明显较少，且游客中进行党课培训、爱国主义教育的群体占较大比例。另一方面，长征文化旅游与自然生态、历史文化、乡村休闲等其他类型的旅游结合，与教育、文化等产业融合深度还不够，影响了长征文化旅游目的地的集聚效应，导致长征景区趋同化现象严重，风格差异较小，使部分游客产生长征景区都一个样的

感觉，造成长征文化旅游品牌叫好不叫座的市场困境。

2.2.3 机遇

（1）国家层面高度重视长征国家文化公园建设和红色旅游发展

2019 年底国家出台《长城、大运河、长征国家文化公园建设方案》，对长征国家文化公园建设做出战略部署。中办、国办先后印发了三期全国红色旅游发展规划纲要。2017 至 2019 年，国家文物局相继组织编制了《长征文化线路保护对策研究报告》《长征文化线路保护总体规划》《长征文化线路标识与展示体系建设指引》，基本摸清了长征文物家底，提供了长征文化线路保护与展示利用的方法论与路径。2018—2019 年文旅部大力推进红色旅游工作，举办了两届全国红色故事讲解员大赛，启动《四渡赤水红色旅游总体规划》等专项规划编制工作，持续开展红色旅游示范性培训，培训人数达 1300 余人。

（2）四川长征文化旅游发展政策环境日益优越

当前四川省即将形成文旅大发展新局面，长征文化旅游发展的政策环境日益优越。2019 年 4 月出台的《关于大力发展文旅经济加快建设文化强省旅游强省的意见》中将"建设长征主题国家文化公园"列为重点培育的标志性引领性枢纽项目之一，四川省委书记彭清华同志在 2020 四川省文化和旅游发展大会上的讲话中，明确提出持续用力打造十大文旅品牌和四大走廊，长征红色旅游走廊就是其中之一。

（3）红色旅游市场需求旺盛、前景广阔

红色旅游在全国范围内拥有广泛的覆盖面及良好的群众基础，据《2017 年红色旅游影响力报告》，近三年全国红色旅游接待游客累计达 34.78 亿人次，综合收入达 9295 亿元，2018 年上半年，18 个红色旅游信息报送重点城市和 436 家红色旅游经典景区共接待游客 4.84 亿人次，按可比口径同比增长 4.83%，相当于国内旅游人数的 17.13%，实现旅游收入 2524.98 亿元，按可比口径同比增长 5.73%，相当于国内旅游收入的 10.32%。据同程艺龙与同程旅游联合发布的《2019 红色旅游趋势报告》，2019 年暑期同程艺龙平台红色旅游景点的客流量同比增长了 90.4%，且红色旅游者呈现年轻化趋势，半数以上游客群体年龄在 20 至 39 岁。

2.2.4　挑战

（1）竞争激烈

一方面是与四川省内其他红色旅游品牌的竞争。四川还拥有"川陕苏区"、"伟人故里"、"抗震救灾"、"三线建设"等红色旅游品牌，与长征文化旅游品牌相比，这些品牌的代表性景区（点）分布集中，交通较为便捷，基础和配套服务设施较完善，产品开发更为多元和丰富。另一方面是与国内长征沿线其他省（自治区、直辖市）长征文化旅游景区的竞争。在国家的大力推动下，全国长征文化旅游蓬勃发展，贵州被列为长征国家文化公园重点建设省；江西瑞金长征出发地、贵州四渡赤水和遵义会议旧址、宁夏六盘山、汝城县沙洲村等著名长征文化旅游景区，在规模、档次、知名度、发展方式等方面发展水平较高；贵州有娄山关大捷实景演艺、江西正在打造长征动漫 IP《长征总动员》；这些都在一定程度上削弱了四川长征文化旅游产品的吸引力，分散了客源。

（2）整合开发难度大

四川长征文化旅游资源单体规模不大、设施陈旧，空间分布比较分散，且地处偏远地区，旅游线路设计上难以形成环线，再加上资金短缺、政府重视不够等原因，长征文化旅游整合开发难度大。多数区域内长征文化旅游与自然生态、历史文化、乡村休闲等其他类型旅游的结合程度不高，与教育、体育、健康、文化等产业的融合层次不深，产业化发展水平较低，经济效益不高。因此，如何树立全域旅游发展理念，积极推进长征文化旅游产品与研学、运动休闲、康养、文创、自驾游等类型产品融合发展，如何在发展长征文化旅游的同时促进当地经济社会协调发展，是亟待解决的难题。

3　四川长征文化公园文旅融合发展思路与对策建议

3.1　发展思路

3.1.1　保护优先、强化传承

大多数长征遗址遗迹与人民群众的生产生活空间相重叠，长征时期红军所经过的村镇、走过的道路很多都是人民群众活动过、生活过的地方，红军长征时期居住、开会、活动等场所主要是民居、商会或宗教场所，长征经过的地方留下了众多长征故事传说、长征人物史话。对于长征时期红军在四川留下有形和无形的文化遗产，要严格落实保护为主、抢救第一的方针，抢救性与预防性并重；坚持"红军长征重点史实＋长征文化遗存＋历史自然环境空间"的整体性保护理念，真实完整地保护现有遗存。此外，还要积极创新活化传承和合理利用方式，全方位提升公园的教育、游憩、科研等功能，充分利用现代科技手段，让沉睡的文化遗产"活"起来，让更多的人看见、认识、了解长征文化，进而主动传承长征精神，使四川长征文化公园成为展现国家形象、凝聚民族精神、传承地域文化的文化圣地。

3.1.2 突出特色、融合发展

红军长征在四川经历了转战、制胜、会师等不同的阶段，每个阶段在每个地区所展现的长征文化和长征精神也不尽相同。因此，要注重四川与长征沿线其他省（自治区、直辖市）、四川各市州之间长征文化旅游发展的共性和特性，在尊重文化整体性的原则下，求同存异，以红军长征在四川留下的遗址遗迹为基础，重点讲述地方长征故事，因地制宜地展现地方特色文化，打造一批弘扬长征精神、体现四川特色的文旅精品，让参观者既有整体印象又有地方感受，避免同质化。还要加强文化和旅游的深度融合，以文化创意、科技创新为引领，促进长征文化旅游资源与现代消费需求有效对接，推动长征文化旅游产品、技术、业态、模式、管理创新；促进长征文化旅游与生态旅游、民族文化旅游、乡村旅游、康养度假、研学旅行、智慧旅游等旅游业态组合，与一、二、三产业融合，拓展长征文化旅游与当地经济社会各领域融合的广度和深度。

3.1.3 以人为本、寓教于游

四川长征文化公园建设要着眼于满足人民群众对美好生活的需要，坚持事业与产业并行并重、协调发展。针对不同类型客源市场需求，创新设计多样化、参与性和体验性强的活动项目，满足游客消费需求。鼓励社区居民广泛参与，处理好长征文化遗产保护和旅游发展的关系，促进访问者、居住者、管理者与文化遗产发生良性互动。长征是中国共产党和红军为了民族生存与复兴而进行的伟大壮举。因此，公园建设要加强革命传统教育，大力弘扬以爱国主义为核心的民族精神，与青少年思想道德建设、党团学习教育、社会主义核心价值观培育相结合，把长征文化旅游精品打造成为常学常新的理想信念教育生动课堂。

3.1.4 整合协调、统筹推进

四川长征文化旅游发展涉及众多市（州）、县（市、区），及多个相关管理部门，需要建立多方协同的发展机制，统筹部门、地方政府的资源和力量。还要通过政策扶持、社会鼓励、龙头带动等多种渠道和方式，最大限度调动各方积极性，吸引社会资本进入，广泛利用社会资源，推动资源整合、实现共建共治共享。长征文化旅游发展跨地域、跨部门，为避免文化遗产的价值得不到完整、应有的体现，或过度商业化、娱乐化以至破坏文化遗产，要既着眼长远又立足当前，加强顶层设计与重大文旅项目规划，明确发展时序和发展重点。

3.2 对策建议

3.2.1 整合资源，突出特色，优化发展格局

（1）完善四川长征文化公园文旅发展格局

四川长征文化公园以中央红军、红四方面军、红二方面军长征经过四川的主要区域为建设范围。依据红军长征在四川的行军路线、重大历史事件、重要历史遗存分布，以及周边自然和人文旅游资源分布、交通条件和城镇体系建设情况，在空间上形成"一轴两线六区"的文旅发展格局。"一轴"是以中央红军长征路线为基础的文旅发展主轴，也是四川长征文化公园的纵向联系和功能拓展。"两线"分别是以红四方面军、红二方面军长征路线为基础的专题旅游发展线。"一轴两线"形成贯通四川长征文化公园的轴线框架。在一轴两线基础上，以长征在四川的重要历史事件节点为基础，划分赤水丹霞、彝海结盟、大渡桥横、雪山草地、甘孜会师、转战嘉陵6个发展片区，作为文旅融合发展的重点所在，也是四川长征文化公园主题特色和亮点所在。

（2）因地制宜，打造文旅融合发展示范区

以6个发展片区为载体，以长征过程中的重要历史事件为主题，结合区域自然环境和地域文化，设计多样化、复合型、体验性强的文旅产品，打造赤水丹霞文旅融合示范区、彝海结盟文旅融合示范区、大渡桥横文旅融合示范区、雪山草地文旅融合示范区、甘孜会师文旅融合示范区等文旅融合发展示范区。如，大渡桥横文旅融合示范区以中央红军强渡大渡河、飞夺泸定桥为主题，彰显红军不畏艰险、勇于攀登、挑战极限和直面矛盾、坚持真理的精神；融合贡嘎山和大渡河峡谷山地旅游、康巴文化和茶马文化体验，开展党性教育专题培训、强渡大渡河实景体验、夜游泸定桥、"追忆红色足迹"夹金山徒步穿越、"挑战自我、超越极限"夏令营、红军长征遗迹观光，以及山地观光、避暑休闲、健康养生、大渡河科考探险、骑行自驾、山地运动、民族风情体验等项目。

3.2.2 保护长征文物，提升展陈水平

（1）加强长征文物保护，完善管理保护机制

对长征遗物遗址遗迹和纪念设施进行全面普查，公开征集散落民间的红军长征遗物，及时将新发现的长征遗址遗迹纳入文物保护范畴。对毁坏严重的长征主题纪念设施、遗址进行重点修缮，实施抢救性保护和管理。对于濒临毁坏的纪念设施、遗址采取抢险加固、保护修缮措施；对毁损严重的实物、文献、手稿等进行修复修缮；对健在的老红军、老同志进行抢救性采访，掌握第一手口述资料，通过走访红军后代、烈士遗属、专家学者，对社会上和军队系统散存的长征题材文物史料、口述资料进行抢救性征集和保护。探索制定四川省长征文化遗产保护管理办法，加强对四川境内长征文化遗产的保护，规范长征文化遗产的利用行为。

（2）运用现代科技提升展陈水平

改变传统的场馆式单一展陈方式，结合现代科技手段，综合采用声光电等现代科技手段，增强展示效果，突出地方特色，注重体现长征沿线各陈列展览的差异性。就地取材，将发生在当地的长征故事准确、客观、完整、清晰地展现出来，尊重在本区域的发生的历史事件，有所偏重地进行展示主题的筛选，避免搞成"长征通史"。不同地方自然环境不同，民俗风情、建筑风格不一，立足于当地旅游资源的情况，进行新馆的建造和旧馆的改造，避免千篇一律的建筑和设计，让展馆融于地方特色。

3.2.3 大力发展长征精神教育培训和研学旅游

（1）建立长征精神教育平台，设计特色教育培训课程

将四川长征干部学院建设成为红色教育研学基地和新时期面向全省、全国的党性教育基地，将长征文化旅游与思想政治教育结合起来，形成内容新颖、寓教于乐、寓学于游的长征精神教育培训系列课程。通过参与长征徒步、演唱长征歌曲、观看长征实景演出、VR对话长征英雄等多元丰富活动，弘扬红军长征精神、锤炼干部坚强党性发扬，宣扬长征在新时代的教育意义。

（2）针对在校学生开展丰富多彩的研学活动

推动一批长征景区建设成为研学旅游示范基地。联合长征主题纪念馆、长征主题红色旅游景区（点），根据大中小学生不同学段的研学旅行目标，有针对性地开发雪山草地自然生态类、长征战例类、长征故事类、长征诗词类等多种类型

的活动课程；定期组织长征景区讲解员走进学校宣传长征精神和长征文化；开展小小讲解员培训；开通长征主题研学旅游专列；打造长征主题红色旅游冬、夏令营产品，开展"小红军"重温少先队员誓词、听老红军讲革命故事、"重温红色经典歌曲"竞猜等活动，提供户外拓展训练，培养中小学生团队精神与心理、体育、语言、艺术等方面综合能力，强化红色旅游教育功能，传承长征精神。

3.2.4 创新文旅融合业态，构建文旅"多向融合"模式

（1）建设长征步道

以"重走长征路，感悟长征精神"为设立主旨，在各方面条件均较良好的路段，整合山路小径、茶马古道等既有线路，修建具有观光休闲、徒步、骑行等多功能的长征步道，通过游客的行走活动，使其与红军长征的历史情境、历史记忆联系到一起，感悟长征精神。根据四川长征文化公园内各地的基础条件，结合长征景区建设，建设鸡鸣三省大峡谷长征步道、四渡赤水长征步道、巧渡金沙江长征步道、彝海结盟长征步道、安顺场—泸定桥长征步道、翻越雪山长征步道、过草地长征步道、嘉陵江战役长征步道。

（2）打造富有长征主题特色的旅游演艺项目

深入挖掘长征主题历史故事、人物传记，以长征历史和相关人物为原型，借助现代化影像、灯光、服饰、舞美等重新打造符合当代大众喜闻乐见的文化作品，如，可打造话剧"四渡赤水"及实景音舞诗画剧、鸡鸣三省大峡谷山壁舞台灯光秀，提升"飞夺泸定桥"实景影画剧等驻场演出文艺作品，在长征重要遗址遗迹处，借助实景进行表演；创作系列小剧场话剧、音乐剧、歌舞剧等舞台艺术作品，在公园内定期巡回演出。

（3）推进长征文化旅游与其他旅游业态融合发展

大力发展长征文化＋自然生态/民族风情/历史文化/户外运动等模式，拓展长征文化旅游内容空间和产品体系。将长征文化旅游产品融入区域总体产品体系中，与生态旅游、民族文化旅游、乡村旅游、康养度假、工业旅游、研学旅行等产品密切结合，打造多主题、综合型、复合性旅游线路，形成"红花"与"绿叶"互相促进的格局。

3.2.5 培育长征文旅品牌，打造长征特色文旅产品

（1）培育长征文旅品牌体系

围绕"长征丰碑"总品牌形象，深化拓展"四渡赤水、出奇制胜"、"金沙

水拍、情深谊长"、"大渡桥横、天堑飞渡"、"雪山草地、艰苦卓绝"、"甘孜会师、民族走廊"、"激战嘉陵、蜀道雄关"等子品牌,提升品牌影响力、竞争力和知名度、美誉度,将"长征丰碑"品牌建设成为国家级文旅品牌。

（2）构建长征文旅产品体系

以长征精神和红色文化体验旅游为核心,开发理想信念教育专项旅游、长征文化研学旅游、长征主题文创旅游、"重走长征路"自驾游、长征主题节事会展旅游等产品。依托四川长征干部学院,开发理想信念教育专项旅游产品。针对在校学生,打造长征主题红色旅游冬、夏令营产品。依托长征文化旅游镇/村寨/街区、长征驿站、影视动漫、实景体验园等载体,开发长征主题文创旅游产品。针对自驾车游客,开发"重走长征路"自驾游产品,推出一批针对不同细分游客市场、线路时长不同的自驾车旅游线路。开发长征主题节事会展旅游产品,如纪念红军长征胜利专题展览、长征精神和长征文化学术研讨会、长征主题文创博览会、"爬雪山、过草地"越野挑战赛、"长征行者·大学生重走长征路"等。

（3）推广经典长征文化旅游线路

重点突出在历史遗迹中感悟长征文化、在青山绿水中体验长征之旅,凸显革命特色、传统特色和地方特色。推动长征文化旅游产品与沿线自然观光、历史文化、民族特色、乡村民俗等旅游产品的融合,推出回旋鏖战之旅、民族团结之旅、极限挑战之旅、艰苦卓绝之旅、甘孜会师之旅、西进策应之旅6条经典长征文化旅游线路。

3.2.6 强化交通基础设施建设,提升公共服务水平

（1）完善建设交通基础设施及服务

围绕"一轴两线六区"的空间格局,加快构建高速、便捷的交通运输网络。对现状为四级及以下、具备条件的长征景区出口路、直接连接和服务景点景区普通干线公路进行升级改造。加强国道、省道等干线公路与长征沿线城镇、景区道路的有效衔接,大力推进区域农村公路建设,打造一批具有长征文化特色的旅游公路。加强对四川长征文化公园内高速公路服务区的景观营造和服务提升,增设休憩娱乐、物流、票务、信息咨询和特色旅游产业,建成一批特色主题服务区。

（2）健全旅游公共服务设施

加快旅游集散中心布局,在长征主题景区、景点分布相对密集的交通节点设置游客集散中心、咨询中心等服务站点,完善旅游服务体系。设立四川长征文化

公园门户网站、APP，开通官方微博和微信，介绍长征历史文化背景、重要历史事件和遗址遗迹，为游客提供长征景区和各类纪念设施、长征文化旅游体验项目地理位置、开放情况等详尽的信息。推动长征主题旅游营销信息发布及旅游服务在线预订平台建设，完善长征沿线地区旅游景区、宾馆饭店的在线支付、网上预订功能。持续推进"厕所革命"，增加旅游厕所供给，在重要旅游活动场所设置第三卫生间，在高寒地区开展旅游厕所试点，推进厕所文明提升行动，实现所有A级景区厕所达到A级以上标准。

3.2.7 创新宣传推广方式，拓宽市场营销渠道

（1）创新文化传播方式

创新传播的手段和方法，采用新媒体、自媒体、短视频等群众喜见的方式和载体，增强传播的吸引力。加强与中央、省、市知名网络、新媒体，以及境外知名社交媒体、境内外知名OTA、搜索引擎合作，构建多形式、全媒体宣传推广渠道。通过微信、抖音、网络直播等社交媒体平台，采取短视频、全景（VR/AR）、MG动画、创意H5等表达方式，创新宣传推广内容和形式。深度利用海外新媒体（Facebook、Twitter等）和国内新媒体（微信、微博、移动终端等）的专有账号进行信息共享、事件推广、话题引爆，增加四川长征文化公园的曝光率。

（2）开展长征主题系列活动

有针对性地做好出发地、结束地、会师地、战役战斗发生地、重要会议召开地等长征重大历史节点和重要问题的研究阐释工作。积极策划举办具有较大影响力的长征主题各类旅游节事活动，注重提高游客的参与度，使游客体验到红军的光荣传统和中华民族的伟大精神。如开展军事夏令营，带游客到老红军部队进行参观，开展娱乐性和竞技性相结合的竞技项目。加强文化庆典类、文艺休闲类、体育赛事类等节事活动，组织及飞夺泸定桥、强渡大渡河等相关纪念活动的宣传营销；同时引入市场理念，采取"政府组织，市场承办"的机制，鼓励各地社会组织和企业积极主办、协办长征主题地方性特色纪念活动。

3.2.8 研究长征文化，培育长征文化传承人

（1）挖掘长征文化内涵

长征故事、传说、民谣、标语、宣传画等长征精神遗产是长征文化内涵的重要载体，是挖掘长征文化内涵的突破口。首先，要注重对等长征文化遗存的收集、整理、保护与利用，包括分布在长征沿线各城镇、乡村、路旁、建筑物上的

宣传画、宣传标语、纸质文告等珍贵史料等；其次，推出一批权威性强、影响力大的理论文章和学术专著，编撰出版一批反映红军长征和红军长征在四川的系列出版物；最后，召开长征精神理论座和研讨会，定期举办长征文化主题论坛，建设长征文化数据库。

（2）探索构建长征文化传承人队伍

从广义上来说，每一共产党人都应该成为长征文化的传承人。从狭义上来说，长征文化宣讲人、长征景区和博物馆讲解员是长征文化传承人。长征文化宣讲人可以是党校教师、党史研究人员、红军后代、长征亲历者后代，也可以是学生、长征景区和博物馆志愿讲解员、企事业单位工作人员，只要具有良好政治素质、有扎实的长征文化理论功底、活跃在传承弘扬长征文化和长征精神一线的干部群众，都可以培养成为长征文化宣讲人。对于狭义的长征文化传承人队伍建设，可以通过专题研修、研习、培训等方式，提升宣讲水平，组成长征文化宣讲团，为本地游客服务。

3.2.9 汇聚各方力量，完善文旅融合统筹协调推进机制

（1）加强政府主导，建立协同发展机制

建立四川长征文化公园文旅融合发展协调推进机制，文旅部门牵头，编制文旅融合发展专项规划，采取定期信息通报、联席会议等方式，协调省级有关部门按照职能职责，加强行业指导、部门联动，共同推动四川长征文化公园文旅融合相关的产业发展、公共服务设施建设等工作。

（2）汇聚社会力量参与公园建设经营

引入多元资本参与公园建设，探索设立长征文化旅游发展基金，采取 PPP 融资模式等，吸引和鼓励社会力量、民间资本参与公园内文化旅游项目的开发、建设与经营。引导当地社区居民参与公园设立、建设、运行、管理、监督等各环节，以及文化遗产保护弘扬传承、教育、科学研究、游憩等各领域，鼓励当地居民或其举办的企业参与公园内特许经营项目。

（3）开展试点建设，稳步提升文旅融合发展水平

选择条件较好的地方，从新业态、道路、公共服务等方面，开展四川长征文化公园文旅融合发展试点建设，及时总结推广试点经验，整体提升长征文化旅游发展水平。如在泸定桥开展长征文化旅游演艺试点、在若尔盖和红原开展长征步道建设试点、在叙永县石厢子彝族乡开展长征文化 + 乡村振兴试点、在安顺场开

展长征研学旅行试点，等等。

4 结论

建设长征国家文化公园是新时代背景下保护长征文物、传承红色基因和弘扬长征精神的重大文化工程。长征国家文化公园（四川段）作为长征国家文化公园的重要区段，在文旅融合程度不断加深、文旅市场不断升级的趋势下，走文旅融合创新发展道路既是历史选择，更具现实意义。四川长征文化公园文旅融合发展具有丰富且鲜明的资源优势、良好的产业发展基础，但在资源保护、长征文化内涵挖掘、基础和配套设施建设、区域资源整合等方面也存在一定问题，如何利用好长征国家文化公园建设、文旅融合发展政策环境优化等机遇，在全国长征国家文化公园建设中突显四川特色，是四川长征文化公园建设需要面对的难题。本研究对四川长征文化公园文旅融合发展提出了"保护优先、强化传承"、"突出特色、融合发展"、"以人为本、寓教于游"、"整合协调、统筹推进"的总体思路，并从构建具有四川特色的文旅发展格局、运用现代科技手段强化长征文化遗产保护和展示、发展长征精神教育培训和研学旅游、创新文旅融合业态、打造体验性和感知力强的特色长征文旅产品和线路、完善交通基础设施和配套服务设施建设、开展全媒体宣传推广、培育长征文化传承人、完善统筹协调推进机制等方面，对四川长征文化公园文旅融合发展提出了具体可操作的对策建议。

参考文献

［1］李树信，崔佳，罗勇. 长征国家文化公园四川段文旅融合发展的路径与对策［J］.商业经济，2021（02）：49－53.

红色文化资源保护利用对策研究

——以四川省红色文化资源保护利用为例

［作　者］王　强（中共四川省委党史研究室宣教文献处）

摘　要： 红色文化资源铭刻着中国共产党团结和带领中国人民为民族独立、人民解放和社会主义建设实践而英勇奋斗的历程，蕴含着中国共产党和中国人民不屈不挠、敢于胜利的革命精神，是我们全面进行社会主义现代化强国建设的宝贵的物质财富和精神财富。四川在中共党史和中国革命史、建设史上具有独特的地位和作用，留下的数量众多的红色遗址群，凝练了中国共产党系列革命精神谱系，是中国共产党领导四川人民进行革命和建设实践的鲜活的载体。保护和利用好这些红色文化资源，是尊重党的历史、传承革命精神的客观需要，是巩固党的执政地位、发展和繁荣社会主义先进文化、建设社会主义核心价值观，提高人民生活水平、激发人民参与全面进行社会主义现代化强国建设，实现伟大复兴中国梦的不竭的物质基础和精神动力。

关键词： 红色文化资源；保护利用；对策研究

红色文化资源是凝固的中共党史和中国革命史，是中国共产党领导人民进行革命和建设的重要历史见证，具有重要的历史价值、文化价值和经济价值。在中国共产党领导四川人进行革命和建设的百年奋斗历程中，四川各地沉淀了数量众多的红色遗址群落，凝结了主题鲜明的革命斗争精神，已成为激励人民群众捍卫民族尊严、不畏艰险、勇往直前的不竭的力量源泉和精神动力。保护和利用四川红色文化资源，是尊重革命历史、传承红色传统的需要，是关乎巩固党的执政地位的政治工程，是关乎建设社会主义核心价值体系彰显文化自信的文化工程，是关乎提高人民生活水平的民心工程和富民工程，是激发四川人民集中力量全面进行社会主义现代化建设、实现伟大复兴中国梦的动力源泉。充分发挥红色文化资源优势，打造传承发展革命斗争精神的红色文化品牌，传承红色基因，从中国共产党百年奋斗史中感悟党的初心与使命，必将为推动治蜀兴川再上新台阶提供强大物质基础和精神动力。

1　四川省红色文化资源的基本情况

1.1　资源禀赋

四川是中共早期组织成立并领导广大人民群众前仆后继艰苦奋斗的重要阵地，是中国工农红军长征经过路线和持续时间最长、斗争最艰苦最激烈的地方，是红四方面军创建的川陕革命根据地的主体区域，是朱德、邓小平、陈毅等老一辈无产阶级革命家的故乡，也是刘伯坚、赵一曼等许多革命先烈的出生地和成长地。无论是党的早期组织建立，还是在大革命时期、土地革命时期及后来的抗日战争和解放战争时期，中共四川党组织均站在时代的前列，在全国有着重要影响和历史地位，中国民主革命的每个阶段，都在四川留下了数量众多的革命遗存。四川许多红色文化资源位于当地的重要文化设施、文物古迹和特色村镇内，与厚重的历史文化、乡土文化水乳交融，与巴山蜀水独特的人文景观、自然风光相得益彰。四川当地党组织和党史人物活动活跃的地区，多集中在文化底蕴厚重、交通便利和经济相对繁荣的地区，川西主要在成都、川北在绵阳和南充、川东在达州和重庆、川南集中在泸州和宜宾，川籍著名的党史人物大多数活动和出生在这些地方。红一方面军和红二方面军从四川凉山、甘孜、阿坝北上出川到甘肃，经过了南方丝绸之路和茶马古道的部分地区，这一地区是汉、彝、藏民族杂居和彝、藏少数民族聚居地区。红四方面军入川主要沿古蜀道展开，创建川陕革命根据地后，米仓道成为川陕革命根据地的秘密交通线，长征转战时经过了剑门蜀道、金牛道、阴平古道，南下时经过了雅安的茶马古道部分地区。

1.2　分布特征

四川红色文化资源在空间分布上，总体呈现出地域分布范围广泛、各类遗址彼此混合交织的特征。其中伟人与将帅故里旧居主题红色遗址群遍及全川，特别是其中的中共四川早期党组织和重要党史人物活动旧址群，受当时四川革命多点多极爆发、集中连片响应的特征影响，其布局呈现出整体分散、局部聚落的分布特征；红军长征在四川主题红色遗址则受红军长征线路影响，呈现出局部聚落、整体线型分布的"串珠"式特征；川陕革命根据地主题红色遗址群呈现出局部以不同时段主题为纽带的小聚落布局、整体随红四方面军转战线路组团式迁移的带状分布特征；"两路"精神主题红色遗址群沿川藏公路呈线型分布；三线建设红色文化资源以当时项目相对集中的城市为核心、以不同主题为纽带聚落分布，整体上则呈分散形态布局。在其他类型的红色文化资源中，川南游击纵队遗址群、巴山游击队遗址群、华蓥山武装起义遗址群等红色文化资源地域色彩更为明显，呈局部聚落分布。

1.3　主要类型

1. 伟人和将帅故里旧居遗址群。伟人和将帅们的故居，以中共党史人物光辉的生平思想和崇高的精神风范形态，从不同侧面反映了自近代以来中国革命的光辉历程，共同组成了四川独具特色的伟人和将帅故里旧居主题遗址群。

2. 红军长征在四川遗址群。长征中最为艰难的各种严峻考验大部分在四川，铸就长征精神的重要元素许多都与四川有关，四川成为红军长征中名副其实的出奇制胜的战场、会师加油的驿站、战略转移的桥梁和长征精神的凝结地。

3. 川陕革命根据地遗址群。红四方面军 1932 年 12 月入川创建川陕革命根据地，1936 年 8 月北上出川，在四川省内活动长达近四年之久。川陕革命根据地鼎盛时期的面积达 4.2 万平方公里，人口 600 万，是仅次于中央根据地的中华苏维埃共和国第二大区域。

4. "两路"精神遗址群。1954 年建成了川藏公路和青藏公路，结束了西藏没有现代公路的历史，铸造了"一不怕苦、二不怕死，顽强拼搏、甘当路石，军民一家、民族团结"的"两路"精神。

5. 三线建设遗址群。三线建设期间国家在四川建成了 300 多个以国防科技为主的企业单位和科研院所，形成了独立完整、门类齐全的交通能源、基础工业及国防工业体系，实现了中央提出的在我国西部纵深地区建设一个比较完整的战略后方基地的目标。

6. "两弹一星"遗址群。中国两弹城位于绵阳市梓潼县，是原九院（中国工程物理研究院）院部旧址，建于 20 世纪 60 年代中后期，占地 1000 余亩，建筑面积 20 万平方米，是我国继青海原子城之后第二个核武器研制基地的总部。

7. 抗震救灾与灾后恢复重建遗址群。"5·12"汶川特大地震、芦山"4·20"大地震及后来的"8·8"九寨沟地震发生后，四川人民在党中央和省委的坚强领导下，万众一心、众志成城，不畏艰险、百折不挠，以人为本、尊重科学，夺取了抗震救灾和灾后恢复重建的伟大胜利。

8. 脱贫攻坚全域实景展示。四川是打赢脱贫攻坚战的主战场之一，凉山州是其中"最难啃的硬骨头"，全省如期完成了打赢脱贫攻坚战和全面建成小康社会的历史重任，形成了以三河村、火普村等为代表的脱贫攻坚全域实景展示。

此外，四川还有其他主题鲜明、具有保护和开发价值的红色文化资源。

2　四川省红色文化资源保护利用存在的主要问题

2.1　家底不清。由于过去长期以来没有对全省红色文化资源进行定期集中统一的系统性普查统计和动态管理，导致无法对我省目前红色文化资源的禀赋、类别、现状和利用进行全面把握。四川省委党史研究室对新中国成立前的革命遗址进行了一次集中普查，共普查出 3096 个革命遗址。但囿于党史部门人财物和管理权限的局限，对新中国成立后的红色文化资源特别是一些专题性的红色文化资源还无法展开普查。譬如对"两路"精神、抗美援朝、三线建设等红色文化资源的普查均没能有效展开。近几年来，四川省文物局等相关部门加大了对革命文物的普查和认定工作，但对新中国成立后的红色文化资源也还没能开展大规模的集中普查，导致了至今仍无法对全省红色文化资源有一个全面准确的掌握。

2.2　管理分散。在对新中国成立前的革命遗址普查中，许多重要红色文化资源分属不同部门管理，多头管理、权属混杂。目前全省新中国成立前的红色遗址遗迹中，未定保护级别的 1962 个，占全省红色遗址遗迹总数的 63.37%，这些红色遗址遗迹没有完全得到有效的保护。散落在山区的红色遗址遗迹负责管理的责任主体不明确，基本处于无人问津、任其自生自灭的状态。由于对红色文化资源管理的责任主体缺失，缺乏科学有效的管理和保护，加上当地群众保护遗址的意识不强，致使一些重要的红色文化资源损毁严重，有的已不复存在。

2.3　损毁较重。譬如新中国成立前的 3096 个红色遗址中已毁损 489 个，占比达 15.8%。红色遗址遭到破坏的主要原因：一是建设损毁。除了在破"四旧"和"文化大革命"期间造成的破坏外，较为严重的是改革开放以来，在大规模的城市改造、城镇化和新农村建设中，由于在规划时和建设中缺乏对红色文化资源的保护意识而被拆除。数量众多的红色遗址遗迹因城镇建设被毁，给革命文物保护造成无法弥补的损失。二是无序开发损毁。一些地方为开发旅游，对红色文化资源过度开发，在遗址内兴建各种商业设施、娱乐设施和营运设施，让红色遗址遗迹环境受到破坏，甚至对革命文物进行拆旧盖新式的改造，让文物严重失真，失去了保存价值。一些私人博物馆受经济利益驱动，存在伪造革命文物、随意附会历史故事的现象，对还原历史本真产生了负面影响。绵阳两弹城因产权所有者文物保护意识较差，对其中一栋办公楼进行改造利用，造成了对文物一定程度的破坏。三是自然损毁。如甘孜、阿坝的几处红军长征时留下的红色文化资源，由于地处偏远，长期无人过问，出现自然倾斜，甚至垮塌；绵阳市平武县12处红色遗址遗迹，均被列为县级文物保护单位和县级爱国主义教育基地，因木质建筑物自然腐蚀较重，受"5.12"汶川特大地震影响，几乎全部毁损，虽经灾后重建恢复，但已部分失真。另外，由于对新中国成立后红色文化资源在认定和管理上的滞后，许多三线建设时期遗留下来的旧建筑和遗址遗迹，还未来得及评定文物级别，就随着企业搬迁、改制和新型工业园区建设的推进而损毁。

2.4 利用欠佳。近年来，全省各地开始重视对红色文化资源进行保护利用，特别是加大了对红色旅游的投入力度。但由于缺乏全省性的规范要求，四川红色文化资源保护利用出现了一些问题：一是红色文化资源的教育功能彰显不够。出现了重物质轻精神、重经济轻教育的问题，没有把传承红色基因、革命精神有效融入红色遗存的保护利用的全过程各环节，没有深入挖掘提炼红色文化资源的精神内涵，在讲好红色故事、弘扬红色精神、传播红色价值方面做得不够深、不够细，没有体现出红色文化资源的应有功能。二是红色旅游面临发展瓶颈制约。如以交通为代表的基础设施建设滞后，可进入性差，游客停留时间过短人均消费低，旅游产品不成体系，开发方式和营销方式简单趋同，资源开发缺乏统筹协调，各景区间关联小、旅游产品结构趋同，红色文化资源与当地历史文化资源、生态资源融合度不够，导致红色旅游出现政府热，市场却始终不温不火的局面。三是没有建立有效的区域协作机制。各地在红色文化资源保护利用过程中，没有开展整体性的错位发展规划，合作利用程度较低，出现部分红色景区的关联度不高、红色产品同质化等新问题。利用红色文化资源开发红色旅游资源中，各景区所在地政府为了发展本地经济，往往忽视景区间差异，人为阻碍生产要素的跨行政区流动，造成了影响旅游业发展的一系列矛盾，如基础设施建设、生态环境保护、边界共有资源争夺、客源市场的非理性竞争等问题，旅游合作开发程度较低。如川陕革命根据地区域内受行政区划限制，各市县（区）彼此缺乏有效沟通，大多仅考虑自身利益，没有进行资源整合，宣传促销各自为政，区域协作力度不大。

3 加强四川省红色文化资源保护利用的对策研究

3.1 做好普查建档工作，建立红色文化资源数据库。一是在已开展的新中国成立前的革命遗址普查工作的基础上，尽快启动新中国成立后以三线建设遗址等为重点的红色遗址普查和认定工作。二是确定新中国成立后红色遗址的认定标准，依据红色遗址的范围、布局、结构、性质、价值和保存状况，确定保护名录，建立红色遗址保护利用数据库。三是组织由党史、考古、文博、旅游和文化产业等学科专家组成专家组，对红色文化资源的本体及其环境进行调查和研究，对红色文化资源的历史价值、保护程度和社会影响力等进行综合性评估，对其外部环境，如城镇化、工业化、基础设施建设可能造成的破坏进行分析，提出保护利用的建议、意见、措施。从资源的历史意义、现实意义、现状级别、保护情况等多方面因素，逐个评估保护和利用价值，在此基础上编订红色文化资源名录，科学划定红色遗址的保护级别，确定重点保护利用对象。

3.2 做好保护利用规划，推动保护利用的有序实施。一是充分考察红色文化资源所在地的资源状况、人口规模、民族特征、文化传统、经济结构、产业布局、经济发展水平、相关产业市场需求等条件，制订规划建设强制性指标；二是将红色文化资源保护利用规划与当地的社会经济发展规划、城乡建设规划和土地利用规划相配套，促使地方将当地的社会经济发展与红色文化资源保护紧密结合，避免在经济社会高速发展中造成对红色文化资源的破坏；三是对重点红色遗址群既要有保护利用的总体规划，也要有控制性详细规划，还要根据保护的不同对象，制定各具特色的个性化保护办法和措施，对保护规划的指导思想、基本原则、程序及每个程序的管理要求、技术标准、强制性规定、规划机构的资质和权限做出明确规定，既强调整体保护，又细化控制指标，保证整体风貌达到最大限度保护，延续红色文化资源的整体历史文化环境，确保规划落地落实。

3.3 制定保护利用条例，将保护利用纳入法治化轨道。一是借鉴国内先进地区的成功经验，加快制定《四川省红色文化资源保护利用条例》，始终把抢救保护放在第一位，坚持以"保护为主、抢救第一、合理利用、传承发展"的原则，不追求高、大、全，切实维护红色文化资源特有的历史环境风貌，最大限度保持历史真实性、风貌完整性和文化延续性。尤其是对特色红色文化资源富集区的重点文物保护单位、重要城镇村寨、重要历史建筑、战斗遗址和历史文化风貌区，从保护利用的基本原则、规划和建设、经费来源渠道、具体措施、相关法律责任等各方做出法律层面的刚性规定，为红色文化资源保护利用提供可靠的政策法律依据，将红色文化资源保护利用纳入法治化轨道。二是抓好《中华人民共和国文物保护法》《中华人民共和国文物保护法实施条例》《文物保护工程管理办法》和四川省制定的相关实施办法的贯彻落实，根据四川众多内涵丰富的红色文化资源的不同主题特点，采取不同的保护利用模式，加强对各级革命文物保护单位的日常管理，提高保护利用效率，发挥其应有的社会价值和经济价值。

　　3.4　凸显资源教育功能，抓好党史学习和党性教育。红色文物蕴藏不变初心，红色故事映照如磐使命。把保存红色基因、传承革命精神融入红色文化资源保护利用的全过程各环节，分层分级推动红色文化资源进教材、进课堂，运用红色文化资源开展党史学习教育和党性教育，让广大干部群众穿越时空触摸历史、感悟历史，特别是依托丰厚的红色文化资源建好党史、党性教育现场教学基地，开发系列特色课程和精品教学路线，讲好红色故事，弘扬红色精神，传播红色价值，通过红色文化资源培根铸魂、启智润心，让红色成为立德树人的鲜亮底色。一是建好教育基地。四川红色文化资源是进行爱国主义教育、革命传统教育、党史学习教育、党性教育的重要资源和形象化教材，突出地方红色文化资源优势和特色，推进中共党史教育、爱国主义教育、党性教育等红色基地建设，建好四川长征干部学院、两弹一星干部学院等干部教育培训学院，利用红色教育基地开展红色研学访学，让红色资源在党史学习教育、党性教育中发挥重要作用，实现党史学习教育和党性教育的大众化和常态化，不断增强人民群众对中国特色社会主义的政治认同、思想认同、理论认同、情感认同。二是坚持论教结合。注重挖掘红色文化资源的文化底蕴，提炼符合新时代精神的文化基因和精神，建立红色教育一体化工作机制，打造红色教育高地。在充分尊重历史的基础上，不违背红色文化资源历史本质精神，不为迎合经济或市场而导致对红色文化资源文化基因和文化精神的根本性破坏，发展新的红色文化形态；积极搭建有品牌效应的全国性有影响的学术交流平台，通过举办学术论坛、研讨会和建立干部培训学院等多种形式，整合各方研究力量，达到以论促教、以教促学；召开红色资源保护利用研讨会，研讨会每年确定一个主题，邀请红军后代、著名专家和应征入选论文作者参会，集思广益、群策群力，为红色资源把脉问诊、献计出力；深入挖掘红军长征、"两路"、"两弹一星"等革命精神的内涵，组织专家编写教材，邀请国内相关领域的知名专家学者主讲，在课程体系建设上下功夫，培养更多更好的研究专业人才。三是加大宣传力度。开展文艺创作、文化会展等活动，讲好四川红色故事，推进红色文化的科技信息传播力度，全方位、多层次宣传推介四川红色文化，充分激活市场机制，推动红色文化产业快速发展。将基础较好的红色资源整体打造，积极申报为中国文化或记忆遗产，然后再申报为世界文化或记忆遗产。

3.5 保护利用紧密结合，高质量发挥综合效益。对红色文化资源的保护利用既要有历史的维度，也要有现实的维度。历史的维度侧重红色文化的记忆和保存，现实的维度侧重挖掘红色文化资源隐含的文化信息，服务于当前经济、社会和民生，二者相辅相成、不可偏废。因此在保护利用工作中要做好以下几个方面的结合文章：一是注意保护和利用相结合。在加强保护的过程中，注重挖掘红色文化资源的文化底蕴，提炼符合新时代精神的文化基因和精神，发展新的红色文化形态；在进行利用的过程中，在充分尊重历史的基础上，不能违背红色文化资源历史本质精神，不能为迎合经济或市场而导致对红色文化资源文化基因和文化精神的根本性破坏。二是把红色文化资源与其他资源有效结合。在对红色文化资源的保护利用中，走主题化开发模式，注重对红色文化资源周边其他历史文化遗址的挖掘，融合地方历史文化和民族民俗文化等多元文化元素，将红色文化资源周边独特的自然环境、物产资源、历史文化、风俗习惯、宗教艺术等有效整合，多点多面挖掘，精心项目构思，科学规划布局，形成种类繁多、形态各异、丰富多彩的红色产品业态。三是把红色文化资源保护利用与当地党委中心工作结合。与乡村振兴、经济建设工作结合，找准红色文化资源保护利用与当地乡村振兴、经济建设工作的结合点，加大资金和政策扶持力度，解决当地发展不足、发展不快的问题；与区域发展战略结合，特别是与国家"一带一路"倡议、老区振兴发展、成渝双城经济圈规划有效对接，通过实施大项目带动，促进红色文化资源保护利用与当地经济发展、民生改善、生态环境的互动发展。坚持把红色文化资源保护利用与产业调整、特色旅游、生态农业、安居工程、城乡绿化项目相结合，建立多元化投入机制，促进社会效益、生态效益与经济效益的协调统一。

3.6 构建整体联动格局，建立完善科学管理体系。红色遗址保护利用工作是一项需要多地区、多部门共同参与的综合性、系统性、长期性的社会公益性工作，需要以高度的历史责任感和现实的紧迫感，创新思路和措施，科学规划、整体联动，确保各项措施的落实见效。一是强化政府的主导地位。由于红色文化资源保护是一项公益性特征突出的工作，又涉及征地、移民、拆迁、环境整治等各方面工作，因此需要在工作中始终突出政府的主导性地位。二是构建地区和部门间的整体联动格局。在政府和部门有力地推动下，充分发挥地区间的地域性特征和资源互补优势，系统制定错位发展规划，打造集遗址保护、红色旅游、民风民俗体验、自然风光为一体的联合体，避免同质化建设和无序竞争。三是建立完善红色遗址保护的跨部门管理机制。完善区域合作，清除制度障碍，理顺管理体制，解决地区部门间条块分割、相互制约的被动局面。建立由当地政府、上级相关部门和学术研究机构共同组成的红色遗址保护管理工作机构，从事红色文化资源保护、管理方面的决策、协调和征询工作，实行分级保护原则，强化部门间的沟通协调，逐步建立和完善严格的红色文化资源保护管理体系。

化危为机，持续深化四川红色旅游九大行动

［作　者］何　泓（四川旅游学院）

摘　要： 2020 年是四川省"十三五"规划的收官之年，也是四川省文化和旅游厅"红色旅游三年行动计划"的验收之年。"十三五"期间，四川奋力推进"三大发展战略"的实施与实践，增添了科技创新与产业创新发展新动能，全省区域融合发展、竞相发展态势良好，创新、协调、绿色、开放、共享的发展理念深入到各行业和各领域，也有效推动了四川红色旅游的发展。总体来看，四川红色旅游发展取得了很多成效：红色旅游精品打造行动稳步推进；红色文化内涵挖掘成果突出；红色旅游教育功能得到强化；红色旅游融合发展深度开展；红色旅游扶贫富民促进行动卓见成效；红色旅游基础设施建设与公共服务设施建设进一步完善；红色旅游宣传营销与市场开发有序开展；红色旅游资源得到创新保护；红色旅游人才素质得到提升。

关键词： 四川红色旅游；九大行动；发展成效；新变化；新趋势

2020 年是四川省"十三五"规划的收官之年，也是四川省文化和旅游厅"红色旅游三年行动计划"的验收之年。由于新冠肺炎疫情的肆虐，给全球经济社会带来了严重的影响，尤其对全球旅游业带来了巨大的冲击，红色旅游也无法置身世外，一度产生了巨大的危机。在这一深刻背景下，四川文化和旅游主管部门，以及相关主体，化危机为机遇，及时调整策略，主动出击，深入贯彻四川"三大发展"战略，持续稳步推进红色旅游发展规划，全面贯彻创新、协调、绿色、开放、共享的新发展理念，稳步实施红色旅游九大行动，从而有效推动了四川红色旅游的发展。

1　2020 年四川红色旅游发展成效

第一，红色旅游精品打造行动稳步推进，A 级景区上台阶创建活动得到落

实，红色旅游经典线路成功打造。

红色旅游精品打造是四川 2020 年红色旅游工作方案重点实施"九大行动"之一，旨在建设提升红色旅游精品景区，提升现有红色旅游 A 级景区业态及服务管理水平。2020 年，巴中市光雾山旅游景区、甘孜州稻城亚丁旅游景区成功创建国家 5A 级旅游景区，绵阳市两弹城景区、达州市神剑园景区、红四方面军总指挥部旧址纪念馆等 8 个景区成功进入国家 4A 级景区创建名录。"雪山草地、长征丰碑"、"传奇寻踪、伟人故里"、"红色传承、川陕苏区"、"大爱无疆、奇迹中国"、"三线建设、时代魅力" 5 条省内旅游经典线路顺利推出；"不忘初心、重走长征路"、"孙中山—毛泽东—邓小平中国 20 世纪三大伟人故里游"、"追忆峥嵘岁月、致敬三线建设" 3 条省际红色旅游精品线路获得突破；成功推出"四川—德国红色旅游对外合作国际线路"。

第二，红色文化内涵挖掘成果突出，以红色为主题的学术研讨会和交流活动频繁开展，形成了大量的研究成果。

四川省社会科学院成功举办了"毛泽东与中国共产党人的初心使命学术研讨会"，四川旅游学院成功举办"第二届四川红色文化学术峰会暨四川红色精神与全面建成小康社会学术研讨会"，乐山职业技术学院举办了"第二届全国红色文化研讨会年会"，都分别出版了研讨会论文集，夹金山干部学院举办了"夹金山精神"专家研究会。四川省社会科学联合会、川陕革命老区发展研究中心、康巴文化研究中心等哲学社会科学研究基地发布了一系列红色旅游创新发展研究课题，立项项目达 200 余项。四川大学、四川旅游学院、乐山职业技术学院等高等院校开发了红色文化相关课程，四川大学开设了"江姐班"系列党课，四川旅游学院开设了"红色四川"课程，并开发了"红色四川精神谱系"校本课程，红色基因得到了较好传承。此外，还研发了一系列红色文化主题作品，四川旅游学院推出了《巴蜀红》红色主题歌曲，攀枝花学院推出了《三线建设之光》故事读本。

第三，红色旅游教育功能有效发挥，红色旅游研学实践、主题教育活动和红色旅游创意策划大赛等深度开展。泸州市、德阳市、遂宁市、乐山市、达州市、阿坝州等地区重点打造了一批红色旅游研学实践教育基地，叙永县石厢子彝族乡、德阳汉旺地震遗址公园、遂宁市继勋公园旅游景区、绵阳两弹城、达州神剑园、乐山铁道兵博物馆、攀枝花三线建设博物馆等红色旅游研学基地开展大中学生现场实践教学，充分发挥了红色旅游资源的基因传承功能。文化和旅游厅举办了"第二届红色故事讲解员大赛"，组织开展了四川省大学生红色旅游创意策划大赛。各大中学校开展红色旅游进校园活动，结合开学典礼、党团活动、重大纪念日等，邀请专家学者、优秀讲解员走进校园宣传红色历史与故事，组织开展了"清明祭英烈"、"近现代革命诗词大赛"等活动。各地红色培训学院、干部学院打造了一批红色旅游现场教学点，开展以爱国主义、廉政建设、主题党课为重点的体验式教学活动。

第四，红色旅游融合发展深度开展，建成了一批红色旅游融合发展示范区、红色旅游产业园区和一批红色旅游特色小镇，形成了红色旅游与文化、农业、科技等其他业态深度融合的良好态势。

突出红色主题，注重功能发挥，首批 5 个红色旅游融合发展示范区基本形成：以弘扬长征精神、大力发展民族地区全域旅游为目标的"凉山红色旅游融合发展示范区"开始为凉山民族地区经济社会发展助力；以弘扬改革创新精神、推动红色旅游国际化发展为目标的"广安红色旅游融合发展示范区"在红色旅游国际化建设之路上起到了试点示范作用；以弘扬川陕苏区精神、创新旅游扶贫机制为目标的"巴中红色旅游融合发展示范区"在脱贫攻坚中发挥了重要作用；以弘扬抗震救灾精神为目标的"阿坝红色旅游融合发展示范区"在彰显国家治理体系完善和治理能力提升上发挥了比较优势；以弘扬三线建设精神、推动资源型城市转型升级为目标的"攀枝花红色旅游融合发展示范区"成为新时代"创新、协调、绿色、开放、共享"发展理念的示范窗口。

依照"全域布局、全业支撑、全面服务、全民共享"的指导方针，加快推进全域旅游发展体系建设，打造全域旅游知名品牌，在具体实践中，同步推进全域旅游示范区创建与天府旅游名县建设，形成了"示范县上档、创建县升级、一般县入选"的旅游品牌建设新局面。一部分红色旅游产业园区初见成效，2020年 6 月，四川省全域旅游示范区创建工作推进会在崇州市举行。青羊区、崇州市、阆中市、剑阁县、九寨沟县等 17 个地区被认定为首批省级全域旅游示范区。

在示范区和产业园区的共同牵引下，红色旅游融合发展模式呈现出多样化特征，一大批"红色＋"的发展模式纷纷涌现，如"红色＋绿色"注重文化与生态的融合，"红色＋民俗"注重了历史与文化的契合，"红色＋乡村"注重了历史文化与经济发展的协同建设，"红色＋康养"注重历史文化与民生发展相结合……这些新的发展模式为旅游业的发展增添了新的活力，加快了景区提质升级，促进了红色旅游综合功能发挥。

经过分类指导、特色打造、市场培育，成熟了一批融生态资源、人文历史、红色场景体验、参观学习为一体的红色旅游小镇，2020年8月，经省政府批准，都江堰市灌县古城、内江市东兴区范长江文旅特色小镇、石棉县安顺场红色文旅小镇等20个乡镇被命名为第二批四川省文化旅游特色小镇。9月，"四川省2020文化和旅游发展大会"在乐山召开，第二批"天府旅游名县、文旅特色小镇、文旅优秀龙头企业"等获得命名，"新创国家级公共文化服务体系示范区1个、示范项目2个，三星堆列入国家文物保护利用示范区首批创建名单；新增国家5A级旅游景区2家、4A级旅游景区15家，国家全域旅游示范区5家、国家级旅游度假区1家、全国乡村旅游重点村23个，国家一级博物馆4家，天府旅游名县10个"。

第五，红色旅游扶贫富民促进行动卓见成效，助力2020年四川全省实现全部脱贫摘帽。

依托3A级以上红色旅游景区，按照"景村共建"思路，采取安置就业、提供摊位、入股分红、土地流转等多种方式发展红色乡村旅游，以红色文化底蕴为基础，推出了一系列红色旅游与乡村旅游相结合的体验项目，支持培育红色文化主题客栈、红色文化主题餐饮、红色旅游纪念品销售等业态发展，引导红色旅游资源富集的扶贫重点村镇创建A级景区，经过专家评审，文化和旅游厅遴选出100个乡村纳入省级乡村旅游重点村名录，达州万源市、绵阳北川县、南充仪陇县、广元市剑阁县—旺苍县、阿坝州汶川县—小金县等多地旅游扶贫示范区功能得到充分发挥。通过全面启动巴蜀文化旅游廊道建设，开展定点帮扶带动旅游扶贫脱贫，实现了5个县17个乡24个村全部脱贫摘帽。

第六，红色旅游基础设施建设与公共服务设施建设进一步完善，旅游服务能力全面提升。

以中央红军长征在四川的线路为依托，以国家等级交通线网为基础，全省干线公路技术等级全面提升，沿线交通配套设施进一步完善，古蔺—会理—石棉—宝兴—小金—黑水沿中央红军长征线路的县级公路干线全面提升了通行能力，形成了一条从南至北国家级红色旅游廊道。完成了芦花官寨红色旅游道路、若尔盖巴西会议旧址红色旅游景区连接公路、皎平渡红军渡江遗址连接线路、水磨古镇红色旅游景区连接公路、叙镇路（石厢子会议旧址—叙永县水潦乡）等8条红色旅游公路的新修及升级建设，共完成约200公里的公路新建、升级改造工程。叙镇路起于叙永县营山乡隆场村，与现有叙赤路（原321国道）相连，途经叙永县观兴乡、石厢子彝族乡、水潦彝族乡，止于已建成的鸡鸣三省大桥四川界，全长44公里。这条红色旅游公路建成后，成为叙永县城到石厢子红色旅游区的最短的旅游线路，行车时间大幅缩短，沿线居民出行也更便捷，对开发石厢子红色旅游资源，打造全域旅游具有重要意义，成为四川"长征—红色记忆"示范工程。

与此同时，全省红色旅游公共服务体系进一步完善。在以红色旅游A级景区、示范村镇等为重点的旅游场所，包括智慧旅游、应急救援避难等一系列公共服务设施得到全面改善，基本实现了光纤宽带、3G/4G以及公共区域WIFI全覆盖，红色旅游市场监管力度进一步加强，旅行社管理和导游服务行为得到整顿和规范，实现了红色旅游安全、质量、效益、秩序的健康发展。在公共服务方面，2020年，四川创建国家级公共文化服务体系示范区1个、示范项目2个。截至2020年8月，全省发行文旅地方政府专项债券21只、116.1亿元，分别占全国同行业的63.6%、44.6%。协调金融机构推出"旅游贷"等专属信贷产品和服务，1157家文旅企业和145个文旅重点项目共获得1095亿元投放贷款。为应对疫情冲击，积极开展线上文化服务，全省公共文化服务机构开展线上活动近万个，服务超千万人次。另一方面，为了文旅企业纾困解难，出台了一系列优惠政策帮扶市场主体渡难关，164个文旅企业（行业组织）获得纾困资金6210万元，789家旅行社获退2.62亿元质保金。及时实施《四川文化旅游恢复发展计划》和"文旅消费提振行动"、"夜间消费创新行动"。

第七，红色旅游宣传营销与市场开发有序开展，进一步提升了四川红色旅游社会影响力。

举办了红色主题系列宣传推广活动，品牌营销形成规模示范效应。四川先后举办国际文化旅游节、第七届全国大学生红色旅游创意大赛、第八届四川乡村文化旅游节（四季版）等重大节会活动，持续开展"熊猫走世界·美丽中国"、"全球川菜名馆与四川美食之旅"、"名家说四川"、"名人唱四川"、"业者荐四川"等境外推广和全球旅游营销活动，持续推进四川旅游文化品牌的营销推广。这些活动以文博遗址、特色街区、创意社区等地理空间为依托，打造形成了旅游发展的区域集散地，塑造了武侯祠、大熊猫基地、青城山、峨眉山、阆中古城、东郊记忆等一大批文旅景区景点示范，引领文化旅游融合发展。以中央红军长征胜利 85 周年和川陕革命根据地建立 87 周年为契机，举办了长征线路申遗国际研讨会、不忘初心·重走长征路红色之旅系列活动。

全力实施文化品牌战略。实施巴蜀文化全球推广计划，坚持文旅融合、文旅互动，推动国际人文交流合作，以更新的表现形式、更有效的传播手段、更丰富的文化内涵、更具竞争力的产品，开展国际文化交流与合作，将巴蜀文化艺术推向世界舞台，提升四川旅游品质。充分利用川陕甘、泛珠三角地区、大香格里拉旅游等旅游推广联盟等已有区域合作平台，开展跨县、跨市、跨省红色旅游区域合作，新推"中国二十世纪三大伟人（孙中山—毛泽东—邓小平）"、"四川（川陕苏区）—甘肃（胜利会师）—陕西（革命圣地）"和"云南（通道）—贵州（遵义）—四川（泸定）"三条省际红色旅游精品线路。组建旅游促销团队，赴国内旅游主要客源地举办红色旅游专题推介会、红色旅游线路旅游摄影图片展，多形式、多角度、全方位对四川红色旅游资源进行宣传展示。

为加强川渝两地红色旅游发展合力，两地联合开展了"巴蜀文化走廊——川渝百万市民免费互游百景区活动"，2020 年 9 月—12 月，两地百余家景区互送游客免费门票百万张，"安逸四川，冬游天府"活动中，全省 202 个收费 A 级旅游景区中有 103 个景区推出景区门票全免优惠，43 个景区实施景区门票半价优惠。其中，甘孜州从 2020 年 11 月 15 日 2021 年 2 月 1 日，推出门票全免、酒店半价、机票打折三项冬春旅游优惠政策。

积极推进国际旅游合作，广安市、阿坝州开展全国红色旅游国际合作创建活动，以伟人足迹为线索，深度开发了"中法（广安—里昂）"、"中德（仪陇—格丁根）"、"中俄（广安—莫斯科）"等国际旅游线路，开拓了境外旅游市场，提升了对外旅游形象和国际影响力。

第八，开展文旅资源普查，红色旅游资源得到创新保护。

文旅资源普查全面开展。2020 年，全省上下掀起"文旅资源普查风"，普查登记全省六类文化资源 271.02 万处、八类旅游资源 24.55 万处。组织首届"四川非遗购物节"，实现全省 139 家非遗扶贫就业工坊 100% 上线，国家发展改革委公布 60 个全国红色旅游发展典型案例。广泛开展革命历史文物征集活动，绵阳江油市开展了"王右木烈士革命文物征集活动"、达州万源市开展了"川陕苏区革命历史文物征集活动"等，群众踊跃捐赠，一批重大革命文物得到了保护。

自 2019 年 3 月长征线路申遗活动开展以来，由四川省社会科学院牵头实施的长征线路申遗活动完成了前期调研工作，在 2020 年形成了调研报告，并启动了中国工农红军长征线路申报世界文化遗产工作，举办了长征线路申遗国际研讨会。按照科学规划、分类管理、有效保护、合理利用的原则，一大批革命遗址得到了原址性保护、预防性保护，最大限度保护和呈现了革命遗址的历史真实性、风貌完整性和文化延续性。

红色遗产保护创新机制不断形成。政府主导、企业投资、社会赞助、民办官助等社会化、多样化保护机制形成。红色旅游宣讲和展陈方式不断创新，沙盘模型、影像同期、触摸屏、电子书、场景复原、高清全息投影等现代技术得到广泛应用，部分景区引入了 VR 技术、环幕影院、3D 影院、多媒体游客交流平台等设施设备，增强了浏览的吸引力和感染力。

第九，开展各类培训和比赛活动，红色旅游人才素质得到提升。

"全省红色旅游人员培训计划"如期进行。按照三年轮训一遍的目标，对红色旅游讲解员、导游员和红色旅游管理人员进行了分期培训。培训方式灵活多样，在职培训与脱产培训相结合、线上培训与线下培训同步开展、省内培训与省外培训相兼顾、理论培训与实践教学相补充。在省级文化部门的示范性培训引领下，各市地州文旅部门也分别组织了本地讲解员培训活动。2020 年 11 月初，雅安市委组织部在仪陇县张思德干部学院举办了全市党员干部教育培训现场教学点讲解员示范培训班，90 名来自全市各党员教育培训现场教学点的专兼职讲解员参加了培训。宜宾市、德阳市等多地也进行了相关培训。经过共同努力，全省红色旅游从业人员综合素质得到了全面提升。

为全面提升全省旅游讲解员综合素质，检验近年来旅游人才建设成果，2020 年 6 月，省文化和旅游厅等多家主管部门组织开展了"2020 年全省导游大赛"，来自全省 21 个市州的 60 名导游、讲解员参加了比赛。比赛通过笔试、家乡美、讲解比赛、1V1 专题对抗赛、"最美文旅人"主题演讲和综合能力应对测试等多个环节，全面检验了参赛讲解员的综合素质。各市地州文旅部门也分别开展了不同层次的讲解员大赛，有效地促进了讲解员队伍综合业务素质的提高。

2 2020 年四川红色旅游发展的新变化

2020 年，面对新冠肺炎疫情的冲击，四川文旅部门、旅游行业和各级管理部门、专业队伍，练内功、谋转型、寻生机，向新求变，逐渐探索出一条品质化、科技化、品牌化发展之路，全省旅游行业化危为机，主动应变，红色旅游迎难而上，主动求新，带来了一系列可喜变化。

第一，红色旅游持续升温，成为旅游行业发展的龙头支柱。

献礼中国共产党建党 100 周年，在抗击新冠肺炎疫情面前"中国共产党为什么能？"的全球询问下，全国红色旅游迎来大发展，各地纷纷抓住这一契机，积极着手制订红色旅游新的发展规划，打造地方红色旅游名片，向国内国际更多游客讲述中国发展的中国故事，从而掀起了一股红色旅游热潮，2020 年四川实现旅游收入 6500 亿元，接待国内游客 4.3 亿人次，其中红色旅游占了很大的比重。在未来发展中，四川作为红色旅游资源大省，更要抓住机遇，抢占市场，擦亮底色，增强品牌，让红色旅游在"文化强省、旅游强省"中发挥更为突出的作用。

第二，旅游品质的高低成为决定旅游行业盛衰的关键。

2020 年，由于疫情的影响，出入境旅游基本处于停滞状态，只有国内旅游还保留着较好的发展态势，但要让游客放心地走进来、留下来却仍然不易。随着旅游逐渐成为一种流行的生活方式，人们对旅游品质的高要求、高"胃口"成为制约旅游业发展的灵魂。新冠肺炎疫情带来的特殊发展背景，使人们在旅游消费观念、旅游消费习惯上发生了重大改变，对旅游安全的重视、对旅游消费的修改化追求，成为人们出行旅游考虑的重要方面，旅游价格不再是人们出行旅游考虑的重点，对旅游品质的高度需求，成为影响旅游出行的重要参考，人们更愿意为高品质、好服务的旅游产品买单。而红色旅游的高品质特点，正好满足了人们的需求。所以旅游品牌高质量发展成为旅游行业盛衰的关键。

第三，"数字化"旅游是红色旅游发展的新方向。

整个 2020 年，数亿中国人居家抗疫，但"宅家"并不等于与世界隔绝，相反，中国人民依靠中国智慧，创造出"云旅游"、"云看展"、"云看物"等系列形式，创新出"在线旅游"新模式，从而为世界旅游行业的发展再次做出了中国新贡献，由此加速了中国旅游业务世界旅游业的数字化、智能化发展进程。

2020 年底，国务院、文化和旅游部相继提出智能化、数字化发展旅游行业新目标，着力推动互联网＋技术、人工智能、智慧景区等发展规划，这都为红色旅游的未来发展指明了方向。

3 四川红色旅游未来发展新趋势

红色旅游发展大格局已经形成。四川省已经形成 11 条红色旅游精品线路和 40 个红色旅游经典景区。

红色旅游的内容得到全面拓展，"长征丰碑"、"川陕苏区"、"伟人故里"、"铁血抗战"、"两弹一星"、"三线建设"、"抗震救灾"、"改革开放"等八大红色旅游品牌完全确定，并都成为四川红色旅游的重要内容。红色旅游的表现形式、呈现方式、宣传定式都更加丰富，以 VR 为代表的现代科技手段得到广泛运用。红色旅游精品受到越来越多人的欢迎。红色旅游区域合作与产业融合深度推进。

在红色旅游未来发展方向上，需要更加注重未来发展新趋势，把握时代发展潮流，引领红色旅游深度发展。

第一是把握红色旅游区域品牌差异化。全面体现品牌特色，走差异化道路，深化发展。要深挖红色旅游品牌主题，充分发挥其不同的文化功能，满足不同层次游客的需要。

第二是把握红色旅游发展国际化。站在国际性视野，赋予红色旅游文化更加广阔的含义。用中国式语言，讲好中国的红色故事，给世界上那些既希望加快发展又希望保持自身独立性的国家和民族提供中国经验。

第三是把握红色旅游产品规划设计体验化。体验式旅游更加强调旅客的参与性，也更能使旅客获得切身感受和深度认同，不仅在形式上满足旅客内心愿望，还能通过体验达到心灵共鸣，得到精神文化感悟和升华。

第四是把握红色旅游市场营销多元化。用市场运作去开发市场，在红色文化建设上坚持政府主导、社会主打、群众参与，才能形成合力。在红色旅游营销中，要充分发挥多元化手段，让消费者全方位了解红色文化。

第五是把握红色旅游开发融合联动化。红色旅游与生态发展相融合，可以获得持久发展的动力；红色旅游与文化建设相吻合，可以增强发展的吸引力；红色旅游与民生健康相协调，可以获得更好的保障与支撑；红色旅游与工业建设相适应，可以推进经济与社会的持续发展。加强红色文化产业与一、二、三产业融合发展，更能提升红色旅游的吸引力和创新力，使红色旅游发展获得新动力。

参考文献

［1］四川省文化和旅游厅. 全省文化和旅游局长会议在成都召开［N/OL］. http：//wlt. sc. gov. cn/scwlt/wlyw/2021/1/19/370e2c57f00d4a42bace69bb111021c8. shtml，2021－01－19.

［2］王雪娟，付远书. 回眸"十三五"—四川文旅"融"出新天地"合"出别样红［N/OL］. http：//wlt. sc. gov. cn/scwlt/wlyw/2021/1/21/378ccdaab27a480d9367afc7c9f96937. shtml，2021－01－21.

［3］杨艺茂. 看四川文旅五年发展—文化市场规模西部第一旅游总收入翻倍长［N/OL］. http：//wlt. sc. gov. cn/scwlt/wlyw/2020/12/4/64da666dcdce46beb6643d0799ead885. shtml，2020－12－04.

席懋昭革命事迹述略

——记一位鲜为人知的地下工作者

［作　者］章彤晖（四川旅游学院）

摘　要：　席懋昭同志是我党出色的革命干部和坚定的无产阶级革命战士。在席懋昭二十多年的革命生涯中曾历经无数坎坷，遭受多重磨难，面对敌人白色恐怖的威胁，他从未退缩，坚持斗争，为党和人民做出了重要贡献。特别是光荣地完成了党交给他护送陈云同志出川的重要任务，在我党的革命史上书写了浓墨重彩的一笔。由于他不计个人得失，一心埋头工作，加之牺牲较早，他的事迹在很长一段时间湮没在历史钩沉里，不为人所知。在那个风雨如晦的革命年代，他表现出的共产党人坚贞不渝的革命精神和勇于斗争，善于斗争的革命气质值得被后人铭记。

关键词：　席懋昭；陈云出川；革命斗争；地下工作

　　席懋昭同志生于 1912 年 1 月，是四川省仪陇县观音乡人，家庭条件优越，自小就敏而好学，成绩优越，6 岁时就读于观音乡的私塾，13 岁时在观紫乡小学读书。青年时受进步思想的影响，带领进步学生开展"反贪污"的学生运动，与当地的土豪劣绅英勇斗争。1932 年，席懋昭光荣入党，先后担任了中共成都北区区委组织干事、成都华阳市委宣传部干事等职务，积极开展我党的地下工作。1935 年 6 月，红军长征来到宝兴，席懋昭积极组织当地的民众迎接红军，并接受护送陈云出川的光荣任务。1937 年，他赴延安中央党校学习，与陈云同志重逢。在延安学习后，他又回川开展地下工作。1948 年，在我党即将取得革命胜利之际，席懋昭同志不幸被捕，1949 年 11 月 27 日在重庆渣滓洞牺牲，年仅 37 岁。目前关于席懋昭英雄事迹的相关研究并不多，其中大多是以陈云出川为主视角，讲述席懋昭同志在护送陈云出川过程中的英勇事迹，如李崇刚的《席懋昭护送陈云出川》、甘夫灿的《席懋昭：护送陈云出川的无名英雄》等文，对席懋昭本人的革命事迹还有待挖掘。

对席懋昭同志的英雄事迹进行深入发掘和整理，是新时代人们缅怀先烈，坚定信仰，继承红色基因的重要一环，具有极高历史价值和意义。席懋昭将一生奉献给了党和人民，用生命和鲜血诠释了什么是坚定的共产主义者，什么是崇高的理想信念。他一生多次被俘，面对国民党反动派的威逼利诱和非人折磨，他始终坚定革命理想、始终对党忠贞不渝，一次次的磨炼铸就了他钢铁一般的意志，坚定了他为共产主义奋斗终生的决心。笔者通过对《仪陇党史资料》《雅安市党史资料》等史料的研读，探访席懋昭烈士的直系亲属，掌握大量的一手资料，力图全面勾画出席懋昭同志英雄的一生、革命的一生。

1 席懋昭早期革命活动

席懋昭出身富农家庭，从小家境优越，不谙贫寒，6 岁时在观音乡念私塾，13 岁在观紫乡小学读书，在每学期的考试中都名列前茅。在他小学毕业的那个暑假，一位成都文学院的进步学生侯风回家，带给他两张报纸，上面分别登有《青年的出路》和《揭穿中国的黑暗》等文章，可以说这两篇文章对他的影响很大，起到了革命思想启蒙的作用。1928 年的秋季，席懋昭以优异的成绩考入仪陇县立初级中学。从在仪陇中学读书时起，他就以鲁迅的"横眉冷对千夫指，俯首甘为孺子牛"为座右铭，每逢节假期间，他就在家乡四处贴写有"废除族权"、"不准恶霸欺压穷人"的革命标语，还在春灯上写上自己作的诗句"有心怜寒士，无意媚显达"的诗句。

在学校里，他酷爱进步书籍，常常为进步和穷苦学生打抱不平。在班里，他秘密联络了杜克明、朱尚书、侯超、柳谦、舒圭、邓光汉七名同学组成"学术研究会"（朱尚书是开国元帅朱德的侄子，侯超是进步青年侯风的弟弟）。席懋昭会定期向同学们讲述县内外及国内的政治形势，尤其是揭露县里"十人团"土豪恶霸把持政权，搜刮民财的不法行径，这些都激起了同学们对国民党反动派统治的不满和愤怒。1929 年的 6 月，仪陇中学第二班学生李继旭在办理学生伙食的过程中克扣学生的伙食费，被进步学生杜克明、朱崇文检举揭发，但校方顾忌李继旭是军阀李伟如的侄子，故意袒护不作回应，这引起了在校学生的强烈不满。席懋昭便组织学生展开斗争，他叫杜克明以印班上学习资料为名，用印油机编印"打倒军阀"、"严惩贪污"的标语。他还组织学生进入学校大小食堂，用哑铃砸烂锅、碗、盆等炊具，使得全校师生无法洗脸、吃饭。全校一百二十多人手拿标语冲出学校，在乡里四处张贴标语、散发传单，他更是身先士卒，登上乡里的高台，向聚拢的民众发表进步演说，揭露国民政府贪污腐败的恶行，将斗争活动推向高潮。

这次的学潮规模很大，引起了当地保安局和驻军的警觉，于是他们将席懋昭和其他骨干成员如杜克明、朱尚书、侯超等七人拘捕押往看守所。他与同行的进步学生协商由他来承担发动学生运动的全部责任。在押送的途中，席懋昭趁机逃脱了，军警终因证据不足，将进步学生全部释放。席懋昭回家后，在家门口写上"窄桥由你先过，天空任我自飞"的楹联，以示坚决同反动势力斗争的决心。

因为这次学潮闹得很大，社会反响强烈，反动派对席懋昭产生敌意，勒令仪陇中学开除了他的学籍，其他成员也受到了处分。由于他成绩优异，深受校长赏识，校长还曾亲自给席俊才写信，希望劝说席懋昭不要投向共产党。但席懋昭通过这次学生运动，已深刻体会到国民党内部腐败不堪，愈发坚定了他投身革命的决心。在被仪陇中学开除后，席懋昭借堂兄的毕业证顺利考入了川北保宁公立高中文科班，在那里他结识了贺伯琼。他们在学校参加了进步组织"学生会"，积极宣传进步思想，还开展了"择师运动"，这引起了反动派的不满，在第二年的暑假就把席懋昭和贺伯琼等进步学生退学了。

1931 年秋季，席懋昭与贺伯琼分别考入了成都天府中学和大同中学。在天府中学的求学过程中，他勇敢地同地方官僚、豪绅做斗争。他利用编辑学校《会刊》的机会，发表了题为《如此的秋季行政会议》一文，在文中赤裸裸地揭露仪陇地方官员、地主、豪绅搜刮民脂民膏供自己享乐的不法行径，在社会上产生了强烈反响。

由于席懋昭在学生运动中积累了丰富的工作经验，思想上和工作上都更加成熟，受到了地下党员的关注和赞许。在 1932 年的春天，席懋昭在党员张晓光的介绍下光荣加入共产主义青年团，在党的培养下迅速成长为成都的学生领袖，也是在这一年，席懋昭与贺伯琼结婚。第二年在由思维和刘春如两位同志的介绍下，他们光荣加入中国共产党并先后担任了中共成都北区区委组织干事、成都华阳市委宣传部干事等职务。同年 8 月，席懋昭被组织派往邛崃、荥经一带活动。不久，由于成都地下党被破坏，他与党组织断了联系。

席懋昭与党组织失联后，一方面设法寻找党组织，一方面积极深入成都市郊开展地下工作。但日益恶劣的局势让他不能久留成都，他便和贺伯琼回到天全县投奔他的大哥——时任国民党二十四军五旅二十八团营长的席伦，凭借他哥哥的关系暂且栖身。在席伦的推荐下，天全县县长陈树才分别委任席懋昭夫妇为灵关殿小学校长和校教导主任。席懋昭利用灵官殿小学校长的身份，更便于他开展革命活动。他深入劳苦民众和学生中展开革命宣传，教育学生们要热爱中华民族，拥护共产党。席懋昭还积极联系观音寺小学校长、地下党员魏守端，与他一起从事党的地下活动。

2 护送陈云出川

1935 年，在毛泽东的指挥下，中央红军奇迹般地四渡赤水，南渡乌江，抢渡大渡河，飞夺泸定桥，翻雪山，过草地，书写了一段气壮山河、可歌可泣的长征史诗。也就是在这个时期，席懋昭与中央和红军发生了关系。听闻中央红军即将到来的消息，席懋昭和魏守端带领刚刚组建的游击队的十几个青年，一方面四处骚扰、袭击国民党军队，一方面积极做稳定地方群众情绪的工作，更重要的是利用熟悉地形的优势，为杨成武、王开湘的红四团做向导，避开敌人重兵把守的大路，走小路从十八道水直达灵关。自此，席懋昭不仅和红军接上了关系，还正式加入了红军。在往后整整一个星期，红军源源不断地从灵关经过，继续向宝兴、夹金山方向前进。席懋昭主要负责为红军安排驻地，还配合红军镇压国民党地方反动势力，打开地主的粮仓，把粮食分给乡亲们。在护送红军过灵关的任务即将结束的时候，党又交给了他一个重大而光荣的任务——护送陈云出川。

1935 年 5 月 29 日，在红军渡过大渡河后，党中央利用短暂的休整的机会，在泸定城附近召开了政治局常委会议——"泸定桥会议"。会议决定了两件事：一是红军向北走雪山草地一线，避开人烟稠密地区，与在岷江流域一带活动的红四方面军会合；二是让陈云停止长征，前去上海恢复白区的党组织，设法与共产国际取得联系。

党中央选派陈云去完成这个光荣的内务也有实际的考量，首先陈云有长期的革命斗争经验，他能力强、经验丰富、办事沉稳，深得党中央的信任。其次他一直担任党中央重要职务，并参加过遵义会议，对整个会议内容很清楚，便于向共产国际汇报会议情况。此外，陈云还有在白区工作的经历，本身又是上海人，操着上海口音不容易被怀疑，去上海开展工作很合适。对于这项任务，陈云后来回忆道："1935 年 6 月，到了懋功雪山脚下的灵关殿，我就离开了。中央决定让我去白区恢复党的工作。"

由于这是党的秘密行动，就需要坚实可靠的人去完成。当时护送陈云出川的有两个人，一个是席懋昭，另一个是红军战士陈梁。席懋昭之所以被党中央选中去完成这项光荣的任务，笔者认为有两方面的原因，其一由于他有长期的与敌斗争经验，意志坚定，沉稳老练，再就是他是当地人，便于在川内活动。这应该是能担任此次光荣任务的主要原因。

在席懋昭成为红军的第七天，两位红军战士（两位红军战士的姓名已不可查）向他传达了护送陈云同志出川的光荣使命，席懋昭毫不犹豫就答应下来，他跟随两位红军战士在一个简陋的房子里见到了陈云，陈云同志紧紧拉住了他的手，热情地攀谈起来，随后他们便踏上了出川的行程。

当时蒋介石坐镇成都，护送陈云出川绝非易事，从天全县到上海相隔数千里路，在四川境内就要经过戒备森严的雅安、成都、重庆三道关卡。为了避开迎面追击的敌军大部队，他们决定绕道荥经县，再转向雅安，前往成都和重庆。1935年 6 月 12 日，陈云和席懋昭，还有陈梁三人冒着蒙蒙细雨，沿着山间泥泞小路出发了。因为不敢走大路，走的都是挖药材的山间小路，甚至说基本是没有路，都是在原始森林中探路行进，还要注意避开野生动物的攻击，困难重重。在路上，他们与天全县教育局的熊局长不期而遇，这个人是我党在捕获后故意放跑的国民党官员，想让他给陈云一行指路，也利用他的身份避开路上国民党的盘查。席懋昭机警地与熊局长搭上话，谎称他们一行人是为了躲避红军而外逃的，这位熊局长信以为真，向他们提供了很多沿途的情况。在熊局长的配合下，他们多次避开敌军追击和地方民团盘查，顺利到了荥经县。稍作休整后，陈云和席懋昭分别扮成商人和采购，前往雅安。他们从雅安出发，日夜兼程，步行五六天后，终于平安抵达成都。

他们到达成都后，发现成都街面上到处都在增加岗哨，戒备森严，过路行人要挨个接受严格的盘查。为了安全，陈云决定与席懋昭他们分头行动，他找到了刘伯承在成都的好友、成都美丰银行的董事长胡公著，并在他那里落脚。他还委托陈梁在《新新新闻》刊登了一则《廖家骏启事》："家骏此次来省，路上遗失牙质图章一枚，文为廖家骏印，特此登报，声明作废。"这个启事是他事先和周恩来商量好的，是向党中央发回的暗号，告诉周恩来，陈云一行已安全冲出重围，顺利抵达成都。

陈云在成都稍作休息后，便与席懋昭会合前往水陆重镇重庆。到达重庆后，陈云手持刘伯承的一封介绍信，找到刘伯承的一位朋友，并在那里暂时落了脚，而后他又托人买了前往上海的船票。席懋昭一路护送陈云到朝天门码头，陈云紧紧抓住他的手，依依惜别，陈云提出希望席懋昭与他一同前往上海开展工作，但席懋昭担心自己操着一口外地口音在上海会影响陈云同志的安全，便婉言拒绝了。

在送别陈云之后，席懋昭步行十多天返回雅安。此时的红军已离开了灵关殿，之前被红军镇压的豪绅地主们又卷土重来，尤其是原来灵关殿小学的校长徐和谦，记恨席懋昭顶替了他的校长职位，向当地政府告发他是共产党，国民政府将席懋昭的画像四处张贴通缉。席懋昭在半途中从灵关殿出来的熟人那里得知妻子贺伯琼已被国民党抓捕，革命战友魏守端也被当地土豪劣绅残忍杀害了。面对如此情形，他强忍悲痛，折返回成都寻找组织。但在成都停留数日都没找到，于是他决定先回老家仪陇，等待时局稳定，准备北上寻找红军。然而反动派已派人蹲守在他老家附近，他又跑到阆中县的小黄沟席正慧家躲避追捕，不幸被敌人的别动队发现并逮捕，押解回了仪陇。

席懋昭在仪陇狱中，天天遭受反动派的严刑拷打，为保守党的秘密，他凭借坚忍的意志，坚决否认自己是共产党。他不断地向审讯者申冤，说道："那些土豪劣绅不满意我一个外籍人当校长，我和徐和谦是争权夺利的关系，我替了他的官位，使他们心怀怨恨诬告我是共产党！"席懋昭一面在监狱与敌人周旋，一方面托人向他的哥哥席伦报信，设法营救。席伦接到求救信后，立刻以军方的名义书写文书，反告发徐和谦诬陷席懋昭，并花 1200 块大洋和十几条枪，给天全、仪陇两县县长送礼，打通关节。同时家里也当田地、卖大树换钱营救他。两位县长得利后，对席懋昭的"案子"草草做了开庭审判，判处他 6 个月监禁。西安事变后，形势有了转变。在张澜先生的声援下，1937 年 3 月席懋昭被释放。

席懋昭出狱后，在南充营业税务局做了一个三级组员，并在当地组织了"学术研究会"作为掩护开展地下活动。1937 年 5 月的一天，他无意间在一份《大公报》上看到了范长江同志写的长篇通讯《陕北之行》，得知中央红军已到达陕北延安，他写信告诉成都的好友程塈一同前往陕北。这一年的九月，他辞去了营业税务局的差事，将"学术研究会"转交给延安来川的同志，带上行李，备足路费，带着南充有名的民盟人士张澜的通行证，踏上了前往陕北的行程。

在刚刚进入陕西境内的时候，他被一伙土匪劫了道，劫去了全部路费和衣物，最后只剩下一件单薄的长衫。一路上他身无分文，没有钱住旅店，就借住在老乡的屋檐下，没有钱吃饭，就采集山间的野果充饥，这样坚持走到了宝鸡，与好友程塑相遇。十月上旬，席懋昭一行到达了延安，受到中央组织部邹风平同志的热情接待，安排他们住进了中央组织部招待所。两天后，组织部干部科长王鹤寿同志找他们谈了话，询问了四川党组织的情况下，席懋昭做了详细的汇报。王鹤寿安排席懋昭和程塑在延安的中央党校学习，他们被分进了十三班。

在党校学习的过程中，席懋昭勤奋努力，刻苦钻研，系统地学习了马克思主义，这对他往后开展革命工作的意义是巨大的。他在延安党校学习期间，几乎每个星期天都要到陈云那里学习理论，聆听教诲。在席懋昭即将回川之际，陈云还送给他一双呢子拉链棉鞋和一听罐头以示纪念。

3 开展地下工作

1938年4月，组织派席懋昭回川从事地下工作。为了方便开展工作，席懋昭和好友席良的妹妹席珍假扮夫妻，后来随着革命工作的不断开展，他们二人日久情深，便正式结为夫妻。在省委的安排下，席懋昭前往仪陇开展工作，他为了尽快恢复仪陇地下党组织，四处奔波，利用各种关系，获得了仪陇民教馆员的身份，他在馆内负责宣传工作。他曾向馆长请求购买大量新书供给群众阅读，还积极宣传进步思想，订购《新华日报》。他每日工作到深夜，写黑板报宣传抗日救亡。他一面积极工作，一面与我党同志取得联系，在他的努力下，组织建立了城关党支部，并当选为党支部书记。

1941年，党组织派席懋昭去观音乡开展地下工作，回乡后的他一方面暗地里发动群众，揭露地方恶霸对农民的剥削压迫，深得百姓拥戴，一方面通过席珍的兄长陈省吾和县民政科员梁伯吉的关系，被推举为观音乡的乡长。席懋昭利用乡长职务，为当地百姓做了不少好事，他见到从观音乡到太平乡的路垮塌严重，就组织民工很快修成了平坦的大路。他还在青黄不接的时候，拿出一百石公粮救济民众，受到老百姓的一致好评。他还勇敢地同当地恶霸、豪绅做斗争，罢免了一批不作为的保长，乡里恶霸罗崇高的儿子拒绝服兵役，他亲自送罗崇高儿子服兵役，群众都赞许席懋昭是一个不畏强暴的人。但他的做法极大地触及了反动派和地方豪绅的利益，当地恶霸们集体诬告他贪污粮谷、罢免保长、私通共党等罪名，县政府罢免了他的乡长职务，并将他逮捕入狱。面对反动派的威逼利诱，席懋昭正义凛然，拒不承认豪绅们诬告他的种种罪名，席珍也通过陈省吾等人设法营救，并送给县长手枪一支，大洋一千二百块，金戒指一枚，反动政府遂将席懋昭释放。席懋昭出狱后随即控告县长卢昀原勒索民财，县长得知后，急忙向他赔礼并退还了所有大洋。

为了更好地开展地下工作，席懋昭利用哥哥席伦的关系打入国民党内部，做了刘文辉直属吴副官的私人秘书，在此期间获得了大量敌方情报，并秘密建立党组织，发展革命武装力量。后来又做了天全县民政和社会科科长，并兼任天全县中学历史教师。在天全中学，他秘密组织进步教师，成立了"粉笔工会"，进行索取薪水、争取待遇的斗争。他还亲自主持改组县工会，罢免了作恶多端的工会会长张希武，选派工作勤勉的穷苦木工做工会会长，这个举动在社会上反响热烈。但他的行为又一次触犯了反动派的政治利益，工会被县政府勒令改组，地方乡绅趁势反扑，告发他是共产党员，并将他驱逐出了天全。离开天全后，席懋昭来到泸定，在懋功、荥经、雅安一带活动，其间还设法做芦山土匪头子陈志伍的转化工作。可以说他革命的足迹遍布西康，极大地发展了我党在西康的力量，国民党反动派对他是既怕又恨。

4 喋血渣滓洞

就在席懋昭在川西积极开展地下工作时，由于叛徒出卖，于1948年3月18日在雅安学道街的一家茶馆里不幸被反动派抓捕，与此同时，席珍也在泸定县城被捕，此时的她已身怀有孕。这一年很特殊，正是我人民解放军对国民党进行战略决战的关键时期，蒋介石电谕各地，大肆抓捕共产党人和进步人士。

纵观席懋昭的革命生涯，他曾主要有四次被反动政府抓捕的经历，据其孙女林琳女士介绍，其被捕次数远不止于四次。曾经虽多次被捕而终能够化险为夷的原因，笔者认为其一是席懋昭长期的地下党员身份的隐蔽性，使得反动派无法确认其真实的党员身份，再加上他在敌人刑讯的过程中守口如瓶，凭借强大的意志力消弭敌人对其身份的怀疑；其二便是通过他的哥哥席伦的军方关系，每每遇险之时多方运作，让反动派无奈就范；其三便是他家境殷实，通过典当土地、贩卖木材，使他一次次渡过难关，继续投身于党的事业。但他1948年在雅安被捕时，其兄长席伦已被反动政府边缘化，不能施以援手；国内大环境造成反动派以"宁可错杀一千，不可放走一个"为原则疯狂捕杀进步人士和我党党员。在这样的条件下，席懋昭的处境可谓是凶险万分。

反动派的审讯在席懋昭坚毅如山的革命意志下毫无进展，他们便从席懋昭的家人中寻找突破口。席懋昭的一个侄子因为害怕反动派的手段，向反动派供述了席懋昭曾有前往延安中央党校学习的经历，反动派通过这条供状，认定了席懋昭一定是共产党内部的大人物，将其情况上报重庆。重庆方面获悉后要求把席懋昭和一同关押的进步人士经成都转到重庆"中美合作所"渣滓洞集中收押。

1948年7月，席懋昭和共产党员刘笃君一起被押解到重庆渣滓洞，被关押在渣滓洞二楼六室中。到了渣滓洞，席懋昭依旧坚持和反动派做斗争，与同室的蒋可然、邹全安等共产党员一起参加了绝食斗争和新四军战士龙光章的追悼会、慰问江姐等活动。空闲的时候，他经常帮助其他同志，抢着打扫室内和厕所的卫生。他常常和同志们谈论革命历史，鼓励大家要坚定信念，越是关键的时候，越要叫敌人知道，共产党人是不可动摇的！他还组织大家唱"团结就是力量"、"解放军进行曲"、"解放区的天"和陕北名歌，并在放风坝上组织了一次很有意义的春节联欢会，庆祝人民解放军取得重大胜利。大家都被他乐观的革命斗争精神所感染，对我党和革命的未来充满了希望。

但遗憾的是席懋昭最终还是没能看到共和国的太阳冉冉升起的那一天。1949年11月27日，白公馆、渣滓洞惨绝人寰的屠杀开始了。国民党特务将关押在渣滓洞的革命者分批押往松林坡刑场枪杀。由于路途较远，行动缓慢，直到深夜，渣滓洞押出3批共20多人在松林坡被枪杀。狱中尚有100多人，在解放军炮轰重庆城的隆隆炮声中，惶惶不可终日的敌人将牢内的革命者全部集中在楼下直接用冲锋枪和机枪进行扫射，席懋昭和其他战友们应声倒在血泊中，这一年他年仅三十七岁。

5 追认烈士

由于席懋昭长期进行的是秘密斗争，身份隐秘，重庆解放后，与一起工作过的我党同志几无联系，因此无人证明席懋昭过去为党工作的经历。政府对他过去的情况也不太了解，又来不及做详细的调查，关于席懋昭身份和其过往事迹的甄别问题一直搁置未得到解决。但陈云同志没有忘记这位曾经护送过他出川并肩战斗过的亲密战友，新中国成立后一直在打听席懋昭的下落。在陈云同志的关怀下，中共四川省委组织部和中共仪陇县委经过调查，很快查清了席懋昭的革命斗争历史。1983 年，中共四川省委组织部派人把复查他的情况和他革命斗争事迹及照片报送陈云审阅。陈云经过认真审阅和仔细的辨认后，亲自为席懋昭写了翔实而又珍贵的证明材料："最近，四川省委组织部送来材料，证明席懋昭同志确曾担任过灵关殿（村）小学校长，他的爱人也在该校当过教员。另外，还送来一张他的照片，这些情况以及照片，和我的记忆完全吻合，因此可以断定，席懋昭就是当年护送我从灵关殿（村）到成都、重庆的那位同志。"1983 年 12 月 20 日，陈云专门在关于席懋昭的调查文件上做了批示，肯定了席懋昭在护送他出川这一党的重要任务中的功绩，认为应该授予席懋昭通知革命烈士的光荣称号。

1984 年初，席懋昭的夫人席珍到北京，陈云当时正生病住院，未能得见。当陈云后来得知席珍来过北京时，立刻打电话给她说："大家都是老同志，你有什么困难和要求，请说出来，我们尽量满足。"但席珍什么要求也没有提，只是告诉陈云："只要历史没有忘记席懋昭就行了……"正是在这一年，四川省人民政府决定，正式追认席懋昭为革命烈士，并追记大功一次。

6 总结

席懋昭同志用一生践行了共产党地下工作的基本准则和战斗精神。尤其是在与上级组织失去联系后，很多党员因此停止了活动，但席懋昭同志依然坚定不移，自觉为党办事，尽心尽力。面对敌人的白色恐怖和肆意屠杀，他斗志不减，不愧为"自古天涯谁无死，愿将热血献人民"的共产主义战士。历史是由人民创造的，我们不能否认重要的历史人物对历史进程的推进作用，我们更应该注意到这些默默无闻的"小人物"在历史发展过程中所承担的重要角色，正是因为有成千上万个像席懋昭一样具有坚定地理想信念和笃实奋斗精神的无产阶级战士们，才使得我党的革命从胜利不断走向胜利。

习近平总书记曾说，"理想信念就是共产党人精神上的'钙'"，席懋昭同志正是因为有坚定的理想信念，才成为了敌人打不碎敲不烂的"硬骨头"。有句话说得好，"多数人因看见而相信，少数人因相信而看见"，席懋昭同志用他革命的一生、战斗的一生证明了他就是"因相信而看见"的少数人。

烈士的躯体虽然到下，但他的精神长存。先烈们真挚的革命信念，顽强的斗争精神，以及他们的思想工作作风，仍然像一面镜子，光辉照人。我们永远缅怀席懋昭同志，让他的革命精神永远激励我们，为中华民族伟大复兴梦做出我们应有的贡献。

参考文献

［1］中共仪陇县县委党史工作委员会办公室. 仪陇党史资料［M］.四川：中共仪陇县县委党史工作委员会办公室，1984：4.

［2］甘夫灿. 席懋昭：护送陈云出川的无名英雄［J］.档案记忆，2017（09）：40-42.

［3］叶永烈. 他影响了中国：陈云全传［M］.四川：天地出版社，2019.

［4］中国共产党. 中国共产党四川历史［M］.北京：中共党史出版社，2009.

［5］于俊道. 陈云真情实录［M］.北京：天地出版社，2020：31-33.

［6］高尧. 陈云出川——陈云和席懋昭的故事［J］.党史纵览，2005（12）：11-12.

［7］夹金山干部学院系列丛书编委会. 雪山丰碑［M］.夹金山干部学院系列丛书编委会，2018：143.

05

山地旅游

四川山地旅游研究进展

［作　者］王美玉（四川大学旅游学院）　赵　晨（四川大学旅游学院）
　　　　刘　勇（四川旅游学院）　　程　励（四川大学旅游学院）

摘　要：　山地地区拥有独特的自然旅游资源和文化旅游资源，四川是以山地为
　　　　主的省份，对于四川山地旅游的研究对加强该地区山地开发与管理、
　　　　促进四川山地可持续发展具有重要意义。文章首先对国外山地旅游研
　　　　究进展进行分析，随后梳理了四川山地旅游研究进展，将其划分为萌
　　　　芽阶段和产生阶段，对研究内容、研究视角及研究方法进行了总结。
　　　　分析发现，四川山地旅游研究以基于四川资源环境特征的山地旅游开
　　　　发为主，且大多是经验性讨论，缺乏对山地旅游影响及基于不同主体
　　　　视角的实证研究；四川山地旅游研究集中于山地旅游可持续发展与山
　　　　地旅游开发两个主题，且对贡嘎山、九寨沟、龙门山等景区的研究较
　　　　多；四川山地旅游发展具有良好的资源条件和政策支持，但生态环
　　　　境、产品结构等方面仍然存在局限。据此，提出了相应的发展策略，
　　　　以促进四川山地旅游的理论研究和实践发展。

关键词：　山地旅游；四川；研究进展

引言

　　山地旅游是以山地地区为载体，在山地特殊的自然环境和社会文化环境系统
内开展的度假、观光、户外运动、探险、康养、文化探寻等旅游活动。山地独特
的生物物理特征为旅游业提供了重要的资源基础，包括丰富的自然资源、多样化
的生态系统和多元的少数民族文化资源等。中国是世界第一山地大国，山地旅游

是中国山地地区发展的重要途径。四川旅游业发展水平在国内占据优势位置，并且位于西南片区的首位，四川以山地地形为主，据四川省第一次全国地理国情普查公报显示，山地面积占全省行政面积的79.52%，四川旅游业与山地旅游的发展密切相关。已有研究对国内外山地旅游进行了探讨，但还未有专门研究对四川环境特征背景下的山地旅游研究进行梳理与分析。在文化旅游深度融合、疫情后人们亲近自然的背景下，依托四川山地自然和文化环境资源，综合考虑利益相关者需求，提供多样化的山地旅游产品，对推动四川山地旅游的高质量可持续发展具有重要意义。本文首先对于国外及国内山地旅游研究进展进行了梳理，并对四川山地旅游的理论研究与发展现状进行探讨，以期对四川山地旅游研究和实践提供相应借鉴和参考。

1 国外山地旅游研究进展

以"（mountain or mountaineering）and tourism"为主题检索词对 Web of Science 核心文集（1900 年—2021 年 4 月 30 日）进行检索，共检索相关文献 3183 篇，排除信件、文献目录、编辑材料等文献类型，以及病理学、分子生物学、化学等学科文献，得到相关文献 1934 篇。山地旅游研究呈现多元化迅速发展的态势，在学科领域上，研究集中于社会科学、环境科学和商业经济学等领域；在地域分布上，源自美国和中国的研究最多，分别有 372 篇和 286 篇，占总数的 34.0%，罗马尼亚、意大利、澳大利亚、法国、西班牙等拥有丰富山地资源的国家对山地旅游也有较多研究；在时间阶段上，2000 年以前相关研究数量较少，每年不超过 20 篇，进入 21 世纪后，山地旅游得越来越多的重视，相关研究呈现增长态势，直至 2015 年，山地旅游研究进入快速发展阶段，文献数量占总文献数量的 55.5%，仅 2019 年一年就有 204 篇相关文献。

进一步对国外山地旅游相关研究文章进行梳理，尤其是对高被引频次和最新前沿研究进行分析，发现国外山地旅游研究内容主要集中于山地旅游开发和管理、山地旅游影响和山地旅游行为等方面，涉及社会学、经济学、心理学等多学科研究视角。在研究方法上，以基于案例地的定性或定量实证研究为主，采用访谈法、问卷调查法、实地观察法和实验法等多种方式展开调研，具有多样化的数据收集和分析手段。

在山地旅游开发和管理方面，Strom 和 Kerstein 通过对阿什维尔居民的访谈得出提升居民生活质量和保护当地自然文化资源是该山区旅游业的重要经验；Yang 等基于博弈论分析了青城山地方政府、社区居民和投资者等利益相关者的行为决策机制；He 和 Zhu 探讨了江西明月山山地旅游开发中乡村资源开发利用存在的问题及对策。山地旅游影响研究主要关注山地旅游对目的地经济、环境、文化及社会等方面可持续发展的影响，近年来对社区参与、旅游减贫等热点话题的关注度上升。例如 Zhang 等基于对武夷山农户的抽样调查发现山地自然保护区旅游发展对区域内家庭生计的正向影响和局限性；Ooi 等则探讨了山地旅游季节性从业者的边缘化问题。在山地旅游行为方面，已有研究在山地旅游的框架下全面探讨了旅游体验、感知、情绪、动机、决策等山地旅游者心理行为特征。Mu 和 Nepal 基于访谈探讨了珠峰大本营登山者的风险认知，认为登山者情绪发生了由赞赏向恐惧和痛苦的转变；Xiao 等选取九寨沟国家公园探讨了山地旅游地空间邻近性、真实性和地方依恋之间的关系；Lian 和 Yu 采用实验法探讨了黄山线上形象、产品参与和游客决策之间的关系。此外，国外山地旅游研究关注山地骑行、山地徒步、山地滑雪等山地探险旅游方式，及山地生态旅游、山地乡村旅游等特有旅游形式。

2 四川山地旅游研究进展

四川山地面积广，山地旅游资源数量多、类型全、品位高，具有适合开展山地旅游、户外运动等多种旅游活动的陆地、水域、气候等自然资源条件和休闲文化、少数民族文化、巴蜀文化、红色文化等文化环境。但四川山地除盆地边缘以峨眉、青城为代表的传统名山外，大多可进入性较差，距主要客源市场较远，且四川山地旅游资源存在生态脆弱性和易损性，硬件设施建设投入风险较大。

聚焦四川省山地旅游研究，基于四川主要山地地区，以"（山地＋山岳＋登山）＊旅游＊（四川＋成都＋龙门山＋贡嘎＋四姑娘山＋峨眉山＋西岭雪山＋青城山＋天台山＋虹口＋葛仙山＋稻城亚丁＋海螺沟＋九寨沟）"为主题检索词在中国知网学术文献网络出版总库（CNKI）进行检索（截至 2021 年 4 月 30日），设定来源类别为核心期刊（北大核心、CSSCI、CSCD），共检索核心文献

40 篇，剔除 3 篇书评、说明等不符合要求的文献，筛选出 37 篇目标文献。继续检索硕博士学位论文全文数据库，共检索硕士与博士论文 196 篇（其中博士论文 1 篇），剔除 135 篇不符合主题的论文，最终筛选出 61 篇学位论文。对上述检索的 98 篇文献进行分析，可以认为四川山地旅游研究总体仍处于起步阶段，根据文献的数量分布，进一步将其分为萌芽阶段（1998 年—2005 年）和产生阶段（2006 年—2021 年）。

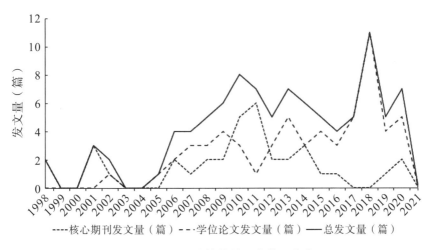

图 5－1　四川山地旅游研究数量分布

在萌芽阶段（1998 年—2005 年），陈国阶作为最早针对川西山地旅游展开研究的学者之一，从生态视角出发，论述了天全、宝兴、茂县等地的山地生态建设与产业发展战略；聂献忠等采用问卷调查法分析了九寨沟旅游者人口学特征、旅游动机及行为特征。此后，学者们开始关注四川山地景区的开发，如鄢和琳和包维楷探讨了川西生态旅游开发及可持续发展模式，但研究热度较低，8 年时间仅有 10 篇文献，且以经验性讨论为主，仅有一篇采用定量方法对旅游者行为进行了初步探讨。

探索阶段（2006 年—2021 年）的山地旅游研究逐渐增加，呈波动上升趋势。这一阶段的研究以四川山地旅游开发和山地旅游可持续发展为主，主要研究范式是基于四川山地旅游资源、目的地特征及市场需求，对山地旅游开发和灾后重建等方面进行综合探讨，同时开始关注四川山地旅游风险管理、山地旅游的生态影响及山地旅游者体验。研究视角有所拓宽，对山地旅游的研究结合地质学、设计学、建筑学、生态学、景观学、地理学、心理学等多学科领域的内容。研究方法开始多元化，问卷调查、访谈法、网络游记、GIS 空间分析、系统动力学、计量经济学模型等多种定量或定性实证研究方法被引入。

总体而言，四川山地旅游研究仍以山地旅游开发和管理开发为主，与国外研究相比，研究内容较为单一，研究领域也较为狭窄，对山地旅游的经济、环境、文化及社会等影响，以及基于主体视角的山地旅游行为研究仍然存在较多空白之处，且缺乏对于社区参与、旅游扶贫等热点话题的实证研究。在研究方法上，问卷调查、访谈法、计量方法等近年来已经开始被国内学者采用，但研究仍然多采用"发现问题——提出政策建议"的方式进行经验性讨论，基于访谈法、内容分析法或数理统计方法的实证研究还较为缺乏。基于山地旅游的价值和山地旅游在四川的重要性，加强四川山地旅游研究具有重要意义。

3 四川山地旅游发展现状

四川山地旅游的开发，是四川"十四五"时期实现赶超跨越的重要战略机会，对于加速四川建设成为旅游经济强省，对于加速四川解决脱贫攻坚、实现共同小康，对于助力经济欠发达山区的可持续发展，具有至关重要的作用。因此，如何恰当选择山地旅游发展的方式已经成为眼下四川山地旅游可持续发展亟须解决的现实问题。四川得天独厚的地理环境，使得四川有着非常富集的山地旅游产品。"水景之王"九寨沟、"人间瑶池"黄龙、"天下幽"青城山、"天下秀"峨眉山、"熊猫王国"四川大熊猫栖息地都属于山地类的世界遗产地。"东方的阿尔卑斯"四姑娘山、"最后的净土"稻城亚丁、"蜀山之王"贡嘎山等都是国家级自然保护区。此外，沙鲁里山、大巴山、龙门山、七曜山、邛崃山、大娄山、武陵山、西岭雪山等也在国内外享有盛名，具有极高的旅游开发价值。

表5-1和图5-2分别展示了四川山地旅游研究主题文献数量和四川山地旅游研究涉及景区情况。在37篇与四川山地旅游相关的核心期刊文献中，涉及具体景区的文献共有21篇，其中与贡嘎山相关的研究最多，为9篇，且这些文献大多围绕贡嘎山的生态旅游和可持续发展进行研究；有4篇文献与九寨沟相关，主要研究九寨沟的旅游安全、可持续发展和游客行为；有3篇文献主要分析了龙

门山的旅游资源并给出开发对策。结合以上文献和其他参考材料，笔者分析了四川山地旅游发展现状、存在问题及限制因素，并给出相关建议。

表 5-1 四川山地旅游研究核心期刊主题文献数量

Tab. 1 Quantity of literature of core journals on mountain tourism research in Sichuan

研究主题	文献数量/篇	比重%
山地旅游可持续发展	11	30
山地旅游开发	9	24
山地旅游资源及评价	8	21
山地旅游安全	6	16
山地体育旅游	3	8
山地旅游游客	2	5

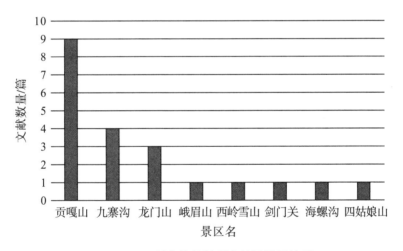

图 5-2 四川山地旅游研究涉及景区情况

3.1 山地旅游资源丰富

四川省东西地貌差异巨大，西部由高原、山地构成，大部分地区海拔高于4000m；东部主要为海拔高度在1000～3000米的丘陵和盆地。山地、高原、丘陵3种地貌共占四川省总面积的约91.8％，这使得四川山地旅游资源十分富集。近年来，四川省山地旅游发展迅速，产生了各种不同类型的山地旅游，如山地文化旅游、山地观光旅游、山地探险旅游等。四川山地旅游种类的丰富与旅游业态的迅速拓展，促进了当地旅游经济发展，带动了山区人民的脱贫脱困。

3.2 山地旅游得到政府大力支持

在"十三五"期间，四川成功创建了 5 个 5A 级旅游景区，其中有 4 个为山地型景区，且全省现有的 15 处 5A 级景区全都位于山区（按创建时间先后依次为：青城山·都江堰旅游景区、峨眉山风景名胜区、九寨沟风景名胜区、乐山大佛景区、黄龙国家级风景名胜区、广安市邓小平故里旅游区、阆中古城、北川羌城旅游区、汶川特别旅游区、剑门蜀道剑门关旅游区、朱德故里景区、海螺沟景区、碧峰峡旅游景区、光雾山景区、稻城亚丁景区）。2021 年四川省文化和旅游局长会议中强调，要求在"十四五"期间基本把四川建设成为旅游强省。政府对旅游业发展的高度重视，为山地旅游的高质量发展提供了政策性支持和保障。

3.3 基础设施建设日益完善，山地旅游品牌形象提升

截至 2020 年底，四川省新建或改建旅游厕所共 6541 个，乡村民宿达标户 3639 个，省级旅游扶贫示范村 592 个。全省高速通车总里程现已超过 8000 公里，都江堰到四姑娘山的山地轨道交通项目在 2020 年 3 月就已开工建设，这将成为我国第一条山地轨道交通列车。"智游天府"文化和旅游公共服务平台于 2020 年 9 月上线，累计服务超过 300 万人次。基础设施的日益完善、交通通达度的不断提高、智能化管理系统的建立为游客的出行提供了良好条件。"十三五"期间，四川主办四川甘孜山地文化旅游节等文化旅游节会 56 场，各大平台多种形式的旅游营销，让"山水四川，沃美天府"这一旅游品牌形象持续高涨。

3.4 山地旅游研究蓬勃发展

四川省内的山地旅游研究始于 21 世纪，随着省内山地旅游景区的逐渐发展，相关高校、旅游研究机构和学者开始将眼光关注在山地探险、山地文化、山地旅游与社区共享、横断山山地旅游开发等方面。近年来以四川大学旅游学院、四川旅游学院等高校为代表的科研机构已经产生了一些相关学术成果。四川省旅游学会成立了山地旅游专委会和休闲运动专委会，吸纳相关学者进行专项研究。四川旅游学院于 2017 年建成山地旅游与户外运动研究中心，成为国内学界山地旅游发展研究的新高地。四姑娘山风景名胜区 2018 年完成了国内首部 A 级景区"山地户外运动概念性规划"；2019 年在四川旅游学院与四姑娘山景区管理局的共同努力下编制了国内首部"山地户外旅游管理标准体系"和"山地户外从业人员

培训课程体系";四川旅游学院携手四姑娘山景区管理局编撰出版了《四姑娘山户外百科》;2010年四姑娘山景区管理局联合四川旅游学院和四川省文化与旅游厅成功申报文旅部标准化基金项目"山地户外服务标准化服务研究";阿坝州和四姑娘山景区管理局联合四川旅游学院连续举办了四届"山地旅游专家国际论坛"。乐山市峨边县黑竹沟风景区致力打造山地探险旅游,率先成立了"黑竹沟文旅产业研究院"专注于山地户外旅游的产业发展研究。经过二十余年的发展,四川省山地旅游研究形成了鲜明的特色,在国内外山地旅游研究界开始崭露头角,被称为山地旅游研究的"西南学派"。

4　存在问题和限制因素

4.1　旅游生态环境脆弱

生态脆弱是山地旅游资源的特征之一,经过人类长期以来的开发和自然灾害的频频出现。四川山地旅游区原本脆弱的生态环境不断恶化,让山地地区在社会经济发展和生态环境保护之间进退两难。

4.2　产品结构单一,缺乏品牌特色

四川很多山地旅游景区仍以传统观光旅游产品为主,山地度假休闲、山地户外运动等旅游项目相对来说还比较少,且很多山地旅游产品未与当地文化得到结合。2018年,中华人民共和国文化和旅游部设立,反映出了旅游与文化结合是时代发展的必然趋势。但四川很多山地少数民族聚居区对文化的开发仅停留在表层,如出租少数民族服饰、贩卖少数民族物品等,民族文化内涵缺乏深度挖掘,游客感觉不到各个民族地区的特色。

4.3　产业融合乏力

四川旅游资源种类多,在开发过程中可以利用当地特有的资源和文化优势,形成如茶文化旅游产业、大熊猫文化产业之类的特色产业。然而四川大多数山地旅游景区并没有把旅游和其他产业融合,主要还是依靠收取景区门票费用来增加收入。

5 发展策略

5.1 注重生态环境保护，强化山地旅游的法制管理

四川山地生态系统较脆弱，四川山地旅游景区在规划和开发的时候就必须思考如何保护生态环境；在运营过程中，景区还要增强环保宣传，并联合有关部门制定相关法律，通过法律来约束所有旅游参与者的行为。

5.2 促进产业融合，培养复合型人才

调整山地旅游产业结构是促进产业融合的关键。山地旅游区应该把旅游业作为基础产业，推进文化、教育、农业、康体等产业与旅游业的融合，发展山地旅游的新业态，丰富山地旅游产品，创新山地旅游发展模式，拉长山地旅游产业链，为山地旅游可持续发展注入新动能。同时，各景区管理局可以邀请知名专家和学者通过讲座等形式对旅游从业者进行培训和指导，通过培养全面发展的复合型人才来增强景区的竞争力。除此以外，景区也可以和高校合作，开设特定的实践课程，让相关专业的学生更适应市场的发展趋势。

5.3 提高山地旅游从业者素质，培养复合型人才

随着信息技术在社会中的广泛应用，互联网、智慧旅游等与山地旅游的联系日益紧密，除了和旅游相关的知识，旅游从业者还应该掌握互联网、营销、策划等领域的技术。因此，各景区管理局可以邀请知名专家和学者通过讲座等形式对旅游从业者进行培训和指导，通过培养全面发展的复合型人才来增强景区的竞争力。同时景区也可以和高校合作，开设特定的实践课程，让相关专业的学生更适应市场的发展趋势。

5.4 以国际视野开发山地旅游

要以国际标准和视野开发四川山地旅游，参考各个世界著名山地旅游地的发展经验，根据四川山地的特点，编制"四川省山地旅游发展规划"，着眼于打造国际山地旅游目的地。在此过程中，要科学评估四川山地旅游资源的价值，并在保护生态的前提下加强山地基础设施的建设。

5.5 丰富旅游产品种类，重视特色旅游产品打造

在旅游开发过程中，要从不同的角度思考游客的需求，坚持以多元化的视角打造山地旅游产品，重视观光旅游、生态旅游、文化旅游等不同种类旅游产品的

开发。除此以外，还应该根据不同景区的特点，打造具有特色的专项旅游产品。四川海螺沟、峨眉山、周公山等山地地热资源非常丰富，可以依托此优势发展康养旅游；四姑娘山、贡嘎山等山地可以进行登山、攀冰、攀岩等探险活动，可以凭借自身的地形特点推出高品质的探险旅游；峨眉山、青城山、四姑娘山、贡嘎山、九寨沟、碧峰峡、光雾山、剑门关等山地生态保护较好，具有很高的科学考察价值，可以利用各个景区的资源，打造精品科考旅游产品。

参考文献

［1］田瑾，明庆忠. 国外山地旅游研究热点、进展与启示［J］. 世界地理研究，2020，29（5）：1071－1081.

［2］Higham J. Tourism and development in mountain regions［J］. Tourism Management，2003，24：491－492.

［3］邓良凯. 川西高原旅游目的地空间结构及规划优化研究［D］. 重庆大学，2018.

［4］CNR News. Bulletin of the first general survey of geographical conditions in Sichuan issued［EB/OL］https://baijiahao. baidu. com/s？id＝1579929453689395272&wfr＝spider&for＝pc，2017－09－30.

［5］央广网. 四川首次地理国情普查公报发布［EB/OL］. https：//baijiahao. baidu. com/s？id＝1579929453689395272&wfr＝spider&for＝pc，2017－09－30.

［6］Strom E，Kerstein R. Mountains and muses：Tourism development in Asheville，North Carolina［J］. Annals of Tourism Research，2015，52：134－147.

［7］Yang Z Z，Shi H，Yang D，et al. Analysis of core stakeholder behaviour in the tourism community using economic game theory［J］. Tourism Economics，2015，21：1169－1187.

［8］He J，Zhu Z. Research on sustainable utilization of rural resources in tourism development in mountain area［J］. IOP Conference Series：Earth and Environmental Science，2021，632：022083－022085.

［9］Kuscer K，Mihalic T，Pechlaner H. Innovation，sustainable tourism and environments in mountain destination development：a comparative analysis of Austria，Slovenia and Switzerland［J］. Journal of Sustainable Tourism，2017，25：489－504.

［10］Mutana S, Mukwada G. Mountain - route tourism and sustainability. A discourse analysis of literature and possible future research［J］. Journal of Outdoor Recreation and Tourism - Research Planning and Management, 2018, 24: 59 - 65.

［11］Zhang Y, Zhang B, Hu Y, et al. Can protected area have positive effects on community livelihood? Evidence from Wuyi Mountain National Nature Reserve, China［J］. Journal of Forest Economics, 2021, 36: 53 - 77.

［12］Ooi N, Mair J, Laing J. The transition from seasonal worker to permanent resident: social barriers faced within a mountain resort community［J］. Journal of Travel Research, 2016, 55: 246 - 260.

［13］Mu Y, Nepal S. High mountain adventure tourism: Trekkers′ Perceptions of risk and death in Mt. Everest Region, Nepal［J］. Asia Pacific Journal of Tourism Research, 2016, 21: 500 - 511.

［14］Xiao X, Zhang J, Lu J Y, et al. Distance decay of place attachment and perceived authenticity of mountain tourism destinations in China［J］. Journal of Mountain Science, 2021, 18: 194 - 204.

［15］Lian T H, Yu C H. Impacts of online images of a tourist destination on tourist travel decision［J］. Tourism Geographies, 2019, 21: 635 - 664.

［16］Buning R J, Cole Z, Lamont M. A case study of the US mountain bike tourism market ［J］. Journal of Vacation Marketing, 2019, 25: 515 - 527.

［17］Beedie P, Hudson S. Emergence of mountain - based adventure tourism［J］. Annals of Tourism Research, 2003, 30: 625 - 643.

［18］Elsasser H, Bürki R. Climate change as a threat to tourism in the Alps［J］. CLIMATE RESEARCH, 2002, 20: 253 - 257.

［19］Strobl A, Teichmann K, Peters M. Do mountain tourists demand ecotourism? Examining moderating influences in an Alpine tourism context［J］. Tourism, 2015, 63: 383 - 398.

［20］田瑾, 明庆忠. 中国近30年山地旅游研究进展与展望［J］. 云南地理环境研究, 2018, 30 (6): 19 - 26, 41.

［21］刘娟. 四川省户外运动消费需求影响因素分析［D］. 西南财经大学, 2012.

［22］曾玉. 四川山地旅游资源特征及开发建议［J］. 阿坝师范高等专科学校学报, 2005 (1): 63 - 67.

［23］刘霞. 山地旅游竞合模式研究［D］. 西南交通大学, 2010.

［24］陈国阶. 川西盆周山地生态建设与发展战略——天全、宝兴、茂县为例［J］. 资源科学，1998（4）：36－42.

［25］聂献忠，张捷，吕菽菲，等. 九寨沟国内旅游者行为特征初步研究及其意义［J］. 自然资源学报，1998（3）：57－63.

［26］鄢和琳，包维楷. 川西山地生态旅游开发及其持续发展初步研究［J］. 自然资源学报，2001（6）：557－561.

［27］李娴，殷继成. 山地可持续旅游开发模式探讨——以川西贡嘎山地区为例［J］. 旅游论坛，2011，4（1）：33－35，65.

［28］曾晟然. 基于人居环境提升的江油云锣山民宿开发探讨［D］. 成都理工大学，2020.

［29］叶欣梁，温家洪，邓贵平. 基于多情景的景区自然灾害风险评价方法研究——以九寨沟树正寨为例［J］. 旅游学刊，2014，29（7）：47－57.

［30］王德志. 海螺沟山地景区旅游安全风险评价体系研究［D］. 成都理工大学，2016.

［31］向旭，董怡菲，杨晓霞. 山岳型景区碳源碳汇的估算与分析——以西岭雪山景区为例［J］. 西南大学学报（自然科学版），2014，36（8）：150－159.

［32］田野，卢东，Powpaka Samart. 游客的敬畏与忠诚：基于情绪评价理论的解释［J］. 旅游学刊，2015，30（10）：80－88.

［33］闻扬，刘霞. 基于社区参与的四川山地旅游发展［J］. 财经科学，2009，251（2）：110－115.

［34］韦跃龙，陈伟海，罗书文，等. 乌蒙山区岩溶景观特征及其旅游扶贫潜力分析和模式［J］. 热带地理，2020，40（1）：10－26.

［35］程励，罗翩. 山地探险旅游及探险者决策过程研究［M］. 北京：科学出版社，2016.

［36］四川省文化和旅游厅. 四川文旅概况［EB/OL］. http：//wlt. sc. gov. cn/scwlt/sc-wlgk/2019/9/23/cde3a804fcbf4ce98e5642a3305263e1. shtml，2019－09－23/2021－04－29.

［37］白骅. 四川推动文化强省旅游强省建设［EB/OL］. http：//wlt. sc. gov. cn/scwlt/hydt/2021/1/20/0df0250be23045ab974952481ca1ee01. shtml，2021－01－19/2021－04－29.

［38］四川省文化和旅游厅. 四川"十三五"文化和旅游成就展［EB/OL］. http：//wlt. sc. gov. cn/scwlt/xhtml/sc－achievement. html，2020－09－16/2021－04－29.

［39］程进，陆林，晋秀龙，等. 山地旅游研究进展与启示［J］. 自然资源学报，2010（01）：162－176.

［40］王斌，陈艺天，魏洁云.西安市文化产业与旅游产业融合发展研究［J］.中国市场，2018，26：58－60.

［41］陈美璘.贵州山地旅游可持续发展路径探析［J］.度假旅游，2019（04）：56－57.

［42］中国地质学会旅游地学与地质公园研究分会第29届年会暨北京延庆世界地质公园建设与旅游发展研讨会论文集［C］.中国地质学会，2014.

户外营地教育课程体系研究

——以四川骏游青少年营地课程为例

[作　者] 张易虎　杨钰亭　李　雪　刘　勇（四川旅游学院）

摘　要： 本文主要通过文献资料法、案例分析法，对国内外营地教育发展进行调查研究，分析目前营地教育发展现状及发展过程中存在的问题和创新案例研究，研究符合"中国特色"的覆盖全年龄段的营地教育体系，通过对四川骏游青少年营地教育课程和评价体系的个案分析，扩展了我国营地教育相关的理论研究，为青少年营地教育的创新研究提出新思路。

关键词： 营地教育；青少年；课程体系

前言

目前，国内营地教育课程的研究还处于起步阶段。营地教育课程的质量受到目标不明确、课程设计不合理的影响。

青少年营地及其相关产业所具备体系型课程计划并定期开展活动的营地较少，空置率极高。这是因为当前营地教育飞速发展，大众及相关从业者缺乏对营地教育的规划、认识。

理念就是人们对某一个事物进行深刻的现实分析，以及在未来展望的基础上所形成的，因此，理念一般具有时代性和前沿性，是两者的统一。只有对教育理念有了深刻的认识，我们才能进行科学的营地教育实践，因此，了解青少年户外营地产生和发展的历史，用科学的教育理念指导营地设置和实践课程教学，是户外营地产业健康有序发展的必需。

1 国内外研究现状

1.1 国外营地教育发展相关研究

1861 年，康涅狄格州的教师肯恩，率领孩童进行了为期两周的营地活动，即带领孩子们进行登山、帆船、航行等户外活动；1871 年，"新鲜空气运动"（Fresh Air Movement）应运而生，旨在解决城市贫民的需求和挑战。孩子们在公司的赞助下离开城市，在户外接受教育。在这个运动中创建的营地有伊利诺伊州的 Camp Algonquin、俄亥俄州的 Hiram House、威斯康星州的 Holiday Home 和新泽西州的开拓者（以前的生活营地）；1885 年，纽约城郊举行的 YC 露营活动这一事件使得美国成为最早开展以教育为目的的营地教育活动的国家。1893 年，历史学家弗雷德里克·杰克逊·特纳对营地活动为什么能在早年流行起来发表了演讲。他认为，美国向西进行拓荒的进程已经完成，如果不能通过营地活动来体验这种向西拓荒的经历，美国新一代将会如何发展？在 19 世纪 90 年代，孩子们进入大自然，做他们想做的事，而成年人的监督却很少，营地活动者可以自由利用时间。1910 年，美国营地协会成立，与此同时，第一个官方夏令营美国男童子（BSA）成立。在 20 世纪初对营地冒险精神持开放态度，然而，到 20 世纪 30 年代，对营地冒险精神持保守态度，比如一个"H"形的自然码头，不再任由露营者随意活动，而是根据露营者的水平进行分区域游泳，初学者位于离海岸最近的"H"配置部分，在游泳过程中设置专职救生员，随时确保每个人都是安全。20 世纪 30 年代末及二战以后，帐篷和临时住房逐渐转移为永久性建筑，这些建筑使得营地保存更加久远。此外，营地环境在某些方面变得更像野外，一些营地坚持做真正的荒野体验，目的是让孩子们能够走出家门，发现自己想要去的地方。1998 年，纽约公立学校正式将营地教育纳入公共教育系统中。

1.2 国内营地教育的起源与发展

我国营地教育及相关概念最早出现在 2013 年，研学旅行作为营地教育的重要组成部分，作为学校教育的补充部分首次提出。2016 年被称为研学旅行元年，相关产业从这一年开始呈现出井喷趋势发展，此后，政府不断地发布相关政策，通过正面的积极引导，鼓励中小学生在课外进行研学旅行，同时通过相关服务规范对研学旅行组织活动过程中的各环节都做了具体的要求。

表5-2 研学旅行相关政策一览表

政策名称	发布时间	内容概述
《中小学学生赴境外研学旅行活动指南》	2013年	明确研学旅行相关定义、内容、安排
《第十三个五年规划的建议》	2016年	统一公布研学旅游目的地及示范地
《关于推进中小学生研学旅行的意见》	2016年	将研学旅行纳入教学计划
《研学旅行服务规范》	2017年	具体规定了研学旅行各环节要求
《研学旅行基地（营地）设施与服务规范》	2019年	规范提升研学旅行相关服务质量
《全国三亿青少年进森林研学教育活动方案》	2020年	森林研学结合学校教育
《关于利用博物馆资源开展中小学教育教学的意见》	2020年	促进博物馆资源融入教育体系

2016年10月，"健康中国2030"规划纲要提出，以中小学为重点，构建相关学科教学教育活动相结合、课堂教育与课外实践相结合、定期宣传教育与集中宣传教育相结合的健康教育模式，实施青少年体育推广计划。如何更好地开展青少年课外实践教育活动，使其在课外实践活动中更好更快地成长，成为研究的重中之重。

政策利好促进了我国营地及其相关产业的飞速发展，但由于其自身发展速度过快，营地教育垂直领域仍然存在着一些问题，如：缺乏统一的课程标准、不规范的课程体系，国内学者在营地教育领域进行了一些研究；肖鑫（2021）认为中国未来的营地教育，会向需求的高质量、竞争的全球化、发展的全域化进行转变，作为新兴教育细分领域新模式的营地教育，横跨旅游与教育两大万亿级市场，其发展前景广阔。王文华（2021）认为营地教育作为一门课外教育，可以充分补充学校教育和家庭教育所触碰不到的区间，促使学生在认知能力、思辨能力、动手能力、社会参与等方面的发展，通过营地教育培养青少年个体及团队协作能力。陈莹利、房佳杰（2021）认为通过德、智、体、美、劳五育并举的新时代教育方针和教育立德树人的根本任务，提出了培养创新型人才的新的要求，科学地安排营地教育活动。国内学者的研究大多聚焦于宏观视角，缺少对精细化的营地课程体系的研究。

2 营地教育发展过程中存在的问题

2.1 缺乏相关人才

现存大多数营地及营地教育的维护、课程开发都缺乏相关专业的运营人员，这容易导致在消费产品的过程中的专业性不足，从而影响产品的服务质量不专业的咨询，甚至还会引发安全问题；且导致项目进行的风险增高，有损营地形象，进而阻碍营地的发展，会导致客户群体只会存在营地品牌购买者，不会有营地品牌忠诚者。

2.2 运营方式单一

季节客流量影响了我国国内大部分地区的营地及营地教育，要保持营地运行的稳定化，就要考虑郊区周末亲子游、商业化性质的企业拓展、主题式的景区旅游等多元化的产品组合营销模式，单一的运营模式致使营地资金回流困难，资金链断裂易造成营地企业破产。

2.3 体验性差所导致的重游率低下

目前国内的绝大部分营地都存在体验性不足的短板，其表现在一是产品梯度不合理，只有符合传统观光型的"初级产品"，没有参与体验性等较为高级的产品服务，二是服务质量低下，欺客、宰客时有出现，三是监管缺位，营地消费者权益维护无法保障。

2.4 营地及相关产品课程设计缺乏文化的挖掘

营地教育课程设计的欠缺导致其行业内的营地教育体系不完整、营地建设缺失内涵。从本质上说，营地及营地教育的产品核心是教育，教育的内容并不只有知识，更重要的是价值观。所以高质量、高标准、高层次的营地相关产品课程设计必须首先确定核心价值主张，核心价值主张要同时能够满足客户（家长）和用户（孩子）两端的不同需求，又不能杂而乱。随着营地及研学旅行的普及与推广，参与者对产品的需求更加注重个性化与极致，以及课程的内容设置等。

3 相关案例分析

3.1 YMCE 游美营地案例分析

YMCE 游美营地教育作为国内早期的营地教育品牌，在营地教育课程设计及相关人才培训方面有着数十年的经验，同时也是美国营地协会（ACA）和国际营地协会（ICF）的双成员。旗下营地教育系列产品主要针对的是 3—18 岁青少年，根据其属性，共分为八大系列，即：美式营、自然探索系列、滑雪营系列、主题学习系列、人文探索系列、周末营系列、体育运动系列、科技探索系列；其使命是培养具有国际化视野和竞争力的青少年，目前游美有千岛湖、上海、北京、云南四所完全进行自运营的国际化营地，旗下专职机构 YES 游美环球探索学院对营地教育课程进行开发和完善，将自然场景化进行探索，在自然中完成体验式学习，便于青少年能深度探索自我，将书本知识和真实体验融合在一起，转化为对未来生活和工作的重要能力；同时，游美营学院也专门进行营地教育人才的培训，为全国乃至世界的青少年、家庭、学校、营地从业者以及想要进入营地教育行业的相关人士及机构，提供更优质的营地教育培训课程，完善服务体系，推动中国青少年营地教育的深入发展。游美所提供的培训课程内容大致包括：青少年心理学、营地历史文化及发展介绍、营地管理人员领导力培训、营地规划建设与营销、营地资本运作等板块和模块。YMCE 游美营地整体项目发展目前还处于进阶阶段，从营地活动到户外教育之间需要更加体系、更有内涵的项目课程，在课程开展时需要考虑青少年的心理特征及阶段划分，符合其作为学校教育补充的一部分。

3.2 巴厘岛 Green Camp 案例分析

巴厘岛 Green Camp 是由著名珠宝设计师 John Hardy 创办，一所完全由竹子建造的国际乡村教育营地社区，营地拥有 30 多座房屋，8 万多平米的面积。它或许是世界上最大的独立式竹建筑，这是一座从外在到内核都追求"绿"的营地，校区在各种实施方面到考虑以绿色为先，能源系统也是采用环保设计，通过水力和太阳能电池板这样的清洁能源获得所需的能源，令人惊叹的建筑设计 + 360 度环保教育理念，吸引世界目光，让这所绿色营地享誉全球。

Green Camp 以巴厘岛地理优势为切入点，在教育过程中注重环保和绿色可持续发展理念，让青少年在巴厘岛自然的环境和建筑中，深入了解和学习当地自然、文化相关的各方面知识，融入根植本土和自然的文化理念。在营地教育过程中针对家庭客群营地组织了一系列富有教育意义的活动，如教育参观和工作坊、泥摔跤、参与惊人的椰子比赛和椰子攀爬、有机耕作、学习巴厘岛文化和传统、学习竹筏建造、了解废物处理知识等，来体验生态社区生活，从而获得启发，以改善生活质量和孩子的未来。营地课程的开发围绕可持续发展能力、组织领导力、文化鉴赏能力和体验式教学四个维度来进行。

3.3 四川骏游青少年营地案例

四川骏游青少年营地课程作为一种全新的青少年课外体验式训练课程，其课程培训体系充分利用营地周边的户外活动场地，在保证参与者安全的基础上开展适合青少年各年龄阶段的初级训练课程，目前营地课程共有自然科学、运动挑战、非遗传承、生活技能、领导力决策、爱国教育六大课程体系。

四川骏游青少年营地课程现已与四川省内多地达成合作开发协议，共同开展青少年营地课程教育。四川骏游青少年营地课程培训体系通过两大教育目标，即在"情感与态度"方面，将着重培养青少年认识自我、关爱他人、保护环境、开阔思维的意识；在"知识与技能"方面，将着重对青少年的身体素质、生存能力、社交能力、自我规划等方面进行训练。并建立了三级勋章制度来吸引营员不断挑战自己。三级勋章制度分为技能勋章、等级勋章和荣誉勋章，根据营员的不同表现和考核，给予青少年营员不同的荣誉和奖励，从而提高参加营地教育的青少年集体和个人荣誉感。此外，四川骏游青少年营地课程进行了模块化分类（具体分类请见表5-3），包含营地生活和营地教育两个必修课程于兴趣教育一门选修课程，也接纳家长和孩子共同进入营地生活。

表5-3 四川骏游青少年课程培训体系一览表

领域	模块	课程	所在阶段
生命实践领域	户外拓展	绳索公园	P1、2、3
		冒险塔	P1、2、3
		形体姿态	P1、2、3
		攀岩	P3
		山地自行车	P3
		滑雪	P3
	水上运动	游泳	P1、2、3
		皮划艇	P3
		溯溪	P3
		帆船	P3
		漂流	P3
	野外技巧	徒步	P1、2
		穿越	P1、2、3
		定向	P1、2、3
		野炊	P1、2、3
		安营扎寨	P1、2、3
		食物分辨	P1、2、3
		自然灾害逃生	P1、2、3
	球类运动	足球	P3
		篮球	P3
		乒乓球	P3
		羽毛球	P3
		棒球	P3
		橄榄球	P3
		高尔夫	P3
	环境教育（EE）	空气及气候	P1、2、3
		生态	P1、2、3
		生活	P1、2、3

领域	模块	课程	所在阶段
社会实践领域	社交能力	领导力	P1、2、3
		团队协作能力	P1、2、3
		人脉关系处理	P1、2、3
		情商	P1、2、3
	道德理念	道德品性	P1、2
		自我认知	P1、2
	身心灵脑	财商	P1、2、3
		职业生涯规划	P1、2、3
	生活能力	行为习惯养成	P1、2、3
		独立生活能力	P1、2、3
	专业技能	烹饪	P1、2、3
		演讲口才	P3
		英文口语	P3
		小小外交官	P3
	危机应变处理	性侵	P1、2、3
		霸凌	P1、2、3
		诱拐	P1、2、3

　　骏游营地课程体系设计了独有的评价体系，用于课程结束后，对营员的受训结果进行评价。1—59分不及格，60—79分为普通，80—89分为优良，90—100分为优秀。营方会根据成绩对营员发放成绩证书。在第一、二阶段课程结束后，无论受训者是否参与第三阶段的课程，教方需派出专门人员对学生后续的日常生活、学习情况进行为期3个月的跟踪，且再次根据评价体系进行打分，并与第二阶段的评价结果进行对比。如差异超过10分，则无偿对受训者提供补偿教育，详情请见表5—4：

表5-4 四川骏游青少年课程培训评价体系一览表

类别	分数值	备注	打分	导师备注
道德理念	1—20	道德品性 1—15 自我认知 1—5		
身体素质	1—15	形体姿态 1—3 身体协调 1—3 体能 1—9		
社交能力	1—15	团队协作能力 1—4 人际关系处理 1—8 领导力 1—3		
生活能力	1—15	独立意识 1—5 行为习惯 1—5 技能掌握 1—5		
技能掌握	1—15	学习能力 1—10 才艺 1—5		
应变能力	1—10	应变意识 1—6 应变处理 1—4		
环保理念	1—10	环保意识 1—6 环保行为 1—4		
总分	1—100			

导师总结：

4 结论与建议

营地教育是促进青少年健康体质、技能教育、思想道德完善的重要载体，营地教育课程在其促进过程中发挥着关键性作用。将营地教育和"中国梦"的内涵具体结合，顺应新时代新教育体系发展的要求，通过沉浸式的自然场景植入，提升人与自然的和谐相处关系，社会、政府、第三方机构共同出力，利用中国得天独厚的自然地理优势优化营地教育发展，如：北方城市集中、地方特产丰富；南方河海集中、民族文化流传久远。当然，也可以在同一区域的不同时节，安排不同的营地教育课程，让营地教育能够从根本上弥补学校教育缺失的一环。

未来的研究中希望能有更细化的建议和内容，前期可以通过四川省青少年营地课程体系的标准探索，建立符合中国特色的青少年营地教育课程并申报相关标准，使得我国青少年户外营地教育能更加全面科学化的发展。

参考文献

［1］肖鑫．营地教育赋能文旅的六种发展路径［J］．中国房地产，2021（05）：55－58．

［2］王文华．项目驱动下的营地教育——一种教育新形态［J］．第二课堂（D），2021（02）：5－6．

［3］陈莹利，房佳杰，李琴，等．构建新时代东方绿舟青少年学生综合实践教育活动课体系［J］．上海教育，2021（03）：66－68．

［4］张程祥．新课标视域下青少年营地课程的思考与建议［J］．安徽体育科技，2020，41（06）：89－92．

［5］蒙巽．培育青少年绿色理念，引领新生代环保时尚——北京零道营地教育探索青少年生态文明教育［J］．环境教育，2020（09）：58－59．

［6］Lifang Kuai，Wentao Gan. Exploration of the Development Path of Youth Camp Education Based on the Background of the New Era［J］．Frontiers in Sport Research，2020，2（6）．

山地户外旅游创新项目的探索研究

——以绳索公园为例

[作 者] 刘 勇 凌小盼 刘 涛 黄俊杰（四川旅游学院）

摘 要： 本文主要采用田野调查法、案例分析法，对绳索公园这一新型户外运动娱乐场所进行了初步研究。本论文首次创新性地提出了绳索公园的概念，分析了绳索公园的类型及价值，绳索公园是一个将山地户外项目与运动、冒险、挑战、娱乐、趣味、教育等特点相结合的创新户外游乐胜地，分析了绳索运动的发展状况，并对绳索项目进行分类，对清迈丛林飞跃绳索公园和成都麓湖冒险岛绳索公园进行案例研究，针对性地对两个不同类型的绳索公园进行了问题剖析，从而能创造性地将绳索运动项目和户外旅游与娱乐结合起来，为山地户外旅游发展提供一个集成的解决方案，为"绳索公园"的设计标准和建设规范提供理论和数据支撑。

关键词： 绳索公园；山地户外；旅游

引言

随着国民经济水平的提高以消费结构的转变，80后逐渐成为旅游的主力军，他们个性独立追求多元化、体验式的消费形式，自驾旅游、户外运动、康体休闲、团队拓展正在成为新的消费热点，一些特色体育项目得到越来越多年轻人的青睐。在体育旅游大发展的背景下，山地户外旅游也进入高速发展通道，在众多与绳索相关的山地旅游项目占了全国的半壁江山。近年来，绳索攀爬和其他绳索上进行的运动作为一项新型的空中运动已经开始独立，也逐渐在兴起，纵观目前山地户外产业的相关研究中，对新兴绳索运动项目的研究相对还很薄弱，而较早开展山地户外旅游的地区表现出：相似的户外运动项目既符合生态环保理念，又具有市场发展潜力的大众健身。本研究基于多年对于山地户外旅游参与和观察研究基础上，创新性地提出了"绳索公园"山地户外旅游场所概念，研究了绳索公园的类型及特点，利用案例研究将最先进的绳索运动和传统户外运动结合起来，为山地户外旅游发展提供集成场所的解决方案。

1　国内外户外旅游发展现状

户外运动定义

户外运动指在户外自然环境中开展的体育运动，在自然环境中进行的和自然环境直接相联系的体育运动项目群，包含：陆地户外运动，是使用陆地和其他设施设置的运动项目，常见的陆地户外运动有森林高空走绳、攀岩运动、登山运动、探洞、溯溪、溪降、攀树、溜索、高空走扁带等；水上户外运动，是指在水域开展的与水相关的器材设施的户外运动，常见的水上户外运动有漂流、潜水、皮划艇、帆板等；空中户外运动，是指使用滑翔或者飞行特殊器材和设备在低空开展的户外运动，常见的空中户外运动有跳伞、滑翔伞、翼装飞行等。

绳索类户外运动定义

在户外运动中，以借助绳索装备的来完成的运动通常被称为绳索类户外运动，包括：飞拉达、森林高空走绳、攀岩、攀冰、登山、探洞、动物牵引滑雪、溯溪、溪降、攀树、高空走扁带、高山徒步、野外拓展等。在查阅了相关户外运动文献与资料后，归纳总结了常见的陆地、水上和空中三类属性的户外运动共25种。其中绳索类户外运动有17种，占所有户外运动的68%。

绳索公园的概念

通过相关研究发现，并无前人提出绳索公园这一项目概念，过往研究大多将与绳索有关的单项户外运动统称为绳索运动，而将围绕绳索本身的攀爬、下降、缠绕及横渡等相关户外休憩活动集成为专项娱乐项目，将其导入与之相关的自然场景中搭建构筑体，并引入专业指导协助他人有组织和有规律地在构筑体之间穿梭与运动，从而形成运动公园模式，属于山地户外休闲运动的创新。绳索公园是在自然环境中利用人工修建的场地、树木或自然岩壁等资源开展的活动项目，是在茂密的森林中或人工搭建的专业设施之间，依托相关锁链、绳梯等专业设备与体验者的安全带进行安全有效连接的体验项目。该项目包含了以往绳索项目的优点，例如丛林飞跃、冒险塔、冠层探险等项目，是几乎所有自然环境中空中绳索运动的集合。绳索公园具有运动性、挑战性、趣味性、极限性等特点，是一种新型的山地户外运动旅游胜地。我国自然资源丰富，拥有非常优质的户外运动自然资源，非常适合绳索公园的开发建设。

1.1　国外相关研究现状

国外对于户外旅游的研究开始于 20 世纪 60 年代末 70 年代初，绳索公园相关项目是随着登山、攀岩等山地运动的发展而逐渐开展起来。尤其是近几十年来，与绳索相关的山地户外运动项目遍地开花。在欧洲、美国、澳大利亚等户外旅游相对发达的地区，高树探险、高空滑索、冒险塔等高空项目趋于迅速普及和发展。1995 年，法国安全防护品牌 FullConnexio 公司建成了世界上第一座冒险树绳索探险乐园。此后十年间，在 40 多个国家建立了 800 多个树上绳索探险乐园，使其成为欧美最流行的户外运动之一。1995 年 7 月，法国阿尔卑斯山建立了第一个树上探险乐园（又称 Adventreez 类型公园）。法国、英国、西班牙、意大利、瑞士和加拿大在 2005 年也建立了超过 350 个 Adventreez 类型公园。中国桂林市于 2010 年建立了首个 Adventreez 类型公园。Adventreez 类型公园将开发不同难度的线路等级，高度从 2 米到 20 米不等，无论参与者的技能水平如何，参与者都可以按照自己的步调与节奏安全地移动与前行。无论参与者的灵活性和经验水平如何，他们都可以参加 Adventreez 类型公园的活动。从 4 岁到 70 多岁的游客均能参加 Adventreez 类型公园的活动。

国外对于相关绳索项目已制定出系列标准如英国标准协会发布有运动和娱乐设施－攀升梯项目标准 BS EN 15567－1：2015，美国实行实验和材料协会的空中冒险项目的标准。

1.2　国内相关研究现状

中国山地资源丰富，西部具有诸多享誉世界的高海拔山峰，是世界上第一山地大国，山地占全国土地总面积的很大一部分。合理开发与利用山地资源，对实施我国可持续发展战略具有积极而重要的作用。山地生态系统复杂，自然地理差异性、文化生态脆弱性等对于如何利用和选择山地发展模式和优化显得尤为重要。由于我国东西、南北地形地貌存在差异性，气候、植被、景观、水文、地质、人文等各具特色，基于山川地貌、风土人情差异性特点，国家制定了"三纵三横"的全国山地户外旅游战略布局，这也极大地刺激了山地户外运动产业的发展，从相关数据来看，我国户外旅游热度已经进入向上攀升的高速发展期。

COA（中国户外品牌联盟）的调研结果显示：中国 13.67 亿人口中，有 3.8 亿人参与体育运动（占总人口的 27.79%），1.3 亿人参与徒步、户外休闲等运动（占总人口的 9.5%），6000 万人参与登山、登山、徒步等运动（占总人口的 4.38%））。

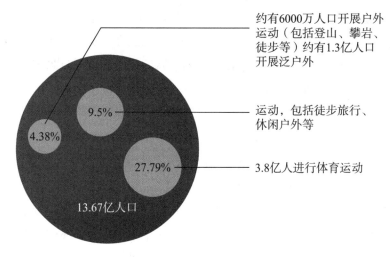

约有6000万人口开展户外运动（包括登山、攀岩、徒步等）约有1.3亿人口开展泛户外

运动，包括徒步旅行、休闲户外等

3.8亿人进行体育运动

图 5-3　户外人口分析图片来源：中国户外品牌联盟

以山地户外旅游产业的发展作为讨论的背景，山地户外旅游不仅包括狭义的户外运动所包含的徒步穿越、徒手及器械攀岩、洞穴探险、峡谷运动、水上运动、定向运动、野外生存、拓展训练、攀冰、滑雪、登山、翼装飞行、山地自行车等各项目，还包括在户外环境中进行的集健身、旅游、娱乐为一体的户外休闲活动。

表 5-5　国内目前开展山地户外旅游项目等级

参与难度等级	特点	项目
初级型	参与难度较低，参与人群广，海拔 2000 米以下，技术装备无特殊要求。	迷你马拉松趣味跑、群众性登山、人工岩壁攀岩、定向越野、徒步穿越、拓展训练活动。

续表

参与难度等级	特点	项目
中级型	一定参与难度，部分运动项目位于海拔2000－3500米，对参加者的体能、综合身体素质和装备都有要求，但运动项目难度不大。	滑草、漂流、高山徒步、丛林穿越、山地自行车、直排轮滑穿越、丛林露营、登山、半程马拉松等。
高级型	参与难度大，一些项目在海拔3500－5000米，对参与者体能、综合身体素质和装备要求较高，需要参与者具有一定的训练基础参加运动需要训练。	马拉松、已知洞穴探险、搭索过涧、溯溪、溪降、自然岩壁攀岩、岩降、攀石、攀冰、丛林觅食、滑索、大江大河源头探险、竞技山地自行车、蹦极。
极限级	参与难度极大，一部分运动项目海拔在5000米以上，对参与者的体能、综合身体素质和转变有特殊要求，参与者必须经过有组织有规划的专业训练。	高海拔徒步或多日徒步（Backpacking）、高海拔登山与探险、传统大岩壁攀爬、未知洞穴探险、极限登山、翼装飞行（野外环境）、山地滑轮速降、山地滑板速降、滑翔伞、DH山地车。

随着近年来户外产业的发展和户外人口的增加，绳索运动相关商业项目也悄然兴起，发展势头较快，但是国家并无明文确定专业的主管部分，该行业缺乏有效的管理，无相关的设计规范、施工、营运和安全标准，导致安全事故频发，而学术界对于绳索运动的研究难以检索到，亟需相关理论研究的支持。本文作者对于该项目进行了持续长达20年的关注与研究，撰写了相关绳索运动设计和安全规范与标准，已获得国家实用新型专利一项，四川旅游学院开设了相关专业课程，并培养了一批专从业人员。

2 绳索公园的类型特点

2.1 绳索公园的基本项目类型

2.1.1 探险塔

探险塔是一个立体拓展综合体，汇集户外拓展、攀岩、飞狐等项目于一体。是一种创新的运动娱乐设备，单层高度达5米，内部为晶体结构搭建架空层，包含2—4个扩展层，打造建成500—1000米空中游乐路线，包括90个拓展项目，能满足100—200个游客同时进行冒险。

图 5-4　冒险塔晶状结构已获得国家专利（刘勇/摄）

2.1.2　绳网乐园

结合自然树木或人工搭建的钢结构设施作为支撑，由航海专用航海绳索和网搭建而成配备有绳桥、滑道、大型蹦床、走道和隧道。

2.1.3　丛林穿越

利用自然树木在树林之间搭建平台，平台之间通过钢索相互连接，游客可通过滑索在森林之间穿梭。

2.1.4　水上飞网

依托自然水体或人工游泳池进行建设，在水面上方的 3—5 米处建造蹦床，创新打造立体水上游乐空间。

2.1.5　冠层探险

户外运动项目的相关建设主要依托自然林木，具有集探险、运动、娱乐、挑战于一体的特点。通过在林中设置和搭建不同难度、不同风格、极其刺激的关卡课程，让参与者将能够体验从高空坠落与自由滑行的快感，以及感受丛林攀爬、穿越森林的刺激。

2.1.6　高空网阵

高空网阵属于临时性绳索项目，主要依托于峡谷、陡崖等地形地貌进行建设，运营商选择短期搭建用于表演，从而达到聚集人气的目的。

2.2 绳索公园的特点

2.2.1 绿色环保

绳索公园通常建在自然生长的森林中，根据原生态的自然环境进行设计探险路线。在项目设施建设和运营期间，不会砍伐树木，不影响树木的正常生长。

2.2.2 丰富的运动情感体验

绳索公园是具有冒险性、挑战性、趣味性的户外休闲活动场所，参与者从攀爬时的好奇心到经历惊险刺激和跨越障碍时的感受，最终体验到惊喜、兴奋、喜悦、幸福等积极情绪。这些丰富而积极的情绪不仅能增强人们的身心健康，还能增加人们参与体育运动的内在动力。

2.2.3 教育价值

绳索公园的路线分为不同的难度等级，参与者通过在丛林中不断的穿越，充分展现挑战自我的勇气和意志。在攀登的过程中，人们首先要克服对高度的恐惧，面对各种困难时，考验的是参与者是否有勇气、毅力和永不放弃的品质。

3 国内外研究案例

3.1 清迈丛林飞跃绳索公园

3.1.1 项目简介

丛林飞跃即 zip line，实际是一种滑索运动。清迈地处热带，四周高山环绕为滑索提供了绝佳的天然环境，严格来说，zip line 也是一种极限运动。与蹦极、低空跳伞、徒手攀岩等极限运动相比较，在投入使用前都进行多次超载测试，证实该项目是一种非常高保险的项目，老少皆宜。

清迈经营丛林飞跃的公司主要有四家 Skyline Adventure、Flying Squirrel、The Fight of Gibbon 、Jungle Flight。

（1）Skyline Adventure

采用欧美进口设备，具有良好的安全保障，设有清迈最长的 48 平台线路，包括 28 次飞跃和 4 次速降，其中长距离飞跃 300 米、400 米和号称泰国最长的 900 米有 3 次，飞行时速可以达到 50 公里，飞跃的视野十分开阔，整个过程较为刺激。

（2）Flying Squirrel

因其优越的环境设备和服务受到很多好评，特别是欧美游客，而且它还总结了各家丛林飞行项目的长处并结合，推出了许多新鲜刺激的飞行项目，教练会表演各种绝技，空中倒立走钢丝，还有空中滑板、空中自行车。趣味性比较强，适合亲子参加。

（3）The Fight of Gibbon

清迈开设 zip line 的第一家，是真人秀节目《极速前进》的拍摄地之一，当然它的名字背后的故事就是为公益，保护长臂猿野生动物，这样的理念很受大家鼓励，值得一提的是这是唯一一家可以看到长臂猿的供应商，途中还会安排一次野生动植物向导旅游，包括游览 MAE KAMPONG 瀑布及七层奇观。

（4）Jungle Flight

泰国滑索项目地理位置最高的公司坐落在泰国第五大高山 DoiLungka 中，海拔为 1200 米，这里丛林飞跃有两个不同路线选择，路线 A 项目较为丰富点，平台多，而路线 B 没有那么刺激的项目，适合小孩和老人参加。

3.1.2　清迈丛林飞跃问题剖析

（1）丛林飞跃项目建设主要依托于自然树木，而项目所依托的树木有些每年都会持续增长，如不及时检查及更换依托树木，很有可能会对安全系统产生伤害。

（2）清迈的丛林穿越线路过于复杂，很多线路交会，需要每个平台节点有工作人员来协调，故人工成本大，并且如交会平台工作人员疏忽，必会发生游客相撞的事故。

（3）清迈的大多数丛林穿越运营公司都没有工作人员操作手册及运营维护手册，故清迈的丛林穿越大多数工作人员在安全操作都不规范，很多安全设备老化及出现故障未及时更换，给游客的人身生命安全带来了很大的隐患。

3.2　成都麓湖冒险岛绳索公园

3.2.1　项目简介

成都麓湖冒险岛疯狂丛林是立陶宛原装引进的世界四大冒险乐园之一"UNO Parks"，在木桩上设置了覆盖五条不同难度的攀爬线路，还有一条专业线路，外加长达 106 米的跨湖滑索 +17 米高的秋千跳游乐项目，打造西南第一的障碍攀越冒险项目。打造麓客岛生态野趣"在自然中冒险"的经营理念，整个麓客岛占地 150 亩。

项目包括两条儿童路线和四条成人路线。冒险障碍总数量是 58 个，在主题设计上力求更富吸引力；此外还有一条手工制作的儿童网状路线，紧邻湖边，以令其与自然充分相融；此外还有两条约 110 米长的长滑索和 17 米高的秋千跳。

3.2.2 成都麓湖问题剖析

（1）麓湖冒险岛绳索项目按高度及中间节点完成的难易程度分为了 6 个难度等级。针对 5—10 岁儿童的黄色线路，针对青少年、身体素质一般成年人的绿色等级，针对成年人的蓝色等级，针对身体素质较好成年人的红色及紫色等级，针对有户外专业素质的黑色等级这 6 级的难度设置完全照搬欧洲户外运动发达国家的等级难度设置，未考虑到中国目前大众游客可接受的难度程度。

（2）在麓湖冒险岛项目中还有一些关键节点设置并不合理，如安全保护绳索的高度过低，游客很容易划伤甚至割断脖子，个别平台的防撞设置不合理，游客很容易撞到柱子。

3.3 四川雅安丛林穿越公园

3.3.1 项目简介

四川雅安丛林穿越项目坐落于二郎山喇叭河旅游景区，二郎山喇叭河旅游景区现为国家 AAAA 级风景区、四川省生态旅游示范基地、四川省二郎山国家森林公园。位于四川省雅安市天全县境内，占地面积 977 平方公里；项目建立有中国目前最长的单体滑索，全长 800 米，是一座树干直径超 1 米、垂直落差 12 米的树梢冒险公园，精巧的设计，一流的材料品质，独家安全系统，掩映于二郎山一流的丛林自然美景之中。

依托于自然环境设置各种各样的障碍环节将树连成一条线路，挑战者需要通过爬、滑、游、跨、跳、飞等动作，依次跨越空中悬桥、海盗网、勇闯天涯、凌波微步、浮云飞渡、绝壁求生、激情飞索等探险环节，通过所有丛林飞越障碍，到达终点。

3.3.2 四川雅安丛林穿越公园问题剖析

（1）雅安丛林穿越公园坐落于国家自然保护区，线路常有一、二级保护动物出没，没有详细的管理手册和控制方法，不能完全保证游客的安全，以及保护动物不被打扰。

（2）单体滑索过长，容易导致意外事故发生，且日常维修费用、人工成本大，需进一步规范化管理与使用，避免游客发生碰撞、掉落。

4 结论与建议

本论文首次创新性地提出了绳索公园的概念，分析了绳索公园的类型及价值，绳索公园是由运动、探险、挑战、娱乐、趣味、教育、绳索网阵和丛林探险运动等特点的山地户外旅游项目聚合的创新性户外娱乐场所。以体育＋旅游模式为特色发展的户外运动项目快速增长，结合户外场景（自然、绿色、健康）和项目（冒险性、趣味性、益智性、多样性）特色的"绳索运动"将在未来的山地户外旅游中蓬勃发展。而山地户外旅游项目具有很强的实操性和专业性，在户外运动丰富了全民健康生活的同时，部分活动还缺乏科学有效的引导，也未有相关的行业标准和指导，这也导致山地户外产业发展面临困境。文章对清迈丛林飞跃绳索公园和成都麓湖冒险岛绳索公园进行案例研究，针对性地对两个不同类型的绳索公园进行了问题剖析，将最先进的绳索运动项目和传统户外运动结合起来，为山地户外旅游项目的发展提供一个集成的解决方向，力求创造一个即符合生态环保理念的特色体育公园户外运动项目，又具有市场发展潜力的大众健身休闲活动场所。希望总结经验为"绳索公园"的设计标准和建设规范提供理论和数据支撑。目前绳索公园项目的设计和建设并无相应的国家和行业标准，而欧盟和北美对于相似的户外空中项目已经确立较为完善的安全标准和器材使用标准，我国应该尽快出台相关的设计、建设、营运和安全器材标准，以利于绳索公园这一新型户外旅游项目快速健康地发展。

参考文献

［1］谢雨萍，李友军，孟凡钊. 桂林旅游服务标准化的实践探索与理论创新［J］. 度假游，2019（04）：430－432＋437.

［2］彭发胜，莫双瑗. 户外运动赛事对广西百乐县旅游业影响研究［J］. 成功（教育），2013（02），288－289.

［3］周海澜，罗露，郑丽. 体育赛事推动体育旅游协同发展研究——以贵州遵义娄山

关·海龙囤国际山地户外旅游挑战赛为例[J].体育科技文献报,2016,24(5):35－37.

[4] 姚湘.户外运动对生态环境的影响及其应对措施[J].文体用品与科技,2015 (2):171－173.

[5] 沈小苹.户外运动对亚健康状态人群的影响[J].当代体育科技,2015(4): 40－41.

[6] 齐震.论我国户外运动安全保障体系的构建[J].管理观察,2009(4):190 －192.

[7] 周建明,蔡晓霞,宋涛.试论我国乡村旅游标准化发展历程及体系架构[J].旅游学刊,2011,26(02):58－64.

[8] 陶宇平.体育休闲与体育旅游风险管理研究[J].重庆大学学报,2012,18(3): 5—8,19.

[9] 刘成香,刘林.不同性别户外运动参与者行为动机研究[J].云南社会主义学院学报,2012(3):39－32.

[10] 黄继珍.对广州市女性参与户外运动的调查研究[J].广州体育学院报,2010,30 (2):22－27.

[11] 高兴贵.影响普通高校户外运动发展的因素与对策研究[J].陕西教育学院学报,2008,24(2):118－120.

[12] Salome, L. The indoorisation of outdoor sports: an exploration of the rise of lifestyle sports in artificial settings[J]. Leisure Studies, . 2010 (29): 143－160.

[13] Zhang, B., Shi, Z., &Yu, L. Dabie mountain sports tourism project development location problems research under growth pole theory perspective[J]. Journal of Chemical & Pharmaceutical Research, 2014 (44): 61－66.

[14] Chamarro, A, . Fernándezcastro, J. The perception of causes of accidents in mountain sports: a study based on the experiences of victims[J]. Accident Analysis & Prevention, 2009 (41): 197－201.

[15] Todd, A., Mcknight, D. Comment on 'Abandoned mines, mountain sports, and climate variability: Implications for the Colorado tourism economy[J]. Eos Transactions American Geophysical Union, 2004 (85): 79－79.

四川省山地户外旅游服务标准化的实践探索与理论创新

——以四姑娘山为例

［作　者］凌小盼　刘　勇（四川旅游学院）

摘　要： 山地户外旅游遵循一定的行业相关标准有助于推动旅游产业的发展，同时也能够借助此标准完成对于之前有关于旅游产业中存在的不足之处进行整改，不仅可以提高整个产业的更高效的管理体系，同时也能够让我国当前市场环境中存在的旅游产业的行业规范以及行业标准更加具有一定的科学性，让整个产业朝着更加积极的方向发展，在这样的基础之上，我国的旅游产业会朝着越来越好的方向不断发展，在国内以及国际市场中都会逐渐具备一定的竞争优势，尤其在疫情国际环境十分混乱的情况下，提高户外旅游标准化服务，可以快速提高旅游经济产业。文章分析与回顾了四川藏区四姑娘山山地户外旅游标准化建设的各项成果，研究与探讨了四姑娘山山地户外旅游标准化发展的成效亮点和理论创新，提炼总结四姑娘山山地户外旅游特色的工作模式，认为四姑娘山山地户外旅游已形成具有山地旅游特色的旅游标准化工作和服务业发展体系，可为我国山地户外旅游标准化发展提供理论依据和实践经验。

关键词： 四川省；山地户外旅游；旅游服务标准化；实践探索；理论创新

作为我国户外旅游产业得以有效发展与提升的重要因素，提升户外旅游服务标准化是当前研究的热门方向同时也是主要考虑因素之一。同时提升我国旅游产业的服务标准化建设也是新时期国家所发布的相关政策下的重要指示，各级相关部门通过采取不同的管理方法和行业要求来促进形成一种比较完善的旅游标准体系。通过该体系的利用使得我国的旅游产业朝着明确的发展方向不断进步，不仅可以达到国际的相关标准，同时也可以让游客有着全新的优质体验与服务，通过这样的方法来吸引更多的游客，同时也在不断打造着企业自身的影响力。所以可以看出提升我国的山地户外旅游服务过程以及管理体系朝向一定标准化的方向发展是至关重要的，通过这个过程让我国的旅游产业得到一定程度上的提升，同时也维持了我国的市场环境体系更加稳定运行，对于广大消费者的相关旅游体验以及权益等提供了更大的保障。

早在 2020 年初期，四姑娘山管理局成功申报了国家文化与旅游部首个山地户外旅游标准化项目，也是四川唯一的一个标准化研究课题。1982 年，国务院确定四姑娘山为中国十大登山基地之一。2008 年 10 月，为规范景区户外运动管理，更好地为登山户外爱好者服务，引导各类户外运动有序发展，四姑娘山户外活动管理中心正式成立，四姑娘山风景区户外运动实行统一规范管理，2009 年建立四姑娘山高山救援队，成为全国景区第一支高山救援队；2013 年正式启用四姑娘山户外活动专用门票；2015 年 9 月 21 日，四姑娘山登山户外运动协会成立大会在四姑娘山景区成功召开；2016 年 12 月 1 日，批准在阿坝州设立四姑娘山户外运动学校，这是中国第一家由户外风景名胜区设立的户外运动教育机构；2017 年，四姑娘山景区完成了四姑娘山景区户外活动总体规划，标志着景区户外活动和旅游产品创新进入了快速发展的新时期。随着旅游标准化试点建设工作的不断推进，四姑娘山山地户外旅游标准化建设走上了理论驱动实践、实践丰富理论、理论与实践相结合的创新之路。

1　四姑娘山山地户外旅游标准化的实践探索

四姑娘山山地户外旅游遵循相关标准化的原则是切实落实国家的相关政策，按照国家政府层面所下达的关于提升我国当前旅游产业的行业规则，同时也要不断提高行业的最低标准，让旅游产业的发展不仅仅朝着获取更多利润价值的方向发展，更是要让整个服务体系变得更加完善和人性化、让更多前来参加户外旅游的游客可以充分感受到旅游产业所带来的优质服务，让他们可以享受到旅游所带来的全新体验及精神方面的享受，进而让景区的品牌深入人心，不断向外传播扩散，形成良好的循环。

1.1　深入推进国家标准和行业标准的宣贯执行

在政府对于提升旅游产业服务标准的大力宣传下，我国的大多数旅游相关企业开始遵循其发展策略。同时四姑娘山景区也在不断根据自身发展状况来调整策略，在这个过程中，编制了《四姑娘山户外活动管理制度标准体系》《四姑娘山山地户外旅游百科》，还有众多与该景区旅游产业相关的科普类作品。并且为了提升产业整体的服务状况，该景区针对与景区相关的各个环节的各个产业都进行了一定程度的整改与提升，包括住宿产业、饮食产业，以及其他服务类产业等。为了满足更多前来游玩的游客可以在四姑娘山游客体验"东方圣山、风情藏地、户外天堂"，根据与旅游服务相关标准有关的文献，该景区将在已有服务开展的基础上继续增设更多人性化的服务项目，以及部分基础设施的改善，目的是为了让前来参加旅游的游客享受到更便捷更优质的服务体验，最主要的改变是增加了可供游客进行咨询的服务机构，游客在游玩的过程中所遇到的任何问题都可以在这个服务机构进行有关问题的咨询，服务人员要保持耐心和优质的服务态度，尽可能地为游客解决所遇到的问题。通过这样的方式让景区的服务程度大大提升。

1.2　因地制宜制定地方标准和规范

四姑娘山山地户外旅游产业在制定提升服务标准的策略时要结合自身状况以及我国当前游客的需求方面来进行最合理、最完善的制定过程。为了提升相关服务体系，首先要在自身经济发展条件所允许的基础上进行，不能脱离实际标准，其次要根据游客的需求关系来有先后顺序地进行服务的改善，同时还要进行相关的预测，充分保护景区所具备的文化特色。四姑娘山起草了《四姑娘山户外活动管理标准体系》《四姑娘山户外活动技术难度等级分级标准》《四姑娘山户外活动简介》《常用户外装备使用指南》《四姑娘山高山救援服务体系》《高山救援队管理办法》《四姑娘山地户外活动突发事件应急预案》《漂流应急预案》《救援基金管理制度》《四姑娘山户外活动收费管理标准》等地方规范，基于以上成果，四姑娘山景区管理局联合四川旅游学院山地旅游与休闲运动开发研究中心联合成功申报了国家文旅部山地户外旅游标准化项目立项；此外，《户外活动管理中心管理制度》《四姑娘山户外就业机构管理办法》《四姑娘山户外从业人员管理制度》《四姑娘山户外从业人员培训制度》《四姑娘山户外旅游者管理制度》《四姑娘山户外活动管理办法》等一系列的山地户外旅游服务地方规范已经颁布实施，通过这些文献及相关标准，不仅能够让该景区的整体景区特色与景区服务朝着更好的方向发展，还可以让前来游玩的游客主动具备更多的旅游意识，进而让他们可以享受到旅游所带来的全新体验及精神方面的享受，进而让景区的品牌深入人心。

1.3 围绕山地户外旅游产业要素做好旅游标准化试点建设

山地户外旅游标准化是走向国际的通行证。要想让行业整体水平有所提高，需要进行不断的试验过程，在进行试验的过程中可以通过建立试点的方式来完成。对于四姑娘山景区而言，由于其景区庞大，若同时采取服务改革的方式一旦某些环节并不适用于该景区或者效率低下那么将会对整个景区的发展带来较大的影响。所以通过采取试点建设的方式完全具有一定的可行性。在试点的建设环节中，要全方位地从多个环节出发进行有效得整改，不仅从景区的相关景点的环境改善以及配套的服务体系的完善方面进行整改，同时还要对景区工作人员进行不断的培训，因为工作人员的服务态度及工作能力在很大程度上影响着景区的整体形象，要让整个服务体系变得更加完善和人性化、让更多前来参加户外旅游的游客可以充分感受到旅游产业所带来的优质服务，让他们可以享受到旅游所带来的全新体验及精神方面的享受，进而让景区的品牌深入人心，不断向外传播扩散，形成良好的循环。

1.4 多措并举推动山地户外旅游标准体系有效实施

在试点工作中，四姑娘山风景名胜区采取多种不同的服务提升和改善方式，深入落实国家所提出的相关政策与标准体系，并且不断进行着服务人员的培养等工作。在进行旅游产业相关人员的培训工作中，首先要能够从外界不断吸引优质的人才，然后从高等院校及培训机构中挑选出优质的教师及培训工作者对原有服务类人员进行一定的培训工作，除此之外，整个服务管理体系还要按时组织完成相关会议，及时进行反馈与服务的监管，打造最适宜的服务管理体系。各个产业的发展都需要这个领域的人才来维持，对于旅游服务产业而言同样如此，但是当前所面临的一个比较严重的问题就是缺乏一定的旅游产业相关专业人才。缺乏专业人才，旅游产业的发展就难以得到持续稳定的发展，也会容易失去发展的前景与目标，如果不及时采取一定的方式进行处理可能会导致旅游产业的收入降低，面对这种情况，首先要做到的是加强人才引进及国内相关专业人才的培养，为后续的旅游服务的发展带来新鲜的血液及先进的发展动力。

1.5 智慧旅游为标准化试点插上"翅膀"

随着科学技术的不断发展，科技的应用已经被运用到了各个方面，在进行景区试点的打造过程中要能够将这种先进的技术运用到服务的改善过程中，让其发展出更便捷的服务，让景区成为先进的智能化的旅游景区。为了实现景区的智能化，可以增设较多的科技服务机构，比如智能化的导航系统，在景区内的众多地点设置多个可触屏的导航系统，让顾客可以随时通过该系统了解到自己当前所处的位置及目的地的位置，为了让游客有相对较高的体验要可以提升其 UI 界面的美观程度，或者增设智能化语音系统来通过语音问答的方式让游客可以准确地前往自己将要去的目的地；同时还可以设立智能化娱乐性设备，让游客在观赏景区风景之余还可以体验到这些娱乐设施所带来的乐趣。

2 四姑娘山户外旅游标准化的实践成效

在旅游标准化试点工作中，四姑娘山致力于打造四姑娘山户外旅游乐园品牌、促进旅游产业转型升级，上上下下团结一致，不怕困难，扎实工作，大胆创新，进行"深度推广"。标准化在旅游服务业中的支撑作用逐渐显现。四姑娘山旅游收入连续六年增长 25％以上，目前以旅游业收入为主的第三产业已成为地方经济结构的主要支柱。

2.1 山地户外旅游的标准化促进了旅游发展观念的转变

随着近些年来我国的旅游产业不断发展，也带动着其他相关产业朝着更好的方向迈进。对于四姑娘山旅游景区而言，通过提升其服务标准，让旅游产业的整体水平有了较大的提升，之后会吸引国内外众多的游客前来参观。在这种情况下，与景区产业相关的其他产业也会从中获得较大的发展，一旦该景区呈现出一种品牌效应，那么其他相关产业会在旅游产业的带动下不断进步、突显特色。

2.2 山地户外旅游标准化工作，提升了四姑娘山旅游形象品牌

2009 年以后，山地户外旅游俱乐部规范化管理，游客的投诉率大幅度减少。四姑娘山被称为"山地户外天堂"、四川大熊猫栖息地是世界遗产地，也是中国十大著名登山名山之一。这一系列特殊荣誉与四姑娘山 5A 景区的长期管理机制、加强旅游安全和旅游市场监管密不可分。

2.3 山地户外旅游的规范化，提升了四姑娘山的旅游质量

四姑娘山还注重充分发挥企业参与山地户外旅游标准化进程的主动性和创造性，使山地户外旅游相关参与者成为旅游标准化工作的重要主体。2017 年，四姑娘山景区完成了四姑娘山景区户外活动总体规划，标志着景区户外活动项目及旅游产品的打造进入一个新的快速发展时期。当前景区内以及具备多种不同风格

的娱乐设施，并且还根据景区的特色设置了众多具有挑战性的户外游玩项目，可以适应不同类型的游客前来体验，在观赏景色之余还可以享受娱乐环节，"东方圣山，户外天堂"美誉，四姑娘山与四川旅游学院合作连续三年举办了山地户外国际专家论坛，极大地提升了四姑娘山山地户外旅游品牌的国际知名度。

3 四姑娘山山地户外旅游标准化的理论创新

四姑娘山景区管理局为了提升相关服务体系，首先要在自身经济发展条件所允许的基础上进行，不能脱离实际标准，其次要根据游客的需求关系来有先后顺序地进行服务的改善，同时还要进行相关的预测，充分保护景区所具备的文化特色，最终形成四姑娘山山地户外旅游特色的工作模式，四姑娘山已形成的具有山地户外特色的旅游标准化工作和服务业发展体系，可为我国山地户外旅游标准化发展提供理论依据和实践经验。

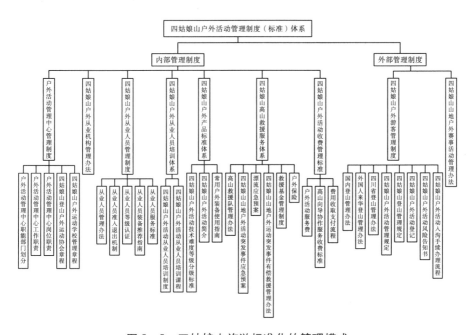

图5-5 四姑娘山旅游标准化的管理模式

3.1 抓住龙头推进旅游服务标准化工作起步

以四姑娘山户外活动管理中心旅游标准化组织机构为龙头，通过对山地户外标准化建设的综合性考虑确立出一套较为完善的服务结构体系。

3.2 壮大躯干提升旅游服务标准体系

建立四姑娘山山地户外旅游服务标准化体系，紧密契合《小金县加快建设国际山地户外运动旅游目的地实施意见》提出的近期及远期四姑娘山山地户外根据一定的标准体系来让整个旅游服务标准化体系得到很大程度上的提升。

3.3 贯彻应用智慧旅游信息平台为旅游标准化提供助推力

在进行景区试点的打造过程中要能够将这种先进的技术引用到服务的改善过程中，让其发展出更便捷的服务，让景区成为先进的智能化的旅游景区。

4 四川省山地户外旅游标准化的建设展望

通过分析四姑娘山的山地户外旅游标准化发展案例，建议四川省秉持"创新型发展的相关理念，同时成立专门的管理部门进行领导与管理，不断提高行业的最低标准，让旅游产业的发展不仅仅朝着获取更多利润价值的方向发展，更是要让整个服务体系变得更加完善和人性化、让更多来自全国参加户外旅游的游客可以充分感受到旅游产业所带来的优质服务。

4.1 优化以四姑娘山山地户外旅游标准化为全国代表的工作模式

加大对于提升户外旅游服务的投资力度，建设和谐美丽的文化旅游系统，同时加大该地的固定资本投入可以在很大程度上促进基础设施的建设，一旦基础设施有了稳定的发展，那么各个相关的产业之间也会具有更好的发展势头，尤其是对于全国旅游产业的推动作用更为明显，另外，加大山地户外旅游服务的监管力度也是极其必要的，只有采取有效的监管措施才能够使得各个产业与部门可以保证自己的服务工作岗位，保持稳定的工作范围，建立起稳定的市场体系。

4.2 不断发展与改善山地户外旅游服务标准化结构

提升我国的山地户外旅游服务，以及管理体系朝向一定标准化的方向发展是至关重要的，这不仅使整个旅游产业得到一定程度上的提升，同时也维护了旅游市场环境体系更加稳定运行，为广大消费者的相关旅游体验及权益等提供了更大的保障，使之成为四川乃至中国山地户外服务标准化建设的范本。

4.3　通过提升户外旅游服务的标准来提升全国的旅游产业

中国的山地旅游在西部，西部的山地户外旅游看四川。为了更好地推进旅游服务业改革，应提升户外游服务标准，以期为其他山地旅游景区提供借鉴。

参考文献

[1] 谢雨萍，李友军，孟凡钊. 桂林旅游服务标准化的实践探索与理论创新[J]. 度假游，2019（04）：430－432＋437.

[2] 尹正江，陈扬乐，刘静文，符峰华. 旅游企业标准化建设效果评价指标体系的构建与应用[J]. 海南大学学报（人文社会科学版），2019，37（05）：75－84.

[3] 向富华. 民族村寨旅游标准化管理与个性化发展研究[J]. 贵州民族研究，2014，35（02）：110－113.

[4] 王季云，姜雨璐. 旅游业标准体系的思考与重构[J]. 旅游学刊，2013，28（11）：67－74.

[5] 杨彦锋，蒋艳霞，李鹏. 标准化的模型与方法——经由旅游标准化实践的理论建构[J]. 旅游学刊，2012，27（08）：11－17.

[6] 张凌云，朱莉蓉. 中外旅游标准化发展现状和趋势比较研究[J]. 旅游学刊，2011，26（05）：12－21.

[7] 周建明，蔡晓霞，宋涛. 试论我国乡村旅游标准化发展历程及体系架构[J]. 旅游学刊，2011，26（02）：58－64.

[8] 刘俊，成升魁，陈远生. 生态旅游标准建设研究[J]. 资源开发与市场，2009，25（09）：861－862＋837.

[9] 安应民. 关于加快旅游标准化建设的思考[J]. 标准科学，2009（01）：31－34＋46.

[10] 王嵘山. 中国旅游标准化工作成效回顾[J]. 旅游学刊，2008（11）：8－10.

[11] 何力. 中国旅游发展笔谈大力推进旅游标准化工作加快与国际接轨步伐[J]. 旅游学刊，2001（02）：5.

06

文旅融合

基于文旅融合的文旅产品创新路径与实践

——以四川省为例

[作 者] 李 娴（成都理工大学）

摘 要： 文旅融合已经成为推动文化产业和旅游产业转型升级、提质增效、文旅产品高质量发展的重要途径，是满足人民美好生活需要的生动实践。对文旅融合的理解也在不断实践和探索中更加深刻。本文从文旅融合的内涵入手，提出文旅融合的"灵魂"植根于"文化自信"，文旅融合的"表现"承载于"旅游产品"，进而提出文旅融合理念更新、文旅资源内涵创新、文旅产品技术革新、产业跨界体验换新四大基于文旅融合的文旅产品创新路径和方法，最后以四川省为例，对"老产品"的传承与改造和"新产品"的跨界与整合两方面的实践案例进行了分析，以供参考和借鉴。

关键词： 文旅融合；文旅产品；创新路径；四川省

2017 年 9 月 13 日，习近平主席在向联合国世界旅游组织第 22 届全体大会所致贺词中指出："旅游是不同国家、不同文化交流互鉴的重要渠道，是发展经济、增加就业的有效手段，也是提高人民生活水平的重要产业。"推动文化与旅游融合发展是党中央、国务院做出的重大决策部署，是推动文化产业和旅游产业转型升级、提质增效的重要途径。从"读万卷书，行万里路"的历史传统，到"身体和灵魂总有一个要在路上"的现代追求，文化与旅游密不可分。2018 年 4 月，中华人民共和国文化和旅游部成立，标志着我国文化与旅游融合发展进入了新的阶段。2020 年 10 月，党的十九届五中全会通过的《中共中央关于制订国民经济和社会发展第十四个五年规划和二〇三五年远景目标的建议》中指出："推动文化和旅游融合发展，建设一批富有文化底蕴的世界级旅游景区和度假区，打造一批文化特色鲜明的国家级旅游休闲城市和街区，发展红色旅游和乡村旅游。"文旅融合已经成为新时代背景下，推动文化和旅游转型升级、文旅高质量发展的重要路径和内容，是满足人民美好生活需要的生动实践。各地纷纷开展了各项文旅产品创新实践，也将文旅融合和文旅产品的理论研究推向了高潮。

1 文旅融合内涵的再认识

1.1 文旅融合的研究现状

对文旅融合的理论研究开始于近 10 年，在数字超星平台，通过"文旅融合"关键词的在文献检索，可发现对文旅融合的研究起步较晚，从 2009 年开始，数量较少，但在 2018 年开始迅猛增加，这和 2018 年文化和旅游部成立，各地机构调整的时间一致。当前文旅融合已经成为我国理论与实践发展的热点问题，旅游融合在各领域的实践运用研究较多，在研究范围上涉及"乡村旅游"、"公共图书馆"、"博物馆"、"文化旅游"、"非物质文化遗产"等领域，在研究对象上包括"品牌打造"、"创新路径"、"融合发展"等内容。但是，对文旅融合的内涵和路径的理论探究较少，且具有较强的学者自身学科背景特色，如中国社会科学院旅游研究中心主任宋瑞（2019）从多视角讨论"文化和旅游的关系"；杨志纯（2019）从文化和旅游的共同属性讨论了文旅在旅游各方面的融合。

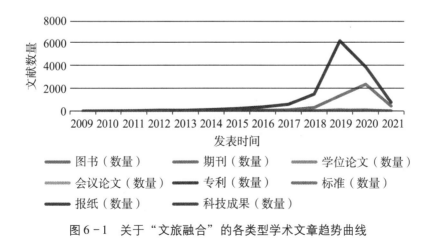

图 6-1 关于"文旅融合"的各类型学术文章趋势曲线

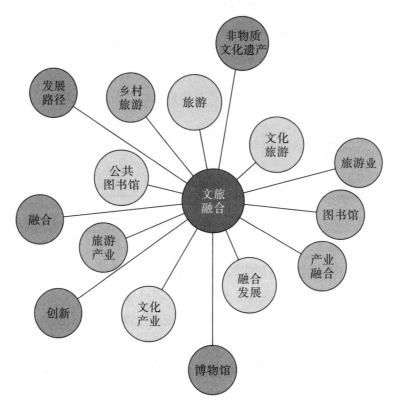

图 6-2 关于"文旅融合"学术文章研究主题关系图

1.2 文旅融合的内涵

自文旅融合提出后，业界已经形成了共识："文化是旅游的灵魂，旅游是文化的重要载体。"文旅融合是文化、旅游产业及相关要素之间相互渗透、交叉汇合或整合重组，逐步突破原有的产业边界或要素领域，彼此交融而形成新的共生体的现象与过程。文旅融合的目的是"以文强旅、以旅兴文"，增强文化和旅游的互补性，推动文化和旅游深度融合共同发展格局的形成，实现文化和旅游两大产业转型升级、提质增效。通过理念、技术、资源和跨界融合，达到文旅融合的"宜融则融、能融尽融、以文促旅、以旅彰文"。

然而，通过近年来的探索和实践，再深入地认识文旅融合的内涵根本和载体形式时，不难发现文旅融合有着更加深刻的内涵。

第一，文旅融合的"灵魂"植根于"文化自信"。文化是"人文化成"一语的缩写，此语出于易经贲卦象辞："刚柔交错，天文也；文明以止，人文也。观乎天文，以察时变，观乎人文，以化成天下。"文化可以理解为内心的精神和修养，以及广泛的知识，并能将之活学活用。2014 年 2 月 24 日的中央政治局第十三次集体学习中，习近平总书记提出要"增强文化自信和价值观自信"，而后又多次提出"文化自信"。文化自信是一个民族、一个国家及一个政党对自身文化价值的充分肯定和积极践行，并对其文化的生命力持有的坚定信心。在文旅融合的实践过程中，首先要了解文化的本源，深耕于文化的内涵，并体验感悟积极践行，在此基础之上才能将创新创意技术手段运用得游刃有余，真正做到文旅融合，这是"文化是旅游的灵魂"的实际践行。若不然，再多的创意只不过是停留于表面与形式、花哨而不实用的花架子，缺少根基没有生命力。

第二，文旅融合的"表现"承载于"旅游产品"。产品是能够引起注意、被得到、使用或消费，以满足某种需要或要求的，提供给市场的任何一种东西。旅游产品是满足目标市场的旅游需要的有形产品与无形服务的制品服务组合。旅游产品是旅游的核心和主体，同样也是文旅融合的表现主体，是旅游载体的具体体现。只有生产出高质量的旅游产品，才能有效务实地体现文旅融合，这是"旅游是文化的重要载体"的实际践行。旅游产品作为制品服务组合的特殊性使其生产过程同样特殊，所以其文旅融合的创新成为旅游产品的竞争力。

2 基于文旅融合的旅游产品创新方法与路径

2.1 文旅融合理念更新

文旅融合理念更新是文旅产品创新的根本。文旅融合从提出到现在不过仅仅十来年，其研究和实践还在发展阶段，需要不断地深入领会和更新文旅融合理念，真正做到"以文强旅、以旅兴文"，文化产业和旅游产业转型升级、提质增效。其中，对于文化自信的践行是根本，文化与旅游一体化发展是建设理念，组织结构、管理体制、发展规划和政策措施上的融合发展是保障，在文旅资源、旅游要素、产业链各环节实现有效融合。

2.2 文旅资源内涵创新

文旅资源内涵创新是文旅产品创新的基础，其内涵创新是创新理念的应用，也是文旅资源的延伸。通过资源整合和优化配置，实现文旅融合协调发展。通过文化创意、现代科技、新型媒介等手段，在二次开发中盘活并提升闲置资源，实行资源共享。在文化旅游产业融合发展中，在赋予各种资源新价值的同时，实现各类文化和旅游资源的有效共享。

2.3 文旅产品技术革新

技术革新是文旅产品创新的方法。用科技丰富文旅产品和服务，积极利用新能源、新材料和新科技装备，提高旅游产品的科技含量；充分运用现代高新科技，如 AR、VR、MR 和人工智能等，创新文化旅游形式，提升旅游产品创意，打造文旅新场景、新产品和新业态。加强旅游信息化和大数据平台建设，实现智慧旅游、智能旅游，用智能化旅游服务系统推动旅游产品质量提升。

2.4 产业跨界体验换新

通过推动跨界融合，延伸文化与旅游产业边界，达到最优的体验感受，这是文旅产品创新的目的。跨界融合是指不同产业或同一产业不同行业相互渗透、相互交叉，最终融合为一体，逐步形成新的产业或增长点的动态过程。推动文化旅游产业的跨界融合，以"文化＋""旅游＋"和"＋旅游""＋文化"助推文化、旅游与相关产业的融合度，从而衍生新业态，拓宽产业面，拉长产业链，构建现代文旅产业体系，谋求多元化发展。推动工业旅游、体育旅游、康养旅游、研学旅游等"旅游＋"产业跨界融合发展。

3 四川省文旅产品创新实践

2019 年 4 月 13 日，四川省出台《关于大力发展文旅经济加快建设文化强省旅游强省的意见》，明确了未来 5 年四川省文旅发展的总体目标和具体路径，提出建设文旅产业深度融合的文化高地和世界重要旅游目的地目标。作为具有代表性的文化旅游大省，近年来四川省也探索实践了大量优秀的创新文旅产品实践。

3.1 "老产品"的传承与改造

传统的老旅游产品是靠信息不对称而形成的简单粗放的复制粘贴和批发零售差价模式，在文旅融合下的新旅游产品是有效将原有老的生活空间传承改造，使景观功能化、旅游设施化，突出体验感，注重情感化表达，达到推陈出新，变流量为留量的过程。

3.1.1　传统书店打造全新共同体

在互联网时代的传统书店，面临着数字图书带来的巨大的生存压力，然而紧紧抓住文化空间的实体性特质，对传统书店进行改造，作为一个公共空间，赋予交互性、复合性、在地性的重要使命和意义，让受众在一个带有标识性的物体空间，有指向性地被引导突破边界，通过物理空间和内容形态形成人和书、人和物、人和空间、人和人之间的联系，构建文旅融合下书店新的共同体。比如被称为成都最美的地下藏经阁——"方所书店"，位于成都市春熙路太古里负一楼，大慈寺左面，是以书店为基础，涵盖图书、服饰、美学商品、咖啡、植物与展览空间于一体式全新文化空间。

3.1.2　闲置村校改造乡村美宿

随着发展变化，乡村很多公共建筑空间闲置了，比如乡村小学合并或者搬迁，原来的学校进行改造，保留部分景观，增加怀旧特色。如原雅安市汉源镇九襄镇凉山小学经过改造，变成了乡村精品民宿。原来的教室打造成茶室和房间，原来的操场改造成文化集散广场，原来的宿舍通过前后增加空间，搭建钢架设施，建设为钢架上下楼道和外挑露天卫生间。

3.2　"新产品"的跨界与整合

跨界与整合是文旅创新融合的重要手段，包括品牌的跨界、内容的跨界、产品的跨界，大量新的内容，给"旅游＋"跨界提供了大量场景和舞台，也产生了更多的新场景、新业态、新产品。

3.2.1　旅游在夜间的延伸——夜游锦江

夜间经济已成为新的消费增长点，在扩内需、促消费、稳就业等方面能够产生积极作用。夜间旅游作为一种新型旅游方式，将旅游与灯光工程结合，拉长旅游时间和空间，建立旅游新场景，是点亮城市繁荣经济，实现旅游高质量发展的关键。四川省成都市作为成渝地区双城经济圈核心城市，其夜间旅游具有代表性和典型性，夜游锦江就是具有代表性的产品之一，游客可泛舟锦江，在水光灯影中，感受成都的古韵新范，从另一个视角听老成都故事。

3.2.2　传统村落与艺术建筑的融合——竹里

传统村落和传统农业，与艺术融合，打造了荣获国际奖项的艺术建筑，从而带动整个村子的乡村旅游和振兴。崇州道明竹艺村通过当地传统产业竹的韧性、拓扑关系等方法，打造出竹里建筑，参加了国际展示当代艺术的最高展会——威尼斯建筑双年展，作为"中国民间艺术（竹编）之乡"的代表，展示了中国传统村落与现代艺术的结合。

3.2.3 公共空间与文创设计的融合——特色地铁站

通过文创设计，使公共空间获得生命力，通过设计的力量，使平淡的公共空间，穿越时间、跨越疆域，在延续概念的同时突破界限，犹如催人觉醒的力量细微，却足以颠覆世界。如成都特色地铁站，每个站点都风格各异，不仅体现了现代时尚元素，也融入了城市的历史和文化符号。

4 结论

四川省在文旅产品创新上还有大量优秀的实践，本文仅是冰山一角，拟为文旅融合下文旅产品梳理出明确的创新路径，以及提供可供参考的实践。我国已经进入高质量发展阶段，文旅产品迎来了新的机遇和挑战，融合创新一定是文旅产品高质量发展的趋势和方向。

参考文献

[1] 央广网. 习近平向联合国世界旅游组织第 22 届全体大会致贺词［EB/OL］. ht-tp：//news. cnr. cn/native/gd/20170913/JUN 2019 FRONTIERS 23 t20170913 _ 523947337. shtml. 2017－09－13.

［2］中共中央关于制订国民经济和社会发展第十四个五年规划和二〇三五年远景目标 的 建议 ［EB/OL］. http：//www. gov. cn/zhengce/2020 － 11/03/content _ 5556991. htm. 2020－11－03.

［3］黄永林. 文旅融合发展的文化阐释与旅游实践［J］. 人民论坛·学术前沿, 2019 (6)：16－23.

［4］汤艳娟. 从热炒明星绯闻看媒体营造文化自信氛围的紧迫性［J］. 新闻研究导刊, 2018－08－25.

［5］宋瑞. 中国旅游发展笔谈——文化和旅游的关系［J］. 旅游学刊, 2019 (4)：1－3.

［6］国务院法制办公室. 文化自信——习近平提出的时代课题［EB/OL］. http：// www. xinhuanet. com/politics/2016 –08/05/c_ 1119330939. htm. 2016 –08 –05.

产业化视角下广安文旅融合创意发展研究

[作　者] 邓　文（西南民族大学）

摘　要：　文旅融合已经成为各地文旅发展的趋势和路径，成渝地区双城经济圈战略为广安文旅融合发展提供了机遇。市场化是实现文旅产业化的重要条件和手段，可以促进文旅融合的创新性发展和创造性转化。从市场供需的政策、资源、产业、需求、竞争等要素分析广安文旅融合发展的条件，从全方位融合、品牌建设、市场运作、产业链拓展等产业化思路提升广安文旅的创新能力，为广安文旅融合发展提供内生动力。

关键词：　产业化；文旅融合；创意；广安

1　广安文旅融合发展背景介绍

文旅融合发展已经上升到了国家战略高度，文化赋予旅游发展新内涵，为旅游产品更新提供了多元视角；同时旅游也成为文化传承的重要载体，文化产业依托旅游业扩宽了发展渠道。文旅融合发展战略包含了战略布局、产品资源、业态构建、空间要素、服务运营等多个内容，逐步突破原有的产业边界或要素领域，实现文化、旅游产业及相关要素之间相互渗透、交叉汇合的乘数效应。如何实现文旅融合的创新性发展和创造性转化，提升文旅产业质量和效益，成为各地文旅发展面临的新挑战。

广安地处成渝两地交界中心地带，区位优势明显。广安以邓小平故里博物馆和华蓥山等红色文化景区为代表的文化产品有较高知名度，乡村旅游、地方民俗等资源有一定开发基础，以川东平行岭谷和嘉陵江为本底的自然旅游资源也具有特色。但是目前旅游市场竞争已经不再是单靠资源取胜的时代，整个文旅行业发展已经超越了依靠资源禀赋的竞争阶段，单独的文化或者旅游资源优势也无法满足文旅市场多元化的需求，经济、社会和环境的综合效益也很难实现。

审时度势，广安也应把文旅融合作为其文旅发展的重要发展战略，立足于广安拥有的红色文化元素、生态山水等文旅资源与环境优势，践行文旅融合发展理念，将文旅资源转化为现实生产力，注重从单一的文化产业或旅游产业为支撑转向以复合型的文化旅游融合发展为主，通过创意创新的思维激活广安文旅资源，推动依靠内在禀赋向具有更高符号价值与形象价值的创意资本转化，通过文旅产品的创新与创造来推动广安文旅再上台阶。

2 广安文旅产业化融合发展的条件分析

文化和旅游具有多元交叉的关系属性，文旅融合体现了多维度协同发展的特征，不仅包括政府、企业、社会及消费者多个层次，还囊括了空间要素、市场要素、产业要素等多渠道要素的融合。文化和旅游部也明确提出了"宜融则融，能融尽融，以文促旅，以旅彰文"的总思路，所以广安文旅融合如何结合自身实际做到"宜融和能融"，产业化发展是很重要的路径之一，可以较好地解决文旅融合发展的资金、市场、效益等关键问题，并为创意创新提供持续性支持，实现广安文旅从资源到产品、从产品到产业的三个层次深度融合。

市场化是实现文旅产业化的重要条件和手段，从市场供需两个方面分析广安文旅融合发展的条件，有助于找出其发展过程中的短板和优势，消除"痛点"，增加"亮点"，为广安文旅发展明晰自己的发展方向。

2.1 广安文旅融合发展内部供应条件分析

2.1.1 文旅资源

广安文旅资源丰富，历史文化、田园乡村、温泉康养、山水景观等文化和旅游资源种类齐全，其中小平故里在全国都有很高知名度，品牌效应强。但整体文旅资源体量小、分布散、等级不高、品质欠佳等短板也较明显，部分景区景点缺乏自身特色，难以吸引游客；其次，广安对自身文旅资源的深度挖掘不足，针对自身的资源特质和站在全省、全国的市场格局的对比专业分析还较欠缺，存在"重资源轻市场、重建设轻管理、比较优势不明，运营效率不高"等问题。

2.1.2 产业体系

广安文旅结合自身优势，以红色文化为核心，乡村旅游为基础，打造了以"红色旅游＋生态度假"为重点的文旅产品体系，亮出"伟人故里、红色旅游胜地"的广安地方名片，基本建立了符合广安文旅发展实际的产业体系。其中邓小平故里旅游区成为广安文旅的核心支撑和发展引擎，晋升为国家 AAAAA 级景区，2019 年广安成功入围首批天府旅游名县，成绩显著。

但目前广安文旅产业体系的实力有待加强。小平故里龙头景区一枝独秀，对广安文旅全域联动的拉动效应有待提高，广安文旅融合发展的整体效应没有充分显现；市场化程度不高导致产业链发育不充分，整体文旅产品市场竞争力小，核心产品带动性不强等问题。

2.1.3　跨界创新

广安文旅发展注重创新在文旅融合上的作用，加强了对文旅资源的创造性开发，在资源整合、跨界融合发展上进行了一些探索，积极利用境内伟人故里与研学旅游、陆游与岳池农家、农副产品、城市文化馆所等资源的跨界整合创新，推进城乡融合、农旅融合，努力构建全域推进、多产融合的文旅新格局。

但是在整合过程中，文化部门对旅游市场开发存在思路和观念上的部分障碍；旅游部门较少考虑文化资源的综合性，开发利用急功近利的思维依然存在，最终导致了实际融合层次缺乏深度、创意不足、科技元素运用少的现象，直接影响了文化向文旅产品、文化向消费业态的转化效率。

2.2　广安文旅融合发展外部需求条件分析

2.2.1　政策机遇

从行业背景来看，文旅融合发展是从国家层面推动的国家文化发展大计、旅游市场繁荣的战略性举措。就广安所处的区域发展而言，成渝地区双城经济圈建设也上升成为国家战略。成渝双城文化旅游合作，打造巴蜀文化旅游走廊，建设具有国际影响力、竞争力的成渝文旅产业带是成渝地区双城经济圈发展的核心之一，也是广安文旅历史性的发展机遇。地处成渝交接中心地带的广安作为四川省距离重庆主城区最近的地级市，已经进入重庆一小时经济圈，广安的区位、交通、产业对接等合作优势明显。广安抓住机遇，主动融入成渝地区双城经济圈一体化发展，主动对接四川省和重庆市文旅建设的政策支持和产业布局，找准广安文旅融合发展的切入点和着力点，加强在政策制定、产品线路、人才交流和市场共享等领域和成都、重庆以及周边城市的融合，将进一步促进广安市文化和旅游融合高质量发展。

2.2.2 市场需求迭代

随着文旅消费需求的迭代升级，文旅消费引领供给，供给促进需求成为成熟市场的发展趋势和特点。因此广安文旅面临市场对新消费理念、新消费需求、新消费产品的挑战，加上"加快构建以国内大循环为主体、国内国际双循环相互促进的新发展格局"的新局面，文旅消费市场也必将出现较大的变化，原有的供需平衡也会随之调整。广安文旅应及时深化供给侧结构性改革，调整产品结构，推出度假、康养、研学等市场需求大的旅游产品，否则将面临被市场淘汰的困境。

2.2.3 竞争激烈

目前，各地的文旅发展呈现激烈的竞争状态。就省内而言，广安的 GDP 总量多年来位居四川 26 个市州的中游位置，文旅发展长期依赖政府投入的条件有限，因此广安文旅自身的造血功能必须加强。就文旅资源而言，广安至今还没有世界遗产等世界级品牌的文旅产品，同先进地区相比还处于劣势地位。就旅游接待人数而言，广安旅游在全省范围内的排名还处在相对落后的位置，没有进入排行榜的前十位。在信息交流、观念创新上，广安由于自身不是大型中心城市，往往采取跟随定位的发展模式，在成都等地区的竞争面前显得相对被动。

3 广安文旅融合创意发展的产业化思路

广安文旅融合发展，需要在理念、内容、模式上大胆创新，通过产业化路径增加广安文旅的活力和造血功能。找准文化和旅游之间的最大公约数，从全方位融合、品牌建设、市场运作、产业链拓展等方面加强投入，推动广安文旅融合积极健康发展。

3.1 全方位融合

充分利用旅游产业的跨界特征和拉动作用，把文旅发展与城镇规划相结合，文旅发展与乡村建设相结合，文旅发展与地域文化的保护相结合，文旅发展与自然山水保护和开发相结合，使得田园变公园，产区变景区，产品变文旅商品，实现多产业的跨界融合。

加强政府的引导和协调力度，提升各区市县的文旅发展的整体协作，建设"一心集散、两核引领、四区支撑、多点发展"的文化与旅游融合发展的空间矩阵；积极发挥广安主城的核心辐射作用，以小平故里和华蓥山景区为引领，加强邻水县、武胜县、岳池县和前锋区四个重点旅游区县的协调配合，多点位建设一批特色旅游点，形成点面结合、联动发展的文化旅游空间新格局，开拓乡村休闲、温泉度假、特色街区、文创园区、山地康养等新业态，实现全市文旅的联动发展。

3.2 品牌建设

打造广安具有国内、国际影响力的文旅品牌，提升广安文旅形象。

抓住广安文旅的红色之魂，做大做强红色旅游胜地品牌。继续强化小平故里和华蓥山两大红色旅游产品的功能，充分利用广安的历史、文化、生态等资源，丰富广安红色文旅融合发展内涵，拓展广安红色文旅融合发展空间，确立广安红色文旅在国内红色旅游中高端产业链的领先优势。充分利用邓小平作为世界伟人的国际形象，讲好中国故事，解答世界对中国的疑问，对标国际市场，培育国际化产业业态，为广安文旅融合发展打造国际品牌。

整合境内大小良城、武胜宝箴塞等宋（蒙）元山城防御体系遗址等文旅资源，积极联合重庆合川钓鱼城、南充青居城等景区打捆申报世界文化遗产，填补广安境内世界遗产品牌的空白。

建设"大华蓥山"文旅品牌。一是打破行政界限，整合华蓥山脉沿线的景区资源，借鉴四川"大九寨"、安徽"大黄山"的发展模式，对外树立"大华蓥山"的品牌形象，增强景区实力。二是整合后的"大华蓥山"旅游区，主动调整发展方向，积极对应文旅消费需求的变化，从目前观光型旅游景区，向"观光——休闲——度假——专题"四位一体的旅游度假区转型，创建国家级旅游度假区，打造具有国际竞争力的山地度假旅游品牌。三是利用华蓥山喀斯特地貌资源，打造"华蓥山洞穴旅游"品牌。在条件适合的洞穴修建各具特色的洞穴酒店、餐厅、游泳池、咖啡、书吧等旅游休闲设施，面向中高端市场，统一运作。目前国内洞穴品牌的旅游产品尚在起步阶段，但已经逐渐成为市场消费热点，广安应抓住机会，树立广安国内洞穴旅游 IP 的领袖地位，推进广安文旅特色化、差异化的创意发展。

3.3 市场运作

市场化是广安文旅融合发展的运作方式，要进一步解放思想，减少对政府投入的依赖，走出一条广安文旅融合市场化运作的新路。积极对接文旅市场的发展需求，发挥市场的价格、供求、竞争、倒逼等机制作用，深化供给侧结构性改革，挖掘自身的特色资源，调整产品结构，确保文旅项目有市场、可运转、能盈利的持续化发展，提升广安文旅项目的市场竞争力。

深化政企分开的现代管理理念，在管理、经营领域积极引入市场机制。大力培育竞争能力强的市场主体，通过发挥市场主体的能动性，用市场机制激活广安文旅产业发展，并发挥市场机制在经营理念、团队组建、管理制度、薪酬激励等方面的优势，增加广安文旅获利能力。提升政府和企业两大主体的市场化运营实力，促进文旅产业布局优化。一方面组建国有控股、社会资本运营的市场化公司，解决国有企业体制不活、专业化人才缺乏、市场敏感度不高等问题，另一方面主动吸引民营企业和各地优质文旅企业进入，打造更有竞争力的文化产品，积极开发市场需求大的红色研学、康养、乡村等文旅产品，推进文化产业社会效益和经济效益提升。

3.4 产业链拓展

构建广安文旅全产业链模式，推动广安文旅全链条深度融合发展。

首先，做好顶层设计及规划引导，为广安文旅产业链和产业发展体系的建设提供好的平台和环境。

其次，通过资源整合，从文旅消费的始端到终端的全过程对文旅产品进行整体策划和流程设计，切实解决广安文旅产业存在的散、单、低问题，经过引导、加工、宣传、集聚等生产过程，延伸产业链条，构建具有广安特色的文旅产业体系。

第三，通过现代文旅产业对广安传统产业的嫁接和延伸，加大对广安农副产品深加工、地方特色餐饮的投入，促进文旅消费，扩大产业集群效应，并有利于传统服务产业的升级。

第四，培育发展壮大文旅创意产业，增加对新媒体、新技术等领域的文旅创意投入，借助依托于价值链高端的创意产业，带动拓展文旅产业链条，创造关联产业发展的综合经济价值。

参考文献

［1］中共中央关于制订国民经济和社会发展第十四个五年规划和二〇三五年远景目

标的建议［R］.2020.

　　［2］侯兵，黄震方.文化和旅游的深度融合与协同发展［J］.商业经济与管理，2015（11）：78－87.

　　［3］尹贻梅.创意旅游：文化旅游的可持续发展之路［J］.旅游学刊，2014，29（3）：9－10.

　　［4］贾旭东.文化和旅游融合的道与术［N］.中国旅游报03版，2021.

　　［5］程芳.康养、文旅特色小镇发展的现状与展望［J］.经济，2020（Z1）：122－124.

　　［6］龙在宇.“把双城变为双赢，把双城记变为双联体”——专访四川省社科院党委书记李后强［J］.廉政瞭望，2020（20）：38－39.

　　［7］宋亚非，刘国忱，高敬华.我国旅游产业化的条件与素质分析［J］.旅游学刊，1999，18（1）：70－72.

文旅融合视角下的遂宁圣莲花文化创意商品发展探讨

［作　者］李　梅（四川圣莲花文化艺术有限公司）
　　　　　黄　楠（四川美术学院艺术学院）

摘　要： 本文从文旅融合的视角下，研究圣莲花文化创意商品发展的思路与经验，分析文化艺术创意产业与农业、旅游业跨界的有机结合，探寻文化创意商品推动旅游发展的新方式。

关键词： 文旅融合；文创商品；圣莲花

随着经济的发展和人们生活水平的提高，旅游业飞速发展。为了推动旅游产业的转型和升级，2009 年原文化部、国家旅游局颁布了《关于促进文化与旅游结合发展的指导意见》，文化与旅游的融合发展成为关注的热点，也为文化创意产业的创新发展提供了新的契机。

1　文化创意产业发展的现状

文化创意产业是服务于大众的产业，不仅能够满足人们的精神文化需求，还可以带动经济的发展。联合国《2008 创意经济报告》宣告创意经济是现在社会一种新型发展模式，影响着全球的经济增长和发展方向。很多发达国家把文化创意产业提高到经济战略层面，促使文创产业成为拉动当地经济迅速发展的重要引擎。据不完全统计，全世界文化创意产业每天创造 220 亿美元产值，并以 5% 左右的速度递增，美国和英国的增长速度最快。我国的文化创意产业起步较晚，21世纪初期在沿海深圳等地逐步开始发展。目前，文化创意产业的发展呈迅速上升趋势，并成为各省市文旅发展的重要方向。

2　文化创意商品发展中存在的问题

文创商品就是文化创意商品，依托普通的文化资源或者文旅商品升级和创新研发，通过人的创意、技能，或者借助特色的文化资源，将普通的文旅商品升级为具有文化内涵的高附加值商品。优质文创产品迎合了大众旅游时代文化体验需求，在很大程度上，文创产品以旅游纪念品方式进入市场，由于本土文化往往以旅游业进行传播，所以当下多数情况源于"本土文化"的文创产品具备旅游纪念品属性，可理解为旅游纪念品的一种，也是近几年旅游纪念品行业的生力军。目前我国的文创产品开发热还处于初级阶段，在文旅产业的强劲发展过程中，文化创意商品占比相对较少。还有一些瓶颈问题制约着文化创意商品的发展。

2.1 地域文化特色不够突出，趋同性强

各个旅游景区的旅游纪念品都大同小异，有似曾相识的感觉，雷同现象十分普遍。旅游产品雷同源于"没文化"，未能体现当地人文特色。各地地方文化都不一样，开发设计具备地域特色的文化旅游创意商品才是消费者所喜欢的。

2.2 文化创意商品复合型的高端人才缺乏

懂设计、懂文化、懂市场的复合型人才缺乏是制约文旅行业文创产品设计、开拓市场的短板。研发队伍实力不强，经营管理能力不足，既缺乏宏观规划的能力，也缺乏具体落实的能力，核心地域文化要素在文创产品开发过程中没有得到体现。相关衍生品的开发缺少长远规划，以及市场开拓能力和产品创新意识。原国家文化部蔡武说，"培养文化产业人才，尤其着力加强领军人物和各类专门人才的培养"。建立健全业务培训和继续教育，培养懂文化、善创意、会经营的高端复合型人才和各类操作型、技能型、实用型人才。完善文化产业人才职称评定制度，完善公平竞争和分配激励机制，鼓励和支持优秀拔尖人才脱颖而出。吸引财经、金融、科技等领域的优秀人才进入文化产业领域，注重海外文化创意、研发、管理等高端人才的引进，为文化产业发展提供强有力的人才保障。指导组建全国性、区域性文化产业行业组织，发挥好行业组织作用。

2.3 文创商品缺乏创新性

很多文创旅游商品无设计感，缺少辨识度。稍有点设计感的文创产品，往往又被贴标签似的简单复制、粘贴。仿造多而创新少，技术含量低。商家与开发者更看重短期的经济利益，导致市场上出售的文创旅游纪念产品品质良莠不齐。文创商品普遍缺乏创新和创意，产品陈旧，品种单调，对旅游者缺少吸引力。

2.4 对文化创意商品的重视程度不够

一部分地区对于文化创意商品不够重视，扶持力度不够，文创产业工作者没

有得到良好的工作环境，研发创造力与生产力都大打折扣，因此文创商品的革新进程也被遏制了。

2.5 对文创产品的知识产权保护力度不够

我国基本已经建立了与国际接轨的知识产权法律体系，近年来知识产权保护力度有一些增强加大，但是仍然存在处罚力度不够、执法透明度不高、部分地区存在一定程度的地方保护主义等情况。侵权成本低是知识产权保护力度不够的重要因素之一，需要加大对知识产权侵权的打击力度，切实维护创造者、权利拥有者的合法权益。只有严格保护文创产品知识产权，才能有效保护自主研发的关键核心技术。

2.6 缺乏系统化、专业化的文化创意商品研究与交流平台

在文化创意商品发展的初期，都是探索性发展，文化创意商品的研发平台很少，也缺乏专业化的沟通交流平台。这一问题的存在，使信息不对称，交流合作可持续发展进程变得缓慢。

3 文旅融合视角下四川圣莲花文创商品的创新发展思路

四川圣莲花文化艺术有限公司致力于遂宁莲花文化创意产业的发展，努力打造能够体现地域文化意蕴、具有地域文化风格的创新商品，在遂宁特色文创商品的发展中努力创新，积极探索。

3.1 文旅融合 + 农旅融合

四川遂宁是观音文化之乡，莲花是遂宁的市花，莲花文化和观音文化血脉相连，秉承"观音文化·莲花表达"的理念，遂宁市在城市之心圣莲岛以"山水生态为根、荷莲文化为核"打造了世界荷花博览园。圣莲岛世界荷花博览园的荷花品种多、新、奇，岛内共种植荷花约 619 亩，800 余品种来自 23 个国家和地区。圣莲岛世界荷花博览园的建成，促进遂宁旅游业的蓬勃发展。2019 年，遂宁市世界荷花博览园景区评定为国家 4A 级旅游景区。遂宁近年还发展了万余亩以荷花为产业的"十里荷画"，并结合乡村旅游，形成以观赏、销售为一体的产业经济链，带动当地经济发展。荷莲文化已经成了遂宁独特的旅游资源和文化符号。

四川圣莲花文创商品的发展，就是一群文创设计师，依托遂宁独特的荷莲地

域文化和旅游资源，将文化艺术创意产业与农业跨界结合，通过"文创"跨界孵化农业品牌，提升传统农业价值，打造出文创旅游＋文创农业的绿色发展新探索。

2017年，遂宁圣莲岛世界荷花博览园内建设了占地面积2000余平方米的以"莲"文化为主题的圣莲花艺术馆，这同时也是一个艺术展销平台。游客不仅可以在这里了解莲文化，欣赏荷莲艺术，还可以购买有着四川遂宁元素的文创旅游纪念品。

在文旅发展过程中，更多地需要文旅融合新模式。面对发展的要求，如何延伸产业链，提高荷花、莲花的高产品附加值？成为一个急需解决的问题。

我们不断思考，就有了跨界的新思路，引进一批中国台湾荷花新种苗，将它命名为"圣莲花"，进军农业领域，扩大莲花种植面积，经过上百次的实验，圣莲花茶成功面市，填补了省内同类商品的空白，并荣获四川优秀旅游文化创意品称号。

四川圣莲花依托遂宁地方特色文化旅游资源，推动了遂宁文创商品开发，深挖荷莲资源。目前，形成了莲花茶种植、生产加工、莲花文创商品设计制作、莲花文化艺术平台建设的全新"莲"文化为主题的创意产业，走出了一条文创旅游＋文创农业的文旅融合创新发展新路子。

3.2 注重设计文创产品功能的实用性

一直以来，大家对文创产品的认识，就是一件纯摆设的手工艺品，没有实用价值。故宫学院院长、中国文物学会会长单霁翔说："一款好的文创产品，应该是兼具实用性和趣味性的。"故宫近年来文创产品之所以取得了较大的发展，都是因为在创作过程中兼顾了这两方面。文创产品的基础是日常生活用品，文创产品要能走进人们的生活，实用性非常重要。真正优秀的文创商品最好能兼顾艺术性和实用性，圣莲花文创在设计中就遵循了这一原则。比如：出土于遂宁的"国之瑰宝"——宋代青瓷荷叶盖罐，圣莲花文创就据此创新设计成青瓷荷叶茶罐，并在内装入荷叶茶，兼顾艺术性和实用性，使文物活起来，让"国宝"走入寻常百姓生活。

3.3 创造多元化不同类型的文化创意商品

圣莲花文创商品在产业发展过程中不断创新开发，目前已经研发出了圣莲花陶、圣莲花茶、圣莲茶点、圣莲花香四大类型的荷莲文化创意商品，其用途不同，特色各异。

表6-1　荷莲文化创意商品表

圣莲花陶	茶器系列	用陶泥手工制作的品茶器具
	花器系列	用陶土和瓷泥相结合，纯手工制作艺术花瓶
	香器系列	用陶泥手工制作的莲花香插，熏香使用
圣莲花茶	窖制荷花茶	把荷叶、绿茶等包在荷花苞里窖制而成
	莲花茶	采用鲜莲花烘干制成
	荷叶茶	采用鲜荷叶加工而成
	莲心茶	抽取莲子的心烘干制成
圣莲茶点	莲花糕	利用莲花、莲蓉烘烤制成
	脆藕片	用鲜莲藕烘干制成
圣莲花香	利用制茶后的碎莲花粉末制成，用于熏香	

4　文旅融合视角下四川莲花文化创意产业发展的思考

在文旅融合的背景下，文化创意商品产业化发展成了趋势。文化创意商品是文化与创意的融合产物，通过创意化的思维，将文化与功能有机结合，赋予了商品新的内涵，也为文化传播找到了新的载体。一切从旅游地实际情况出发，凸显当地文化特色，设计地域特色鲜明的文旅商品；通过文创孵化农业品牌、搭建文创展示平台，形成文化创意产业发展的综合体，助力区域经济发展与文化旅游品牌建设。

圣莲花文化创意产业经过了十余年的在地创作取得了显著成果，凭借着产业的创新模式与政府政策的支持，带动了当地文创旅游商品的设计与创新发展，促进了当地特色文化旅游产业发展，促进了本地经济的发展。文创设计与地域文化、旅游产业的有机结合，提升了文化创意产业的价值与内涵，使区域文化创意产业获得长远发展的支撑与动力。

参考文献

［1］李跃.浅析当前我国文化创意产业存在的问题及对策［J］.商业文化（学术版），2010，（12）：160－161.

［2］李淑琪，朱彦霄.文旅融合趋势下文创产品的设计［J］.艺术大观，2021，（08）：47－48.

多产融合理念下的泸州长江段旅游产品升级研究

[作　者] 李如嘉（西南民族大学旅游与历史文化学院）

摘　要： 本文分析了泸州旅游发展的优势与问题，指出长江是泸州旅游的最大品牌，是统筹泸州未来旅游发展的关键。从多产融合发展的角度，提出长江泸州段旅游产品开发的基本出发点；提出从黄金水道专项产品、黄金水道配套产品、黄金水道衍生产品三个方面，构建长江泸州段旅游产品体系。

关键词： 泸州；融合；旅游产品

1　引言

一般认为，产业融合是指不同产业或同一产业不同行业相互渗透、相互交叉，最终融合为一体，逐步形成新产业的动态发展过程。产业融合作为一种新的经济现象，已广泛影响产业的发展，甚至正在重塑产业的结构。目前，产业融合不仅是各地促进产业结构调整和转型升级重要动力，更是传统旅游业优化提升的重要路径。在产业融合不断深化发展的背景下，旅游产业与其他产业的横向融合不断加强，"跨界"、"混业"等产业融合现象不断涌现，形成了大量新的旅游产品形态、新的旅游经营方式和新的旅游组织形式等。

2019年6月，泸州市出台了《关于高质量发展文旅经济加快建设文化强市旅游强市的意见》，提出大力推动泸州文化旅游融合发展、高质量发展，加快建设文化强市旅游强市的目标。如何破解泸州旅游发展中的困境、解决发展中遇到的问题，成为泸州旅游能否实现"变道超车"、实现既定目标的关键。

2 泸州旅游发展的优势、问题与突破口

2.1 优势

泸州位于四川西南，地处长江、沱江交汇处，享有"巴蜀宝地"、"西南要会"、"千年商都"之称，自古为云、贵、川、渝毗邻地区的交通枢纽和重要物资集散地。经过多年的发展，泸州已跻身于国家长江经济带和成渝经济区建设的战略格局中，在四川省"一干多支"的发展战略中，泸州要成为南向开放重要门户和川渝滇黔接合部区域经济中心，成为川南经济区建设的重要增长极；在全省及区域旅游发展格局中，泸州是"川南文化旅游区"的中心城市，是中国名酒文化旅游"金三角"中的"中国酒城"，也是南丝绸之路上的国家历史文化名城、国家森林城市、国家优秀旅游城市、国家卫生城市等，具有发展旅游业的多重区位交通优势和文化基础。

泸州在地理位置上处于四川盆地南缘，在地质构造上属于复向斜构造区，河谷宽展，曲流发育，河流两岸多为起伏平缓的丘陵。这些丘陵均由红色砂岩、页岩构成，软硬相间，坚硬的砂岩覆盖于丘陵顶部，岩层倾角平缓，几乎接近水平，受水流冲刷侵蚀，页岩退缩垮塌，从而形成一座座桌子般的平顶方山，海拔多在 700~800 米左右。这些平顶方山、与深切的沟壑及平坦的沿河阶地，便构成了泸州地貌的基本骨架和风景的基本轮廓。

这样的地貌骨架和风景轮廓，在亚热带湿润季风气候的影响作用下，塑造了泸州多样化的地域自然环境格局，造就了境内复合多元、绚丽多姿的自然山水景观和山林田园景观；在漫长的历史发展和融合变迁中，孕育了厚重的文化底蕴，传承和延续着酒城的千年文脉，与现代城乡风光交相辉映，共同形成了泸州地域特色鲜明的文旅资源体系。

2.2 问题

但是，与省内其他城市及泸州周边城市的旅游发展相比较，泸州市旅游的总体表现不佳，在竞争中表现出明显的弱势，缺乏具有市场核心吸引力和竞争力的精品旅游景区支撑，公共服务设施不完善。现有景区以泸州老窖景区、张坝桂圆林景区、黄荆老林景区、花田酒地景区等为主，均为国家 4A 级旅游景区，资源利用的深度及与市场对接的精度明显不够，市场影响力和市场竞争力明显不足。

景区的辐射带动功能不强，综合示范联动效应不强，乡村旅游的特色与优势没有得到应有的体现，无法带动与统筹全市旅游资源优势向市场竞争优势转化进程。

在过去相当长的时间里，泸州将单一酒城文化作为泸州旅游市场的核心吸引品牌，曾经起到了一定的作用。随着旅游向生活化、个性化、自主化转变，这种发展定位已不符合现代全民休闲时代客源群体的主流消费价值取向，也更难适应市场对高质量旅游产品和高品质旅游服务的需求。旅游产品供需结构与市场需求配置的不协调和不匹配，已成为制约泸州旅游产品核心竞争力提升的瓶颈。因此，找到泸州旅游发展的新支点和着力点，确立发展的新方向，就成为未来泸州旅游发展必须要面临与解决的问题。

2.3 突破口

"黄金水道"长江自西向东横贯泸州市境，流经泸州境内 136 千米，占四川长江段的 60%。江面宽 500～800 米，泸州拥有四川境内最为开阔的长江河道，沿岸拥有广阔的乡村田园空间，并拥有沱江、永宁河、赤水河、濑溪河、龙溪河等著名的支流。长江是一条世界级的大河，是泸州旅游借以立足与扬名的最大支撑，是泸州旅游开发的制高点与引爆点，是承载泸州旅游走向国际化的载体和平台。发挥和发展长江泸州段的旅游价值与品牌，以沿长江旅游产品发展来统筹泸州文旅产品体系建设，扩大泸州文旅产品的市场影响力与品牌含金量，在很大程度上可能成为泸州旅游发展转向的重要选项，成为振兴泸州旅游的突破口和引爆点，成为未来统筹泸州旅游发展的关键。

3 多产融合理念在泸州旅游开发中的体现

多产融合是新发展理念的重要体现，也是新时期泸州实现绿色转型发展和社会经济高质量发展的重要路径。多产融合发展理念的核心是基于可持续发展的产业要素的渗透和互构，产业效应的叠加和放大，这一理念在长江泸州段旅游产品的设计、开发中，主要体现在以下四点。

3.1 产业的有机共融

本着宜融则融、能融尽融、优势互补、协同共进的原则，在沿江的各产业中寻求可以叠加、互构的要素形态，兼容并蓄，创新发展。推动旅游与沿江的农业、工业、教育、交通等跨行业、跨领域融合，推动休闲要素在沿江城镇、乡村中的体现，以文化、休闲、创意等创新驱动沿江旅游产业的整体提升。

3.2 景观的美化同享

泸州城肘江负山，长江、沱江绕城而成三面环水、一面靠山的"两江四岸"美丽景观。经过近几年的规划与治理，沿江的风貌有了很大的改观，但沿江两岸部分生态遭到破坏、沿江岸线资源利用粗放、滨江建筑景观整体性形象凌乱、滨江环境细节品质不高等问题依然存在。

长江泸州段的旅游开发，离不开长江沿江河段的生态维护与景观改造，随着《泸州市"两江四岸"控制性保护规划》的实施及长江滨江公园环境景观和绿化改造工程的启动，沿江景观的治理和美化工作正得到稳步推进，沿岸江景杂乱、设施陈旧、两岸建设缺少层次等问题正在得到解决，江城风格正在得到逐步彰显，泸州正在向"自然、生态、宜居"的方向发展。

长江泸州段沿线拥有广阔的乡村空间。除了对沿岸滨江建筑景观进行治理与提升外，沿岸的乡村风貌也急需修复与改善。在努力保留川南田园风貌的同时，花大力气治理乡村环境的"脏乱差"及乡村风貌的城镇化现象，把沿江的乡村作为泸州长江之旅产品体系的重要支撑，作为游客的重要的活动空间和休闲空间，这也是借助长江旅游发展带动沿江乡村振兴的有效途径。

3.3 文化的特色彰显

在沿江景观美化和生态化的同时，江城独有的文化特色应该得到彰显，以体现泸州的地域风格，丰富泸州长江段的旅游内容。充分发挥长江、沱江"滩远水平"、蜿蜒开阔的形态优势，将泸州城市的生态文化、红色文化、酒文化等地方文化融入有形建筑和景观绿化之中，最大限度留存和展示原有风貌；以忠山公园、烈士陵园、钟鼓楼、报恩塔等历史文化遗迹为节点，将毗邻的街区连接成片，形成富有泸州地域特色的历史文化保护街区，重现"城下人家水上城，酒楼红处一江明"的江城美景。

3.4 环境的全域净化

2013 年，泸州成功列入全国水生态文明建设试点城市。2014 年，《泸州市水生态文明城市建设实施方案》通过水利部、长江委审查，并由四川省政府批复同意实施，这标志着泸州市在水污染治理与水环境保护上取得了巨大成绩。但是，水污染的治理没有止境，除了对重点污染源企业实施治理和严格管理外，对零散的污染源的监控与治理、村镇污水的处理等也非常重要。同时，与长江上游城市加强合作，达成共识，治理和减轻上游河段水源的污染，也是迫切之举。

4 长江泸州段旅游产品设计思路

长江自西向东横贯泸州市境，承载着泸州与外界的经济、文化流通。沿长江周边沿岸市镇林立，人口稠密，富庶而繁荣，衍生出了厚重的历史文化，并能串联起泸州老窖旅游区、泸州酒业园区、中国酒镇酒庄、张坝桂圆林、方山、佛宝等长江沿线各景区景点，长江当之无愧堪称泸州的"黄金旅游水道"。长江泸州段的旅游产品设计，应该有着丰富的内涵、独特的卖点与广阔的承载空间。

4.1 黄金水道专项产品——游轮旅游

依托长江水道，以长江两岸的自然风光以及沿线主要村镇、码头、人文景观为主线，引入游轮旅游，打造四川第一家黄金水道游览线路。

长江泸州段由西向东分布的景点主要有：泸州国宝窖池、张坝桂圆林、神臂城、三江荔枝源景区、方山、笔架山、合江汉棺博物馆、佛宝森林公园等一批在全省乃至全国知名的旅游景区景点，沿江的乡村空间广阔，乡土文化厚重，涵盖了丰富的自然、人文资源。

对于游轮旅游发展模式：一是发展传统的旅游航运模式，即借助现有的码头和未来重点区域新建的旅游集散码头为节点，进行公交化的旅游摆渡方式。游客可根据自己购买的节点票，在游轮上观赏节点间的江景，自由去往自己心仪的各景区景点之间。二是打造游轮慢旅游模式，使游轮不再仅作为交通工具存在，而是一个以其为中心的休闲平台和娱乐平台，让游客能够"沉浸式"地欣赏长江两岸的自然、人文风光。在特定的村镇、景区停靠点，游客可自由选择上岸游玩或是继续在游轮上休闲娱乐。让整个游程的时间延长，让整个游玩过程慢下来。两种发展模式，都将促进黄金水道游览的发展，为不同的游客提供多需求的选择空间。

4.2 黄金水道配套产品——乡村休闲

黄金水道游轮游览，本身而言是观光的一种走马观花、看完即走的传统观光模式，已不再适应新旅游发展环境下游客对于深度观光、深度娱乐体验的旅游需求。所以，依托沿江的广阔乡村及重要节点，打造独具川南特色的乡村田园休闲、古镇古村落观光游览，打造参与性强的水上娱乐产品，为游客提供更多的休闲体验项目，让游客可参与，可体验，可消费，能够吸引人，留得下来人。

（1）乡村田园休闲

以特色小镇和乡村聚居点建设为抓手，依托广阔的乡村田园和众多的现代农业示范区，构建合理的"城市—城镇—乡村"体系，作为长江黄金水道泸州段水陆互动发展的空间支撑和消费延展。利用泸州温润的气候条件，积极发展水稻、高粱、绿色蔬菜的种植，发展荔枝、龙眼、柑橘等特色水果的种植，发展长江特色鱼类的养殖，布局丰富的乡村休闲业态。有效改善农村基础设施条件，不断优化农村人居环境，田园变游园，新村变景区，劳动变体验，产品变商品，利用长江旅游的发展来有效带动"美丽泸州·宜居乡村"社会主义新农村建设。

（2）乡村生态湿地

长江泸州段，虽然沿线大多数地带属于乡村及村镇风光，但长达百公里的距离都属同一种相近的景致，显得单一而缺乏生气。且可观不可亲近的景观，也会使人觉得乏味无趣。因而，在沿途需要进行进一步的人工景观打造，作为景致的补充和视觉的冲击。

湿地与森林、海洋并称全球三大生态系统。目前，能够做到人工景观打造、生态环境改善与人们休闲活动三位一体完美平衡的，非湿地莫属。借助长江得天独厚的水资源，在合适的位置兴建大小不一、特色各异的生态湿地，培育花海景观，修建亲水平台。

乡村湿地的建设，不仅能够丰富长江沿岸的景观景致，其本身的功能特性，也将吸引更多的动物、鸟类栖息于此，使得沿岸景观变得更加生动富有趣味。而且通过人工培育的湿地景观，将更容易满足现代人对视觉对环境的需求。在靠近市镇的大型湿地，游客还能深入其中，借助绿道等慢行系统，拍照、休闲、娱乐，从近处感受湿地感受长江的美。此外，乡村生态湿地的打造更将进一步改善泸州的整体生态环境质量，促进和满足生态文明建设的要求。

4.3 黄金水道衍生产品——专项旅游

依托长江这一黄金水道，拓展旅游空间，发展具有泸州特色的专项旅游产品，如美酒品鉴之旅、美食品尝之旅等；发展对接市场主流需求的新业态旅游产品，如乡村休闲旅游、康养度假旅游、低空运动体验等。不断完善泸州旅游产品的内涵，提升泸州旅游产品的品质，增强泸州旅游产品的市场竞争力。

参考文献

[1] 张晖. 产业升级面临的困境与路径依赖锁定效应——基于新制度经济学视角的分析[J]. 现代财经（天津财经大学学报），2011（10）.

文旅融合发展驱动"三区三州"乡村振兴实践研究

——以九寨沟县大录乡为例

[作　者] 顾相刚　刘异婧　罗天牛

摘　要： "三区三州"一直是我国乡村振兴发展中的硬骨头，如何在全面建成小康社会后，推动其良好稳定发展，成为亟须解决的问题。本文以大录乡为例，提出文旅融合的发展道路，构建"三区融合"、"三方共赢"的发展模式，打造民族地区文旅融合发展新典范，并通过创新"文旅＋农牧业"产业融合模式，有力助推乡村振兴。大录乡通过走文旅融合发展道路，不仅促进了乡村文化的传承与保护，而且带动了乡村旅游经济发展，让村民在乡村旅游发展中受益，也为"三区三州"乡村振兴带来新思路。

关键词： 文旅融合；大录乡；乡村振兴

引言

乡村是具有自然、社会、经济特征的地域综合体，兼具生产、生活、生态、文化等多重功能，与城镇互促互进、共生共存，共同构成人类活动的主要空间。现阶段我国社会发展的主要矛盾在乡村最为突出。党的十九大报告提出乡村振兴战略，指出要促进农村一二三产业的融合发展，拓宽农民增收渠道，加快推进农业农村现代化。

2018年，文化和旅游部组建，进一步提出了文旅融合体制与机制创新等一系列新命题。文旅融合对于提升旅游品质，促进旅游产品提质升级，丰富旅游产品文化内涵具有重要作用。在我国长期开展扶贫工作的过程中，部分地区的产业扶贫多以规划开发乡村旅游产业为典型，这一重要举措有效加快了区域扶贫脱贫进程，为全面建成小康社会做出了积极贡献。2020年我国已实现全面建成小康社会的战略目标，在"后2020"时期，"三区三州"如何由脱贫攻坚转向巩固脱贫成果，是新形势、新背景下的首要任务。本文以"三区三州"代表地区——阿坝藏族羌族自治州九寨沟县大录乡为研究对象，探索在未来乡村全面振兴进程中，如何巩固脱贫成果，有效助推乡村振兴。

1 大录乡文旅融合发展思路

1.1 大录乡概况

大录乡是九寨沟县的西北门户，北邻甘肃省，是连接大草原和大九寨黄金线上的重要节点，处于大九寨世界遗产旅游目的地，距县城、机场较近，但距成都等中心城市较远，且道路等级较低，交通已成为制约其旅游发展的瓶颈，目前有九若路、漳大路两条重要进出通道。大录乡处于岷山山脉北段，高山峡谷多，平均海拔2478米，显著高于国际通行的高海拔标准（1500米），地势险峻。森林覆盖面积139万亩，据调查有高等植物1200余种，低等植物180余种，另有草场50万亩以上，每个村都建有牧场，养有牦牛、犏牛、黄牛、绵羊、山羊、马等，森林、牧场资源非常丰富。大录乡共辖大录、东北、芝麻、八屯、香扎、沙勿六个村，有582户、2838人，居民以藏族为主，占比99%，保留了丰富的藏式建筑以及多种藏族文化民俗。全乡是典型的半农半牧地区，主要依靠以家庭为主的传统种植业、养殖业为经济来源，缺乏产业技术升级、转型和农产品销售服务平台的搭建，没有相应的加工业、旅游业来拉动农副产业上档次上规模，致使农户经济基础脆弱。

1.2 大录乡文旅融合资源现状

大录乡旅游资源类型多样，品质较高，有国家级传统村落古藏寨、风光媲美九寨黄龙的神仙池、以藏族金刚舞、大录寺为代表的非物质文化遗产资源以及以神仙坪为代表的高原牧场生态系统，形成了"媲美世界遗产风光的山地度假环境"与"天人合一的原乡藏寨、原生文化"两大核心旅游吸引力。但全乡基础设施建设滞后，旅游公共服务设施缺乏，旅游产品也仅限于观光类产品，附加值低，旅游效益不明显。

1.3 大录乡文旅融合开发思路

以乡村振兴为目标，以文旅融合为主导巩固脱贫成果，以打造"九寨神仙谷"为主线，以"生态旅游"与"山地康养农业休闲"为核心旅游发展类型，开发生态观光、户外体验、藏寨文化休闲、山地康养度假四大精品旅游产品，将大录乡打造成为全域九寨门户地、大九寨旅游新亮点、国家特色景观旅游名镇的总体发展思路。在综合考虑大录乡区位、地形、海拔等因素以及旅游资源特性的基础上，将整个大录乡划分为"一镇一谷一廊"，具体来说：

"一镇"为大录旅游镇，以景镇一体的模式联合大录乡场镇和古藏寨进行提升打造，形成以大录乡旅游第一印象展示、旅游接待综合服务、特色小镇商业休闲等功能为一体的藏式风情旅游小镇。镇区建设旅游集散中心，解决综合服务、交通换乘功能，景区主要实现藏寨游览、藏族文化体验，主题民宿接待等功能，实现综合服务中心与古藏寨的一体化串联，打造全域九寨的西门户。"一谷"为九寨神仙谷旅游区，以东北村、大录村为核心，以漳大路改造为契机，以神仙池、神仙坪遗产级自然风光以及广阔的森林牧场为依托，串联大录藏寨、神仙坪、东北村、扎子浪等区域，构建以神仙坪山地体验、神仙池生态观光、神仙牧场户外运动、神仙居康养度假为特色的旅游产品体系，打造全域九寨新亮点。"一廊"为黑河旅游风景廊道，依托九若路升级的机遇，以药食同源、药景同构的中草药种植为依托，沿黑河发展现代山地康养农业，打造以山地乡村景观为基础、以乡村康养度假为目标的黑河旅游廊道，建设连接大九寨和大草原的重要景观廊道。结合各分区功能及资源，打造综合服务区（大录乡）、大录古藏寨、大录民宿体验区、神仙坪山地体验区、神仙池生态观光区、神仙居康养度假区（东北村）、神仙牧场户外运动体验区、"芝麻开门"（芝麻村）、沙勿梯田、多诺湖滨十大旅游项目。

2 大录乡文旅融合发展的意义

2.1 巩固全面建成小康社会成果

大录乡作为"三区三州"的地区之一，是我国乡村振兴的重难点。在全面建成小康社会后，更重要的是强化大录乡的经济发展，提高当地村民的收入水平。首先，为了吸引全国各地旅游者并满足其多样化的消费需求，大录乡对区域内道路、娱乐等方面的基础设施建设和生态环境的整治都进行了有力强化。其次，大录乡具备深厚的文化底蕴，拥有丰富多彩的民俗文化活动，对游客具有较强的吸引力。同时，文旅融合能够扩大当地劳动力就业，吸引更多人返乡创业。

最后，大录乡结合特色种养、民族手工艺品、民族风情旅游业等产业的融合发展，不仅能传承当地民族文化和保护民族村寨等资源，而且有利于激发经济发展动力，助力当地创新创业发展。因此，大录乡文旅融合发展有助于带动当地产业兴旺，进一步巩固"三区三州"地区全面建成小康社会的成果。

2.2 推动城乡融合发展

文旅融合的本质是产业的融合发展，因而推动大录乡文旅融合在于促进大录乡产业融合发展。文旅融合发展在挖掘大录乡内部潜力的同时也能够吸引资金、技术、人才等资源更多地流向大录乡，是推动城乡融合发展的重要举措。与全国其他地区相比，大录乡位于西部民族地区，加上乡村产业发展落后、居民观念守旧等制约因素，城乡发展差距较大。而通过文旅融合发展，以优美的自然风光、具有民族特色的农业生产生活方式及当地的民俗文化等资源吸引城市居民前来大录乡旅游，能够增强城乡人民的互动交流，在积极的社会变迁和文化变迁中提升村民文化素养，改变村容村貌，进一步实现乡村产业兴旺，促进城乡融合发展。

2.3 民族地区旅游产业发展的内生文化需要

文化是旅游的灵魂，旅游是文化的载体。文化因素在乡村旅游研究中的受重视程度越发提高，旅游产业发展的历程亦是在不断强调文化要素的过程。一方面，旅游者的审美能力在不断提升，单纯的走马观花式的观光游览活动已经不能满足旅游者的需求，旅游者对旅游活动及产品的品质要求越来越高，那些富有文化内涵的乡村旅游产品才更受旅游者青睐。另一方面，当前各地的旅游产品越来越丰富，产品品类也开始向多样化转变，旅游者的选择面广，如何在众多乡村旅游品牌中抓住旅游者的眼球，需要寻找差异化发展的优势。因此，要深入挖掘地方文化特色，将有品质、有特色的文化元素注入乡村旅游，塑造差异化品牌形象，为文旅融合下的乡村旅游发展培育优势。大录乡藏族居民占比达到99%，是典型的民族聚集地，不仅保留了丰富的藏式建筑，藏族文化民俗更是绚丽多姿，为文旅融合发展奠定了文化基础。此外，从外在驱动力来看，技术进步越发明显，从智慧旅游建设到5G、虚拟现实，科技进步推动了乡村旅游发展与文化创新，同时推动乡村旅游营销不断变革。总而言之，乡村振兴要实现乡村旅游与文化产业的协同发展，要用文化基因再塑造乡村旅游产业。

3 大录乡文旅融合路径探索

3.1 创新文旅融合产业发展方向

乡村振兴战略规划提出加快农业现代化步伐要壮大特色优势产业，以各地资源禀赋和独特的历史文化为基础，有序开发优势特色资源，做大做强优势特色产业。因此，要紧抓九寨沟县旅游由单点单极向多点多极、全域发展的转型，建设"全域九寨"世界休闲度假旅游目的地的契机，立足优质的山水生态本底，挖掘多元复合的文化优势，融入高山峡谷的度假环境，拓展寄托着乡愁的田园藏寨，以全乡的基础设施建设为保障，以文旅融合为主导巩固脱贫攻坚成果，以打造"九寨神仙谷"为主线，以"生态旅游"与"山地康养农业休闲"为核心旅游发展类型，在全乡开发自然生态观光、户外山地体验、藏寨文化休闲、山地康养度假四大精品旅游产品，力争将大录乡打造成为全域九寨旅游门户地，优化全县旅游供给，助力九寨沟县从"神奇九寨"到"全域九寨"的转型升级和跨越发展。

3.2 构建"三区融合""三方共赢"的发展模式

从景区、社区、产业区"三区融合"着手，采用"政府＋企业＋居民"的参与方式，成立各村乡村旅游合作社，遵循"政府引导、企业主体、市场运作、群众受益"的原则，以"三方共建共享"的模式保障区域的可持续发展。在此模式上还提出了四大社区民生保障机制，力求丰富贫困户收入来源：

（1）旅游商品合作

针对区域耕地、牧地出产各类绿色农产品等，村委会组织村民成立种植小组或合作社，企业统一定价收购耕种作物、瓜果蔬菜、牛羊肉类及制作手工艺术品等，精加工后作为旅游商品销售。

（2）产业工人

依托产业基地有机农业、牧业、林业等产业资源，雇用村民为产业工人，投入到整个产业链生产过程中，纳入到整个基地的运营管理之中。

（3）旅游服务参与

随着大录乡的旅游开发，带来大量餐饮接待服务工作机会，村民可受雇于开发企业，参与餐饮、民宿、表演、马帮等旅游商业活动中，得到工资收入。在政府允许范围内，还可开发自营旅游商业，产生个体商业利润收入。

（4）本地居民生活改善

政府和开发企业对现有村落风貌进行修复整治，保障居民生活安全的同时，在不改变本地居民生活习惯的基础上，完善水电基础设施，改造民居外立面，梳理社区景观，整体提升了居民的生活环境。

3.3 打造民族地区文旅融合发展新典范

独特的地域民俗孕育了大录乡丰富的文化旅游资源，不仅有千年古寨，还有近700年的萨迦派藏传佛教寺庙大录膝果寺。大录乡居民勤劳淳朴，保留着安多藏族传统的生活方式，藏族文化资源积淀深厚悠久。椆板房建筑技艺、藏历年、唐卡绘画等非物质遗产在此熠熠生辉，神仙坪、神仙池的传说深入人心，"原乡藏寨，原生文化"为打造民族文化体验旅游产品开展奠定坚实的基础。

在搭建文化展示体验载体的同时，以"泛博物馆"手法开展藏族居民家访，藏寨康养民宿，藏银、藏茶、藏乐等丰富多彩的藏族传统民俗业态体验，对当地非物质文化遗产进行活态演绎，走民族文化的"活态传承"之路，创新文旅融合新业态，打造文化氛围浓厚的原生藏寨，衍生多个混合消费的盈利点，为藏寨旅游可持续发展提供精神文化的动力，促进当地文旅融合发展，实现原生藏寨文化的保护与传承。

3.4 重建"两山理论"新样板

生态环境没有替代品，用之不觉，失之难存。因此，在文旅融合的过程中，应严格保护生态环境，创新四大理念实现旅游区可持续发展。以"以人为本、生态为根、文化为魂、藏民共生"的发展理念对全乡进行绿色开发，充分对接弓杠铃自然保护区规划，将整个规划区划分为一、二、三级保护区，通过严格的保护措施和手段，为区域生态的可持续发展保驾护航。除对生态进行严格保护外，对民俗风情与传统文化艺术也应采取保留、分离、提倡等针对性保护措施，通过多种形式积极提倡传统文化中合理的优秀的部分，尽量减少文旅融合发展带来的消极影响。

3.5 创新"文旅＋农牧业"产业融合模式

以现有传统农业田园为支撑，实现文旅与农牧业结合，旅游的发展不应破坏现有农牧业产业。通过传统农牧业向观光、休闲农业转变的思路，发展观光、休闲、运动旅游产品，推进休闲农牧业主体多元化、业态多样化、设施现代化、发展集聚化和服务规范化，同时保留当地藏族居民在农牧活动中具有独特的民族风俗，增强藏族农牧文化吸引力。在转变的过程中，结合神仙坪、扎子浪、沙勿、八屯等地广阔的林地、耕地、牧场资源和果蔬、牦牛、藏羊、汉藏药材、冷水鱼等特色农牧商品，开发林下养殖体验、户外运动大本营、森林营地、梯田观光、中草药产业园等项目，实现"一产形态、三产功能"的发展目标。依托户外运动大本营、现代农牧业产业基地、家庭农（牧）场、农牧民专业合作社，使休闲农牧业成为大录乡旅游产业的支柱、农牧民增收的主渠道，缓解当地旅游用地和农牧用地之间的矛盾，真正把绿水青山打造成促进旅游产业发展和带动老百姓增收的金山银山。

在乡村振兴的背景下，旅游者追求的高品质乡村旅游消费需求，不再是单纯的农业旅游凝视，而是走向目的地的深度文化休闲需要。大录乡通过走文旅融合发展道路，不仅促进了乡村文化的传承与保护，而且带动了乡村旅游经济发展，让村民在乡村旅游发展中受益，也为"三区三州"乡村振兴带来新思路。

参考文献

[1] 耿松涛，张伸阳. 乡村振兴背景下乡村旅游与文化产业协同发展研究[J]. 南京农业大学学报（社会科学版），2021，21（2）：44－52. [GENG Songtao, ZHANG Shenyang. On rural tourism and cultural industry coordinated development under the background of rural revitalization. [J]. Journal of Nanjing Agricultural University（Social Sciences Edition），2021，21（2）：44－52.]

[2] 李志刚. 旅游规划扶贫"三区三州"受益[N]. 中国旅游报，2019－11－20（001）.

[3] 李桦. 乡村振兴战略下民族地区农旅融合的路径探析[J]. 商业经济，2021，27（4）：107－108. [LI Hua. Analysis on the Path of Integration of Agriculture and Tourism in Ethnic Regions under the Strategy of Rural Revitalization [J]. Business Economy, 2021, 27（5）：107－108.]

[4] 白骅. 为大录乡送去增收致富新希望——"三区三州"深度贫困地区旅游规划扶贫公益行动典型案例之四[N]. 中国旅游报，2019－12－13（002）.

成都文化和旅游休闲街区的消费体验与营销研究

［作　者］张广宇（西南民族大学旅游与历史文化学院）

摘　要：　成都建设世界文化名城，打造国际消费中心城市的经验与做法具有十分重要的示范价值。研究通过对成都太古里和大悦城的分析，以典型案例反映了文化和旅游休闲街区顾客消费体验与企业体验营销方面的管理规律。在分析文化和旅游休闲空间场所环境、氛围的营造，地域文化、实体要素、主题活动等影响顾客消费体验的基础上，从体验营销角度分析了文化空间体验业态提升消费者的整体参与度和体验感的主要途径。文章也提出了从挖掘地方文化元素融入空间营造，顾客参与度提升消费体验，优质服务保障服务质量等方面的管理启示。

关键词：　文化和旅游休闲街区；文化空间；顾客体验；体验营销；成都

1　引言

文化和旅游休闲街区是城市主要的文化和旅游空间，作为城市文化遗产的重要组成部分，是城市精神与文化的承载体，也是城市魅力与活力的体现。根据成都市"十四五"规划总体要求和 2035 年远景目标、2050 年远景展望，文化和旅游休闲消费空间场景化发展是践行新发展理念的公园城市示范区建设和打造国际消费中心城市的重要组成部分。根据成都市委市政府的战略部署，高品质的文化和旅游休闲消费空间是文旅高质量发展，创造高品质生活，提升城市发展软实力，塑造天府文化独特魅力，打造高品质宜居地，彰显城市幸福美好生活价值的重要实现途径。2021 年全市经济工作会议再次提出，建设国际消费中心城市，推动八大类消费场景"一场景一示范"，创新国际消费供给，积极发展服务消费，定制消费等新消费模式，营造新型消费场景。

随着体验经济时代的到来，体验消费文化席卷全球，消费者在满足物质需求的同时更注重精神上的体验感。为消费者创造更好的消费体验已经成为商家吸引消费者、体现个性化、提高竞争优势的一个重要手段。城市文化和旅游休闲街区作为极具体验感的城市开放式商业空间开始兴起并迅速发展，它更注重顾客在消费时的体验感和场景感，追求的是享受型消费。城市开放式商业街区通过引入餐饮、零售、儿童教育、生活配套、休闲娱乐等众多业态，能同时满足社区居民与旅游者的消费和休闲的需求。因此，体验经济的时代已经来临，城市文化和旅游空间的消费体验将发生什么变化？这些变化又要求企业的营销方式做出怎样的调整？此类问题将是本文探讨的重点。

2 文化和旅游休闲街区的消费体验分析：成都太古里案例

2.1 成都太古里的消费形态分析

2.1.1 国际大牌零售业态

因为有着全新开放式商业街区形态和中心核心地带的区位优势，成都远洋太古里在建造伊始便吸引着大量一线国际品牌络绎不绝地入驻，在契合成都太古里"快里"与"慢里"的零售概念的同时，也为其注入了新的国际化视野以及高端的形象定位。从品牌占比来看，成都远洋太古里场内的轻奢品牌以及潮流运动品牌占比较大，例如 Denham、Champion、BeenTrill、Isabel Marant、Popcorn、Suitsupply、Ami 等品牌，为成都太古里增添了年轻潮流的品牌元素；而 Gucci、Hermès、Tiffany、Givenchy、Versace、Coach、Cartier 等高奢品牌全新旗舰店的入驻，又最大限度地丰富了成都太古里的高端奢侈品种类，几乎所有的国际一线大牌都能在这里找到门店，连许多难得一见的个性小众品牌也能得觅踪影，成都太古里就这样逐渐成为成都最奢华、最时尚的标志代名词，以其全方位、多层次的绝妙消费体验，引得无数消费者心甘情愿地为它掏腰包。

2.1.2 时尚多元餐饮业态

成都太古里目前餐饮业态主要以轻餐饮为主，大部分都是面积偏小的店面，但为了寻求差异化竞争，不同风格不同价位的特色餐饮品牌也是应有尽有，特别是位于负一楼的大面积餐饮聚合地，也让成都远洋太古里的餐饮显得更为丰富。与此同时考虑到游客以及周边聚集大批白领客户群的特点，成都太古里除了不断加强轻餐饮，同时也引入了不少夜间营业商户。包括 kabb 凯博西餐酒吧、bluefrog 蓝蛙、The Abbaye 爱杯比利时餐厅、Grappa's 格拉帕意大利餐厅、太古里博舍的 Jing Bar，以及 The Hang 得行音乐餐吧等，都进一步加深并丰富了成都太古里多元化的餐饮业态。

2.1.3 美学生活新兴业态

随着主流消费群体的年轻化，大众的消费习惯也随之改头换面，以往被视为商业吸睛揽客神器的影院、电玩城等，已经逐渐丧失吸引力。新一代消费者对新奇的体验业态有着更为极致的追求，对美学生活也越来越憧憬。创意空间、VR体验馆、美容美体等业态纷纷进驻，在赢得消费者喜爱与追捧的同时，也令商业街区的业态创新成为商业转型升级中的全新亮点。

2.2 成都太古里的消费体验分析

2.2.1 地域文化与消费体验

场所内蕴含的地域文化是实现开放式商业街区可识别性与消费者心理认同的重要因素，而商业街区带来的客流更迭则有利于重新唤活地域文化。如果说地域文化是本地空间设计及其意义创作的首要条件，那么消费就是这个空间被使用和体验的过程。消费不仅仅是物质消费，它还包括精神消费，也就是说，消费者在消费过程中，不仅使用了商品性能，还消费了商品的符号和文化意义。成都太古里的一切重要设计都围绕大慈寺展开布局，奠定了成都太古里场所精神的重要基调，也为良好场所氛围的营造、顾客消费体验的提升提供了强有力的依据。成都太古里将四川特色地域文化与国际时尚潮流文化完美地结合起来，成功地塑造了独属于成都太古里的场所氛围，巧妙地把握住了为场所招徕客流的关键因素，令其充满了一种大气磅礴，却又惹眼张扬的迷人魅力，能够带给消费者独一无二的消费体验。

2.2.2 感官要素与消费体验

对精致美好事物的追求和喜爱是消费者的天性，而在成都让人眼花缭乱的商业项目里，太古里必然是其中最能抢走视觉青睐、最惹眼的一个，仅仅是其与众不同的建筑外观设计，就已经给消费者提供了最直接最美妙的感官体验。在建筑视觉设计上，成都太古里沿袭了中国古老街巷制理念，较好地提取了川西建筑朴实飘逸的美学特性，最大限度地保留了老街小巷和古建筑，并与国际化流行元素相结合，打造出了别具一格的建筑，令传统街巷文化与市井生活的氛围得以重现，让人们在太古里游玩时能通过视觉上的感知唤醒内心的归属感，这样不仅留住了场所记忆，还使空间更具识别度。街区内还保留着部分带有景观意义的会馆和老旧的街道名，再与身处其中的大慈寺互相辉映，进一步升华了消费者的感官体验。街区摆设的每一件艺术品都有各自的故事和意义，它们在加厚太古里文化底蕴的同时，也让太古里的街区充满了某种神秘感，在满足消费者购买欲望的同时，也从感官上满足了消费者的美学需求，带给消费者美妙的消费体验。

2.2.3　节事活动与消费体验

成都太古里结合节庆的时间节点营造气氛吸引流量，增强消费者互动体验而举办的活动展。例如 2018 圣诞季的"尼恩的里巷奇遇 Nien's Adventure in Lanes"主题活动也是一个很好的例子。场所内充满浪漫梦幻气息的圣诞节装置在极富圣诞气息的灯光设计映衬中交织闪耀，用艺术渲染节日的欢乐气氛，成功地将参观者带入里巷的情境中感受圣诞节的奇妙氛围，一场艺术与时尚并存的圣诞季就此拉开序幕。2019 年末举办的"未来漫游，自然回响 NATURE'S LYRICS FROM THE FUTURE"主题活动，漫广场和里巷中处处皆是精心设计的环保纸制装置，富有未来感的环境氛围令身在其中的参观者充分体验到了"穿越时空"般的梦幻感，这时的太古里成了连接现在和未来的梦幻之森，裹挟着参观者一起卷入时光的隧道里，能跨越时间与自然对话，探索城市与生活的理想样本。这些主题活动在成都太古里数不胜数，这些精心设计的主题活动既新奇又特别，不仅能够带给消费者极佳的感官体验，同时也能积极地影响消费者行为，更进一步地刺激消费。

3　文化和旅游休闲街区的体验营销分析：成都大悦城案例

3.1　成都大悦城的消费业态分析

根据成都大悦城发布的年度数据来看，大悦城总的商业面积达到 33 万平方米，涵盖购物、娱乐、餐饮、服务四大主力业态，占比分别为购物 41.3%、娱乐 27.1%、餐饮 22.5%、服务 9.1%。从大悦城的业态分布来看，一方面在业态数量上种类繁多，涉及顾客日常生活中的方方面面，并根据市场细分人群归纳划分在相应主题楼层之下，如大悦城 3F 就将儿童及家庭视为主要消费人群，打造出多功能亲子体验式乐园，充分考虑儿童群体的心理需求及亲子消费特征，精心选取适合儿童在运动、娱乐、职业、餐饮、购物等方面进行体验式消费的相应业态，清晰明确的定位既便于业态之间的相互业绩推动，促进良性竞争；从顾客角度也实现了更加方便快捷的一站式消费体验。另一方面，大悦城依托于中粮集团，已经在全国各地奠定了坚实的基础和商业口碑，在业界具有一定的影响力。因而成都大悦城在招商阶段便引来了众多知名体验相关业态品牌入驻，其中许多门店更是在西南地区首次进军，对于热爱新潮、追求时尚的青年顾客可谓是精准定位，满足消费者的新鲜体验需求。

3.2　成都大悦城的体验营销分析

3.2.1　公共空间与体验营销

成都大悦城作为国内首个体验式潮玩公园，在设计阶段就历经了3年的沉淀，邀请了RTKL这一驰名中外的设计公司进行规划，将精美的空间格局与大悦城独特的经营理念结合在一起，人与自然在这里获得了全新的和谐体验。成都大悦城在公共空间营造上选择九寨黄龙作为设计蓝本，将大自然所赋予的珍贵美景通过创造性的商业思想和理念呈现在消费者眼前，打造出独一无二的沉浸式消费体验空间。成都大悦城面积最大的潮汐广场中的旱喷还原了九寨沟的珍珠海，同时以九寨沟水流为原型设计了整体铺装。视角再落至翡翠广场，层叠交错的阶梯、潺潺流水的涌泉、湛蓝的水瀑帘、蓝黄交错的马赛克铺设，都无法不让人想到九寨五彩蓝池在钙化作用下形成的缤纷之美。从公园整体外观来看，层层过渡的空间就像高低交错的山峦，右侧蜿蜒的悦街则是来源于川剧中的舞袖，充满神秘色彩。屋顶花园作为大悦城独特的开放式空间，在一年四季都为顾客准备了不同的观赏植物，与购物区域和餐饮区域形成了完美的融合，顾客来到这里能够实现景观、园林与自己的互动，形成与传统购物中心在环境与氛围上的差距，让这里成为他们心中的完美场所。

3.2.2　业态空间与体验营销

成都大悦城结合其潮玩公园的定位，以原创生活美学街区为核心在内部创立了"咕噜学院"，在3200平方米的空间中坐落着46个小铺，既是创意性的生活空间，也为小众品牌提供了独特的载体。在区块的选择上，大悦城将咕噜学院文化街区的可玩性，巨石荒漠、奇异森林、乱世迷宫、绝壁高山、沉没海洋以及幸福海岸六个区域共同组成了吸引消费者进行探索的街区，从环境上就充满了创造性，带给消费者无限遐想空间。在定位上，咕噜学院定位在原创生活美学街区，为消费者提供的是一种从生活中的创造力发现美、寻找体验的服务，在品牌的选择上也集结原创、特色、小众、手作等，体验类型包括金工、首饰、皮包、植艺、沙画、陶艺、影戏、香皂、油画等多种 DIY，咕噜市集内包括花店、艺术体验空间、文创商品店、无人机体验店、宠物店。在场景上，咕噜学院的品牌门店也根据自身品牌的消费市场及品牌内涵进行环境上的再创作，呈现出鲜明的特征，为消费者留下更加深刻的印象。

3.2.3 活动空间与体验营销

成都大悦城在主题活动的开展上贴合潮玩公园的定位，策划了类型多样、目标人群明确的活动方案。成都作为著名的休闲之都，"一座来了就不想走的城市"宣传口号充分概括了成都人对于"潮玩"的热衷，与众不同的氛围感染了来到这里的旅游者，暂时将原有的紧张生活抛之脑后，享受在成都的时光。成都大悦城也在主题活动倾注巧思，针对不同年龄层推出丰富的主题活动。例如，2020 年度新春主题展，作为开年最值得打卡的主题展，成都大悦城还布置多个年味十足的场景，粉红泡泡球与金元宝的海洋、红梅与灯笼交相辉映的花园、传统中式风格与活泼可爱老鼠形象的四方亭，都能让顾客留下最美的照片。此外，成都大悦城首先与乐高跨界合作，举办了西南独家新春潮玩主题展，与家人朋友一起在欢聚式家庭游乐园体验别具一格的乐高沉浸魅力。相较于传统的新春装饰的沉稳威严，用乐高全新搭建的新春氛围则憨厚可爱，在丰富繁杂的色彩下卡通与像素风的碰撞，无论生在哪个年代，都不免回忆起童年的缤纷快乐。一系列活动可谓是为各类客群都营造出新年氛围，分享了复古与未来感兼具的娱乐体验。

4 研究结论

研究通过对成都太古里和大悦城的分析，以典型案例反映了文化和旅游休闲街区顾客消费体验与企业体验营销方面的经验。成都文化和旅游空间消费形态和顾客消费体验影响因素的分析可以发展，开放式商业街区的管理经营者特别注重场所环境、氛围的营造，地域文化、实体要素、主题活动等因素都深深地影响着顾客的消费体验。要想进一步实现成都太古里的商业形态创新和顾客消费体验优化，就必须着眼于消费体验研究，通过适当引进多样化的零售品牌来实现零售业态多样化，打造独具特色的体验化餐饮业态，完善配套基础设施等措施实现商业形态创新；同时借助互联网技术建立虚拟品牌社区，加大参与性消费活动开发力度，进一步优化顾客消费体验。

参考文献

［1］孔栋，左美云，孙凯．国外顾客体验文献回顾——一个综合框架［J］.中国流通经济，2016，30（12）：115－123.

［2］刘彬，陈忠暖．权力、资本与空间：历史街区改造背景下的城市消费空间生产——以成都远洋太古里为例［J］.国际城市规划，2018，33（01）：75－80＋118.

［3］张文敏，王晓玉．购物体验休闲娱乐化研究述评及营销启示［J］.消费经济，2010，26（03）：28－30.

［4］郭鲁芳．休闲经济学——休闲消费的经济分析［M］.浙江大学出版社：杭州，2005：28－40.

［6］周岩，远江．体验营销［M］.当代世界出版社：北京，2002：3－9.

［7］唐湘辉．休闲经济学——经济学视野中的休闲研究［M］.中国经济出版社：北京，2009：16－36.

［8］申广斯．试论休闲消费是经济发展方式转变的有效路径［J］.统计与决策，2008，24（6）：54－61.

［9］方田红．上海市民城市休闲行为的时空结构特征分析［J］.华东理工大学学报，2009，（3）：54－58.

［10］张蕙，何卓．大悦城实施体验营销案例研究［J］.商业经济研究，2016，23：57－59.

07

城镇文旅

巴蜀文旅走廊

[作　者] 晋　超　刘长富（四川旅游学院乡村旅游研究院）

摘　要： 巴蜀文化旅游走廊建设是推动成渝地区双城经济圈建设的一项重要工作，将对成渝两地文化旅游产业升级发展和巴蜀文化影响力全面提升产生重大而深远的影响。本文介绍了巴蜀文化旅游走廊建设的背景、要求及主要任务，提出了有关走廊建设系统支撑的重大事项和工作机制，并对 2020 年四川省文化旅游厅"支持重庆、成都共建巴蜀文化旅游走廊"的工作任务进行了总结，同时展望了 2021 年巴蜀文化旅游走廊的建设方向。

关键词： 成渝地区；文旅走廊；机制

1　背景篇：背景介绍

2020 年 1 月 3 日，习近平总书记主持召开中央财经委员会第六次会议并发表重要讲话，专题部署推动成渝地区双城经济圈建设，使之上升为国家战略。习近平总书记将巴蜀文化旅游走廊建设作为推动成渝地区双城经济圈建设的一项重要工作交办给四川、重庆，体现了总书记的高瞻远瞩和战略眼光，寄托了总书记对两地形成高质量发展重要增长极的重托与期待，饱含了总书记对两地人民实现高品质生活的关切与厚爱，特别是提出了具体要求，即要"支持重庆、成都共建巴蜀文化旅游走廊"，必将对两地文化旅游产业升级发展和巴蜀文化影响力全面提升产生重大而深远的影响。

2020 年 4 月 29 日，巴蜀文化旅游走廊建设专项工作组联席会第一次会议举行，四川省文化和旅游厅、重庆市文化和旅游发展委员会共同签署《推动成渝地区双城经济圈建设战略合作协议》。协议约定，建立健全川渝两地联动机制，协同打造巴蜀文化旅游走廊。

6月22日，四川省文化和旅游厅与重庆市文化和旅游发展委员会在四川成都召开巴蜀文化旅游走廊建设推进工作会，双方就"一盘棋"推进巴蜀文化旅游走廊建设、共铸巴蜀文旅品牌等各项重点事项进行谋划。从成渝地区双城经济圈建设，到川渝协同建设巴蜀文化旅游走廊，共铸巴蜀文旅品牌，旨在通过区域城市群的聚合效应，激发区域内的城市创新和经济转型，助力中国第四极的形成。

2　简介篇：总体要求，主要任务

2.1　总体要求

以习近平新时代中国特色社会主义思想为指导，围绕建设成渝地区双城经济圈的国家战略，以巴蜀文化为纽带，以文化旅游融合发展为突破，坚持协同化发展、一盘棋推进，特色化发展、差异化定位，高起点谋划、高标准建设的基础原则，共同推进巴蜀文化的保护传承弘扬，共同完善巴蜀文化旅游共建共享机制，共同争取文化旅游创新改革试验，共建具有国际范、中国味、巴蜀韵的世界重要文化旅游目的地。

力争到2035年，将巴蜀文化旅游走廊建设成为弘扬新时代中华文明的文化高地、世界知名的文化旅游目的地、国际经济合作和文化交流的重要平台，文化旅游业成为成渝地区双城经济圈建设的战略性支柱产业，巴蜀文化旅游走廊成为成渝双城经济圈高质量发展的重要载体。

2.2　主要任务

2.2.1　编制巴蜀文化旅游走廊规划及实施方案

围绕"成渝发展主轴"，以成都、重庆为核心，打造文化旅游发展核，依托串联川渝的陆路、水系、城市等，建设文化旅游经济带，培育巴蜀文化旅游精品项目，争取国家层面编制出台《巴蜀文化旅游走廊建设规划》。

争取将《巴蜀文化旅游走廊建设规划》重要内容纳入成渝地区双城经济圈建设规划、国民经济和社会发展"十四五"规划、文化和旅游业发展"十四五"

规划、"十四五"文化和自然遗产保护利用设施建设规划。

加强成渝双城统筹协作，精准对接国家规划，制订实施方案，确保规划方案可实施、计划可操作、方案可落地。

2.2.2　推动巴蜀文化资源的研究和保护传承

实施两地红色文化、时代精神纪念、社会主义核心价值观培育践行工程。加强社会主义先进文化引领，以文化人、以文化物，用川渝两地浓郁独特的巴风蜀韵丰富生活、振奋精神、促进交流、赢得共识，构建巴蜀文化旅游走廊的文化本底。

深化巴蜀文化旅游资源的深度发掘与保护传承，全面开展文化旅游资源普查。强化巴蜀文化遗址考古调查与发掘，推动"巴蜀考古"纳入国家文物局"考古中国"重大项目。加强巴蜀石窟石刻艺术保护利用，依托大足石刻研究院建设中国南方石质文物保护科研基地。强化南丝绸之路和蜀道线性文化遗产资源调查研究、文物保护和利用。

加快四川三星堆遗址、宝墩遗址、罗家坝遗址、城坝遗址和重庆涪陵小田溪战国墓群、冬笋坝遗址的深度发掘及考古公园建设，推进古蜀文明、重庆钓鱼城等申报世界遗产。

共建巴蜀优秀传统文化专门研究机构，大力推进巴蜀特藏文献保护研究利用工程，深入研究古蜀文明、巴蜀文化在中华文明进程中的重要作用和突出贡献，深度挖掘成渝地区巴蜀文化资源的独特魅力和时代价值。建立巴蜀文化研究中心、文物修复中心、巴蜀三国文化学术研究中心、巴蜀特藏文献研究中心等机构。

推动川菜、川酒、川剧、竹编、藤编、漆艺、服饰、刺绣、夏布、年画等传统文化传承发展，联合实施传统工艺振兴计划。积极开展两地传统工艺保护传承交流互鉴，推动北京服装学院驻重庆荣昌传统工艺工作站、中央美术学院驻四川成都传统工艺工作站在两地开展项目合作，不断健全巴蜀非物质文化遗产传承人保护体系。

2.2.3　开展文化旅游创新改革试验

争取国家批准川渝设立"成渝地区双城经济圈国家文化和旅游创新改革试验区"（或"巴蜀文化旅游走廊国家改革试验区"），建设新时代内地首个国家级文化旅游改革试验区。探索4种发展新模式：新时代文化保护传承弘扬新模式、文化旅游深度融合发展新模式、跨省域全域旅游发展新模式、文化旅游产业支撑国家重大区域经济发展战略新模式。

试验区内重点开展 10 种示范建设。川渝建设成渝地区双城经济圈万达开红色文化旅游（扶贫）示范区、国家文旅金融合作示范区、国家级文旅产业融合发展示范区、国家文物保护利用示范区、西部红色文化旅游融合发展示范区、巴蜀文化旅游走廊国家全域旅游示范区、长征国家文化公园示范段（四川段、重庆段）、中国西部演艺产业示范园区（一区两园）、公共服务融合高质量发展示范区、无障碍文旅发展示范区等。

争取政策试点。争取国家财政金融政策支持；推动巴蜀文化旅游走廊全域实行 144 小时过境免签，力争国际游客"蓉进渝出""渝进蓉出"；争取增加国际口岸机场，开通港澳台地区，以及东亚、东南亚和周边国家直航航线；探索离港免税政策试点；开展文化旅游用地改革试点，建设重大文旅项目用地保障"绿色通道"；探索人才、科技等支持巴蜀文化旅游走廊政策。

2.2.4 联合开展巴蜀文化旅游营销推广

争取国家批准举办"中国西部（国际）文化旅游博览会"（暂定名），由文化和旅游部与四川省、重庆市政府共同主办，四川省和重庆市每年轮流举办，打造西部文化旅游全球综合展示、交流合作、产品交易新平台。

形成"1 + N"系列节会品牌平台体系。争取批准举办和整合提升中国巴蜀国际文化旅游节、中国西部国际民族艺术节、中国川剧节、中国长江三峡国际旅游节、中国巴蜀合唱节、中国（四川）国际旅游投资大会、中国西部公共文化和旅游服务产品采购大会、全球旅游网络营运商合作交流会、文化旅游业新技术应用大会、自驾游博览会，形成"1 + N"系列节会平台体系。

整合各方资源，优化要素配置，共同搭建川渝文旅发展一体化新平台，组建"巴蜀文化旅游走廊推广联盟"。推动文化旅游行业协会合作，在旅游产品、线路、价格和政策方面打造川渝一体化文化旅游联盟，共创、做实、叫响、擦亮巴蜀文旅品牌形象。

加强双方官方新媒体平台的相互链接和信息互动，鼓励采用媒体资源互换方式联合开展形象宣传和产品推广，共同制作巴蜀文化旅游宣传片，联合推向境内外市场，形成宣传推广合力。

2.2.5 推动建设文化旅游优势产业集群

依托成都、重庆"文旅双核心"和知名景区景点,以文化内涵相近、产业形态相似为契合点,大力培育"巴蜀文脉"人文旅游产业集群、"巴蜀风韵"民俗旅游产业集群、"巴蜀脊梁"红色旅游产业集群、"巴山蜀水"生态康养旅游产业集群、"巴蜀乡愁"乡村旅游产业集群、"通识巴蜀"科普研学旅游产业集群、"创意巴蜀"文旅创意+产业集群、"潮玩巴蜀"都市文娱产业集群、音乐美术"艺术双星"产业集群和文旅装备制造产业集群等十大优势产业集群,布局一批旅游演艺、传统工艺、特色节会、文创产品、旅游餐宿、交通集散、休闲娱乐、特产购物等重大项目,并顺沿"经济圈"内主要城镇带、高速、高铁、川江航道等串点成线,形成"文旅+"融合发展产业带。

以重要文化旅游资源为依托,打造引领文化旅游融合发展的旅游片区。整合红岩文化、小平故里、华蓥山游击队等红色文化资源和生态资源,共同开发大华蓥山生态旅游度假区。联合嘉陵江流域沿线的四川南充、广安、重庆合川等地间的旅游资源,共同打造嘉陵江生态文化旅游区。整合四川泸州、重庆江津、万盛三地间的自然生态旅游资源,联动贵州打造川黔渝金三角生态旅游区。

2.2.6 打造一批文化旅游重点项目

川渝两地共同争取国家支持建设一批标志性、引领性重大公共服务项目和重大文旅产业项目。

重大文旅公共服务项目。重点建设天府文化旅游中心、巴蜀文献中心、长征国家文化公园、川陕片区红色文化公园、四川省博物院新馆、三星堆蜀文化遗址博物馆、罗家坝—城坝巴文化遗址博物馆,重庆博物馆新馆、重庆自然博物馆园区、重庆音乐厅、重庆图书馆(二期)、重庆美术馆、重庆非遗博览园、中国水文博物馆等重点公共文化旅游设施建设。

重大文旅产业项目。四川围绕"一核五带"总体布局,打造"一区一园一廊一周十大"枢纽项目。重庆围绕"一区两群"协调发展战略,打造大都市、大三峡、大武陵三大国际知名旅游目的地。

2.2.7 共同推广巴蜀文化旅游线路

建设跨区域精品旅游线路。以城市历史文化、巴蜀文化、革命文化、抗战文化、三峡文化、移民文化、长江生态文化等为重点,创新打造红色文化研学、重走巴蜀古道、走进伟人故居等一批巴蜀文化旅游走廊精品线路。重点包装巴蜀古遗址文化探秘线路、长江上游黄金水道生态旅游线路、石窟石刻艺术世界遗产线路、巴蜀古道文化旅游线路、成渝古道文化旅游线路、大嘉陵江山水人文旅游吸纳路、大华蓥生态旅游线路、长征主题红色旅游线路等八条旅游线路。

实施两地互送游客计划。支持双方市场主体共同打造有特色、有市场竞争力的川渝两地一程多站旅游线路。鼓励两地文化旅游机构和企业考察互访，共同策划、开发适合市场需求的文化旅游新产品，促进两地文化旅游产品互补和市场互动。

共建特色文化旅游廊道。依托横贯川渝两地腹心地带高速公路和高铁，向西延伸到环成都文旅带，向东延伸到长江三峡旅游带，打造以成都和重庆为中心、辐射周边地带的中国东西景观大道黄金走廊。把成渝老路打造成连接成渝、串联沿线、辐射两翼的文化旅游走廊。整合现有文化旅游资源和综合交通优势，推动打造中国白酒金三角文旅廊道、中国南方石刻艺术之旅廊道、嘉陵江流域红色文旅廊道、川渝东北自然人文风景廊道四大川渝区域文旅廊道。

2.2.8 协同打造文化旅游特色品牌

打造川渝特色文化旅游商品，共同举办旅游商品设计大赛、产品发布会、节庆活动、商品展会等活动，搭建宣传推广平台，提升川渝两地旅游商品知名度和美誉度。协同提升"天府三九大安逸走四川""行千里致广大"品牌形象，共创大长江、大遗址、大华蓥、大嘉陵江、大巴山、大古驿、大造像、大竹海、大后方（抗战、三线建设）、大民俗等十大文旅品牌，共同提升自贡灯会、铜梁龙舞、宝顶架香庙会等非遗品牌在全球的影响力。

实施文化旅游品牌倍增计划。围绕世界遗产、非物质文化遗产、文化融合发展示范区、全域旅游示范区、国家A级旅游景区、旅游度假区、生态旅游示范区等重要文化旅游品牌，加大品牌的争创力度，突出重点品牌的引领作用，率先启动世界遗产、国家全域旅游示范区、国家5A级旅游景区、国家级旅游度假区等申报和创建工作，确保单项品牌数量、质量全面倍增。

2.2.9 共同提升文化旅游公共服务设施

实施"成渝地·巴蜀情"区域文化品牌培育工程，大力推进天府文化旅游中心和重庆之窗建设。重点做好文化中心及区域博物馆建设、鼓励市州及县区建设文化旅游集散中心、文化体育中心等公共文化服务项目。联合加强革命文物保护利用，合力加强重点文物、古建筑、非物质文化遗产保护合作交流。协同开展公共文化机构和旅游服务中心融合国家级试点，打造巴蜀文化旅游公共服务融合高质量发展示范区。

积极推动互联网＋、数字云等文化黏合工程。重点实施数字文化馆、图书馆、博物馆公共数字平台建设互联互通、建设成渝"互联网＋公共文化服务"一卡通工程，成立文化馆图书馆行业联盟。建设成渝地区统一公共数字文化平台，提升现有市县两级公共文化馆、图书馆、博物馆数字化建设能力，实现区域联动共享。

围绕乡村振兴，以新理念规划建设基层文化阵地，重点做优做特乡镇（街道）综合文化服务中心，做精做美村（社区）综合文化服务中心，加快推进基层综合性文化服务中心标准化建设。

提升旅游集散中心、咨询服务中心、特色民宿、景区停车场、汽车营地等服务功能，推进公共空间艺术化景观化。联合推出《成渝地区旅游景区导览图》，推进成渝地区沿线旅游标识标牌和导视系统规范化建设。在成渝地区市（区）、县建设巴蜀旅游综合服务中心，解决游客"一站式"旅游公共服务需求。继续实施生态环保示范旅游厕所建设工程，新建、改建一批旅游厕所，加强智慧厕所建设，完善管理制度，提升成渝地区旅游公共服务品质。

2.2.10　完善文化旅游基础设施

加快推进交通设施建设。重点推进川渝两地和省域内交通连线成网、无缝对接，完善城际铁路交通运输一体化网络体系。加快骨干高速公路出口通道建设，着力推动川东北和渝东北地区、渝西川东地区以及川南渝南地区交通基础设施建设的互联互通。加快景区连接通道建设，解决"最后一公里"问题。编制川渝文化旅游风景道规划，构建"快旅慢游"巴蜀旅游交通网络。整合川渝水上文旅廊道，完善宜宾、重庆市等沿江城市长江沿线游轮港口建设、探索建立川渝水上南环线旅游走廊、建立川渝嘉陵江领域游轮港口体系。

加快推进重点景区基础设施及"互联网＋"升级设施。提升景区与外部道路的通行条件和景观条件。打造自驾车营地网络、重要景点富集区域慢行交通，形成多层次、多类型、多体验方式的旅游交通体系。优化景区景点应急体系，提升景区电力、通信、水利、医疗救护等方面的设施条件。

3 体系篇：系统支撑，走廊建设的重大事项

为贯彻落实习近平总书记在中央财经委员会第六次会议上关于大力推动成渝地区双城经济圈建设重要讲话精神，在文化和旅游部关心指导下，川渝文化和旅游行政部门研究提出了国家支持巴蜀文化旅游走廊建设的"1+1+1+2+5+6+3"等19项重大事项，经巴蜀文化旅游走廊建设专项工作组联席会第一次会议审议通过，具体如下。

3.1 编制出台1个重大规划——《巴蜀文化旅游走廊建设规划》

一是争取国家发展改革委、文化和旅游部共同编制《巴蜀文化旅游走廊建设规划》，明确发展定位、发展目标、总体布局、重大项目、重大政策、组织保障等，统筹规划、科学引领川渝文化旅游发展。

二是支持成渝地区优秀地方特色文旅资源保护传承和联合开发，"一盘棋"打造精品文旅线路、川渝文旅品牌、文旅公共服务体系，"一体化"建设具有国际范、中国味、巴蜀韵的世界重要文化旅游目的地。

三是将规划重要内容纳入国家成渝地区双城经济圈建设规划纲要、国民经济和社会发展"十四五"规划、文化和旅游发展"十四五"规划、"十四五"文化和自然遗产保护利用设施建设规划，指导川渝制订细化实施方案计划。

3.2 支持建设1个重大平台——"中国西部（国际）文化旅游博览会"（暂定名）

一是争取国务院批准举办"中国西部（国际）文化旅游博览会"（暂定名），由文化和旅游部与四川省、重庆市政府共同主办，四川省和重庆市每年轮流举办，打造西部文化旅游全球综合展示、交流合作、产品交易新平台。

二是形成"1+N"系列节会品牌平台体系。争取批准举办和整合提升中国巴蜀国际文化旅游节、中国西部国际民族艺术节、中国川剧节、中国长江三峡国际旅游节、中国巴蜀合唱节、巴蜀文化论坛、中国（四川）国际旅游投资大会、中国西部公共文化和旅游服务产品采购大会、全球旅游网络营运商合作交流会、文化旅游业新技术应用大会、自驾游博览会，形成"1+N"系列节会平台体系。

3.3 支持1项重大改革——设立"巴蜀文化旅游走廊国家改革试验区"（或"成渝地区双城经济圈国家文化和旅游创新改革试验区"）

一是争取国务院批准在川渝两地设立"巴蜀文化旅游走廊国家改革试验区"，实施文化旅游创新改革国家战略。

二是将国家支持海南国际旅游岛政策赋予"巴蜀文化旅游走廊国家改革试验区"，在川渝探索4种发展新模式：新时代文化保护传承弘扬新模式、文化旅游深度融合发展新模式、跨省域全域旅游发展新模式、文化旅游产业支撑国家重大区域经济发展战略新模式，建设新时代内地首个国家级文化旅游改革试验区。

三是试验区内重点开展10种示范建设。支持川渝建设成渝地区双城经济圈万达开红色文化旅游（扶贫）示范区、国家文旅金融合作示范区、国家级文旅产业融合发展示范区、国家文物保护利用示范区、西部红色文化旅游融合发展示范区、巴蜀文化旅游走廊国家全域旅游示范区、长征国家文化公园、中国西部演艺产业示范园区（一区两园）、公共服务融合高质量发展示范区、无障碍文旅发展示范区等。

3.4 支持2类重大文旅项目

支持川渝两地建设一批标志性、引领性重大公共服务项目和重大文旅产业项目。

一是重大文旅公共服务项目。重点支持四川省"两心两园三馆"：天府文化旅游中心、巴蜀文献中心、长征国家文化公园、川陕片区红色文化公园、四川省博物院新馆、三星堆蜀文化遗址博物馆、罗家坝—城坝巴文化遗址博物馆，支持重庆博物馆新馆、重庆自然博物馆园区、重庆音乐厅、重庆图书馆（二期）、重庆美术馆、重庆非遗博览园、中国水文博物馆等重点公共文化旅游设施建设。

二是重大文旅产业项目。支持川渝培育"巴蜀文脉"人文旅游、"巴蜀风韵"民俗旅游、"巴蜀脊梁"红色旅游、"巴山蜀水"生态康养、"巴蜀乡愁"乡村旅游、"通识巴蜀"科普研学、"创意巴蜀"文旅创意、"潮玩巴蜀"都市文娱、音乐美术"艺术双星"和文旅装备制造等十大优势产业集群，推动实施一批有引领带动作用的重大文化旅游产业项目。支持四川围绕"一核五带"总体布局，打造"一区一园一廊一周十大"枢纽项目。支持重庆围绕"一区两群"协调发展战略，打造大都市、大三峡、大武陵三大国际知名旅游目的地。

3.5 支持 5 项重大政策

3.5.1 财政金融政策

一是争取建立国家级巴蜀文化旅游一体化发展文旅专项资金，对巴蜀文化旅游走廊建设项目给予专项补助。

二是支持组建文旅产业协同发展投资基金，引导社会资本参与重大平台、重大政策、重大项目建设。

三是建立巴蜀文化旅游走廊资源交易平台，整合两地项目资源，促进文旅项目招商、文旅企业融资、文旅企业股权交易、文旅实物资产和无形资产交易。

四是争取文化和旅游部、财政部、中国人民银行支持成都、重庆创建国家文旅金融合作示范区，推动建立多层次、多渠道、多元化的文旅产业投融资体系。

3.5.2 入境签证和国际航空口岸政策

一是合作打通过境免签政策壁垒。申请联动实施 144 小时过境免签政策，实现国际游客"蓉进渝出"和"渝进蓉出"，过境免签国家从现在的 53 个增加到80 个。

二是构建川渝两地国际机场点阵图。争取开放南充、泸州、宜宾、西昌、万州、黔江、巫山和武隆仙女山等机场为国际口岸机场，开通港澳台、东亚、东南亚等周边国家地区直航航线，大力拓展亚洲入境游市场。

3.5.3 文旅项目用地政策

开展文化旅游用地改革试点。将重大文旅项目用地纳入国土空间规划保障，精准落位文旅项目规划用地。制定文旅用地分类体系，结合不同用地类型确定供地方式、土地价格。重大文旅项目申请使用商服用地的，降低其基准地价。美丽乡村、全域旅游等占用农用地的文旅产业项目可保留集体用地性质，采取"只征不转"方式供地，支持"点状供地"。建设重大文旅项目用地保障"绿色通道"。

3.5.4 "离港免税"政策

在成都、重庆试点"离港免税"政策。对离港旅客实行限次、限值、限量和限品种免进口税购物优惠。制定商品目录，优化商品结构，加大川渝本土特色商品供给，扩大适用消费群体。

3.5.5 其他政策

支持实施文化旅游行政审批"互联互认工程"、组建旅游大学、申报世界文化遗产及非遗、建设"智游天府"智慧文旅平台和重庆智慧文旅广电云平台等。

3.6 支持 6 项重点工作

3.6.1 支持艺术创作

一是推动两地川剧一体化发展。将已在川渝两地轮办四届的"川剧节"批准为"中国川剧节",每三年一届,争取文化和旅游部作为"中国川剧节"指导单位,支持川渝两地轮流举办,将其列入国家级文化艺术项目,在项目经费和组织协调上加强扶持。

二是提升巴文化品牌效应。将巴人文化艺术节作为跨区域的文化艺术节庆来组织举办,进一步加强川东北五市及重庆、陕西等泛巴区域合作与资源共享。

3.6.2 支持文物保护利用

支持重庆钓鱼城遗址与四川相关遗址联合申遗;支持长征国家文化公园(四川段、重庆段)、川陕片区红色文化公园建设;支持"巴蜀考古"纳入国家文物局"考古中国"重大项目;支持巴文化国家考古遗址公园建设;支持川渝石窟寺及石刻文物保护利用展示项目;支持打造西部红色文化旅游融合发展示范区(西部红色文化旅游研学基地)。

3.6.3 支持非物质文化遗产保护传承

一是在联合国教科文非遗名录申报工作中,对两地同根同源且具有代表性的非遗项目川剧、蜀绣、石刻等给予支持。

二是在正在申报的第五批国家级非遗代表性项目工作中,对川菜、火锅等巴蜀文化代表性非遗项目给予支持。

三是对两地同根同源项目,支持成为扩展项目或增加保护单位。夏布织造技艺为国家级非遗项目,保护单位为重庆荣昌区文化馆,隆昌夏布编织工艺为四川省非遗项目,支持隆昌夏布编织工艺扩展为国家级项目或将隆昌县文管所增加为国家级非遗项目夏布织造技艺的保护单位。重庆市大足石雕正在申报第五批国家级非遗代表性项目,支持大足石雕成为国家级非遗项目石雕扩展项目或增加为保护单位。

四是支持建设巴蜀文旅发展廊道综合性非遗馆,支持廊道重点区域非遗场馆建设纳入"十四五"文化和旅游提升工程。

五是支持两地开展非遗资源调查、挖掘和梳理,开展成渝非遗保护系统研究,对两地统筹开展同根同源重点项目的保护和跨区域交流活动给予经费支持。

3.6.4　支持公共服务提升

一是支持川渝建设巴蜀文化旅游公共服务融合高质量发展示范区。

二是支持川渝轮流举办中国西部公共文化和旅游服务产品采购大会。

三是支持川渝公共数字文化建设，建设统一的公共数字文化平台，实现数据互联、资源共享、一网服务。支持成渝两地建设线上中国西部公共文化和旅游服务产品采购平台。

四是支持实施巴蜀特藏文献保护研究利用工程，支持立项建设巴蜀文献中心。

五是支持建设一批生态环保示范旅游厕所，提升川渝旅游厕所智慧化程度。

六是批准举办"中国巴蜀合唱节"，由川渝两地轮流举办，作为"成渝地·巴蜀情"区域文化品牌的引领性示范品牌活动。

七是支持川渝建设文化旅游信息化平台系统，协调、打通相关平台端口，实现数据的互联互通。

八是指导制定文旅地方标准，支持创建国标。

3.6.5　支持文旅融合发展

一是支持文旅产业融合工作，在创建国家文化产业和旅游产业融合发展示范区以及国家级中医药健康旅游、工业旅游、体育旅游等新业态示范基地等方面给予倾斜。

二是支持川渝6个市（区）纳入国家文旅消费试点示范范围，在创建国家文旅消费示范城市和夜间文旅消费集聚区等方面给予倾斜。

三是指导川渝开展资源普查试点，以文化和旅游部名义召开川渝文旅资源普查成果评审会议，并向全国推广资源普查试点经验。

3.6.6　支持资源开发

一是指导创建国家全域旅游示范区，支持四川凉山州西昌市、甘孜州稻城县、宜宾市长宁县、达州市宣汉县、成都市锦江区、成都市邛崃市，重庆渝中区、万盛区、黔江区在今年开展全域旅游示范区验收认定。

二是指导评定国家5A级旅游景区，支持四川省稻城亚丁、巴山大峡谷、蜀南竹海、泸沽湖、四姑娘山、螺髻山、陈毅故里、平乐古镇—天台山，重庆市黔江濯水景区、涪陵武陵山大裂谷、奉节白帝城·瞿塘峡景区评定授牌。

三是指导国家级旅游度假区创建，支持四川峨秀湖旅游度假区、嘉陵江山旅游段创建国家级旅游度假区，支持重庆丰都南天湖、万盛黑山、北碚缙云山—北温泉、石柱黄水、长寿湖等旅游度假区创建评定。

四是指导川渝编制"十四五"文化和旅游规划；协调世界旅游组织，指导编制四川省全域旅游发展规划。

3.6.7 完善3项机制——国家层面统筹协调机制

一是在国家成渝地区双城经济圈建设协调机制下，成立"巴蜀文化旅游走廊建设领导小组"，领导小组办公室设在文化和旅游部，从国家层面进行顶层设计、统一规划、统筹协调、系统推进。

二是建立巴蜀文化旅游走廊建设领导小组办公室推动机制，文化和旅游部主要领导担任主任，分管领导担任副主任，相关司局主要负责人和川渝文旅部门主要负责人作为成员，主要负责协调国家相关部委，指导川渝两地联动推进落实。

三是建议文化和旅游部成立巴蜀文化旅游走廊建设重大政策研究小组，小组办公室设在政策法规司。

4 机制篇：走廊建设工作机制13条

4.1 总则

第一条 坚持以习近平新时代中国特色社会主义思想为指导，深入贯彻习近平总书记关于推动成渝地区双城经济圈建设的重要讲话精神，全面落实四川、重庆两省（市）委、省（市）政府关于推动成渝地区双城经济圈建设有关部署安排，推动成渝地区协同打造巴蜀文化旅游走廊，经两省市文旅行政部门协商，建立本工作机制。

第二条 工作机制由四川重庆行政文旅行政部门推动巴蜀文化旅游走廊建设专项工作组（以下简称"专项工作组"）、联合办公机制、协调会议机制和信息报送机制组成。

第三条 工作机制遵循"统一谋划、一体部署，相互协作、共同实施，优势互补、共建共享"基本原则。

4.2 专项工作组

第四条 专项工作组由两省市文旅行政部门主要负责人任组长，分管负责人任副组长，有关处室主要负责人为成员。

第五条　专项工作组主要职责：

组织研究推动巴蜀文化旅游走廊建设有关重大问题、规划或方案，以及年度工作计划；

负责重点领域合作事项的统筹协调和督促检查；负责推动成渝地区双城经济圈建设联合办公室交办的其他事项。

第六条　专项工作组成员根据处室职责和专项工作组安排的工作任务，主动与四川（重庆）文旅行政部门对口业务处室对接联动，积极争取文化和旅游部、国家文物局相关司局支持，制订年度工作计划，细化工作目标和措施，组织实施相关规划和项目，每季度向专项工作组联合办公室报告工作推进情况。根据工作需要，及时提供相关专项工作情况。

4.3　联合办公

第七条　设立联合办公室。联合办公室是专项工作组日常工作机构，办公室主任由四川省文化和旅游厅规划指导处处长、重庆市文化和旅游发展委员会市场拓展处处长兼任。联合办公室采取双主任轮值制。

第八条　联合办公室负责筹备召开专项工作组联席会议，起草推动成渝地区双城经济圈建设文化和旅游年度工作计划，提请专项工作组研究解决工作推进中存在的困难和问题，协调推进成渝地区巴蜀文化旅游走廊建设，加强考核检查，督促落实专项工作组安排的各项工作任务。

4.4　协调会议

第九条　专项工作组联席会议原则上每季度召开一次，由四川重庆文旅行政部门轮值承办。会议出席范围：四川重庆文旅行政部门主要负责人，分管负责人，相关处室主要负责人等。

第十条　专项工作组联席会议主要负责研究审议巴蜀文化旅游走廊建设重大规划、重大政策、重大改革、重大项目，以及成渝地区双城经济圈建设文化和旅游合作协议、工作计划、实施方案等重大事项。

第十一条　专项工作组工作调度会议原则上每个月召开一次，可通过视频会议等形式召开，由联合办公室轮值主任召集，根据调度事项确定参会范围，研究推进合作有关事项。

4.5　信息报送

第十二条　两省市文旅行政部门在信息简报中开辟"推动巴蜀文化旅游走廊

建设"专栏，选登各成员处室不定期报送的推动成渝地区双城经济圈建设工作信息，呈报国家相关部委、省（市）领导和抄送相关省（市）级部门。

第十三条　按照成渝地区双城经济圈建设联合办公室有关要求及时报送相关信息。对工作推进中的重点难点问题，及时报请党委、政府分管领导出面协调，确保文化和旅游领域专项合作工作质量。

5　回顾篇：2020年工作总结

2020年以来，四川省文化旅游厅紧紧围绕"支持重庆、成都共建巴蜀文化旅游走廊"工作任务，深化与重庆市文化和旅游发展委员会的交流合作，以巴蜀文化为纽带，以文化旅游融合发展为突破，建立健全联动机制，着力将巴蜀文化旅游走廊打造成为双城经济圈亮点和世界知名旅游品牌。

5.1　健全完善合作机制，确定文旅合作重点

坚持"一盘棋"推进，建立完善各层级工作机制，畅通常态化沟通渠道，共同争取国家层面相关支持，推进川渝两地文化旅游业发展规划协同、政策相通、产品相连、品牌共享。

一是争取支持定方向。会同重庆研究提出国家支持的7个方面19项重大事项，共同争取文化和旅游部支持。联动省发改委共同争取国家发改委支持，全力争取将重大平台、重大项目、重大改革、重大政策等"四重"清单纳入国家《成渝地区双城经济圈建设规划纲要》。同时，积极对接省委宣传部、省委政策研究室、省发展改革委，争取省委下一步出台的重大文件、"十四五"规划，进一步支持巴蜀文化旅游走廊建设。

二是优化机制建平台。成立推动巴蜀文化旅游走廊建设专项工作组，设立联合办公室，定期召开协调会议，畅通信息报送渠道。会同重庆市文化和旅游发展委员会分别在成都、重庆召开2次巴蜀文化旅游走廊建设专项工作联席会议，形成《推动巴蜀文化旅游走廊建设工作机制》《深化四川重庆合作推动巴蜀文化旅游走廊建设工作方案》《深化四川重庆合作推动巴蜀文化旅游走廊建设2020年重点工作》等文件，全面启动巴蜀文化旅游走廊建设。

三是双向联动聚合力。与重庆市文化和旅游发展委员会签订《推动成渝地区双城经济圈建设战略合作协议》《推动成渝地区双城经济圈文物保护利用战略合

作协议》《成渝地区文化旅游公共服务协同发展"12343"合作协议》，共同推动成渝地区双城经济圈建设15项合作，建立成渝文物保护利用11项联动，强化成渝文化旅游公共服务13项协作，按照《成渝地区双城经济圈人才协同发展战略合作框架协议》建立川渝两地年轻干部互派挂职长效机制，与重庆市文化和旅游发展委员会互派挂职干部，深化川渝文旅协作，加强两地战略协同、政策衔接和工作对接。

5.2 推动合作走深走实，打造巴蜀文旅精品

着眼川渝历史同脉、文化同源、地理同域、经济同体、人缘相亲历史机缘，立足互为文化发扬地、旅游集散地和重要客源地优势，会同重庆市文化和旅游发展委员会在重大文旅项目、精品线路、公共服务等方面展开深入合作。

一是推进重大文旅项目建设。积极争取国家文化和旅游部编制出台《巴蜀文化旅游走廊建设规划》，支持成渝举办"中国西部（国际）文化旅游博览会"，设立"巴蜀文化旅游走廊国家改革试验区"等重大事项。推动实施一批有引领带动作用的重大文化旅游产业项目，大力开发文旅＋大熊猫、文旅＋影视、文旅＋数字动漫、文旅＋主题游乐、文旅＋新艺术创作、文旅＋音乐产业等新文旅业态，培育"巴蜀文脉"人文旅游、"巴蜀风韵"民俗旅游、"巴蜀脊梁"红色旅游、"巴山蜀水"生态康养等十大巴蜀特色优势产业集群。

二是推动市场主体合作联动。推动洪崖洞和宽窄巷子，金佛山和都江堰等地标级景区达成战略合作；推进两地文化旅游企业共同开展大巴山国际旅游度假区、广元澳维鲲鹏小镇等旅游合作项目；引导成都索贝集团与重庆演艺集团探索实时传输技术落地重庆国际文化旅游交流之窗，重庆交运集团与成都文旅集团商洽合作内河夜游项目。支持川渝市场主体整合两地特色文化旅游资源，串联区域内优质景区（点），开发川渝两地一程多站旅游线路，打造跨省区的精品旅游联线产品，先后发布乡村旅游、红色研学、生态康养等精品线路70余条，实现优势互补、客源互送、市场共享。

三是提升公共服务水平。共同开展巴蜀文献保护利用工程，成立巴蜀特藏文献保护研究利用工程协调机制，轮流举办巴蜀特藏文献展示活动，推动巴蜀文献整体保护利用。启动巴蜀文化旅游公共服务融合高质量发展示范区项目，深入推进川渝城市群无障碍旅游合作，联袂打造"智游天府"和"惠游重庆"公共服

务平台，集"吃住行游购娱"功能于一体，以移动终端（手机）为载体，通过APP、小程序、微信公众号，为公众提供旅游、文化、公共服务三大类16项服务。打通平台数据壁垒，实现游客身份和健康信息互通共享及跨平台核验认证。目前，川渝游客可凭借"一码"游览两地660余家景区和文化旅游场馆。

5.3 培育巴蜀文旅品牌，开展线上线下活动

为持续巩固合作成果，进一步发挥川渝文化旅游协同效应，共同培育巴蜀文化旅游品牌，先后组织了一系列线上线下活动。

一是共同培育巴蜀文化旅游品牌。共育三大区域品牌，以"成渝地·巴蜀情"区域文化活动品牌为引领，打造中国西部公共文化和旅游产品服务品牌、成渝地区文化旅游公共服务数字化品牌。实施"成渝地·巴蜀情"区域文化品牌培育工程，成立巴蜀文化馆、图书馆行业联盟。成立渝阿公共图书馆联盟，重庆市区域性公共图书馆联盟13个成员馆与阿坝州13县（市）图书馆进行"一对一"友好结对并互赠地方特色文献资源。邀请重庆市作为主宾省参加第七届四川国际旅游交易博览会。共同筹办第六届中国诗歌节，联合主办"在希望的田野上—川渝地区双城经济圈脱贫攻坚奔小康群众文艺巡演"。拓宽"重庆文化旅游惠民消费季"覆盖群体，特设"巴蜀文创潮集"文创产品专场进行直播推介，拉动川渝文化旅游市场消费。

二是开展线上线下系列活动。联合主办"巴蜀文化旅游走廊自由行"活动，成立"巴蜀世界遗产联盟"、"巴蜀石窟文化旅游走廊联盟"、"大渡河风景道联盟"，两地近200家旅游景区分别面向四川、重庆籍游客推出120万张免费门票和优惠政策，促进提振文旅消费，央视《朝闻天下》栏目对活动进行了长达1分钟的专门报道。组织川渝两地文创首次联展，20余家川渝博物馆在"巴山蜀水"文创展上同台亮相，推出600余件（套）文创产品，线上点击达1000万余人次。四川博物院与重庆中国三峡博物馆接力开展"川渝文博一家亲云游巴蜀双城馆"线上直播活动。签订成渝地区双城经济圈革命旧址纪念馆合作发展协议，举办"雕饰山河—巴蜀地区石窟与摩崖造像"艺术展、"天下大足——大足石刻的发现与传承"专题展，推出"我在大足石刻等你——免费门票等你拿"、"成渝双城记·非遗云聚会"等活动，推动实现优势互补、客源互送、市场共享。

三是区县合作共唱"双城记"。遂宁市与潼南区，遂宁市、眉山市与九龙坡区联合推出两地市民免费耍景点互利互惠活动；绵阳市与北碚区，都江堰市与南

川区，广安市、广元市、遂宁市与合川区分别签订了文旅战略合作协议；泸州市、宜宾市携手江津区推动文旅一体化发展；邻水县、达川区、大竹县、开江县与梁平区、垫江县联合举办明月山民宿消费季活动；万州、达州、开州达成"万达开"文化旅游体育一体化发展战略合作；乐山市与武隆区在加强文旅项目合作、形成文旅营销合力、提升文旅活动品质、建立两地"绿色通道"等方面开展合作。

5.4 谋划文博战略合作，推动重点文博项目

川渝两地文物部门联合挖掘巴蜀文物资源的突出价值和丰厚内涵，先后从省市文物局、省级博物院（馆）、省级考古机构几个层面签订战略合作协议，高标准实施川渝地区重点考古文博研究、发掘、保护、展示等项目。

一是推进川陕苏区红军文化公园建设。编制完成《川陕苏区红军文化公园规划纲要》，正在编制《川陕片区城口革命文物保护利用规划》《四川省川陕片区红军文化公园保护利用规划（2020—2030）》。四川重点推进川陕革命根据地红军烈士陵园整体提升工程，黄树坪红军烈士墓、大城寨红军烈士墓、川陕省工农总医院旧址等文物保护工程以及川陕革命根据地红军烈士纪念馆展陈提升工作有序推进。省文物局专门成立川陕革命根据地红军烈士陵园文物保护及展览展示专家组，指导开展相关工作。重庆重点推进红三十三军革命旧址保护修缮和川陕苏区城口纪念馆提升。完成城万红军指挥所、龚家院子红三十三军指挥部旧址、长池垭战斗遗址、红军澡池、红军药房等革命旧址保护修缮。

二是启动"巴蜀文明进程研究"项目。编制完成《川渝地区巴蜀文明进程研究考古工作计划书》，组建70余人课题工作组，开展四川宝墩遗址、城坝遗址、罗家坝遗址，以及重庆冬笋坝遗址考古发掘区域调查和重点勘探，启动实施三星堆遗址祭祀区的再次考古发掘。

三是推动川渝石窟保护与利用项目。大足石刻研究院转隶升格为重庆市文化和旅游发展委员会直属副厅级事业单位，成立四川美术学院大足学研究院和乐山大佛石窟研究院，举办中国石窟（南方）保护学术研讨会，发布《中国南方石窟保护利用乐山共识》，启动石窟寺专项调查，推动实施大足石刻和安岳石刻等重点石窟寺保护利用项目。

6 展望篇：2021 年建设方向

深入贯彻习近平总书记关于推动成渝地区双城经济圈建设的重要讲话精神，落实推动成渝地区双城经济圈建设四川重庆党政联席会议部署，树牢一体化理念，强化一盘棋思维，会同重庆共建巴蜀文化旅游走廊。

一是强化规划引领。积极配合文化和旅游部编制《巴蜀文化旅游走廊建设规划》，力争以国家部委名义印发实施。编制完成《巴蜀文化旅游走廊（四川区域）建设实施方案》《川陕片区城口革命文物保护利用规划》《四川省川陕片区红军文化公园保护利用规划（2020－2030）》等重点规划。

二是提升公服水平。推进"智游天府"和"惠游重庆"平台融通对接，启动成渝公共图书馆一卡通融合项目建设，构建"书香成渝"全民阅读服务体系。围绕"吃、住、行、游、购、娱"开展深度合作，推动居民生活环境和文化旅游环境整体提升。

三是推动市场先行。会同相关文旅部门及重点文旅企业，联合发起成立"巴蜀文化旅游推广联盟""川渝144过境免签推广联盟"，共同搭建川渝文旅发展一体化新平台。

四是深化品牌打造。协同培育"成渝地·巴蜀情"区域文化品牌，联动开展文化交流展演活动，共同打造成渝地区精品旅游线路和舞台艺术精品。

五是加强文博合作。共同推动两地的考古遗址公园建设以及将"巴蜀考古""西南夷考古"纳入国家文物局"考古中国"重大项目，联合实施川陕苏区革命文化公园建设，合作开展巴文化遗址、宋（蒙）山城防御体系遗址、三国文化遗存、线性文化遗产的调查研究。贯彻落实《国务院办公厅关于加强石窟寺保护利用工作的指导意见》，合作开展石窟寺调查研究和保护利用，推动两地石窟寺保护利用取得新成效。

基于石刻文化的安岳城镇特色文化旅游发展路径探索

［作　者］黄文怡（四川城市职业学院）

摘　要： 安岳，石刻文化极为丰富，不仅对后世的宗教文化、石刻雕刻文化起到了影响深远的作用，对于研究中国民间宗教信仰的多元化也是不可替代的生动标本，素有"石刻之乡"的美称。同时，石刻文化作为安岳城镇历史文化的载体，安岳石刻在县域特色城镇化的进程中有着举足轻重的地位。这对推动安岳城市经济发展与特色旅游发展，也有着极为重要的作用。但至今安岳城镇特色文化旅游发展缓慢，这不仅不利于历史文化的推广，也不利于文物的保护与城镇经济的发展。因此，基于石刻文化探索出一条适合安岳城镇特色旅游发展的道路尤为重要。

关键词： 安岳；石刻文化；城镇；文化旅游；探索

1 城镇特色文化旅游发展背景

在旅游业发展势如破竹的今天，"城镇旅游"作为主导型旅游之一，发展尤为迅猛，如何在众多旅游体系中，保持其独特、持久的吸引力，成为城镇旅游探讨的一个热点问题。文化旅游产业，正是在新时代下对文化内容形式、体制机制和传播手段的一种创新发展，是解放和发展文化生产力的一种重要途径。从全球旅游业的发展趋势来看，文化旅游已经成为旅游产业的核心竞争力。如今，城镇文化旅游创汇在旅游创汇比例中逐年上升，在美国、西欧等国都已经占到了旅游创汇比重的10%。美国斯坦福大学相关研究报告估计，美国以文化为基础的城镇旅游平均每年增长10%~15%。由此可见，城镇旅游的精华是城镇文化特色，在城镇旅游的迅猛发展中，挖掘城镇文化的内涵与特色，已经成为城镇旅游文化形象塑造的核心内容之一。

为了在我国城镇经济的发展中，以文化促进旅游，以旅游带动经济，我国政府也颁发了一系列相关政策与文件。特别是在《住房城乡建设部国家发展改革委财政部关于开展特色小镇培育工作的通知》中，提出在城镇特色文化旅游的发展过程中要注意从当地经济社会发展实际出发，发展特色产业，传承传统文化，注重生态环境保护，完善市政基础设施和公共服务设施，防止千镇一面。依据特色资源优势和发展潜力，科学确定培育对象，防止一哄而上，并以此作为城镇特色文化发展的基本原则。

2 安岳石刻文化与城镇文化现状

安岳是目前中国已知的古代佛教造像最为集中的县域，全县现有摩崖（少量圆雕）石刻点 230 处，摩崖造像三万余尊。"安岳石刻"则是安岳县境内全部摩崖造像及圆雕、塔雕、壁雕的总称。著名美学家王朝闻评价安岳石刻为："古、多、精、美。"安岳石刻具有极为丰富的文化内涵，石刻造像历经唐、五代、宋、明、清不断，儒、佛、道三教造像互相融合，并不乏儒、佛、道三教合龛或分龛的石刻造像，这为研究儒释道三教合一的历史文化现象提供了极为宝贵的实物资料，也极具有观赏、探究的价值，集中体现了民间"佛道共崇"的宗教特色。

安岳石刻虽具有丰富的观赏、探究价值，但也面临着一系列的主观与客观的现实问题，使它至今"藏在深闺"，不为人熟知。一方面，石刻资源面临自然损坏。受到岩体垮塌、风化严重、裂隙渗水和被植物根系挤这四大"病害"的严重威胁。这些因素直接导致雕刻表面开始剥落、雕像长出青苔等。另一方面，安岳地处四川东南川渝交界处，地理位置较为偏远，同时石刻分布不均，交通网络较差、换乘不便，旅游设施基础亟待完善等问题，都造成了该县旅游发展比较落后，最后还面临着石刻文化一脉相承，空间区域较近的大足石刻的竞争。

在安岳县的城市现代化建设进程中，石刻文化也是城市建设不可或缺的人文底蕴，但在建设过程中也依然出现了明显的向大城市化的趋同性，让城镇在现代化城市建设中，丢失了传统的城镇文化元素。在县城里，传统文化元素丢失比较严重，城市建设不断趋同于大城市的区域建设与规划，缺少石刻文化城市特有的元素，此类元素只较多地存在于公园，且只限于紫竹公园。而在石刻分布较多的区县，受到忽视的情况就更为严重了，让本应为建设添砖加瓦的区域特色文化，在城镇特色化建设过程中丧失了本我的优势，不断趋近于城市面貌"千篇一律"

的现象。

3 安岳石刻文化与文化旅游、城镇文化的关系

安岳石刻文化与文化旅游、城镇文化的关系是相辅相成，不可分割的。文化旅游已逐渐成为我国城镇经济的增长点，而文化旅游并不是旅游和文化的简单相加，它是一种文化与旅游活动互环，形成的有机的物质文明和精神文明的总和的文化形态。城镇文化与文化旅游相结合，是加快城镇经济发展的必然选择，也是传承和保护石刻文化的重要途径。安岳石刻文化，作为城镇文化必不可少的一分子，是城镇文化发展的区域特色文化发动机与核心竞争力。这就要求安岳城镇文化建设不能脱离安岳石刻文化而发展，文化旅游也必须建立在该县石刻文化与城镇文化的基础之上。因为，安岳除了石刻文化以外，还是四川著名的农业大县，有着丰富的农耕文化与乡村文化，这些都是文化旅游发展不可缺少的主力军。因此他们三者之间的关系是一种包含与被包含，影响与被影响的关系，不可分离。文化的历史性、文化性、发展性和继承性特点需要在城镇特色文化旅游的发展中贯穿始终，焕发出新的生命。

4 安岳城镇特色文化旅游发展路径探索

4.1 探索路径的坚持原则

安岳城镇特色文化旅游的发展，最终需要达到的是经济发展、文化发展、社会发展。因此，安岳城镇特色文化旅游的发展需要在建设过程中一直坚持经济发展、文化发展、社会发展相结合的原则，让三者协调共存发展，并从这三方面来进行探索。一是在文化发展方面，应用好石刻文化，把石刻文化旅游资源当中最具价值与生命力的部分加以保护，同时实施传承与推广。二是在经济发展方面，在石刻文化旅游资源的发掘过程中，应当使用最少的代价来取得更多旅游开发的效益。三是在社会发展方面，应该坚持从城镇特色旅游中为游客提供提升文化素质与拓宽视野的机会。

4.2 安岳城镇特色文化旅游发展路径探索

4.2.1 科学规划,挖掘文化内涵,丰富文化旅游体系

科学性地、精心地、合理地规划安岳县文化旅游资源,依托石刻文化旅游资源,以现有景区为中心,以石刻文化为主题,挖掘石刻文化背后的宗教、艺术、民俗等文化内涵,以此拓展景区空间范围,走出景区围墙,走向市容市貌建设,同时丰富石刻文化产品体系、优化城镇基础设施、完善服务设施、提升服务质量等,使分散的景区与城镇城市化建设逐渐融为一体,缩小空间跨度差异,使区域文化主题定位统一,借此把安岳打造成为一个石刻文化浓厚,拓展文化资源产业丰富的城镇。如在基于石刻文化的城镇特色文化旅游发展中,同时与安岳良好的乡村自然风光结合,在景区与城镇中建设骑行、步行文化绿道等,既可增加市民的出游趣味,又可进行无形的文化传播与达到强身健体的效果,还可从空间上减弱石刻与城镇区域分离的劣势。另外则是增加文化游戏项目,使市民在繁杂工作外的旅游中,可以感受到更多的轻松与趣味。在区域规划上,也可先从交通条件便利,距离高速较近的区域逐步向内阶梯性开发,这在财政上也可为以农业作为财政主要收支的安岳缓冲一部分的经济压力,以循序渐进的方式进行展开。

4.2.2 强化营销,进行区域联动,打造文化品牌

如今城镇文化旅游竞争局势越来越错综复杂,文化内核的形象塑造成为旅游目的地在市场中占据有利位置的关键,形象塑造也越来越受到规划者们的重视。安岳作为中国石刻之乡,石刻"古"、"多"、"精"、"美",完全具备把该县打造成为千年石刻之都的条件,并以此进行品牌建设,而这个品牌建设需要城镇城市建设与文旅产品的双管齐下。一方面在市容市貌建设上,将石刻文化的镂刻、色彩融入于市政建设;一方面结合石刻文化的艺术特色,并融合本土艺术家如苏茂隆通过绘画的方式对石刻文化的进一步推广,结合石刻的色彩、造型、雕刻等特色,开展绘画、手工等艺术体验文旅活动,最后进一步通过更多的文化人效应,进行石刻文化的品牌打造。

除了塑造文化形象,打造文化品牌,关注文化营销以外,安岳城镇特色文化旅游的发展还要关注区域联动,进入大区域的特色文化旅游效应圈,逃离文化旅游阴影圈。安岳地处川渝交界线,紧邻大足石刻,大足石刻文化与安岳石刻文化一脉相承,素有"上承云冈石窟,下启大足石刻"之说,石刻特点各有差异。因此使大足石刻的旅游资源与安岳石刻充分有效结合,达到两者优势互补,才能

共享旅游资源。

4.2.3　城镇特色文化旅游的机制突破

特色文化旅游的发展，离不开创新的团队，和一套符合安岳城镇特色文化旅游发展的管理机制。而管理机制陈旧、多头领导、专业化程度欠缺、产业竞争能力不足，这些都是制约其发展的根本原因。因此，安岳在进行城镇特色文化旅游发展的道路探索中，可尝试建立起一个具有专业性、专负责、独立式的一站式管理团队，负责城镇特色旅游文化的理念设计、特色文化项目的开发与招商、运营和管理，同时配合、协助文物局的文物保护等。

参考文献

［1］张立峰，鹿磊，孙滢悦. 论文化遗产旅游开发与城市文化特色建设的协调发展［J］.商业经济研究，2010（35）：115－117.

［2］文琼，兰永强. 安岳旅游定位与战略突破研究［J］.现代商贸工业，2013，000（018）：53－55.

［3］付净，李国平. 安岳县旅游业发展战略探讨［J］.赤峰学院学报：自然科学版，2017，033（004）：116－118.

［4］本刊编辑部. 走出一条四川文旅融合发展新路［J］.四川党的建设，2019，000（010）：P. 1－1.

［5］张国良. 全域旅游视域下特色小镇的多维建设路径探析［J］.农业经济，2019，No. 390（10）：43－44.

小城镇文化资源在旅游开发中的转化与产业延伸

［作　者］刘　英　吕子颜（四川城市职业学院）

摘　要：　以县城为重要载体的城镇化建设是我国未来 5 年城乡协同发展的重点，文化旅游＋特色产业是适合县域经济发展的一条可行路径。小城镇文化资源的开发转化形式不能只停留于简单地看，需要深度开发，以多种形式转化和呈现，让游客获得深度体验的愉悦和身心满足。文化资源开发与特色产业延伸需要与小城的特点和基础条件相契合，文化和产业互相支撑，才能把文化做强，把产业做大。

关键词：　文化资源；特色产业；转化；延伸

1　小城镇文化资源开发的意义

国家发改委在《2021 年新型城镇化和城乡融合发展重点任务》中提出推进以县城为重要载体的城镇化建设，加强城乡融合发展。未来 5 年"以县城为重要载体"的就近就地城镇化将是城镇化的重要方向。成渝经济圈发展建设的重点也是发挥大城市的优势力量带动小城镇和乡村发展。乡村人口向县城聚集，县域经济变得越来越重要。

对于四川的县城来说，多数缺乏充足的支柱产业支撑，财政收入捉襟见肘，尤其是三州地区更甚。但四川拥有得天独厚的自然资源和丰富的人文资源，据今年完成的四川旅游资源普查结果显示，四川拥有文化类资源 305.7 万余处，建筑与设施 106966 处，历史遗迹 39185 处，人文活动 8993 项，这些资源在四川各县城有广泛分布，是县城发展的宝贵财富，能够为县城旅游经济发展创造巨大的价值。

图7-1　汪文婷：《解读，十张图看懂全省文旅普查成果》，《四川再发现》，2021年4月16日。

2　小城镇文化资源在旅游开发中的现状与问题

过去10年，四川小城镇文化资源在旅游开发中发挥了程度不同的作用，如安仁镇以刘氏庄园博物馆为基础，深度开发利用红色革命文化资源，重点发展博物馆文化旅游产业；泸州纳溪大渡口以白酒文化为依托，发展酒庄旅游，带动特色农业产业发展；宜宾李庄镇以建筑文化为依托，挖掘文化名人历史故事，发展特色旅游；古蔺太平古镇依托保存较完好的明清时期房屋和大量红色遗迹与革命文物，建设博物馆、革命遗址、长征街等，发展红色文化旅游；阆中古城依托保留完好的传统建筑和街道，展现中国古城建筑文化、民居文化、风俗等。但多数小城镇主要还是依托古街古建发展旅游，对文化的深度挖掘和呈现不足，再利用方式单一，缺乏创新。在网上搜索某个小城镇时，通常会找到很多介绍，诸如遗址、寺庙、石窟、科举文化、风水文化、民俗等，但到了当地后却感受不到这些文化，往往感到几分失望，其原因就是对文化资源的再现薄弱。最常见的是通过博物馆展示实物或者图片，让游客浏览一下而已，游客无法深度参与和了解。

当代游客的学习欲望很强，很多人希望通过旅游增长见识，不仅仅是走马观花。一些大城市在文旅方面能够提供游客深度体验项目，让游客获得身心的愉悦和满足，但能够提供深度旅游内容的小城镇极少。一方面受小城镇的开发理念制约，另一方面也受人才制约，此外还受资金制约。如何能将文化资源更好地呈现，是小城镇文旅开发建设中一个非常重要的问题。

3 文化资源的转化形式

游客参与旅游的形式主要有四，一是看和听，二是玩，三是吃，四是买。看居第一，但这个看不是简单地看，而是能通过眼睛看到有价值的稀奇内容，游客才会得到满足。人的眼睛不仅喜欢看漂亮的色彩、有趣的形状，还喜欢看有深意的事物，比如看戏、看热闹、看书等，通过视神经传递到大脑，获得精神的满足。玩居第二，游玩是旅游中的重头戏，游客对参与到旅途中的各种事件、活动兴趣很浓，故而，一个小城镇要想吸引游客，就需要呈现出有深意的事物，而不只是把古街古建展现出来那么简单。古街古建只是人们生活的载体，对于四川来说，大多大同小异，而不同的是这个地方的人们是怎么生活的，人们都做了些什么特别的事，他们有些什么不同的故事。比如彭山的彭祖崇拜是怎么回事，眉山的苏东坡是怎么成为学霸的，新津的码头文化是怎样的，罗城的街道为何要修成船形，平武县隐藏着多少历史秘密，自贡仙市镇的古盐道文化曾经有着什么样的繁华，彭山江口镇在古茶道上扮演着怎样的角色……

每个小城镇由于地域特点和历史原因，往往有着不一样的性格和文化气质，如炉城（康定）因为处于出川入藏的门户，是汉藏茶马互市的中心，也是汉藏文化交融的中心，有着非同一般的地位和文化特色。雅安名山乃"茶祖故里，世界茶源"，神宗元丰四年（1081）"仍诏专以雅州名山茶为易马用"，"蜀茶之细者，其品视南方已下，惟广汉之赵坡，合州之水南，峨眉之白牙，雅安之蒙顶，土人亦珍之，但所产甚微"。茶马互市对当时社会、政治、经济、百姓的生活都有着巨大的影响，如果将茶马古道、茶马互市历史中精彩的故事以多样的形式呈现出来，不仅能带给游客感官上的满足，还能让今天的游客对这种边贸政策、对茶文化、对民族文化有更深层次的认知，增强川人的自信力，有利于国家民族和谐。

对于文化资源的旅游转化包括载体、内容、方式三个方面。载体除了博物馆，还可以是公共景观、设施、店铺、作坊、住宅、工具、商品等，因事而异。如康定将驮运茶叶的马队以雕塑形式设置于县城的多处位置，再现过去茶马古道场景，满足看的需求。

内容除了建筑、街道、遗址和文物外，还可以呈现事件、活动风俗、人物、技艺、音乐、传说等，这些内容还可进一步细化，挖掘背后的故事，使其鲜活起来。如壤塘县的"壤巴拉节"、乡城的白藏房、茂县羌族的羌笛、凉山的支格阿龙传说、藏族的格萨尔王史诗等，隐藏着多少不为人知的故事？

呈现的方式除了常规的实物和图片外，还可以让文化活起来、动起来，让游客参与其中，不仅获得体验的乐趣，还能获得认知的满足，甚至还有直接的益处。不同类型的文化资源开发转化的呈现形式不同，给游客的感受和体验方式也应有差异。如遗物可以通过还原当时的使用情景，展现其功能、使用方式，与人们生活的关系，当代游客还可以体验如何使用。如茶碾子，可以还原唐宋时期制茶、斗茶的风俗，让游客体验如何碾茶、煮茶、击拂等，从而了解茶文化。

民俗活动则可以模拟活动场景，游客可以作为活动者参与其中，体验活动的乐趣。如德阳孝泉镇的孝文化，可以在镇上设置家庭孝文化体验空间，通过家具的摆设秩序，引导游客对号入座，体验敬父母、尊长辈、教子女、敬夫君、爱妻子的孝文化。将二十四孝经变成故事，设计好场景，通过游戏的方式让孩子学习和了解。

有的历史事件可以通过再现当时的情景，让游客体验参与。如眉山的科举进士文化，可以再现宋代书院学习场景，讲经学，游客参与模拟学习和科举考试，体验放榜、鹿鸣宴、鹰扬宴等过程，引导游客深入了解传统文化。

集市文化可以再现集市风貌和风俗场景，通过特色文化街区建设来呈现历史风貌，让游客参与集市体验，比如以物易物，使用铜钱、银锭购物，拉手比价等。

有的文化资源如红色文化、诗词文化，则可以通过视觉化的装置来展现，如街景、建筑装饰、壁画、雕塑、公共艺术、公共设施等形成视觉化的人文景观，强化文化氛围。

4 文化资源转化与小城镇特色产业发展的契合性

小城镇的文旅产业发展需与当地的原生特点和基础条件相契合，文化资源的开发转化也需要与当地的特色产业发展相契合，不能生搬硬套。小城镇是大城市的卫星，也是造血细胞，是休憩之所，需因地制宜，为县城居民和周边农民提供良好的服务，为农民如生活日常所需、健康所需、教育所需、精神娱乐所需等，还能提供较为充足的就业机会和商业机会，改善人们的经济收入。

没有产业支撑的小城镇很难持续发展旅游，这种情况最为普遍，如常州杨桥古镇、杨店卓尔小镇、崇州市圆通镇、起凤马踏湖生态旅游小镇、梁山马营旅游休闲小镇、沾化区冯家渔民文化小镇等。县城也是如此，多缺乏特色产业支撑，尤其是我国中西部地区、少数民族聚居地区，发展艰难。

故而对于小城镇文化资源的旅游开发还不能仅仅停留于呈现过去，而需要延伸和发展，为今天和明天创造价值。历史是基石，过去是积淀，是未来发展的基础，有基础就可以站得更高，发展得更快。如雅安名山不仅再现茶文化的历史，还可将茶文化做大做强，成为新时代的特色亮点，重点发展茶产业，从茶山、茶园到制茶、卖茶、品茶、斗茶、茶席、茶宴、茶会、茶器、茶艺、茶运等，延伸出多个附属经济品种，带动当地农业、商业、服务业、文化教育等发展。将旅游与特色产业充分融合，相互依靠，相互促进，达到通过文化发展旅游，通过旅游带动经济的目的。

如彭山县城可依托彭祖长寿文化，既发展城市旅游景观，又发展长寿产业，将产业延伸到民宿、种植、教育、运动等，诸如绿色康养、养生美食、绿色果蔬、养生教育、养生运动、养生艺术等，充分发挥彭山县的文化资源和自然资源优势，形成地域特色文化旅游＋特色产业，全方位带动县域经济发展。这种特色旅游＋特色产业的模式在国内外都有比较成功的案例，如玉皇山南基金小镇、磐安县江南药镇、舟山市定海区的远洋渔业小镇、天津杨柳青镇，法国的香水小镇等。但这种模式容易做成套路，不管有没有条件，不管是否符合当地特点，生硬套用，结果可能就达不到预期。所以这种模式很重要的是摸清当地的基础条件和资源特色，找到合适的切入点，才能得到后续发展的持续性支撑。比如温州瓯海时尚智造小镇、余姚的模客小镇，其失败的一个重要原因就是缺乏对基本条件的准确分析，产业和文化特色没有形成互倚，规划盲目。

另一种情况是对特色文化开发没有因势延伸，发展的产业跟特色文化没有多大关系，产业之间缺乏必然的关联性，无法形成系统，特色则做不强。如山东昆仑镇，虽然拥有一千多年的陶瓷文化积淀，但没有充分利用陶瓷文化，延展陶瓷产业，发展局限，形成区域断裂，结果是特色不鲜明，影响力不够大，也就没能带动整个地域的经济发展，浪费了资源。四川类似这种情况也很多，需要反思。

文化资源与特色产业之间是串联关系，围绕特色文化资源进行发散，把产业做细做成网，产业之间互相联结，文化和产业互相支撑，最后把文化做强，把产业做大。

新媒体语境下"事件性网红"营销新路径

——以四川理塘"丁真现象"为例

［作　者］黄东梅　张晶晶（南充文化旅游职业学院旅游系、阆中市创新创业服务中心）

摘　要： 新媒体时代，"事件性网红"作为新兴的旅游营销方式，以其强大的社交传播力、丰富的内容表现力、场景体验的真实性受到旅游业的广泛关注。一些旅游目的地依托"事件性网红"进行宣传营销，在网络上获得巨大流量而持续走红，为地方带来巨大经济效益，也为社会治理带来新挑战。研究基于"整合营销"的"4I 原则"来分析"事件性网红"的生成机制，深入探讨网红事件的必然性与偶然性，对此进行价值研判并反思其文化导向的路径策略，以增强旅游目的地形象的传播效果。

关键词： 事件性网红；新媒体营销；丁真

五一黄金周期间，丁真作为理塘旅游形象大使参加 2021 理塘国际赛马节系列活动，"丁真鲜衣怒马少年郎"等话题阅读量 1.8 亿，丁真参加赛马会的单条视频观看量达 685 万，足见网红丁真的魅力之大；参加湖南卫视《天天向上》综艺首秀，宣传家乡理塘县的藏族文化，"丁真走红"6 个月，热度依然不减。新媒体时代，大众自我赋权不断提升，信息传播生态、业态也发生了巨大的变化，"网红"现象呈现一种新特征的分支——事件性网红现象的崛起。大众所聚焦的社会敏感问题往往与热点事件直接关联，碎片化的简单信息可能引发现象级的热点事件"蝴蝶效应"。"丁真走红"作为典型的"事件性网红"，成为理塘县的一个网红定语受到大众的追捧。本文基于"整合营销"的"4I 原则"，即趣味原则（interesting）、利益原则（interests）、互动原则（interaction）和个性原则（individuality），分析"丁真走红"的内涵、类型及生成机制，深入探讨丁真是如何快速走红，以及旅游目的地形象如何利用新媒体路径进一步增强形象传播效果。

1 "丁真走红"——事件性网红现象的崛起

在自媒体时代，每个人都可以成为一个媒体源，2020 年，四川理塘县的素人丁真通过新媒体而走红，签约成为家乡的旅游形象大使。通过对丁真走红纵向时间线进行回溯，分析丁真走红的必然性和偶然性。

2020 年双十一，丁真第一次出现在一条短视频里，靠着干净纯真的笑容迷倒了万千网友。不到两小时，播放量便突破 1000 万、点赞超过 270 万，因此一夜爆红。"丁真该不该离开草原"、"四川为了丁真有多拼"等与丁真有关的热搜超过 60 个，随后，《人民日报》、央视新闻等官方媒体持续关注，外交部新闻发言人华春莹连发三条动态宣传丁真，引发国内外网友热议和点赞。有关丁真的总话题阅读量超过 213 亿，讨论量超 251 万，30 天 60 多个热搜，真正开启了旅游营销"素人"时代。

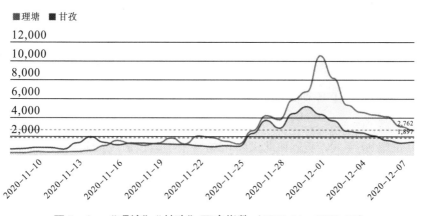

图 7 - 2 "理塘""甘孜"百度指数（2020.11 - 2020.12）

伴随"丁真走红"成为顶流，理塘城市营销也带来了旅游爆发式增长。据去哪儿网数据显示，截至 2020 年 11 月 25 日，四川甘孜地区酒店预订量较去年同期增长 89%，其中，11 月 17 日成为首个增长高峰，当天酒店预订量较去年同期增长 111%，相比前一天增长 15%。随后的一周，甘孜地区酒店每天的预订量同比增速均超 100%。11 月是旅游行业的传统淡季，但与去年 11 月同时期相比，四川甘孜康定机场和亚丁机场的订单量增长两成，11 月 17 日单日预订量较去年同期增长 90%。此外，11 月 21 日、23 日与 25 日三天单日机票预订量较去年同期增长均超过五成。一跃成为冬季热门旅游地，"丁真现象"所创造的"理塘模式"代表了自媒体发展的一种新趋势，也为旅游新媒体营销提供了崭新的发展思路，更为旅游新媒体营销模式指出了新的发展路径。

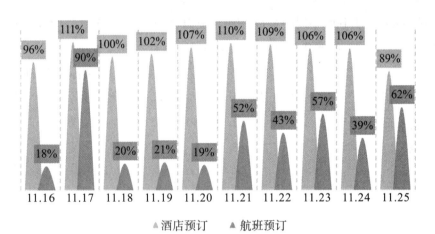

图 7-3　甘孜酒店机票预订量（2020.11）

2　基于"4I 原则"的"事件性网红"生成机制

20 世纪 90 年代，美国西北大学市场营销学教授唐·舒尔茨的"整合营销"理论提出"4I 原则"，即趣味原则（interesting）、利益原则（interests）、互动原则（interaction）和个性原则（individuality）。运用营销策略激发游客对于旅游目的地美好的想象，是激发游客出游的重要因素。激发旅游意愿，实际上是一种造梦的过程，需要形成共鸣，就要从人本身出发，而不是从其他物化的方面出发。为了避免同质化，第一是需要抓住人心，就是要做扎实的调研，找到当地最核心、最根本的吸引力。第二是需要有专业的表达方式和有效的传播方式。包括制作的专业性，传播的渠道、方式，内容的选取等。有了合适的时间、合适的渠道、合适的代言人，旅游目的地就会成为万千游客向往之地。在这个直播与创新的时代，如何寻找到爆款营销模式，是众多旅游目的地一直亟待解决的问题。丁真之所以能与旅游营销做到有机结合，是因为在这个营销案例中的元素非常切合人们的旅游出游动机：一是思乡怀旧；二是对自由的向往以及案例中体现出的民族原真性。在如今的旅游消费语境下，藏族聚居区与"文艺青年"深深捆绑，象征着旅游的"诗与远方"，更像是长时间以来人们对藏族聚居区和藏族人民想象的延续。另一方面，也是都市人群对"田园牧歌""逃离996"向往情绪的又一次集中爆发，从而产生了集聚化的核心吸引力。

3　旅游目的地城市形象传播的新路径

随着旅游目的地之间的竞争日趋激烈，目的地新媒体营销成为旅游目的地应对市场竞争的有效工具。旅游目的地新媒体营销需要长远规划，需要找准符合目的地实际的主题定位，有了自己的主题定位后，坚持不懈地长期运营，打造自己的核心品牌形象。丁真代表一种爆款，总有人会问"爆款是怎么策划的？""怎么学做爆款？"事实上市面上任何爆款都带有极大的运气因素，爆款就像暴富一样难以模仿，真正值得学习的是爆款背后的长期规划目标和坚持不懈的运营思路。城市的精神内核外化于城市形象，特色鲜明的城市形象既能够凸显城市魅力，也能够提高大众对城市的了解与认同。理塘作为中国众多旅游目的地中名不见经传的小城市，成为今年最强的运营高手，在丁真之前，理塘还只是中国西南的一个普通小城市，更是在今年2月份才刚刚实现全域脱贫摘帽。着眼长期规划和坚持不懈的运营思路让理塘实现了从贫困县到旅游目的地新媒体营销黑马的成功。

3.1　旅游新媒体营销需要国家政策的大力支持

丁真之前，除了美丽的自然风光之外，理塘作为旅游目的地的第一 IP 是仓央嘉措，吸引很多人到理塘找寻传说中的诗意。但光一个仓央嘉措显然还不足以带动理塘的发展，根据微博爆料，甘孜州濯桑乡下汝村第一书记任敏就在微博上联系大 V 分享一些甘孜州的美景，跟大 V 建立了联系之后，邮寄了很多当地的特产，牦牛肉、绿萝花、贝母、黑枸杞、藏香、藏浴药草等，还会向大 V 倾诉扶贫中的困难，还向大 V 询问推广上的建议，大 V 被这名默默努力的女书记打动，在 2020 年的"618"期间推广了一系列甘孜的特产。在脱贫的过程中，理塘就已经做过无数的准备，据理塘县人民政府网显示，2019 年至今，当地新增 1 个 4A 级景区和两个 3A 级景区，先后开展了非物质文化遗产展览会、仓央嘉措诗歌会、赛马会、山地文化旅游节等众多活动。在理塘县 2020 年财政专项扶贫资金安排中，政府持续政策扶持，共有 7 项脱贫攻坚项目涉及当地文旅产业发展，总投资 358 万元，包含旅游民宿及牧场服务中心的提升改造、游牧产品销售点增设、民族特色围墙打造等。正是源源不断的政策优势扶持，为理塘打造旅游目的地 IP 奠定了基础。

3.2　旅游新媒体营销需要观念革新的后发优势

理塘县虽然地处四川偏远地区，经济不富裕，但不代表理塘理念落后，思想指导行为，只有革新观念才能创新。作为藏族聚居区，理塘拥有丰富的旅游资源，问题在于如何宣传出去？对理塘来说，脱贫只是发展道路上的第一步，从宣传思路上来说，这个位于高原的贫困县城，已经比很多东部发达城市还要熟练了，只是缺少一个脱颖而出的机会。虽然当地只有一家奶茶店和一个容纳 40 人的电影院，却开发了新闻资讯类 app，每个县都设立自己的融媒体中心，一直走在各地政府前面。比如成都的城市营销，比如抖音 app 强势突围的四川观察，目前在短视频平台上粉丝已经超过 3000 万，日均活跃量过千万，累计点赞超过 11 亿，全面火出圈，荣登地方新闻类媒体第一网红，四川观察的出现甚至后续带火了几十个同类型地区账号。理塘县早早意识到了"康巴汉子"的颜值优势，小半年前，甘孜山地文化旅游节就在理塘举办了一场最美康巴汉子选拔大赛，只不过这些康巴汉子没有丁真这么受欢迎。也正是理塘县的融媒体中心，在丁真爆火之后，迅速制定了一份旅游攻略，并立刻宣布 2020 年 11 月 15 日至 2021 年 2 月 1 日期间，所有 A 级景区门票全免，3 月 31 日前，纳入此次优惠活动的酒店半价，乘坐川航往返康定的机票 1 折起。从气候和地理位置来推测，冬季是理塘的旅游淡季，正好是吸引新游客，填补旅游收入的大好时机，把网络流量转化为实打实的机票、住宿和餐饮经济，不浪费每一个热搜，这套营销组合拳打得稳准狠，背后却是理塘为了这个机会所做的扎实准备。面对丁真这样的爆火事件，刚刚脱贫的理塘县运用成熟的营销运营思路稳稳地抓住了这个机会。首先是反应速度极快，丁真出名后不久，就马上签约了四川甘孜理塘县文旅体投资发展有限公司，职位是旅游形象大使，需要为理塘和甘孜的旅游出力。其次是自我认知很清晰，理塘文旅并没有单纯地把丁真看成单纯的流量明星，从始至终丁真都在为如何长期对理塘有益而服务。理塘领先的营销观念为其打响旅游目的地知名度奠定了基础，更为其进一步实现旅游经济效益创造了机会。

3.3 旅游新媒体营销需要覆盖旅游全产业链条

文旅体融合发展的新阶段下，消费升级和出游主流人群的变化带来了市场的迭代更新。从需求端来看，大众的旅游需求已不仅仅满足于感官上的震撼，更期待体验参与和精神收获；从供给端来看，旅游市场需求在变，旅游产品在变；从渠道端来看，在现代化信息技术的推动下，销售渠道在变，营销载体和流量获取方式也在变。在这个充满变革的环境下，旅游目的地营销需要适应新的媒介手段、市场趋势和消费偏好，充分了解文旅行业需求端、供给端和渠道端的变化和特点，做到营销覆盖旅游全产业链条。旅游目的地营销是项系统工程，理塘为了打造旅游目的地品牌，系统地从行业的宏观层面了解市场需求、供给方和渠道的各方态势及市场环境；以融媒体中心打造旅游目的地中观层面，与当地产品和文旅项目运营相互配合，三管齐下；更以观念创新从营销工作本身出发，洞察新兴消费趋势和客群偏好，积极把握"丁真现象"，迅速创造了"理塘模式"，为理塘旅游发展创造了广阔的发展前景。

参考文献

［1］朱鑫玉，陈文敏，王历勇．网络素人"事件性网红"现象及价值探析［J］．视听，2020（9）：159－161．

［2］冯梦雨．社会化传播语境下网红文化发展的新路径——以"丁真现象"为例［J］．宜宾学院学报，2021（3）：1－8．

［3］敖鹏．网红为什么这样红：给予网红现象的解读和思考［J］．当代传播，2016（4）：40－44．

［4］王颖哲，殷姿．新媒体语境下城市形象传播与路径创新［J］．中国报业，2020（20）：18－19．

［5］郭庆光．传播学教程［M］．北京：中国人民大学出版社，1999．

［6］陶阳．基于新媒体语境的素人网红探究——以丁真为例［J］．新媒体研究，2020（24）：68－87．

［7］喻国明. "网红"是多元社群的"文化标签"［J］. 前线，2016（10）：88.

［8］陈霁. 新媒体背景下的中国旅游营销研究［D］. 北京：中央民族大学，2011.

［9］新京报新媒体. 丁真是如何走红的？我们分析数据后发现了这些秘密［EB/OL］.（2020‐12‐16）［2021‐3‐13］. https：//mp. weixin. qq. com/s/wSHOJpX5frB9fCmjmIRmeg.

［10］管姗姗. 手机 APP 营销策略研究［D］. 郑州：郑州大学，2015.

［11］刘峰. 大数据时代的电视媒体营销研究——基于网络整合营销 4I 原则的视角［D］. 上海：华东师范大学，2014.

［12］张美涛. 新零售背景下我国中小企业电子商务模式选择路径研究［J］. 发展. 2019，（09）：46‐50.

［13］黄圣岚，王敏珊，潘冬南. 依托地方居民促进旅游经济发展："丁真现象"的反思［J］. 旅游纵览，2021，（11）：132‐134.

［14］孟楠. 从"丁真现象"透视地方旅游与流量营销的耦合关系［J］. 中国会展（中国会议）. 2020，（24）：26‐27.

全媒体时代下文化旅游新媒体营销的思考

［作　者］李　想（新华网四川有限公司）

摘　要： 随着信息技术的发展，新媒体已成为全媒体时代重要的传播媒介，逐渐渗透到各个行业中。新媒体营销在文化旅游业发展中发挥了巨大的作用，成为游客获取文旅信息的重要途径。分析新媒体营销的优势，指出当前文旅新媒体营销存在的问题，并提出相应的建议，以有效发挥新媒体营销在文化旅游业发展中的重要作用。

关键词： 文化旅游；新媒体；营销

随着信息技术的更新迭代，原有的媒体传播格局和媒介生态逐渐瓦解，新的舆论格局和社会语境正在重塑。在此背景下，微信、抖音为代表的社交媒体为传统主流媒体发声提供了新平台，全媒体格局正在形成。全媒体时代下文化旅游业如何利用媒介，尤其通过新媒体宣传营销自己、推广文旅产品，成为旅游宣传营销持续关注的重要问题。

1　新媒体营销的主要形式

1.1　门户网站

门户网站是提供综合性互联网信息资源及有关信息服务的应用系统。中国著名的门户网站有新华网、人民网、凤凰网、新浪、网易、搜狐、腾讯、百度等。

1.2　自媒体平台

自媒体是社会个体运用网络化的技术手段，将具有一定格式的信息传递给大众的一种信息传播形式。随着互联网技术的发展，自媒体形式也越来越多样化，主要有微信、微博以及抖音、快手等短视频软件。

1.3　搜索引擎

我国的搜索引擎用户量大，使用频率较高。通过搜索引擎，用户可以利用其筛选功能，较为准确地锁定目标用户，将产品广告、销售信息发布出去，增加广告的传播度和广度，使得宣传对象更加具有针对性。

1.4　户外新媒体

户外新媒体将传统户外广告方式与信息技术相结合，形成比较新颖的户外宣传方法，最常见的有 LED 彩屏广告牌、全息投影墙面、灯箱等。

1.5　新技术新应用

随着 5G 技术的发展，以 VR、AR 为代表的新媒体构成未来"5G＋"业务核心。新媒体丰富的应用场景以及实时叠加、流畅展现的增强现实内容将直接影响用户体验。

2　新媒体营销的优势

2.1　精准化锁定目标，文旅营销成效最大化

依托互联网和大数据技术，新媒体可以帮助文旅宣传营销锁定目标人群，对具有共同特点和属性的人进行精准营销。通过个性化的营销可以根据目标群体的接受程度，形成聚合力量，更加容易调动潜在游客的消费欲望，使其产生旅游行为，进而有助于形成较高忠诚度的文旅客源群体。

2.2　融合式表现形式，吸引力和说服力更强

新媒体营销相较于传统营销手段，更具有说服力。通过图文、音视频、动漫等多种表现形式将旅游产品和服务更加直观形象地展现。相较于传统营销手段，这种多样化的融合表现形式更具吸引力和说服力。

2.3　互动性链接受众，体验感和传播力增强

对景区、文博机构和涉旅企业而言，体验营销并不是简单思考文旅产品的功能和品质，而是借助多种方式为消费者创造高质量的综合感受。新媒体营销既能让受众提前感知文旅产品和服务，又能增强互动性，让景区、涉旅企业与游客之间产生互动，及时解答游客旅行前和旅行中的疑虑。旅游者利用网络和信息化技术，通过互联网、移动互联网分享本人有意思的旅游信息、较为接地气的旅游体验以及对旅游目的地服务管理水平的具体评价。因此，旅游自媒体通过人们的传播和反馈迅速形成较强的舆论环境。

2.4　时效性提高，信息更新速度更快

新媒体平台发布信息非常及时，游客既是信息的传播者，也是信息的接收

者。在信息技术时代，80%~90%的游客出游信息都来自网上。出游者既可以通过发布游记来记录自己的行程或者发表自己的各种体会，也可以通过微信、QQ、抖音等媒体来了解各类旅游信息，信息更新也就更快。

3 文化旅游领域新媒体营销存在的主要问题

3.1 营销缺乏整体规划

虽然新媒体对于文旅营销具有很多的优势，但许多地方营销推广效果并不明显，究其原因主要是因为对新媒体营销缺乏整体的规划和安排。部分景区和涉旅企业将"两微一端"（微信、微博和电脑端）的运营、开展网络营销活动等视为新媒体营销，认为每天进行简单的图片、视频拍摄和文字编发就是开展了新媒体营销。这种认识既不全面也不专业，甚至会适得其反。新媒体营销不仅需要创意的策划和精湛的技术，还需要系统的营销规划，确保每个步骤都紧密相接，才能达到预期的营销目的。

3.2 营销投入不足

新媒体营销能否顺利实施并取得很好的效果，需要很多方面的投入，比如经费、技术、资源等。只有内容丰富、技术先进、资源丰富、投入充足才能确保新媒体营销得以稳步运行。另一方面，旅游新媒体营销需要整合各方面的资源，资金投入是重要基础。目前，旅游行业普遍对新媒体营销的重要性有了进一步认识，但在实际操作中投入仍然有限，很多景区和涉旅企业不愿意在新媒体营销方面进行必要的投入。同时，文旅行业需要向游客展示优质的产品和服务，要在新媒体营销人才方面进行大量的投入，以提供强大的人才保障。

3.3 选择媒体平台缺乏针对性

新媒体平台众多、形式多样，导致涉旅单位开展文旅营销时选择媒体平台缺乏针对性。部分地方文旅主管部门和景区在开展宣传营销时，片面地认为只要与有影响力的新媒体平台或网红达人合作就能达到好的效果，不但费用花费不少，还产生了负面舆情。

3.4 专业运营团队缺乏

目前大部分涉旅企业及单位对新媒体的认知度偏低、缺乏专业团队意识，导致不重视运营人才的建设，故而对新媒体运营的知识认知和技术储备不足，限制了新媒体运营的发展。

4 几点建议

4.1 制定完善的新媒体营销规划

文化旅游行业是综合类行业，涉及多个方面，宣传营销工作是旅游业"走出去"和"请进来"的基础性工作。运用新媒体营销文化旅游就必须制订完善的营销推广规划，确保营销效果能够达到预期。首先，要对旅游新媒体营销的目标进行明确。以目标为导向，选择营销内容，围绕内容进行策划。其次，要科学安排新媒体推广的各个环节和步骤。新媒体营销推广活动的开展也需要各环节的相互配合，确保宣传主题、内容的相互衔接，对各环节可能存在的问题进行预测，并制订相应的解决方案。最后，要制订考核与改进方案。新媒体营销需要因时而变，所以要对文旅新媒体宣传营销的效果进行考核评估，与预期目标进行对比，进而对新媒体营销活动进行相应的改进和完善，确保新媒体营销具有持续性效果。

4.2 加大新媒体营销的投入

新媒体在文化旅游营销推广的应用需要资金、人才、内容、技术等方面的必要投入。文旅主管部门应积极争取各级党政领导和相关部门的支持。资金投入上，应充分认识到新媒体的重要作用，可专门划拨出资金作为新媒体营销的经费，确保新媒体营销各环节能够顺利运行；人才方面，涉旅机构要对内容人员进行培训，提升其在新媒体营销策划、内容制作等方面的业务能力，打造高素质的新媒体宣传营销团队，为新媒体在文化旅游营销推广领域提供强大的人才支持；内容方面，要重视精品和爆款，可与国内专业的内容策划机构合作，在视频、图片、文字等方面推出精品，充分展现新媒体营销的精准性和影响力；技术投入上，应时刻跟上先进技术的发展步伐，通过在新技术新应用方面的投入，达到宣传营销文化旅游资源和产品的目的。

4.3 构建适合需求的新媒体营销体系

新媒体平台众多、形式多样，涉旅单位开展宣传营销前需要了解不同媒体、平台、内容形式在不同时间和区域，特别是不同目标客户间的区别。主流新闻门户网站要发挥其主流声音和舆论引导的优势；行业影响力大的 OTA 平台要突出渠道和用户优势，实现旅游产品推广在 OTA 平台快速转化与落地；微信、微博、抖音等热门自媒体平台要发挥其快速传播优势。地方文旅主管部门、景区和涉旅企业在开展宣传营销时要根据自身需要策划内容，选择新媒体平台，合理选择搭配新媒体资源，构建适合的新媒体宣传营销体系。

4.4 组建专业化运营团队

不同企业对新媒体营销的应用效果存在较大的差异，这主要是由运营管理方面的差异造成。因此，文旅新媒体营销要组建专业化的运营团队，确保新媒体营销的顺利运行。一是对内部宣传营销人员进行培训，使其掌握新媒体宣传营销的方法和技能，同时也可以从外部引进专业化的新媒体人才，组建新媒体宣传营销运营团队。二是在新媒体时代诞生了很多专业化的机构或企业，其在技术设备和人才等方面具有诸多的优势，在服务企业实施新媒体营销方面具有丰富的经验。所以，可以加强与专业机构合作，使其为新媒体营销活动的开展提供专业化的运营和管理方面的保障，确保旅游新媒体营销的专业化、精准化和高效化。

4.5 提高各类新型媒体的公信力

相较于传统媒体，网络信息缺少法律约束，尽管传播量大，但公众的信任程度仍不及传统媒体。因此，对于新媒体而言，高质量的文旅博文、图片、音视频，都应该成为文化旅游业重点关注、积极引导、加大投入、活动促进的网络宣传营销手段。

参考文献

［1］陈微. 主流媒体如何打造新媒体爆款［J］.记者摇篮，2020（3）：146－147.

［2］梁珏菲. 试析新媒体背景下市场营销方式的转变［J］.今传媒，2019，27（8）：82－83.

［3］夏秋鸿. 数字时代户外新媒体广告创意策略探析［J］.新闻传播，2020（17）：82－83.

［4］黎开莉. 旅游新媒体营销策略研究［J］.商业经济，2021（3）：108－109.

［5］李刚. 新媒体的营销环境与营销策略的创新探讨［J］.新闻研究导刊，2018，9（19）：156－172.

［6］黄远.新媒体背景下市场营销方式的转变［J］.武汉冶金管理干部学院学报，2018，28（3）：16－17.

［7］刘海玲.试论新媒体在旅游风景区营销中的作用和途径［N］.中国报业，2012－07－25.

［8］张倩.互联网时代乡村旅游新媒体营销优化策略研究［J］.中国管理信息化，2020，23（10）：149－150.

［9］王失余.旅游业新媒体营销转型策略研究［J］.黑龙江科学，2019，10（11）：136－137.

［10］赵蓉.新媒体时代企业市场营销策略研究［J］.商场现代化，2019（3）：74－75.

［11］朱丽.旅游行业"淘宝式"推广管不管用？［N］.四川日报，2018－01－15

［12］陈宇.新媒体营销策略研究［J］.度假旅游，2018（1）：39－41.

大学生在线短租产品再购买意愿研究

［作 者］董 亮（西南民族大学） 王俊鸿（四川大学）

彭 进（西南航空公司） 池蓉蓉（上海寻梦信息技术有限公司）

摘 要： 在线短租行业发展迅猛，成为当下住宿业迭代进程中一股潮流，尤其受到年轻群体的追捧。然而由于规则和监管的缺位，在线短租行业也在短暂的发展历程中暴露了诸多亟须解决的问题。文章基于服务过程的视角，以大学生用户群为研究对象，通过梳理感知质量、满意度以及购买意愿（再购买意愿）等已有的相关研究成果，结合在线短租行业区别于传统酒店的特点，总结出了五个对在线短租用户满意度和再购买意愿产生影响的因素，即：平台建设质量、平台信息质量、平台服务质量、房间环境质量和房东服务质量，并分别讨论了他们对消费者再购买意愿的影响机制。

关键词： 在线短租；感知质量；满意度；购买意愿

2010 年后，全世界进入到了全新的共享经济时代，共享经济已经成为社会第三行业即服务业内的主力军之一。国外从以 Uber 为代表的"共享"运输业到以 Airbnb 为代表的"共享"住宿业席卷了全球经济。在线短租能够最大效率地利用闲置房间，降低闲置资源成本，并在增加短期租赁价值方面发挥重要作用。国内的在线短租行业也发展迅速，涌现出多家代表性的"头马"企业，如运营模式以 B2C 为主的途家、以 C2C 为主的小猪短租和蚂蚁短租等。虽然目前国内在线短租呈现百花齐放的状态，但是由于发展速度过快，相应监管机制还不成熟，在线短租产品还存在着诸多问题，其中比较突出的主要有房东和房客信誉度、在线短租行业合规合法性、在线客服和房东服务标准化、在线短租平台房源弹性需求这四个方面。

为了深入了解国内在线短租行业的发展特点，深刻解读当代消费者出行旅游住宿的满意度和再购买意愿，本研究通过解构服务接触流程来了解影响在线短租再购买意愿的具体因素。服务接触流程包括在线短租用户进入平台界面、选择合适的房源、在线支付和线下实际入住等一系列过程，只有正确把握住服务接触点，使用户体验感更强，满意度更高，消费者的再购买意愿才有可能得以提升。因此，本文尝试从服务过程的视角探讨基于感知质量的诸多要素对在线短租用户再购意愿的影响。

1 研究假设

本文所研究的在线短租模式下感知质量与再购买意愿关系，根据服务接触流程涉及在线短租线上预定和线下入住两个环节。在相关文献研读的基础上，分别从线上和线下角度，对感知质量、满意度和再购买意愿关系进行研究假设。

Verhoef 等（2007）发现用户在网购时，个人信息隐私、资金支付安全等因素会成为首要考虑目标，但这些因素在实体店购物时就显得不是很重要。线上虚拟购物不同于线下实际购物，其主要风险就在于平台上有着每位用户的个人信息，以及在支付时使用虚拟交易如支付宝或者微信等，这些支付方式或多或少存在一定的风险性，导致密码泄露，网上资金被盗。雷婷（2012）也通过对网上购物接触流程的研究发现，在 B2C 模式下，网站设计质量、网站品牌形象、产品性价比优势、响应速度能力、产品信息质量、售后服务质量、网站登录便利性等因素都对满意度有正向影响。所以，在线短租线上平台同样存在大量不可控的感知质量因素，这些因素对实际用户满意度产生了重要影响，对此本文提出以下假设：

H1：平台建设质量对整体满意度具有显著正影响。

H2：平台信息质量对整体满意度具有显著正影响。

H3：平台服务质量对整体满意度具有显著正影响。

徐伟（2008）通过对经济型酒店顾客价值与顾客满意度的研究，认为有形产品（环境、设施、卫生、安全等）和服务质量（及时性、准确性、关心顾客、耐心服务等）对顾客满意度同样产生显著正影响。Nowak 等人（2015）对美国和欧洲 Airbnb 用户的调查显示，拥有"自己的厨房"是选择 Airbnb 的主要原因之一，强调了在线短租房间居家环境的重要性。整体来说，更多学者认为线下服务的周边环境、设施设备以及服务质量等对顾客满意度产生重要影响，这同样适用于在线短租行业。所以，在线短租线下仍然存在很多对满意度产生影响的感知质量因素，对此本文提出以下假设：

H4：房间环境质量对整体满意度具有显著正影响。

H5：房东服务质量对整体满意度具有显著正影响。

Westbrook 和 Oliver（1991）曾认为客户满意度是服务营销的核心概念。这一点观点到如今都十分符合实际，只有提供符合预期或者超出预期的服务，让顾客感到满意，才能增加回头客，增加他们的购买意愿。客户的满意度和再购买意愿是商业成功的基本要素和住宿业的竞争优势（Halstead 和 Page，1992）。大量酒店和旅游研究表明，消费者的满意度与他们重新访问的意图呈正相关关系（Savinovic 等，2012）。Hamari 等（2015）在共享经济背景下对消费者行为的研究也证实了消费者满意度对他们未来再次选择此类服务的意愿有积极影响。根据 Tussyadiah（2016）的观点，Airbnb 是社会交换的实践，意味着行为意图取决于有利于客户满意度的互惠利益，但是目前还没有得到实证研究支持，所以本文基于此，提出以下假设：

H6：整体满意度对再购买意愿具有显著正影响。

2 研究设计

2.1 问卷设计与样本收集

本研究的量表设计包含了影响因素（平台建设质量、平台信息质量等 5 个）、整体满意度和再购买意愿三个部分。量表的大部分测量题项来源于中外学者已有研究所得出的成熟量表，并且根据本文研究的内容以及国内实际情况进行了适当的修改和调整。主体问卷部分题项共设置 40 个选项，所有的测量题项都采用李克特（Likert）五级量表进行打分。1 到 5 分分别对应"非常不同意"、"不同意"、"一般"、"同意"、"非常同意"。为检验问卷量表的科学性，在形成正式问卷之前，团队就问卷进行小范围的预测试。预测试共回收问卷 100 份，剔除无效问卷后共回收回 90 份，有效回收率 90%。通过 SPSS 19.0 软件对问卷进行信度和效度分析，发现问卷的内部一致性系数（Cronbach's Alpha）值为 0.952，具有较高信度，而 KMO 值为 0.815，Bartlett 球形检验显著概率为 0.000，具有较高效度。正式问卷主要采用线上发放方式，共发放一个月时间，拟发放 250 份，实际总回收数为 230 份，回收率为 92%，再剔除无效数据，实际有效回收数为 214

份，实际有效回收率约为93%。

2.2 信度与效度

研究中量表的信度检验一般包括内部一致性信度和组合信度。本研究变量的总体信度 Cronbach's Alpha 值为 0.964，大于 0.7，具有较高的信度，而各个维度变量的信度值也均大于 0.7。因此，本研究变量的测量具有较好的信度，数据较为可靠。

效度指的是问卷的有效性，效度分析是为了检验问卷是否能够准确测量所需测量的变量。一般来说，效度分析可以分为内容效度和建构效度，而检验效度一个重要指标是 KMO 值和 Bartlett 的球形度检验，一般来说，KMO 值大于 0.7 表示适合做因子分析，效度可以接受；大于 0.8 表示比较适合做因子分析；而大于 0.9 表示非常适合做因子分析，效度非常高。本研究的问卷设计题项大多是以 PZB（1988）提出的 SERVQUAL 量表、Rust（2002）的电子服务质量模型和 Wolfinbarger（2002）的在线服务质量模型为基础，本次结构变量的 KMO 值为 0.946，Bartlett 球形检验显著概率为 0.000，小于 0.001，均符合相关研究标准。所以本研究问卷具有较好的建构效度。

3 数据分析

在利用 SPSS 对问卷进行了初步的探索性因子分析以及相关分析后，本文将进一步通过结构方程模型来验证感知质量的五个维度对满意度以及满意度对再购买意愿的影响，然后对关系假设进行验证，并在 Amos22.0 软件上进行结构方程模型分析。

运用 Amos 对该模型进行拟合度检验，拟合的结果如下表 7－1 所示。根据吴明隆（2010）对结构方程模型的研究可知，简单模型的整体拟合度主要指标可以分为两类，一类是绝对拟合指数即 $\chi 2/\mathrm{df}$（卡方值与自由度的比值）、GFI（良性拟合指标）、AGFI（调整的良性拟合指标）和 RMSEA（近似误差均方根）；另一类是相对拟合指数即 CFI（比较拟合指标）、NFI（规范拟合指标）以及 RFI（相对拟合指标）等。

表 7－1　整体模型的拟合度指标

Fig.　1 The fitting index of the whole model

拟合指标	χ^2/df	GFI	AGFI	RMSEA	CFI	NFI	RFI
建议标准值	$1 < \chi^2/df < 3$	>0.9	>0.9	<0.05	>0.9	>0.9	>0.9
本模型估计值	1.897	0.798	0.764	0.064	0.901	0.811	0.792
解释	很好，1～3之内	可以接受，接近0.9	可以接受，接近0.9	可以接受，接近0.05	很好，大于0.9	可以接受，接近0.9	可以接受，接近0.9

根据本模型的拟合结果来看，本研究模型具有较好的拟合度，无需进行修正。因此，本研究模型可以接受，接下来看具体假设检验是否成立，结果如下所示：

表 7－2　总体模型假设检验

Fig.　2 General model hypothesis testing

	P value	显著性
整体满意度←——平台建设质量	.004 **	显著
整体满意度←——平台信息质量	.878	不显著
整体满意度←——平台服务质量	.263	不显著
整体满意度←——房东服务质量	.003 **	显著
整体满意度←——房间环境质量	* * *	显著
再购买意愿←——整体满意度	* * *	显著

通过表 7－2 可知，有两条路径不显著（整体满意度←——平台信息质量，整体满意度←——平台服务质量），因此将此两条路径进行删除。而其他四条路径都显著，总的来说，假设 H1、H4、H5、H6 验证结果得到支持，假设 H2、H3 不支持。

4 结论与启示

4.1 研究结论

根据验证结果可知，平台建设质量、房间环境质量和房东服务质量对满意度和再购买意愿均有显著正向影响，且满意度对再购买意愿也有显著正向影响，因此得出结论：满意度在感知质量（平台建设质量、房间环境质量和房东服务质量）与再购买意愿之间起着完全中介作用。平台建设是用户在线上选择房源的首要接触点，心理学上的首因效应认为第一印象的好坏直接决定了后期的整体评价，如果在线短租平台给用户的第一印象都不太好，那么用户很有可能对整个在线短租行业都不感兴趣，满意度自然而然也不会很高。房间环境质量和房东服务质量是线下用户能真切接触以及感受到的，这些直接接触到的方面对满意度和再购买意愿具有深刻影响，接触时感受到的设施设备以及服务质量好坏也直接决定了满意度的高低，从而影响再购买意愿。

4.2 管理启示

从线上平台来说，包含平台建设质量、平台信息质量和平台服务质量三个环节的感知质量。在线短租行业必须重视对线上预订环节的打造，尤其是要注重对平台网站信誉、页面设计，以及检索方式的重点设计，加强网站维护与修复，建设便捷高效的平台，同时应该保证平台上房源信息的真实性并增加房源的多样性和丰富性。真实性体现在在线短租用户在预定前有较高的期望值，如果在实际入住过程中未能达到预期值，满意度就会显著降低，所以平台上房源的各种介绍信息一定要真实可靠。多样性和丰富性体现在在线短租用户可以进行全方位，多层次，按照各自不同需求进行检索搜集，满足用户多样化和个性化需要，提供定制化服务。

从线下入住过程来说，包含房间内外客观环境和房东服务这两个环节。一方面需要重视房间设施设备的多样和质量，房东可以在控制成本的前提下，尽可能多地购置房间所需要的设施设备如洗浴和床上用品以及各种家用电器设备等，同时也要特别注重设施设备的质量以及干净卫生，给消费者营造一种物有所值、安全舒心的感觉；另一方面房东应提高服务质量，注重服务的每个关键点，在每个关键时刻使用户满意。将服务质量管理应用到线下服务中，为用户带来不一样的感知服务质量。

在严格把握好线上和线下两个环节服务质量后，用户的满意度就会提高，再次购买和推荐给他人的机会也会增加。总的来说，在线短租行业的良性发展需要借鉴优秀的管理和服务经验，同时也要大胆创新，适时跟上时代潮流，为自身发展汲取营养。

08

度假旅游

基于百度指数的成都各区县旅游复苏指数矩阵研究

[作　者] 刘若鹏　杨国良　吴诗涵　白晓江（四川师范大学地理与资源科学学院）

摘　要：　通过百度获取成都20个区县2020年2月、2019年2月、2021年4月、2019年4月网民对成都市辖区内20个区县的网络关注度数据，计算旅游复苏指数和旅游复苏指数增长率，运用波士顿矩阵理论建立旅游复苏指数矩阵，分析20个区县旅游复苏特征。分析结果表明，2020年2月成都各区县旅游复苏指数平均值为34.55，2021年4月旅游复苏指数为46.42；2020年2月~2021年4月旅游复苏指数增长率平均137.51%，20个区县均实现正增长，其中大邑县、龙泉驿区的增长率超过200%；在各区县的旅游复苏指数矩阵中，明星市场有新都区、温江区、简阳市、龙泉驿区、大邑县，这些区县2021年4月的旅游复苏指数和2019年4月~2021年4月的旅游复苏指数增长率均较高；金牛市场有金牛区、新津区、彭州市、郫都区、金堂县、武侯区，这几个区县的2021年4月的复苏指数较高，但是增长率较低；问题市场有青羊区、成华区、崇州市，这三个地区的2021年4月的复苏指数较低，但是增长率较高。瘦狗市场包含青白江、浦江、双流、都江堰、邛崃，这几个区县无论是2021年4月的旅游复苏指数还是2019年4月至2021年4月的复苏指数增长率都低于平均值。

关键词：　旅游复苏指数；波士顿矩阵；百度指数；成都旅游

1　引言

2020 年受到疫情影响，成都旅游业受到了巨大的冲击。随后，在国家强有力的抗疫措施下，四川省内旅游市场呈现快速复苏的良好态势。2020 年清明，四川省共计 565 家景区恢复开放，开放率达到 83.2%，共接待游客 313.44 万人次，实现门票收入 2188.37 万元；全省纳入统计的 27 个红色旅游景区共接待游客 14.02 万人次；全省图书馆、文化馆、博物馆共接待观众 28.52 万人次。端午期间，全省 715 家 A 级旅游景区共恢复开放 639 家，开放率 89.37%。假期 3 天共接待游客 387.78 万人次，实现门票收入 3707.56 万元。全省图书馆、文化馆、博物馆共接待群众 50.23 万人次。从两次假期的数据我们可以看出，四川省内的旅游市场正在复苏。成都作为四川省省会，GDP 与旅游总收入一直以来保持着第一，并且与第二名拉开着较大差距，2019 年成都市旅游总收入达 4663.5 亿元，占全省旅游总收入的 40.22%。由此可见成都市的旅游发展在全省旅游发展中有着举足轻重的作用，由此我们可以将其作为对象，通过分析成都市各区县主要景区在疫情初期及近期的旅游网络关注度数据，了解成都市旅游复苏的特征并掌握其复苏现状和趋势，为四川省旅游复苏的相关工作提供一定的参考。

2　综述

在这个 21 世纪前所未有的新冠疫情背景下，旅游学者们从多个方面对旅游业进行了较为全面的研究。首先是新冠疫情对旅游业的影响研究，主要涉及对旅游市场、旅游管理部门、旅游企业、旅游者等旅游主体及全国范围内各省市（区、县）甚至全球范围内各国家受到疫情影响的研究；二是研究疫情下的应对措施，主要涉及旅游企业疫情下的自救、政府帮扶及财经政策等方面；三是研究疫情为旅游业带来的思考及疫情后旅游行业的转型与进步，涉及旅游数字化、康养旅游、大型公共突发事件下旅游危机应对管理等方面。但是对于在疫情当下具有重要意义的旅游业复苏情况的研究，目前还是较少。

当前成都旅游仍然处于复苏阶段，其复苏的状况需要大数据的支撑。2021 年 3 月，CNNIC（中国互联网络信息中心）在全网发布了《中国互联网络发展状况统计报告》。该报告表明，截至 2020 年 12 月，我国网民规模达 9.89 亿，较 2020 年 3 月增长 8540 万，互联网普及率达 70.4% 的惊人比例。互联网的急速发展使得我们能以最快速度从网络上发布、获取和分享旅游信息，以成都各区县主要旅游景区名称为关键词的网络搜索能够显示出游客对该区域的旅游关注度，在现阶段也可以在一定程度上显现该区域旅游复苏现状及未来复苏趋势，为相关决策提供数据支持。

网络数据分析作为近年新兴的热门研究方法，在舆情检测、营销策略、城市网络特征、投资理财等多方面得到了大量的运用，在旅游学科中，网络数据挖掘分析广泛运用在游客量分析、旅游安全、旅游营销等方面。

3 数据与方法

3.1 数据来源

在网络旅游信息的获取中，离不开国内外各大平台的关键词搜索功能，而百度搜索作为全世界规模最大的中文搜索引擎，拥有着庞大的数据库，其旗下的百度指数（Baidu Index）是以百度海量网民行为数据为基础的数据分析平台，是当前互联网乃至整个数据时代最重要的统计分析平台之一。本文以成都各区县具有代表性景区的"景区名字"或"区县名称 + 旅游"作为关键词在百度指数平台进行检索，分别获取 2020 年 2 月、2019 年 2 月、2021 年 4 月、2019 年 4 月网民对成都市辖区内 20 个区县的搜索指数日均值。

3.2 研究方法

3.2.1 旅游复苏指数、旅游复苏指数增长率

旅游复苏指数，即反映旅游复苏程度的指数，公式为：$R_{it} = I_{it}/I_{i0} \times 100$，式中：$R_{it}$ 为 i 地区（区、市、县）t 时段的旅游复苏指数，I_{it} 为 i 地区（区、市、县）t 时段三个主要景区名称作为关键词的搜索指数日均值之和。为反映旅游复苏的时间变化特征，设置旅游复苏指数增长率指标 r，计算公式为：$r_{it} = (R_{it} - R_{i0})/R_{i0} \times 100\%$。

3.2.2 波士顿矩阵

波士顿矩阵（BCG Matrix）又称四象限分析法，由著名的管理学家布鲁斯·

亨德森创立，此方法本来是用于企业产品结构调整和投资分析，本文以旅游复苏指数数据来重新设置波士顿矩阵的横、纵指标，构建成都市辖区内20个区、市、县的旅游复苏指数矩阵。

4　结果与分析

4.1　旅游复苏指数分析

4.1.1　2020年2月旅游复苏指数

自新冠病毒被发现以来，按照疫情时间线，2020年2月是全面管控限制人员流动的关键时期，2月期间包括武汉在内的许多城市采取了封城的措施，各地政府单位、企业、高校假期及各类考试纷纷宣布延期。因此，2020年2月与2019年春节出游的火爆相比，也是旅游业最低潮的时期，旅游复苏指数平均值为34.55，由此可见成都各区县旅游的网络关注度下降了近7成。我们将复苏指数分为三个层级：第一层级35以上；第二层级30~35；第三层级25~35。在成都20个区县中，处在第一层级（>35）有武侯区、浦江县、金堂县、都江堰市、郫都区、彭州市、金牛区、新津区、简阳市9个区县，其中主要原因有两点，一是这些地区大都远离成都中心城区，诸如都江堰市、彭州市、浦江县、简阳市等均以自然风光为主，在疫情隔离期间相对受到更多的关注；二是除了都江堰市和武侯区拥有都江堰青城山、武侯祠、锦里这几个以接待省外及部分境外游客为主的火爆景点外，其他7个地区处在成都郊区均以成都周边居民日常休闲接待为主，所以其受到的影响较小。复苏指数处在第二层级（30~35）的有新都区、邛崃市、青白江区、温江区、锦江区、崇州市等6个区市。复苏指数处在第三层级（25~35）的有成华区、青羊区、双流区、龙泉驿区、大邑县5个区县，不难看出这些区县是全国游客来往成都旅游的热点区域，成华区有大熊猫繁育基地；青羊区宽窄巷子、杜甫草堂；双流区有黄龙溪古镇；龙泉驿区有龙泉山及桃花故里；大邑县有西岭雪山、建川博物馆等，这些景区都是在全国范围内具有相当知名度的，是成都的代表景点，历来都是春节出行的热门目的地，以接待外游客为主，所以在这个春节假期受到疫情影响尤其明显。

表 8-1 2020 年 2 月成都各区县旅游复苏指数

区县市	I_{it}/次	I_{i0}/次	R	区县市	I_{it}/次	I_{i0}/次	R
武侯区	1476	3342	44.17	邛崃市	272	825	32.97
浦江县	364	864	42.12	青白江区	70	218	32.11
金堂县	205	487	42.09	温江区	404	1263	31.99
都江堰市	3050	7615	40.05	锦江区	262	833	31.45
郫都区	404	1018	39.69	崇州市	206	659	31.26
彭州市	535	1392	38.43	成华区	444	1499	29.62
金牛区	554	1468	37.74	青羊区	1577	5675	27.79
新津区	362	963	37.60	双流区	650	2364	27.50
简阳市	263	704	37.36	龙泉驿区	301	1109	27.14
新都区	145	424	34.20	大邑县	1133	4394	25.79

4.1.2 2021 年 4 月旅游复苏指数

在我国强有力防疫措施及全国人民积极配合下，疫情迅速从 2 月的低谷中恢复，现在国内疫情基本趋于稳定，人员流通也相对自由。从月份来看 2021 年即将到来的五一劳动节小长假将成为疫情以来的一处旅游高峰，而在大家出行前的 4 月，成都各区县旅游网络关注度将持续高涨。2021 年 4 月份旅游复苏指数均值为 80.32，是 2020 年 2 月的两倍还要多，可见现阶段成都各区县的旅游恢复态势良好。复苏指数处在第一层级（>85）的有大邑县、武侯区、金堂县、简阳市、龙泉驿区、金牛区、郫都区、新津区、温江区，这些地区复苏较快。处在第二层（75~85）的有彭州市、新都区、锦江区、崇州市、都江堰市、成华区。处在第三层级（<75）的有青羊区、邛崃市、浦江区、双流区、青白江区，其中青白江区的复苏指数仅为 41.78%，是由于其本身作为成都的老工业区与物流中心，休闲旅游就较为薄弱，经过一年的疫情限制大家的出游热情很高，对于青白江这类旅游休闲不突出的区县自然短时间内很难恢复热度。青羊区、成华区等热门旅游区县由于去年受疫情影响较大，且 2019 年网络关注度的基数较高，所以需要恢复到同期水平还需要一定的时间。

表 8 - 2 2021 年 4 月成都各区县旅游复苏指数

区县市	Iit/次	Ii0/次	R	区县市	Iit/次	Ii0/次	R
大邑县	2588	2607	99.27	新都区	378	456	82.89
武侯区	2859	3024	94.54	锦江区	684	850	80.47
金堂县	393	427	92.04	崇州市	621	789	78.71
简阳市	738	807	91.45	都江堰市	6279	8107	77.45
龙泉驿区	1092	1207	90.47	成华区	1016	1352	75.15
金牛区	1503	1693	88.78	青羊区	3147	4274	73.63
郫都区	939	1062	88.42	邛崃市	742	1042	71.21
新津区	953	1099	86.72	浦江县	703	1139	61.72
温江区	746	865	86.24	双流区	1620	2669	60.70
彭州市	1340	1579	84.86	青白江区	160	383	41.78

4.2 旅游复苏指数增长率分析

通过计算获得成都市各区县的旅游复苏指数增长率，2020 年 2 月至 2021 年 4 月成都 20 个区县的旅游复苏指数均呈现正增长，均值为 137.51%。其中处在第一层级，增长率超过 200% 的有大邑县、龙泉驿区，这两个地区有着共同的特点，远离成都市中区，同时吸引着成都周边地区游客和省外及全国游客，尤其是在本地游客中大邑和龙泉驿具有较强吸引力，在疫情期间国家对跨省流动放开缓慢，本地游客对旅游复苏的贡献显得尤为重要，所以这样的游客结构促成其快速恢复，因此增长率较高。处在第二层级（100%～200%）的有温江区、青羊区、锦江区、成华区、崇州市、简阳市、新都区、金牛区、新津区、郫都区、彭州市、双流区、金堂县、邛崃市、武侯区等 15 个区县。而增长率较低，处在第三层级（0%～100%）的区县有都江堰市、浦江区、青白江区。都江堰市是由于 2019 年网络关注度基数较大，而都江堰接待省外游客比例高，所以恢复较为缓慢，青白江区与浦江县是由于没有突出的旅游资源，在这个疫情长期隔离后游客出行欲望高涨的时期，无论是本地游客还是外地游客对其关注度都较难恢复。

表 8-3　成都各区县的旅游复苏指数增长率

区县市	r	区县市	r
大邑县	284.92%	新津区	130.64%
龙泉驿区	233.35%	郫都区	122.78%
温江区	169.58%	彭州市	120.82%
青羊区	164.95%	双流区	120.73%
锦江区	155.87%	金堂县	118.67%
成华区	153.71%	邛崃市	115.98%
崇州市	151.79%	武侯区	114.04%
简阳市	144.78%	都江堰市	93.38%
新都区	142.37%	浦江县	46.53%
金牛区	135.24%	青白江区	30.12%

4.3　旅游复苏指数矩阵

2021年4月成都各区县旅游恢复指数矩阵以旅游复苏指数为横坐标，旅游复苏指数增长率为纵坐标，用均值作为分界线（横坐标80.32、纵坐标137.51%），两条线相交划分为四个象限，分别代表4类市场。

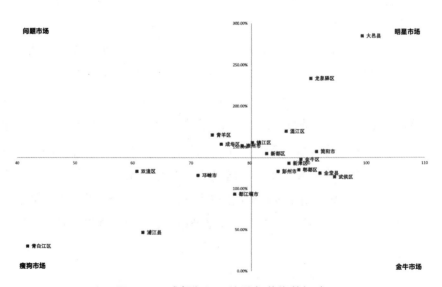

图 8-1　成都各区县旅游复苏指数矩阵

4.4 旅游复苏市场特征

由图 8－1 可知，明星市场包括新都区、温江区、简阳市、龙泉驿区、大邑县，这些区县 2021 年 4 月的旅游复苏指数和 2019 年 4 月～2021 年 4 月的旅游复苏指数增长率均较高。这些区县以大邑县为代表，都是在春节期间因受到疫情影响，旅游网络关注度锐减的地区，但是由于其本身作为成都本地居民周边游的首选目的地，本地流动放开，虽跨省流动还在限制的时期，但后来受到当地居民的青睐，得以快速地增长复苏，直到今年五一小长假到来，迎来了外省游客的注入，可以基本恢复到 2019 年同期水平。

金牛市场包括金牛区、新津区、彭州市、郫都区、金堂县、武侯区，这几个区县的 2021 年 4 月的复苏指数较高，但是增长率较低，主要是由于 2020 年 2 月的复苏指数较高，导致增长率低。

问题市场包括青羊区、成华区、崇州市，这三个地区的 2021 年 4 月的复苏指数较低，但是增长率较高。其中青羊区和成华区是成都旅游的热门目的地，以接待省外游客为主，2020 年春节期间受到疫情影响较大，2 月的旅游复苏指数降到低谷，虽然增长率较高，但是由于时间较短，2021 年 4 月的旅游复苏指数偏低，但是随着疫情的控制，跨省旅游的不断恢复，旅游复苏指数将持续走高。

瘦狗市场包含青白江、浦江、双流、都江堰、邛崃，这几个区县无论是 2021 年 4 月的旅游复苏指数还是 2019 年 4 月至 2021 年 4 月的复苏指数增长率都低于平均值。这些地区的旅游市场复苏空间还较大，面对目前恢复较慢的问题，需要采取更加强有力的措施。

5 结论与建议

5.1 结论

2020 年春节期间受到新冠疫情的影响，成都市各区县旅游受到较大影响，2 月的旅游复苏指数均值为 34.55%，相较于 2019 年 2 月下降了近 7 成，其中成华区、青羊区、大邑县等旅游热门目的地降幅最大，旅游复苏指数较低，而成都主要城区以外的浦江、金堂等受到的影响较小。2021 年 7 月的旅游复苏指数均值为 80.32，相比于 2020 年 2 月旅游低谷期增长了 2 倍还多，已到达 2019 年同期的 8

成水平，预示着随着国家强有力的抗疫措施，成都旅游市场恢复态势良好，其中以大邑县、武侯区、龙泉驿区等恢复最好，旅游复苏指数超过了90。

2019年4月—2021年4月各区县的旅游复苏指数增长率均呈现正增长，均值为137.51%，其中大邑县与龙泉驿区势头最为强劲，增长率超过了200%，青白江与浦江县由于没有突出特色的旅游资源，不符合疫情后游客们急切出游的心情，旅游复苏指数增长率较低，分别为30.12%、46.53%。

在旅游复苏指数矩阵中，明星市场有新都区、温江区、简阳市、龙泉驿区、大邑县等，这些区县复苏指数与复苏指数增长率均较高；金牛市场有金牛区、新津区、彭州市、郫都区、金堂县、武侯区等，这些区县拥有较高的旅游复苏指数，但是增长率低于平均值；问题市场有青羊区、成华区、崇州市，这三个地区2021年4月的旅游复苏指数偏低，但是随着疫情的控制，跨省旅游的不断恢复，这三个区县的旅游复苏指数将持续走高；瘦狗市场包含青白江、浦江、双流、都江堰、邛崃等，这些地区的旅游市场复苏空间还较大，面对目前恢复较慢的问题，需要采取更加强有力的措施。

5.2 建议

时至2021年五一，国内疫情已经基本稳定，旅游正在从2020年的巨大打击中恢复过来，成都旅游整体基本已经达到了疫情前水平，根据以上的分析本文将给出成都各区县以下几条建议。

加大本地宣传，注重培育本地游客。由以上数据可以看出，各区县中，诸如大邑、龙泉驿等客源结构中本地游客占比高的区县，恢复速度都较快，并且在面对新冠疫情时受到的冲击也会小很多。所以各区县都需积极加强和重视本地游客的培育。

各区县在旅游复苏措施方面要做到两手抓，一方面通过加快经济增长和社会发展，提升商务旅游的复苏速度，增加民众收入用于扩大国内休闲度假旅游市场消费，另一方面期待越来越多的旅游企业针对目前的旅游市场和家庭旅游市场，开发定制旅游等升级产品，精细化操作传统旅游产品，加快企业数字化转型。

针对不同市场，采取不同策略。处于明星市场的各区县做好旅游接待，以应对疫情后爆发式增长的游客；处在金牛市场的各区县要注重开发旅游新产品、打造旅游新主题，以新鲜感来吸引游客，并通过多元化营销开发潜在旅游者，以提高旅游复苏的速度；问题市场增长稳定，还需继续加强旅游营销；瘦狗市场城市需加大旅游特色产品的开发，明确区县旅游形象，加强旅游市场营销力度，以加快复苏进程。

参考文献

[1] 杨艺茂. 探亲游、近郊游成为出行首选[N].《四川日报》, 2020 - 04 - 07 (03).

[2] 贺小荣, 彭坤杰. 新冠肺炎疫情对我国旅游业的影响：预测与对策[J]. 四川旅游学院学报, 2020 (04)：65 - 71.

[3] 杨晓凤, 刘陶. 新冠肺炎疫情对旅游业的影响及对策综述[J]. 武汉职业技术学院学报, 2020, 19 (06)：47 - 50.

[4] 陈旭. 新冠肺炎疫情对四川旅游业的影响及其对策[J]. 四川行政学院学报, 2020 (02)：5 - 14.

[5] 刘淑芳, 杨虎涛. 新冠疫情对中日韩三国旅游业的影响研究[J]. 亚太经济, 2020 (02)：21 - 29.

[6] 张夏恒. 新冠肺炎疫情对我国中小微企业的影响及应对[J]. 中国流通经济, 2020, 34 (03)：26 - 34.

[7] 兰琳. 疫情下全国及各地政府出台企业帮扶政策[J]. 中国人造板, 2020, 27 (03)：45.

[8] 党红艳. 重大疫情中旅游危机的演化机理及应对策略[J]. 宏观经济管理, 2020 (05)：43 - 50.

[9] 沈洁. 后疫情时期浙江旅游业复苏的风险及数字化转型[J]. 浙江树人大学学报 (人文社会科学), 2021, 21 (02)：59 - 64.

[10] 杜玲莉. 后疫情时期四川森林康养旅游发展探究[J]. 当代旅游, 2021, 19 (11)：63 - 65.

[11] 中国互联网络信息中心. 第 47 次《中国互联网络发展状况统计报告》[EB/OL]. 2021[2021 - 02 - 03]. http：//www. cnnic. cn/hlwfzyj/hlwxzbg/Hlwtjbg/202102/t20210203_71361. htm.

[12] 韦秋宇, 刘洁, 张君涵, 潘沛江, 陈荣凤, 褚洁梅, 蒋俊俊, 梁冰玉, 梁浩, 叶力. 基于百度指数的新型冠状病毒肺炎疫情与网络舆情监测分析[J]. 中国预防医学杂志, 2021, 22 (01)：4 - 9.

[13] 黄娅碰. 九芝堂的营销战略研究——基于百度指数和电商评论数据分析[J]. 老字号品牌营销, 2021 (01): 5 - 7.

[14] 熊丽芳, 甄峰, 王波, 席广亮. 基于百度指数的长三角核心区城市网络特征研究[J]. 经济地理, 2013, 33 (07): 67 - 73.

[15] 俞庆进, 张兵. 投资者有限关注与股票收益——以百度指数作为关注度的一项实证研究[J]. 金融研究, 2012 (08): 152 - 165.

[16] 黄先开, 张丽峰, 丁于思. 百度指数与旅游景区游客量的关系及预测研究——以北京故宫为例[J]. 旅游学刊, 2013, 28 (11): 93 - 100.

[17] 邹永广, 林炜铃, 郑向敏. 旅游安全网络关注度时空特征及其影响因素[J]. 旅游学刊, 2015, 30 (02): 101 - 109.

[18] 刘绣春. 基于旅游营销推广策略的网络关注热度矩阵研究[D]. 湖南师范大学, 2017.

[19] 赵月. 我国网络媒体数据新闻研究[D]. 渤海大学, 2016.

[20] 蒋梦惟. 端午出游恢复过半旅游业U形复苏可期[N]. 北京商报, 2020 - 06 - 29 (4).

四川康养旅游的发展基础与创新路径

［作　者］李　瑶　薛熙明（西南民族大学旅游与历史文化学院）

摘　要： 四川省作为中国深度老龄化省份，康养旅游市场潜力巨大。同时，四川在康养旅游发展上的政策优势和资源优势也十分显著。本文在对四川康养旅游发展的需求和优势进行分析的基础上，辨识了康养旅游的四个误区，并提出转换旅游地形象、依托科研机构、成立"康养银行"、建设康养新社区等创新发展路径，以期为四川康养旅游产业的健康发展提供借鉴。

关键词： 康养旅游；发展基础；发展误区；创新路径；四川

引言

在环境问题、老龄化问题日趋严重的当代中国社会，人们的康养需求与日俱增。同时，随着居民消费水平的提高，旅游已经成为国民生活的重要组成部分。旅游对人们身心健康的积极作用已被证实，康养与旅游紧密联系、相辅相成。供给方面，旅游提质升级已经成为旅游产业融合的必然要求，"健康＋旅游"产业融合逐渐获得较大发展。2016 年 10 月国务院办公厅颁布的《"健康中国 2030"规划纲要》与《国家康养旅游示范基地标准》中，明确提出促进健康与养老、旅游等产业融合的要求以及标准，并将康养旅游（health and wellness tourism）定义为"通过养颜健体、营养膳食、修身养性、关爱环境等各种手段，使人在身体、心智和精神上都达到自然和谐的优良状态的各种旅游活动的总和"。"十四五"期间，各地纷纷出台相关规划、政策，将康养旅游作为旅游产业发展的核心，推动康养旅游示范基地、生态康养旅游步道等建设，康养旅游迎来发展高峰。

四川作为全国老龄化程度较高和康养旅游资源异常丰富的省区，早在 2015 年就提出"森林康养"的理念，并将森林康养产业列为全省"十三五"规划中的新兴产业。至今，康养旅游已经成为四川省旅游产业发展的重要组成部分，并与农牧业、林业、水利、医药、文化等产业进行了有机融合，取得了长足的进展。但是，作为一种旅游新业态，人们对于康养旅游的理解不深，导致无论在理论探索上，还是实践工作中，尚存有不少误区。同时，康养旅游也不同于传统观光旅游，因而有必要进行大胆创新，探索新的发展路径。基于此，本文尝试在对四川康养旅游发展需求和康养旅游资源进行分析的基础上，指出康养旅游发展的误区，并提出四川康养旅游的创新路径，以期为四川康养旅游产业的健康发展提供对策建议。

1 四川康养旅游市场需求巨大

截至 2018 年底，全国 60 周岁及以上老年人口 24949 万人，占总人口的 17.9%；其中 65 周岁及以上老年人口 16658 万人，占总人口的 11.9%。四川省 60 岁及以上常住人口 1762.5 万人，占人口总量的 21.13%；65 岁及以上常住人口 1181.9 万人，占人口总量的 14.17%。四川省老龄人口比重远超出全国平均水平，已进入深度老龄化社会。庞大的老年人群也逐渐成为康养旅游市场发展的潜在客户。但是目前旅游市场的资源供给无法满足其需求，随着老年市场的不断扩大，发展康养旅游的医养结合服务迫在眉睫。

根据 2020 年中国居民健康大数据显示，随着工业化、城镇化、人口老龄化进程不断加快，我国慢性病人数不断增加，高血压患病率25.2%，糖尿病患病率9.7%，慢性阻塞性肺炎病患病率9.9%；在信息技术、科学、经济飞速发展的当下，不规律的生活作息、零锻炼，低自我情绪调节等导致亚健康常态化，经常出现精神萎靡不振、困倦焦虑、睡眠质量差等现象，据数据显示，75%的人都处于亚健康状态。康养旅游作为一种综合性的社交活动，老年游客可以扩大社交往、愉悦心情、改善胃口和睡眠质量及骨关节炎疼痛等；人们亲近绿色环境，可以调节血压水平，释放压力、缓解紧张情绪；减少罹患呼吸系统及心脑血管系统疾病的概率。对于这些特定人群来说，康养旅游无疑是一个潜力巨大的市场。

2 四川康养旅游发展优势明显

2.1 四川康养旅游发展具备政策优势

2.1.1 明确康养旅游产业的重要地位

2014 年《国务院关于促进旅游业改革发展的若干条件》和 2015 年《关于进一步促进旅游投资和消费的若干意见》均提出，开发养生、疗养康复等旅游产品和景点升级。四川省率先抓住政策机遇，在 2015 年将森林康养产业写入了《中共四川省委关于国民经济和社会发展第十三个五年规划的建议》，并将其作为重要新兴产业纳入《四川省养老与健康服务业发展规划（2015—2020 年)》。

2.1.2 提出康养旅游发展总体目标

2016 年《国家康养旅游示范基地标准》提出，要打造综合性康养旅游目的地，推动康养旅游示范基地建设的要求。2017 年 10 月，《四川省大力发展生态康养产业实施方案（2018—2022)》出台，明确了生态康养的发展目标，预估 2020 年全省生态康养基地、森林自然基地、生态康养人家均大幅提升，分别达到 250 个、100 个、4000 个；同时，生态康养步道也逐步扩建至 5000 公里；最终实现生态康养服务人次 2.5 亿人次，年产值突破 1000 亿元。加快四川省生态康养产业发展，助推全国森林康养目的地建设。

2.1.3 促进康养旅游产业融合发展

2017 年和 2018 年中央一号文件都提出，要利用"旅游＋"形式促进农业、林业与旅游、教育、文化、康养等产业深度融合。四川省早在 2016 年就发布了中国第一个森林康养十三五规划——《四川省森林康养"十三五"发展规划》，提出要构建四川省森林康养发展的"1222"发展布局，即 1 个创新发展核、2 个复合发展轴、2 个特色增长极和 2 个辐射发展片，并提出要建设大峨眉等四个森林康养示范区。2017 年，四川省委一号文件明确提出支持发展康养产业。同年颁布的《推进农业供给侧结构性改革加快由农业大省向农业强省跨越十大行动方案》指出，全省要借助森林资源，大力发展森林生态康养，加快全国森林康养目的地建设进程。再者，森林康养已经被纳入到四川顶层设计中，成为生态经济发展的助推剂。

2.1.4　指明森林康养旅游发展实施路径

2016—2017 年，四川明确了《森林康养基地建设资源条件》之后，具体出台了《森林康养基地建设：基础建设》《森林康养基地建设：康养林评价》等地方标准，细化建设路径。2020 年在国家林业局颁发的《关于促进森林康养产业意见》指导下，省林业厅发布《关于大力推进森林康养产业发展的意见》，提出把四川建设成国内外知名的森林康养目的地和全国森林康养产业大省的目标，并明确康养基地建设思路，市场主体培育方式等具体实现路径。

四川省作为全国第二大林区，在国家康养旅游相关政策指导下，坚持大力发展以森林康养为主体的康养旅游。截至 2019 年，四川省不仅率先提出并发展森林康养，出台首个森林康养十三五规划和首个生态康养实施方案，发布全国首个森林康养指数，同时已发布森林康养基地建设标准 3 项、在建标准 1 项，全省各地森林康养事业蓬勃发展，森林康养产业基础不断夯实。

2.2　四川康养旅游发展拥有资源优势

四川省 21 个市州均有康养资源分布，康养旅游资源富集度高、类型多样化，范围分布广。以凉山—龙门山为界，西部多为高原山地，集中了森林、雪山、湖泊、草原、瀑布、温泉等自然资源，藏羌彝苗回等少数民族资源，佛教文化、毕摩文化、道教文化等宗教文化资源；东部多为丘陵、盆地，集中了古蜀文明、三国文化、巴人文化、红军文化等传承多年的各种中华历史人文景观和文化精粹。同时，四川气候类型多样，盆地周边避暑型山地气候和攀西地区避寒型河谷气候是极佳的康养气候资源。四川独特的自然环境也为其带来了丰富的中药材资源与历史悠久的养生文化。这些均为四川省康养旅游提供了良好的发展基础。

2.2.1　康养自然资源十分丰富

四川处于亚热带气候复杂多样，且地带性和垂直变化明显。全省共分为三大气候区，其中盆地中亚热带湿润气候区和川西南山地亚热带半湿润气候区都极为适合康养旅游发展。两地热量条件都比较好，年均温12℃～20℃。其中川西南气候条件更佳，该区不仅热量条件好，其光照条件也好，年日照时间为2000～2600小时，四季不明显，没有寒冬。

同时，四川作为全国第二大林区，森林覆盖率达40%，森林面积为2.92亿亩。四川拥有丰富的物产资源和优良的自然环境，是植被类型和生物多样性最丰富的地区之一。全省有9个县区入选我国"中国天然氧吧"城市名单，极为适合老年人避暑避寒休养，也很适合呼吸系统病患者和亚健康人群疗养。

2.2.2　康养人文资源类型多样

四川是中国佛道文化重要的弘法之地。四川道教养生文化主要包括青城山的青城丹道、道医、武术、导引术和道教太极养生文化，以及彭祖膳食术、内丹引导术等延寿四术之类的养生思想和方法。佛教文化则以禅定为核心，养生以静神养心见长的思想观念、修行方式有关，具体表现为不吃十分饱、吃素食的饮食习惯，饮茶不饮酒、强调劳作、打坐冥想等。四川省内佛道寺观广布，吸引了大批养生信众。

四川休闲文化和饮食文化历史悠久。"安逸"是四川以麻将、茶馆为代表的大众休闲文化的特征。这种轻松活跃的集体氛围十分有利于放松身心、调养性情。在四川饮食文化的传承中，养生饮食也是其中的重要组成部分。如川菜中常用的花椒、胡椒、辣椒、姜、蒜、藿香等辛辣调味料是四川人除湿、祛风、预防疾病的首选。名吃樟茶鸭、板栗鸡、白果炖鸡等均为四川特有药膳。而在民间，侧耳根、魔芋、藤椒、牦牛肉、野生菌等天然动植物也被烹制成各色养生菜品，广受欢迎。

2.2.3　康养医疗资源存量巨大

四川省拥有医疗卫生机构82793个，其中医院2435个，基层医疗卫生机构79491个，有成都中医药大学、四川大学、西南医科大学等著名医疗教学服务机构。据统计，全省有中药材资源5000余种，其中入药中药药材品种占全国的80%以上，道地药材49种，药材蕴藏量超出100亿吨，居全国第一。人工栽培的中药材有200余种，面积近100亩，是我国最大的中药材产地之一。因此，四川享有"中医之乡、中药之库"的美誉。截至2020年5月31日，四川省备案中医诊所1573所，数量居全国第一。此外，四川藏医药、彝医药资源特色也十分显著。四川省医疗资源异常丰富，有利于康养旅游基础设施建设。

2.2.4　康养旅游产业布局全面

康养旅游产业被纳入到四川顶层设计中，在拥有丰富的自然资源、人文资源的基础上，利用其他产业优势资源进行整合后，已经初步形成四川康养旅游自有的开发模式。

（1）四川康养旅游景区类型多样、数量庞大。四川现有世界遗产地5处，世界生物圈保护区 4 个，世界级地质公园 3 处，国家级地质公园 14 处，国家级风景名胜区 449 处（其中 5A 级景区 15 处），国家级自然保护区 31 处，国家级湿地公园 29 处，国家级森林公园 38 处，国家级水利风景区 39 处。已建成国家级森林康养基地 4 个，全国森林康养基地试点建设单位 52 个、星级森林人家 1657 个。

（2）四川康养旅游发展市场规模巨大。2019 年四川接待国内游客 7.5 亿人次，实现国内旅游收入 11454.5 亿元，同比增长 14.4%。四川省利用"双千亿"工程、康养旅游相关项目等旅游投资活动已在 14 个市（州）四川省各地市陆续开展康养旅游相关规划项目。

（3）四川康养旅游产品得到初步开发。四川康养旅游产品开发目前主要有特色文化驱动型、优势资源依托型和康疗保健植入型三大模式。其具体表现为 5 类康养旅游产品。一为以攀西地区为代表的阳光康养旅游产品；二为以秦巴地区森林饮食养生为主和以雅安、乐山茶道养生为主的森林康养旅游；三为以"农家乐"为基础的乡村康养旅游；四为以佛教文化、道教文化和茶道文化为主的文化康养旅游；五为以大峨眉、大川南、大九寨、环贡嘎山等为主的温泉康养旅游。

3 四川康养旅游发展的误区

3.1 康养旅游就是度假旅游

度假旅游是指旅游者在长期工作或劳动之余以度假和休闲为主要目的和内容的一种旅游消费活动。在主要旅游动机上，度假旅游者和康养旅游者几乎是一致的，即都是以身体健康和减轻心理压力为动机的。但具体的实现路径却有所不同：前者采取的方式主要是休息和疗养，多局限于一地；后者则增加了运动、灵修等多样化的方式，且往往可以特色游线贯穿多个目的地。同时，从旅行时间来看，前者多是在假期进行的短期旅游活动；后者则不受时间约束，或短或长。因此，康养旅游的内涵要远大于度假旅游。若只考虑康养旅游的度假属性，则会忽视康养旅游在运动、文化领域拓展的多样性与可能性。

表8-4 度假旅游与康养旅游产品的概念比较

	旅游动机	活动形式	旅游线路	居留时间
度假旅游	身心健康	度假、疗养	以度假地为逗留地，或以此为中心辐射周边地区	较短，集中在假期
康养旅游	身心健康	度假、疗养、运动、灵修等	以某一康养目的地为中心，辐射周边地区；或串联多个康养目的地	较长时间旅居或一年多次重游或假期短住

3.2 旅游地产是康养旅游的核心

在旅游经济的强力拉动下，旅游地产成为一些旅游目的地房地产市场的重要支柱，甚至出现了以旅游开发之名变相售房的"圈地运动"。事实上，旅游地产作为第二居所，在房产消费者市场的比重并不大。而康养旅游地产更要求同时具备环境优美、康养设施齐备、市场认同度高等条件。因此，只有在一些硬件条件相对成熟的康养旅游地，才可以有计划地发展康养地产，并逐步完善医疗保险、社会福利等相关制度。由此，旅游地产只是康养旅游发展较高阶段的产物。不切实际的圈地卖房实质是地方旅游发展的一种"暴富"心态，有违于康养旅游所要求的"慢赢"目标。

3.3 拥有康养资源就可以发展康养旅游

康养资源是发展康养旅游的基础，但并非拥有康养资源就一定可以发展康养旅游。这是一种典型的资源依托型旅游产业发展思路。由于康养旅游者来源广泛，因而首先需要对消费人群行为进行细致的研究。如作为康养旅游市场的主体，不同类型的病患者对康养旅游地的气候条件、所提供的饮食类型和旅游活动都有各自不同的需求。又如面向国内老年人的康养旅游营销策划，必须考虑老年人的群居意识等。优质的康养资源必须借助目标导向明确的营销方案，才有助于实现康养旅游的产品拓展。

3.4 康养旅游是高端旅游产品

目前国内康养旅游多将目标市场定位于高端消费者，动辄高尔夫、野奢酒店、无边泳池。这种将康养旅游"贵族化"的认识是存在一定局限性的。首先，高端市场份额较小，且市场竞争激烈。由于不受财务条件和休闲时间的约束，大多数高端消费者都会在国际范围内选择康养旅游地。欧美国家更为成熟的康养旅游目的地无疑具有更大的吸引力。其次，面向高端客户也意味着硬件的配置水准高，从而要求投资大，投资回收期拉长。投资商为缩短投资回收期，往往将旅游地产开发作为主要的盈利模式。在房产售罄之后，相关的旅游活动内容则大大缩水。因而，此举无益于康养旅游目的地的培育和可持续发展。最后，康养旅游被认为是一种高端旅游产品的话，将意味着"曲高和寡"。即大众认可度不高的康养旅游地不利于旅游形象的建构或推广，从而会在市场竞争中失去优势地位。

4 四川康养旅游的创新发展路径

4.1 调整产业结构，转换旅游地形象

康养旅游内涵较广，在旅游地进行形象推广时，有必要进行精准的形象定位，既要凝练地脉文脉，又要足以覆盖地方的原有形象。四川省攀枝花市原有工矿企业多，环境污染较大，曾以"百里钢城"而闻名。在2008年京昆高速西（昌）攀（枝花）段通车后，该市抓住高速过境的机遇，结合本地冬季气温较高的避寒型气候特点，着力打造"阳光花城，康养胜地"的旅游新形象，获得了极大的成功。自2009年以来，该市旅游总收入不断攀升，从当年的34.8亿元增至2016年实现旅游总收入242.62亿元，是2009年的近7倍。

4.2 依托科研机构，共造康养产业

康养旅游不同于传统的旅游活动，其目的是为旅游者创造健康养疗的机会。因而，康养旅游地不但要为消费者提供优美的宜居环境，而且也要通过科学方法使消费者身心康复。一些地方高校和科研院所具备较强的研发能力，却因经费短缺无法实现成果转化。若由政府牵头，企业出资，院校智力支持，则可以实现康养产业化发展。建于四川大邑县鹤鸣山的道源圣城以道教文化为核心理念，借助成都恩威医药集团的医疗科研实力，建设了道医馆、温泉酒店、养生地产、道膳堂等设施，以道教医学和饮食为核心，打造了一个道家文化康养基地。

4.3 创新资本运营，成立"康养银行"

从旅游投资来看，康养旅游项目回收期较长，对于很多企业来说具有一定的风险和压力。因而可以考虑主要吸收中小资本进入，同时以项目托管的形式将业务交给专业管理公司打理。从而实现投资与经营分离的康养旅游高效运营管理模式。在相关融资政策上，多鼓励小额民间资本进入该行业，建设一批康养银行。康养银行实行会员制，投资者作为会员依据投资额比例占股。股利具体通过分时

度假、康养经营收入和分红等内容进行核算。康养银行将主要以城市居民为目标群体发售股份，以此推动康养旅游发展。在以上举措不断完善后，可将康养银行与医疗、养老保险进行对接，为社会养老提供有效方式。

4.4 鼓励在家就业，建设康养新社区

四川是全国劳动力输出大省，全省农村拥有大量剩余劳动力。在传统乡村旅游发展阶段，农家乐为主的旅游形式有效解决了劳动力在地就业问题，促进了乡村第三产业的发展。然而，农家乐主要是一种主客消费关系，游客与当地居民之间仍然会因文化冲突和地域差异而有所隔阂。当下不少城市或景区周边的乡村都具备发展康养旅游的条件，积极加快康养＋新农村、康养＋小城镇建设模式的发展；打破原有的城乡二元结构，构建新型康养社区——本地居民与客人共同生活；构建本地居民与客人共同生活的康养社区，促进城乡融合、融洽发展。

在新型康养社区发展中鼓励社区居民在家就业，其具体措施为：先请专业团队对社区居民进行康养护理培训、合格上岗；并以"1＋1"方式将有康养护理资质的社区居民与有护理需要的老年人或病患进行绑定，通过有偿护理服务获取报酬。再者，通过开展丰富的社区活动，让社区居民、度假的康养客人对社区产生认同感，建设一个城乡居民共生的健康型社区。

5 结语

四川省发挥自然资源禀赋、森林景观特色、地域文化等区域特色，借助政策指导使得绿色生态本底日益厚重，康养资源日渐富集，生态康养环境质量日渐优良，康养规模逐渐壮大，市场日益成熟。但是，当前康养旅游发展需要突破既有思路，对潜在消费者细分市场需求进行深入分析，紧紧把握国家相关政策，不断探索新的发展路径，才能消除理念误区，助力国家社会保障方略的实施和国民健康社会的营造。

参考文献

[1] 杨艺茂. 探亲游、近郊游成为出行首选[N]. 四川日报，2020－04－07（03）.

[2] 赵彬伽. 苍溪县康养农业旅游开发价值评价及对策探讨[D]. 成都理工大学，2019.

[3] 王立红. 基于扎根理论的温泉康养旅游体验价值评价研究[D]. 沈阳师范大学，2019.

[4] 任宣羽. 康养旅游：内涵解析与发展路径[J]. 旅游学刊，2016，31（11）：1－4.

[5] 周爱民. 当前我国养老保障制度改革的现状、面临的挑战及其对策探讨[J]. 湖南社会科学，2019（06）：133－140.

[6]《四川省医疗卫生与养老服务相结合发展规划（2018－2025年)》.

[7] 韩文丽. 康养旅游业，四川如何"谋局"？[J]. 四川省情，2018（06）：32－33.

[8] 武长雄. 居民森林康养行为及其影响因素研究[D]. 浙江农林大学，2020.

[9] 程绍文，李艳，陈闻天，刘粉. 基于元分析的旅游活动对游客健康的影响研究[J]. 旅游科学，2019，33（03）：50－63.

[10] 邓坤鑫. 四川省城市建设用地结构对用地效率影响研究[D]. 四川师范大学，2019.

[11] 万芳，杜鹃. 国际健康理念下的川菜养生文化初探[J]. 四川旅游学院学报，2017（02）：12－15.

[12] 张李李，王晨，国锦琳. 四川省中药产业发展现状分析[J]. 中国卫生事业管理，2013，30（11）：833－834.

[13] 侯水平. 康养产业县域经济高质量绿色发展新机遇[J]. 当代县域经济，2019（11）：10－19.

[14] 唐鹿鹿. 四川省康养旅游产业发展研究[J]. 福建质量管理，2020（06）：32－33.

[15] 四川省统计局服务业处、科研所. 四川康养旅游发展情况典型调查报告[J]. 四川省情，2018（06）：30－31.

[16] 赖琳. 攀西地区康养旅游竞合研究[D]. 四川师范大学，2018.

[17] 龚桂莉. 汶川建设特色生态康养目的地路径选择[J]. 中南林业科技大学学报（社会科学版），2018，12（04）：82－87＋95.

[18] 宋佳，王亚慧."体育＋旅游"视角下康养体育与环境耦合研究——基于峨眉

半山七里坪康养体育旅游开发的考察［J］.乐山师范学院学报，2018，33（12）：45－50.

［19］马捷，甘俊伟.基于SWOT分析的四川森林康养旅游发展路径研究［J］.四川林业科技，2017，38（02）：132－135＋146.

［20］王兆峰，史伟杰，苏昌贵.中国康养旅游地空间分布格局及其影响因素［J］.经济地理，2020，40（11）：196－207.

四川省康养旅游产品研究

［作　者］高　娜（成都体育学院研究生院）

摘　要： 四川省康养旅游资源丰富，康养旅游产品体系已经初具规模。当前，四川省康养旅游产品主要可分为体育康养旅游产品、医疗康养旅游产品以及养老养生康养旅游产品。本文通过对全省康养旅游产品的梳理，提出了康养旅游产品的发展趋势，为促进康养旅游产品的高质量发展提供参考借鉴。

关键词： 康养旅游产品；四川省；发展趋势

随着中共中央、国务院《健康中国 2030》的规划出台，标志着中国进入健康新时代。疫情常态化防控状态下，人们越来越注重身心健康和亚健康疗养，康养旅游的需求也日益增长。目前，全国康养旅游发展已初具规模，形成京津冀片区、长三角片区、珠三角片区及川渝片区为主的四大康养旅游片区，逐步显现出多业态、多方位的格局，但总体上还处于探索阶段。

《四川省大力发展生态康养产业实施方案（2018—2022）》提出，到 2022年，四川省要达到生态康养年服务 2.5 亿人次，年产值突破 1000 亿元。其中，四川省已重点打造了医疗康养旅游产品、森林康养旅游产品、温泉康养旅游产品等，康养旅游产品体系已经初具规模，逐步探索出了适合自身发展的道路，在康养旅游业态中举足轻重，形成了具有一定代表性的康养旅游产品。四川省在国家促进康养旅游的政策下，将继续大力推进康养旅游的发展，正着力于构建一个核心（成都）、两大片区（川南和三州地区）、三大中心（青城山、峨眉山和攀西旅游区）、四大板块（产业文化旅游板块、中医健康养生旅游板块、民族医药生态旅游板块、中药资源科考旅游板块）、五条精品线路（"阿坝藏羌医药文化与健康养生探寻""甘孜藏医药文化与健康养生探寻""攀西彝族、摩梭医药文化与健康养生探寻""中医药与佛教、彭祖长寿文化体验""中医药与道教养生文化体验"）的康养旅游体系。根据四川省现有康养旅游资源以及目前康养旅游产品的发展阶段，主要可分为三种康养旅游产品类型：体育康养旅游产品、医疗康养旅游产品、养老养生康养旅游产品。

1 体育康养旅游产品

体育康养旅游产品是依托于自然资源与人文资源，以强身健体、舒缓身心为目的，借助一定的设施设备与场所，以休闲、运动和娱乐为主要方式，进行参与性、体验性共存的休闲活动，是对亚健康状态人群进行运动干预的康养旅游产品。目前，四川省的康养体育旅游产品主要包括运动健身旅游产品与民族传统体育旅游产品。

1.1 运动健身旅游产品

运动健身旅游产品包括山地户外类、传统体育类、戏水项目类。运动健身旅游产品通过户外徒步、休闲骑行、器械与球类运动、水上游玩等活动，加速康养旅游者体内的新陈代谢，宣泄内心的负面情绪，促使康养旅游者达到身心愉悦的目的。

目前，山地户外类主要有以户外休闲、运动拓展、露营和汽车营地等活动为主的德阳市乐途户外运动旅游基地、攀枝花市运动休闲基地以及阿坝州小金县户外运动旅游基地等。此外，广元市曾家山滑雪场是集滑雪、戏雪、滑草等为一体的运动康养冰雪旅游综合体，并获评 2020 年"国家体育产业示范项目"。

目前，以传统体育类为主的运动健身旅游产品有成都龙泉驿阳光体育城等，是以休闲、运动和康养为主题的运动拓展基地。以戏水为主题的运动健身旅游项目主要有都江堰市虹口漂流中心，是国内目前唯一一条以自然水域为主的漂流基地，水质清澈干净，全长 10 公里，落差点总数达 20 多个。都江堰市虹口漂流中心已经开始积极探索漂流产品与其他文体旅相结合的运动健身旅游产品，将探索开发摩托艇、赛艇、皮划艇、垂钓等涉水运动健身旅游产品。

1.2 民族传统体育旅游产品

民族传统体育旅游产品有民族传统体育文化旅游和武术旅游。民族传统体育源于民族生产生活的实践。

甘孜州作为"中国藏族赛马之乡"，自 2016 年已经连续举办五届赛马节，并于 2019 年从甘孜山地旅游节发展成为山地文化旅游节，通过举办耐力赛马、速度赛马、摔跤、藏戏、锅庄、山歌、牛背上下货及搭拆帐篷等不同种类的民俗表演，将民俗文化、民族传统体育文化融入旅游活动中，既可以强身健体、娱乐休闲，也可以传播民族传统文化，弘扬国家体育非物质文化遗产。

峨眉山市黄湾文化武术小镇，将武术作为核心吸引力，在建筑上大量融入峨眉武术的元素，以峨眉武术门派及相关会门来命名街坊，延伸打造了武术教育培训、赛事观赏、武林食府等峨眉武术系列旅游产品，以及体现峨眉武术文化的文创产品、手工艺品，以及佛禅文化、茶文化与峨眉武术融合的功夫茶、功夫酒等，通过一系列现代武术旅游产品，助推国家武术产业基地的发展。

2 医疗康养旅游产品

四川省服务业"十四五"规划中，提出要将医疗康养作为重点领域来发展，提出医疗康养服务业 2025 年预期性收入总额将达到 5100 亿元。同时，四川省推动医疗行业与康养旅游的深度融合，将智慧医疗与康养旅游的发展成果惠及民众。

医疗康养旅游产品是在适宜的气候条件下，运用中医药技术并融合现代医学技术，通过医疗、保健、护理、修护等手段，对病患进行医疗干预，满足病患治愈身体要求的产品。重点在于将医疗手段与度假旅游相结合，首先需要专业的医疗队伍，其次是必备的旅游服务以及具备专业医疗知识与技能的导游服务。主要是以"治"为主和以"疗"为主。以"治"为主，顾名思义是为了治愈人体的疾病，从而实施不同程度的医疗手段；而以"疗"为主，是采用护理等温和的休养方式，来达到养生保健的目的。目前四川省康养旅游产品为中医药旅游产品和温泉疗养旅游产品。

2.1 中医药旅游产品

中医药旅游产品主要分为四类：健康体检、特色诊疗、食疗和茶疗四类。运用中医理论，通过针对不同的人群，使用不同特色的中医理疗体系。运用中医针刺、灸类、药食同源、植物茶叶等不同的诊疗手段，达到医疗康养旅游的目的。

成都市南派藏医药传承创新基地以藏传医药文化为底蕴，开发了保健食品、中药饮品、医疗器械及化妆品等中医药旅游产品，同时已经进一步研发与改良出新的上市产品，形成了完备的藏医疗体系，是具有民族特色的藏医药旅游综合体。

2.2　温泉疗养旅游产品

温泉疗养旅游产品依托于温泉水中丰富的矿物质和微量元素，对人体的肌肉、关节、血液起到舒缓、放松的作用。同时温泉疗养旅游已经成为当代疗养与康乐的重要旅游休闲形式。

凉山州螺髻山温泉旅游度假区依托当地舒适的自然环境，整合中医、西医的医疗与保健等资源，主打温泉疗养旅游产品，以及温泉瀑布、彩虹瀑布、冰川湖泊等生态观光类旅游产品，将泡汤与当地原始森林进行融合，打造了螺髻山的原始森林"环境空间"。

3　养老养生康养旅游产品

全国第七次人口普查数据显示，四川65岁及以上常住人口为14167600人，占16.93%，已进入深度老龄化阶段。随着身体素质的下降，患病概率增加，老年人养生意识逐渐增强，越发重视养生保健等方面的需求。

养老养生康养旅游产品是遵循现代养生的理念，在空气清新、环境优美，森林覆盖率高的市郊或周边森林康养基地，借助康养服务设施，以休闲度假为活动内容，来达到强身健体、延年益寿目的的旅游产品。养老养生康养旅游需要良好的物候条件，配套的健康基础设施与医疗设施和人性化、智能化的管理与服务，是以中、老年人群为主，追求"天人合一"的理念和愉悦的良好精神状态，是人们主动积极地保持或提高自身的健康状态。四川省养老养生康养旅游产品有：乡村康养旅游产品、阳光康养旅游产品、文化康养旅游产品和森林康养旅游产品。

3.1　乡村康养旅游产品

乡村旅游资源具有自然地理环境和农耕文化的优势，而且乡村旅游与养老养生旅游在资源开发上具有天然的关联属性，乡村本身就是最佳的养老基地。

巴中市川东北田园康养小镇，以绿色生产、农旅休闲为核心，建造了农耕乐园、农业体验园区、有机农业种植区等八个田园休闲板块，是以有机生活、康养度假、田园养生为主题的田园康养旅游目的地。

3.2　阳光康养旅游产品

阳光康养旅游产品是借助充足的阳光、宜人的气候等优质生态资源，以休闲、运动、养老、养生、度假功能为核心，促进康养旅游者身体健康、精神愉快的康养旅游产品。

攀枝花市国际康养旅游度假区，依托攀枝花市冬暖夏凉的优越气候条件、良好的生态环境，推出滨湖康养、阳光游乐、现代特色农业采摘等多样化的康养旅游产品。攀枝花市欧方营地最大限度地将老年康养产业和旅游产业进行互动和融合，致力于打造老年阳光康养旅游产品和现代农庄产品于一体的康养旅游综合体系。

3.3 文化康养旅游产品

文化旅游资源有助于推动康养旅游内涵的构建，同时康养旅游可以助推不同种类的文化进行更广泛的传播。养生文化、孝文化、节事文化、传统体育文化等都是文化康养旅游必不可少的组成部分。

雅安市蒙顶山茶道养生度假区以禅茶养生文化为根基，主要打造了茶马古道民族文化产业园为主题的制茶体验、茶艺表演、武术、禅学等禅茶系列的康养旅游产品，是为康养旅游者提供休闲、养生和养心的康养旅游目的地。

3.4 森林康养旅游产品

森林是发展康养旅游最基本的生态要素。森林康养旅游产品是借助森林净化空气、阻断外界的纷扰、制造氧气、调节气温等功能，开发的康养旅游产品。通过森林浴产品、竹海浴产品、健康评估养生类产品、长寿主题类产品、康体养生类产品等，对中、老年人进行身心健康管理。

眉山市峨眉半山七里坪康养旅游度假区，依托丰富的自然资源，优美的生态环境和宜人的气候条件，打造了以森林太极、森林瑜伽、森林养生漫步、森林SPA、禅修等静心养气活动为主题的"森林五感体验"旅游产品。目前，七里坪森林康养旅游度假区已经成为国内森林康养旅游产品的典型代表，是国内极具特色的康养旅游品牌。

4 发展趋势

4.1 立足全国，品牌化定位

目前全国康养旅游水平正处于持续上升阶段，长三角片区、珠三角片区康养旅游发展态势较为强劲。川渝地区拥有丰富的康养旅游资源，有不同种类的自然和文化旅游资源。作为全国首个提出阳光康养概念的省份来说，四川省应在全面推进康养旅游项目落地的基础上，完善旅游公共服务配套设施，强化四川省康养旅游品牌意识，丰富已有康养旅游品牌的内涵，形成康养旅游产品与品牌的特色化。同时，改善资源导向型的单一康养旅游产品，将四川省各区域的康养旅游资源、文化与产品相结合，突出四川省的蜀文化、熊猫文化、茶文化的核心产品特色，因地制宜，推出不同类型的康养旅游产品，促进康养旅游产品的升级。对不同层次的康养旅游者进行个性化、差异化的产品定制与服务，提升康养旅游的服务模式，以此吸引不同的受众，为康养旅游者提供更及时、更精准、更便利的服务。

4.2 丰富体育、亲子系列主题

在后疫情时代，人们对身心健康越发地重视，但是出行距离受到了一定程度的限制，体育康养旅游产品、亲子康养旅游产品将迎来一定的黄金发展阶段。作为康养旅游产品体系已经初具规模、拥有较多发展成果的四川省来说，应重点惠及国内、省内与周边人群，着重培育适合不同人群的康养旅游产品，将亲子活动、研学教育、家庭主题等融入已有的体育康养旅游产品、农村康养旅游产品等康养旅游产品中，以及利用四川省森林康养月、生态康养日、亲子研学农庄等主题，打造属于四川省特有的康养旅游产品体系。

4.3 加快智慧康养旅游建设

以科技为主导的康养旅游产品将同时面临智能化时代的机遇与创新发展的挑战。用智慧为康养旅游产品赋能，将康养旅游产品与 5G 技术、人工智能、物联网等新技术相结合，驱动智慧康养旅游产品的升级。运用大数据与互联网将康养旅游者的健康信息在旅游地、居家和社区三方之间进行联动，实现大数据健康管理与分析的资源互通。

4.4 推进区域特色化发展

未来康养旅游将继续贯彻康养旅游 + 的融合的理念，将形成以服务业为主导的区域联动产业链。为应对康养旅游者个性化的需求，应打造具有各区域核心特色化的康养旅游产品。核心片区成都要积极创新中医药康养旅游产品，将中西医疗法与食疗等方法与体育康养旅游中的运动休闲、研学与亲子等产品相结合。三大中心之一的峨眉山康养旅游度假区，需要进一步完善智慧旅游服务平台与配套服务设施，依托秀丽的自然景观和深厚的历史文化，继续深化峨眉山世界级区域旅游目的地品牌的内涵。其次，作为全国重要旅游胜地的攀西地区，应继续重点发展已有的阳光康养旅游产品、体育康养旅游产品与温泉康养旅游产品，发挥温泉的亲水特质，加以亲子乐园，把水上项目与温泉产品的开发进行融合，创新温泉康养旅游的产品类型，多方位增强游客的参与感和体验感。青城山可以依托世界文化遗产、自然遗产等旅游品牌，将青城山的道教文化与温泉产品、养生产品、疗养产品等相结合，挖掘不同种类的康养旅游产品形式。两大区域之一的川南区拥有多样化的自然资源与人文资源，可以依托自贡市"千年盐都"的品牌，与当地的采盐文化、遗址文化等进行不同程度融合，开发不同主题的康养旅游产品。有条件地开发甘孜、阿坝、凉山三州地区的康养旅游资源，将天然性、原真性的产品作为核心吸引力，打造原生态的康养旅游产品。贯彻五条精品线路（"甘孜藏医药文化与健康养生探寻"、"阿坝藏羌医药文化与健康养生探寻""攀西彝族、摩梭医药文化与健康养生探寻"、"中医药与佛教、彭祖长寿文化体验""中医药与道教养生文化体验"）治未病的理念，将当地少数民族的生产生活实践与康养旅游产品融合，开发具有民族文化特色的康养旅游产品，打造中国少数民族特色康养旅游村寨，提升康养旅游者的旅游体验度。

参考文献

［1］四川省人民政府. 四川首提建成生态康养产业强省 2022 年康养年产值突破 1000 亿［EB/OL］. http：//www. sc. gov. cn/10462/10464/10797/2017/10/25/10436518. shtml.

［2］关于公开征求《四川省"十四五"服务业发展规划》意见的函：四川省"十四五"服务业发展规划（征求意见稿）. 四川省商务厅［EB/OL］. http：//swt. sc. gov. cn//sc-com/yjzj/2021/5/13/eb1d99531da64f9a923e9a5b6898bb18. shtml.

［3］四川省统计局. 四川省第七次全国人口普查公报（第四号）［EB/OL］. http：//tjj. sc. gov. cn/scstjj/tjgb/2021/5/26/71a9e35493564e019268b2de2cd0a986. shtml.

全域旅游背景下成都市旅游产业融合研究

［作　者］吴诗涵　杨晓红　白晓江　刘若鹏（四川师范大学地理与资源科学学院）

摘　要：　产业融合是全域旅游的重要内容，本文以成都市为例，通过分析旅游产业融合的动因，分析全域旅游背景下成都市的产业融合情况，最后针对其存在的问题给出未来旅游产业融合发展的建议。

关键词：　全域旅游；产业融合；成都市

1　引言

随着社会经济的发展，旅游已经成为人们日常休闲的主要方式之一，据文化旅游部统计，2019年国内旅游人次达到60.06亿人次，总收入达6.63万亿元。在出游方式上，自驾游达60%，自助游共计达85%，庞大的市场规模和多样的市场需求，催生了传统旅游的新变化。全域旅游应运而生，通过全域旅游发展模式，转变传统以需求为导向的传统旅游资源为培育新的市场主体和消费热点，激发市场活力，促进旅游供给侧改革。通过科学合理的规划，彰显区域特色，促进差异化发展。打破城乡"二元格局"，促进城乡一体化发展。配置基础设施和公共服务，提升游客便利程度，实现基础设施主客共享，提升全民旅游满意度。此外通过配置全域旅游要素，还可以提升我国旅游业的国际竞争力。2018年《关于促进全域旅游发展的指导意见》的出台，对全域旅游的总体要求、融合发展、旅游服务、基础配套、环境保护、营销系统、规划工作、体制机制和政策支持方面进行了指导。这一《意见》的发布，标志着作为旅游业在大众旅游新时代发展背景下的新战略已经上升到国家战略层面。

成都市历史底蕴浓厚，旅游资源丰富，是中国历史文化名城和中国优秀旅游城市，被评为中国最具幸福感城市。不仅拥有大熊猫、青城山、都江堰、金沙遗址等世界名牌，还具有川内名列前茅的古村古镇和乡村旅游等，尤其是三圣乡已经成为国内知名的乡村旅游目的地。成都市旅游业发展兴盛，2019年，成都市旅游收入达 4650 亿元，庞大的市场需求为成都市旅游发展提出了新的要求。为积极响应国家政策，促进本区旅游发展，成都市积极创建全域旅游示范区。在国家层面，截至目前，成都共有都江堰区、温江区、邛崃市、锦江区、浦江区、新津县、崇州市 7 个区（县）入选国家级全域旅游示范区创建名录，其中成都市都江堰区成功创建国家级全域旅游示范区。在省级层面，截至目前，全省共有 34 家省级全域旅游示范区，成都市包含青羊区、锦江区、温江区、邛崃市、崇州市、浦江区、成华区、武侯区 8 个，占本市总区（县）的 53%。

2 全域旅游背景下成都市旅游产业融合的动因分析

2.1 全域旅游的本质要求

全域旅游最早是 2008 年由绍兴市委政府提出来的，为绍兴古城及其周边景区创造了新的发展机遇。2013 年，厉新建首次提出全域旅游的概念，他认为全域旅游是指全面满足游客全方位需求的一种旅游产品，需要各个行业的积极融入，将以旅游目的地作为吸引物单元，相关部门共同协调参与，城乡居民共同参与，为游客提供全方位的旅游体验。刘玉春认为全域旅游是打破了传统景区范围的限制的区域一体化旅游模式，此时区域的餐饮、住宿、交通、游览、环保等都服务于旅游业的发展，实现全部门支持、全时空覆盖、全要素聚集、全产业融合和游客带动来支持全域旅游的发展。杨振之认为全域旅游的核心内涵是以旅游业为优势产业，与其他产业融合发展，对区域进行合理高效的生产要素配置，利用旅游业持续增强区域竞争力，促进区域经济发展。国家旅游局认为全域旅游是在一定区域内以旅游业为优势产业，进行整体统一规划布局，将区域作为旅游目的地，而最大限度地满足游客消费需求的旅游模式。

综上，国家和学术界对于全域旅游的定义虽然有所差别，但本质都相同，即强调区域全域旅游化，全要素、全产业、全部门等支撑旅游业。其中，一个非常重要的方面就是产业融合。在旅游优势区域以"旅游 +"的方式带动和促进其他产业发展，在非旅游优势区域则通过"+ 旅游"的方式促进旅游产业融合。通过旅游产业融合，提升旅游目的地的整体形象，提升人民生活幸福感，实现全域旅游。

2.2 客源市场需求的转变

近年来，随着大众旅游时代的到来，广阔的客源市场的需求不断发生变化，在旅游出行方式上，由以往主要以跟团、散客自助出行为主，到如今的以自助、自驾出行为主，跟团为辅；在出行时间上，以往主要是在国家法定节假日等较长假期的时候，到如今除了国家法定节假日之外的周末时间，周末等短期出行也成为一个游客出行的可选时间段；在游客结构上，以前主要是青壮年出行，到如今的全民旅游，出行主体包含青少年、中老年等，皆有对应旅游产品；在出行距离上，以前的旅游地点大多会选择在距离常居地较远的新奇性较强的旅游景区，到如今的周边游，即短距离旅游也成为一种时尚；在旅游内容上，以前主要是游览、观光景区景点，到如今的沉浸式旅游，旅游产品的内容更加注重游客的体验感。同时如今旅游内容主题繁多，如休闲度假、科普研学、沉浸体验等。在对旅游景区的要求上，以前主要考虑景点的新奇性，景区内容的差异性，到如今除了考虑景区景点本身的核心产品之外，还对旅游活动中所涉及的一切食、住、行、游、购、娱等活动及其配套设施设备，以及工作人员服务质量等也有较高要求。

游客的多样化和个性化需求反映了人们对于美好生活的向往和追求，也是全域旅游的初衷。游客需求结构的转变促进了旅游业与其他产业的融合，这种融合打破了"关起门来搞旅游"的一元格局。通过促进旅游产业与其他产业的融合，不仅可以开发多种多样的旅游产品，还可以提升游客旅游的便利程度和出游过程的满意程度。

2.3 政府对全域旅游的支持

四川省政府非常重视全域旅游的发展。出台《关于促进全域旅游高质量发展建设旅游强省的意见》公开向社会征求意见，《四川省"十三五"旅游业发展规划》提出了"511"的全域旅游发展格局，即5大区域，10大旅游目的地和10大精品线路。为了促进全域旅游的发展，四川省还先后两次共评选出34个省级全域旅游示范区，并出台《四川省全域旅游示范区管理实施办法（试行）》。时任省长尹力要求将全域旅游的理念贯穿到城乡规划和项目开发的全过程，推动旅游与其他产业的相互融合，促进旅游业提质增效。

目前成都市成功创建1个国家级全域旅游示范区，8个省级旅游示范区。其中都江堰旅游资源丰富，通过旅游资源的优势主导作用，将原来的四个产业园区重组为三个产业功能区，开展"旅游＋"项目，成功创建国家级全域旅游示范区；青羊区以"千年蜀都，文博青羊"的定位，走文旅融合的路径发展全域旅游；温江区努力发挥本区国色天香、杨家院子等 A 级景区的旅游资源优势，促进"旅游＋"项目实施，利用博奥生物等医疗资源实施"＋旅游"项目；成华区以"5G＋VR/AR"为主要方式，以"5G 产业"为路径，促进"＋旅游"产业融合。浦江县的"体育＋旅游"、锦江区的"商业/农业/文化＋旅游"、武侯区的"文创/音乐/健康/教育/饮食/商贸＋旅游"等各全域旅游示范区都根据自身的具体情况，开展不同的旅游产业融合，从而促进本身全域旅游的发展。

3 成都市旅游产业融合现状分析

3.1 旅游与农业、林业和水利的融合

成都市拥有良好的自然生态环境和特色农业资源，将农业、林业和水利等资源与旅游业相融合，不仅可以拓宽第一产业的产业链条，还可以增加产业活力。目前成都正在积极开展乡村旅游，根据乡村本身的特点，结合本土文化，开展科学的规划、投资、建设和运营，如三圣乡、道明竹艺村和斜源共享小镇等；充分利用森林资源优势，突破传统的观光、游览旅游项目，开展森林康养、研学等旅游活动，如青城山、成都松鼠部落森林假日公园、鸡冠山森林公园和永康森林公园等；利用世界文化遗产都江堰景区，开展水利旅游、研学旅游，并在周边配套古镇用于休闲、娱乐、度假等旅游活动，形成完整的旅游业态。但成都旅游在与以上产业融合时也产生了一些问题，如乡村旅游同质化、旅游融合程度较低，产业链条短、旅游过程中造成环境污染、旅游融合管理体制不完善等。

3.2 旅游和交通和工业的融合

旅游与交通的融合包含三个方面，一是指旅游交通本身与传统交通要道相比具有自身的独特性，这种独特性可以是审美上的，也可以是历史文化上的，如雅西高速；二是为了提升景区内部交通便利性而修建的景区内部交通，内部交通需要一定的美感，与周围环境相融洽；三是具有特色且拥有较为完整旅游业态的交通服务地点，如较强美感的服务区、汽车营地等。当下，成都大多数旅游景区内部交通都较为完善，且与环境协调融洽，特色房车营地如三圣花乡房车露营地、斑竹林 318 房车营地、成都棕榈世界房车露营地等已经建有 59 处。但旅游风景

道较为缺乏，旅游与交通有待进一步融合。

在工业方面，成都市目前工业融合主要有东郊记忆和成都伊利乳液园，因此工业旅游景点比较有效，同时由于宣传营销等工作不到位，游客量较小，此外工业旅游的服务质量和管理水平还有待提高。

3.3　旅游和教育、文化和体育的融合

旅游与教育、文化、体育等的融合是目前旅游产业融合最为成熟的融合方式。成都历史悠久，底蕴浓厚，文化资源丰富，多数景点都是基于其文化背景而开发出来的，如都江堰青城山景区、金沙遗址博物馆、杜甫草堂等。旅游与教育的融合多表现为研学旅行，目前研学旅行已经纳入中小学生教学计划。成都市利用本身丰富的历史文化、红色文化、科技成果、动植物资源等积极开展研学旅游，目前成都市已经建成一大批研学营地，众多旅行社和规划公司也都将研学旅行的业务开展和项目策划纳入自身的业务范围之内。但在文旅融合的过程中，出现了生硬的"拉郎配"、部分文化资源挖掘不够、融合方式较为生硬、缺乏文旅业态配套，产业链较短等问题。

在旅游与体育的融合方面，成都市文旅局制订了《成都市旅游运动产业精准支持行动计划》，鼓励体育旅游的发展，目前拥有成都融创文旅城、彭州龙门山湔江河谷生态旅游区、李冰文化创意旅游产业功能区、欢乐谷等众多体育旅游景区。旅游与体育融合的方式主要有游乐项目、漂流、运动比赛等。在融合过程中也产生了一些问题，如场馆设置总量不足但也存在资源闲置，体旅设施缺乏统筹布局、产业融合水平不高、业态不全以及缺乏整合的宣传营销等。

4　成都市旅游产业融合发展建议

4.1　充分发挥"旅游＋"和"＋旅游"产业融合综合效益

旅游产业融合在学术界和社会界中有一些争议，即旅游资源富集优势的区域可以发挥旅游产业融合效益，而在非旅游资源主导区域则无从下手。对此，笔者认为应当区分出"旅游＋"和"＋旅游"两种产业融合模式。2015年，我国首次提出"旅游＋"，即充分发挥旅游资源的拉动融合效益，为其他产业提供文旅平台，其基础是区域以旅游资源为主导产业。成都市旅游资源丰富，在以旅游资

源为主导的区域如都江堰市，就充分发挥了"旅游＋"效益，以本身的旅游资源为基础，促进了旅游与文化、体育、教育、科技等产业的融合发展。而相反，在旅游资源较为匮乏的区域，就要选择"＋旅游"的融合模式了，即根据自身的主导产业，将旅游业作为末端，附加在其他产业之上，如成华区的5G＋旅游，通过5G成都电视塔，直播电子烟花秀等让游客有了旅游新体验。

4.2　加大政策和资金投入，促进全域旅游示范区建设

产业融合是全域旅游的重点内容之一，因此促进全域旅游建设，也就是在推进产业融合。但在全域旅游的创建过程中，涉及方方面面的政策和资金支持，因此政府应该积极鼓励，加大政策支持和投资力度，完善公共服务设施，健全全域旅游管理的体制机制，科学合理规划，促进跨区域联合协调差异化发展。在建设全域旅游示范区的过程中，探索产业融合新路径，通过推进全域旅游示范区建设来促进区域的旅游产业融合发展，旅游产业融合发展广度和深度的提升，反过来又会促进全域旅游示范区的建设。目前成都已经建成8个省级全域旅游示范区和1个国家级全域旅游示范区，未建成区域应该学习其成功经验，再根据自身的具体情况，出台相应政策措施和资金支持，鼓励全域旅游示范区的建设。

4.3　拓宽融合渠道，提升融合深度和广度

旅游与各产业融合的方式各有不同，如通过特色文化街、博物馆、文创店、文创产品等的方式促进文旅融合；通过运动竞技比赛、传统体育运动、康体疗养等促进体旅融合；通过研学旅行促进教旅融合等，但融合方式不应该仅仅局限于此，还应该进一步探索创新，丰富旅游产业融合业态。成都市旅游产业融合情况分区域不均，在旅游发展比较成熟的地区如都江堰景区，从旅游产品、文化、水利价值、教育意义、市场到运营管理等方面，产业融合程度比较成熟，同时配置古镇，满足了游客食、宿、行、游、购、娱等各方面的需求，产业链条较为齐全；而在新型景区，融合则较为粗浅，仅是产品粗暴叠加，应该向前者学习，拓宽旅游产业融合的深度。此外旅游产业融合也不应该仅仅局限于上述产业，应该坚持"宜融则融、能融尽融"的原则，促进旅游业与多产业融合，如旅游与建筑行业的融合、旅游与信息技术行业的融合、旅游与医疗的融合等，拓宽旅游产业融合的广度。

参考文献

［1］厉新建，张凌云，崔莉. 全域旅游：建设世界一流旅游目的地的理念创新——以北京为例［J］. 人文地理，2013，28（03）：130－134.

［2］刘玉春，贾璐璐. 全域旅游助推县域经济发展——以安徽省旌德县为例［J］. 经济研究参考，2015（37）：97－101＋112.

［3］杨振之. 全域旅游的内涵及其发展阶段［J］. 旅游学刊，2016，31（12）：1－3.

［4］张晓阳. 全域旅游视角下河北省旅游产业融合创新发展研究［J］. 旅游与摄影，2021（02）：22－23.

［5］王莹莹. 乡村振兴背景下乡村旅游发展存在的问题及解决对策［J］. 现代农村科技，2021（01）：5－6.

［6］陈福军. 中国森林旅游生态环境保护问题研究［J］. 农业开发与装备，2021（03）：235－236.

［7］张学梅，王玉琼，董恺凌，杜莉娟. 成都地区工业旅游发展现状及对策研究［J］. 技术与市场，2015，22（12）：356－357.

［8］林敏，邱爽，向玉涛. 成都市文化产业与旅游产业耦合协调发展分析［J］. 农村经济与科技，2020，31（15）：88－90.

［9］尹宏，眭海霞. 文化体育旅游产业融合的城市路径——以成都为例［J］. 开放导报，2020（03）：93－100.

［10］齐丹. 全域旅游视域下丽江旅游产业融合发展实证研究［J］. 江苏商论，2021（04）：46－51.

乡村振兴视域下的乡村民宿发展研究

——以成都市为例

［作　者］白晓江　杨晓红　刘若鹏　吴诗涵（四川师范大学地理与资源科学学院）

摘　要： 近年来，乡村发展越来越受到党和国家的重视。2017 年，党的十九大正式提出乡村振兴战略，助力乡村发展，其中乡村旅游发展是乡村产业振兴的重要环节，随着乡村旅游的发展，乡村民宿也有了极大的发展。本文对成都市乡村振兴政策下乡村民宿的发展状况进行调查研究，对调查结果进行了分析并对相关措施进行探讨。

关键词： 乡村振兴；乡村民宿；成都市；实地调查

1　乡村民宿发展及相关研究概况

1.1　乡村民宿发展

根据中华人民共和国文化与旅游部 2019 年 7 月发布的《旅游民宿基本要求与评价》行业标准，旅游民宿（homestay inn）指的是利用当地民居等相关闲置资源，经营用客房不超过 4 层、建筑面积不超过 800m^2，主人参与接待，为游客提供体验当地自然、文化与生产生活方式的小型住宿设施。根据所处地域不同可分为乡村民宿和城镇民宿两类。探究民宿一词，更多的是来自于英国。英国人认为自己是民宿的创造者，英国民宿的通俗叫法是 B&B（Bed and Breakfast），20世纪 60 年代初期，英国的西南部与中部地区，一些人口比较稀疏的农家为了增加收入而设置了民宿，这是英国最早的民宿，这种民宿属于家庭式的招待，数量也不多。后来民宿逐渐扩展到欧洲的法国、德国、奥地利等国。20 世纪 60 年代，日本、美国等国家的旅游民宿也发展起来。在我国，民宿产业发展历史最为悠久、最为成熟的地区是台湾省，在台湾省已经形成了一套行业标准较为成熟、操作性较强、保障机制更为完善的民宿标准体系。相较而言，我国大陆地区的民宿起源时间更晚，但发展速度较快。中国大陆民宿最早可以追溯到 20 世纪 80 年代，在一些著名旅游景区的附近出现了一些当地居民将自家的住宿场所提供给游客并且提供餐饮等服务以获得报酬的家庭式农家乐。在 20 世纪 90 年代后，逐渐发展成为高端化、产业化、标准化的民宿产业。2002 年，十六大提出了"统筹城乡"、"全年建设小康社会"；2005 年，十六届五中全会提出建设社会主义新农村的方针；2007 年，十七大报告提出了城乡经济发展一体化；2012，十八大报告提出了生态文明建设；2013 年农业部提出了建设"美丽乡村"；2015 年，中央一号文件提出了农村"一二三"产业融合。以上的农村相关政策有效地促进了城乡融合，同时使得乡村经济得到了较大的发展，与此同时作为乡村旅游重要环节的乡村民宿也有了快速发展。目前，我国民宿产业呈现集聚式发展，国内已形成滇西北、川藏线、湘黔桂、海南岛、浙南闽北、珠三角毗连区、长三角毗连区等 11 个民宿群。2017 年十月，党的十九大报告提出"乡村振兴"战略，提出了"产业兴旺、生态宜居、乡风文明、治理有效、生活富裕"的总体要求，实现组织振兴、产业振兴、人才振兴、文化振兴、生态振兴和教育振兴的乡村全面振兴。在乡村振兴工作中，发展乡村旅游是乡村地区实现产业兴旺的重要方式，进一步促进了乡村民宿的发展。

1.2 乡村民宿研究概况

国外有关乡村民宿的研究起步较早且发展比较成熟，研究主要集中于民宿市场研究（包括需求方和供给方）、市场营销与经营管理、业主与游客关系研究、问题研究、民宿与乡村旅游关系研究等方面。在市场研究方面，Jones D.，Chen L.，Gunasekaran N. 与 V. Anandkumar，Chen C. 等人分别将中国香港游客、中国台湾游客、印度游客、Kinmen 岛客源市场作为调查对象，发现选择乡村民宿的游客主要集中于收入较高、受教育水平较高的群体中。Lanier P.，Ingram H.，Donald Getz，Jack Carisen 等人分别对美国、英国、澳大利亚的民宿规模、民宿经营者行为以及民宿经营方式进行相关研究调查。国外乡村民宿的市场营销手段非常多样，其中口碑营销使用最为频繁。Lubetkin，M. 研究发现口碑营销、手机营销、旅游手册是民宿顾客和经营者使用频率都很高也很有效的方式。有学者对美国 46 个州 403 家民宿经营绩效进行研究，认为通过合作或者连锁而形成的较大规模民宿比小规模民宿更容易获得较大的市场份额和较高的经济效益。在对业主与游客关系方面的研究中发现，业主与游客之间存在着一种模糊的情感上的联系。问题研究是针对民宿在发展过程中所遇到的一些问题进行探究，例如犯罪活动、缺乏创新、缺少筹资渠道、城市区划制度、相关税收等。此外，也有部分学者着力于乡村旅游和民宿关系的研究，比如 Kuo F. 与 C. Kuo 将乡村民宿融入生态旅游中研究。

对比来看，国内的乡村民宿相关研究起步较晚、基础薄弱，在 CNKI 搜索"乡村民宿"，不限制时间段，可以看出我国乡村民宿研究成果主要集中于2017—2020 年，尤其在 2019 年达到峰值。该结果表明乡村民宿的发展在一定程度上推动了民宿研究的快速发展。目前，我国对民宿的研究主要集中于乡村民宿的经营与管理、乡村民宿的规划与设计、乡村民宿的市场研究、乡村民宿与乡村旅游等方面。魏燕妮对北京的乡村民宿进行了相关研究，提出推动北京建立乡村民宿业发展综合管理体制，促进北京乡村民宿业可持续发展，实现乡村"生态美"与"百姓富"的有机统一。吴兰桂基于对浙江省长兴县产业实践的研究，构建了乡村民宿的物体、事件、意境的新的表达路径来寻求民宿经营与关联产业的密切对接。梁明珠、贾广美等以广州市增城区"万家旅舍"为例，将游客对乡村民宿的感知价值进行维度划分，论证了游客对各维度及各指标实际感知和预期的差异。郭亚欣通过对我国民宿发展现状、存在问题以及未来发展趋势的研究，构筑民宿发展与乡村旅游之间的联系，寻求乡村振兴的新路径。

2　研究对象概况及研究方法

2.1　成都市概况

成都，简称"蓉"，地处我国西南地区，位于四川盆地西部，是成都平原腹地，成都地区地势低平、土壤肥沃、再加上良好的灌溉系统使其农业非常发达，造就了其"天府之国"的美誉。成都是全国十大古都和首批国家历史文化名城、中国最佳旅游城市。成都市致力于本地区旅游产业和乡村旅游业的发展。2019年，四川省启动了历时两年的全省旅游资源普查工作，截至 2021 年 1 月，成都市共有有 A 级景区 91 家。其中 5A 级景区 1 家；4A 级景区 50 家；3A 级景区 27家；2A 级景区 12 家；1A 级景区 1 家。2020 年四川省文旅厅发布了《四川省文化和旅游厅四川省发展和改革委员会关于开展省级乡村旅游重点村名录建设暨2020 年省级乡村旅游重点村申报和推荐工作的通知》，选出了 100 个乡村纳入省级乡村旅游重点村名录。其中，成都市共有 9 个乡村入选。2020 年，成都市文旅局开展了成都市"百名厨师进乡村旅游集聚区"培训活动项目，组织有资质的厨师和知名专家深入农村地区，举办多场送厨进乡村活动，采取实操培训、现场交流、授课等形式提高乡村旅游管理人员、厨师和相关服务人员的服务水平。同年9月，成都市文旅局开展了成都市星级农家乐（乡村酒店）复核抽查和乡村旅游"四改一提升"示范点检查评选项目，有力地促进了星级农家乐（乡村酒店）规范经营，推进以"改厨、改厕、改餐、改客房、提升服务"为主要内容的"四改一提升"标准化建设工程，提高了乡村旅游服务品质。2020年四川省全省实现旅游收入6500亿元，接待国内游客4.3亿人次。10月，携程与途家在2020年成都酒店业全球招商推介会上联合发布了"2020成都民宿指数报告"。数据显示，2020年新冠疫情对国内旅游业带来巨大影响，但伴随着疫情防控加强，民宿行业也逐渐恢复至同期水平。报告显示，截至10月下旬，四川省旅游人次、收入已恢复超9成。而作为四川省重要的旅游城市，2月至10月底成都民宿订单量同比恢复率达到了85%，民宿交易量同比恢复率达到76%，民宿数量在经历了2020年的疫情后，较去年同期增长34%，房源数量占据了全省60%，商户数量恢复至去年同期91%，接待游客人数恢复至同期88%，乡村民宿订单占比超去年同期，占全市订单总比20%。

2.2　研究方法

本文主要采用实地调查、深度访谈、网络大数据信息获取等研究方法。在大众点评、美团等APP上依托消费者浏览行为和真实评价所得出的成都市乡村民宿热门榜前100家中，筛除位于主城区的民宿，筛除评分低于4分、消费者评价数量低于50条的乡村民宿，对剩余的27家民宿进行相关调查。主要对乡村民宿的地理位置、房间数量、内部设施和服务、周边旅游开发状况、周边交通状况以及经营者的经营状况、营销手段、经商经验、消费者的消费评价、改进意见等信息进行了相关调查和记录。调查时间包括两个时间段：2020年4月22日—24日，地点为青城山；4月29日—30日，地点为三圣乡。

3 结果与分析

表8-5 27家受访民宿的区位、设施与经营概况

民宿编号	所在地区	设施与服务	价格	周边开发状况
1	三圣乡	7间；含餐饮、棋牌、宠物、烧烤等服务	160元起	三圣花乡旅游区；白鹭湾湿地公园等
2	三圣乡	11间；含餐饮、棋牌、烧烤等服务	217元起	同上
3	三圣乡	7间；含餐饮、下午茶、棋牌等服务	680元起	同上
4	三圣乡	2间；含餐饮、婚庆、棋牌等服务	458元起	同上
5	三圣乡	4间；含餐饮、拍照、烧烤、宠物、棋牌等服务	328元起	同上
6	蒲江县	5间；含餐饮、棋牌等服务	368元起	明月陶艺村；平乐古镇等
7	蒲江县	3间；含餐饮、拍照、宠物、棋牌等服务	280元起	同上
8	蒲江县	5间；含餐饮、影院、棋牌等服务	780元起	石象湖；成佳茶文化观光区；象山古镇
9	青城山	3间；含餐饮、棋牌、游泳等服务	398元起	青城山旅游区；熊猫谷；青城道温泉等
10	青城山	6间；含餐饮、影院、温泉、KTV、棋牌、烧烤等服务	1280元起	同上
11	青城山	别墅一栋；含餐饮、棋牌等服务	398元起	同上
12	青城山	16间；含餐饮、烧烤、棋牌等服务	380元起	同上
13	青城山	2间；含餐饮、游泳、棋牌等服务	268元起	同上
14	大邑县	9间；含餐饮、棋牌等服务	260元起	大邑刘氏庄园博物馆；安仁古镇；建川博物馆
15	大邑县	别墅1栋；含餐饮、棋牌等服务	280元起	同上

续表

民宿编号	所在地区	设施与服务	价格	周边开发状况
16	大邑县	3 间；含餐饮、拍照、音乐、棋牌等服务	238 元起	同上
17	大邑县	3 间；含餐饮、温泉、游泳、健身、烧烤、棋牌等服务	1488 元起	竹艺村；山地滑水；白塔湖
18	大邑县	4 间；含餐饮、烧烤等服务	340 元起	温泉小镇、户外体验公园
19	大邑县	4 间；含餐饮、棋牌等服务	181 元起	大邑刘氏庄园博物馆；安仁古镇；建川博物馆
20	都江堰市	4 间；含餐饮、影院、烧烤、棋牌等服务	405 元起	都江堰景区；虹口漂流；杨柳坪等
21	都江堰市	别墅 1 栋；含餐饮、烧烤、温泉、儿童乐园等服务	3500 元起	同上
22	都江堰市	6 间；含餐饮、烧烤、KTV 等服务	458 元起	同上
23	龙泉驿区	8 间；含餐饮、烧烤、KTV、棋牌等服务	198 元起	洛带古镇
24	龙泉驿区	1 间；含餐饮、音乐、棋牌等服务	380 元起	同上
25	龙泉驿区	5 间；含餐饮、烧烤、棋牌等服务	590 元起	同上
26	崇州市	5 间；含餐饮、拍照、烧烤、棋牌、宠物等服务；悬崖边帐篷	198 元起	人工火山群
27	邛崃市	30 间；含餐饮、烧烤、棋牌等服务	199 元起	平乐古镇

通过对 27 家民宿的调查发现，乡村民宿的发展与经营状况主要呈现出以下共性特征：（1）乡村民宿多为农户自主进行经营的民宿。受调查的民宿大多是利用自家闲置的房屋进行改造或者重建后经营的，经营者多为当地村民本人。（2）乡村民宿多分布于旅游景区附近，呈现集群发展的态势。受调查的 27 家民宿分别依托于成都市三圣乡旅游区、青城山旅游区、安仁古镇、都江堰景区、洛带古镇、平乐古镇等景区而发展。当地丰富的旅游景点、自然景观、特色古镇为当地民宿提供了非常好的经营条件。（3）民宿同质化现象严重，自身特色不足，

竞争激烈。近年来，随着乡村旅游的发展，一大批乡村民宿随之发展起来，但大多数民宿只能提供餐饮、棋牌、住宿等相关服务，自身特色严重不足。少部分民宿通过增加 KTV、家庭影院、自助烧烤、宠物服务、温泉、拍照打卡、婚庆等服务打造民宿特色，提高收入。（4）民宿经营者重视消费者口碑，服务质量较高。受调查的 27 家民宿中，都在大众点评、美团、携程等相关 APP 上进行经营，经营者对消费者的消费评价非常重视，对相关意见建议均能够进行及时回复和改进，消费者的口碑是其主要的营销手段。（5）部分民宿经营者注重民宿升级，打造自身特色，减少对周边旅游产业的依赖。在受调查的民宿中，第 26 家民宿以大地艺术为主题，设计关于营地类的民宿，民俗中的悬崖景和落日景深受年轻消费者的喜爱。

4 建议

4.1 规范化发展

成都市乡村民宿由于经营者多为当地村民，受到文化素养、经营观念、管理经验的影响，乡村民宿普遍存在着经营不规范的问题。相关部门应该完善乡村民宿法律法规，规范乡村民宿经营标准，推动乡村旅游发展，助力乡村振兴。同时应该积极进行乡村民宿经营者的相关培训，提高从业者的素质。也可以出台相关鼓励政策，吸引外出务工人员回乡创业，增加相关经营人才。

4.2 创新化发展

成都市乡村民宿发展同质化现象严重，竞争力不足。要积极进行民宿创新，深入挖掘地方特色，打造本土民宿。民宿建筑设计可以与当地传统建筑风格进行衔接，设计有自己丰富内涵的住宅。同时要进行经营方式的创新，民宿的收入来源不要只单纯地依靠传统的住宿、餐饮获得，增加更多的活动，例如自助烧烤、垂钓、亲子游、温泉、品茶等特色活动，能够增加民宿的特色，同时也能够增加收入。要借助于现代传媒方式创新宣传手段，利用抖音、快手、微博等新媒体打造网红民宿，提高自身吸引力。

4.3 生态化发展

乡村民宿发展的前提是当地优美的自然景观和丰富的文化底蕴，乡村民宿在进行建设和发展时一定要注意当地生态环境的保护，"绿水青山才是金山银山"，只有进一步进行绿色发展、环保发展，才能更好地发展乡村旅游，实现乡村振兴。

4.4 基础化发展

成都市乡村民宿发展的一个重要难题就在于基础设施的不完善，进一步推动乡村民宿发展、推动乡村旅游发展需要改善当地的基础设施。乡村交通设施的完善、卫生设施的改进等有利于推动乡村旅游的发展，增强乡村民宿的竞争力。

参考文献

［1］章艺，吴健芬. LB/T 065 - 2017《旅游民宿基本要求与评价》[J].标准生活，2017（09）：40 - 43.

［2］邢露雨，胡润鸿，汤陈松. Python 大数据挖掘安徽黟县全境民宿住客体验[J].电脑知识与技术，2021，17（09）：244 - 246.

［3］王楠. 民宿治安风险分析及治理对策——基于民宿平台、经营者、消费者的研究[J].辽宁警察学院学报，2021，23（01）：1 - 8.

［4］黄丹，李赟吾，赵盼. 关系营销对民宿网络消费者信任的影响研究[J].旅游纵览，2020（24）：12 - 14.

［5］赵飞，姜苗苗，章家恩，聂瑞. 乡村振兴视域下的乡村民宿发展研究——以增城"万家旅舍"为例[J].中国生态农业学报（中英文），2019，27（02）：218 - 226.

［6］杨芝沄，郭雅惠，谢雨良，等. 民宿产业群聚之形成与民宿经营绩效影响之研究——以清境地区民宿业者为例[J].商业现代化学刊，2013，7（1）：181 - 199

［7］陈卫华. 海峡两岸民宿业标准化发展历程及比较研究[J].福建师大福清分校学报，2020（06）：47 - 52.

［8］王丽丽.中国民宿建设形态发展现状[J].中外建筑，2019（05）：78 - 80.

［9］徐铭.当前我国民宿发展的现状及存在问题分析[J].农业与技术，2021，41（07）：160 - 162.

［10］蒋佳倩,李艳. 国内外旅游民宿研究综述[J].旅游研究，2016（4）：16 - 22.

［11］朱明芬. 浙江民宿产业集群发展的实证研究[J].浙江农业科学，2018，59（03）：353 - 359.

［12］郑彩华. 从浙江两县经验看清远乡村振兴发展前景［J］. 清远职业技术学院学报，2021，14（01）：13 - 19.

［13］Jones, DL and Guan, JJ. Bed and Breakfast Lodging Development in Mainland China： Who is the Potential Customer? ［J］. Asia Pacific Journal of Tourism Research, 2011, 16（5）： 517 - 536.

［14］Chen L C , Lin S P , Kuo C M. Rural tourism： Marketing strategies for the bed and breakfast industry in Taiwan［J］. International Journal of Hospitality Management, 2013, 32 （Complete）： 278 - 286.

［15］Gunasekaran N , Anandkumar V. Factors of Influence in Choosing Alternative Accommodation： A Study with Reference to Pondicherry, A Coastal Heritage Town［J］. Procedia - Social and Behavioral Sciences, 2012, 62： 1127 - 1132.

［16］郑彩华. 从浙江两县经验看清远乡村振兴发展前景［J］. 清远职业技术学院学报，2021，14（01）：13 - 19.

［17］Chen C M , Chen S H , Lee H T. Interrelationships between Physical Environment Quality, Personal Interaction Quality, Satisfaction and Behavioural Intentions in Relation to Customer Loyalty： The Case of Kinmen´s Bed and Breakfast Industry［J］. Asia Pacific Journal of Tourism Research, 2013, 18（3）： 262 - 287.

［18］Lanier P ,D Caples, Cook H. How Big Is Small? A Study of Bed & Breakfasts, Country Inns, and Small Hotels［J］. Cornell Hospitality Quarterly, 2000, 41（5）： 90 - 95.

［19］Ingram, Hadyn. Classification and grading of smaller hotels, guesthouses and bed and breakfast accommodation［J］. International Journal of Contemporary Hospitality Management, 1996, 8（5）： 30 - 34.

［20］Getz D ,Carlsen J. Characteristics and goals of family and owner - operated businesses in the rural tourism and hospitality sectors［J］. Tourism Management, 2000, 21（6）： 547 - 560.

［21］Lubetkin M. Bed - and - breakfasts： advertising and promotion.［J］. Cornell Hotel & Restaurant Administration Quarterly, 1999, 40（4）： 84 - 90.

［22］戴斌，蒋依依，杨丽琼，马仪亮. 中国出境旅游发展的阶段特征与政策选择［J］. 旅游学刊，2013，28（01）：39 - 45.

［23］Stringer P F. Hosts and guests the bed - and - breakfast phenomenon［J］. Annals of Tourism Research, 1981, 8（3）： 357 - 376.

［24］Nuntsu N , Tassiopoulos D , Haydam N. The bed and breakfast market of Buffalo City

（BC），South Africa：present status，constraints and success factors［J］. Tourism Management，2004，25（4）：515－522.

［25］Lanier P，Berman J. Bed－and－Breakfast Inns Come of Age［J］. Cornell Hotel & Restaurant Administration Quarterly，1993，34（2）：15－23.

［26］Kelley C L，Marquette R P. A Tax Primer for Bed and Breakfasts［J］. Cornell Hospitality Quarterly，1996，37（4）：34－42.

［27］Kuo F C，Kuo C T. Integrated Bed and Breakfast into Eco－Tourism in Guan Ziling areas in Taiwan［J］. Procedia － Social and Behavioral Sciences，2012，57：503 － 510.

［28］魏燕妮.乡村振兴战略背景下北京乡村民宿业可持续发展路径研究［J］.生态经济，2020，36（09）：135－141.

［29］吴兰桂.文旅融合背景下乡村民宿的新乡土表达——基于长兴县的实践思考［J］.湖北农业科学，2021，60（04）：61－63＋147.

［30］梁明珠,贾广美.基于游客感知与评价视角的乡村民宿旅游发展研究——以广州增城"万家旅舍"为例［J］.广州大学学报（社会科学版），2018，17（04）：66－74.

［31］郭亚欣.发展民宿经济助力乡村振兴的路径研究［J］.中国工程咨询，2018（05）：30－33.　\

09

旅游教育

"问题+方法"导向下师生互动研修教学模式探索
——以西南民族大学旅游与历史文化学院为例

［作　者］赵晓宁（西南民族大学 旅游与历史文化学院）

摘　要： 高校教育教学改革的根本目标在于提高人才培养的质量。为了积极推进旅游管理专业的教育教学改革，西南民族大学旅游与历史文化学院旅游管理专业成立"致远研修"工作室。在"问题+方法"导向下，尝试探索师生互动教学模式。基于问题的学习，工作室不断推进和完善旅游管理本科教育内容，开展研究式研修和项目牵引式研修等教学模式，积极培养旅游管理本科学生的探索和创新能力。

关键词： 本科教学；旅游管理专业；研修；问题；方法

1　引言

　　高校教育教学改革的根本目标在于提高人才培养的质量。众所周知，在当前高负荷的应试压力下，今天的很多大学生不会思考，表现为被动地接受知识，缺乏主动的探索精神和创新能力。在专业学习过程中，绝大多数本科学生很难发现问题，甚至临近毕业还不知道学位论文该写什么，往往"剪刀+糨糊"应付了事，学位论文缺乏启发和价值。即使个别学生具有问题意识，但往往碍于方法问题，也不知如何更好地分析和解决问题。因此，为了培养学生积极探索研究问题的意识，引导学生形成合理解决研究问题的能力，不断提高本科人才培养的质量，高等教育需要不断探索和完善"问题+方法"导向下的教育教学改革模式。

　　西南民族大学旅游与历史文化学院旅游管理专业是国家级特色专业、四川省特色专业、省级旅游本科人才培养基地、国家民委优秀本科专业。目前，我院旅游管理专业的培养目标明确，即以国家级一流本科专业建设目标为统领，紧密结合国家和地方经济社会发展需求，坚持我校"为少数民族和民族地区服务、为国家发展战略服务"的办学宗旨，依托我校优势学科和民族地区人才需求方向，培养具有国际视野、管理能力、服务意识、创新精神，能够从事与文旅行业相关的经营、管理、策划、咨询、服务等工作的应用型专业人才。

怎样更好地落实上述培养目标，为国家培养出高质量的旅游管理人才，旅游管理专业人才培养需要不断探索新的教育教学模式。在近二十年的专业发展过程中，旅游管理专业教师队伍不断发展壮大。在青年骨干教师带领下，大家在教育教学实践中不断推陈出新，探索新的教育教学理念和方法。当前，旅游市场竞争日趋激烈，旅游服务质量的提高，旅游服务管理水平的提升，旅游项目方案的策划和执行等，客观上都在呼唤高素质的旅游管理人才队伍培养。中国要实现向世界旅游强国的转变，归根到底要落脚到旅游管理专业创造性人才的培养。

2 基于研究的学习

2.1 博耶报告

20 世纪以来，西方社会高度重视高等教育如何为社会培养出更优秀的人才。20 世纪美国著名的哲学家、教育家约翰·杜威（John Dewey，1859－1952）曾反对传统教育的灌输和机械训练，提出"从做中学"的教育主张。杜威认为，凡"有意义的经验"，总是在思维的活动中进行。思维过程，"既是组织思想的方法，又是做学问的途径"。因此，杜威指出"以解决问题为中心"的教学过程非常重要。

20 世纪末，美国卡耐基教学促进会在经过四年对美国大学本科教育情况展开调查研究后，发表了一篇旨在重建美国本科教育的《博耶报告》。《博耶报告》后来对美国甚至全世界的高等教育产生深远影响，报告对高等教育改革提出十条建议，第一条就是"确立以研究为基础的学习"。

基于研究的学习，意在改善人们对于本科教育教学的认识。《博耶报告》认为，学习应该是基于导师指导下的发现，而不是信息的传递。"探索、调查、发现是大学的核心，大学里的每一个人都应该是发现者和学习者。"因此，《博耶报告》指出，大学应该造就出一种特殊的人才，他们富有探索精神并渴望解决问题，拥有代表其清晰思维和熟练掌握语言的交流技巧，拥有丰富的多样化经验。博耶报告提出的十项建议中，"建立基于问题的学习"是最为重要的建议，报告特别强调为本科生提供科研机会，建立探究式的教学模式。

2.2 基于问题的学习

为了培养本科学生的研究能力和创新能力，需要导师在"问题＋方法"导向下，立足于具体的情境，引导学生发现问题的同时，注重学习方法的训练。其中，基于问题的学习（problem－based learning，PBL）值得借鉴。什么是基于问题的学习（problem－based learning，PBL）？简单来说，就是将学习放到复杂的、有意义的问题情境中，以解决现实生活中的问题（real world problem）为出发点，形成具体的研究课题，引导学生探究问题背后隐含的概念和原理，激发学生自我驱动的学习热情，进而在解决问题中培养学生的科研能力。

具体说来，

PBL有助于发展本科学生的如下能力：

——批判性思维能力和分析、解决复杂的现实问题的能力；

——发现、评价和运用学习资源的能力；

——在团队和小组中合作学习的能力；

——以多种方式有效交流的能力，包括口头表达能力和书面表达能力；

——运用在大学学到的知识，发展智力，成为终身学习者。

3 师生互动研修教学："致远研修"的实践

受到博耶报告的启发，西南民族大学旅游与历史文化学院旅游管理专业教师，尝试基于问题的引入和研修，定期组织学生研读文献，学习研究方法，探索研究型教育教学实践。

3.1 创立"致远研修"

2014年以前，我院关于旅游管理专业教育教学改革的各种研究涉及的主要是"教"这一方面，如教学计划、课程设置、培养模式等，而对于教的对象——旅游管理专业学生的情况，缺乏相关探索和研究。事实上，学生们能够发现问题并在方法论框架内学习并掌握一种或多种研究方法，这是一个需要不断学习的过程，旅游管理专业绝大多数学生并不能够通过日常上课以及课下自学的方式掌握。

因此，2014年9月，由学院骨干教师薛熙明牵头，数名年轻老师义务参与，利用学院小型会议室，成立旅游与历史文化学院"致远研修"工作室，志愿为有研究热情的同学提供研究指导。"致远研修"的创建就是一次师生互动研修模式的探索，希望把学生从传统知识的被动接受者，逐步引导成为知识的主动探究者。工作室主要着眼于培养旅游管理专业本科二年级及以上学生的研究能力，以旅游领域的热点问题、话题为研讨对象，在"问题+方法"导向下展开师生互动的研修教学，主要涉及"研究式研修"和"项目牵引式研修"。

3.2 研究式研修

每学期，研修班按计划每两周展开一次"研究式研修"。所谓"研究式研修"，是指在研修过程中，指导教师与学生共同参与对话和探讨，通过不断的思维碰撞，启发学生积极深入地思考问题。这种研究式研修方式，有利于开阔学生视野，活跃学生思维，进而形成对旅游领域中现实问题的多元认知，培养具有多元创新意识和思维能力的旅游管理人才。

具体做法是提前布置研修任务，按计划组织落实。通常，工作室在每学期开学初由指导教师布置研修任务，学员提前阅读有关中外文经典文献，做好研修准备。过程中，学生可以随时向老师提出问题，并以"阐释+讨论"的开放式方式开展研修活动。研讨结束后，有专人整理和总结研讨记录，最后发给每位学员。

为引导学员们对旅游领域前沿热点问题的关注，工作室指导教师们还积极借助个人的学术资源，不定期地邀请国内外著名大学的著名学者和青年教师为热爱学术的研修班学员们开展学术讲座。丰富的学术讲座和座谈不但开阔了学员的学术视野，还为学员们创造了与领域内大师对话的时空机缘。

这种研究式研修不但激发了学员对旅游专业的学习热情，更重要的是在他们内心播下了继续投身学术研究的种子。本科毕业时，致远研修的绝大多数优秀学员陆续获得到国内外重点大学继续深造的机会。

图9-1 师生研修交流汇报中　　　图9-2 中大左冰教授与研修班学员交流

表9-1 研修班部分学员研究生深造简况表（毕业时间2016-2020）

本科年级	姓名	研究生就读学校	本科年级	姓名	研究生就读学校
2012级	王一涵	华南师范大学	2015级	焦敏	云南师范大学
2012级	赵俊娴	澳大利亚悉尼大学	2015级	杨思慧	上海大学
2012级	金英美	西南民族大学	2015级	罗维	陕西师范大学
2012级	冯城成	上海大学	2015级	李瑶	西南民族大学
2012级	马欢欢	南京师范大学	2015级	蓝家凤	西南民族大学
2012级	杨钦钦	华侨大学	2015级	郭旭	西南民族大学
2012级	肖利斌	华侨大学	2015级	陈楚健	西南民族大学
2012级	滕浪平	香港大学	2015级	雷为尧	中科院成都山地所
2013级	袁娇	南京师范大学	2016级	罗强	陕西师范大学
2013级	刘晓迪	云南大学	2016级	袁凯丽	兰州大学
2013级	丁红玉	上海大学	2016级	方舒	华中师范大学
2014级	谢雪莲	中国地质大学	2016级	张婉璐	成都理工大学
2015级	罗欢	成都理工大学	2016级	张晓丹	暨南大学

注：以上整理截至2020年6月，由于存在统计遗漏的情况，某些学员就读研究生情况未统计在内。

3.3 项目牵引式研修

所谓"项目牵引式研修"，是指师生为共同实施一个完整的研究项目而展开的研修活动。项目牵引式研修有助于学员在具体的项目研究中不断成长。为此，指导教师们积极助推学员积极申报"西南民族大学学生创新创业项目"以及"挑战杯"等各级各类比赛，借"项目之手"激发学生们的主观能动性和创造力，培养具有创新意识、创业思维和创业能力的旅游管理专业综合人才。

研修班指导教师们在项目申报及项目执行过程中，全程为学员义务提供各种智力支持。包括：按照申报的项目引导学员搜集、选择信息资料，在项目牵引的过程中通过与项目小组学员的商讨，激发学员创造性地去思考问题，帮助学员体悟专业深度学习的乐趣。

据不完全统计，研修班自2014年创建以来，几乎所有学员都有机会或主持或参与西南民族大学各级各类项目，其中多人主持国家级和省级项目，许多项目在老师指导下不仅顺利结题，部分项目结题时还获得优秀等级。

表9-2　研修班学员获省级及以上大创项目立项及结题一览表

项目负责人/成员	项目名称	项目级别	结题情况	立项时间	结题时间
金英美	灾后羌族移民地方认同研究——基于意向地图的分析	省级	优秀	2014	2015
罗丹	儿童益智玩具开发的公益商业模式推广——"童梦奇园·青春童行"雪域圆梦计划	省级	合格	2014	2015
王香力	我国穆斯林饮食风俗对其旅游行为的影响研究	国家级	合格	2015	2016
赵俊娴	灾后统规统建社区居民的"家"的构建与认同——以彭州市白鹿镇为例	省级	优秀	2015	2016
黄婉莹	裕固族口头技艺濒临流失状况调研——以甘肃·肃南裕固族自治县为例	省级	合格	2015	2016
易晓雯	跨国婚姻中缅甸新娘的社会文化适应研究——以云南弄转傣寨为例	省级	合格	2015	2016
罗丹	星火燎原·文化绵延——开启少数民族文化传承与保护新模式	省级	合格	2015	2016
黎君	导游定制化服务及导游培训平台设计	国家级	合格	2016	2017

项目负责人/成员	项目名称	项目级别	结题情况	立项时间	结题时间
李睿	旅游精准扶贫背景下摩梭人村落的"社区再造"发展模式探讨——以四川泸沽湖片区博树村、多舍村为例	省级	合格	2016	2017
叶叶	自由执业背景下导游服务质量的在线评价研究	省级	合格	2016	2017
莫雅兰、黄婉莹	外来民宿经营者对旅游地的认同与重塑——以大理为例	省级	合格	2016	2017
刘小迪	"源莱"——取色于自然，施彩于社会	省级	合格	2016	2017
黎君	"侣途"定制化导游服务平台	省级	合格	2016	2017
陈楚健、徐梦雨等	国家公园环境教育研究——以大熊猫国家公园为例	国家级	优秀	2017	2018
杨思慧、谢雪莲等	旅游发展背景下藏彝走廊族群关系研究	国家级	优秀	2017	2018
黎君、焦敏等	"第三卫生间"公众认知与需求探究	国家级	优秀	2017	2018
塔娜	"V都（We DO）"成都微旅行——意愿测度、主题线路开发及APP平台创意构想	国家级	合格	2017	2018
庞晓萌	网约旅游约拍平台"拍拍走"APP创研计划	国家级	合格	2017	2018
李瑶、郭旭	VR对话旅游：探索VR技术在旅游业中的应用	省级	合格	2017	2018
郭旭	旅游目的地感知形象与投射形象匹配度研究——基于新媒体图片元数据分析	国家级	优秀	2018.4	2019.4
何慧敏	古镇体验式文化旅游模式的探究——以四川省洪雅县柳江古镇为例	省级	优秀	2018.4	2019.4
蔡佳辰、罗强等	流动性视角下川藏骑行者的旅游体验研究	省级	合格	2018.4	2019.4
李佳蔚	旅游开发中的方言保护模式探究——以四川地区为例	省级	合格	2019.4	2020.6

项目负责人/成员	项目名称	项目级别	结题情况	立项时间	结题时间
刘思岑	社会变迁中的藏族朝圣：以藏族青年转山为例	国家级	在研	2020.6	

注：以上数据整理截至2020年6月，由于存在统计遗漏的情况，某些项目未统计在内。

3.4 创建公众号"游旅有道"

2017年4月，由致远研修学员创建的微信公众号"游旅有道"成功上线。这是一个以旅游管理专业学生为主体，以旅游与历史文化学院旅游管理专业教师为辅助创建的专属"旅游管理"专业的研究性平台。内容涉及：煮酒论典——推论文、荐书籍、送宝典、田野坊；烹茶问道——导师吧、客座访、薪生集；游问友答——线上交流、授业解惑……

图9-3 公众号"游旅有道"LOGO

"游旅有道"自诞生以来，始终基于"问题+方法"研修教学模式实践，重视培养学生的学科基本素质，引导学生多元思维方式，不断开拓学生学术视野。该公众号内容密切联系旅游领域的最新理论和实践探索，倡导学员的批判思辨，重视引导和培养学员的学术研究志趣和论文写作能力，是学员综合能力培养和展示的专业平台。

表9-3 微信公众号"游旅有道"代表性内容简况表

推送时间	推送主题
2017.04.10	纵横谈：《学界五人对话录》学术反思
2017.04.12	国家公园百年：它们如何提供游客想象美国的方法
2017.04.14	中大左冰副教授推荐：旅游研究经典理论与书籍推荐（上）
2017.04.18	田野调查：直观社会本身，反映对象本质
2017.04.22	学生集：灾后旅游恢复重建模式的比较研究

推送时间	推送主题
2017.04.25	学术讲座/张梦：旅游消费中的文化表现
2017.05.15	讲座来了｜纳尔逊．格拉本：民族旅游发展战略与研究方法
2017.06.01	荐｜第三空间：旅游凝视下文化表演的意义重解
2017.10.26	讲座来了｜互联网＋时代的旅游创业和旅游市场分析
2017.11.06	专业讲座｜旅游管理专业2017迎新系列讲座
2018.01.17	招｜你和研究生之间还差一个"研修班"哦！
2018.03.30	大创倒计时你还差点什么？
2018.05.26	转载｜雏凤清音中大罗秋菊教授成就系列惊喜优质本科论文大连播
2018.12.02	专题讲座｜2018西南民族大学外专引智项目系列讲座主讲人：巴里奥教授（Maurizio Paolillo）
2019.04.05	讲座内容回顾：中美乡村旅游发展路径探讨
2019.04.13	研修班新学期第一次汇报
2019.04.22	华南师范大学郑诗琳博士关于她博士论文写作的整体过程：论文写作交流与探讨
2019.4—5月	研修班学员研修汇报
2019.05.30	招新｜旅历学院2019届"致远研修班"唤你来搞事情啦！
2019.09.28	研修班系列课堂开课了

4 结语

高等院校旅游管理专业高素质人才培养，需要符合新时代对高素质人才的新需求，即探索与创新。旅游与历史文化学院"致远研修"工作室教改实践，意在将批判性思维与研究性探究引入旅游管理专业本科教育教学实践。在"问题＋方法"引导下，师生互动研修模式有利于培养学生树立问题意识，引导学生习得必要的研究方法，助推学生不断地思考和探究旅游世界的新现象和新问题。通过这一教学实践，致远研修的指导教师们力图向学员们传递一种信念，即研究具有双重目的：一是学习，二是探索真理。

参考文献

[1] 西南民族大学旅游与历史文化学院，旅游与历史文化学院旅游管理专业 2020 级培养方案（修订版）.

[2] 彭先桃. 大学研究性教学的理念探析[J]. 教育导刊，2008（3）：56－58.

[3] Boyer Commission on Educating Undergraduates in the Research University. Reinventing Undergraduate Education：A Blueprint for America's Research Universities. Stoney Brook，NY. 1998.

[4] 刘宝存. 美国研究型大学基于问题的学习模式[J]. 中国高等教育，2004（10）：60－62.

基于项目引领的四川省旅游高等职业教育探索与实践

［作　者］赵婷婷　赖　斌（成都职业技术学院）

摘　要： 过去十年，在教育部"示范校""骨干校""优质校"等项目建设任务推动下，四川省旅游高等职业教育初步构建了以"服务地方、产教融合"为宗旨的四川特色技能型文旅人才培养体系，为文旅产业输送了大批基层人才，助推了文旅经济跨越式发展。十四五期间，面向建设成渝地区双城经济圈和巴蜀文化旅游走廊的发展目标，旅游高职教育要抓住"双高计划"建设机遇，以项目引领旅游高职教育发展，创新专业布局及人才培养模式，主动融入文化旅游产业生态圈和产业功能区，构建产教融合、课证融通的现代职业教育体系。围绕文旅产业发展目标和市场需求，提升现代职业教育水平和服务能力，为文旅产业增值赋能，培养多层次、复合型的"文旅＋"专业技术技能型人才。

关键词： 旅游高职教育；双高计划；"文旅＋"复合型人才

十三五期间，四川省文旅产业发展成绩斐然，在建设世界重要旅游目的地战略目标指引下，四川省在 2019 年旅游收入过万亿，位居全国第四，实现从文旅资源大省向文旅经济大省的历史性跨越。文旅产业的跨越式发展离不开人才队伍建设和培养体系支撑。过去十五年，四川省的旅游职业教育一直紧跟国家职业教育发展的步伐，在十一五期间的"全国示范性高等职业院校建设项目"（简称"示范校"）、十二五期间的"骨干高职院校建设项目"（简称"骨干校"）、十三五期间的"高等职业教育创新发展行动计划"（简称"优质校"）中，四川省高职院校都位列其中，并惠及旅游大类专业。正是基于国家职业教育发展项目的专项资金大力扶持，四川省旅游高职教育才能保持稳步发展，实现高质量的人才输出，构建了符合四川特色的旅游职业教育体系框架。经多年实践，高职院校及旅游大类专业坚持高水平项目申报、高标准项目建设和高质量项目验收，使得"项目引领"成为全面提升四川省旅游高职教育发展水平和质量的重要保障。

2019 年，教育部和财政部联合发布《国家职业教育改革实施方案》（简称"职教 20 条"），中国特色高水平高职学校和专业建设计划（简称"双高计划"）拉开帷幕，高等职业教育迎来了全新机遇。"双高计划"建设任务为十四五规划实施提前部署人才战略，为经济社会全面发展和国家竞争力提升提供优质人才资源支撑。

四川省旅游高职教育不仅要抓住机遇，在"双高计划"实施过程中，整合政、行、校、企教育资源，构建技术技能人才培养高地和技术技能创新服务平台，更要主动对接成渝地区双城经济圈和巴蜀文化旅游走廊建设要求，以高质量人才培养服务于地方经济发展和文旅产业升级。

1 项目建设驱动旅游高职教育全面提质培优

1.1 构建多层级的项目建设和院校培育机制

在"示范校"、"骨干校"、"优质校"和"双高计划"等国家级高等职业教育建设项目引领下，四川省教育厅联合财政厅于 2009 年启动四川省示范性高等职业院校建设计划（简称"省级示范校"），2017 年启动四川省优质高等职业院校建设计划（简称"省级优质校"），2021 年启动四川省高水平高职学校和专业建设计划（简称"省双高计划"）。省级各项高职教育建设项目，结合区域经济社会发展目标和地方院校建设基础，采取突出重点、统筹兼顾、协调发展的原则，覆盖了全省半数以上拥有旅游大类专业的高职院校，为四川省全域文旅产业发展提供了强有力的高素质专业技能人才支撑。从 2006—2021 年，各级项目循序推进，初步形成了从国家级到省级的高职教育院校梯队，国家级建设项目的院校和重点专业充分发挥引领和示范效应，省级建设项目的院校全面覆盖、突出特色、协调发展，逐步构建了多层级的、良性竞争的项目建设体制和人才培育机制，阶梯式旅游高职教育体系格局基本形成。

表9-4　入选国家级高职教育建设项目旅游大类情况统计

建设项目	四川省入选院校总数（个）	四川省旅游大类专业入选院校数量（个）	建设院校及重点专业
国家示范性高等职业院校建设项目	6	0	——
国家骨干高职院校建设项目	5	1	成都职业技术学院（酒店管理专业）
高等职业教育创新发展行动计划	41	1	成都职业技术学院（旅游管理专业）
中国特色高水平高职学校和专业建设计划	8	0	——

表9-5　入选省级高职教育建设项目旅游大类情况统计

建设项目	入选院校总数（个）	涉及旅游大类专业的院校数量（个）
四川省示范性高等职业院校建设计划	19	17
四川省优质高等职业院校建设计划	23	21
四川省高水平高职学校和专业建设计划	申报中	——

1.2　目标任务考核驱动下专业建设不断优化

从国家级到省级各类高职建设项目的任务清单都明确了建设期内各阶段的考核任务，经过对任务层层分解，落实到旅游大类专业建设层面，形成多项具体的考核指标，涉及产教融合、社会服务、精准扶贫、国际交流与合作、教学改革、课程建设、教师教学技能竞赛、实习就业等具体细则。各个院校以提质培优为目标，以考核任务达成为导向，在项目建设实践过程中，逐步实现了专业建设和课程体系完善、师资队伍能力突破、"三教"改革实施、技术能力创新和社会服务水平提升，最终推动院校的机制体制改革，构建"三全"育人的工作格局。

2　文旅融合背景下构建四川特色高职人才培养体系

"职教20条"提出加强高水平专业建设的职教发展理念，围绕核心专业和重点专业建设专业群，专业群的定位要紧密围绕区域主导产业、支柱产业和战略性新兴产业，培养行业企业需要的创新性技能人才。在四川省建设文化旅游强省的战略目标下，2021 年发布《四川省"十大"文化旅游品牌建设方案（2021－2025)》明确提出，文旅人才培养的方向是文化创意、文物保护、商务会展、赛事策划、研学、康养等领域的"文旅＋"复合型人才和文旅项目策划、产品开发、资本运作、市场营销、智慧旅游、乡村旅游等文旅紧缺人才。在文旅融合发展和产业升级背景下，高职院校要紧密对接区域产业转型升级需求，对旅游大类专业群建设思路及人才培养定位进行梳理，以新专业群对接新岗位群，以掌握新技术、新工艺和新规范的技术技能人才培养为目标，对接世界技能大赛和国家技能大赛标准，调整专业名录，优化课程体系和人才培养方案，满足文旅产业融合和产业升级对人才的新要求和期望值。

2.1 优化专业群结构精准对接文旅产业升级

四川省高职院校经过国家级到省级"示范校"、"骨干校"、"优质校"等一系列建设项目的培育，旅游大类专业群在科研创新、实践教育、人才培养、校企合作、就业创业等方面取得较好的建设效果，也积累了包括教学团队、精品课程、规划教材、实训条件以及专业资源库等建设基础。在"双高计划"项目建设周期，伴随社会经济转型以及区域产业升级，人才培养面临新格局、新技术、新资源和新场景的挑战，数字经济引领文旅产业高质量发展，信息技术与文旅产业融合催生智慧旅游和数字文创等新业态。人才培养定位要聚焦新业态和对接新岗位，从传统的"为计调、导游、前厅、客房、销售等核心岗位培养基层服务和企业管理人才"，转变为"具有新理念、擅长创新思维、掌握新技术、适应数字经济的创新'文旅＋'复合型人才"，对接智慧文旅、文化创意设计、数字营销、信息化运营等文旅产业中高端岗位。

2.2 建设政行校企四位一体的协同育人机制

新时代背景下，国家经济结构和发展理念发生重大转变，从高速增长阶段进入高质量发展阶段，对高素质技术技能人才的需求和人才供给之间的矛盾凸显。为补齐发展短板，填补人才缺口，国家相继出台教育扶贫、高职扩招等系列政策，支持加快推进现代职业教育建设。在四川省发布"深度贫困地区教育脱贫攻坚实施方案（2018—2020 年)"、"高职扩招专项实施方案"等一系列政策支持下，省内高职院校从改革招考制度、拓展生源渠道、共享实训资源、丰富教学手段等方面着手，规范了旅游大类职业教育考试招生形式和评价方法，完成了对三州深困地区旅游专项人才培养，实现了退役军人、农民工和新型职业农民等群体多样化的成才路径，满足了人力资源的供给侧结构性改革，在数量型扩招的同时，实现高职质量型扩招。

依托政府的政策支持，贯彻落实"产教融合、校企合作"的办学模式，充分挖掘高职院校教育资源潜力，积极引入行业和企业资源，拓展教学和实训空间，一方面鼓励专业教师到一线企业挂职锻炼，同时吸引企业优秀管理和技能人才到学校开展教学培训，将文旅类专业的人才培养能力对接文旅企业的岗位需求，构建校企地融合、产学研协同发展的育人机制。

2.3 依托旅游职教集团实现平台教育资源共享

2015年四川省教育厅等七部门在印发《关于深入推进职业教育集团化办学的指导意见》中指出职教集团"在资源共享、优势互补、合作育人、协同发展"方面优势显著。从2009年，首个旅游职教集团（成都旅游职教集团）成立，到2019年全国首家省级旅游职教集团（四川文旅职业教育集团）挂牌，四川省旅游职教集团建设一直保持高起点、高标准和高水平，联合四川省旅投集团、成都文旅集团、洲际酒店等知名文旅企业，涵盖了全省拥有旅游大类专业的中职、高职和本科职业院校，构建了"校企地融合、中高职衔接、产学研一体"的协同育人机制。

在成渝地区双城经济圈国家区域发展战略部署下，川渝地区深化合作，2020年9月四川省教育局和重庆市教委牵头成立了"成渝地区双城经济圈职教联盟"，以提质培优、增值赋能为主线，构建成渝地区职业教育共同体。同年10月，成渝地区双城经济圈文化和旅游产教联盟正式成立，为实现巴蜀文化旅游走廊建成世界知名旅游目的地的国家战略目标，共享两地优质职教资源，构建人才流动良性机制，推进文旅产业要素优化组合，催化出更多的校企合作新典范。通过构建成渝两地职教互惠共享平台，共同推进文旅职教事业的协同发展，提升现代职教综合发展水平，切实服务于成渝地区双城经济圈和巴蜀文化旅游走廊建设目标战略。

3 基于项目实践的反思与建议

3.1 扩大项目申报和建设的惠及范围

四川省旅游类高职教育在经过几轮项目建设的锤炼下，已经有了长足的进步，但与国内同类专业院校对比，仍有较大差距。对照"双高计划"项目的申报及公布名单不难发现，其中申报院校及重点专业的基本都来自上一项目建设周期的"示范校"、"骨干校"和"优质校"。一方面说明项目引领职业教育发展的效果显著，同时也符合"双高计划"建设"一流"高职院校的标准和要求。但总体来看，申报院校及重点专业的数量在高职院校所占比重太小。例如，全省有旅游大类专业的高职院校共 40 所，占高职院校总数的 61%，而四川省 2019 年申报国家双高计划的院校仅 10 所（入选 8 所），申报旅游大类重点专业的仅一所院校（且未入选）。

面对国内优秀高职院校及优质专业的激烈竞争，四川省的各类高职建设项目在申报条件设置、专业覆盖面等方面放宽要求，加大资金和政策的扶持力度，尽量扩大项目所惠及的地域和专业范围，进一步推动贫困地区的文旅职业教育发展；鼓励传统专业向新业态和新职业转型，让更多的院校有机会参与高水平院校和专业建设，实现跨越式发展，为地方文旅产业发展输送新型人才和紧缺人才。

3.2 拓展类型教育学历层次，完善职业教育体系

"职教 20 条"中明确指出，职业教育与普通教育是两种不同的教育类型，且同等重要。在文旅产业融合和转型升级背景下，新技术、新工艺、新规范的融入对专业技术技能人才培养提出了更高的要求，而目前四川省职业教育学历体系尚未打通层次，针对文旅产业的高等职业教育在学历提升层面，主要对接的仍然是普通本科教育。升学路径单一和学历体系的不完善，导致旅游高职教育的含金量不足和社会认可度受阻。

四川省要落实"大力发展文旅经济，加快建设文化强省旅游强省"的战略目标，要加大"文旅＋"复合型人才的培养力度，加快职业本科教育建设，拓展海外高学历职业教育途径，完善职业教育学历层次，提供匹配技能人才成长的学历通道和升学路径，构建学历层次纵向贯通、专业背景横向融通的新型旅游高等职业教育体系。

3.3 提高创新能力，实现科技赋能旅游高职教育

新时代高职教育的内涵已发生巨大转变，疫情背景下在线教育打通了时空阻隔，进一步推动多媒体教学手段运用、云端教材开发和线上资源库建设等，科技从教学形态和功能上深刻影响着职业教育的面貌。随着互联网＋5G技术的发展，大数据、云计算、物联网、人工智能等技术在教学实践中应用，会进一步打破职业教育的时空界限和壁垒，探索智慧职教新形态。

新时代职业教育的发展与产业结构调整、产业功能区布局息息相关，随着传统行业转型升级，旅游高职教育也面临新技术、新制造的发展机遇，以及成渝地区双城经济圈战略下的巴蜀文化旅游走廊建设的重大挑战。面对"文旅＋"复合型人才和文旅紧缺人才需求，职业教育要积极融入信息化、数字化、智能化、智慧化的发展理念和技能训练，加强创新、创意、创业能力培养，以科技赋能推动旅游高职教育的"破圈"与"重构"，解决行业企业的人才之困。

面临科技创新的挑战，职业院校可与政府、企业共建科技创新平台或智库。一方面，引入企业力量联合研发、孵化科技项目，制定产业标准，为政府决策提供技术支撑；另一方面，积极对接新型文旅企业，将企业的技术难题转化为教学和科研的项目和课题，充分挖掘教育资源潜力，共同研究解决方案并转化为经济效益，使科技创新成果转化成为职教创新发展的有力支撑。

3.4 凝气聚力把握"双高计划"项目建设机遇

"双高计划"是十四五期间国家发展高等职业教育的重大举措，是国家面临社会经济转型挑战下对高等职业教育做出的重要战略部署，"双高计划"将引领高等职业教育向类型教育发展和转型，培养具有知识、技能和创新思维的复合型技术技能人才，服务于地方经济发展和国家竞争力提升。虽然在国家"双高计划"建设项目中，四川省的旅游大类专业未能入围高水平专业群建设，但由于所在院校入选，省内旅游高职教育仍可受到国家高水平院校建设任务的辐射和带动。

未来十年，文旅产业仍然是四川省经济发展的主导产业，旅游类高职院校及高职旅游大类专业群要紧抓重大发展机遇，一方面积极申报"省级双高计划"等省部级项目；另一方面通过职教集团、产教联盟等平台，积极融入国家级"双高计划"的建设项目。坚持以项目为引领，大力拓展产教融合资源空间，提升文

旅专业群的社会服务能级和能效，主动对接成渝地区双城经济区建设、巴蜀文化旅游走廊建设、国家数字经济创新发展试验区（四川）建设，探索四川特色高水平高职院校和高水平专业群建设的实施路径。

参考文献

［1］徐春红.“双高计划”建设背景下旅游类专业群建设思路与实践[J].中国职业技术教育，2019（35）：31－35.

［2］张玲，魏丽萍，马宁.“双高计划”建设的实施路径探讨与分析[J].中国职业技术教育，2019（22）：5－11.

［3］宋亚峰，潘海生，王世斌.“双高计划”建设院校的专业布局与生成机理[J].江苏高教，2021（02）：112－118.

［4］杨顺光，石伟平.“十四五”时期高职教育深化改革的主要原则、关键任务与推进策略[J].教育发展研究，2021，41（07）：38－43.

旅游管理专业毕业生就业现状与择业观调查及分析
——以四川师范大学为例

[作　者] 张　炬　钟玉洁　陈盛焱（四川师范大学）

摘　要： 2021 年全国高校毕业生总数再创新高，加上新冠肺炎疫情对我国旅游业的巨大冲击，地方高校旅游管理专业毕业生面临严峻的就业形势。在对四川师范大学旅游管理专业近年来的就业情况的调研基础之上，主要运用问卷调查法和访谈法，通过 spss26.0 统计软件的数据交叉分析对其毕业生的择业观进行描述和分析，从择业认知、择业倾向、择业态度三方面探讨影响因素并提出促进其就业的相关建议。

关键词： 就业现状；择业观；旅游管理；四川师大

引言

目前我国地方高校旅游管理专业面临严峻的就业形势，大批毕业生未能如期就业。原因之一在于高等教育普及化使高校毕业生规模大幅上涨，2021 年全国普通高校毕业生人数首次突破 909 万人，毕业生就业市场已供大于求。其次，旅游管理专业毕业生的就业与旅游行业发展密切相关。由于新冠肺炎疫情对我国旅游业造成巨大冲击，2020 年国内游客仅为 28.8 亿人次，较 2019 年下降 52.1%。国内旅游收入 22286 亿元，下降 61.1%。据世界旅游城市联合会（WTCF）发布的《新冠肺炎疫情下世界旅游业的恢复与发展报告》，目前全球绝大多数国家对旅游业采取了各种限制措施，"导致全球旅游行业损失 1 亿至 1.2 亿个直接工作机会"。国内旅游企业近期也被迫大规模裁员或倒闭，旅游行业人才需求急剧减少。

然而除上述外部因素之外，旅游管理专业毕业生自身择业观与社会现实之间的冲突也是影响其就业的重要原因。通过查阅全国地方高校旅游管理专业和四川师大旅游管理专业历年相关就业数据，"流失率高"、"相关率低"、"行业认可度低"等一系列问题长期以来都困扰着旅游管理专业毕业生的就业。本文针对2017级四川师大旅游管理专业应届毕业生择业观进行问卷调查，从择业认知、择业倾向、择业态度三方面进行分析，以期全面了解其择业观并提出相关对策。

1 四川师范大学旅游管理专业毕业生近三年就业情况

1.1 专业对口率低

2017、2018、2019年四川师大旅游管理专业的毕业生人数分别为65人、77人、65人，其中毕业后首次就业与旅游专业对口的人数分别为26人、33人、31人，占比分别为40%、42.9%、47.7%。虽然最近三年专业对口率在逐年缓慢上升，但专业相关度仍不到50%，超过一半的旅游管理专业毕业生没有在旅游业就业。

1.2 就业方向较窄，工作选择单一

在旅游业内就业方向中，酒店和旅行社目前仍是吸收旅游管理专业毕业生人数最多的就业机构，毕业生大多选择在酒店工作，其次是选择旅行社与文化传播企业。大多数的毕业生旅游就业类型为旅游核心产业，对旅游特征产业就业和旅游经济就业的接触程度较浅。在其他行业就业的毕业生分布在各行各业，大多数是去培训机构，其次是去互联网、电脑科技等相关的公司发展。

表9-6　旅游行业就业情况

	2017	2018	2019	总计
酒店	12	7	7	26
旅行社	3	4	6	13
文化传播	3	5	5	13
深圳观澜高尔夫球会	0	3	2	5
营销策划	1	1	1	3
导游	0	0	4	4
旅游规划、旅游策划	1	3	0	4
海外旅游	2	1	1	4

	2017	2018	2019	总计
旅游+互联网	0	3	2	5
职业技术教育学校	0	2	1	3
度假区	0	2	0	2
其他	4	2	2	8
总计	26	33	31	

表9-7 其他行业就业情况

	2017	2018	2019	总计
培训机构	5	12	10	27
电脑、信息、网络科技	11	10	5	26
房地产	1	3	2	6
医药科技	4	3	0	7
保险	5	1	0	6
银行	3	2	0	5
物业	1	1	2	4
小学教育	0	1	2	3
资产、企业管理	0	2	1	3
汽车	1	1	0	2
证券	2	0	0	2
自主创业	0	2	0	2
其他	6	6	12	24
总计	39	44	34	

1.3 就业地域集中

旅游活动的顺利开展需要旅游基础设施的支撑，由于旅游资源及社会经济发展等因素，经济环境较优越的地区例如东部沿海一线城市的旅游业就业机会较多。然而在对四川师大旅游管理专业毕业生的调查中发现，在就业地域的选择上，北上广等传统一线城市已不是毕业生首选，相比选择高强度生活节奏的一线城市，成都重庆等新一线城市反而是更好的选择。33.96%的毕业生选择在北上广等一线城市，52.83%的毕业生选择在新一线城市就业，有9.43%的毕业生选择在二、三线城市就业，仅有3.77%选择在离家近的小城市。

2　择业观问卷调查对象与方法

2.1　对象

以四川师范大学历史文化与旅游学院旅游管理专业2017级应届毕业生为调查对象，其中男性16人，女性52人，男女比例为1∶3.25，符合四川师大旅游管理专业毕业生的性别比例。所调查的问卷中参加自主实习的调查对象为46人，参加集中实习的为22人。

表9-8　问卷基本情况

学校	班级	学生总人数	完成问卷人数
四川师范大学	2017级旅游管理5班	39	36
四川师范大学	2017级旅游管理6班	37	32

2.2　方法

通过微信小程序问卷星对毕业生的择业观进行问卷调查，主要对包括基本信息、择业认知、就业倾向、择业态度、择业影响因素这五个方面进行调查。问卷调查和访谈的时间为2021年3月，问卷调查发放69份，回收68份，其中有效问卷68份，有效回收率达98.6%。问卷设置时每个问题都是必填题目，因此没有缺失数据，样本量少，无须剔除无效数据。该问卷共计30道题，68位调查对象都认真作答，其中回答问题最短的时间为121秒。用spss26.0统计软件包进行数据处理，通过数据交叉分析的方式，进行数据的描述和分析。

表9-9 "性别"与"未来择业打算"交叉表

"性别"与"未来择业打算"交叉分析								
			未来的择业打算					总计
			工作	考研保研	考公务员	自主创业	其他	
性别	男	计数	12	3	0	1	0	16
	女	计数	22	17	11	1	1	52
总计		计数	34	20	11	2	1	68

3 四川师大旅游管理专业毕业生择业观调查结果

3.1 性别和择业打算的关系

75%的男性调查对象选择去工作，而女性只有42.3%的人选择去工作，还有32.7%的人选择考取研究生或将要攻读研究生，男性与女性比例大约为1：3，但女性保研或考研和考公务员这两方面的数量远高于男性的3倍，选择考公务员的11名同学中，全部为女性。男性和女性选择工作的意愿与社会传统价值观相近，男性愿意更早地进入社会工作，而女性更偏向攻读硕士或者是找到一份安稳的工作。

3.2 兴趣程度与不满意课程原因

调查结果显示许多同学对课程设计不满意，其中为排除由于本身就对专业不感兴趣，由此可能对课程满意程度有偏见，因此在不满意的原因中，又将"对本专业兴趣程度"进行了区分。由于不满意课程设置的人中没有"非常不感兴趣的同学"，因此忽略。

表9-10 "旅游专业感兴趣程度"与"不满意课程设置的原因"交叉表

"旅游专业感兴趣程度"与"不满意课程设置的原因"交叉分析

		不满意课程设置的原因（多选）						总计
		基础课程过多	课程范围太广太杂	理论强实践少	教学内容与企业需求脱节	专业性不强	老师教得不好	
旅游管理专业的兴趣程度	非常感兴趣	0	4	4	2	2	0	4
	比较感兴趣	3	10	9	8	7	3	13
	一般	3	20	23	18	18	2	30
	不太感兴趣	1	5	4	6	5	1	6
总计		7	39	40	34	32	6	53

通过表9-10可以了解，在问及"您满意旅游专业的课程设置吗？"68名调查对象中有53人选择"一般、不太满意、不满意"，通过继续对这53人询问"您不满意课程设置的原因"，将不满意课程设置的原因和对该专业的兴趣程度做交叉分析，发现不论是否对本专业感兴趣，喜欢该专业的人也大多数认为课程太广太杂，缺少实践意义；不喜欢该专业的人似乎对该专业不满的方面更多，不仅包括课程又广又杂，还认为与企业脱节、专业性不强，少数人认为老师教授得不好。因此，不论同学们是否喜欢本专业，在不满意课程的方面，实践太少和课程范围太广都是其首要原因。

3.3 未来工作与实习方式的关系

表9-11 "未来择业打算"、"实习方式"与"未来选择工作"交叉表

"未来择业打算"、"实习方式"与"未来选择工作"交叉分析

未来选择的工作			实习方式		总计
			自主实习	集中实习	
与旅游管理相关	未来的择业打算	工作	9	10	19
		考研、保研	6	0	6
		考公务员	3	1	4
		自主创业	1	0	1
总计			19	11	30

续表

与旅游管理无关	未来的择业打算	工作	6	9	15
		考研、保研	14	0	14
		考公务员	5	2	7
		自主创业	1	0	1
		其他	1	0	1
	总计		27	11	38

在选择自主实习的调查对象中,未来愿意在相关专业工作或读研等方面的有19人,在旅游无关方面的有27人。最开始选择自主实习的调查对象在未来更加不可能选择与旅游业相关的行业,但集中实习对调查对象未来是否选择旅游业似乎影响不大。自主实习的调查对象多数更愿意参加研究生考试,其中20人想要或已经考取研究生,仅有6人愿意攻读本专业,其余更倾向于跨专业考研。或许正是由于最开始有考研的想法,因而选择自主实习,方便自己有更多时间学习。选择集中实习的调查对象大多数没有考研意愿。

表9-12 从事相关工作的原因

	个案数	百分比
不愿从事旅游相关工作的原因（多选）		
工作辛苦	19	14.8%
升职希望渺茫	13	10.2%
职业不稳定、不规律	30	23.4%
家人不喜欢	4	3.1%
社会上评价不好	6	4.7%
人际关系复杂	6	4.7%
薪酬待遇低	20	15.6%
吃青春饭	9	7.0%
其他	7	5.5%
准备考研、考公、考编	14	10.9%

	个案数	百分比
总计	128	100.0%
选择从事旅游业的原因（多选）		
旅游行业的热爱	13	25.5%
旅游行业发展势头良好	12	23.5%
更多的实现个人价值的机会	12	23.5%
家人朋友的推荐等	2	3.9%
有"钱"途	8	15.7%
其他	4	7.8%
总计	51	100.00%

3.4 愿意从事和不愿从事旅游的原因

调查结果显示愿意选择未来从事旅游相关工作的有30人，不愿在旅游业工作的有38人。问卷调查中通过多选题分别询问其原因，重要性依次为：自我因素，家长，同伴，社会舆论，学校，老师等。择业价值取向中的自我价值突出，自我因素中最多的还是出于对旅游专业的热爱，认为可以实现个人价值和发展机遇良好。不愿意从事旅游工作的学生，首选原因是职业不稳定，同时认为薪资待遇不高，工作辛苦。

4 建议

通过对四川师大旅游管理专业毕业生择业观及其影响因素的分析，提出以下建议和对策以期提高毕业生的就业成功率和专业相关度。

4.1 加强就业指导，帮助学生树立正确的择业观

择业观影响着旅游管理专业毕业生能否正确选择职业和顺利就业。择业观和择业行为的产生，不仅是学生个人，也是学校教育共同作用的结果。调查结果显示四川师大旅游管理专业2021应届毕业生中有63.24%的同学职业规划模糊，因此学校应尽早提供就业指导，帮助学生做职业规划，为学生安排就业导师。

学校和教师应帮助学生树立正确的择业观，不要好高骛远，积极面对旅游业

就业环境，对自身能力与个人职业发展有一个正确的评估。例如对不满意薪资福利的同学，可鼓励其重视培养自身的能力以及在行业中的长远发展。对于心理焦虑的同学，提供心理辅导，缓解其心理压力，让其勇敢地踏出就业第一步。

4.2 改革课程设计，加强校企合作

此次问卷调查中将"不满意课程设置的原因"和"对该专业的兴趣程度"做交叉分析，发现无论是否对专业感兴趣，调查对象大多认为课程范围太广，与企业实践脱节，专业性不强；课程设计里公共课占比过多，理论课过多，专业实践课占比较少。应对课程设计进行改革，减少公共理论课所占比重，增加专业实践课，尤其是专业特色选修课的数量。要重视对学生一技之长的培养，不然很容易陷入"门门都会，门门不精"的尴尬处境。而在对学生自身能力进行侧重培养的选择上，校企合作就尤为重要。学校应当加强与旅游企业合作，在课程设计开发上积极改革以学校和课堂为中心的传统人才培养模式，在教学实践资源上充分实现优势共享，将校内课堂学习专业理论知识与参加企业实践获取基本技能相结合，从而实现"教、学、做"三者统一的教学模式。

表 9 - 13　不满意课程设置原因和旅游管理兴趣程度交叉分析

您对所学的旅游专业感兴趣吗？ ＊您不满意课程设置的原因交叉表

			不满意课程设置的原因（多选）						总计
			基础课程过多	课程范围太广太杂	理论强，实践少	教学内容与企业需求脱节	专业性不强	老师教授得不好	
旅游管理专业的兴趣程度	非常感兴趣	计数	0	4	4	2	2	0	4
	比较感兴趣	计数	3	10	9	8	7	3	13
	一般	计数	3	20	23	18	18	2	30
	不太感兴趣	计数	1	5	4	6	5	1	6
总计		计数	7	39	40	34	32	6	53

4.3 提升集中实习质量

本次调查通过将"实习方式"和"未来从业是否与旅游业相关"进行交叉

分析，发现在最开始选择自主实习的同学在未来更加不可能选择与旅游业相关的行业，但集中实习对同学们未来是否选择旅游行业似乎影响不大。部分原因在于集中实习时少数的实习单位对实习生很不友好，降低了他们的实习满意度。因此在安排专业实习时应尽量让更多的毕业生参加集中实习，安排岗位轮换制度，让毕业生明确自身优势，有利于将来更好地择业。

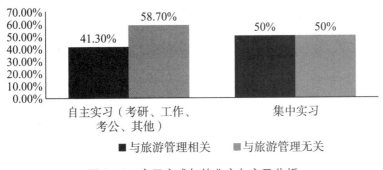

图9-4　实习方式与从业方向交叉分析

5　结语

旅游管理专业就业相关率低，留不住学生在本专业就业，同时学生也对本专业不太满意。学生自身、父母、同伴、社会、学校、实习经历等都影响着旅游管理专业毕业生的就业选择。对旅游管理专业毕业生而言，在积极应对新冠肺炎疫情对旅游业就业的挑战的同时，不仅应考虑充分发挥自身的专业优势，也需要在高等教育普及化时代及时调整自己的就业范围和就业期待。对旅游院校来说，应该紧密结合旅游管理专业学生的就业意愿，充分挖掘旅游行业的就业资源、拓展新的就业空间，从人才培养模式到就业指导等各个方面为大学生提供更多机会。学校首先应当让学生对旅游专业就业前景有正确清晰的认知，其次应进行课程改革、增加就业指导、提高集中实习质量，营造良好的社会氛围。

问卷调查的最后让调查对象对四年学习经历打分，7人选择60分以下，28人选择60—70分，25人选择70—80分，7人选择80—90分，1人选择90—100分，这样的结果值得我们深思。

参考文献

［1］Bahcelerli N. M. , Sucuoglu E. . Undergraduate Tourism Students´Opinions Regarding the Work Conditions in the Tourism Industry［J］. *Procedia Economics & Finance*, 2015, 26: 1130－1135.

［2］Seyitoğ Lu F , Çakar, Kadir. Tourism education and internships: a metaphor analysis ［J］. *Journal of Teaching in Travel & Tourism*, 2017: 1－12.

［3］Yusof M. F. M. , Wong A. , Ahmad G. , et al. Enhancing hospitality and tourism graduate employability through the 2u2i program［J］. *Worldwide Hospitality and Tourism Themes*, 2020, ahead－of－print（ahead－of－print）.

［4］田夏. 旅游管理专业本科毕业生就业状况分析与对策研究［D］. 对外经济贸易大学, 2017: 13－15.

［5］杨钊, 朱其静, 翟柳婷, 尹寿兵. 高校旅游管理专业毕业生的职业路径调查——以安徽师范大学为例［J］. 湖北文理学院学报, 2020, 41（11）: 45－50＋57.

［6］王亚辉, 李莹, 李思同. 旅游管理类专业本科毕业生职业变迁研究———一种逻辑回归的实证［J］. 湖南财政经济学院学报, 2020, 36（06）: 61－72.

以国家级一流课程旅游学概论引领旅游管理专业本科人才培养的模式创新暨实践

［作　者］傅广海（成都理工大学 旅游与城乡规划学院）

摘　要： 针对大学课堂教学的软肋和短板，以金课建设为引领，创新并实施了旅游管理专业本科人才培养"1－3－3"模式："以学生发展为中心"，通过金课、精品教材、优秀教学团队的"三建设""和线上与线下、课内与课外、实训与竞赛的"三结合"教学创新，实现了课程、教材、教师团队水平全面提升。构建了集"教材－线上资源－慕课堂－虚拟仿真平台"于一体的线上线下立体化教学环境；以新时代国家战略需求为导向，将思政元素映射融入专业课程，让学生从专业成才到精神成人。

关键词： 金课建设；教学创新；"1－3－3"模式；旅游管理

1　成果概况

本成果贯彻"三全育人"方针，融入"以学生发展为中心"的教育理念，以打造一流系列"金课"为导向，聚焦课程设计和教学方式创新，将信息技术与教学过程深度融合，重构教学流程，优化教学内容，实现科研教学良性互动，取得了显著的实践成效。

本成果构建了一中心三建设三结合"1－3－3"模式，即以"以学生发展为中心"，以"系列金课建设"为抓手和引领，以"系列精品教材建设"为支撑和辅助，以"师资与教学团队建设"为基础和保障，实施"线上与线下"相结合、"课内与课外"相结合、"实训与竞赛"相结合，实现课程、教材、教法协同优化，培养具有创新能力的旅游管理类本科人才。

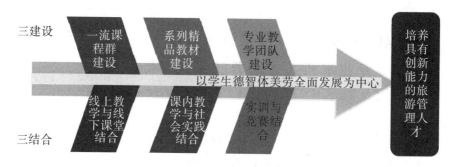

图9-5 一中心三建设三结合"1-3-3"模式

主要解决了以下教学问题：

①从思想上和行动上解决了"重建设、轻维护；重单一，轻系列"的课程建设问题。通过课程设计和教学方式上的迭代更新，从旅游管理专业课程体系出发，建设"国家级-省级-校级"系列金课。目前已建成2门国家级、4门省级、4门校级的专业系列金课，被全国多个高校使用，具有较高的显示度和影响力。

②从思想上和行动上解决了"重课程，轻教材；重主干、轻辅助"的教材建设问题。围绕系列金课持续进行配套教材建设。目前已经出版4部金课主要依托教材，14部金课辅助教材，实现了"课程教材一体化"。其中，三门教材已经第二次出版。

③从思想上和行动上解决了"重个人，轻团队；重科研、轻教学"的教学团队建设问题。围绕系列金课持续进行师资水平提升与教学团队建设。目前教学团队拥有2名四川省学术和技术带头人后备人选、3名海外高层次留学人才、4名四川省旅游业青年专家、6名四川省专家服务团专家、1名校级教学名师、1名校级师德标兵。

④解决了"重课堂，轻课外；重理论，轻实践"的学生创新能力培养问题。通过"线上+线下课程的混合式教学、校内课堂教学+校外社会实践、专业实训+学生竞赛"，增强了学生学习兴趣和获得感，拓展了学生视野，培养了学生的创新思维和创新能力。教学实践取得了优异成绩，学生连续三届获四川省互联网+大学生创新创业大赛佳绩、连续四届荣获四川省"挑战杯"大学生大赛二等奖等，连续两届荣获"远华杯"全国大学生会展创意设计竞赛特等奖。

爱课程平台国家级精品视频公开课——遗产型旅游景区建设与管理	爱课程平台国家级线上线下混合式一流课程——旅游学概论	爱课程平台在线开放课程——国家公园管理	学银在线平台MOOC——旅游学概论	学堂在线MOOC——会展旅游及实训
学银在线MOOC——会展旅游及实训	学银在线MOOC——创新创业教育	学银在线平台四川省课程思政示范课——旅游规划与开发	泛亚－超星SPOC——遗产型旅游景区建设与管理	
爱课程SPOC——旅游规划与开发	爱课程SPOC——旅游目的地管理	爱课程SPOC——旅游度假区建设与管理	爱课程SPOC旅游电子商务	

图9-6 教学团队建设的"国家级－省级－校级"系列金课

上述课程的设计贯彻"以学生发展为中心"的教育理念。"线上＋线下"的教学模式，实现教学过程的师生之间、生生之间的智慧互动。使学生的学习既有记忆、理解、应用的初级认知又有分析、评价、创造的高级认知。

在线开放课程《旅游学概论》《遗产型旅游景区建设与管理》《旅游规划与开发》《会展旅游及实训》还被省内外多所学校选为开展混合式教学的线上课程。

据超星平台示范教学包统计，有221所学校的教师利用超星MOOC平台的《会展旅游及实训》课程资源开展线上与线上混合式教学。有43所学校的教师引用《旅游规划与开发》课程资源开展线上与线上混合式教学。

通过线上线下混合式教学，努力实现课程内容前沿性和时代性、教学形式先进性和互动性、学习结果的探究性和个性化的期望目标。

2 系列金课建设，提高课堂教学质量

以国家级线上线下混合式一流课程旅游学概论、省级精品在线开放课程遗产型旅游景区建设与管理和校级在线开放课程旅游开发与规划、会展旅游及实训、创新创业教育、校级 SPOC 旅游目的地管理、校级 SPOC 旅游度假区建设与管理、校级 SPOC 旅游电子商务组成的课程群作为开展课堂革命的基础，创新教学方法和手段，形成线上线下的混合式教学模式。依托网络学习空间自动记录学生的学习过程，同步进行教与学的状态分析，创新了教学管理方式。基于网络环境，将多种现代多媒体技术应用于在线课程中，构建立体的互动式教学环境，强化过程管理，提高教学水平和人才培养质量。

2.1 线上教学手段的运用

《在旅游学概论》《遗产型旅游景区建设与管理》《旅游规划与开发》《会展旅游及实训》《创新创业教育》《旅游目的地管理》《旅游度假区建设与管理》《旅游电子商务》等课程的授课过程中灵活使用多个教学平台，着力构建立体化、互动式教学环境，同步"教"与"学"，强化过程管理，形成了线上线下混合式教学模式。

2.2 翻转课堂的运用

要求学生在课前学习线上课程的相应单元，课堂上针对重难点进行答疑解惑。学生从被动接受知识转变为主动攫取知识，从而加深了对概念和知识的理解。比如讲解旅游者形成的主客观条件时，学生在课前预习线上课程的相关单元知识，教师让学生分组讨论，在什么情况下会选择旅游，是不是有钱有闲的情况下一定会旅游，旅游会去哪里，影响旅游目的地选择的因素有哪些？旅游目的地为了吸引游客可以做哪些营销工作？这样既能增加教师与学生的互动，还促进了学生的深入思考，深度剖析现象背后的原因，同时也培养了团队沟通与协作能力。

2.3 任务驱动教学法的运用

任务驱动教学法即在教师指导下，将具有一定难度的任务交由学生来处理。如在会展活动实训课程中，结合 2019 中国（四川）大熊猫国际生态旅游节，给学生布置宣传大熊猫保护的快闪活动策划任务，将 30 名学生分为策划组、外联组、舞蹈组和后勤组等四个小组。一周之内，学生不仅完成了高质量的活动策划案，而且成功地实施了快闪活动，收到了良好的宣传效果。

2.4 科研反哺教学

课程团队成员将旅游科学研究成果（李晓琴：国家社会科学基金西部项目－西部低碳旅游景区评价指标体系及发展模式研究，项目编号：11XJY022；梅燕：国家社会科学基金一般项目—西南民族地区旅游开发的生态补偿机制及其评价体系研究，项目编号：15BMZ055；傅广海：①参与遗产型旅游景区海螺沟的管理工作的经验和理论反思的专著——《基于生态文明战略的国家公园建设与管理》、②对汶川大地震遗址区十年追踪调研的专著——《5·12 汶川特大地震遗址区旅游开发研究及震后旅游的社会经济效应分析》、③引入中国旅游发展新概念"互联网＋"和"全域旅游"新教材——旅游学概论；以及教学团队其他成员的科研成果，见支撑材料）融入《旅游学概论》《旅游规划与开发》《国家公园管理》等课程的线上和线下课堂教学中，一系列生动的案例，启发了学生的科学思维和创新意识。

2.5 优质在线开放课程的推广应用

2016 年以来，教学团队成员利用参加各种高等教育教学、教改研讨会及其他会议的机会，通过论坛发言、会议朋友圈分享等形式，将国家级精品视频公开课《遗产型旅游景区建设与管理》、省级精品在线开放课程《旅游学概论》和《遗产型旅游景区建设与管理》、校际共建在线开放课程《会展旅游及实训》向与会教师推广，呼吁共享线上资源，开展线上线下混合式教学。

2017 至 2020 年四年中，学银在线 MOOC 平台上《旅游学概论》课程和《会展旅游及实训》课程分别为上海财经大学浙江学院有 70 名学生、成都信息工程大学银杏酒店管理学院旅游管理系 487 名学生、乐山工程技术学院旅游管理专业 35 名学生、三江学院旅游管理专业 110 名学生、福建农林大学金山学院 17 级旅游管理专业 57 名学生、周口职业技术学院文化教育学院旅游酒店管理专业 37 名学生、成都银杏酒店管理学院会展经济管理专业 17 名学生、云南普洱学院酒店管理专业的 122 名学生、罗定职业技术学院的 42 名学生、无锡城市职业技术学院旅游管理专业的 51 名学生单独设班。

2019 年以后，《旅游学概论》《国家公园管理》又陆续在中国大学 MOOC 平台上线。截至 2021 年 5 月 5 日，中国大学 MOOC 平台上成都理工大学《旅游学概论》和《国家公园管理》最近一期的选课人数分别达到 3418 人和 5114 人。

2018 年，教改成果——《新学习生态背景下旅游类专业人才培养的"三位一体"教学创新》获四川省政府颁发的四川省第八届高等院校教学成果一等奖。

3 教学团队积极为地方服务，为治国理政建言献策

教学团队中的徐胜兰副教授和肖晓教授，在积极为地方服务和为治国理政建言献策方面做出了显著成绩，为《旅游学概论》《旅游规划和开发》等课程的课堂教学贡献了鲜活的案例（见支撑材料）。2015 年，徐胜兰副教授撰写的秦巴山区旅游扶贫调研报告荣获国家领导人、国务院总理肯定性批示。2016 年，徐胜兰副教授撰写的康定旅游扶贫调研报告荣获四川省委、省委统战部长肯定性批示。2017 年，徐胜兰副教授撰写的成都大熊猫品牌价值转换调研报告，获得成都市副市长傅勇林肯定性批示。2019 年，肖晓教授撰写的关于发展成都工业遗产旅游的建议的调研报告获副省级领导批示。2019 年，唐勇教授课题组撰写的《提升四川入境游发展水平，建设世界重要旅游目地对策研究》报告由四川省文化和旅游厅以内部资料报送杨兴平副省长，为四川省委省政府出台《优化旅游环境捉升入境游水平的实施意见》提供了重要依据。2018 年，梅燕教授的项目组编制的《阿坝州红原县下哈拉玛村乡村旅游发展扶贫规划》被国家旅游局评为"全国旅游扶贫规划示范成果"，被四川省旅游发展委员会评为"四川省旅游扶贫规划示范成果一等奖"。2018 年，梅燕教授所承担的四川省"十三五"重大旅游规划项目《大成都国际都市休闲旅游目的地规划》被评为四川省首届旅游规划优秀成果。上述成果作为鲜活的案例，反哺教学，理论联系实际，增加了学生学习兴趣，提高了课堂教学效果。

4 创新创业教育见成效

系列金课与丰富的课外社会实践活动，不仅使学生获得了专业知识，而且提升了学生的社会科学研究和创新能力。学生依托教学团队科研项目立项的省级和国家级大学生创新创业项目分别涉及红色文化融合创新发展、乡村旅游扶贫、民族山区旅游经济发展、新时代新科技融入旅游创新开发等方面，让学生深入领悟了脱贫攻坚、生态文明、美丽乡村、红色传承的意义。

2018 年以来，教学团队已在阿坝州黑水县和红原县、宜宾市高县、广元市旺苍县和苍溪县、都江堰柳街镇等地围绕红色文化与乡村旅游资源开发、全域旅游示范区及 A 级景区创建、规划落地与项目实施指导、脱贫攻坚与乡村振兴培训等进行了长期跟踪帮扶，积极开展"以宜宾市高县丛木村乡村旅游规划调研报告为主题的大学生暑期三下乡活动"、"高校参与下策划和实施的都江堰柳街绿道赏花节大型活动"等"高校＋地方"结对扶贫主题实践活动。

5 解决教学问题的方法总结

对金课建设上存在的四个问题（重申报，轻更新迭代，轻推广；重视单一金课建设，忽视支撑专业培养目标实现的系列金课建设；重视专业基础课和核心课的金课建设，忽视拓展学生科学思维、人文精神的专业选修课建设；习惯于线下课堂教学，不钻研线上线下混合式教学），我们教学团队的具体做法是：

5.1 "国家级－省级－校级"系列金课提升课程质量

针对中国大学课程普遍存在的短板、瓶颈、软肋，本团队将系列金课建设作为长期任务，基于爱课程、学银在线、学堂在线等平台，建成了由 8 门旅游管理类专业课程构成的"国家级－省级－校级"系列金课群，教学相长，师生能力共建，大幅度提升了课程质量和旅游管理专业人才培养水平。

即使是已经认定为国家级精品视频公开课的《遗产型旅游景区建设与管理》，也坚持与时俱进，进行微课化改造，以适应学生自主学习的需要和 MOOC 的标准，并结合我国新时代生态文明战略和国家公园体制改革进程，对课程内容进行重构和迭代更新，在中国大学 MOOC 平台上率先推出宣传国家公园理念的在线开放课程《国家公园管理》。

以国家级线上线下混合式一流课程《旅游学概论》为例，2007 年至 2020 年，课程持续更新，不断完善。

表9－14　《旅游学概论》线上课程更新迭代时间线

时间	2007 年	2012 年	2017 年	2019 年	2020 年
课程认定	四川省精品课程（成都理工大学天空教室平台）	四川省精品共享课程（成都理工大学泛亚－超星教学平台）	四川省精品在线开放课程（学银在线MOOC 平台）	四川省精品在线开放课程（学银在线MOOC 平台、中国大学MOOC 平台）	国家级线上线下混合式一流课程（全国共两门旅游类课程）
结构优化、内容重构	增加练习题和结课考试题	更新练习库、作业库、试题库；设置线上讨论模块	适应在线自主学习的系列微课程重构	增加"互联网＋"、"全域旅游"、"旅游研究方法"的新内容	增加了"综合讨论区"；增加了单元作业的学生互评模块
授课视频录制	利用教室录像设备，自主录制	由本校传播科学艺术学院专家录制全程上课视频	由学校招标的专业公司进行分知识点的微课录制	部分课程单元重新录制微课，增加字幕	全部课程单元重新录制微课，增加字幕

5.2　"多平台＋多技术"应用提升课堂教学质量

基于网络环境，将多种现代多媒体技术应用于在线课程教学，着力构建立体化、互动式教学环境，同步"教"与"学"，强化过程管理，形成了线上线下混合式教学模式。

通过使用多种 MOOC 教学平台，实现了课堂教学面授与利用智能手机进行师生互动的无缝链接。学生的课堂参与度大大提高，课堂学习氛围得到增强。教学团队积极发挥虚拟现实技术的应用，通过虚拟现实教学综合实训实验室实践条件和实践基地建设、旅游规划与开发 VR 课程建设、大数据与智慧旅游课程开发等 3 个教育部产学研协同育人项目，已建成以虚拟仿真为核心的虚拟现实教学综合实训实验室，包括我国 300 多个地区的自然人文虚拟景区、360 度全景导览、酒店运营虚拟系统等软件。可让学生通过模拟仿真体验的方式，从认识旅游景区现状，到旅游资源调查，再到动手设计策划，能够达到操作的一贯性、便利性和可视性，从而扩大学生知识面，提高学生兴趣，增强学生动手能力；让学生在虚拟现实教学中，认识祖国大好河山，增加爱国情怀，并以模拟实战的方式直接参与解决实际问题，增强责任心和对大自然的敬畏感。

教师的教学方法手段丰富多样，教学能力显著提升，在教改论文、教学竞赛等方面取得丰富的教学成果。其中，2018 年，教改成果——《新学习生态背景下旅游类专业人才培养的"三位一体"教学创新》获四川省政府颁发的四川省第八届高等院校教学成果一等奖（川府函〔2018〕64 号）。

5.3 教学团队主编的系列教材（专著）支撑金课建设

十多年来，教学团队重视教材（专著）的编著，并围绕系列金课出版了 4 门主要依托教材：《旅游规划与开发》（高教出版社，2021 年第二版）、《旅游学概论》（科学出版社，2019 年）、《会展与节事旅游管理概论》（北京大学出版社，2015 年第二版）、《基于生态文明战略的国家公园建设与管理》（西南财经大学出版社，2014 年）；14 门金课的辅助参考教材：《横断山国家公园旅游地学研究》（2018 年）、《城乡规划原理》（2017 年）、《主题酒店创意与管理》（2018 第二版）、《城乡规划概论》（2020 年）、《地震纪念性景观对震区地方感建构的影响研究》（2019 年）、《自然保护区旅游地学资源及保护性开发研究》（2016 年）、《自然保护区旅游开发的生态补偿机制研究》（2016 年）、《灰色大地——美国灾难与灾害景观》（译著，2016 年）、《低碳旅游景区评价指标体系及发展模式研究》（2015 年）、《西部地区文化产业发展研究与实践》（2015 年）、《旅游地理学》（2013 年）、《导游英语实务》（2013 年）、《旅行社经营管理》（2015 年）、《职场礼仪——职场生存与发展的智慧》（2014 年）。

5.4 "推广示范＋校际交流"扩大金课的溢出效应

教学团队负责人傅广海老师每年利用参加各种高等教育教学、教改研讨会及其他会议的机会，通过论坛发言、会议朋友圈分享等形式，将《遗产型旅游景区建设与管理》《旅游学概论》《会展旅游及实训》向与会教师推广，呼吁共建共享线上资源，开展线上线下混合式教学。

6 成果的创新点

6.1 以"以学生发展为中心",构建"1—3—3"高质量本科创新人才培养模式

成果以"以学生发展为中心",通过金课、精品教材、优秀教学团队的"三建设"和线上与线下、课内与课外、实训与竞赛的"三结合"教学创新,实现了课程、教材、团队水平全面提升;将旅游管理与城乡规划、资源环境等学科理论、方法、技术进行深度交叉融合,深入推进新文科建设。

6.2 以国家一流课程《旅游学概论》为引领,打造系列金课和系列教材

以国家级线上线下混合式一流课程《旅游学概论》为引领,打造国家级视频公开课和省级精品在线开放课程《遗产型旅游景区建设与管理》、省级思政示范课程《旅游规划与开发》和校级精品在线开放课程《会展旅游及实训》《创新创业教育》《旅游目的地管理》《旅游度假区建设与管理》《旅游电子商务》等系列课程,形成一批涉及专业基础课、核心课和选修课的"国—省—校"级系列金课。编著了与课程相配套的高质量教材,构建一个集"教材—线上资源—慕课堂—虚拟仿真平台"于一体的线上线下立体化教学环境。

6.3 以新时代国家战略需求为导向,将思政元素映射融入专业课程

结合"生态文明、乡村振兴、美丽乡村、文旅融合、红色传承、旅游扶贫"等时代任务,自觉将家国情怀、服务社会、可持续发展等课程思政元素融入课堂教学。

参考文献

[1] 吴岩. 建设中国"金课"[J]. 中国大学教学,2018(12):4-9.

10

饭店专题

四川旅游住宿业发展历程与转型升级研究

［作 者］李 原（四川大学旅游学院）

摘 要： 改革开放以来，四川紧紧抓住西部大开发的历史机遇，不断推进旅游资源优势向旅游经济优势的转化，旅游住宿业是旅游产业的支柱性行业，在四川旅游经济万亿级发展征程中发挥了重要的作用，取得了令人瞩目的优异成绩。回顾四十年四川旅游住宿业的发展历程，前后经过了四个发展阶段，形成了一整套适应全省旅游经济发展的需要，自身特色的发展思路，形成了标准引导、多元创新、品牌为要的行业发展特色。在未来发展中，需要关注结构平衡、生产方式变革、产品品质提升、人力资源管理等关键性问题的变革发展。

关键词： 旅游住宿业；星级制度；行业管理；主题酒店；数字化转型

四川是旅游资源大省，改革开放以来，四川大力实施政府主导、旅游经济强省的发展战略，不断推进旅游资源优势向旅游经济优势的转化。旅游住宿业是旅游产业的支柱性行业，四十年来旅游住宿业适应全省旅游经济发展的需要，立足市场，不断开拓，开创性地形成了具有自身特色的发展思路，构建起了以星级饭店为主干，品牌连锁酒店、文化主题旅游饭店、精品酒店、经济型酒店、社会旅馆、乡村酒店、民宿，以及农家乐、牧家乐为枝蔓的住宿业产品体系，形成了标准引导、多元创新、品牌为要的行业发展特色，在四川旅游经济万亿级发展征程中发挥了重要的作用，取得了令人瞩目的优异成绩。

历史需要回顾，现实需要剖析，未来更需要方向，理性分析改革开放四十年来四川旅游住宿业的发展历程和经验教训对未来全省住宿产业发展具有十分重要的意义，更将为数字化时代的产业转型升级，品质提升奠定坚实的基础。

1 四川住宿业发展历程

四川尽管地处西部，但自古便与外部世界保持着非常密切的联系和交流，因此传统住宿业产生的时代久远。隋唐之后，随着中国经济重心南移，四川地区商旅繁荣，对外交流频繁，与此相适应，四川地区各种逆旅、客舍、客栈、鸡毛店快速发展，成为当时在全国具有影响力的地区。

20 世纪以后，在中国一些沿海通商口岸城市，特别是外国人划有租界的城市中，出现了许多由外国人开设的近代酒店，与此同时也逐渐开始了由民族资本兴建旅馆的风气，这股热潮从沿海城市逐步扩散至中西部地区，影响和改变了中国近代酒店的发展。正是在这样的背景之下，20 世纪 30 年代前后，四川近代旅馆业开始发轫，出现了一批经营规模大、管理水平较高的新式旅馆。其中条件相对较好的新式旅馆有成都少城东街的"沙利文饭店"，骡马市街的"中国旅行社成都招待所"，提督西街的"四川旅行社成都招待所"，以及现在仍在作为酒店经营，开业于 1924 年的"春熙饭店"等。

抗战时期，随着大量政府机关、工矿企业和居民迁往四川地区，四川地区新型旅馆的大幅增加，超过了战前 30 年间的总和。但与北京、上海、广州等城市相比较，四川新型旅馆的规模相差很远，成都基本没有客房数在 100 间以上的大型旅馆，全省整体发展水平尚处于较低阶段。

新中国成立后，四川地区修建了一些现代酒店，比较知名的有建于 1957 年的金牛坝招待所，建于 1958 年的锦江宾馆，建于 1951 年的重庆市交际处第一招待所（后改为人民宾馆），新中国成立后改为西南军政委员会交际处第一招待所（重庆宾馆的前身），等等。这些招待所主要承担地方大型会议、当地重要客人和部分外事接待任务。

改革开放后，四川旅游住宿业建设才真正迎来其蓬勃发展的新时代，发展至今大致经历了以下阶段：

第一阶段：旅游住宿业起步阶段（1978 年—1990 年）

随着四川旅游业的兴起和不断发展，旅游住宿设施严重不足的问题制约了四川地区的对外开放和经济发展，为此 1978 年省委、省政府决定由国家投资在成都、重庆各建一座 500 床位的饭店，同时在成都、乐山、灌县、峨眉山和重庆、大足等地选定一些住宿点进行改造和扩建，用于旅游接待服务。由此到 1980 年上半年，四川全省可以满足国际旅游接待的饭店床位数达到 1230 张，发展到 1984 年超过 2000 张，但 1985 年全省接待国际旅游者人数首次突破 10 万人次，旅游住宿发展仍跟不上旅游业发展的速度。1984 年以后，由于改革开放的深化，地方和部门出资新建高档次饭店的积极性普遍高涨。在四川各部门和地方修建的宾馆数量日益增多，档次也越来越高。到 1987 年，全省仅川东、川西两条旅游线上可用于国际旅游者接待的饭店规模超过 31 家，总床位在 11000 张以上，海外旅游者住宿难的问题在大部分地区得到缓解，并在市场中逐渐形成了锦江宾馆、成都饭店、成都大酒店、岷山饭店、金河宾馆、扬子江饭店、雾都宾馆、渝州宾馆、嘉州宾馆、就日峰宾馆等一批具有区域影响力的旅游饭店。

1988 年国家旅游局颁布了《中华人民共和国旅游涉外饭店星级标准》，1993 年国家技术监督局正式发布编号为 GB/T14308—1993 的《旅游涉外饭店星级划分与评定》，这是我国旅游业第一个国家标准。星级制度极大地促进了行业的规范化发展，1989 年锦江宾馆、嘉州宾馆成为首批三星级旅游饭店。这是四川饭店史上具有划时代意义的事件，标志着四川旅游住宿业正式与国际饭店经营管理惯例接轨，开启了专业化、规范化、科学化的管理征程。截至 1991 年底，四川星级饭店数量和客房数量有了大幅度提升，其总体规模均在西部地区排名第一，当年四川星级饭店 29 家，占旅游饭店总数的 32.22%，客房总数 14747 间，实现营业总收入四亿四千多万元，占当年全省旅游总收入的 22% 左右，星级饭店在全省旅游业发展中的基础性产业地位初步确立。

第二阶段：星级饭店高速发展阶段（1991—2000 年）

1993 年，四川省人民政府出台了《四川省政府关于加速四川省旅游业发展有关问题的通知》，并专门批准建立了四川旅游发展基金。政府重视推动了全省旅游业，尤其是基础设施、配套设施的发展，住宿业作为重要的旅游基础设施受到了社会各界的高度重视，四川旅游住宿业以跨越式的态势飞速发展起来。

1996 年四川星级饭店建设取得突破性发展，有了第一家五星级饭店，填补了全省没有高星级饭店的空白，也标志着四川星级饭店的现代化建设进入快速发展的轨道。

发展到 2000 年，四川星级饭店总数达到 179 家，其中五星级 2 家，四星级 3 家，三星级 51 家，二星级 102 家，一星级 21 家，星级饭店占当年旅游饭店总数的 43.87%；与此同时，星级饭店客房总数达到 34183 间，实现营业收入二十亿七千多万元，占当年全省旅游总收入的 8%，平均每间客房收入为 6.08 万元，较 1991 年增长了 1 倍多，表明四川星级饭店的规模、档次、经营管理水平与核心竞争能力有了较大幅度的提高。

第三阶段：行业管理与业态创新阶段（2001—2018 年）

2000 年 3 月，国家旅游局下发了《关于进一步加快饭店星级评定工作的通知》，下放了旅游饭店的星级评定权。1997 年和 2003 年又先后两次对星评标准进行了修订。饭店星级制度改革与星评标准的不断完善，极大地调动了饭店企业的积极性，也推动了各级旅游行政主管部门工作方式的转变，形成了标准引领、专业支撑、合理分工、责权统一的分级管理体制。

2000 年，省委、省政府出台了《关于加快培育旅游支柱产业建设旅游经济强省的决定》，要求"各级党委、政府要增强加快发展四川旅游的责任感"，具体到住宿业建设方面则明确要求"加强星级饭店评定工作，将更多的旅游饭店纳入星级饭店的标准化、规范化管理轨道。继续引进国内外先进的管理模式和经验，提高我省饭店管理总体水平"。为贯彻落实省委、省政府的有关指示精神，四川省旅游局结合四川实际和行业特点，开始启动围绕星级饭店创建与评定工作的管理方式创新。为此专门成立了"四川省旅游饭店星级评定委员会"，制定了《四川省旅游局星级饭店评定规程》《四川省星级饭店评定检查员管理实施意见》《四川省旅游局星级饭店评定操作流程》等规范性文件，形成了一套富有四川特色、行之有效的管理办法和操作程序，得到了全国同行的高度认同。

行业管理的创新变革助推着行业整体专业化素质的提升，仅以 2005 年的数据为例，全省旅游住宿接待设施当年实现总营收 481.44 亿元，占全省旅游总收入 721.26 亿元的 66.75%，住宿业在旅游业中的支柱性行业地位非常突出。

第四阶段：文旅游融合下的转型升级阶段（2019— ）

2018 年四川省组建文化和旅游厅，进入文旅融合发展的新阶段。旅游住宿业是四川文旅融合发展的重要平台，在后疫情期，面对不断变化的新环境、新市场、新渠道、新业态、新技术的挑战，在充满不确定性的情况下，四川旅游住宿业正齐心协力，以创新的姿态整合各种要素，探寻新的发展思路，寻找新的发展机遇，致力于行业整体服务品质的提升，向着转型升级的目标迈进，其美好未来值得期待。

2 四川旅游住宿业发展的成功经验

回顾发展历程不难发现，改革开放四十年来四川旅游住宿业的发展最成功之处可以归纳为以下几点：

2.1 坚持标准引导、重视行业管理创新

星级制度是在解决中国住宿现代化背景下产生的一种与国际接轨的制度设定，在四川旅游住宿业发展过程中，通过持续不断的行业管理改革赋予星评工作更大的权威性、引领性、指导性和凝聚力是一条非常重要的成功经验，为此从2000年开始，省星评委从指导思想上提出了行业管理"三个转变"的工作思路，即由星评检查向星评前的宏观指导转变；由行业管理逐步向行业服务转变；由行政审批逐渐向标准认证转变。并围绕星评制定了"坚持标准、实事求是、促进发展、廉洁高效"的工作原则，逐步形成了完善的"三个阶段十个要点"的星评工作流程，有效地规范了星评程序，强调了过程的重要性，凸显了行业管理工作促进行业整体发展的积极作用。同时，为规范全省星级饭店的发展，2006年省星评委编制了《四川省旅游星级饭店发展战略规划（2006－2020）》，这是全国第一个省级层次的星级饭店发展规范。同时为促进星级饭店建设的专业化，又编制出版了《四川省旅游星级饭店设计建设指南》。

以星评为抓手的行业管理制度创新极大地促进了行业的专业化发展水平，近年来锦江宾馆、成都西藏饭店、岷山饭店、明宇豪雅酒店、禅驿酒店、名人酒店、浮云牧场、无所事事、见素、锦府驿、嘎拉邦噶等酒店、民宿品牌在全国拥有了越来越高的市场影响力和美誉度，展现了四川旅游住宿业的整体专业化素质和产品品质。

2.2 立足四川实际，倡导多元化创新发展

四川地处西部，二十年前和东部发达地区相比，经济发展水平相对滞后，市场发育相对缓慢，饭店的投资和豪华度尚处在落后的位置。但是四川有丰富的自然资源、文化资源和民族风情，这为四川住宿业的设计、建设提供了充足的素材和养分，全省旅游住宿业发展始终坚持扬长避短，走特色化、主题化发展的之路，为此《四川省旅游星级饭店发展战略规划（2006—2020）》明确提出："特色化、主题化的饭店创建模式是提升饭店品质，增强饭店核心竞争力的有效途

径，也是近年来四川星级饭店建设的一条成功经验。在今后的工作中，应坚持这一发展思路，深入研究，认真总结今年相关的经验与教训，形成指导性意见，支持和鼓励全省饭店继续走特色化、主题化的发展道路。"通过不断地探索实践，2004年四川第一次提出了"主题酒店"的概念，并逐渐在理论和实践层面上形成了系统的建设思路，主题酒店成为四川旅游住宿业一张耀眼的名片。成都西藏饭店、京川宾馆、西康大酒店、自贡汇东大酒店、九寨沟星宇国际大酒店等一批主题酒店更相继成为行业主题化建设的标杆型企业。在此基础上，2006年四川省率先着手主题酒店标准的编制，2014年出台了《主题旅游饭店的划分与评定》（DB51/T 1786-2014），并在此基础上，受原国家旅游局委托，编制了国家行业标准《文化主题旅游饭店的基本要求与评价》（LB/064-2017），四川模式走向全国。

四川是农家乐的发源地，四川旅游历来重视乡村旅游建设，尤其是2012年以后乡村民宿发展更是受到了各级政府和旅游行业管理部门的高度重视，形成了具有四川独特气质与风格的发展路径。近年来，龙门山民宿、龙泉山民宿、巴山民宿、川藏线民宿等逐渐在全国形成了品牌效应，以创新土地供给模式，以"民宿照亮乡村"为口号的彭州湔江河谷区民宿集群建设的"柒村经验"更在全国民宿界引起了强烈反响。这一切无不展现了四川旅游住宿业所蕴藏的无穷智慧与勃勃生机。

2.3 重视品质建设，关注本土品牌培养

品质是旅游住宿业的核心竞争力，品牌是旅游住宿业的持续生命力，四川旅游发展历来重视产品品质与品牌建设，尤其是对本土住宿业品牌的扶持与培养。2010年省星评委即着手编制关于饭店管理公司的标准，2014年出台全国迄今唯一的有关饭店管理公司的标准《四川省饭店管理公司等级划分与评定》（DB51/T 1784-2014）。截至2019年，四川产生了8家本土等级饭店管理公司，其中四川锦江酒店管理集团、明宇商旅集团、岷山饭店集团、城市名人酒店集团、华可酒店管理集团、禅驿酒店集团、尚景酒店集团等一大批四川籍的酒店集团不断发展壮大，逐渐走出四川，形成全国性影响，不少集团已跻身中国酒店集团60强之列。

受经济发展水平、旅游资源开发状况和交通局限，四川省在过去很长一段时

期内国际酒店品牌进入力度很小，仅局限在皇冠假日、喜来登、索菲特、凯宾斯基等为数极少的品牌层面。进入 21 世纪以后，随着西部大开发逐见成效，尤其是四川旅游业的高速发展，国际饭店集团纷纷将四川纳入发展战略和空间布局规划之中，品牌进入速度明显加快。因此，为适应大量国际酒店品牌大量涌入四川的实际情况，2014 年省星评委专门编制了《世界饭店集团 200 强名录》，希望在品牌选择与合作过程中给行业以科学的引导，取得了良好的效果。据不完全统计，目前几乎所有中国市场范围内的国际品牌均已进入四川，尤其是丽兹·卡尔顿、四季、康拉德、JW 万豪、君悦、华尔道夫、费尔蒙等国际一线品牌的进入，标志着四川酒店市场已进入国际化竞争的时代。

3 转型升级的任务

面对充满不确定性的未来，要求四川旅游住宿业同其心，一其力，开拓进取，转型升级。

3.1 需要构建科学的供给结构

旅游住宿业是一个十分强调供给逻辑的行业，长期以来受各种非理性市场因素的影响，住宿业成为颇受资本青睐的热土。但是，盲目追求速度规模的发展方式，导致供给结构严重失衡，行业整体抗风险能力、盈利能力、可持续发展能力极低，这就要求四川旅游住宿业在未来发展中遵从行业发展的内在逻辑机理，有效地调整旅游住宿业整体的供给关系。同时，不能被有效满足的需求只是一种无效需求，在供给结构关系建立过程中，必须切实有效地增强产品的市场适应性和需求满足性，必须通过产品的结构调整与不断创新，消减掉长期以来因低品质、高速度发展方式所造成的低质、低效、低能的产品供给弊端，形成市场繁荣与行业健康发展的同步推进，将潜在需求转化为有效的市场需求，而生产方式变革是非常重要的环节。

3.2 需要实施数字化经营转型

所谓转型，是指旅游住宿业需要创新发展理念，转变发展方式，给行业发展方向以清晰的定位。数字化时代，住宿业现行的运营模式已经跟不上时代的前进步伐，陷入内卷化泥潭的行业迫切需要一次适应生产方式的革命性变革，即从适应环境、条件、需求、技术、渠道等要素变化所进行的一种思维创新、制度创新和生产方式创新。和传统模糊性经营相区别，数字化经营转型是依托互联网技术，以客户大频率消费行为轨迹收集、整理、分析上的客户精准扫描，并在精准定位之上，以价值创造与传递为目的的一种产品设计、推广、传播和销售的生产模式。在其中，基于大数据的"客户画像""企业画像"是基础，以充满创新能力为特质的活力性组织建设是保障，提供高度体验感和满足感的产品是手段，创造消费者美好的幸福生活内容是目的。

3.3 需要产品品质的极大提升

品质是植根于旅游住宿企业内在想象力、原创力、生命力基础上的产品所呈现出的差异化特色与独特价值，宾客消费中所引发的情感呼应和体验后所创造的价值认同。因此，四川旅游住宿业在未来发展中应高度重视品质建设。首先，要求每一个企业牢固树立品质意识，增强自身的市场适应性、经营自主性、产品创新性和发展能动性。其次，要求企业注重文化传承创新，建立起以市场为导向的经营体系，以品质为中心的运行体系，以保障为要务的支撑体系，以氛围的温暖感、空间的情节感、产品的体验感、服务的仪式感为创新的重点，形成特色，提升舒适度，增强产品的吸引力与体验性。再其次，要求企业创新管理模式，丰富管理内涵，住宿业是一个需要流程，更依赖规范的行业，但流程规范不是一成不变的经典教条，而是需要与当代市场消费趋势相适应，以最优化的方式建设和运作，这就要求住宿企业改变思维习惯，关注最基本的消费需要，以价值认知创造最基本的信任关系；改变组织方式，强化最基本的流程管理，以确保对生产过程的严格控制；改变工作方式，以真正实用的科技赋能，提升劳动效能。

3.4 需要彻底摆脱人力资源困境

人力资源是目前困扰行业转型升级的最大问题，长期以来受各种因素影响，服务得不到尊重，专业化水平得不到认可，招聘难、留人难，优秀人才引进更难，导致住宿业始终处在一种粗放而浅层次的经营管理层面。因此在数字化转型的新时代，需要高度关注经营团队建设，从根本上解决人力资源的问题，这就需要培养全社会对服务的尊重意识，需要倡导对职业坚守的工匠精神，需要建立完善的职业经理人制度，需要形成系统的员工技能训练系统，需要敬畏时代、敬畏市场、敬畏技术、敬畏行业，向专业致敬，让职业重塑荣光，让行业重回精英系列，从而从根本上解决长期困扰行业发展的人才问题、人力问题。

文旅融合的新时代，四川旅游住宿业任重道远，唯有找准方向，奋进不息，才能迎来更为灿烂的明天。

参考文献

［1］四川省旅游学会，改革开放四十年四川旅游万亿级发展纪实［M］．四川：四川人出版社．2020．

［2］张谷，李原．四川省星级饭店评定规范化的创新［N］．中国旅游．2004－10－13．

［3］李原．四川省星级饭店发展战略研究［J］．四川大学学报．2004（6）．

［4］李原．文化主题酒店的发展与展望（上、下）［N］．中国旅游报．2019－06－13．

西藏的文化　世界的思考

——成都西藏饭店的主题化之路

[作　者] 陈　蓉　刘志强（成都西藏饭店有限责任公司）

摘　要：　　1. 文化主题旅游饭店诞生的背景：随着社会不断进步，会议型酒店、度假型酒店、经济型酒店、民宿酒店、设计型精品酒店等各种功能作用和市场定位更为细分的酒店纷纷出现，并且呈现出集团化、主题化、多样化的发展态势。主题酒店就是在这样的行业背景下，应运而生的创造性和创新性产物，当然也是时代发展的必然产物。

2. 打造文化主题旅游饭店的目的：民族文化、地域文化的传承与创新性发展，赋予酒店产品新的内涵与活力，给予顾客深刻的体验感和带走的记忆，为酒店创造收益和递延品牌；向员工提供有发展的职业生涯和职业环境；向投资者提供持续的增值回报；尽绵薄之力、添砖加瓦，回报于社会。

3. 打造文化主题旅游饭店的方法：首先是选择主题，西藏饭店由于自身的属性，在文化主题的选择上，义不容辞地选择藏文化主题，提炼总结出"吉祥文化"；其次是勇于探索和创新，形成基本的方法论，即"西藏的文化、世界的思考"。

4. 打造文化主题旅游饭店的结果：通过酒店这一平台，展演藏文化独特的魅力，丰富和提升饭店的软硬件产品，形成饭店的核心竞争力。

5. 打造文化主题旅游饭店的结论：以文化为媒升级平台，突破饭店硬件资源瓶颈，将民族优秀文化创新型发展和创造性转化，事业大有可为。

关键词：　成都西藏饭店；主题化；文化

1 遵循标准、融入行业发展

星级评定标准的推行，是我国饭店发展史上里程碑式的创举，极大地促进了饭店业的发展，其倡导的专业性、整体性和舒适性及特色化发展使旅游饭店业逐步走向旅游住宿业的大业态，功能定位、市场细分更加精准，差异化发展极大地促进了行业进步。

四川是中国主题酒店的发源地，也是国际主题酒店研究会最早的诞生地，四川省旅游局也率先把主题酒店创建和评定工作纳入了行业管理部门的议事日程。2010年，四川省主题旅游饭店行业标准出台，在全国首开先河，产生了深远的影响。西藏饭店正是作为主题酒店的倡导者和实践者，以自身突出的文化主题功能与服务，被四川省星评委评定为行业首家最高等级——五级主题旅游饭店。之后的几年，饭店一直致力于文化主题的丰富与提升，2014年"两岸三地主题饭店高峰论坛"在成都由西藏饭店具体承办盛大召开；国家行业标准《文化主题旅游饭店基本要求与评价》（LB/T064—2017）出台前后，饭店先后于2016年4月和2018年2月，接受国家旅游局行管司、处以及专家组对饭店的调研、测试和试评工作，饭店以藏文化为主题，提炼出"吉祥文化"为核心，在四川省作为全国授权试点的创评工作中，通过评审，成为全国旅游饭店行业首家最高级别的文化主题旅游饭店，荣耀"金鼎"。饭店也成为标准的对标单位之一，陈蓉总经理是标准起草人之一。党的十九大胜利闭幕当日，《人民日报》同期刊登了就文化主题饭店创建对西藏饭店的专访文章。

为促进标准的落地，2018年11月19日至22日，由国家文化和旅游部主办、四川省文化和旅游厅承办的"全国文化主题旅游饭店标准宣贯培训班"在西藏饭店开办，来自全国各省、自治区、直辖市和新疆生产建设兵团文化和旅游行政部门的120余名代表参加。标准的宣贯旨在鼓励住宿企业转型升级、提质增效，助推优质旅游和全域旅游发展，在文旅融合的大背景下，四川经过创新实干，已然站在时代的新高地上，西藏饭店作为其中的标杆就如何打造文化主题酒店在培训会上进行了分享交流。

近年来，特别是标准发布以来，饭店每年接待来自全国各地的参观交流的同行不下千人，饭店也和专业培训机构合作，开班授课讲解"文化主题旅游饭店的创建"。在行业领导和专家的鼓舞下，饭店编撰和发行了《图解文化主题旅游饭店基本要求与评价——成都西藏饭店启示录》，从实践出发，向同行图解标准与释义，倾心为促进文化主题旅游饭店的繁荣，贡献绵薄之力。

2 与时俱进、阶进式发展

由招待所改建转型的成都西藏饭店自 1988 年开业。1989 年，二星；1992年，三星；1993 年，改制上市；2002 年，四星；2007 年，五星级、金叶。

上市融资后使饭店得以实施全方位升级改造，2007 年的"五星"是西藏五星级酒店"零"的突破。时任西藏自治区党委书记张庆黎同志视察饭店时寄语"店在他乡、心系西藏、对外窗口、雪域形象"，在鼓舞饭店的同时指明了发展方向。

客观地讲，西藏饭店成为藏文化主题酒店经过了一个较长的发展过程，它是几代饭店人孜孜以求、踏实工作、努力进取的结果。在当初更多的是"感性"，多是由于源于西藏及深厚的西藏情结。比如，早在 1990 年西藏饭店率先在餐饮经营中推出藏族歌舞伴宴，成为四川乃至全国最早的特色文化餐饮服务项目，有了第一个"点"；而较为全面和系统的特色化发展始于 2000 年的全面硬件改造，规划设计先行，确定了"民族之意、现代之形"的原则，于是从建筑外貌、大堂风格、客房装饰等有意地融入藏文化特色。例如外墙金顶以及红白相间的色彩就是取意于"布达拉宫"；2002 年起饭店明确提出"打造全国知名藏文化主题酒店"的战略，在实施过程中又逐步形成更为理性的"方法论"，即："西藏的文化、世界的思考"。这是一个从质朴的西藏情结到文化理念的升华，是从特色化经营到全面藏文化主题建设与发展的理性的攀升，是从局部向全面系统的跨越。

西藏饭店藏文化主题创建过程中始终坚守的原则是：我们是"藏文化酒店"而不是"藏式酒店"，强调文化、重视传承、更重视创新。可以说，在饭店各个功能和服务区域，都体现出文化传承与创新以及融合的原则。

2.1 "主题宣言——吉祥彩虹"，价值引领方向

珠穆朗玛，猎猎山风，塑起雪域人民豪放的性格；雅鲁藏布，滔滔江水，成就藏族儿女博大的情怀……

采高原之灵气，集民风之精髓，铺成彩虹的桥梁；漫步西藏饭店，浓烈的高

原味，绘满双眼……

西藏饭店，虽方寸之地，然星光熠熠；诚为雪域之窗，愿奉吉祥的圣典，依彩虹的嘱托，倾力服务民众，报效国家。

2.2 "传统艺术嫁接"，中心艺术品凸现

在藏传佛教中有一种艺术表现形式叫作唐卡，通过彩绘、印制、手织等成型，往往用于供奉，其内容主要表现的是宗教的神与法；在民间有挂毯的工艺，其题材主要表现人们对自然生态的憧憬与向往。在饭店，我们融合两种艺术，"淡化神、强化福"，嫁接而成为饭店的一组中心艺术壁毯——《天路》《佛光》《净化》和《圣地欢歌》。中心艺术品的完善，突出了饭店的主题文化、提升了时尚与艺术氛围。

2.3 "文化艺术嫁接"，购物店演变文化长廊

"八廓街"是围着大昭寺的一条转经通道，也是著名的购物环线，这个"触动"使我们下决心摒弃原来饭店的各种精品屋，重新装饰，形成了风格一体化的藏文化长廊。2015年以来，西藏饭店已自主开发藏茶、藏香、藏瓷等12个大类100余款文创产品，都分别集结在长廊的8个主题馆之中。还有"镇店之宝"——古法制作的"彩釉镶嵌漆艺画"。在这里，地道与传统的、线上与线下的，共同演绎着"西藏印象"，从视觉、听觉、味觉、触觉和嗅觉带来不一样的体验，在主业之外形成上千万元的年产值。

2.4 "民俗文化嫁接"，大堂酒吧"欢乐时光"

藏民族是一个能歌善舞的民族，素有"能走路就能跳舞、会说话就能唱歌"的美誉。在西藏，不时就能看见藏族妇女边劳作边唱歌的情景，这种工作与生活的习性，流露出原生态的美。我们大胆打破常规，鼓励藏族员工工作时可以唱歌，并尝试性地在大堂酒吧的每晚定时演绎，钢琴伴奏、民歌清唱、燃灯祈福、敬酒奉茶，不时会与到场的客人跳起美妙的锅庄，共度欢乐时光。

2.5 "主题美食嫁接"，塑造"红宫"品牌

红宫歌舞餐厅始创于20世纪90年代初，是全国第一家藏式歌舞餐厅，传承于西藏宫廷"以乐佑餐"的形式，用餐期间，让来自世界各地的客人领略不一样的风情；红宫"雪域贵族宴"是传承中的创新，每到各地推广就能掀起一阵雪域之风，甚至连美国第一夫人米歇尔也在2014年3月访华期间，慕名前来品尝；"红宫喜宴，真情一片"，迄今为止接待了两千多对新人的婚礼，特别是独

具风情的藏式婚典，为人们津津乐道。尤为值得一提的是招牌菜之一的"红宫手撕牛肉"，此菜创意源于西藏"风干牛肉"的传统风格，应用现代加工工艺，不使用任何添加剂、色素和人工合成原料，始终保持了产品质量和信誉，倍受客人青睐，最终由一道菜品演变为产品进入流通。

2.6 "符号与元素嫁接"，打造藏韵客房

在客房，藏文化符号与元素的提炼和应用更为丰富。在功能优先的前提下，强调整体性和舒适性及人性化，给人以"家"的体验，领悟"福"的存在。

在地毯的设计中，融入了祥云、五彩帮典、酥油花的元素，入户门锁上刻有藏文"扎西德勒"祝福之语；客房门牌、床屏等均采用西藏建筑最明显的大山似的梯形特征；地毯按照由高至低的分区由"绿松、珊瑚、蜜纳"三种主色和一种图形组成，其代表的寓意为"天地人和"；床屏上分别有"赛马节"、"欢舞的牦牛"、"朝圣"立体图案；盥洗台面用的是山色的石材，高高低低富有层次感；各类用品存放在八宝莲花盒内，简洁环保；房里的电视柜仿如一个转经筒可全方位旋转，有着"转一转，好运来"的寓意，从客房内各个角度，甚至泡浴之时都能清晰观看电视；"迷你吧"也是转经筒的取意，将祝福带给每一位入住的客人。

2.7 "藏密文化嫁接"，打造休闲康体圣SPA

圣SPA水疗系列是饭店以深邃古老的藏医学密法结合中医养生的原理，为工作繁忙、身体疲乏的客人量身定做一整套系统的健康养护服务，包括藏密精油推拿、藏式火疗、滚石天体按摩、瑜伽康体、水润疗法等多种项目，让客人在惬意的氛围中，静静感受雪域藏密。

2.8 "民族礼仪嫁接"，设定特色服务礼仪

每每在饭店任何一个地方遇到服务员，都会听到一个问候语——"扎西德勒"，服务员双手合十，略低头带着微笑地看着你；或者表达一下藏式迎接礼仪，代表着我们对客人最吉祥的祝愿；进入客房，员工送上特色欢迎藏茶；进入餐厅，身着藏装的服务员，手敲热巴鼓，献上五彩哈达。

2.9 特色服务体验与互动

（1）藏服饰体验。贵族藏式睡衣——男人也可以穿裙子，藏式莲花拖鞋——一步一莲花，穿上藏装可以在饭店藏景中拍照留念。

（2）饭店还设立各种活动，促进服务的体验。例如客人若能找到房间内的3

个藏文化特色，即能获得藏式小礼品一份；参与饭店绿色行动，可以预约免费感受客房内藏药泡脚。

（3）甲拉书院有着茶香、书香和藏香，客人除了品茗、阅读，还可以打香篆、手搓香……

（4）亚克餐厅入口，特色玩偶——扎西牦牦、格桑妞妞、雅布幸福的一家三口欢迎您的到来……

（5）饭店将西藏的传统节日和庆典引入内地，雪顿节、祈福会、坛城沙画展等多个特色鲜明、独具风味与匠心的民族特色文化体验活动，为客人在店的文化特色之旅增光添彩。

2.10　吉祥的企业文化建设

企业文化的建设最表层的是物质文化，其次是行为制度文化，最核心的则是精神文化。积淀几十年，《吉祥如意——西藏饭店饭店企业文化手册》发布了，标志着饭店企业文化的建设揭开了新的篇章。"植根西藏、敬业图报"，饭店追求"四个满意"，即：客人、员工、股东和社会满意。

在创造良好经济效益的同时，饭店还坚持履行社会责任、忠于使命。连续10年积极参与到"强基惠民"工程，派遣工作队到平均海拔4000米以上的西藏阿里、日喀则、那曲地区驻村开展工作，荣获西藏自治区"脱贫攻坚先进集体"。

2011年7月，西藏迎来"和平解放60周年"大庆，饭店接受自治区党委专项任务，迅速抽调了管理、业务骨干近50人赴藏，出色地完成了中央代表团中心接待服务工作，习近平团长临别时与饭店工作人员——握手，并亲切地说："你们辛苦了，谢谢你们；你们的服务非常优秀；你们圆满完成了这次政治接待任务。"2021年7月，饭店圆满完成习近平总书记作为党的核心、人民领袖和军队统帅莅临西藏视察调研在拉萨的专项接待任务，受到自治区党委的嘉奖；随后的8月，西藏"和平解放70周年"大庆，饭店团队闭环服务以中央政治局常委、全国政协主席汪洋为团长的中央代表团，受到汪洋主席现场的充分肯定。在履行责任与义务的同时，饭店也赢得了属于自己的光荣。

打造文化主题饭店，我们注重传承与创新，站位"西藏的文化、世界的思考"，使文化物化、活化、升华；我们注重饭店这个载体，使之既能够成为一个弘扬西藏文化的风景平台，又能够就更好促进饭店的经营，保障饭店在市场中的差异化竞争优势。

文化赋予力量，"吉祥文化"已然成为西藏饭店的核心竞争力，成为饭店的品牌。

乡村振兴视角下的九寨沟县藏民宿旅游目的地创建研究

［作　者］肖　晓（成都理工大学）

摘　要： 随着乡村旅游不断兴起，民宿业作为乡村旅游发展的重要途径，同时也成为助力乡村振兴的主要着力点。九寨沟县作为"中国旅游强县"，不仅拥有优美自然风光，同时拥有独特的民族文化，打造民宿旅游目的地，对该县旅游业创新发展，增加当地居民收入，提高经济水平，推动乡村振兴具有积极的意义。本文首先对九寨沟县概况及发展背景进行阐述，接着以 SWOT 原理分析该县打造民宿旅游目的地的优势、劣势、机遇和挑战，进而针对存在的主要问题，提出四个方面的对策建议：做好统筹规划，突出民宿特色；完善配套设施，加强营销宣传；培养专业人才、提升服务水平；做好灾害预警，保障环境安全。

关键词： 旅游目的地；藏文化民宿；九寨沟县

1　引言

党的十九大报告中正式提出了乡村振兴战略，乡村振兴战略是国家的重大战略，是未来乡村发展的核心。民宿作为一种新的旅游业态，是带动旅游整体产业链发展，助力乡村振兴战略的有效抓手。《国家"十三五"旅游业发展规划》提出了构建新型住宿行业，鼓励发展民宿等新型住宿业态的指导意见，鼓励发展民宿旅游以及乡村旅游等行业。据中国旅游与民宿发展协会发布的《2020 年度民宿行业研究报告》指出，乡村民宿在 2020 年得到迅猛发展，报告显示，2020 年国内民宿房源总量突破 300 万套。十四五规划纲要提出，壮大休闲农业、乡村旅游、民宿经济等特色产业。此外，15 省市将民宿写入十四五规划纲要，要求培育发展旅游民宿等新兴业态。同时，四川省还提出要大力发展特色产业、乡村旅游、民族文化、民宿休闲、田园观光等多元化集体经济，增强集体经济造血。

九寨沟风景区作为"世界自然遗产"和国家首批5A级风景名胜区誉满全球。同时作为藏民族聚居地，有独特的藏民族文化，被誉为"民歌之乡、琵琶之乡、情歌之乡"。"8.8"地震后，九寨沟县的旅游业遭到重创，政府正在积极探索新的旅游产品，增加新的旅游吸引力。打造九寨沟县成为藏民宿旅游目的地，能创新九寨沟县旅游业发展，增加村民收入，提高经济水平，推动乡村振兴。

2 区域概况及背景分析

2.1 民宿旅游目的地

保继刚和楚义芳认为旅游目的地是一定地理空间上的旅游资源同旅游专用设施、旅游基础设施以及相关的其他条件有机地结合起来，就成为旅游者停留和活动的目的地，即旅游地。目的地是旅游活动中最重要和最有生命力的部分，也是旅游接待的载体，是建立旅游者所需要的旅游吸引物和服务设施的所在地。

民宿旅游目的地的核心吸引力是民宿，随着游客对住宿质量的要求不断提高，各具特色的民宿在这种情况下悄然而生。少数民族地区的民居是集特色民族文化和住宿家居功能的生活场所，极具旅游体验价值。在丽江、大理、凤凰古城等著名旅游城市的特色民宿不仅丰富了游客的旅游活动，还逐渐成为旅游目的地中重要的旅游吸引物之一。当前，高品质住宿逐渐成为旅游目的地建设中的重中之重。围绕当地特色少数民族文化，将不同主题的个体民宿在某个村镇或村寨集群化发展，建设以民宿旅游经济为依托的旅游小城镇事实上已经成为当前发展少数民族经济的热点。九寨沟县拥有丰富的自然资源和文化资源，有潜力成为民宿旅游目的地，打造九寨沟县成为民宿旅游目的地有助于推动九寨沟县旅游业的新发展。

2.2 九寨沟县简况

九寨沟县位于四川省北部高原，阿坝藏族羌族自治州东北部，地貌类型以高山山原、高山峡谷和中山河谷为主，县城位于永乐镇，海拔1400米。森林覆盖率54.9%，是四川省第二大林区。气候冬长夏短，夏无酷暑，冬无严寒，春秋温凉，年平均气温12.7℃。全县面积5288平方公里，常住人口8.2万人，常住人口城镇化率51.69%。少数民族人口26669人，少数民族人口中，以藏族、回族、羌族为主，占总人口的比例39.8%。

九寨沟县动植物资源丰富，有大熊猫、金丝猴等 42 种国家级保护动物，植被覆盖率高，类型多样，有银杏、红豆杉等 74 多种珍稀植物。该县拥有"世界自然遗产""世界生物圈保护区""绿色环球 21"三项国际桂冠和国家首批 5A 级风景名胜区称号，2007 年被命名为"中国旅游强县"。

2.3　九寨沟县打造民宿旅游目的地的背景

一是乡村振兴的需要。2019 年，九寨沟县全面落实"乡村振兴战略"，推动乡村振兴和脱贫奔康结合在一起，九寨沟县要加快旅游、文化、农业的融合发展，结合自身优势以旅游业带动乡村振兴，积极探索新的旅游产品。民宿不仅能满足游客住宿要求，还是一种新型的旅游产品，建立民宿村的同时还能带动村民创业，增加村民收入带动乡村振兴。

二是震后生态修复的需要。"5·12"和"8·8"两次地震对九寨沟县的生态环境产生了严重的影响，在九寨沟县重建任务中，要优先考虑"修复保护生态环境"。目前，再大力挖掘利用九寨沟风景区的旅游资源已不现实，需要我们另辟蹊径，开发其他旅游资源，特色民宿就是一个不错的选择。

三是体验旅游发展的需要。体验经济迅速发展，体验式旅游已成为旅游市场上的特色，游客都希望能在旅游过程中提升自身的体验，要求旅游产品能为游客带来更丰富和全面的情感体验，而民宿恰好能增加游客的体验感，能让游客感受到与日常生活不同的体验。

3　九寨沟县打造民宿旅游目的地环境分析

少数民族民宿最吸引人的是特色化的生产生活方式，这些方式可以通过居住空间、衣食住行、劳动工作、社交活动等生活维度呈现。然而单一的民宿个体不可能包含民宿旅游旅游地所承载的内容，对其经济的带动作用也是有限的。在体验经济时代的发展下，基于九寨沟县乡村振兴、震后生态修复的需要，九寨沟县创建民宿旅游目的地可以成为九寨沟县发展旅游业的新途径。通过 SWOT 原理分析九寨沟县旅游发展环境，对于该县创建民宿旅游目的地非常必要。

3.1 优势

3.1.1 丰富的民族文化资源

九寨沟是世界自然遗产、国家5A级景区，具有较高的知名度，吸引着无数游客前往。除九寨沟风景区外还有神仙池、甘海子、黑河大峡谷等众多省级自然保护区和风景区。县内有74种国家保护珍稀植物，42种国家保护动物及丰富的古生物化石、古冰川。九寨沟县历史悠久，是藏、羌、回、汉等民族的聚居地，民族文化特色突出，形成了众多人文景观。九寨沟县因独特的文化资源优势，在市场上具有很强的吸引力和影响力。据该县最新统计，截至2020年5月底，该县拥有传统器乐种类资源11种、非物质文化遗产类92项、可移动文物55件/套、不可移动文物85处。丰富的民族文化资源为民宿集群打造提供了可持续发展的动力。九寨沟县代表性民族文化吸引物见表10－1。

表10－1 九寨沟县代表性民族文化资源

类别	名称
村寨与建筑	特色村寨（马藏族风情园、英各村、苗州村、下草地村、大城村、东北村、玉瓦寨村、大录古藏寨、东北村）、碉楼、藏式民居
民族服饰与手工艺品	藏装、唐卡、壁画、首饰
歌舞	南坪曲子、傩舞、熊猫舞、藏族山歌、大型歌舞剧（九寨千古情、藏迷、九寨天堂梦幻之旅）、锅庄
技艺	南坪琵琶制作技艺、榻板房建筑技艺、傩舞面具制作工艺、白马藏族刺绣
饮食	酥油茶、牦牛肉、烧羊、青稞酒、藏式火锅、糌（zān）粑
宗教	苯教、寺庙（扎如寺、东北寺、达基寺、风成寺、永和斜坡清真寺、双河镇大佛寺）、龙达、转经、嘛尼堆、佛塔
节日	藏历年、麻孜会、燃灯节、日桑文化节、嘛智文化节、冰瀑节
农土特产品	藏药、藏药材、九寨刀党、野山菌

表10－1根据《四川省阿坝藏族羌族自治州九寨沟县文化和旅游资源普查报告》整理。（来源九寨沟县文化体育和旅游局，2020年）

3.1.2 外部交通便利

截至2020年末，有九绵高速、国道247线、544线、九若公路等为九寨沟县对外交通的主要通道。航空方面，九黄机场已经开通了直达至北京、上海、西安、成都、重庆、绵阳等城市的航线，广州和深圳也开通了经停成都（重庆）往返九寨航线。另外，成兰铁路在此设有九寨沟站，进一步拉近了九寨沟同外界的距离。以国道 G544（原九红路 S301）、国道 G247（原省道九遂路 S205），构成"Y"线主骨架，辐射各县、乡、村公路形成四级公路运输网络雏形，现九寨沟县公路里程达到 878.54 公里。公路、铁路、航空的立体交通网络的形成将拉近民宿客源地与九寨沟县的距离创造了积极条件。

3.2 劣势

3.2.1 民宿主题特色不鲜明

目前九寨沟民宿同质化严重，缺乏文化内涵。民宿产品在形式、内容等方面缺乏创新，一味地模仿导致民宿同质化严重，无论是建筑风格、室内装潢设计，还是具体的服务内容都很相似，没有自己的特色。当地民宿大多以藏家乐、客栈为主，基本都是依赖景区发展起来的，没能打造出具有藏文化特色的品牌。多数游客反映九寨沟的藏民宿都大同小异、"千宿一面"，藏族的风土民情不足，传统文化未能深入挖掘，对游客吸引力较弱。同时，民宿分布比较零散，还没形成有规模和有影响力的集聚区。

3.2.2 宣传不足，配套设施不完善

目前，九寨藏民宿在营销宣传等方面比较薄弱。由于民宿的创新能力明显不足，普遍存在被动经营的现象，等着游客上门。鲜少有民宿通过互联网、新媒体、公众号来开展营销提高知名度。同时，由于九寨沟县藏民宿正处于初步探索阶段，缺少统一的对外形象展示，未能打造成品牌形成一定的规模效应。另外，受"8·8"地震影响，九寨沟县内交通也都受到了不同程度影响，同时县内医疗卫生机构不完善，县内娱乐设施建设相对落后。配套设施建设的不完善，已成为九寨沟县打造民宿旅游目的地最大的阻碍。

3.2.3 缺乏民宿专业人才

民宿经营者主要是村民以及在外务工回乡创业的年轻人，他们不仅缺乏对民宿的认识和相关专业知识，而且对如何开发与运营民宿没有足够的经验。现有民宿的大多是农家乐盲目跟风转变过来，经营者缺乏对民宿的内涵的理解。甚至有些民宿经营者仍是提供类似酒店式产品和服务，缺乏民宿该有的特质。

3.3 机会

3.3.1 政策优势

目前政府正大力推进九寨沟县乡村振兴和灾后重建，实施生态修复、基础设施等建设，同时"乡村振兴战略"提出要推进乡村旅游、发展民族特色文化，并出台了一系列优惠政策振兴旅游业发展，实现九寨沟县产业、生态、文化、组织、人才五大振兴。在此基础上，为九寨沟县创造藏、羌等特色文化民宿旅游目的地提供了政策支持。"8·8"地震后，政府和国家出台各种政策以推进九寨沟县经济复苏，2020年1月，出台了《"全域旅游、生态九寨"实施方案（2020—2022年)》，以改方案为指导，政府正培育引进一批优质中小民营企业，鼓励支持向全域旅游、乡村振兴、民族文化等产业投资布局促进民营经济健康发展，实施"百名优秀民营企业家"培训计划和中小微企业"育苗壮干"、工业企业"小升规"培育工程。

3.3.2 民宿旅游兴起

在体验经济时代，消费者希望将自己融入旅游目的地，增加对当地文化认识和体验，实现旅游的精神追求，而民宿正好契合消费者的这一诉求，因而在国内快速发展起来，成为乡村振兴的重要路径之一。近年来，为改变单一的旅游接待模式，九寨沟县加大实施特色民宿建设力度，截至2021年4月，九寨沟县已实施打造特色民宿项目6个。其中，已建成并投入运营特色民宿示范点3个："林·水间轻奢美宿"民宿、"驴耳朵民宿"民宿及"阿布鲁孜原乡藏寨"民宿，引进社会参与投资建设特色民宿项目3个。这些民宿周边交通便利，自然生态环境好，以原有藏餐厅、住宿区等设施为基础，加入休闲度假、田园农事体验等元素，是游客体验当地特色文化的载体和窗口。

3.4 挑战

3.4.1 周边民宿业的崛起

随着乡村振兴战略的实施，民宿在各地发展势头日盛，据携程网大数据统计，截至2021年5月10日，阿坝州民宿数量为8592套，在四川排名第四，仅次于成都、乐山和甘孜州。就阿坝州而言，携程大数据显示，小金县现有民宿1356套，超过了九寨沟县的1049套，然后是松潘县和若尔盖县，分别有民宿778套和426套。民宿的兴起，一方面说明消费者在住宿产品选择上的新方向，同时促使九寨沟县在打造民宿旅游目的地的时候必须突出特色，形成品牌，才能提升自身竞争力。

3.4.2 环境安全因素

"8·8"地震不仅破坏了九寨沟县的旅游资源和基础设施，也严重影响了九寨沟的形象，经过地震后，大家提到九寨沟的第一反应不是"人间仙境"，不是"六绝"，而是地震，这就会影响游客在选择九寨沟的时候产生犹豫，同时九寨沟也是地质灾害频发地段，安全因素会影响游客的出游意愿。

4 九寨沟县民宿目的地创建的对策建议

4.1 做好统筹规划，突出民宿特色

发展民宿产业不仅可促进文化传承保护，还可促进村民就业，是乡村振兴的重要突破点。通过打造民宿旅游目的地，盘活资源，改善村落环境，增加村民收入，提升县域整体环境。政府应积极引导，指导村民创建特色文化民宿，在政策上予以扶持，加大资金扶持和政策服务力度，推动民宿目的地创建，促进乡村振兴和旅游业转型升级。首先应将县内的原有藏家建筑进行调查，对优势资源进行统筹规划，合理改造；其次通过招标，引入社会资本，推荐民宿集群开发与建设，形成规模效应；三是从文旅融合理念出发，围绕"民宿＋文化"进行规划，将藏文化民宿打造成为九寨沟独特的品牌。

4.2 培养专业人才，提升服务水平

民宿提供的是具有家的温馨的住宿环境，如何提供最优质的服务，让游客感受到家的温馨是一大难题。要提供特色化服务，营造沉浸式场景和服务，让游客能够参与其中，体验独特的民族文化，建立与游客之间的情感交流与互动。如，通过举办篝火晚会，吃藏餐，观赏藏戏等，让游客享受具有原真性的民风民俗。

民宿是一个充满人文关怀、有温度的行业，需要有一批专业且具有情怀的人去开发与经营。政府要进行规范，吸引社会资本和创客进入，社区要营造良好的氛围，搭建平台让各民宿主和对民宿的感兴趣的人，能共享创意成果，交流经验，不断学习专业的技能知识，提升经营管理水平。

4.3 完善配套设施，加强营销宣传

民宿旅游目的地的形成，其配套设施如交通、餐饮、购物、娱乐等都可以成为旅游吸引物，因此，完善配套设施，才能更好地推动民宿旅游目的地形成。民

宿的配套产品一种是提供住宿以外的休闲等副业，另一种是联合周边资源和景区，开展各种主题旅游活动。加大对九寨沟县环境风景区的宣传，增加对藏文化及民宿的宣传内容，举办民俗节庆活动，制作相关的小视频在抖音，快手等 App 上发布，同时在小红书、微博上进行推广宣传。建立公众号，为游客推荐适合的你兴趣的藏族民俗及藏文化民宿，同时推送相关活动，精彩的旅游线路及攻略。

4.4 做好灾害预警，保障环境安全

九寨沟地处青藏高原植被区与季风湿润森林区的过渡带，对气候和降水格局的变化敏感，夏秋之际常发生自然灾害。作为世界级旅游资源，九寨沟县旅游业迅猛发展，年均游客量超百万人次，对区域生态系统造成不同程度的影响。在自然灾害和人类活动叠加影响下，环境安全显得尤为重要。

5 结语

为保障民宿旅游目的地的建设，应做好灾害预警，保障旅游环境的安全，让游客游得安全、住得安心。环境安全方面的对策是自然灾害的预防与控制、保护生态环境、社会环境的治理；设施设备安全方面的对策是完善旅游服务的基本设施设备，加强市场的监督和管理；人员安全方面的对策是提升游客的安全意识和加强旅游从业人员的安全教育与培训。

民宿承载着都市人回归乡村寻找乡愁的情怀，去乡村民宿消费正成为人们希望的生活方式。目前，乡村民宿发展迅速，已成为乡村旅游的特色产品。在乡村振兴战略的大背景下，民宿发展的步伐将更加坚实。打造民宿旅游目的地，是九寨沟县提振经济发展、创新旅游方式，增加村民收入，推动乡村振兴的重要路径。通过研究乡村民宿发展环境与对策，探讨民宿产业链发展路径，九寨沟县创建国内知名的民宿旅游目的地依然有很长的路要走。

参考文献

［1］马蜂窝. 九寨沟概况［EB/OL］. https：//smafengwo. cn. 2021 - 08 - 17.

［2］邹统钎. 旅游目的地开发与管理［M］. 天津：南开大学出版社，2015.

［3］赖斌，杨丽娟，李凌峰. 精准扶贫视野下的少数民族民宿特色旅游村镇建设研究—基于稻城县香格里拉镇的调研［J］. 西南民族大学学报（人文社会科学版），2016（12）：154－159.

［4］魏瑞娟. 古城旅游者体验质量综合评价：以凤凰古城为例［D］. 湖南师范大学，2012.

［5］王静. 基于体验经济的沙坡头旅游景区营销策略研究［D］. 宁夏大学，2017.

［6］肖晓. 江油云锣山旅游区民宿开发对策探讨［J］. 旅游纵览，2020（4）下半月刊：118－120.

［7］九寨沟县文化体育和旅游局. 四川省阿坝藏族羌族自治州九寨沟县文化和旅游资源普查报告［R］. 2020－06.

［8］廖雨辰等. 九寨沟自然保护区生态安全动态评价及障碍因子分析［J］生态学报，2021（15）：1000－0933.

［9］魏书林. 青海省旅游安全管理问题研究［D］. 青海师范大学，2020.

消费主义影响下饭店员工新能力构建

［作　者］徐　菡（成都职业技术学院）

摘　要： 消费主义对于我国民众的影响日益增长，顾客在饭店产品的选择方面逐渐形成了清晰的分层。在消费主义影响下，饭店能提供的产品就不仅仅只限于饮食和住宿了，还需要满足顾客多方面的新需求，对饭店员工的能力也提出了更多且更高的要求。本文探讨了不同消费类型影响下饭店员工新能力要求及能力培养的途径。

关键词： 消费主义；饭店服务；员工能力构建

消费主义（consumerism）产生于 20 世纪初期的美国，20 世纪 80 年代随着改革开放传入我国，并且渗透到生活的方方面面。在以提供饮食和住宿为两大基本产品的饭店产业体现得尤为明显。对于饭店来说，如何顺应消费主义的影响，打造自身吸引力，留住顾客，发展自身，是当今所有饭店业人员值得思考的问题。

1　消费主义对饭店产品发展的影响

根据刘雅坤的研究成果，现阶段我国居民的典型消费观有四种：节俭型、奢侈型、炫耀型和享乐型。这四种消费观对饭店产品发展的影响如下：

1.1　节俭型消费观

节俭型消费观是中华民族的传统美德，在商品的价值判断上，不接受过于昂贵的商品，注重商品的实用性，能满足自身的实际需要即可。在这种消费观的影响下，经济型饭店将自己的核心产品凝练成为"卫生、舒适和方便"的住宿，以满足消费者对于卫生条件、入住舒适度和区域位置的要求。

1.2　奢侈型消费观

与节俭型消费观相对应的是奢侈型消费观。这类消费者认为，奢华商品能够代表一定身份和地位，是自己迈入"上层社会"的体现。在这种消费观的影响下，高端饭店在饭店设计和装修方面不遗余力，强调所用材料的稀缺性，打造艺术性的体验空间，并且注重服务质量，以求让顾客得到彰显自身财富、身份、地位和品位的体验。

1.3　炫耀型消费观

炫耀型消费观指消费者喜欢分享所购商品的使用感受，并且非常注重他人对此的评价。炫耀型消费者不一定是在彰显自身的财富和地位，但是在一定程度上是购买者身份和品位的体现。在互联网发达的今天，这种消费者通常会把自己所享用的商品发布到互联网上，以期待他人的好评或赞美。所以现在一大批经过精心打造，服务富有人文气息，能够让顾客更接近当地民俗风情的"民宿"遍地开花。

1.4　享乐型消费观

享乐型消费观指消费者重视商品或服务带来的感官感受，把愉悦的感受和享乐看作其追求的目标。现在中国城市化进程越来越快，在城市中生活和工作的人们在繁忙的工作之余，需要适度的享乐来放松心情，缓解生活压力，享受生活的美好。在这种消费观的影响下，度假型饭店利用得天独厚的选址，丰富的娱乐设施、适合家庭聚会的休闲活动以及良好的服务来吸引消费者。尤其在今年新冠肺炎疫情的阴霾之下，消费者希望远游的愿望不能得到满足，于是选择和家人或者朋友前往城市周边的度假饭店进行休闲活动，从而得到改善身心健康的体验。

2　饭店员工能力要求

在以上四种典型消费观的影响下，除节俭型消费主义影响下的"经济型饭店"只需要满足消费者基本的住宿要求外，其他类型的消费者对饭店的产品都提出了更高的要求，而且通常这些需求的满足都是复合型的。尤其是在精品民宿借助互联网的风潮而大量涌现的今天，由于饭店体量小，从业人员少，对于饭店员工的要求也就更高。并且同样也是在互联网的影响下，饭店产品的每一个优质服务点或者是过失都会通过微信、微博、抖音等渠道被放大数十倍，社会效益非常明显。所以，通过对饭店员工能力的不断培养和打造，是打造饭店优质服务的"软件"基础。按照消费主义对现今饭店产品的影响，一个饭店的员工需要具备以下能力：

2.1 通用能力

所谓通用能力，是指具备服务于消费者的基本能力。通常饭店的员工要求要知晓基本的服务礼仪，沟通交流无障碍，并具备一定的抗压能力。

另外，为消费提供客房和餐饮服务是饭店产品的基础，需要饭店员工能够与客人进行沟通和交流，并且具备熟练使用饭店各种设备的能力，能够根据消费者的需求提供客房、餐饮、茶艺、咖啡、调酒等服务。

2.2 特色能力

饭店员工的这部分能力高低直接关系着被服务者的体验值，总的来说饭店员工需要具备空间审美能力、花卉养护能力、拍摄及修图能力和通晓当地风俗民情的能力。奢侈型、享乐型、炫耀型的消费者入住饭店，对饭店的一些细节尤其注意，这就要求饭店的员工具备很强的空间审美能力，能够在客房及公共场所创造出让消费者感觉到"美"的环境。另外，为了创造出"美"的环境，饭店员工必须具备花卉养护能力，能够对于饭店内的绿植、花卉进行养护和修剪。再次，饭店员工需要具备良好的视频、照片的拍摄能力。现在的消费者热衷于分享自己的所见所得，偶尔会需要饭店员工帮忙进行拍照等，所以拍摄这种以前不算是能力的能力，也在消费主义影响下越来越受到饭店经营者的重视。此外，如果饭店员工可以熟练使用修图软件，那么不仅可以提供给消费者完满的拍照体验，而且在宣传的时候可以取得更佳的效果。最后，奢侈型、享乐型、炫耀型消费者在入住饭店的时候，通常也会想要了解当地民俗风情，饭店员工首当其冲成为提供这类信息的窗口，所以饭店员工不仅仅要具备一定的沟通交流和讲解能力，还要对当地的民俗风情有深入了解，才能满足消费者这方面的需求。

2.3 拓展能力

饭店员工在具备以上能力的基础上，为了给消费者更多惊喜，为饭店谋求更广阔的发展空间，拓展饭店宣传渠道，还应该具备一定的拓展能力。这一部分能力，不一定所有员工都具备，但是一个饭店里应该有具备这种能力的员工。首当其冲的是 OTA 平台维护能力。现在的消费者通常通过 OTA 平台如携程、去哪儿、途牛等了解饭店的设施设备、服务水平及其他消费者对该饭店的评价，这就要求饭店员工掌握 OTA 后台的操作流程，维护好本饭店的口碑。另外，为了推广和宣传，聚集自己饭店的忠实客户，饭店需要不定时在各种平台例如微信公众号、抖音等发布自己的产品信息，这也就需要员工具备一定的平台维护能力、推文写作能力和视频制作能力。好的推广可以增加饭店对消费者的吸引力。

3 饭店员工新能力构建

在消费主义影响下，常规饭店除了打造自身硬件特点，提高自身服务水平外，很难有其他的出路。而打造饭店员工新能力，通常可以通过以下几种方式进行：

3.1 加强校企合作

现在饭店管理专业在全国各中职、高职院校遍地开花，但是对于互联网思潮及消费主义的影响，在传统的饭店管理专业课程上的体现略有不足。而现今饭店在经营和管理过程中碰到的各种问题，以及各种挑战则可以成为各层次院校开设新课程、开展新尝试的突破口。加强校企合作，用现实问题来指导教学，从源头打造从业人员的新能力。另外，加强校企合作，也可以从中甄选出本饭店需要的员工，减少人力培训成本。

3.2 员工培训

这是打造员工能力最为有效和直接的方法，也是最为灵活的方法。针对在岗员工所欠缺的能力，选择恰当的时间，邀请专业人士对员工进行有针对性的培训。培训内容可以是选择某一主题，打造某一类能力，通过培训、测验和评估等环节，让员工能力有可视化的提高。而培训时间长短则根据培训内容的多少及内容的复杂程度来定。

3.3 组织团队建设活动

现在企业比较提倡的团队建设活动，也是一个提高饭店员工能力的机会。在企业团建活动中，有针对性地选择一些需要审美、拍摄、修图等能力的趣味活动，通过团队协作、相互点评等方式，让他们的这部分能力在活动过程中得到提升。此外，这种寓教于乐的方式，不仅可以提升员工在服务过程中会用到的这部分能力，还可以增强企业员工的凝聚力和向心力，提高员工的抗压能力，可谓一举多得。

3.4 开展职工分享会

通常在饭店内部，会有部分员工的某项能力远超其他人水平。在饭店的职工大会上，邀请这类员工进行经验分享，不仅仅是对员工能力的肯定，同时也可以起到示范和带动的作用，更可以有效控制培训成本。

　　总的来说，在消费主义的影响下，消费者对传统饭店产品提出了更高的要求，对从业人员能力也提出了新的挑战。如何顺应消费主义的发展潮流，构建饭店员工能力框架，提供符合消费者需求的产品，提高饭店产品质量，拓展饭店的消费群体，是当下每个饭店管理者应该把握的内容。

参考文献

　　[1] 刘雅坤. 消费主义影响下我国消费观研究[D].北京邮电大学，2015.

　　[2] Peter Stearns 著，邓超译. 世界历史上的消费主义 [M].北京：商务印书馆，2015.

　　[3] 周勍. 中国出境旅游者高消费行为及其形成原因探究[J].消费经济，2013，29（01）：75－78.

　　[4] 王小平. 高星级酒店员工职业核心能力培养探究——以常州为例[J].湖北函授大学学报，2018，31（11）：122－124.

　　[5] 叶瑶. 高忠诚导向的民营酒店核心员工培养体系构建研究[D].华侨大学，2018.

　　[6] 李坚，蒋志芬. 基于全域旅游视角下海口民宿经营人才培养问题研究[J].现代营销（下旬刊），2018（07）：171－172.

　　[7] 陈晨. 基于"能力本位"的中职酒店类专业《民宿管家服务》课程开发研究[D].广西师范大学，2017.

羌人传统习俗旅游市场化路径探究

［作　者］张进伟（阿坝师范学院）

摘　要： 羌族作为一个古老的民族，历史上形成了独具一格的民族文化与习俗。随着时间流逝，在物质生活与社会制度方面，河谷地带的羌人受汉族影响，汉化较深；居住在高半山区的羌人，大部分传统习俗仍然保存至今。随着近二三十年九黄线旅游业的持续升温，亦带动了羌族人民社会生活品质的逐步提升，大部分羌人自愿主动融入旅游业。在如何吸引外来游客赴羌寨旅游这一问题上，笔者认为可在羌人众多传统习俗中，梳理出部分符合旅游市场运行规律的因子，整理提炼后推向旅游市场。

关键词： 羌人；传统习俗；市场化

经济学家普遍认为资源具有稀缺性，而市场化是一个资源互换、互融与整合的过程。羌人传统习俗由来已久并世代流传，随着羌族聚居区旅游业的大力发展，对羌人传统习俗的深入挖掘与整理，显得势在必行，挑选出可以打造成文化产业的传统习俗因子，使之与旅游市场挂钩。

1　传统习俗市场化研究综述

关于传统习俗这一研究内容，过去的学者多从传承、保护的角度进行研究，进入新世纪后随着旅游产业的不断壮大，旅游与文化，旅游与习俗不断地结合，为此部分学者开始从市场化的角度对传统习俗进行研究。例如，李彬、包磊对民俗旅游本真性和商品化进行了探索，他们认为民俗旅游若要可持续发展，必须寻找到民俗旅游本真性和商品化二者之间的内在张力，并对民俗文化旅游开发过程中产生的问题做了探讨与研究。姜继为、吕桂兰针对民俗文化与市场经济之间的关系，对其必要性、可信性进行了研究，他们认为民俗文化与市场经济在相互融合中，存在民俗文化的生命力与市场经济的生长点相互矛盾的问题。何学威重点研究民俗文化产业在振兴民族经济中的作用，他把民俗文化作为一种象征性符号来研究，他认为民俗文化是隐藏在人民生活与思想中的象征符号。张来芳着重从民俗旅游和产业化角度对民俗文化产业化中存在的问题进行研究与分析，提出了相应的对策，具有很强的专业性和可实践性。

2 羌族概述

作为中国境内较为古老的民族，羌族历史文化由来已久，并在历史长河中自成一脉，但是随着时光流逝，羌族人民的社会制度与物质生活逐渐汉化，且越来越深。现代羌族社会主要以农耕为主，祖辈所传"牧羊人"习俗，如"依山居止累石为室"之俗等在汶川、茂县、理县等高山村寨保存完好。

2.1 口中传播历史的民族

羌族是世界所有民族中最独特的民族，羌人因战争被迫迁移，人们流离失所，历经众多坎坷与苦难，曾经一度丢失文字，历史上羌族有语无文、有典无书，各类文化习俗均在口传心授中世代相袭，数千年的历史被"许""比""释比""诗卓"记在口中，然后以颂唱的方式传承至今。传播历史的"许""比""释比""诗卓"各村寨叫法略有异同，总体意思上相当于汉族所俗称的巫师。巫师是羌人的灵魂，是调节人、鬼、神三者关系的使者，他们全方位融入羌人生产生活之中。巫师在占凶吉、卜祸福、祛污秽、治百病等各型法事活动时，颂唱羌族经文，传播历史，铸就羌人文化习俗传承。

2.2 经文包罗万象

羌族经文是羌人的"百科全书"，它源于自然崇拜、万物有灵，形成与汉族鬼神对应，阴阳相对的相似哲学。羌族经文乃古羌人创世之作，从头到尾文学属性浓郁，艺术造诣深厚，色彩鲜明；人物形象生动；故事内容严谨，情景并茂；赋、比、兴等修辞手法交替并用，整个经文是羌族人的文学艺术宝库。

经文多为"释比"在法事活动中颂唱，故称为"唱经"、"释比经典"，整部经文分为上坛经、中坛经、下坛经三部分。除较为正式的"唱经"外，还有反映羌人南迁路上最悲壮的英雄史诗《羌戈大战》；还有那忠贞不渝的人神相爱史诗《木姐珠与斗安珠》；更有那想象无边，天地山川任我造的大自然形成史诗《赤吉格朴》。经文包罗万象，羌人生产生活，社会形态，民风民俗，宗教文化，衣食住行尽涵其间。

2.3 释比作法

羌人的精神领袖是释比，他是与一切鬼神发生关系的人物，一切敬神、压邪、治病、送穷，以及婚丧嫁娶都由释比包办。释比作法时身着白裙，穿羊皮背心，头戴猴皮帽，手执神杖，打羊皮鼓，腰间系法铃或响盘。在羌人文化体系中释比能与鬼神相通，能控制自然，能呼风唤雨，能繁殖牲畜与各类农作物；释比更是羌人的医生，能治人畜百病。释比在羌族社会担任种种职务，种类殊多，鼓羌人有一段古歌曲找那个这样唱道：

羌民敬神，羊愿鸡愿，用释比；

羊愿扫房，鸡愿扫房，打扫牛羊圈；

将污秽洗净，完全结拜，水清；

天神，地神，都来领受！

3 传统习俗众多

羌人认为疾病、穷困、荒年及一切灾难都与鬼神的行动有关，当他们在生产生活中遇到这些难以理解的事情，并由此造成变故，皆求助于释比，请释比作法，并由此衍生为民众的传统习俗。

3.1 占卜

羌人信仰神灵，他们认为天地、树林、与火皆有灵，羌人古代歌曲有这么一段歌词："第一顶大的是天与地，天地之后神树林为大。"在神灵信仰精神驱使下，羌人衍生出占卜习俗，常用的占卜有羊髀骨卜、羊毛线卜，白狗卜。

羊髀骨可以卜病因、卜运气等，所用羊髀骨为祭祀神灵所杀之羊，由释比放在菩萨神灵前灼烧，灼烧所用燃烧物为柏木枝，仪式开始后问卜者将手中青稞麦撒放于柏木枝和羊髀骨之上，待羊髀骨灼烧出花纹后，由释比仔细观看便可得知祸福凶吉。

羊毛线卜由一套法术与咒语组成，所使用工具为羊毛线与皮袋，占卜时在神灵前设香案，敬酒，释比在火炉之上高声念咒，然后将皮袋内各种杂物倒在筛子上，同时一边念咒，一边将羊毛线在手中打结，然后又把线结拉开，查看羊毛线的形状，再辅以筛内杂物形状以断吉凶。

白狗卜多在农历正月举行，主要用以占卜农作物丰歉。居民在庙会之时收购白狗一头，带至村寨庙堂前举行吊狗会，用绳拴住狗后腿将其倒挂于庙前神树上。狗头下放置些许食物，但有一小段距离，使狗不能触及，七天之后，如狗不死则为丰年，反之则凶。

3.2 冠礼

羌族冠礼的习俗较为复杂，其习俗多与羌人社会制度、宗教信仰有关，羌人冠礼规模宏大，从准备到施礼完毕耗时约半年。冠礼举行仪式较为复杂，其中最为重要的是释比祷祝。仪式开始，亲人围火而坐，冠礼人穿新衣戴新冠，释比手持始祖画像杉杆，冠礼人下跪，释比将"mo－－－－ngi"（白羊线并系五色布条，此物为代表始祖的赠品），围在冠礼人脖子之上，然后释比跪下开始颂唱祷祝词：

开辟以来即有始祖，

产生万物与人，

始祖生存的年代固邈不可知，

但是他永存不朽，

有如岩上之大杉非斧金之所及，

遗胤子孙亦应得始祖之庇荫，

与天地同老，日月同生，福寿康宁。

祷祝完毕，释比不分男女老幼，将始祖赠品分赐在场诸位亲朋好友，大家皆大欢喜。

3.3 求雨

羌族是山居民族，自然条件恶劣，每年干旱收获无望，求雨就成为羌人农事活动中非常重要的一个环节。理县杂谷脑河两岸羌人求雨风俗较为有趣，整个仪式没有释比作法及跳大神等集中性活动，而是举行"搜山"活动。"搜山"主要是"禁止挖掘草药和禁止设置绊索捕兽"，此时的羌人相信挖掘草药是破损地之宝藏，违背生生之德；禁捕野兽是因为捕兽为杀生，在灾难时应该把他除去，以顺天意。搜山令颁布各村寨必须严格遵守并派人参加联合搜山，如遇违反禁令之人，必须痛殴，直至流血。他们认为如果不痛殴至流血，不能使天下雨。如果举行搜山活动以后仍不能下雨则举行更大规模的搜山，直至求得甘露。

3.4 驱邪与送晦气

羌人如遇喂猪不兴旺，养鸡不发达，酿酒不美味，咸菜不香，谷物枯萎凋谢，盗贼频繁入室等都认为是运气不好，一般请释比来驱邪送晦气。释比是羌人司礼祭司，同时也是懂巫术的巫师，其宗教职能十分繁杂。

羌人驱邪有固定的仪式，该仪式羌语称为"还鸡愿"，在屋顶白石神前举行，也就是祭祀白石神的仪式。驱邪日前一天，释比先到主人家选出祭祀用鸡，并预备纸张，竹杠，杉木等。法事中释比取鸡毛以纸裹之悬于旗杆顶部，开始念经，还愿。祭门神所用之鸡必杀，并撒血于旗上；祭财神羊神所用之鸡均须压死。祭白石神先放炮，主人把鸡绞死，释比在杉木上悬旗，并用鸡毛沾在杉木枝上，三日后，将杉木移插良田中间，所有祭祀用鸡，都倒入田间。

3.5 治病

世界先民大多数认为疾病源于魔鬼，只有精通巫术的人才能把体内的病魔祛除，因此巫师成为人类最早的医生。对于治病这一习俗，羌人也无一例外选择了巫术，选择了释比，但凡有病，不吃药，均请释比作法医治。释比治病最常见的法式称为"羊替人命"，先用草制作成人型，穿病人衣冠鞋袜，另取豆面米粉茶少许放入一纸袋，再牵一头羊与草人一起送到墓地。释比一边杀羊，一边焚烧草人，并口中念念有词，期间手指山水，口喊魂兮归来数次，释比问："魂归来吗？"病人家属答："回来了！"如此问答三次。然后由释比打鼓，将装有豆面米粉茶的纸袋放置祖先神位处，仪式告成。如喊魂时发现有头发落于纸袋之上，则认为是大成功，病者至少可以多活几年。

4 羌人传统习俗旅游市场化路径

羌人传统习俗多源于生产生活，向大众展现独特社会形态与民风民俗，其宗教文化仪式与衣食住行交杂共生，在近年旅游资源开发中大多数被开发为旅游晚会的某一节目，或以某节事为主题开发为时间较短的旅游节事活动，此类活动目前仅作为噱头对游客有一定吸引力。笔者通过调查认为羌人传统习俗旅游市场化可从以下几点入手。

4.1 在传承中市场化

习俗之所以能流传千百年，其代代相传是必不可少的，传承的载体一定是本民族自身，这就要求本民族人民有强烈的习俗传承意识。在历史长河中，随着时间推移，习俗的表现形式会不断发生变化，所以传承的应该是一个习俗的精神，而不是习俗具体表现形式。羌人传统习俗在传承中实现旅游市场化是羌民族文化复兴的必然趋势，唯有坚持传承，才能了解羌族文化血脉；唯有坚持传承，才能不断丰富羌族文化；唯有坚持传承才能得到市场的认可。传统习俗文化的传承不仅在民族延续中发挥重要作用，也能在潜移默化中为民族带来经济收益，厚植市场传承习俗，让游客感受羌人传统习俗之魅力，是羌族传统习俗旅游市场化中最为重要的一环。

4.2 在提炼中市场化

旅游脱贫、旅游致富，是羌族从传统农耕社会向现代服务业社会转型的重要依托。羌族聚居区地处四川重要旅游线路——"九环线"之上，该线路为四川省精品旅游线路，旅游景点富集、游客往来频繁、旅游交通便利、旅游设施设备齐全、旅游商品经济发达。因此，在旅游市场化时，不能将源于日常生活的传统习俗，完全不加任何修饰的"原生态"照搬，或者不加取舍的全部移植过来。而是要对羌人传统习俗中富含的文化符号和文化元素进行甄别，进行选取，进行提炼，进行升华，提炼出符合社会主义核心价值观的符号与元素。

4.3 在挖掘中市场化

文化自信是民族自信的重要表现形式之一，羌人对本民族文化价值的崇尚是对羌文化的肯定。经过千百年的迁徙、融合、同化，现在的羌族聚居区多为羌、藏、汉三个民族杂居，保留羌族习俗，日常生活中说羌话、讲羌语、办羌事的原生态羌族聚落越来越少。时代在进步，民族在融合，新生代羌人对传统习俗文化的感情越来越淡薄，接受现代教育的年轻羌人多数认为："讲科学、不迷信、不信神弄鬼。""许""比""释比""诗卓"等老一辈民族文化传承人保护羌族传统文化的做法越来越面临时代挑战。深入挖掘羌人习俗内涵，赋予其新时代的意义，对于团结羌人，形成凝聚力和战斗力，激发羌人振兴羌人传统习俗有着重要的意义。羌族传统习俗作为非物质文化遗产，在市场化中要着力去挖掘习俗内涵，将内涵融入羌人文化建设中去，开发出有独特地区色彩的文化市场商品。

4.4 在交流中市场化

现代社会是开放性社会，闭门造车、夜郎自大、自闭式保护必将受到市场的唾弃。文化的魅力在于独特，而文化的活力在于交流，无数历史证明文化是不同民族之间的文化，文化是南北方交流的文化，文化是东西方交流的文化，不同的文化彼此包容并蓄，互相取其精华去其糟粕。羌人混居于城市、散居于山地、杂居于村落，由此形成最有利于传统习俗传播交流的条件，同时亦能最大限度产生较大影响。羌人传统习俗旅游市场化的先决条件是，本民族习俗得到主流社会观众游客的认同，只有交流才能延绵千年，只有交流才能多姿多彩，交流是羌人文化自信的表现，是旅游市场化的必须。

4.5 在创新中市场化

古人云："不日新者必日退。"纵观古今，中华文化一脉相传未曾改变，不同时代帝王将相、文人墨客们"先天下之忧而忧，后天下之乐而乐"。不断创新革新，为中华文化注入了新鲜血液。在传承的同时创新发展、中外相融、古今相融，缔造出壮美的中华文明。羌族作为中华民族的一部分亦秉承传承创新这一优良传统，羌人传统习俗旅游市场化在传承的同时，必须要不断创新丰富文化内涵，摒弃不受旅游市场接受的习俗，努力将时代元素融入传统、将动漫元素融入羊皮鼓、将科技元素融入巫术表演、将短视频元素融入锅庄舞曲，用现代人在旅游中喜闻乐见的形式来表达，来创作新的"唱经"。

参考文献

［1］李彬，包磊. 旅游商品化对民俗旅游本真性影响研究［J］. 商场现代化. 2008，3.

［2］姜继为，吕桂兰. 试论民俗文化与市场经济的相互融合［J］. 河北职业技术师范学院学报. 2002.3.

［3］何学威. 民俗文化产业与振兴民族经济［J］. 中南工业大学学报. 2000，6.

［4］张来芳. 民俗文化产业化的构想［J］. 江西社会科学. 2000，5.

［5］李林山. 云南民俗文化市场化的原因探究［J］. 传承. 2015，8.

［6］李国利. 民俗文化市场化探讨［J］. 现代商贸工业，2009，21.

［7］朱丽辰，张艳春. 论农村民俗文化开发的现实意义［J］. 消费导刊，2009，21.

［8］邢静. 略谈我区民俗文化资源的开发和利用［J］. 回族研究，2006.2.

四川省藏区"交通＋旅游"融合发展的研究和思考

［作　者］谷蕴秋（西南民族大学旅游与历史文化学院）

张广胜（四川天路印象旅游发展有限公司）

钟　洁（西南民族大学旅游与历史文化学院）

李盛伶（西南交通大学经济管理学院）

摘　要： 为进一步扩大交通运输有效供给，优化旅游业发展的基础条件，藏区利用独特景观风貌和地形优势，形成交通运输与旅游融合发展新格局。政府高度重视藏区"交通＋旅游"融合发展，给予政策和资金支持，但依旧存在服务区功能单一、政府融资难、民间投资少等问题。建议转变经营理念，出台鼓励政策，打造融合景区。

关键词： 藏区；交通＋旅游；融合发展

引言

近年来，国家大力倡导"创新、协调、绿色、开放、共享"发展理念，旅游业迎来了创新发展的黄金时期。同时，旅游产业已成为我国国民经济中发展速度最快和具有明显国际竞争优势的产业之一。随着"两厅一委"四川省《"十三五"旅游业发展规划》等文件的相继出台，"交通＋旅游"的融合发展将满足人民日益增长的美好生活需求，高度契合新时代社会主义思想，交旅融合发展已迫在眉睫。国家六部委联合发文，鼓励交通和旅游融合发展，探索建立旅游交通规划、建设、运营新机制，旅游交通产品和服务创新提速。

交通与旅游相辅相成，交通是旅游的重要内容和基础保障，是旅游完成的充要条件，而旅游是交通发展后促进经济发展的文化服务产物。四川藏区自然风光优美，旅游资源丰富。九寨黄龙、稻城亚丁等绝美自然风光每年吸引大量各地游客前往观赏；雅江的松茸、红原的牛肉等，不仅走出大山，甚至出口到全世界。

旅游业快速发展，成为当地居民脱贫奔康、增收致富的主要渠道。但其受海拔条件和地形因素的影响，交通通达性较低，因此藏区实行"交通＋旅游"融合发展十分必要。同时，四川藏区积极响应国家偏远地区脱贫攻坚号召，2009年以来，中央和省在四川藏区累计安排交通建设补助资金超过1300亿元，累计新改建公路约4.7万公里，10年资金总额和新改建里程分别是之前60年的12倍和10倍。政府对四川藏区提供的政策和资金支持，为其实现"交通＋旅游"融合发展提供可能性。

交通为旅游带来了便利，旅游为交通创造了新的发展空间，旅游与交通融合发展的趋势越来越强劲。随着四川藏区旅游线路的开通和发展，更有必要对"交通＋旅游"大背景下藏区的旅游产业和旅游产品进行深入思考和研究。

1　藏区旅游与交通融合发展成效

1.1　政策支持便利化

近年来，藏区多地为推动区域全域旅游发展，纷纷启动旅游公路建设、高速公路、国省干线公路建设，利用水上、陆地、空中及特种旅游交通方式，全面贯彻旅游理念，融入旅游元素，努力将本区域的公路全部打造成生态景观路或旅游路，以推动藏区旅游产业发展，拉动地方经济消费。《国务院关于促进旅游业改革发展的若干意见》提出要完善旅游交通服务。高速公路、高速铁路和机场建设要统筹考虑旅游发展需要，积极探索旅游＋现代服务业，促进旅游与文化、体育、商务会展融合发展。加速交通行业新业态新模式发展，深化交通运输与旅游融合发展；推动旅游专列、旅游风景道、旅游航道、自驾车房车营地、游艇旅游、低空飞行旅游等发展；完善客运枢纽、高速公路服务区等交通设施的旅游服务功能，打造便捷舒适、经济高效的交通运输服务。《四川省旅游业发展"十三五"规划》紧扣国家主体功能区规划，围绕国家"一带一路"、长江经济带等战略部署，从产业和空间两个维度构建全省"511"旅游发展新格局。四川藏区积极推进战略政策，努力提升其区域价值。

1.2　交通方式多样化

2016年，交通运输部等六部委联合印发了《关于促进交通运输与旅游融合发展的若干意见》，以加快促进交通、旅游融合发展。四川藏区整合全部资源，调动各方力量，利用自身优势，促进区域旅游基础设施及公共服务体系改善，大力发展铁路、公路旅游，让交通工具不只是游客到达旅游地的手段，还是充分利用路程时间，丰富旅游体验，深度开发的多元化产品体系，促进藏区全域旅游发展。

1.2.1　火车观光旅游

目前，火车旅行方式基本可以分为两类：一是兼具交通和观光度假功能的火车旅行；二是仅限在景区内部的观光火车。现四川交投集团正积极打造都江堰至阿坝藏区四姑娘山山地轨道交通扶贫项目，"都四"项目是国内首条以齿轨作为运行轨道的轨道交通项目，起于成都都江堰市，经阿坝州汶川县映秀镇，连接耿达、卧龙、映雪、邓生沟、巴朗山等地，止于小金县四姑娘山镇，串联多个景区，把川西北丰富的旅游资源与成都平原连成一体，开创交旅融合扶贫模式新示范。火车有节奏的摆动、车轮撞击铁轨的声音和窗前移动的美景让更多旅客享受到"慢进漫游"的闲适、温馨，火车旅行已成为一种特别的旅行方式。

景区观光小火车能够整合景区的多个景点，尤其对于规模大的景区，景点小火车是提升各景点交通可达性的有效工具。同时，旅游观光火车沿途的旅游景观设计要丰富且富于变化，移步换景，给游客造成视觉冲击。

1.2.2　公路旅游

随着自驾车时代的到来，公路已成为消费升级和个性出行的重要基础保障。自驾车带来的不仅仅是游客出行方式变化，而且还催生出一种全新旅游产品——自驾游，如美国66号公路及国内藏区318国道。318国道"此生必驾"的热潮表明，风景优美的公路可以成为自驾车游客向往的胜地。当自驾游成为大众旅游，特别是散客旅游时代主要出游方式时，公路的功能自然就会从强调通达性、快捷性拓展为更加重视景观性、服务配套性，公路也就从传统旅游时代旅游产品的外围配套，变成了自驾车旅游产品的吸引主体，这样的公路就不仅仅是一条通道，而是复合之路，具有综合平台意义。

1.2.3　低空旅游

为提升客户旅游体验，一些景区推出低空观光服务，例如低空旅游服务四川阿坝州俄木塘高山草甸热气球观光项目，为游客提供不同视角的观光体验。

1.3　交通产品旅游化

随着大众旅游时代的到来和全域旅游的快速推进，交通运输作为旅游业的基础支撑和先决条件，对旅游业的带动和发展作用愈加凸显。从"买"到"游"，游客的消费方式正在发生结构性转变。自驾游、自助游、乡村游等旅游形式受到热捧，很多家庭举家自驾出游，目的地和景点逐渐被淡化，转为侧重旅途过程中的乐趣和设施。

四川藏区交通旅游产品具有广阔市场潜力和消费空间，交通与旅游的跨行业、跨部门、跨学科合作已经成为趋势和必然，"交通＋旅游"概念将被运用在更加广泛的领域。新时期下，高铁、航天飞机等交通方式的快速发展逐渐成为独特的旅游形式——"高铁游"、"航空游"。旅游交通自身的吸引力对旅游交通提出了更高要求，且各种交通旅游产品形式（如低空旅游、房车旅游、邮轮旅游、特种旅游交通体验项目等）已经初见端倪。虽然他们没有被冠之"交通旅游产品"的名称，但从设计思路、操作过程和实际效果而言，它们已经无法剥离自身在旅游产品开发中的作用。研究表明，虽然不是所有的交通资源都可以景观化或实用化为旅游产品，但众多交通资源已经具备了旅游产品的某些特征。

2　藏区旅游与交通融合发展的问题与原因

2.1　服务区功能单一

由于部分景区独立于高速体系之外，游客需先出收费站，再进入景区。窗口效应差，造成只有目的地游客会进入景区，过境游客很难注意到景区并进入。服务区与景区大门分离，一旦景区运营，游客想要进入景区必须先出收费站，会造成收费站交通拥堵现象。景区大门、游客中心与高速服务区都有充电功能，造成重复投资问题。游客需要先出收费站，再寻找景区大门并进入景区，造成路线复杂、资源浪费问题。

2.2　政府融资难

从政府角度看，一种新型项目模式逐渐兴起——PPP 模式。PPP 模式是政府部门和社会资本之间的一种新型合作关系，但其实行起来也有一定条件限制。政府付费（项目公司全部收入来源于政府支付）的项目，以及可行性缺口补助中政府补助比例超过项目公司总收入 50% 的项目，是无法发行项目收益债，也无法发行 PPP 项目专项债。而大多数川藏地区旅游项目政府补助都占较高比例，无法达到 PPP 项目的先决条件。

2.3 民间投资少

旅游景区前期开发运营都需要大量资金投入，而旅游产业特性却是投入多，风险高且回报周期长。因此大多四川藏区当地企业不愿与政府共同投资风险共担，景区前期开发难免会面临融资难的困境。另外，旅游业发展不发达的藏族地区，居民家庭条件并不富裕，没有多余资金支持当地旅游业开发。而旅游业发展较发达的藏族地区，常年受到旅游收益分配不均导致居民与政府的矛盾加剧。

3 藏区旅游与交通融合发展的措施与建议

3.1 转变经营理念，增强游客体验

以高速公路服务区为例，其在高速公路的运营管理系统中占有重要地位，不仅有利于提高高速公路整体运营环境，有利于司乘人员旅行的舒适和安全，而且还能产生一定的经济效益。随着高速公路事业发展，人们旅行生活水平不断提高，利用高速公路出行频率极速上升，服务区的地位和作用将会越发凸显。若将景区一些核心功能区融入高速公路体系内，服务区即景区大门和游客中心，游客从服务区可直接开车进入景区，这样，窗口效应显著，景区大门成为最好的宣传标识，游客只要在服务区停车，就会注意到景区大门，创造进入景区的可能性。

转变传统服务区经营理念，推进交通运输与旅游业融合发展，是适应大众旅游时代到来，建设人民满意交通的必然选择；也是交通运输行业转型升级、推进供给侧结构性改革的重要举措和有效抓手。

3.2 出台鼓励政策，拉动民间投资

政府应该提升旅游行业回报率，并出台支持四川藏区旅游行业相关优惠政策，如在藏区旅游行业前期运营开发税收优惠等。在本区域培植专职旅游开发运营的国有平台企业，负责自身资源梳理和对外招商引资，一事一议，一企一策。在政府大力协助前提下，既能降低企业投资风险，也能解决政府融资难的问题。同时，还要加大宣传四川藏区旅游发展力度，整合当地资源，探索居民资源、资金、劳动力入股的形式并引进外部资本方式改造现有旅游产品，将新产品与新媒体相结合，打造特色品牌。充分调动当地企业和居民的积极性和主动性，增强主

人翁意识，进一步组织群众自主筹资，投工投劳，多渠道、多形式筹措建设资金。

3.3 打造融合景区，提高旅游服务

依据实际情况将服务区分为大、中、小三种类型，一般服务区功能设置将包括：游客服务中心、服务区、加油站、物流中心、停车区、核心区、拓展区、收费站等。根据四川藏区旅游业发展的实际情况，拓展区未来将作为"交通＋旅游"的主要承载体，应当包含游乐、旅游综合服务两大功能。针对目前四川藏区旅游业主要以自然观光为主的情况，游乐建设方面应在拓展区内引入多种休闲运动、娱乐设施，从而与区域内旅游业态形成互补。旅游综合服务，将涵盖吃住行游购娱康体疗九大领域，为游客提供综合性旅游服务，从而成为区域内旅游消费中心。

4 结语

在新时代、新机遇、新经济形势下，将交通运输行业与旅游业进行深度融合，游客旅游观念的转变和藏区旅游方向从"效率至上"到"体验至上"，藏区旅游路线商业运营目标将从"过境消费"到"停驻消费"。促使四川藏区旅游业从封闭旅游向开放"旅游＋"融合发展方式转变，激发出旅游交通发展的新模式和新活力。不仅如此，伴随着政府政策的大力支持及四川藏区旅游的多重宣传（如丁真的曝光走红）以及318国道"此生必驾"的热潮，都定将助力四川藏区旅游在不远的未来开辟新高度，走向新巅峰。

参考文献

［1］沈仲亮，李志刚. 迎接大众旅游时代促进旅游与交通深度融合［N］. 中国旅游报，2017－03－01（001）.

［2］国务院关于促进旅游业改革发展的若干意见［J］. 辽宁省人民政府公报，2014（18）：12－20.

［3］宋波. 汶马高速公路建设与藏羌文化旅游融合发展［J］. 重庆交通大学学报（社

会科学版），2020，20（05）：24－30.

　　［4］曾博伟.“旅游＋公路”构建旅游供给新体系［N］.中国旅游报，2016－10－21（003）.

　　［5］张芳芳.交通旅游产品设计研究［D］.中国海洋大学，2008.

　　［6］李佩佩.交旅融合背景下四川藏区旅游公路景观规划设计研究［D］.四川农业大学，2019.

乡村振兴视野下少数民族村寨旅游吸引物营造

——以邛崃市直台羌村为例

［作　者］赵晓宁（西南民族大学旅游与历史文化学院）

摘　要： 全面推进乡村振兴，有效促进城乡融合，是当前发展的重点及热点问题。作为"5·12"汶川地震灾后移民安置到大成都片区的一个少数民族移民羌寨，直台村已形成"文化＋旅游"的羌村发展模式。在羌村旅游吸引物系统营造方面，直台村初步构建出羌村、羌家和羌历年等标志物。未来，直台村旅游吸引物营造还需要重视羌村内的传统文化，关注旅游主流消费市场需求，实现村民脱贫致富，更好地向外展示羌村风貌，讲述羌村故事。

关键词： 乡村振兴；直台羌村；旅游吸引物；标志物；传承与创新

1 引言

乡村振兴是新时代党中央围绕"三农"问题，为加快农业农村现代化步伐，加快推动我国农业强国建设提出的重大战略举措。其中，产业振兴是乡村振兴的首要，特别是第三产业的振兴能够极大增强乡村产业发展活力，成为乡村振兴的创新增长极。文旅产业作为第三产业重要的组成部分，依托乡村的特有资源，借助乡村独特的人力资源，发展特色文旅产业，既可以缓解乡村的脱贫攻坚压力，也能够探索出一条实现乡村振兴的发展路径。

直台村是成都市唯一一座完整的羌族聚居村落，位于邛崃市南宝山镇，是"5·12"汶川特大地震后从汶川县龙溪乡整村异地安置的移民村落。全村村民几乎全部为羌族，分为5个村民小组，共117户，人口400余人。从2009年搬迁至今，该村的产业结构先后经历了三个阶段：2009—2013村民在自家茶园种植茶叶；2014—2016茶园土地流转，村民外出务工；2017至今村民回流，村落开始从事羌家接待。在十余年的村落安置及发展过程中，直台羌民逐渐意识到必须重视并保护好本民族的传统文化，在此基础上将羌族传统文化与羌家旅游接待相结合。羌村旅游已成为当前直台村落地邛崃后村民们谋求生计、脱贫致富，最终实现乡村振兴、彰显民族活力的发展方式。

作为一个因灾整村异地安置到汉区，且空间上脱离羌文化原生地的羌族村寨，如何在新空间中保护并传承本民族传统文化，借助代表性的羌族非物质文化遗产，实现其从文化资源到文化资本的转化？在羌村"文化＋旅游"的空间实践过程中，羌村的旅游吸引物系统如何营造，还有哪些困难和隐忧，如何才能有效地与消费市场进行可持续的互动和融合……这些问题值得总结和思考。

2　直台羌村旅游吸引物营造

学者 Gunn 认为，所谓旅游吸引物就是具有吸引旅游者的独特内在品质的旅游点。旅游吸引物是能够对旅游者产生吸引力的所有事物，因此，西方多把旅游吸引物视为一个包含复杂社会关系的吸引物系统而不仅仅是独立要素。学者 Leiper 扬弃了学者 Mac Cannell 关于旅游吸引物系统的观点，认为旅游吸引物是一个由旅游者（或人的要素）、核心要素和标志物（或信息要素）三个部分组成的系统。只有当这三个要素相互联结的时候，旅游吸引物才能最终形成。根据 Leiper 及前人的研究：旅游吸引物因旅游者的关注而被赋予并显现其价值；核心要素涉及引发旅游者关注或实际旅游的几乎任何特征，可以是某个或某几个特色景观、某个事件或活动，以及具有吸引力的某个场所或人群；标志物通常具有外显价值，主要指能够向旅游者传递核心吸引力的信息或信息载体。

2.1　直台羌村旅游吸引物系统

"5·12"地震前，直台老寨是一个传统羌寨，世代根植于大山深处。羌人"依山居止，垒石为室"，他们的日常生产生活以及传统信仰和民俗等，都与天、地、山、神诸事物构成特定的空间依存关系，传统的农牧生产方式一直延续下来。震后，在各级政府主导下，直台羌村被"整村"跨市州移民安置到成都市近郊，距离成都130公里。总体上看，直台羌村旅游吸引物系统的形成是多种力量和因素综合作用的结果。

从旅游者角度分析，直台村被赋予的诸多特殊身份，如灾后重建、异地安置、乡村振兴、脱贫致富等概念，对于大成都市民具有较强的吸引力。直台羌村民族传统文化保留较为完整，村民日常交流几乎全部使用羌语，传统民俗、宗教信仰、传统医药依然在村中存在并延续着，这些事实客观上刺激了旅游者好奇心，吸引周边城市群的游客前来体验和旅游。

在村落旅游吸引物核心要素方面，村民通过各种空间实践不断地打造并增强直台村的旅游吸引力。截至2020年底，直台村在实现旅游引导移民羌村实现乡村振兴的过程中，在地方政府以及社会各界的帮扶下，不断地探索适合乡村的发展路径。一方面，直台村依托独特的地理优势和资源优势，以"公司+基地+农户"的模式，建成四川省面积最大的高山蓝莓产业基地。蓝莓果酒、蓝莓饮料等系列产品已上市，初步形成以蓝莓种植带动产供销及深加工一体的现代农业产业。每到四五月蓝莓采摘季，一些游客来到这里参与蓝莓采摘，并参与羌村举办的高山生态蓝莓旅游节活动。另一方面，由于直台村是整村移民，羌村的传统文化、社会结构及社会关系保留较为完整。直台村聚集羌族文化，打造原生态羌寨。羌村成立了羌文化表演队，展现富有羌文化底蕴羌笛吹奏、羌族歌舞、羌绣制作、释比文化传承等；近年来每逢羌族重大节庆，如农历十月初一的羌历年，直台村也要举办一系列的庆祝活动；羌村以分散接待游客为主的"羌家乐"别具一格，羌民们以高山腊肉、跑山鸡、野菜、野菌为原料，招待四方游客；另外，直台村以羌族非遗保护成果展为契机，积极探索"非遗+文创"、"非遗+旅游"的发展模式，推进特色文化旅游产业发展，成功举办羌族非遗展示等活动，推进农商文旅融合发展，助推羌村旅游发展。

2.2 直台羌村旅游标志物

直台羌村是从传统羌区迁到汉区的少数民族聚居村落。如何更好地展现这座羌村的村风村貌，如何在发展乡村旅游的过程中彰显羌族传统文化，打造村落旅游发展的亮点，羌村旅游吸引物系统中的标志物营造非常重要。

2.2.1 "羌村"文化空间的营造

最初直台村是由政府统筹统建的移民安置住房，村落主要是汉族城镇居民生活的小区集中式管理模式，在外观上与传统的羌族村落差距较大。村民集中居住后，普遍心理上对房屋的式样表示遗憾。在村民看来，"这些房子，国家修得很好，给我们修的是别墅房子，但就是不像羌族房子"。从2015年，邛崃市政府启动南宝山移民安置点外墙风貌提升工程，经过前后两期，至2016年底，共完成直台羌村 117 套移民安置房的风貌改造。提升后的羌村房屋外墙,有意采取了一种近似于黄泥颜色的风貌处理,这样就从整体上使移民羌村更接近老家的羌族碉房。值得提及的是,羌村风貌改造过程中,每家房屋的外立面特意凸显羌族传统代表性文化符号。例如,羌人以"羊"作为信仰图腾,因此风貌改造后的羌村到处呈现有羊、羊角、羊角花等文化符号。

图 11 - 1　风貌提升中凸显的羌文化符号

2.2.2　"羌家"文化空间的营造

2017 年直台村内外发展乡村旅游的时机渐趋成熟。一方面,村民向外劳务输出渠道不畅;另一方面,多年在外务工使村民积累了一定的资金、经验、认知及资讯。在内外双重作用下,部分村民在"离土"和"不离村"之间尝试探寻新的生产生活方式:投资装修自家房屋,营造有羌族文化特色的"羌家"用于旅游接待。到 2019 年底,直台村已建成 20 家羌家乐。

　　为了凸显"羌文化"，村民们在"羌家"文化空间营造上不断探索。首先，村民借"羌"字以及"羌文化符号"命名羌家乐，如"羌家客栈"、"羌缘农家"、"方缘羌家"、"凌云羌栈"，以及"尔玛人家"、"羊角花客栈"、"羌红农家"、"云里羌红"等，这在行动层面上反映出村民对羌文化的持守。其次，村民设法增加羌家乐的接待容量。在改造自己房屋的过程中，村民为了实现内部空间接待效益最大化，创造性地对自家房屋进行内部空间分割和空间延展，进而生产出更多独立的接待空间。第三，为了营造出实用、经济、有吸引力的"羌家乐"，村民们的空间想象力被激发出来。羌家乐的内外空间营造紧紧围绕着游客的喜好，设法增加房间数量及面积，增加单位房间的容人量，设法为游客打造舒适的休闲空间。实践中，村民不仅在室内的小空间不断创设，还努力为"羌家"营造舒适的室外休闲空间。

图 11 - 2　"尔玛人家"装修后二楼过道、普通客房及房内独立卫生间

2.2.3　"羌历年"文化空间的营造

　　羌历年为每年的农历初一，是羌族最隆重的节日，人们通过庆羌年使羌族的传统、信仰、历史和文化得以继承和传播。安置初期，直台村庆羌年活动主要依靠政府主导，羌村自身缺乏充足资金，难以组织相关庆祝活动。随着羌村内部羌家乐的逐步发展壮大，庆羌年的社会意义被赋予新的空间含义。羌村借羌历年完成传统文化的"维系与利用"。羌家乐的经营者们也极力希望借助"社区祭祀"等相关庆羌年活动，吸引周边游客在旅游淡季入村观展，以实现羌家乐的增收。发展羌村旅游接待逐渐成为推动庆羌年复活的真正动力。直台羌村的庆羌年活动渐次演化出新的具象性节庆空间：即羌年庆祝搭平台，旅游接待唱大戏。

2018、2019 连续两年，为了推进羌村旅游产业的更好发展，逐步实现村民增收致富，南宝山镇政府与农企公司大力支持庆羌年活动。羌村村民在羌村节庆空间营造中将羌家乐与庆羌年互动融合，借助"政府"和"企业"双方力量，羌村对外展示羌族传统文化，对内羌家乐喜迎四方游客。过程中，羌村老少全程参与祭祀活动；各级地方政府领导、四面八方的游客与村民一同观看歌舞展演；全村老少及四方游客共同品尝羌家美食，喝羊肉神汤，吃月亮馍馍（见图 11－3、图 11－4）。

图 11－3　羌村村民参与庆羌年祭祀活动　　图 11－4　各级政府领导与羌村村民共庆羌年

羌村庆羌年活动吸引了来自邛崃、成都等地的许多游客，入村道路排满了标有川 A 牌照的车辆，自驾游客的车辆占满了羌村停车场。从某种意义上讲，庆羌年作为直台村吸引旅游者前来羌村的重要旅游标志物。旅游者参与了羌村的社区祭祀活动，观看了庆羌年专场文艺演出，体验了羌族传统新年的庆祝活动，实现了庆羌年与羌家接待的互动融合。

3　直台羌村旅游吸引物营造中的隐忧

直台村发展民族乡村旅游的吸引力，在于较为完整地保留了羌族的传统文化。作为一个整村搬迁至汉区的羌族传统村寨，为了发展旅游，旅游吸引物系统中的标志物营造客观上必然引起村民的重视。然而，面对城市化、现代化的冲击，羌村内那些隐性的却是默默滋养羌村的民族传统文化，如何更好地传承下去，也是值得思考的问题。

3.1　羌文化传承出现断层，发展后劲堪忧

羌村有代表性的传统文化形式，随着 400 多名羌族群众的移动，已于 2009 年从羌区汶川迁到大成都地区，如释比文化、羌族刺绣、羌笛吹奏、羊皮鼓舞、祭山转山会和婚礼十二歌等羌族非物质文化遗产等。迁村前，直台老寨的释比主要有陈释比、朱释比和何释比（准释比）等。2016 年，朱释比过世，陈释比也已 80 岁有余。目前，释比文化展示只在庆祝羌年的祭祀过程中展演，而羌村日常生活中目前已较少出现。未来，释比文化传承很可能因后继无人而面临危机。

"羌笛何须怨杨柳，春风不度玉门关。"羌笛是羌文化的重要标志物，具有极为重要的符号价值和表征意义。羌村中目前只有两位老人会吹羌笛，一位名叫 LZT，一位名叫 HDQ。直台新村的时空条件对于羌笛的吹奏和传承有诸多阻力。南宝山位于邛崃市，空间上不属于传统羌文化生态保护实验区。根据国家相关政策，两位老人因户籍已从汶川迁出，不符合四川省羌笛非物质文化遗产传承人申报条件。村中年轻人因各种意愿，如学业压力、吹奏困难、缺乏动力等，无人愿意跟随两位老人学习羌笛吹奏。

羌绣，是羌家妇女在劳动间隙完成的民间工艺品，它根植于羌族古老的历史文化中，承载着底蕴深厚的羌族文化。羌村中村民的生产生活方式已发生改变，加之羌绣工艺复杂且其市场价值尚未得到广泛的重视，因此，从羌家妇女的访谈中不难发现，年青一代羌民客观也缺乏学习动力。

会羌绣的人越来越少了，像老一辈的，我妈妈她们那一辈的，都会绣。但现在眼睛昏花，绣一幅作品就要很长时间，身体吃不消。而且，现在改进的丝线都是细致活，她们都做不来（CXQ，直台村民，女，45 岁，2019‑10‑28）。

真正想学习的人没有几个，绣起来真的腰酸脖子痛的，大多数人都外出打工去了，要去挣钱（ZSL，直台村民，女，36 岁，2019‑10‑29）。

3.2　旅游吸引力缺乏培育，尚未形成羌村独特 IP

直台村的乡村旅游接待目前还处于起步发展阶段，所依靠的吸引力要素主要是传统羌区内羌族歌舞及释比文化展演。由于直台村处于汉文化圈内，脱离羌文化原生环境，极容易受到汉文化的侵袭，如果不能有意识地培育羌村的旅游吸引力，未来极容易被来自阿坝州传统羌区的原生羌寨旅游吸引力所遮蔽，从而丧失发展乡村旅游的动力和活力。

3.3 羌村文化传承要具有生命力，需要不断探索契合直台羌村的文创产品

羌文化的文创产品面临最大的困境就是脱离时代潮流，缺乏生命活力，丧失市场竞争力。以羌绣为例。羌村内的绣品多人工绣制，耗时费力，客观上导致纯手工绣品价格偏高，导致销路停滞。村民的绣品在形状、样式、种类等方面大同小异，缺乏特色，设计上没有与现代时尚文化对接，很难得到以"Z 世代"群体为代表的消费主力市场的青睐。

未来，直台村能否形成对旅游者的持续吸引力，需要结合主流消费市场的审美偏好，以全新的方式思考羌绣文创产品的设计和生产。可尝试将羌文化与二次元文化相结合，提高羌文化的影响力和知名度。建立直台村羌绣文化品牌的独特形象，全面开发旅游纪念品，融入羌族非遗文化体验，寻找羌族文化与文创产业融合创新发展的新路径。

4 结语

2021 年 2 月 21 日，国务院发布了中央一号文件《关于全面推进乡村振兴加快农业农村现代化的意见》，对新时期乡村振兴战略做出总体部署。2 月 25 日，随着全国全面脱贫攻坚战的胜利，国家乡村振兴局正式成立挂牌。新时期下，全面推进乡村振兴，巩固脱贫攻坚成果，搞好乡村建设，有效促进城乡融合将成为发展重点及热点问题。直台村作为"5·12"汶川地震灾后移民安置到大成都片区的一个少数民族移民羌寨，在灾后重建的十余年中不断探索，已初步形成了自己的发展模式，即以乡村旅游发展为依托，结合自然环境和本民族的传统文化，大力发展民族村寨观光度假旅游。尽管羌村面临发展的诸多问题，但是围绕羌村旅游吸引物系统的营造是羌村未来旅游发展的重中之重。为此，在维护好现有羌村旅游标志物的同时，也要看到并重视羌村旅游吸引物营造中的隐忧问题，防患于未然。

参考文献

［1］ Gunn C A. Tourism Planning［M］. New York：Crane Russack，1979：71.

［2］张进福. 旅游吸引物属性之辨［J］. 旅游学刊，2020（2）：134－146.

［3］Leiper N. Tourist attraction systems［J］. Annals of Tourism Research，1990，17（3）：367－384.

12

旅游扶贫

四川省乡村旅游发展报告

〔作　者〕刘　旺（四川师范大学历史文化和旅游学院）

摘　要：　四川省是全国最具影响力的乡村旅游发祥地。在近三十年的发展中，四川省乡村旅游取得巨大成就，成为全省旅游业的重要组成部分，走在全国乡村旅游发展的前列。在乡村振兴的时代背景下，如何更加充分地发挥乡村旅游的抓手作用，推动乡村经济、社会、文化、生态全面振兴，成为十四五时期我省旅游业发展必须解决的新命题。本文在全面梳理四川省乡村旅游发展现状的基础上，总结四川乡村旅游发展经验，剖析四川乡村旅游发展瓶颈，并结合高质量发展和乡村振兴的时代要求提出了四川省乡村旅游提升发展路径。

关键词：　乡村旅游；发展经验；提升路径；四川省

1　四川省乡村旅游发展基本面

1.1　发展现状

1.1.1　产业规模不断扩大

四川省是农业大省，也是乡村旅游资源富集大省和"中国农家乐"发源地。20世纪80年代中期，四川省乡村旅游在全国率先发展，先后历经了自主发展、规模发展、规范发展、提升发展四个阶段，产业规模不断壮大。

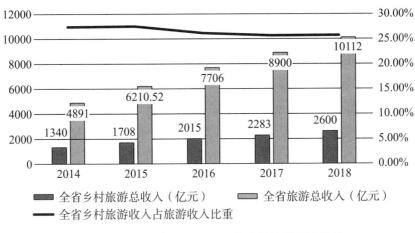

图 12 - 1　四川省 2014 - 2018 年乡村旅游经济规模

（1）总体规模不断扩大

2014~2018 年，我省乡村旅游总收入由 1340 亿元增至 2600 亿元，年均增长率 18.81%。2018 年全省乡村旅游总收入占旅游总收入 25%，乡村旅游已经成为我省旅游产业的重要增长极。2016 年，全省乡村旅游总收入进入 2000 亿元级别，2017 年，全省乡村旅游游客接待量突破 3 亿人次大关，2018 年，全省乡村旅游总收入达到 2600 亿元，接待游客达到 3.49 亿人次，乡村旅游发展势头良好。

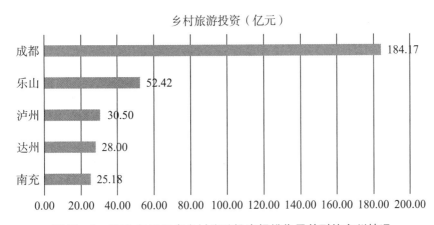

图 12 - 2　2018 年四川省乡村旅游投资规模位居前列的市州情况

（2）投资规模不断扩大

自 2016 年以来，我省省级旅游发展专项资金累计安排超过 3 亿元支持乡村旅游项目，整合和撬动各类项目投资 104.92 亿元。每年举办中国（四川）国际旅游投资大会，累计促成现场签约乡村旅游开发项目 108 个，签约金额共计 2747.91 亿元。设立注册资金 12 亿元的四川旅游产业创新发展股权投资基金（获金融机构配套授信 106 亿元），与农业银行、工商银行、建设银行等 7 家银行签订授信额度达 700 亿元的合作协议，为乡村旅游发展提供了资金支持。

2018 年，我省共实施乡村旅游项目 551 个，实际完成投资 502.07 亿元，同比增长 8.73%，其中，成都、乐山、泸州、达州、南充五市乡村旅游投资位居全省前列，五市乡村旅游投资占全省乡村旅游投资规模的 63.79%。乡村旅游投资规模不断扩大，分布集中，发展后劲明显增强。

（3）经营主体规模扩大

截至 2018 年，全省发展乡村旅游带动农民致富的行政村超过 5000 个，占全省行政村总数的 10%，乡村旅游经营户 10 万余家，乡村旅游合作社 5759 个，乡村旅游经营主体规模扩大。

1.1.2 业态类型不断丰富

近年来，为适应乡村旅游需求多元化、多样化、特色化的发展趋势，全省各地在"旅游＋"、"＋旅游"战略的引领下，整合资源要素，推进乡村旅游与农业、商贸、文创、体育、教育、艺术、康养等产业深度融合，创新开发出研学旅行、生态教育、乡村美术馆、乡村音乐节、乡村诗歌节、乡村马拉松赛、创意村落、民宿集群、稻田酒店、星空帐篷营地、竹林帐篷自驾营地、星空泡泡屋等乡村旅游新业态，实现了乡村旅游功能的升级与业态的延伸。

截至 2018 年，全省共有星级农家乐和星级乡村酒店 5141 家，农家乐园、创意文苑、民族风苑、国际驿站、养生山庄、花果人家、生态渔庄等乡村旅游特色业态经营点 1454 家，以及一批乡村旅游聚集发展区、乡村旅游 A 级景区、特色村镇（寨）和乡村度假、休闲农庄等成规模、有特色的乡村旅游业态，构建形成了农业观光、农事体验、主题公园、乡村休闲、传统村落、特色村寨等多元化的乡村旅游产品和服务体系，乡村旅游业态逐渐丰富和完善。

1.1.3 品牌建设成效显著

近年来，为进一步促进乡村旅游提质升级，充分发挥乡村旅游品牌的示范引领作用，通过政策引导、项目扶持、标准引领，推动乡村各类资源景区化、品牌化。截至 2018 年，全省共建成全国休闲农业与乡村旅游示范县 19 个、示范点 24 个、中国乡村旅游模范村 48 个、模范户 58 个、金牌农家乐 467 个、致富带头 446 人、省级乡村旅游强县 42 个、示范县 64 个、特色乡镇 121 个、精品村寨 177 个，以及一批乡村人文类国家 A 级旅游景区、旅游度假区、生态旅游示范区等品牌，促进了全省乡村旅游向特色化、规模化、规范化、品牌化方向发展。

表 12 - 1 四川省乡村旅游品牌建设情况表

乡村旅游品牌类型	数量
全国休闲农业与乡村旅游示范县	19 个
全国休闲农业与乡村旅游示范点	24 个
中国乡村旅游模范村	48 个
中国乡村旅游模范户	58 个
中国乡村旅游金牌农家乐	467 个
中国乡村旅游致富带头人	446 人
省级乡村旅游强县	42 个
省级乡村旅游示范县	64 个
省级乡村旅游特色乡镇	121 个
省级乡村旅游精品村寨	177 个
省级示范休闲农庄	300 个

1.2 空间格局

经过三十多年发展，各地依托农业产业基础、自然生态资源和文化资源，根据市场需求，形成了各具特色的区域乡村旅游板块，主要可分为成环都市"天府农家"、川西"藏羌风情"、川东北"苏区新貌"、川南"古村古镇"和攀西"阳光生态"等五大乡村旅游发展板块。

1.2.1 城市"天府农家"乡村旅游板块

环城市"天府农家"乡村旅游板块主要包括成都市郊及成都市周边的乐山市、眉山市、资阳市、德阳市、绵阳市、雅安市、遂宁市等 8 市。

该板块乡村旅游发展主要以天府田园风光、农耕文化、民俗风情、生活方式等为依托，面向大中城市客源市场，开发满足都市居民观光、休闲、度假、康养、运动、研学等多元需求的产品。该板块乡村旅游产品类型主要有：

特色产业依托型，主要是依托成都平原及周边地区果蔬、粮油、茶叶、花木等特色产业，开发观光、休闲、度假等旅游产品。如成都龙泉驿区兴龙镇万亩观光果园、成都都江堰红阳猕猴桃绿茶观光基地、眉山东坡区广济乡鸭池沟桃花山景区、乐山夹江天福观光茶园、绵阳市老龙山生态农业旅游区、雅安名山万亩生态观光茶园、德阳绵竹沿山乡村旅游观光带等。

特色村镇型，一是以创新创意推动多业融合发展的特色村落，如成都市邛崃市大梁酒庄、蒲江县明月村、大邑县幸福公社、德阳广汉市沙田村、绵阳江油市月圆村、眉山市丹棱县幸福村、雅安市石棉县安顺村、遂宁大英县为干屏村等；二是主题鲜明、功能完善的特色小镇，如成都黄龙溪、洛带古镇、上里古镇、平乐古镇、青城后山、虹口乡、德阳白马关镇、雅安上里古镇、眉山柳江古镇、乐山罗城古镇、遂宁龙凤古镇、绵阳郪江古镇等。

1.2.2 川西"藏羌风情"乡村旅游板块

川西"藏羌风情"乡村旅游板块位于少数民族聚集区，主要分布在阿坝藏族羌族自治州、甘孜藏族自治州。

该板块乡村旅游发展主要依托大九寨、大贡嘎、大亚丁等成熟景区，以及四川九环线和西环线精品旅游线路，以高原自然生态景观和藏羌民族风情为特色，发展牧家乐、藏家乐、羌家乐等乡村旅游。该板块乡村旅游产品类型主要为民族风情体验型，即以藏羌民族风情为特色，开发藏羌民族传统歌舞、传统技艺、节庆活动体验产品。如红原虎头山安多部落民俗风情村、九寨沟县勿角白马藏族风情园、汶川县绵虒镇羌锋村、雅江县西俄洛乡康巴汉子村等。

1.2.3 川东北"苏区新貌"乡村旅游板块

川东北"苏区新貌"乡村旅游板块是川陕苏区红色旅游的有机组成部分，主要分布在广元、南充、广安、达州、巴中5市。

该板块乡村旅游主要与川陕苏区红色旅游融合，结合乡村生态资源、特色农业产业资源发展乡村旅游，助力秦巴山区脱贫攻坚。该板块乡村旅游产品类型主要有：

（1）红色景区依托型，主要是在红色旅游景区的辐射带动下，开发特色民宿、绿色餐饮、观光休闲等产品，如广安小平故里牌坊新村、巴中王坪烈士陵园王坪新村、南充朱德故里玉兰村、广元木门景区柳树村等。

（2）特色产业依托型，主要是依托当地特色农业产业和生产基地，开发观光、采摘、娱乐、休闲、度假等产品，如广安武胜白坪—飞龙乡村旅游度假区、南充高坪百公里柑橘产业示范带、广元苍溪梨文化博览园、巴中皇家山风景区、达州宣汉米岩花海、蓝莓谷等。

1.2.4 川南"古村古镇"乡村旅游板块

川南"古村古镇"乡村旅游板块主要包括宜宾市、内江市、自贡市、泸州市4市。

该板块古村古镇资源丰富，古村古镇建筑风貌、传统民俗风情、非物质文化遗产等保存相对完好。乡村旅游发展主要在蜀南竹海石海精品旅游区、川黔渝旅游金三角及川南旅游环线的带动下，开发以古村古镇为特色的乡村旅游。该板块乡村旅游产品类型主要为特色村落、特色小镇，如宜宾李庄古镇、江安县夕佳山镇五里村、泸州太平古镇、佛宝古镇、尧坝古镇、纳溪区天仙镇乐道古村、自贡仙市古镇、荣县东兴镇吕仙村、内江市罗泉古镇、隆昌市渔箭镇渔箭社区等。

1.2.5 攀西"阳光生态"乡村旅游板块

攀西"阳光生态"乡村旅游板块主要包括凉山彝族自治州、攀枝花市。

该板块是中国纬度最北的南亚热带气候区，拥有充沛的阳光资源、丰富的亚热带果蔬农业产业资源、多彩的彝族风情文化资源，具有发展阳光生态乡村旅游得天独厚的优势。该板块乡村旅游产品类型有：

（1）果蔬观光休闲型，以当地特色亚热带水果、蔬菜为基础，开发观光、采摘、休闲等旅游产品。如攀枝花仁和区总发乡立新村、米易县丙谷镇芭蕉箐村、盐边县渔门镇团结村，西昌市茅坡樱红、桃园农庄、荷色生香、红莓人家、凤凰葡萄等"乡村十八景"。

（2）乡村阳光度假型，依托丰富的阳光资源和优越的气候条件，开发乡村休闲、阳光度假产品。如米易县撒莲镇禹王宫村、仁和区中坝乡中坝村、盐边县益民乡新民村等，凉山州螺髻阳光度假村、大坪八队康养农庄、小高安宁村康养中心等。

（3）彝族风情体验型，以游客通过参与体验彝族民族传统歌舞、传统技艺和节庆活动，感受彝族风情。如攀枝花仁和区迤沙拉村、东区阿署达村、西区格里坪庄上村，西昌市安哈镇长板桥村，雷波县马湖乡大杉坪、盐源县巫木乡巫木河村等。

1.3　发展成就

1.3.1　乡村旅游成为促进农村经济发展、助力农村脱贫攻坚的重要引擎

1.3.1.1　提质增效，乡村旅游促进农村经济发展

近年来，我省乡村旅游发展不断创新农村资源利用方式，拓展农业功能，增加农业产值，调整农业产业结构，促进农业产业提质增效，成为农村经济新的增长点。

一是增加农业产值。各市州根据各地农业产业的区域差异，引导各区（市）县依托优势农业产业资源，因地制宜发展乡村旅游，将农业单一的生产功能向观光、休闲、文化、教育、康养等功能拓展，延长了农业产业链条，拓展了农业边界，在实现农产品最终价值前，产生了多次消费，增加了农业产值，提高了农业的经济效益。

二是调整农业产业结构。在乡村旅游带动下，农民从单纯的农业生产中解脱出来，开始从事旅游接待、传统手工艺品和农副土特产品的加工、销售，许多外来投资者纷纷投资开发乡村旅游。农产品加工业、餐饮服务业、手工业、运输业、文化创意、乡村艺术、乡村运动等二、三产业在乡村悄然兴起，让农业产业结构得以调整和优化，促进农村一、二、三产业融合发展。

1.3.1.2　富民增收，乡村旅游精准扶贫成效明显

当前，乡村旅游在我省精准扶贫方面显现出强大的动力，成为吸纳农村贫困人口就业、促进贫困地区富民增收、脱贫奔小康的巨大推动力。

在四川省十三五规划中，全省共有1443个适合发展旅游的贫困村纳入旅游扶贫规划中，占全省建档立卡贫困村总数的12.5%，直接涉及建档立卡贫困户85085户、贫困人口27.9万人。截至2018年底，全省统筹多方力量推动乡村旅游扶贫工程，建成省级旅游扶贫示范区（县）32个、示范村592个、乡村民宿达标户3639个，累计带动1306个旅游扶贫重点村退出、24.58万贫困人口脱贫增收，贫困人口年人均纯收入增加2093元，乡村旅游精准扶贫成效明显，功不可没。

1.3.2　乡村旅游成为乡村创新创业、实现社会和谐稳定的产业抓手

1.3.2.1　吸引人才返乡下乡创业，增强乡村发展活力

近年来，我省乡村旅游蓬勃发展创造了巨大的创新创业空间，吸引了一大批

外出务工农民和城市创客返乡下乡创业，为乡村旅游注入了新要素，为乡村繁荣注入了新动能，乡村正成为大众创业、万众创新的沃土。

一是吸引外出务工农民返乡创业。在政府政策推动、项目带动之下，一大批有实力、有经验、有情怀的外出务工农民回乡创业，带来了资金、技术、管理等要素，对乡村旅游发展起到示范引领的作用，成为乡村旅游带头人。

专栏 1　乡村旅游是吸纳农民就地就业、促进社会和谐稳定的产业

据农业部测算，一个年接待量 10 万人次的休闲农庄，可直接和间接安置 300 名农民就业，带动 1000 余户农民家庭增收[①]。2018 年，四川省乡村旅游发展吸纳就业人数超过 1000 万。随着我省乡村旅游发展创造出更多的就业机会，许多农民放弃外出打工，选择"既不离乡，也不离土"地在家门口就业，这样既可以获得与打工同等甚至更高的收入，又可以就近在家关爱教育子女、照顾赡养老人、分担家庭负担等，有效缓解了农村长期存在的"留守儿童"、"空巢老人"、"留守妇女"等社会问题，乡村社会更加和谐稳定。

在四川省阿坝州、甘孜州、凉山州少数民族聚集区，农牧民发展民族风情浓郁的藏家乐、羌家乐、彝家乐、牧家乐等，有效解决农牧民的就业问题，带动农牧民脱贫致富，促进当地社会和谐稳定。同时，在乡村旅游发展中，农牧民通过与外界的沟通和交往，加深了各民族之间的认识和理解，形成了"团结稳定是福"的主流意识，成为了和谐稳定的坚定维护者，为维护民族地区稳定、民族团结和社会和谐发挥了积极作用。

注：①《农业部国家旅游局关于开展全国休闲农业与乡村旅游示范县和全国休闲农业示范点创建活动的意见》（农企发［2010］2 号）。

二是吸引城市创客下乡创业。在成、德、绵、乐等城市周边旅游村落的吸引之下，大量城市创客下乡创业。他们多为艺术家、非遗传承人、大学生等，一方面为乡村发展带来了全新的美学思维、发展理念、管理经验，另一方面通过设立艺术工作室、文化创作基地、文创体验工坊等，形成了独具特色的乡村文创业态，对乡村旅游创新创意发展起到示范引领作用。截至 2018 年，全省共创建中国乡村旅游创客示范基地 5 个、四川省乡村旅游创客示范基地 20 个。

1.3.2.2　解决当地农民就业问题，促进社会和谐稳定

近年来，我省乡村旅游发展为社会提供了大量的就业机会，吸引了当地农民返乡就近就业，有效缓解了"留守儿童"、"留守妇女"、"空巢老人"等农村社会问题，有力推进了民族地区的团结稳定，让乡村旅游成为促进农村社会和谐稳定的重要途径。

专栏 2　乡村旅游激活乡村非遗，增强农民文化自信

在乡村旅游发展中，全省许多乡村通过对以非物质文化遗产为代表的乡土文化的创意开发与打造，设计出独具特色的文化旅游产品，吸引了大量游客前来观赏、体验、休闲、

度假，带动了当地经济的发展，继而进一步激发了当地人挖掘、利用乡土文化的热情，让乡土文化得以复兴。目前，四川省有国家级、省级非物质文化遗产项目 661 个。在乡村旅游带动下，传统的川派盆景、石雕、竹编、陶艺、花灯、年画、蜀绣、锅庄舞、唐卡、皮影戏等非物质文化遗产在乡村被激活，成为乡村旅游重要的展示和体验内容。

近年来，在乡村旅游的吸引下，越来越多的城市游客亲身感受和体验到乡土文化的魅力，表现出对乡土文化的喜爱，也使当地人逐渐意识到了乡土文化的价值，激发了当地人对乡土文化的认同感和自豪感，增强了文化自信，形成了保护、传承、发展乡土文化的自觉性。

1.3.3　乡村旅游成为推动乡土文化复兴、增强文化自信的重要途径

近年来，我省乡村旅游发展深度挖掘、创新演绎、创意开发乡土文化资源，不断丰富乡村旅游产品类型和文化内涵。乡村旅游成为传承和发展乡村非遗、农耕技艺、民风民俗、传统民居等乡土文化的最好载体。乡村旅游的发展，激活乡土文化的时代价值，提升农民的文化自信心、自豪感，为乡土文化复兴搭建了平台。

专栏 3　乡村旅游开发与生态环境保护和谐发展

川西少数民族集聚区是全省主体功能区中的限制开发区（生态功能区），也是全省生态财富富集区和生态产品主要供给区。该区域乡村旅游发展多与天然林草保护、水土流失治理、生态移民等工程结合起来，根据区域生态环境承载能力，依托高原草原、湖泊、湿地、森林等生态资源与少数民族文化资源，在允许开发地区适度开发生态观光、民族风情体验、乡村休闲度假等旅游产品，满足人们亲近自然、回归自然的需求，转变当地经济发展方式，减少传统农牧业生产对生态环境的破坏，促进人与自然和谐相处。

秦巴山生物多样性生态功能区是全省重要的原始森林、野生珍稀物种栖息地与生物多样性保护的关键地区和生态屏障，也是全省主体功能区中的限制开发区。该区域乡村旅游发展主要在退耕还林、异地搬迁、农村人居环境整治等工程实施的基础上，依托优美的自然生态、优质的农产品、丰富的农耕文化等资源，在允许开发地区适度开发自然观光、康体养生、农事体验、休闲度假等旅游产品，坚持不挖山、少动土、不砍树、不填塘，维护乡村自然生态肌理，有力促进乡村生态环境保护，不断将生态环境资源转化为风景资源、将风景资源转变为旅游收益。

1.3.4　乡村旅游成为保护乡村生态环境、践行生态文明建设的重要举措

近年来，我省乡村旅游发展重视生态环境保护，践行生态文明建设，坚持在保护中开发、在开发中保护，以优美的自然生态景观、清新的空气、洁净的水源、清洁的土壤、绿色的食品吸引城市居民回归自然、体验自然、享受自然、陶醉自然，推进乡村旅游发展与生态环境保护良性互动与循环，将生态资源优势转

化为经济优势，让"绿水青山"变成"金山银山"。

1.3.5　乡村旅游成为拓展休闲空间、满足人们对美好生活向往的重要载体

近年来，我省乡村旅游发展拓展了城市居民的休闲空间，让乡村成为城市居民娱乐、体验、康养、度假不可或缺的空间载体，成为城市居民工作与生活之外的"第三空间"，不断满足城市居民对美好生活的向往。与此同时，乡村旅游让农民可以在自己的家园有尊严地脱贫致富，不断地提升农民的获得感、幸福感、安全感，激发农民自身内在的发展动力，努力创造出幸福美好的生活。

村，制定并实施《关于改善农村人居环境的实施意见》《四川省农村人居环境整治三年行动实施方案》《"美丽四川·宜居乡村"推进方案（2018－2020年）》等文件，有序推进农村供水、供电、供气、通讯等基础设施建设，全面实施农村垃圾治理、污水处理、厕所改造"三大革命"，在提升农村人居环境的同时为乡村旅游发展提供基础条件。

三是推进旅游公共服务设施建设。我省专门设立旅游发展资金，用于旅游景区景点游客咨询服务中心、停车场、标识系统、通信设施、旅游厕所等公共服务设施建设和改造升级。2018－2020年，全省计划新建改建乡村旅游厕所1226座，推进旅游公共服务设施向农村地区延伸，提升乡村旅游服务品质。

1.4 发展类型

四川省地域广阔，乡村自然、文化资源丰富多样，地区经济发展各异。近年来，全省各市州根据各自资源、区位、市场优势，形成了不同的乡村旅游发展类型，主要有以下几种：

1.4.1 都市依托型

都市依托型乡村旅游主要是依托大城市就近的客源市场，利用农村有别于城市的自然生态、生产生活方式、乡土文化等资源，开发满足城市居民休闲、度假、娱乐、康养、运动、研学等多元需求的产品。

都市依托型乡村旅游是我省发展时间最早、最成熟、升级换代最快的类型，乡村旅游已由最初级的农家乐顺次向观光休闲、休闲度假、乡居生活产品迭代更新，完整展现全省乡村旅游连续升级换代的剖面。

都市依托型乡村旅游集中分布在成、德、绵、乐等都市环城游憩带上，不同层次、多种类型的乡村旅游产品呈现出百花齐放、争奇斗艳的大格局。主要有锦江区三圣花乡、郫都农科村、青杠树村、大邑幸福公社、稻乡渔歌、崇州竹艺村、五星村、邛崃大梁酒庄、彭州宝山村、龙门柒村等。

1.4.2 景区依托型

景区依托型乡村旅游主要是以重点旅游景区为核心，以景区客源市场和乡村特色资源为依托，引导景区周边乡村开发乡村旅游，为景区游客提供住宿、餐饮、购物等配套服务和农事体验、民俗风情体验等特色产品，作为景区功能和产品的补充，推动景区与乡村旅游互动发展。

景区依托型乡村旅游在我省发展潜力巨大，已在重点旅游景区周围形成了旅游村落、特色小镇。主要有海螺沟磨西古镇、九寨沟章扎镇、黄龙风景区施家堡乡、峨眉山风景区高桥镇、四姑娘山镇长坪村、巴山大峡谷渡口乡、都江堰后山村落、西岭雪山沿线村落、安仁古镇周边村落等。

1.4.3 特色产业依托型

随着我省现代农业建设步伐加快，农业生产产业化、规模化程度提升，培育出食用菌、水果蔬菜、中药材、花卉苗木、粮油等特色农业产业，建成一批规模化农产品生产基地。

特色产业依托型乡村旅游是在特色农产品生产基地的基础上，践行"＋旅游"战略，推动特色农业产业与乡村旅游融合发展、创意发展，形成了一批独具特色的观光农庄、休闲农庄、度假农庄、研学旅行基地、田园综合体等。主要有内江市威远县无花果乡村旅游产业带、南充市西充县义兴镇中国有机生活公园、遂宁市船山区十里荷花景区、资阳市安岳县柠檬小镇、广安市华蓥市蜜梨度假村、龙泉驿区桃花故里、锦江区红砂村"花香农居"等。

1.4.4 特色村镇型

特色村镇型乡村旅游发展类型主要有特色村落和特色小镇。

一是特色村落。该类型主要是以古村落、民族村寨等为载体，以乡村独特的自然风光、民族风情、乡土民俗、非物质文化遗产等为依托，创新开发满足游客民族风情体验、休闲度假、康体养生、研学旅行等多元需求的产品。

该类型乡村旅游发展主要形成了民族风情浓郁的民族村寨和多业融合、创新创意发展的特色村落。主要有攀枝花市迤沙拉村、乐山市峨边县黑竹沟镇底底古村、九寨沟县罗依乡顺河村、丹巴县聂呷乡甲居二村、昭觉县支尔莫乡阿土列尔村、绵竹市孝德镇年画村、蒲江县甘溪镇明月村、郫都区唐昌街道战旗村等。

二是特色小镇。该类型主要是以保存完整的古镇为载体，以特色建筑、历史文化、文物古迹等独特资源为依托，通过文化创意手段，形成了文化旅游主题鲜明、特色产业突出、旅游功能完善的文化旅游目的地。

该类型乡村旅游发展主要形成了旅游与商业、演艺、文创、教育、康养等业态融合发展的文旅特色小镇。主要有成都市大邑县安仁镇、成都市崇州市街子镇、成都市邛崃市平乐镇、洪雅县柳江镇、雅安市雨城区上里镇、自贡市沿滩区仙市镇、阿坝州汶川县水磨镇、甘孜州道孚县八美镇、凉山州会理县会理古城等。

2 四川省乡村旅游发展经验总结

2.1 政府主导,夯实基础

近年来,我省乡村旅游发展实施以政府为主导的基本战略,充分发挥政府在规划、基础设施、产业政策、行业标准等方面的主导作用,不断夯实乡村旅游发展基础,搭建乡村旅游发展平台,为乡村旅游发展保驾护航。

2.1.1 坚持规划引领,科学统筹谋划

我省高度重视规划引领作用,结合乡村振兴和脱贫攻坚重大战略统筹谋划,科学编制乡村旅游发展规划,严格按照规划组织实施,确保乡村旅游产业可持续发展。

一是省级层面,制定出台《四川省乡村旅游提升行动计划(2014—2017年)》《促进乡村旅游发展提质升级行动方案(2019—2022年)》,因时制宜引导乡村旅游产业规范发展。编制出台《四川省"十三五"旅游扶贫专项规划》和秦巴山区、乌蒙山区、大小凉山彝区和高原藏区四大片区旅游扶贫专项规划,科学指导乡村旅游在贫困地区有序发展。

二是市州层面,在省级宏观规划指导下,各市州立足于当地的资源、区位、市场等实际情况,因地制宜,突出特色,编制乡村旅游发展规划,制订乡村旅游系列实施方案,有序推动乡村旅游健康发展。

2.1.2 完善基础设施,夯实发展基石

近年来,我省紧紧围绕乡村旅游产业发展,整合农业、林业、水利、交通、文化、体育等部门项目与资金,将基础设施建设向农村地区倾斜,完善农村道路交通,改善农村人居环境,推进旅游公共服务设施建设,夯实乡村旅游发展基石,优化乡村旅游发展环境,全面提升乡村旅游服务质量和水平。

2.1.3 制定产业政策,增强市场活力

近年来,我省制定实施多项产业政策支持乡村旅游产业发展。出台《关于大力发展乡村旅游合作社的指导意见》,引导乡村旅游合作社规范发展,推进乡村旅游规模化经营和专业化服务。出台《促进返乡下乡创业二十二条措施》,创新和细化返乡下乡创业扶持政策,优化乡村旅游等农村新业态发展环境。出台《关于规范实施"点状用地"助推乡村振兴的指导意见》,创新土地供给方式,增强

乡村旅游土地要素保障能力，提高社会资本下乡的积极性。

我省通过适时制定乡村旅游产业发展扶持政策，有效缓解产业发展面临的组织化建设薄弱、人才缺失、土地供给不足等问题，不断激发企业、合作社、自然人等经营主体的内在发展动力，增强乡村旅游市场活力，推动乡村旅游产业健康发展。

2.1.4 制定行业标准，规范市场秩序

一是贯彻执行国家标准。严格执行自驾车营地、旅游民宿等行业标准，《自驾游目的地等级划分》《自驾车旅居车营地质量等级划分》《旅游民宿基本要求与评价》等。积极落实全国乡村旅游品牌评定标准，《关于认定全国休闲农业与乡村旅游示范县、示范点的通知》《关于开展乡村旅游"百千万品牌"推介行动的通知》《关于开展百村万人乡村旅游创客行动的通知》等。

二是制定并实施省级地方标准。制定和实施与乡村旅游相关的景区创建标准，《四川特种 A 级旅游景区质量等级的划分与评定（As）（试行）》、《四川省 A 级旅游景区带动精准脱贫加分办法（A＋＋＋）（试行）》。制定和实施省级乡村旅游品牌评定标准，《四川省乡村旅游强县（市、区）、特色（乡、镇）和精品村寨的检查验收标准（试行）》《四川省农家乐/乡村酒店等级划分与评定标准（修订）》《四川省乡村旅游特色业态评定标准（试行）》等。

三是制定并实施市州地方标准。结合全国、省级标准和各市州乡村旅游发展特色，进一步完善市州地方标准。巴中市制定实施《巴山民宿基本要求与评定指南》、攀枝花市制定实施《农家乐、度假村（山庄）等级评定标准》、泸州市制定实施《农家乐星级的划分与评定》、甘孜州制定实施《旅游民居接待点服务质量等级评定评分标准（试行）》、雅安市名山县制定实施《茶家乐旅游服务质量等级划分与评定》、南充市南部县制定实施《渔家乐等级划分与评定》等。

我省乡村旅游发展注重标准化建设，按照国家、省级、市州乡村旅游建设和评定标准实施，打造了一批高品质、有特色的农家乐、乡村酒店、乡村民宿、特色乡镇、精品村寨等业态，推进全省乡村旅游标准化、品牌化发展，规范乡村旅游市场秩序，提升乡村旅游服务水平。

2.2 创新驱动，示范引领

我省一直将创新作为推动乡村旅游提质增效的重要驱动，积极探索乡村旅游制度创新、产品创新、经营模式创新，不断释放乡村文旅资源价值，提升乡村旅

游吸引力，激发经营主体内在发展动力，推动乡村旅游持续高质量发展。

2.2.1 制度创新，释放乡村文旅资源价值

2.2.1.1 创新乡村旅游用地供给制度，破解乡村旅游土地制度瓶颈

近年来，我省积极探索促进乡村旅游发展的土地制度改革，创新形成了适应乡村旅游用地特征的"点状用地"供给制度。根据这一制度，乡村旅游项目所需建设用地可按照占多少、征多少、转多少进行点状报批，所需其他性质土地可通过出租、入股、合作、房屋改建等方式灵活供应，有效解决乡村旅游项目落地困难问题，破解乡村旅游土地制度瓶颈。

专栏6 "点状供地"破解乡村旅游土地制度瓶颈

2019年，四川省自然资源厅出台了《关于规范实施"点状用地"助推乡村振兴的指导意见（试行）》（以下简称意见），指导"点状用地"供给制度规范实施，切实保障农业农村优先发展的用地需求，助推乡村振兴战略实施。

《意见》重点明确：一、"点状用地"供给范围为农村基础设施和公共设施建设项目、农产品生产加工和流通项目、休闲农业、乡村旅游和健康养老建设项目及其他农村新产业新业态项目用地；二、全省各地在村规划中预留一定比例建设用地机动指标，作为点状用地项目落地的依据；三、按照建设用地管理和供地办法，对点状用地办理农用地转用、土地征收（占用）手续，并按划拨方式供地或进行招标拍卖挂牌方式公开出让；四、做好点状用地项目确权登记颁证工作。

四川省通过"点状用地"供给制度的实施，一是打破传统"片状"供地模式，减少了项目征地规模，降低了项目投资成本，增加了投资者的信心；二是土地点状灵活供应，节约了建设用地指标，提高了土地资源利用的精准化、精细化和集约化程度；三是创新探索规划"留白"机制，通过编制村规划预留建设用地指标，找到了合法获取点状用地指标的途径，增强乡村旅游土地要素保障能力；四是规范"点状用地"按建设用地审批、供地和确权，保证了投资者财产权利，拓宽了投资者的融资渠道。

2.2.1.2 创新乡村资源交易制度，破解外来资本与乡村资源的交易瓶颈

近年来，我省积极探索盘活乡村资源的交易制度，在全国首创了促进农村闲置房屋交易的"三书模式"。主要是在农村闲置房屋交易过程中，通过引进第三方交易平台、律师事务所、公证处的专业服务，从法律角度规范农村闲置房屋交易程序和资料要件，有效控制农村闲置房屋交易风险，保障交易双方合法权益，破解城市资本与乡村资源交易瓶颈。

专栏7 "三书模式"破解外来资本与乡村资源的交易瓶颈

"三书模式"是四川省德阳市在探索适度放活宅基地和农民房屋使用权中，创新形成的农村闲置房屋交易制度。其中，"三书"为"律师法律审查意见书＋公证书＋交易鉴证书"。该模式主要是在农村闲置房屋交易中引进了第三方交易平台、律师事务所、公证处的

专业服务。在交易前，主要由交易平台审核房屋流转方的流转意愿、农房所有权合法性，并通过交易平台征集受让方，在流转双方达成交易意向后进入交易程序。在交易中，三方工作人员与交易双方共同现场完成房屋信息核实、房屋价值评估、交易价格确定后，交易双方签订交易合同。在整个过程中，律师为交易双方提供相关法律咨询，完善交易协议等法律文件，出具法律审查意见书；公证人员对房屋勘查现场、交易现场进行录像保全，出具现场公证书；第三方交易平台引导交易双方完成交易程序，出具交易鉴证书。

在整个交易过程中，均有第三方交易平台有序引导、公证人员参与见证、律师提供法律服务，三方各司其职，从各个细节确保了闲置农房规范流转，保障了双方合法权益。截至 2019 年底，德阳市"三书模式"已经完成农村闲置房屋交易额 2000 多万元，并不断拓展用于农业投资项目综合服务及农村集体资产处置领域。

2.2.1.3 创新金融模式，破解乡村旅游发展资金瓶颈

近年来，我省积极探索金融支持乡村旅游发展的新措施，创新形成"旅游＋金融"新模式。主要是旅游部门与金融机构通过互动合作，联合搭建信贷资金投放平台，创新开发特色信贷产品，优化金融服务环境，为乡村旅游发展提供全方位的金融支持，破解乡村旅游发展的资金瓶颈。

2.2.2 产品创新，提升乡村旅游吸引力

近年来，我省各市州积极引导乡村旅游经营主体，依托自然生态、农业产业、特色文化资源，以市场需求为导向，以产业融合依托，以文化创意为手段，推进旅游与农业、商贸、文化、体育、教育、康养、艺术等产业跨界融合发展，创新开发出多元化、高品质的乡村旅游产品，丰富乡村旅游产品体系，提升乡村旅游吸引力。

专栏8 "旅游＋金融"破解乡村旅游发展资金瓶颈

近年来，四川省广安市在推进脱贫攻坚进程中，探索到乡村旅游与金融的结合点，通过创新金融支持旅游扶贫政策措施，破解乡村旅游发展资金瓶颈，增强乡村旅游发展动力，推进贫困地区脱贫致富，其具体做法：

一、搭建信贷资金投放平台。由旅游部门与人行、金融办等单位对接，确立将乡村旅游纳入金融重点支持领域，优先在乡村旅游扶贫重点村进行授信，为贫困户提供小额贷款，为景区、能人、企业提供成本低、期限长的信贷支持。由人行广安支行每年向各县市单独切块下达 2000 万元再贷款额度，各地方法人金融机构按比例配套自有资金加大对旅游扶贫项目信贷投放。

二、创新开发金融产品。旅游部门与邮政储蓄银行广安市分行共同推出"小平故里旅游贷"产品，以旅游经营主体＋风险金等担保新模式和企业（合作社）＋农户等模式，加大对土地经营权、林权、农机具抵押等贷款发放力度，为乡村旅游及相关产业提供信贷支持。

三、优化金融服务。通过信贷工厂、流动银行、背包银行、"一站式"服务等方式，简化贷款手续，缩短审批时间，改进金融服务方式，提高服务效率。

截至 2018 年，广安市金融机构共发放涉旅扶贫贷款超过 10 亿元，打造出广安区龙安乡

勇敢村大云山、前锋区代市镇会龙村桃园悦野、华蓥市明月镇渠江画廊、岳池县白庙镇瞿家店乡愁园、武胜县烈面镇高峰村东西关钓鱼城、邻水县城南镇芭蕉村铜锣山等一批旅游扶贫示范项目。

专栏9　产品创新引领旅游消费时尚

近年来，为适应旅游消费升级换代的发展趋势，全省各市州全面深化供给侧结构性改革，大力推动乡村旅游产品创新，开发出乡村度假、乡村康养、乡村体验等新产品，推进乡村旅游产品更新换代，满足游客多元化的消费需求，引领旅游消费时尚。

一、乡村度假产品。部分市州根据游客的休闲度假新需求，创新开发出一批精品民宿、乡村酒店、房车营地、帐篷酒店等新型乡村度假产品。如理县高海拔地区的高端度假民宿浮云牧场、龙门山民宿集群、岳池县农家生态文化旅游区稻田酒店、星空帐篷营地、广安区浔栖江南度假区星空泡泡屋、泸州市西溪竹林帐篷营地、崇州市凡朴生活木屋、树屋、胶囊旅舍等。

二、乡村康养产品。部分市州依托当地的阳光、气候、温泉等自然资源和森林、农业等产业资源，因地制宜，开发出阳光康养、温泉康养、森林康养等乡村康养产品。如阳光康养产品有攀枝花市普威镇独树村、格里坪镇庄上村、银江镇阿署达村等，温泉康养产品有西昌市川兴温泉度假村、昭觉县竹核温泉度假村、攀枝花市红格镇红格村等，森林康养产品有彭州市龙门山镇九峰山红房子休闲庄、富顺县黑凼口森林康养人家、马边县马儿山民族风情园等。

三、乡村体验产品。部分市州利用当地丰厚的农耕文化、民族风情、生产活动等，创意开发出一批农事体验、研学旅行、自然教育、手工制作等乡村体验产品。如蒲江县明月村草木染和制陶体验、郫都区战旗村"乡村十八坊"非物质文化遗产体验、郫都区多利农庄农事体验、岳池县农家生态文化旅游区的种桑养蚕体验等。

2.2.3　模式创新，激发乡村旅游发展主体内在动力

近年来，全省各市州结合乡村旅游发展实际，积极探索乡村旅游经营模式，因地制宜形成了"景区管委会＋公司＋合作社＋农户"、"创客＋合作社＋农户"、"公司＋合作社＋农户"、"职业经理人＋合作社"等创新模式。不同的经营模式通过建立相关主体的参与机制和利益联结机制，充分调动了外来投资者、经营者的积极性，激发了本地农民的参与性和创造力，促进了乡村旅游可持续发展。

2.2.3.1　景区管委会＋公司＋合作社＋农户

景区管委会＋公司＋合作社＋农户模式，主要形成于乡村旅游性质的A级景区。该模式主要是在景区管委会的统筹管理下，专业公司负责景区的开发、建设和运营管理，合作社整合农民原有的民宿、餐饮、娱乐等业态，统一经营和管理，农民通过合作社收入分红、进景区务工、销售农产品等方式参与乡村旅游开发。

专栏10 白坪－飞龙乡村旅游度假区：政府统筹、市场运作、集体经营、农民参与

武胜县白坪－飞龙乡村旅游度假区，辖白坪乡、飞龙镇、三溪镇3个乡镇，连片29个行政村，面积50平方公里，是在武胜县政府主导下打造的国家4A级旅游景区。景区在开发过程中形成了"景区管委会＋公司＋集体经济组织＋农户"的典型经营模式。

一是政府统筹。在景区打造初期，武胜县政府成立了园区管委会，统筹景区的发展事务，负责景区规划编制、要素保障、建设管理等。

二是市场运作。武胜县政府出资成立了武胜农业投资公司。农投公司通过市场化运作，利用平台融"资"、挂钩筹"资"、经营增"资"、招商引"资"筹措景区建设资金，并负责景区基础设施和旅游项目开发、建设、运营管理。

三是集体经营。村集体成立乡村旅游公司或乡村旅游合作社，负责整合农民原有的民宿、餐饮、娱乐等业态，统一对外提供餐饮、住宿、娱乐等服务。白坪乡高洞村乡村旅游合作社将全村的农家乐、客栈整合入股合作社，由合作社统一安排接待，农民按股份参与年终分红。

四是农民参与。景区农民通过为景区提供保洁、安保、建设等服务，进农业园区务工，自行售卖特色农产品，参与乡村旅游开发，增加经济收入。2018年，武胜县白坪－飞龙乡村旅游度假区农民人均可支配收入突破1.9万元，高于全县平均水平30%以上。

在该模式中，一是管委会、公司、集体经济组织分工明确，各司其职，从不同层面建立了完整的景区运行机制，保障了景区的高效运行；二是政府统筹与市场运作相结合，充分发挥政策集成、资源集聚、资金集中的优势，强化乡村旅游发展的要素保障，推进乡村旅游持续健康发展；三是集体统一经营形成规模效应，保障乡村旅游服务品质提升，保证了农民收入水平持续提高。

2.2.3.2 创客＋合作社＋农户

创客＋合作社＋农户模式，主要是在产业融合理念引领下，城市创客下乡通过艺术创作、文化创意等形式开发乡村文创业态，合作社负责开发运营乡村旅游项目，设计乡村旅游产品，为农民提供创业指导、技能培训等服务，农民以入股合作社、村上务工和自主经营等方式参与乡村旅游开发。

专栏11 明月村：创客引领、合作社经营、农民参与

明月村位于唐宋茶马古驿蒲江县甘溪镇，拥有悠久的邛窑历史文化。2008年汶川大地震后，明月村以邛窑文化为依托，以文创为抓手，发展乡村旅游，创新探索出"创客＋合作社＋农户"的经营模式，将明月村打造成中国乡村旅游创客示范基地、全国乡村旅游重点村、中国美丽休闲乡村等。

一、创客引领。2012年汶川大地震灾后重建后，邛崃市依托邛窑文化，实施明月国际陶艺村建设项目。项目启动后，明月村先后引进了四川美术工艺大师李清、水立方中方总设计师赵晓均、作家宁远等100余名创客和41个文创项目，通过文化创意增强乡村吸引力，激活乡村发展动力。

二、合作社经营。2015年，明月村通过整合政府财政、村集体、村民资金，成立明月村乡村旅游合作社，聘请职业经理人经营管理，主要负责乡村旅游项目开发、产品设计，以及为农民提供创业指导和技能培训。在专业的经营下，合作社开发了手工茶、花果酒、雷笋干等深加工农产品，拓展挖雷竹笋、采茶、采果等农事体验，农民开设民宿、客栈、茶社、特色餐饮、体验农庄等。

三、农民参与。明月村村民在农业生产的基础上，可以到村里的文创项目务工，在景区提供讲解、开旅游观光车等服务，自主创业经营村旅游业态，通过院落租金、入股分红、劳动报酬、经营性收入等提高收入水平。2018年，全村人均可支配收入21876元，是全省农村人均可支配收入的1.64倍。

在该模式中，一是创客下乡带来了美学思维、发展理念、管理经验，扮靓了乡村的"颜值"，提升了乡村旅游服务品质和文化底蕴；二是创客下乡开发的文创业态，延长了产业链条，增加了产业附加值，成为乡村产业融合发展的示范项目；三是在乡村里创客创业、农民就业、合作社管理，创客为农民提供新的知识、技能和理念，农民为创客提供生活环境和物质保障，合作社搭建创客与村民交流平台，新老村民相互促进，共创可持续发展的和谐美好社区。

2.2.3.3　公司+合作社+农户

公司+合作社+农户模式，主要是农民将房屋、土地等资源通过出租、入股方式流转给合作社，合作社引进专业公司合作，专业公司依托合作社管理的资源对外招商引进产业，自行投资、建设、运营乡村旅游项目。农民主要获取租金收入、年底分红、景区务工等收入。

专栏12　竹艺村：公司引领、合作社组织、农民参与

竹艺村，位于中国竹编非遗小镇道明镇。2014年，道明竹编虽然获批国家级非物质文化遗产，但竹艺村依然还是一个贫困的林盘村落。2015年，竹艺村启动了以"设计点亮乡村未来"为主题的乡村建设，在建设过程中创新形成了"公司+合作社+农户"的乡村旅游经营模式，具体为：

一、成立合作社。在竹艺村一期建设中，村里先后成立了土地股份合作社、竹编文创合作社、乡村旅游合作社3个合作社，当地村民通过将闲置的土地、房屋以入股或出租的方式流转给合作社，参与到乡村建设中来。

二、引进专业公司。2017年，竹艺村里引进了崇州市市属国有公司四川中瑞锦业文化旅游有限公司与合作社合作，依托合作社储备的房屋、土地等资源，对外招商引进产业，或投资、建设、运营旅游项目。目前，村内的竹编博物馆，是当地某户村民将自家宅基地和房屋整体租赁给湖乡村旅游农民专业合作社，合作社再同四川中瑞锦业文化旅游有限公司合作，将这处旧屋改造成竹编博物馆。此外，公司还与合作社合作打造了造型特殊、颜值高的网红建筑——竹里，引进新村民打造青旅无间、来去酒馆、三径书院、遵生小院等业态。

三、农民参与。当地村民除了将闲置资源流转合作社外，还可以通过编制竹艺品、自主经营餐饮、民宿等方式参与乡村旅游开发。

在该模式中，一是合作社作为乡村资源与社会资本的媒介，打通了乡村资源与社会资本嫁接的通道，降低了投资者与单个农户的交易成本，盘活了乡村农村闲置的资源；二是专业公司的引进，带来了新的发展理念、运营模式，促进了资金、人才、管理经验等要素向乡村流动，激活了乡村发展动力。

2.2.3.4 职业经理人 + 合作社

职业经理人 + 合作社模式，主要是在合作社的引导下，村民以房屋等资源入股合作社，合作社聘请职业经理人统一打造、经营和管理旅游业态，职业经理人完成合作社下达的经营管理目标并获取薪金，乡村旅游业态经营利润在合作社与村民之间按比例分配。

专栏 13　职业"大掌柜"打理的雪山村

2013 年，位于雅安市宝兴县的雪山村，遭受了"4·20"芦山强烈地震的冲击，全村 113 栋农房不同程度的损毁，村民因灾返贫。在灾后重建中，雪山村依托中国扶贫基金会的帮助和当地政府、社会力量的资助，统一规划建设兼具农民自住与旅游接待功能的雪山人家民居，发展高端民宿业，形成了"职业经理人 + 合作社"的乡村旅游经营模式，具体为：

一、合作社统筹管理。2014 年，村集体成立了宝兴县雪山福民专业合作社，全村 146 户 586 人全部入社。合作社下设的旅游分社、餐饮分社引导农民将闲置房屋入股合作社，由合作社统一经营和管理，发展高端民宿、餐饮等旅游业态。旅游分社与村民按照 1∶1 投资客房并按照 1∶1 分配民宿经营收入，餐饮分社收取村民 10% 的经营收入作为运营服务费。

二、职业经理人专业经营。2015 年，雪山村通过全国海选聘请职业经理人为雪山村民宿"大掌柜"。职业"大掌柜"进村后，按照高端民宿标准对由本地村民担任的民宿管家从言谈举止到接物待人进行系统培训，制定和完善前台服务、游客接待等规范制度，高标准配备客房智能服务设施、客房用品等，定期为管家和村民开办了礼仪、茶艺、插花、国学等课程，雪山村民宿、餐饮服务品质不断提升。2017 年，雪山村入选中国美丽乡村百佳范例。

在该模式中，一是合作社的建立有利于将分散的乡村资源集聚，统筹利用，发挥资源的规模效应；二是引入职业经理人，让专业的人做专业的事，促进乡村资源的高效利用，保障乡村旅游服务的品质。

2.3　要素集聚，多业融合

2.3.1　连片开发，集聚发展

近年来，我省积极探索乡村旅游集聚发展路径，通过统筹规划、整合资源，促进乡村旅游项目和要素向优势地区集中，将乡村旅游由点散面广的无序状态向空间集聚的有序格局转变，推进乡村旅游连片成带发展，成功打造出郫都区农科村、锦江区三圣花乡、青城山民宿集群、简阳市贾家东来桃源、顺庆搬凤渔休闲农业示范带、广元利州区龙潭山地农业主题公园等乡村旅游聚集区和旅游带。

我省乡村旅游的集聚发展，形成了区域间功能衔接、特色互补的产业链条，提高了资金、土地、人才等要素的利用效率，塑造了乡村旅游区域特色品牌，实现了"1 + 1 > 2"的集聚效益和规模效益。

2.3.2 跨界融合，多方发力

近年来，我省乡村旅游以"旅游＋"和"＋旅游"为理念，以产业融合发展为路径，通过整合政府部门、社会企业、农村集体的政策、资金、管理、人才等要素，推进乡村旅游与农业、商贸、文化、体育、教育、康养、艺术等产业跨界融合，不断涌现出新产品、新业态，丰富乡村旅游内涵，促进乡村旅游产业发展壮大。

专栏14　多业融合提升四川乡村旅游品质和产业附加值

近年来，我省乡村旅游发展注重产业融合，不断推进农旅融合、文旅融合和多业融合，创新培育出乡村旅游新产品、新业态，促进农村一、二、三产业融合发展，提升乡村旅游品质，增加产业附加值。

一是农旅融合。各市州以农村为背景，以农业资源为依托，通过创意设计手段，打造出具有乡村美学的观赏、展演、生活、体验场景。提炼农耕文化元素，融入传统乡村仪式，开发具有仪式感的乡村体验活动。创新利用诗歌、影视、舞剧等艺术形式，讲述乡土故事，传承乡土文化。引导游客感受乡村文化、体验乡村生活，形成对乡村的认同感和归属感，寄托浓郁乡愁，培养家国情怀。

二是文旅游融合。各市州通过对乡村独特的非物质文化遗产、民风民俗、生活方式、传说故事等文化元素梳理和挖掘，解构文化元素的深层内涵。在众多文化元素中，分析、筛选出最能代表区域特色又易于转换的乡村建筑、餐饮、服饰、舞蹈、音乐等文化元素。以市场需求为导向，创新设计文化元素向特色景观小品、精品民宿、乡村体验、乡村"伴手礼"等旅游产品转换的形态。以现代技术为基础，将乡土文化元素打造成既保持乡土特色又符合现代人审美趣味、消费习惯的文化旅游产品。

三是多业融合。在文旅融合、农旅融合的基础上，全省乡村旅游与商贸、体育、教育、康养、艺术等产业多面相、立体化融合，形成了乡村农商文旅体教养艺多业融合发展的产业格局，涌现出休闲农业、文化创意、会展经济、民宿集群、乡村运动、研学旅行、乡村康养、乡村艺术等多元业态，不断满足游客的多元化需求。

2.4 科技赋能，智慧乡村

近年来，我省将乡村旅游发展与"智慧乡村"建设相结合，在推进乡村信息基础设施建设的基础上，将物联网、大数据、云计算、AI、AR、VR等现代科技运用到乡村旅游中，创新乡村旅游商品销售、旅游产品展示、旅游营销、旅游管理新模式，拓展了乡村旅游商品销售渠道，带给游客全新的旅游体验，拉近乡村与世界的距离，赋予乡村旅游发展新动能。

专栏15　科技赋能提高四川乡村旅游服务和管理水平

近年来，我省将现代科技注入乡村旅游发展中，实现了旅游产品在线预定与销售、文化旅游产品动态展示与互动交流、乡村旅游智慧营销、乡村旅游管理智慧化，不断提高乡村旅游服务和管理水平。

　　一是旅游产品在线预定与销售。景区景点通过建立官方网站和与第三方平台合作，为游客提供餐饮、住宿、体验项目等产品的网上咨询、网上预订、网上支付等服务，带给游客智慧化的服务体验。引进农村淘宝、京东、苏宁等电商平台入驻，通过电商平台的优选和推荐，将当地特色农副产品、手工艺品在线对外销售，形成旅游商品线下体验、线上销售的发展模式，促进乡村特色产品向旅游商品转化。

　　二是文化旅游产品动态展示与互动交流。运用 AI、AR、VR 等高新科技元素，将乡村非遗等文旅产品由静态展示向动态展示转变，由游客与产品的单向交流向互动交流转变，活化乡土文化资源，升级旅游产品形态，优化旅游服务体验。

　　三是乡村旅游智慧营销。利用微博、微信、短视频、直播等自媒体对景区景点进行推介和营销，将美丽乡村推送给城市居民，塑造乡村旅游特色品牌。

　　四是乡村旅游管理智慧化。搭建旅游智慧管理平台，实现了实时安全监控、流量动态分析、旅游企业经营信息获取等功能，提高了乡村旅游管理效率和水平。

3　四川省乡村旅游发展瓶颈

3.1　乡村资源权属的分散化与资源统筹利用的瓶颈

3.1.1　乡村资源利用效率低。乡村农房的所有权和农用地的承包经营权分散在一家一户，乡村旅游经营呈现小、散、弱、差的格局，无法发挥乡村资源的集聚效应和规模效应，难以形成有市场影响力的乡村旅游品牌，缺乏乡村旅游产品创新动力。

3.1.2　乡村资源交易成本高。外来投资者按照市场规则与分散的农民进行交易，将会产生极高的谈判、履约等交易成本，降低外来投资者的积极性，阻碍城市资本向乡村流动，造成大量的乡村资源闲置。

3.2　土地利用政策供给不足与乡村旅游建设用地需求的瓶颈

3.2.1　乡村旅游用地类型难以界定。乡村旅游作为新兴产业，其用地类型在土地分类国家标准《土地利用分类》中没有明确界定，全国范围内尚未出台乡村旅游用地专项法律法规，政府部门土地配置缺乏法律依据，乡村旅游用地合法性无法得到有效保障。

3.2.2　新增建设用地指标政策难以落地。根据四川省出台的《推进农业供给侧结构性改革加快由农业大省向农业强省跨越十大行动方案》规定，各地可将本年度新增建设用地计划总量的5%用于农村新产业新业态发展。在实际操作中，办理建设用地手续需要先立项，立项后再办理农地转用、获取施工许可证，整个过程程序复杂，周期长达数年，影响投资项目的推进进度，投资者更希望以其他途径获取建设用地，新增建设用地指标政策难以落地。

3.2.3　存量建设用地使用缺少法律规范。根据新修订的《中华人民共和国土地管理法》规定，鼓励农村集体经济组织及其成员盘活利用闲置宅基地和闲置住宅，允许集体经营性建设用地通过出让、出租等方式入市流转。但目前由于农村集体建设用地流转缺少配套政策法规的引导，尚未形成规范统一的合同范本和报批手续，容易引发纠纷和违法风险，影响乡村旅游参与者的投资积极性。

3.3　金融资源配置不均衡与乡村旅游资金需求的瓶颈

3.3.1　政府金融支持政策供给不足。当前，受地方政府财力的约束，各地用于支持乡村旅游发展的财政资金与乡村旅游产业发展所需资金之间存在较大缺口。政府投入乡村旅游的有限资金，多用于景区规划编制、基础设施和服务设施建设、宣传营销等，用于经营主体提升旅游服务品质的资金较少，中小企业和个体农户难以享受政府提供的政策性贷款、财政贴息、政策性担保等金融优惠政策。

3.3.2　金融机构信贷投入不足。由于农村农房、宅基地、耕地等资源无法作为抵押物向金融机构贷款，其他可抵贷资产少；农民经营乡村旅游缺少法制意识、风险意识、财务意识，金融机构难以对其偿债能力做出准确分析和判断；乡村旅游季节性较强，同质化竞争激烈，经营效益不稳定，银行等金融机构受限于自身信贷风险防控机制，对乡村旅游中小企业和个体户提供信贷支持的力度有限。

3.4　品牌影响力不足与乡村旅游规模集聚发展的瓶颈

3.4.1　区域性大品牌缺失。当前，我省各区域乡村旅游发展不断涌现出精品项目，呈现出"多点开花"的态势。各精品项目多处于单打独斗、各自为政的状态，与周围乡村旅游发展村落之间的互动连接有限，难以形成区域性的大品牌。

3.4.2　已有品牌影响力不足。当前，我省乡村旅游发展已初步形成郫都区农科村、锦江区三圣花乡、龙门山民宿集群等乡村旅游区域品牌，但游客对这些品牌的认知停留在口碑相传的初级阶段，品牌市场影响力有限，市场辐射半径小，难以带动周围乡村旅游规模化、集聚化发展。

3.5　农民从业者素质较低与游客对旅游服务需求的瓶颈

当前，我省乡村旅游服务人员大多是直接从农业生产转向旅游服务的乡村居民，旅游服务意识薄弱，旅游服务技能缺失，旅游服务水平低下，难以满足游客的服务需求。在长期的农业生产活动中，农民形成了散漫、自由、不受约束的习惯，加大了规范旅游服务的难度，导致短期内服务水平难以全面提升，个性化服务更无从谈起。

3.6　乡村资源低层次开发与乡村旅游高质量发展的瓶颈

3.6.1　农业资源开发层次低。 目前，我省部分地区对农业资源的开发停留在"观光园"、"采摘园"、农家乐等模式上，主要提供"春天看花、秋天收果"等旅游产品和大众餐饮、棋牌等低档次项目，产品结构单一，同质化严重，仅能满足游客"吃住行游购娱"的基本需求，无法提供高品质、高端化的旅游产品。

3.6.2　乡土文化展示不足。 我省部分地区乡村旅游开发过度强调硬件设施建设，过分追求建筑与环境城镇化、菜品宾馆化等，忽视对乡土文化的挖掘与展示。部分地区虽然乡土文化保存比较完整，但缺少将乡土文化向文化旅游产品转换的路径，无法满足消费者对文化旅游的需求。

3.7　基础设施相对滞后与乡村旅游提档升级的瓶颈

3.7.1　交通基础设施不完善。 ①交通干道系统有待完善。在我省的川西高原地区、秦巴山区、乌蒙山区、革命老区，受山地、高原、喀斯特地形地貌的影响，铁路、高速公路等交通主通道建设相对滞后，增加了游客抵达目的地的时间成本。②农村道路状况有待提升。农村通村道路存在道路等级较低、路面状况较差、安全性较低等问题，降低了乡村旅游景区景点的可进入性。

3.7.2　农村人居环境有待提升。 在偏远地区的乡村旅游景点，农民生活的水、电、气等设施不完善，生活污水、生活垃圾处理设备简陋，农家厨房、客房、厕所以及公共区域卫生环境状况较差，导致乡村生态环境遭受破坏，无法满足游客对清新自然的向往和对精致生活的追求，减少了游客停留时间，降低了游客消费欲望。

3.7.3　旅游公共服务设施不健全。 全省乡村旅游服务设施不健全，主要表现：①游客咨询服务中心功能缺失，无法提供及时有效的信息咨询等服务；②旅游标识系统缺失或设置不合理，无法提供简单、便利的景点指引；③乡村旅游智慧化程度较低，景区景点信息智能推送、在线服务、网络营销等互联网服务功能有待完善，旅游综合服务功能有待提升。

4 四川省乡村旅游高质量发展思路

展望未来，乡村旅游发展将紧扣人民美好生活需求和我省乡村旅游发展实际，立足本土，放眼国际，以国际化、品牌化、乡土化、特色化、规模化为引领，以资源整合为抓手，以土地制度改革为重点，以金融制度创新为动力，以精品打造为引领，以人才培养为核心，以产业融合为路径，以基础设施建设为保障，全面破解乡村旅游发展瓶颈，充分释放乡村旅游发展活力，全力推进乡村旅游高质量发展，让乡村旅游成为全省乡村振兴和世界重要旅游目的地建设的重要支撑，为决胜全面建成小康社会、推动治蜀兴川再上新台阶、建设美丽繁荣和谐四川做出更大的贡献！

5 四川省乡村旅游提升发展对策

5.1 以资源整合为抓手，构建乡村资源统筹利用大格局

5.1.1 推进乡村资源确权颁证。在完成全省农村承包地确权颁证的基础上，全面推进宅基地、农房、林地、草地等各类乡村资源的确权登记颁证，为乡村资源从分散利用到集中开发奠定产权基础。

5.1.2 搭建乡村资源集聚平台。引导农村地区成立专业合作社，鼓励农民将权属明晰的承包地、农房、林地等乡村资源以出让、出租、入股、托管等方式流转给专业合作社，由专业合作社统一规划、统一经营、统一管理、统一对外招商，推进乡村资源区域整体开发。

5.1.3 完善乡村资源流转制度。全省范围内推广"三书模式"。在资源交易中引进成都农村产权交易所、律师事务所和公证处，将资源交易内容由闲置农房扩大至农村承包地、宅基地、林地等各类乡村资源，严格按照法律法规规范乡村资源交易程序和资料要件，保障农民、合作社、投资者等主体的合法权益，促进乡村资源规范有序流转，构建乡村资源统筹利用大格局。

5.2 以土地制度改革为重点，开拓乡村旅游发展大空间

5.2.1 落实点状供地制度。在空间规划的统领下，严格按照《关于规范实

施"点状用地"助推乡村振兴指导意见（试行）》（川自然资规〔2019〕2号）和《四川省村规划标准》（DBJ51/T067－2016），引导乡村统筹编制"多规合一"的村规划，科学布局生态空间、农业空间和建设空间，预留一定比例的建设用地机动指标，用于农村新产业新业态点状用地项目，切实规范点状用地项目用地规划、报批、供地、监管等程序，有序推进点状用地政策实施，保障乡村旅游发展用地需求。

5.2.2　推进农村集体经营性建设用地入市。出台四川省农村集体经营性建设用地入市指导意见，允许将农民自愿腾退的宅基地、废弃的集体公益性建设用地按照国土空间规划确定为经营性用途，鼓励农村集体经济组织将农村集体经营性建设用地使用权通过招、拍、挂等方式入市流转，严格规范农村集体经营性建设用地开发用途、程序、收益分配等内容，推进农村集体经营性建设用地用于农村新产业新业态，拓展乡村旅游发展空间。

5.2.3　探索农村宅基地"三权分置"。加快落实宅基地集体所有权，保障农户宅基地资格权，适度放活宅基地使用权，探索通过出租、互换、抵押、合作建房等方式流转农村宅基地使用权，发展乡村旅游餐饮、住宿、休闲等业态，为乡村旅游发展提供用地保障。

5.3　以金融制度创新为动力，推进乡村旅游发展大突破

5.3.1　完善金融支持政策。全面落实金融机构涉农贷款增量奖励补贴、利息免征增值税、利息收入所得税优惠等政策，适度扩大金融机构涉农再贷款额度，引导金融机构加大对"三农"的信贷投放力度。继续推进农民和农村新型经营主体贷款贴息、风险补偿金、信贷担保等政策，降低农户和农村新型经营主体融资成本，引导金融资金和社会资金投向乡村振兴领域，为乡村振兴战略实施提供金融支持。

5.3.2　创新金融产品和服务方式。扩大金融抵押物，推动农村承包土经营权、农村集体经营性建设用地使用权、农房财产权、林权等权益抵押贷款，探索利用量化的农村集体资产股权抵押融资的方式。创新金融产品，引导金融机构根据乡村产业经营主体特征、生产周期、资金需求特点，针对性设计特色化信贷产品，精准满足经营主体资金需求。创新金融服务，发挥政策性担保机构作用，为农民和农村新型经营主体提供信贷担保服务，有效破解农民和农村新型经营主体融资瓶颈。

5.4 以精品打造为引领，塑造乡村旅游区域大品牌

5.4.1 整合优质资源，构建区域大品牌。充分发掘和整合本省各个区域优质乡村资源，集中政策、资金、土地、人才等要素，高品质打造一批特色小镇、精品村寨、田园综合体、精品休闲农庄、康养基地等精品旅游项目，精细化构建"天府农耕"研学、"藏羌风情"体验、"大渡河风情"休闲、"阳光康养"度假等精品旅游线路，塑造各区域乡村旅游形象，打造差异化、特色化乡村旅游区域大品牌。

5.4.2 提升品牌价值，带动区域大发展。坚持以服务优化为核心，以品牌营销为重点，供给优质高效的旅游服务产品，建立国际化、市场化、专业化的品牌营销体系，提升乡村旅游品牌价值，打响乡村旅游区域大品牌。充分发挥乡村旅游区域品牌的示范引领和辐射带动作用，打破以往乡村旅游散、小、乱的竞争状态，带动区域乡村旅游整体发展。

5.5 以人才培养为核心，建立乡村旅游发展大支撑

5.5.1 整合各类培训资源。全面梳理文化旅游、农业农村、人力资源与社会保障等部门针对农民的培训资源，整合培训资金、培训师资、培训课程等要素，着力构建系统化的农民培训体系，培养一批技能型、管理型、创新型的乡村旅游实用人才，为乡村旅游高质量发展提供人才支撑。

5.5.2 建立分级分类培训体系。根据乡村旅游发展对管理人员、专业技能人员、服务人员等不同人才的实际需求，依托农民夜校、旅游专业院校、国家乡村旅游人才培训基地等载体，针对性地设计管理技能、专业技能、服务技能等培训专题和课程，建立省、市、县三级培训体系，全面提高全省乡村旅游从业人员的技能水平和专业素质。

5.6 以产业融合为路径，培育乡村旅游大产业

5.6.1 夯实乡村产业基础。因地制宜发展精耕细作的传统农业和规模化生产的现代农业，展示和传承传统农耕文化，发展绿色循环、优质高效的优势特色产业，夯实农业产业基础。深度挖掘乡村非遗、历史文化、民族文化、民风民俗等乡土文化资源，实施传统村落保护工程、乡村记忆工程、非遗传承工程，加大乡土文化资源保护和传承，奠定乡村文化基石。尊重自然生态，保护乡村自然肌理，维护山水林田湖草生态系统，保持乡村绿水青山的自然生态本底。

5.6.2 以文化创意为手段。以乡村自然和人文资源为依托，以创意设计为

手段，结合现代技术创新开发兼具乡村美学和文化内涵的多元化特色产品，打破乡村资源传统利用方式，激活乡村资源潜在价值，推进乡村旅游与其他产业融合发展，实现乡村旅游发展由要素驱动向创新驱动的发展动力转换。

5.6.3 构建多业融合大产业。以"旅游+"和"+旅游"为战略，深化乡村旅游与商、文、旅、体、教、养、艺等产业融合发展，创新开发多元化的乡村旅游新产品、新业态，构建全省农商文旅体教养艺多业融合发展新格局。引导乡村旅游重点村以旅游产业为主导产业，鼓励周边村落发展生态种植、绿色养殖、农产品加工等农副产业，为旅游重点村提供农副产品和人力资源，形成一个旅游重点村带动 N 个产业配套村的"1 + N"的产业模式。

5.7 以基础设施建设为保障，夯实乡村旅游发展大基石

5.7.1 完善交通道路设施，构建"快进慢游"的交通体系。加快推进川西高原山区、秦巴山区、乌蒙山区、革命老区的铁路、高速公路等交通主通道建设，建成高效便捷的"快进"交通干道系统。按照"主客共享"原则，根据旅游发展需求，通过拓宽、硬化路面，完善交通指示牌、护墙护栏，加快农村现有低等级道路提升改造，满足当地农民生产生活和外来游客旅游的交通需求。新建乡村旅游风景道、自行车道、步行道、绿道、驿站等乡村"慢游"设施，构建乡村"慢游"乡村交通体系。

5.7.2 强化乡村旅游环境整治，打造舒心的乡村旅游体验环境。根据乡村旅游对客服务的要求，完善乡村旅游地供水、供电、供气等配套生活设施，设立乡村污水处理中心，配置环保分类垃圾箱，建设采用生态分解技术的旅游厕所，强化乡村生态建设和环境综合治理，通过创造整洁干净的环境、清新自然的生态，提升当地农民的生活品质，满足游客渴望"回归自然"的内心需求。

5.7.3 健全旅游公共服务设施，构建现代化的乡村旅游服务体系。以游客需求为导向，健全游客咨询服务中心信息咨询、医疗服务、物品寄存等基本功能，设立布局合理、简单明晰、具有当地特色的标识标牌系统，科学布局驿站、营地、观景服务配套设施，带给游客便捷美好的旅游体验。以"互联网+旅游"为理念，搭建乡村旅游智慧管理和服务平台，实现实时安全监控、流量动态分析、业主经营信息获取等智慧管理功能，完善信息智能推送、在线服务、网络营销等智慧服务功能，提高乡村旅游管理效率和服务水平，推进智慧乡村建设。

四川乡村旅游开发与生态友好型农业发展的协同路径探索

［作 者］郭 凌 官 红（四川农业大学）

摘 要： 乡村振兴大背景下，乡村旅游作为产业融合的典型业态，成为新时代农村、农业生态友好发展中的关键一环。四川省作为农业大省，旅游与农业生态友好协同发展基础夯实。通过对四川省乡村旅游与生态友好型农业协同发展历史背景的梳理，运用案例分析法，从路径要点与路径优越性等方面总结了四条典型的协同路径，并从产业基础、政策保障、知识力量与金融核心等四方面提出了路径启示。以期为四川省探索乡村旅游开发与生态友好型农业协同发展的路径提供借鉴，促进四川农、旅产业融合，乡村旅游与生态农业共同发展，推进四川农村产业经济绿色、健康与快速发展。

关键词： 四川；乡村旅游；生态农业；路径

1 四川省协同发展的历史背景

1.1 全国重要农业大省，现代农业发展基础好

四川地处我国西南腹地，是我国人口大省、农业大省。秦汉时期，四川就有着"水利之国"的农耕文明，到汉唐还保持"天府之国，秀冠华夏"记录。根据《四川省统计年鉴（2018）》，四川耕地面积 672.28 公顷，位居全国第 6 位；是全国重要林区、重要牧区之一；集约化养鱼技术在内陆省份处于领先。优越的自然条件、悠久的农耕历史、深厚的农业积淀，为四川现代农业发展提供坚实基础。近年来，四川全面深化乡村改革、加快转变农业发展方式，推动农业产业提档升级，为乡村旅游、生态友好型农业协同发展提供坚实产业基础。

1.2 自然与社会文化条件优越，乡村旅游有良好基础

四川盆地是中国四大盆地之一，主要由平原、丘陵、山地、高原、水域等地形构成。农业活动可追溯到 3700 至 4500 年前，至今仍然保持着典型的水田农业

区，农田水利发达、耕地集中连片，孕育出璀璨的农耕文化。其中，尊重环境、找准特色、因地制宜开展农业生产，不仅是农耕文化的精髓，也影响着现代农业产业结构的调整方向，维持着农耕文化和生活方式传承的社会环境。经过多年因地制宜的发展，"农家乐"衍生出多种形式、产业规模不断扩大，也成为四川统筹城乡带动居民增收致富的重要手段。

1.3　乡村居民积极性高，乡村旅游连片发展成效显著

1987年，成都农科村花木种植户依托花木院落打造接待和休息设施，并获得游客认可。在尝试乡村旅游商业机会后，种植户完善旅游服务设施，开发作物采摘、农业观光等项目，并带动周边村民参与，农家乐从而呈现遍地开花态势。政府高度重视，制定政策、投入资金、建设设施，推动乡村旅游集中连片发展。截至2021年10月，四川省共有45个村入选全国乡村旅游重点村，有32个天府旅游名县（市、区）、30个天府旅游名村正式获得授牌，打造起完整的四川省乡村旅游产品体系。

1.4　省政府高度重视，推动生态农业和乡村旅游发展

2011年9月，原国家旅游局召开全国发展休闲农业与乡村旅游工作会议，把四川乡村旅游和休闲农业视为全国典范。四川乡村旅游高度发达，与政府高度重视密不可分，2006年，原四川省旅游局就制定《四川省乡村旅游发展报告》确立乡村旅游重点战略，在国内属于领跑位置。2017年，四川省农业和乡村体制改革专项小组印发《2017年工作要点及台账》提出"建立以绿色生态为导向的农业补贴制度"。类似政策较好推动，农业景观化、景观生态化、生态效益化，促进生态农业改造传统农业、旅游产业融合生态农业产业步伐。

2　四川省典型路径总结

1987年至今，四川坚持探索破解传统农耕文明、现代农业技术的耦合难题，践行农业生产发展与价值提升同步推进、农业增产与生态保护统筹兼顾道路。乡村旅游通过合理利用农业资源、发挥现代农业多功能性、提高农业生态效益，走出与生态友好型农业协同发展的特色道路。

2.1 "政府+专业合作社+科研院所+农家乐"路径

2.1.1 路径要点

第一，政府负责全面规划，在制度和建设层面对当地生态农业资源、乡村旅游资源进行整合、定位、开发，对协同发展的产品进行市场营销。第二，政府扶持生态农业生产类、土地流转类、乡村旅游经营类等农民专业合作社的建立和运营。第三，农民专业合作社牵头组织分散农户参与生态农业种植、旅游服务接待，政府鼓励村民参与到协同发展协同的过程中。第四，政府邀请科研院所为乡村旅游、生态友好型农业产业发展，给协同发展提供"智库"支持。

2.1.2 路径优越性

"政府+专业合作社+科研院所+农户"路径的优越性在于主体"分工明确、各司其职"。政府是行政主体，依据公共管理职能牵头做好产业规划。专业合作社是现代农业的新型经营主体，能够发挥在提高农民组织化程度方面的优势。科研院所是"智库"机构，弥补专业合作社在专业技术薄弱、市场信息落后方面的短板。村民参与生态农业生产、以户为单位做强乡村旅游服务。尤其是，村民在这一路径下有着充分的参与机会、决策机会，因此一旦被调动积极性，就会支持生态农业生产、乡村旅游发展，协同发展的效益也就明显许多。

2.1.3 代表性案例地

四川省崇州经济技术开发区（以下简称崇州）位于川西平原西部。2012年，崇州市人民政府成立"崇州市稻田综合种养领导小组"，帮扶白头镇和旺土地股份合作社、桤泉千泉土地股份合作社、集贤乡文锦土地股份合作社组织农户，对接成都市农林科学院水产研究"成都市稻田综合种养推广体系专家团队"。由专业合作社组织农户试点稻蟹、稻虾、稻鳖、稻鳅、稻鱼5种生态农业综合种养技术。2015年，崇州依托综合种养稻田，打造出长度58公里、面积100多平方公里的"稻香旅游环线"。2017年注册综合种养合作社共享的"稻虾藕遇"公共区域品牌，实现商标注册、品牌打造的规模化和产业化经营。

2.2 政府+社区+专业合作社+社会组织+协会+家庭农场

2.2.1 路径要点

一是，政府建设基础设施，支持成立行业协会、农民专业合作社，引导行业协会进行乡村旅游经营管理的行业自律管理；引导农民专业合作社组织农户进行农家乐生产经营。二是，社会组织针对协同发展中乡村、村民面临的生态环境保护、农业技术应用，旅游产品创新、活动策划等需求，提供不以营利为目的、针对性强、形态丰富的服务活动。三是，农家乐在乡村地域内集中经营，农民参与乡村旅游程度较高，农家乐组织化程度较高，形成乡村式农家乐集群发展的典型形态。

2.2.2　路径优越性

一是有利于新型农业经营主体经营。具体经营形式包括：家庭经营，如家庭农场、专业大户；合作经营，如专业合作社、土地股份合作社等；公司经营，如龙头企业；小微经营企业，如农家乐等。二是有利于发挥乡村旅游集群优势。通过乡村打造农家乐品牌特色、农家乐主联合经营，延伸农业链，提高经营主体经营水平与经营规范，实现农业、旅游业协同发展的规模和品牌效应。三是，有助于行业协会成长。旅游行业协会是发挥行业自律积极参与协同发展，同时获取成长空间，实现与产业的共同成长。

2.2.3　代表性案例地

周坪距是四川省雅安市荥经县龙苍沟镇发展村下属村民小组。2013 年 4 月 20 日，雅安市芦山县发生 7.0 级地震；周坪受地震影响严重，同年启动灾后社区重建。由于肩负地震后的灾害治理、（传统）产业发展（转型升级）重任，实践出"政府 + 社区 + 专业合作社 + 社会组织 + 协会 + 家庭农场"的乡村旅游、生态友好型农业的协同路径。并以生活离灾、生态保育、生态生产的"三生共赢"自然生态、产业发展效益，获得世界规模最大的环保奖评比活动之一"福特汽车环保奖"三等奖。

2.3　政府 + 景区管理委员会 + 村委会 + 专业合作社 + 家庭农场

2.3.1　路径要点

一是，政府出资规划、建设基础设施，支持成立行业协会、农民专业合作社，引导行业协会进行乡村旅游经营管理的行业自律管理；引导农民专业合作社组织农户进行生态农业生产经营，支持农户建立和发展家庭农场开展生产经营。二是，政府牵头进行生态农业产品的品种培育、品牌打造、营销推广；依托生态农业生产，打造乡村旅游景区。三是，村民依托家庭进行生态农业的规模化、集约化生产经营，进行乡村旅游的商品化经营，以经营收入作为家庭主要收入来源。四是，景区管委会负责景区管理。为政府直属公益类事业单位，有行政建制；具体承担景区规划、保护、建设、管理等工作。

2.3.2 路径优越性

一是，有助于社区建设。在这一路径中，村委会作为主体参与协同发展，发挥了管理乡村公共事务，调解围绕协同发展产生的村民纠纷；组织村民管理乡村，维护社会治安；代表村民与政府沟通对协同发展的想法与建议等。二是，有助于探索农业产业化组织模式。在这一路径中，"家庭农场＋专业合作社"一种较为典型的农业产业化组织模式。在农场家庭联产承包责任制基础上，有助于坚持农业产业适度规模化生产、专业化生产，建立农户间"利益共享、风险共担"的利益共同体。不仅带动着农户进入市场，也将农业生产环节联结为完整产业系统。

2.3.3 代表性案例地

"花香果居"旅游景区（以下简称花香果居）坐落于四川省成都市新都区斑竹园镇。花香果居区位良好、交通便捷，东距新都城区 18 公里、南距成都市区 20 公里，相邻成彭高速、成都绕城高速。横跨新都斑竹园镇的檀木、回南社区，占地 3500 余亩。从 20 世纪 90 年代开始，斑竹园镇就对柚子科研引种、科学育种，并以所在行政区域正式命名研发的柚子品种为"新都柚"。目前，新都柚已成功实现规模种植、形成特色产业，打造出乡村旅游、生态农业的品牌"IP"。较好地实现了乡村旅游、生态友好型农业的协同发展，实践出"政府＋景区管理委员会＋村委会＋专业合作社＋家庭农场"的典型路径。

2.4 "政府＋龙头企业＋专业合作社＋家庭农场"路径

2.4.1 路径主体

一是政府。主要指乡村旅游、生态友好型农业协同发展地的县级地方人民政府。二是企业。主要指生态农业龙头企业、乡村旅游投资企业、旅游景区管理企业等。三是专业合作社。主要指农民专业合作社、土地流转合作社、乡村旅游合作社等乡村互助性经济组织。四是家庭农场。以家庭为单位从事生态农业生产、乡村旅游服务接待的新型农业经营主体。

2.4.2 路径要点

一是政策扶持引导。政府在乡村旅游、生态友好型农业的协同发展中，主要通过制定政策、投入资金等途径，重点完成招商引资、基础设施建设、全面规划等工作，政府的角色是"引导"而非"主导"角色。二是企业生产经营。尤其是农业产业化龙头企业承担生态农业生产工作。旅游企业承担旅游经营管理工作，通过投资、建设、经营、管理旅游景区，提供高档休闲、度假、住宿、餐饮服务，维持企业发展。三是专业合作社组织农户。农业专业合作社组织家庭农场，按照农业产业化龙头企业技术要求，进行农业生产；企业和合作社签订购销协议，承诺收购符合质量要求的农产品；旅游专业合作社组织家庭农场，以农家乐等形式进行旅游经营，为游客提供食、住、行、游、购、娱等旅游服务项目。

2.4.3 路径优越性

政府、企业、专业合作社发挥所长、合理分工。一是政府投入资金，修建基础设施、公共服务设施，履行公共职能；制定政策，招商引资、鼓励专业合作社成立发展。二是企业投入资金、专业技术，熟悉市场化运作、经营管理，市场开拓、产品营销，建设更有竞争力的生态农业生产地、乡村旅游目的地。三是专业合作社。发挥在组织分散农户、技术推广等方面的优势，成为链接企业、农户之间桥梁，是农户参与乡村旅游经营的重要组织力量、技术依托。

2.4.4 典型案例

多利桃花源有机小镇（以下简称多利小镇）位于四川省成都市郫都区白云村，是由上海多利全资子公司（以下简称多利上海公司）、多利（成都）农业发展有限公司（以下简称多利成都公司）共同建设的独立法人企业。多利小镇规划占地2万余亩，由有机生态农业示范基地、乡村新型社区、家庭农庄等组成。截至2020年，多利小镇已投资5.2亿元，建设8.1万平方米的乡村新型社区，安置600户1800余人入住；完成600亩有机生态农业示范区、12000平方米温室大棚和分拣包装中心建设。组织加工并销售生态农业产品等下游产品，提供种植、观赏、采摘、栖息、养生、品尝、采购为一体的生活体验。

3 四川省路径启示

3.1 产业是基础

一是就资源视角，生态农业产业是乡村旅游产业的资源依托，乡村旅游围绕生态农业产业延伸出服务接待。就产业视角，乡村旅游是生态农业与旅游业融合的产物。二是缺乏生态农业基础的乡村旅游，只能单纯地停留在"农家乐"形态；缺乏有质量的经营管理和服务接待支撑的生态农业发展，也不能当然发展为乡村旅游产业。因此，生态友好的农业产业、有着高质量经营管理和服务接待支撑的旅游业，无疑是乡村旅游和生态友好型农业协同发展的产业基础。

雅安周坪小组为大力发展特色生态林业、林下生态农业产业，为实现乡村旅游、生态友好型农业的协同发展，提供产业基础。新都区花香果居，依托"新都柚"国家绿色农产品A级认证品种、地理标志农产品的培育、推广、规模化种植，为乡村旅游、生态友好型农业的协同发展提供产业支持。同理，成都多利桃花源小镇，也是把"打好特色生态友好型农业的产业基础"放在首要位置和将"以生态友好型农业为本"体现于农业产业发展的各个环节。

3.2 政策是保障

一是从政策背景。2014年"中央一号文件"明确发展生态友好型农业的战略目标，提出多项具体发展要求。探索乡村旅游、生态友好型的协同路径，是瞄准乡村社会面临突出矛盾问题，全面深化乡村改革的重要内容，应当有与之相适应的政策措施做保障。二是就政策制定。宏观政策要推进新型农业经营体系的建设，如盘活乡村土地资源等多种途径加快推动乡村产权制度改革，赋予农民更多财产权利等。微观政策的制定要向以生态友好型农业为依托的乡村旅游景区建设、乡村田园综合体建设等倾斜。通过精准施策，为协同发展创造政策机制、资金条件、社会导向。

四川省率先进行乡村产权制度改革的探索。成都多利依托"乡村集体经营性建设用地入市改革"，实现乡村土地资源向资产、资本的转化，确保乡村村民手握资本，参与乡村旅游、生态友好型农业的发展。同时，也积极探索新型农业经营体系，例如新都区花香果居，通过"景区管理委员会＋协会＋自治组织"实现乡村旅游景区、生态友好型农业建设，与斑竹园镇的檀木、回南两个社区的协同管理。

3.3 知识是力量

一是管理和技术人才。乡村旅游、生态友好型农业的协同发展，需要具备生态农业、乡村旅游经营知识的技术人才。如崇州在生态农业综合种养和乡村旅游的实践中，进入"成都市稻田综合种养推广体系专家团队"、花大力气建立"专家大院"，就在生态农业生产、乡村旅游管理等方面发挥重要技术力量。二是培育新型农业经营主体。进行生态友好型农业生产经营的龙头企业、家庭农场、专业合作社、种植大户等新型农业经营主体，乡村旅游、民宿行业协会，在推广实践生态旅游种植技术，乡村旅游规范经营、行业自我管理中起到重要作用。如雅安周坪小组、新都区花香果居就依托家庭农场进行生态农产品的种植，乡村旅游的服务接待。

3.4　金融是核心

一是多渠道、多途径融资，于优化资源配置、促进乡村旅游经济的健康繁荣。如多利成都公司通过多渠道、多途径融资，广泛吸纳中国平安、国开金融、浙江绿城、德同资本、关天资本等社会资本投入，增强了公司资金实力、运营能力，终破解了项目"投资大、周期长、回报慢"的资金难题，为项目建设和发展提供资金支持。二是完善乡村金融制度。如2015年出台《四川省人民政府办公厅关于培育和发展家庭农场的意见》（川办发〔2015〕89号），提出"加大对家庭农场信贷支持，拓宽抵（质）押物范围，推进家庭农场信用体系建设，落实农业保险保费补贴政策"渠道强化金融支持。三是创新融资方式。郫都区白云村村民自发成立成都白云拓展资产管理有限公司，农户利用确权后的宅基地、建设用地入股，从而获取土地整理安置房建设、安置、集体经营性建设用地入市的主体资格，较好地实现了农民增收、土地入市后的利益分配。

参考文献

［1］中共四川省委乡村工作委员. 2016年四川省农业乡村经济基本情况［EB/OL］. http：//www. snsc. gov. cn/agriculture/4053. htm.

［2］郑强春. 浅议成都平原农耕文化的休闲性特点对现代农业的影响［J］. 中小企业管理与科技旬刊，2015（4）：118－118.

［3］潘凌云. 新乡村建设背景下的农民专业合作社发展研究［J］. 农业经济，2016，（05）：45－47.

［4］吴文智，张薇，庄志民. 利益驱动下的村落式农家乐集群经营模式研究——以苏州明月湾古村落为例［J］. 农业经济问题，2015（6）：44－51.

［5］吴方卫. 关于农业产业化的几点思考［J］. 农业经济问题，2001，22（11）：34－37.

乡村振兴视域下四川旅游社区治理的难点与对策

［作　者］蔡克信（四川农业大学商旅学院）

摘　要： 四川是全国重要农业大省，在乡村振兴的国家战略中具有举足轻重的地位。四川也是乡村旅游发源地，乡村旅游成为助推四川地区乡村振兴的重要路径。但乡村旅游的发展也为乡村治理带来更多挑战，主要表现在：人口结构变化引致的半熟人社会带来的治理挑战、多元主体利益诉求的差别化带来的治理挑战、乡村治理理念滞后制约现代治理体系的构建等方面。为此，四川省在乡村旅游引领乡村振兴中，需要推进利益相关者协商治理，建设旅游共同体、加强居民能力建设为中心，增强居民的治理主体地位、健全旅游社区治理体制机制建设，提升居民旅游获得感等对策建议。

关键词： 乡村振兴；旅游社区治理；协商治理

1　引言

"着力实施乡村振兴战略"成为 2018 年习近平总书记来川视察讲话时"五个着力"的重要内容。四川作为全国重要农业大省，拥有乡村人口 3900 余万人，在乡村振兴的国家战略中具有举足轻重的地位。四川也是全国乡村旅游发源地，乡村旅游产业发达，2019 年四川省乡村旅游游客接待量突破 3 亿人次，乡村旅游收入达到两千亿元。从实践层面而言，乡村旅游成为四川乡村地区实现乡村产业振兴的重要路径，尤其是在广大民族村寨及生态环境优良的乡村地区，涌现出如甲居藏寨、战旗村等诸多成功案例。

然而，旅游的影响是多方面、多层次的。旅游在促进乡村产业兴旺的同时，大规模游客的涌入与社会资本的进入显著改变了旅游地社区的社会结构，继而也给乡村地区的社区治理带来一定挑战。治理有效是实现乡村旅游可持续发展的重要保障，也是推进乡村振兴的重要基础。因此，在乡村振兴的政策背景下，关注乡村旅游发展对四川乡村社区的治理影响，无疑具有重要现实意义。

2 治理与旅游治理

2.1 治理

治理一词随着西方公共管理的危机而出现。20 世纪 80 年代后，西方社会传统公共机构难以解决社会转型中的公共服务供给问题，治理改革应运而生。随着治理理论的不断发展，治理一词的概念内涵与基本特征逐渐清晰。全球治理委员会将治理的内涵界定为在各种公共及私人机构的事务管理中采用不同管理方式的总称，是协调不同利益需求并实现联合行动的持续过程。根据这一界定，治理的特征主要有四个方面：它是一个过程；治理过程的基础强调协调；治理既涉及公共部门，也包括私立部门；治理是一种持续的活动。

综合国内外已有的研究成果，治理理论的主要观点有如下几个方面：

一是治理的主体是多元参与。从统治到治理最为显著的区别在于行为主体的不同。这种不同并不在于社会组织等对于政府部门的绝对替代，而是在政府部门的引导之下，相关利益主体的共同参与。公共部门、私营部门、企业组织、非营利组织等均是参与治理的重要主体。因此，在治理理论中，行政管理部门并非是公共事务管理的唯一主体。

二是治理的手段是平等协商的过程。从上述治理的概念内涵中，可以发现治理是多元利益主体进行联合行动的持续过程。为实现这一联合行动，不同主体之间需要在平等的基础上进行广泛的协商与合作，既包含正式的相关制度安排，也包含了非正式的社会互动。

三是治理的目标是要实现善治。善治指的是公共利益最大化的治理过程和治理活动，是国家治理现代化的理想状态。俞可平基于学界对善治内涵的界定，将合法性、透明性、法治、回应、责任心和有效总结为善治的六大基本要素，后又增加了参与、稳定、廉洁、公正四个要素，构成了善治的十个要素。

2.2 旅游治理

虽然国内旅游研究中直接使用"治理"一词展开的研究相对较晚，但早期相关旅游社区参与、旅游利益相关者等研究成果为旅游治理研究奠定了良好基础。总体来看，国内对于旅游治理研究主要有宏观层面的旅游产业治理研究和微观层面的旅游目的地治理研究两个方面。

在宏观旅游产业治理研究中，张辉对改革开放 40 年来中国旅游产业治理的主体演变及其逻辑进行分析，认为虽然治理体系不断完善，但"部门治理"模式一直没有改变，进而提出在机构改革的背景下旅游产业治理的方向。刘梦华则对近 40 年我国旅游产业治理体制中的政府角色进行研究，提出了六种不同的旅游治理体制范式，在我国旅游发展不同阶段，政府角色呈现出不同治理范式的组合。

在微观层面旅游目的地治理研究方面，学者从不同理论视角对乡村旅游目的地、旅游度假区、民族旅游地等展开多方面的实证研究。如刘俊与阎友兵分别对我国度假区治理结构及旅游景区治理结构进行系统分析。王汝辉聚焦少数民族村寨旅游开发中的内生困境，并提出少数民族村寨旅游开发的治理路径。孙九霞对旅游商业化的社区治理中面临的困境进行探索。郭凌则关注到旅游目的地发展中的利益冲突问题，她对冲突的根源进行实证分析，并尝试提出针对旅游目的地社会冲突的治理策略。

虽然国内对于旅游治理研究在宏观层面与微观层面均有了良好的起步，但是学者也认识到西方社会的治理理论与中国的本土化实践具有一定的差异性。因此，探索本土化的旅游治理理论框架，构建中国旅游情境下治理理论体系，仍然是学界亟待回应的重要议题。

3 乡村旅游情境下四川乡村社区治理的难点

乡村旅游是我国旅游产业的重要内容，但乡村旅游的发展也改变了传统乡村的自然环境与社会环境，并对旅游社区治理提出了新的挑战。从四川实践来看，在旅游发展背景下，乡村社区治理的难点主要存在以下几个方面。

3.1 人口结构变化引致的半熟人社会带来的治理挑战

"半熟人社会"是贺雪峰针对人民公社解体后体制改革引发的乡村社会变迁所提出的学术概念，用以描述乡村内部人际关系的"熟悉"程度相对较低的社会事实。"半熟人社会"相对"熟人社会"而提出。乡村旅游的发展加速了乡村社区由熟人社会向半熟人社会的转化。

一方面，乡村旅游发展打破了乡村传统熟人社会结构。游客、外来旅游经营商等均成为乡村内的重要利益主体。外来旅游经营商虽然总体人数较少，但由于其长期居住生活于乡村旅游社区内，成为旅游社区内事实上的常住居民。外来经营者出于经济理性居住生活于此，但其对乡村历史缺乏认识，对乡村文化缺乏认同，且在价值理念、生活方式等方面，与旅游社区居民均有较大差异。这在四川省内的民族地区村寨中表现尤甚，游客与外来经营者的介入，显著改变了村寨社区的人口结构与民族结构。

另一方面，乡村旅游地社区原有居民也发生显著变化。最直接的来自居民职业及生计方式的变迁。旅游开发前的社区居民主要为农事传统农业生产的农民，以及半农半工的兼业型农户，在生计方式多数较为统一。但在旅游开发后，居民的职业更加分化，部分村民由传统农民演变为旅游经营者，积极参与旅游开发，另一部分农民仍然保持着传统的生计方式，继续从事农业生产。职业的分化由此也带来了经济收入的分化、社会地位的分化、生活方式的分化及价值观念的分化。村民之间共享的原有的行为模式与价值理念也随之逐步瓦解。因此，旅游资源开发与乡村旅游发展促进了乡村社区内部的社会分层，加速"半熟人社会"的形成。

外来相关利益主体的进入以及内部社区居民的分层，深刻改变着居民之间的社会交往、重塑社区内部的社会共识。传统的宗族观念或族群认同，不仅对于外来游客、经营者缺乏约束力，即使是对于社区内部村民，其约束力和认可度也大大降低，传统治理模式难以适应旅游发展情境下的社区治理。

3.2 社区内多元主体利益诉求的差别化带来的治理挑战

半熟人社会结构使得乡村旅游社区内的利益矛盾也日趋复杂，由传统的以日常生活矛盾为主转变为生活方式矛盾、经济利益矛盾和文化矛盾。

生活方式矛盾典型的表现在乡村内部社区居民与游客之间。由于来自城市的游客与社区居民之间在生活方式上的差异，在狭小的乡村内部不可避免的产生对立与冲突。如游客虽然身处在乡村旅游地，但仍然希望延续城市生活方式，酒吧、KTV 成为城市居民的重要夜生活。而传统乡村的生活方式则保持着日出而作、日落而息。当游客的酒吧夜生活与村民的日落而息相邂逅时，矛盾不可避免。

经济利益矛盾。当乡村由熟人社会演变为半熟人社会时，各利益主体之间的行为逻辑也由情感导向转化为以经济利益为驱动。围绕旅游社区内部的土地征用、房屋拆迁、旅游交通线路的运营权争夺、旅游门票收益等，成为旅游地经济矛盾的主要内容。在国内部分乡村旅游地，甚至一度出现社区内部村民之间为了争抢客而发生肢体冲突。如四川泸沽湖社区居民，也曾由于旅游交通经营权问题，与地方政府部门、旅游公司等主体一度发生利益冲突。

文化矛盾。乡村旅游的开发带来了传统乡村文化的商品化，然而在资本的作用下，对文化的商品化开发程度往往难以进行有效控制。当商品化的内容涉及乡村社区的制度文化和精神文化内核时，势必会引起社区居民的抵制。如在四川部分藏族、羌族等民族村落中，对民族社区传统的精神信仰、族群文化等进行不当的商业化开发，引起的文化矛盾并不少见。

3.3 治理理念滞后制约旅游社区现代治理体系的构建

当前，在四川乡村旅游社区的治理主体中，基层地方政府部门仍然是主要治理主体。但由于治理理念的滞后及对于旅游业可能带来的负面影响缺乏深刻的认识，致使其面对旅游社区中的问题时，难以进行有效的治理和疏导。甚至基层政府部门的不当管制行为可能成为激化矛盾的重要因素，为旅游社区治理带来更多的不确定性。

4 提升四川旅游社区治理的对策建议

乡村振兴战略是四川省新时代"三农"工作的总抓手，2021 年 3 月，四川省委省政府下发《关于全面实施乡村振兴战略开启农业农村现代化建设新征程的意见》，并明确提出"加强和创新乡村社会治理"。良好的乡村治理是实现乡村振兴的重要保障。为此，在全面推进乡村振兴战略的政策背景下，提高乡村旅游地治理水平成为促进四川乡村旅游可持续发展的重要内容。基于四川旅游社区发展自身特征及其发展现状，可从以下几个方面着力提升旅游社区治理水平。

4.1 推进利益相关者协商治理，建设旅游共同体

一是加强村民自治组织在社区治理中的重要作用。一方面，四川省内的广大乡村地区中，由于历史的传统本身存在着一定数量的村民自治组织。时至今日，这些传统的村民自治组织在乡村公共秩序的维护、不同村民之间的经济利益协调、村民社会关系的维系等方面仍然具有重要作用。如在四川省内的嘉绒藏区村寨中，普遍存在着拉斯巴自治组织。另一方面，加强旅游行业协会等自治组织在

社区治理中的突出作用。当前旅游社区普遍组建有各类乡村旅游协会、民宿协会、旅游合作社等不同形式的自治组织。这些由村民自发组建的社会组织在旅游社区治理中可承担的功能主要有：社区居民的利益表达渠道；组织社区居民开展各类专项技能培训的重要力量；同时在旅游社区内部进行不同主体经济矛盾的调节方面也具有较大发挥空间。

二是加强与相关研究机构合作，提升旅游社区治理水平。广大乡村旅游社区可与国内外各大高校及科研机构等展开深入合作，更好地发挥相关智力资源与社会服务的有效结合。对乡村社区发展中的关键问题展开科学研究、加强乡村经营管理人才的培养、引入专业领域人才参与社区治理决策等，均有助于提升社区发展水平。

三是促进非政府组织参与旅游社区治理。虽然我国非政府组织发展较晚，但仍是社区治理中不可忽视的社会力量。非政府组织利用其专业领域知识在乡村规划设计、乡村人居环境整治、传统文化保护与传承等方面具有较大的发挥空间。如河南省郝堂村就是积极邀请非政府组织参与乡村规划及旅游开发，取得良好的社会效益与经济效益。

4.2 以能力建设为中心，增强居民的治理主体地位

一方面，以旅游经营管理为核心，提高居民旅游参与能力。乡村旅游经济发展，使旅游社区居民拥有更多的就业机会选择。但在面临机会增加的同时，社区居民也需要提升自身的经营管理技能。尤其是在消费升级的背景下，游客的需求不断提升，对旅游产品的个性化、体验性与日俱增。因此，针对居民的参与能力培养，还须基于村民的现状基础上进行针对性的分类精准培训。如为解决乡村振兴中的实际问题，成都市郫都区战旗村积极组建战旗乡村振兴培训学院，为乡村居民组织餐饮服务类、家庭服务类、乡村电子商务类等多种不同主题的技能培训，大大提高了村民的产业参与能力与社区自治能力。

另一方面，增强社区居民的网络技术应用能力。网络参与是一种新型的居民参与形式，尤其是随着网络技术的普及，网络参与手段在旅游社区治理中将发挥更为突出的作用。因此，加强社区居民对网络技术的应用能力，积极探索网络社会时代旅游社区治理的新模式。通过建立旅游社区网络平台、开设微信公众号等多种方式，畅通民意表达渠道，便捷公共事务的网上办理等，增强居民在社区治理中的主体地位。

4.3 健全旅游社区治理体制机制建设，提升居民旅游获得感

在乡村振兴的视域下，推进旅游社区利益相关者协商治理的关键，在于构建符合乡村旅游发展需求、以共建共治共享为核心的现代治理体制机制，从而在制度层面提升社区治理水平。虽然共建共治共享为核心的现代治理体制机制如何建设，目前在学界与实践层面仍然在讨论和摸索中，但从已有的成功治理案例中仍然可以获得部分经验借鉴。

如以民宿旅游为产业特色的成都明月村，在社区治理中就摸索出符合现代旅游产业发展需求的治理模式。这一治理模式是以园区党委领导为核心、以村党总支、村文创党支部与村旅游合作社党支部为主干、包含 16 家基层自治组织、村民自组织、社会组织和经济组织参与的多元共治格局。在这一治理机制下，社区原住村民与经营者的新村民通过各类自治组织积极参与旅游社区公共事务，通过旅游合作社等经济组织不断壮大乡村旅游特色产业。村民与新村民的主体性地位得到充分尊重，政府部门的角色由全能托管型向有限服务型转变，仅在关键领域和重大事务上予以引导，给村民自治组织、社会组织、经济组织让渡出足够的空间。在这一治理模式下，旅游经营者的新村民与原住居民不仅和谐相处，新村民还为原住村民传授生态农业生产技术和现代旅游经营管理技能，实现了原住村民人力资本价值的提升，增强了乡村发展的内生动力。

四川地区社区参与乡村旅游发展的经验与路径

——以都江堰市飞虹社区为例

[作　者]杨　衍　郭　凌（四川农业大学）

摘　要： 四川地区乡村旅游经过四十余年的发展，在社区参与乡村旅游发展方面逐渐积累出一些经验。本文在回顾四川地区社区参与乡村旅游发展模式基础上，以乡村旅游重点村落都江堰市龙池镇飞虹社区为例，通过实地访谈，从社区基层党委发挥党建引领作用、不同产业类型对多样化社区参与模式的构建、"小农户＋"新农旅模式的创建、合作社优势利用四个方面总结社区参与乡村旅游发展的四川经验，从规模和内容两个方面提炼出社区参与乡村旅游发展的路径。

关键词： 四川地区；社区参与；乡村旅游；成功经验；路径探析

引言

乡村旅游是指以乡村空间环境为依托，以乡村独特的生产形态、民俗风情、生活形式、乡村风光、乡村居所和乡村文化等为对象，利用城乡差异来规划设计和组合产品，集观光、游览、娱乐、休闲、度假和购物为一体的一种旅游形式。20世纪80年代至今，四川地区乡村旅游发展已逾四十年，经历了自发发展、规模化发展、规范化发展和全面提升四个阶段。1997年6月，世界旅游组织、世界旅游理事会与地球理事会联合颁布了《关于旅游业的21世纪议程》，明确提出将居民作为旅游业发展的关怀对象之一，并把居民参与当作旅游发展过程中的一项重要内容。社区参与旅游发展逐渐受到社会各界重视。社区参与旅游发展是指把社区作为旅游发展的主体纳入旅游规划、旅游开发等涉及旅游发展重大事宜的决策、执行体系中。本文在郑群明（2004）参与式乡村旅游发展模式的划分基础上，根据社区参与主体形式的不同，将乡村旅游的发展分为"居民＋居民"、

"居民＋企业"、"居民＋政府"、"居民＋政府＋企业"四大参与模式，梳理出四川地区社区参与乡村旅游发展的历程，并以都江堰市龙池镇飞虹社区为例，总结四川地区社区参与乡村旅游发展的实践经验，从参与主体的发展变化、参与旅游发展相关产业类型两个方面归纳出社区参与乡村旅游发展的成熟路径。

1 四川地区社区参与乡村旅游发展的历程

1.1 自发发展阶段（1987—1991 年）

20 世纪 80—90 年代，四川地区社区参与乡村旅游发展主要以"居民＋居民"为主体，社区自发参与到乡村旅游发展过程当中。这一时期，四川地区乡村旅游总体规模较小，乡村旅游发展所处地域分散、分布不平衡。有的以核心城市为支撑，在城市近郊开设"农家乐"，例如郫县农科村村民发现"农家乐"商机后，自主地为旅游者提供旅游配套服务，主动参与餐饮、住宿、娱乐等经营活动；有的在景区周缘地区、特色村寨利用大规模游客流量优势发展乡村旅游，例如九寨沟当地居民为满足旅游者基本食宿需求，自发腾出部分房屋或新建住房接待旅游者，居民还在一些主要景点从事出租藏装、牦牛、马匹，供游客乘骑、照相。该阶段社区参与主体是居民，参与的旅游项目主要为餐饮、住宿等，参与方式是"自下而上"的居民自主性、主导性参与。

1.2 规模发展阶段（1992—2002 年）

1992 年—2002 年，四川地区乡村旅游规模逐步扩大，功能日渐完善，乡村旅游项目分布趋于集中。该阶段社区参与乡村旅游的主体主要为"居民＋政府"和"居民＋企业"两种模式。

①"居民＋政府"

由于乡村旅游目的地对周边地区经济发展具有较强的带动性，乡村旅游逐步获得地方政府重视。这一时期，社区积极投入到乡村旅游的规划、开发、建设当中。居民提供土地、住宅、劳动，政府主导景区打造和成立联合经营企业，或者提供优惠政策和职业培训。例如郫县农科村在"农家乐"经济取得一定效益后，地方政府开始对农科村餐饮收入免税，免费为村民提供卫生、餐饮、服务培训；理县杂谷脑河畔桃坪乡政府与基层干部协商，开始打造桃坪羌寨，经营导游讲解、食宿接待、销售手工艺品和土特产、歌舞表演等项目，使旅游逐渐成为居民主要谋生手段之一；九寨沟景区管理局与居民协商成立联合经营公司，居民与政府共同参与景区住宿、餐饮的经营管理和经济分配，并为居民们提供交通、导游、管理等专业服务，将门票的一部分收益纳入居民政策性收入分红。

②"居民＋企业"

四川的部分地区因缺乏资金和技术，政府开始放权，逐渐吸纳外来企业参与乡村旅游发展，为周边的居民提供更多旅游所带来的就业选择。例如 1998 年以后的雅安碧峰峡景区，政府把经营权"下放"给一家民营企业——成都万贯集团，系统开展对碧峰峡景区及周边地带的投资和运营管理工作，居民在景区内外从事服务、运输、建筑等活动，通过不同的形式支持乡村旅游发展。

1.3 规范化发展阶段（2002—2008 年）

2002—2008 年，四川地区乡村旅游发展特色日益突出，旅游体系日渐完善。这一时期的乡村旅游的社区参与形式又有了新变化，"居民＋政府＋企业"三方合作进一步加强。一是成都市政府出台系列政策规范乡村旅游发展；二是企业积极提供资本和管理技术；三是居民提供土地、住宅和劳动，三方合力推动乡村旅游发展。例如 2004 年成都市政府出台的《农家乐开业基本条件》《农家乐旅游服务质量等级划分及其评定》地方标准等系列文件，进一步规范以"农家乐"为主体的城市周边乡村旅游发展。郫县农科村徐家大院在前两代"农家乐"发展基础上，引进成都酒店管理公司管理技术，形成第三代"农家乐"。九寨沟景区采用政府与企业共同入股，参与经营旅游区午餐供给项目，阿坝州政府还从门票收益中给居民返还资源权益补偿费。

1.4 全面提升阶段（2008 年至今）

2008 年至今，四川地区乡村旅游主导主体分异，改革创新推动乡村旅游优化升级。这一时期社区参与是在"居民＋政府＋企业"基础上，根据各地区参与主体主导地位不同，分为政府主导－居民协同、企业主导－居民协同两种社区参与模式。

政府主导的地区突出政府在乡村旅游发展中统一规划和管理的优势。例如黄龙溪古镇地方政府从规划、设计、招商、管理、经营五个方面统一思路，全盘运作，按照四个步骤，实施和推进新型古镇的打造、运营和管理，提升古镇景区周边乡村旅游的发展质量。

企业主导的地区突出土地流转后，农村合作社在休闲农业与旅游产业中的带动作用。例如 2014 年罗依乡政府与民营企业合作成立大顺专业合作社，全面依托企业筹备九寨沟罗依现代生态休闲农业产业园，居民以每年 500 元/亩的价格将土地流转给产业园，并在产业园中务工，获得工资，年终参与分红。

2 都江堰市飞虹社区参与乡村旅游发展的主要经验

都江堰市龙池镇飞虹社区地处都江堰市西北部，距市中心 24 公里，位于虹口 4A 级景区内，是都江堰精华灌区发端，覆盖大熊猫栖息地和国家级森林公园。飞虹社区辖 13 个村民小组，558 户，1686 人。社区以发展乡村旅游和观光农业为主，在引进江南忆庄园酒店、宋庐·虹韵精品民宿、自建山猪迷路精品民宿和红山庄房车营地等民营企业的同时，依托龙池镇乡村旅游协会，带动社区居民发展农家乐 82 户，建立亲水河滩摊位 105 个，能够同时容纳 1200 余人水上休闲和娱乐项目，乡村旅游服务能力迅速提升。2019 年飞虹社区人均纯收入 29000 元，一场森林音乐节盛宴实现了以 20 万元撬动 3000 万元的综合旅游收入。2020 年，都江堰市龙池镇飞虹社区成功入选"全国乡村旅游重点村"。

2.1 社区基层党委充分发挥党建引领作用

龙池镇飞虹社区参与乡村旅游发展过程中，基层党组织持续发挥党建引领作用。一是加强思想政治教育，深入理解党和国家乡村振兴战略的发展意图，找准自身定位，思谋长线发展；二是结合乡村旅游产业特色，制定包括《飞虹社区民宿方案》等社区参与旅游发展和社区治理的系列文件，牵头打造中国元宝山生态公园民宿生态村，促进农旅融合发展；三是组织党建联盟，在社区党委带领下与社区内外企业、当地高校和他事业单位开展党建联盟，强化社区实用技术人才培训，不断在旅游产业发展、乡村旅游产品品牌建设与乡村旅游电子商务等方面融入社区参与的创新意识和内容。

2.2 按照不同产业类型构建多样化社区参与模式

乡村旅游目的地因自然地理环境、人文环境的差异性，农旅融合发展的特色和优势较为明显，乡村旅游能够容纳的涉农涉旅产业类型和业态丰富多样。飞虹社区的地理位置和自然条件使该社区在猕猴桃及三木药材种植与销售、民宿项目经营、亲水河滩休闲旅游体验等方面逐渐形成产业优势，形成代表性的三大核心产业。调研后整理数据可以看出飞虹社区参与乡村旅游发展紧密围绕三大核心产业，在社区参与的程度、内容、方式、效益等方面呈现多样化的特点。

表 12 - 2　飞虹社区参与乡村旅游三大产业概况表

产业类型	参与程度	参与的具体内容	参与方式	参与效益
农产品种植	100%	1. 猕猴桃种植、销售 2. 三木药材种植、销售 3. 三文鱼养殖、销售	1. 居民提供土地 2. 居民提供劳动力 3. 合作社	1. 实现居民增收 2. 实现农旅融合发展
民宿	20%	1. 样板房打造 2. 集体用房打造（32 套） 3. 基于农家乐的民宿经营 4. 新型民宿经营 5. 改造社区环境	1. 居民投资 2. 自主经营 3. 提供房屋 4. 参与民宿服务	1. 居民增收 2. 社区环境改善
旅游体验项目	20%	1. 亲水河滩旅游基础设施改善 2. 亲水河滩旅游经营管理 3. 亲水河滩旅游现场服务	1. 社区党委引领 2. 企事业单位合作 3. 居民积极配合	1. 居民增收 2. 社区环境改善

2.3　创新"小农户 +"新农旅模式

飞虹社区以"小农户"为抓手，以产业发展为导向，以一、三产业融合发展为契机，在"四改一提升"基础上实现人才振兴与产业振兴互融，高品质建设特色新农村。一是"小农户 + 专业技术人才"，结合农民夜校、微党校，在社区开设知识课堂，成立猕猴桃农民合作社；二是"小农户 + 特色酒店"，联合江南忆庄园酒店开创猕猴桃"认养购买"模式，形成"特色农产品生产 - 游客认领 - 游客购买"的高端特色绿色销售模式，使每年每亩猕猴桃收益增加 18%。

2.4　发挥合作社在农旅融合传统项目中的优势

飞虹社区依托农业传统产业，充分发挥专业合作社优势，推动社区一、三产业融合发展。在种植业方面，社区种植的猕猴桃、杜仲、黄连、厚朴等三木药材，药材种植面积达 29300 亩，在水产养殖方面，社区拥有 2 个健鳞鱼养殖基地，养殖面积达 200 亩。依托以上产业，飞虹社区成立了药材种植与猕猴桃种植合作社，并利用民宿优势，成立乡村旅游合作社。

一是都江堰市中和林下中药材种植农民专业合作社。该合作社成立于 2011 年 5 月 25 日，成立之初只有 7 户居民，但在在合作社的带动下，这 7 户居民对厚朴进行提升改造，林下发展大黄、黄连、重楼立体种植，收益明显。2017 年合作社修建一个厚朴粗加工点，研究厚朴发汗、烘干温度、时间对厚朴酚和厚朴酚含量的影响，同时开始了产地炮制加工一体化研究，在专业化、精细化种植基础上，合作社成员的厚朴比非合作社成员的厚朴每公斤售价高出 0.3 元，每亩为社员直接增收 500 元左右。截至 2021 年，都江堰现有超过 100 户的专业合作社农户，现有种植厚朴的面积超 2 万亩，现有林下中药种植面积 5000 余亩。

二是虹禾猕猴桃专业合作社。该合作社成立了虹禾猕猴桃合作社党支部，从规范基地种植、技术指导等方面实施猕猴桃提质增效。同时拓宽旅游市场，利用乡镇、社区、合作社三级考察组到上海松江区、虹口区开展猕猴桃推介契机，促使龙池猕猴桃进入上海大型超市，已与上海的卜蜂莲花、品上生活等企业达成了合作意向，进一步确保猕猴桃种植户收入稳固攀升。

三是都江堰市喜舍乡村旅游农民专业合作社，主要带动和整合农民闲置房屋、宅基地、自留地等休闲农业和乡村旅游资源发展农家乐和民宿、种植花卉及中草药、组织技术辅导和服务培训，推广乡村旅游标准化和品牌化经营，组织社员从事旅游相关储藏与销售，提供其他社员需要的服务。合作社致力于对虹口农家乐民宿的住宿产业进行提档升级，对美丽乡村环境进行优化整治。

3 都江堰市飞虹社区参与乡村旅游发展的主要路径

3.1 飞虹社区基本践行了从居民个别参与到全面参与的发展路径

以社区旅游环境改造为例，飞虹社区发展初期，基础设施落后，农家乐外围环境差，自身服务意识、硬件建设都与旅游市场脱轨。在虹口镇党委和社区党员干部共同探索下，以"厕所革命"为例，飞虹社区为彻底改变农村厕所小、脏、乱、臭的状况，社区党支部于 2018 年成立专门工作小组，投资 96 万元，组织个别农家乐业主赴外地学习考察，邀请高等学校、旅游协会等专家为部分农户现场授课，组织召开工作会议、坝坝会，开展大众宣传社区旅游环境建设意识。在改革过程中，社区基层组织积极听取群众意见，在社区的 38 户居民积极参与下，社区最终新建了 3 座厕所，3 处旅游景点及 1200 米道路。

3.2 旅游产业参与——全产业链参与

飞虹社区从根本上实现了社区由单一旅游产业的参与到全产业链参与的转型。社区参与乡村旅游发展初期,农家乐覆盖乡村旅游的餐饮和住宿两大业态。如今飞虹社区的乡村旅游已经完全与种植、养殖、节事活动等农业与休闲产业业态融合,社区参与旅游发展的内容更加丰富,参与的方式更加多元。居民除了提供土地和劳动力外,还增加了投资。在乡村特色农业产业优势基础上,实现乡村旅游在经济、社会和文化领域的收益增益。一方面,社区党委不定期组织农家乐业主、亲水河滩摊主接受"文明旅游、理性消费"的宣传培训;另一方面社区还同上级各部门共同加大对辖区内的旅游经营主体进行监督管理,引导新居民与传统居民共同增强合法经营意识,提高居民素质。社区参与乡村旅游的发展,不仅吸引大量外来游客,还增进了居民间的情谊。社区以传统节日为切入点开展的丰富多彩的青年教育活动、退伍军人活动、敬老爱老活动,团结凝聚社区各个层面力量,社区参与乡村旅游发展的思路不再单一,乡间邻里关系和睦。

13

研学旅游

全域研学的价值与工作思路探讨

[作 者] 梁 东（成都蓝海文化旅游发展集团有限公司）

摘 要： 研学旅行市场前景可观，这已经形成社会共识，但就如何在千亿级的市场中分得一杯羹，却成为很多地方文旅部门无法避开的话题。为积极推动全域研学，促进区域文旅产业的发展，助力乡村振兴，统一思想，统一认识，对全域研学的概念及本质、价值进行分析，并指出了实施全域研学的工作思路及区域研学的战略目标。

关键词： 全域研学；＋研学；价值；思路；目标

全域研学，是基于中小学研学旅行活动提出在某一区域（一般是指县域或市域）全面实施研学游学战略。即在一定的区域内，以研学为龙头，整合相关优势资源，形成多产联动，以研学旅行产业为抓手，全要素、全行业、全方位、全时空、多角度全面整合，推动文旅产业大发展，带动其他产业的发展，促进社会经济、文化的协调发展。

我认为正确理解和把握全域研学的内涵，需要注意以下几个方面。一是正确理解全域研学中研学的内涵。这里的研学，不仅仅是由教育主管部门或学校有计划地组织安排，通过集体旅行、集中食宿方式开展的研究性学习和旅行体验相结合的校外教育活动，而是包括了其他一切以旅行方式进行的体验性与探究性相结合的活动，我们说教育部门或学校组织的中小学生研学旅行是狭义的研学或小研学，全域研学的研学则是广义的、泛研学或叫大研学。二是从研学主体的角度去理解。参加研学的主体是全人群，不仅包含中小学生的研学旅行教育活动，还包含了非中小学生教育活动的其他各类型、各人群的研学和游学活动。具体表现形式有教育部门或学校组织的研学实践活动，社会组织的春秋游活动，冬夏令营活动，亲子研学活动，党团建活动，以及其他各种形式的体验与探究型活动。三是从研学的对象去理解。就是充分利用一定区域内的一切要素作为研学的对象，充分利用区域内一切空间场景作为研学对象，即全要素和全空间。四是从地域的角度去理解。既在本域内全面实施研学，更是通过本域全面实施研学，完善研学体系，提高服务能力，面向它域人群提供全方位、全时段研学游学服务。

全域研学本质是"＋研学"。"＋研学"，具体讲就是结合本区域的自然、历史、地理、人文、科技、产业等资源，充分利用农业＋研学、工业＋研学、商业＋研学、文旅＋研学、教育＋研学、科技＋研学、行业＋研学的思想，因地制宜开发研学课程，制定活动流程，设计研学线路面向中小学生、亲子家庭及其他研学游学人群提供体验与探究性活动服务，实现区域价值链全面提升，树立区域研学 IP。

实施全域研学的价值。以广安市前锋区为例。前锋区建区 8 年，地理区位优势明显，临近重庆，主要以工业为主，但旅游资源相对贫乏，既没有峨眉山的秀，也没有青城山的幽，更没有九寨沟的水；既没有邻近邓小平故居的红，也没有华蓥山的地貌。在社会发展的新阶段、在乡村振兴的背景下、在大力倡导开展全民科学素质教育的时代背景下，前锋将如何勇往直前，做时代先锋？

实施全域研学，为前锋区委、区政府发展全域旅游、康养医养、产业发展、乡村振兴、建设美丽乡村注入创新发展新动力。结合前锋区的三区（城区、园区和景区）布局，大力发展旅游和康养医养的战略部署，实施全域研学就是"将园区变景区，将城区变营地，将景区变园区"。在园区研学，实现产业＋研学，工厂变商场，车间变景点，园区变景区；城区就是研学服务的大本营、大后方，是研学旅行的生活区和服务区；依托景区现有文化和旅游资源，实现旅游＋研学，创意工坊＋研学，自然教育＋研学，康养＋研学等转变，将景区园区化。在从纯观光性旅游，到度假性旅游，再到探究性旅游，在新时期，新阶段，在乡村振兴背景下，重塑前锋在成渝双城经济圈中的新 IP，树立"川东最佳研学旅行目的地"的新形象。在前锋区实施全域研学不仅有利于推进旅游、康养、产业的深度融合，且有利于促进前锋全域旅游的提档升级，更有利于带动其他产业价值链提升。

实施全域研学的具体工作思路。我把全域研学的工作思路概括为 12345 工作思路。具体讲就是：

（1）达成一个总目标。推进区域研学高质量发展，树立区域产业＋文旅＋教育新 IP。

（2）利用两个优势。充分借力四川的专家团队优势和区域整合优势，引进拥有标准化的业务流程、服务流程、成熟的管理团队、优秀的执行团队、科学的安全保障体系的研学服务专家团队，从策划到规划、从投资到建设、从运营到托管、从课程开发到课程执行、从标准建设到人才培训、从创意到营销，利用区域政府整合能力，各相应板块全面联动，整合资源，推进全域研学，打造区域文旅新 IP。、

（3）强化三个抓手。抓好标准制定一套标准，让研学旅行标准化、规范化管理有"根"；抓好建设一个智慧化服务平台，让研学旅行有"智"；抓好建设一套科学的安全保障技术集成系统，让研学实践可"行"。

（4）做好四个基础工作。制定"一个"总规，让研学旅行有"纲"；制订"一组"方案，让研学实践管理有"序"；创建"一批"基地（营地），让研学实践开展有"底"；培养"一批"教师，让研学实践师资有"源"。

（5）实现全域研学五个战略目标。在专家引领，区域行政推动，市场驱动下，可实现全域研学战略 5 大目标。一是实施全域研学战略，推动产业到产品的落地；二是实现文旅产业品牌提升和 IP 重塑；三是实现全域研学与乡村振兴相融合、与全域旅游相融合；四是实现构建全域研学发展体系，即打造一个核心 IP，涵盖多个项目载体，整合研学所有要素；五是搭建全域研学驱动体系，即搭建课程开发共享平台、搭建全域研学人才库、成立全域研学项目孵化中心。

基于家庭生命周期理论下

——研学旅游产品设计研究

［作　者］田志奇（四川大学旅游学院）

摘　要：　随着人们物质生活的不断丰富，对精神生活的追求也在不断提高，特别是人们对精神文化产品提出多样化、特色化、品质化的更高要求。这意味着文化旅游供给侧需要产出更高水平的产品来满足需求。而研学旅游是"教育＋旅游"两大产业的融合，是最具有"深度"的旅游体验方式，也是培养兼具人文底蕴和科学精神的现代公民的重要途径，对社会发展有着不可估量的有利影响。本文从家庭生命周期理论出发，分析了单身阶段、新婚阶段、满巢阶段及空巢阶段对研学旅游产品需求的特点。针对不同阶段需求特点，使得研学旅游产品供给更好满足大众特色化、多层次的需求。

关键词：　生命周期；研学旅游；消费；产品设计

1　家庭生命周期理论及对研学旅游产品设计的意义

1.1　家庭生命周期理论

生命周期最早是生物学领域的一个基础概念，用以描述生物体从出生到成长到最后死亡的生命演变过程。随后，人们把生命周期衍生到家庭。家庭生命周期理论即指：一个家庭从建立、发展到解体和消亡的过程。各个家庭因年龄、婚姻和子女状况的不同可以划分为不同的生命周期。本文根据部分学者的划分及研究需要；选择将家庭生命周期划分为五个阶段的理论：1）单身期阶段：指完成学业并从父母处脱离而独立社会的人。这个时期，消费者一般比较年轻，刚步入社会。2）新婚期阶段：指刚建立家庭，还没有孩子的家庭。3）满巢期阶段：指第一个孩子出生直到最小的孩子成年并独立生活之间的阶段。根据孩子阶段，该阶段又被分为三个时期。满巢期1：0—6岁家庭。满巢期2：6—16岁家庭。满巢期3：指夫妇已经上了年纪，但仍有未成年子女需要抚养的家庭。特别在二胎政策放开以后，这类家庭或会普遍存在。4）空巢期阶段：指子女已独立进行家庭生活。5）解体期阶段：该阶段的家庭成员由夫妻两人减少为一人。五个阶段的家庭生命周期肯定也有不同的阶段，我们研究具有共性的家庭周期阶段。

1.2 研学旅游

研学旅游是一种新型旅游方式。对学校教育及国家文旅行业发展都有重要促进作用。我们这里指的是面向全龄段的体验式、探究式、深度体验场景学习；是探索世界、知行合一的行为表现，也包含了狭义范围所讲的研学旅行（针对中小学生研学实践）。研学旅游本质是探索式修行，它关乎每个人的终生修行。

1.3 家庭生命周期理论对研学旅游产品设计的重要意义

目前研学旅游市场混乱，课程良莠不齐，同质化严重，市场主体对研学旅游本质和内涵的把握存在很多误解和偏差，从而导致研学旅游产品的设计存在很多问题。比如，有学者提出研学产品类型不丰富、针对人群不强等问题；有的学者认为产品不符合细分市场的需求，市场上研学产品存在鱼目混珠、制度体系不完善等问题。因此，从家庭生命周期理论视角而言，生命周期不同阶段消费者对研学旅游产品选择，可以有针对性去匹配，对研学旅游新领域的供给发展有现实的价值意义。

2 处于不同生命周期阶段的家庭对研学旅游产品选择分析

2.1 单身阶段对研学旅游产品的选择

处于单身阶段的年轻人，刚步入社会，相对经济收入不高，但消费却紧跟潮流，不喜欢大众的旅游体验方式。善于表现，突出个性，喜欢舒适性的同时喜欢冒险类的研学旅游体验，如自然探险、非遗民俗体验、运动训练、冒险体验、场景故事体验等。

2.2 新婚阶段对研学旅游产品的选择

处于新婚阶段的家庭，暂无抚养小孩的压力，更追求浪漫艺术人文的研学产品体验。他们更喜欢通过社交媒体直接来决策消费，比如追求所谓："好玩有趣有意义"的美学生活方式体验，如：国学、茶舍、花道等主题民宿业态的体验，偏重休闲浪漫的城市研学。

2.3 满巢期阶段对研学旅游的产品选择

满巢期阶段，孩子到来改变了对产品的消费模式，更多因孩子所处不同时期而改变。0－3岁阶段，孩子比较小，暂无太多时间去旅游。另一个阶段是孩子处于4－6岁的阶段。这时孩子自理能力更强，对新鲜事物好奇，把体验式学习当作游乐；求知探索，开阔孩子视野，引导孩子创作，激发孩子勇气；创造发展，注重自我，追求自我，挑战自我，寓教于乐。让参与的儿童感受到活动的乐趣，同时能够发展孩子的沟通能力。不仅让儿童在活动中积极地向父母寻求帮助和配合，增进父母与子女之间的情感交流。也可以加强孩子与孩子之间沟通互动。因此，许多自然认知、主题乐园、体能锻炼、思维训练等研学产品，受到家长的重视。满巢2期，指最小的孩子在6岁以上的家庭。这时孩子有了课业的负担，主要集中小学与初中段；如小学这个阶段的学生求知欲、好奇心和各方面的能力都开始增强，研学课程的设计综合考虑学生的心理特点和知识层面。学生的自主意识逐渐强烈，自我意识、自我评价和自我教育的能力也得到了充分发展，初步形成了个人的性格和人生观。但意志力仍不够坚定，遇到困难与挫折容易灰心。再比如初中阶段；初中学生处于形象思维向抽象思维过渡的阶段。因此，要通过各种情景资料和综合实践，来增强教学过程的直观性和趣味性，从而调动学生的积极性和主动性。通过让学生动口、动手、动脑、活跃思维，提高他们的分析问题和认识问题的能力。特别是通过展示展览，让学生自由观察或指向性观察，激发学生的观察兴趣；通过创设情境式体验，形成自己独立思考、分析、演讲等能力，更加重视动手实践能力的培养。

满巢3期是指夫妇已经上了年纪但仍有未成年子女需要抚养的家庭。大部分孩子开始逐步准备走向社会，需要体会、理解社群文化的矛盾性、冲突性和共生性，践行求同存异的包容性、和谐性。根据现阶段的学习、生活方式特点分析，从社会角度来讲，要重点培养中华优秀传统文化认同感，树立社会精英的担当意识和促进有为青年家国情怀的养成。

2.4 空巢期阶段对研学旅游的产品选择

空巢期阶段：指子女已经成年并独立生活的家庭。处于这个阶段，父母对自己身体越来越重视，而且经济收入也比较高。有的已经退休，不再只满足"医康养"，对"游娱学"需求越发增加。这个阶段的父母除了有休闲度假的环境，还注重文化底蕴的了解。同时，还渴望外出旅游结识许多新朋友，能够展现自己，能有获得感和成就感的体验。增进友谊聊天的空间，扩大自己的朋友圈，这样也有助于增进中老年人的心理健康。

因为解体期老年人，大多年龄偏大，行动不便，就不做太多的分析。

2.5 数据来源情况

中国家庭金融调查项目（CHFS）是我国重要的微观数据库之一，通过数据分析人口年龄结构与研学旅游消费选择之间的关系。参考已有文献做法，剔除一些数据异常值。

2.6 数据实证分析

根据下表显示：以户主年龄为划标准显示了家庭消费支出的统计。户主的年龄结构对家庭消费选择有重要作用，其中35岁以下的户主家庭规模较少，更倾向于日常消费。随着年龄增加，消费者会先增加消费，后降低消费。户主的年龄与家庭消费结构有着明显的倒U型关系，其中老年人口抚养、亲子家庭抚养比明显会增加家庭的支出。这与在家庭生命周期理论的不同阶段对研学旅游产品描述性事实相符合。

表 13-1　中国家庭消费支出统计情况表单位（元）

	35岁以下	35-60岁	60岁及以上	全部家庭
总消费	72142	79934	69780	76876
奢侈品支出	20938	22839	19732	22005
日用品支出	28372	28938	26384	28462
教育支出	13093	15321	11837	14365
养老保险支出	9739	12836	11827	12044

表 13-2　主要变量的定义及描述性统计

变量	变量说明	最大值	最小值	平均值
Age	户主年龄	78	18	48.92
Age2	户主年龄平方	6084	324	1526.37
Old	60岁以上人口数量/家庭人口总数量	1	0	0.19

续表

变量	变量说明	最大值	最小值	平均值
Young	22 岁以下人口数量/家庭人口总数量	1	0	0.18
Sex	男性为 1，女性为 0	1	0	0.71
Edu	户主的受教育水平	24	0	11.27
Internet	户主使用网络的年限	18	0	4.28
City	城市户主为 1，农村户口为 0	1	0	0.48
Health	健康为 1，其余为 0	1	0	0.93
Income	家庭的人均收入（取对数）	13.74	6.97	9.87
Job	户主的工作状况，有工作为 1，其余为 0	1	0	0.88
Debt	家庭负债规模/家庭资产	7.28	0	0.26

数据来源：中国家庭金融调查项目。

表 13 - 3　家庭消费规模回归结果表

	全体样本	<35	35 - 60	>60
Age	16.38 * * *	19.38 * * *	16.54 * * *	10.83 * * *
	(3.31)	(3.28)	(2.97)	(4.08)
Age2	-0.98 * * *	-0.91 * *	-1.03 * * *	-0.78 * *
	(-4.28)	(-2.04)	(-3.76)	(-2.16)
Old	25.38	23.48	17.29	20.83
	(0.09)	(0.43)	(0.55)	(1.43)
Young	21.77	19.23	23.28 * *	17.54
	(0.21)	(0.18)	(2.35)	(1.23)
控制变量	是	是	是	是
R^2	0.74	0.65	0.71	0.58
Wald 检验	1726.27 * * *	1638.20 * * *	1609.36 * * *	1635.28 * * *
样本量	76391	16042	49654	10695

注：* * *、* *、* 分别表示通过了 1%、5%、10% 的显著性检验，括号内为 t 值，因篇幅限制，未报告控制变量的回归结果。

3 家庭生命周期处于不同阶段研学旅游产品设计所关注的重点

3.1 单身阶段研学旅游产品设计关注的重点

针对这一阶段的年轻人，要设计更多社交属性强体验性的研学项目，这些项目要可以炫耀、求新、交友、打卡朋友圈。同时研学旅游产品也要发挥更大的教育价值，促进在年轻人外部社交求同存异的践行，也要对中华传统文化给予关注，对年轻人在这方面的理解能力和情感认同进行加强。

3.2 新婚阶段研学旅游产品设计关注的重点

针对新婚阶段的研学产品，自然要有浪漫、轻松的自然环境氛围，更要有轻松、有内涵的人文环境。特别是一些以爱情为主题的体验地，更要体现婚恋文化及情感价值的传达，既可以增进双方的沟通，又可以留下美好的回忆。

3.3 满巢期阶段研学旅游产品设计关注的重点

针对满巢 1 期的家庭，可以与主题乐园与亲子酒店，推出系列家庭亲子休闲的研学产品，寓教于乐。主要满足家长与孩子的亲子关系，以及孩子与孩子间的交往互动。针对满巢 2、3 期的家庭，孩子从少儿阶段到青少年阶段。少儿阶段时期精力充沛，对未知事物有强烈的好奇心，求知欲强。少儿研学的关注点更偏向自然观赏型、知识科普型。少儿研学地主要聚焦在历史名胜古迹、主题公园、地质公园、博物馆、科技馆等景点，所以在科普知识体验上，要给予更多的重视。青少年阶段富有理想，热爱生活，积极向上，乐于参加各种创造性活动。主要应关注于体验考察型、励志拓展型研学课程。研学基地主要包括农庄、夏令营营地或军事拓展、户外教育基地、科技馆等资源。所以产品的设计要关注实践动手操作，磨砺心智，通过校外实践活动提升学生理解他人的能力。

3.4 空巢期阶段研学旅游产品设计关注的重点

空巢期阶段中老年人，更是研学不可或缺的市场。新时代的老年人不再选择走马观花打卡式旅游，而更倾向于带有"忆往昔"情愫的"圆梦游"的文化怀旧型产品。2019 年最受五六十岁老年人喜爱的景区前五中，第一名便是"妈妈辈们"最爱的天安门广场，其次是长城、兵马俑、普陀山、井冈山等红色旅游景区、人文历史博物馆等。产品设计更要注重慢节奏和深度体验，要富有文化内涵。既具有纪念意义，又具有审美情趣，相对对研学旅游产品内涵要求更高。

4 结论

综上所述，随着我国旅游产业高质量的发展及全民素质教育的重视程度提高，旅游的教育价值得到重视。文旅融合下，研学旅游已经成为新的深度体验内容抓手。而作为核心的研学旅游产品开发设计，大多研究主要集中在中小学生群体，而对其他消费群体研究不多。本文在以家庭生命周期理论指导下，从研学旅游的全龄段消费入手，研究其消费动机、兴趣爱好等，为研学旅游产品供给匹配需求提供指导性建议。也希望能对研学旅游产业高质量的发展给予一定的启发，能够结合地方资源，挖掘本土独特的文化体验。

参考文献

[1] 罗光强，谢卫卫. 中国人口抚养比与居民消费——基于生命周期理论[J].人口与经济，2013（5）.

[2] 毕达. 消费升级视角下的中国居民消费结构研究[J].商业经济研究，2019（12）.

[3] 宋喜林. 基于长期关系视角的体验旅游设计[J].商业经济研究，2008（8）：115－127.

[4] 谢彦君. 基础旅游学（第二版）[M].北京：中国旅游出版社，2004. 204.

[5] 王昆欣：国外研学旅游特点及启示[N].浙江旅游职业学院.

[6] 刘璐，曾素林. 中小学生研学旅行研究进展与反思[J] 教育探索,2018（1）.

[7] 白长虹，王红玉. 以优势行动价值看待研学旅游[J].南开学报：哲学社会科学版，2017（2）：151.

[8] 朱雪晶.经济增长背景下研学旅游产品的发展[J].中国商论，2019（21）：79－80.

研学旅行承办方与研学导师等临聘人员之间的法律关系

［作　者］李富强（四川明炬律师事务所高级合伙人、
政府法律事务部主任、成都仲裁委员会仲裁员）

摘　要： 近年来，研学旅行越来越受到全社会的重视，根据国务院及国家教育
部的要求，每年参与研学旅行的中小学生将达二亿多人次。虽说研学
旅行可以追溯到孔子时代，但毕竟现代意义上的研学旅行对我们而言
还属新生事物，还有非常多的空白有待我们去填补；参与研学旅行服
务人员众多，其法律关系是怎样的，还有待我们去厘清；其中法律风
险有哪些，应该如何去防控，听听行业专家和权威律师的看法，相信
你一定会有所收获！

关键词： 临聘研学导师；安全员等工作人员

国家旅游局于 2016 年 12 月 19 日发布了《研学旅行服务规范》，该规范载明
承办方应为依法注册的旅行社（是不是承办方必须是旅行社，实践中有争议，我
们认为不必须是旅行社，这个问题，我们下次再详述）；承办方应为研学旅行活
动配置项目组长、研学导师、安全员、导游人员。学校开展研学旅行通常一次性
出行一个年级十几个班，甚至更多，需要大量的人员提供服务，包括研学导师、
导游员、安全员、医护人员，以及吃住行等机构的服务人员。承办方通常将吃、
住、行、医护等专业服务分包给第三方，并临时聘用导游员、研学导师、安全员
等其他研学服务人员。在临时聘用这些人员时，承办方应当与其建立什么法律关
系呢？

1　风险难题：如何确定承办方与临聘工作人员之间的法律关系？

学校通常于每年的三四月份及九十月份开展研学旅行，时间多则三五天，少
则一两天。这种特点决定了，没有哪个承办机构会长期配备大量导游、研学导师
等人员，只能根据需要临时聘用。在聘用这些人员时，承办方应当注意以下

几点：

（1）非旅行社机构作为承办方的，若需要向学校提供导游服务，只能委托旅行社指派导游人员。

提供导游服务是提供旅游服务的一部分，根据《旅游法》第二十八条、第四十条的规定，提供旅游服务的机构，必须是依法设立的旅行社；导游为旅游者提供服务必须接受旅行社委派，不得私自承揽业务。《旅行社条例》第五十七条规定，旅行社聘用的导游应当持有国家规定的导游证，否则旅游行政管理部门将予以处罚。非旅行社机构作为承办方，只能将导游服务外包给旅行社提供。

（2）旅行社可以与临聘导游建立劳务法律关系。

《旅游法》颁布前，旅行社与导游之间的法律关系，全国各地基本上都是要求旅行社与导游签订劳动合同。四川省颁布的《省劳动保障厅、省旅游局、省工商局关于进一步加强导游人员劳动用工和旅行社管理的实施意见》（川办函〔2007〕32号），规定旅行社需要临时聘用导游的，应当与导游签订以完成一定工作为期限的劳动合同，可以实行不定时工作制、计件工资制。《旅游法》颁布后，国家旅游局、人力资源社会保障部、中华全国总工会出台了《关于进一步加强导游劳动权益保障的指导意见》（旅发〔2015〕164号），规定旅行社应当与其聘用的导游签订劳动合同，且劳动合同期限应在1个月以上；临时聘用的导游，应是与其他用人单位建立劳动关系或人事关系，并获得原用人单位同意的人员。临时聘用时，旅行社可与其签订劳务协议。这个规定开了旅行社可以与临聘导游签订劳务协议的口子，但仍规定前提是该临聘导游与其他单位建立有劳动关系或人事关系。目前的司法实践中，人民法院通常依据《旅游法》第三十八条、第六十条关于旅行社临时聘用导游提供服务的，应当全额向导游支付导游服务费用；旅行社安排导游提供服务的，应当在旅游合同中载明导游服务费用的规定，认为旅行社可以与临聘导游建立"导游提供导游服务，旅行社支付导游服务费用"的劳务关系。

（3）承办方与临聘研学导师等人员是否可以参照旅行社临聘导游建立劳务法律关系？

如果参照旅行社临时聘用导游的做法，与研学导师等建立劳务关系，则合同终止时承办方不用支付经济补偿金。研学导师等在提供劳务的过程中受到伤害的，根据最高人民法院《关于审理人身损害赔偿案件适用法律若干问题的解释》

第十一条的规定，承办方应当承担相应的赔偿责任；若人身损害系第三人造成的，权利人可以选择请求第三人或者承办方赔偿，承办方赔偿后，有权向第三人追偿。而若是劳动关系，承办方赔偿后无权追偿。这是劳务关系与劳动关系关于人身伤害赔偿与工伤事故赔偿除赔偿内容有差异外比较大的一个区别。最高人民法院《关于审理人身损害赔偿案件适用法律若干问题的解释》第十二条、《关于审理劳动争议案件适用法律若干问题的解释（二）》第六条、《关于审理工伤保险行政案件若干问题的规定》第八条、《社会保险法》第四十二条，均认可了在第三人侵权的工伤赔偿中，受害人可获得双份赔偿的原则，仅工伤保险基金在先行支付医疗费用后，有权向第三人追偿。截至目前，国家没有出台劳动关系中用人单位工伤赔偿后可以向导致工伤的第三人追偿的规定。

但是，承办方临聘的研学导师等人员事实上是从事承办方安排的有报酬的劳动、接受承办方工作管理、工作内容属于承办方业务的组成部分，承办方与这些人员有隶属关系而并非平等的民事主体，根据《劳动和社会保障部关于确立劳动关系有关事项的通知》（劳社部发〔2005〕12号）第一条的规定，当发生争议，特别是发生人身损害事故时，很容易被劳动仲裁机构判定为劳动关系，除非所临聘的人员是不能建立劳动关系的已依法享受养老保险待遇、领取退休金或业余时间勤工助学的在校大学生。旅行社临聘导游可以建立劳务关系，是国家在长期经济实践与司法实践过程中，不断平衡旅行社与临聘导游的权利义务后，通过国家立法得出的结论。目前研学旅行活动才刚刚起步，还没有足够的经济与司法经验可以总结，还缺乏相应的法律、法规予以明确，如果参照国家劳动部门此前关于认定劳动关系的规定，很难得出双方可以建立劳务关系的结论。

（4）如果承办方与临聘研学导师等人员建立劳动法律关系，事实上很难操作。

如果与临聘人员建立全日制劳动用工关系，但每次用工仅几天时间，还没到《劳动合同法》第十条关于应当自用工之日起一个月内订立书面劳动合同规定的时间即已用工结束了；且无论是订立固定期限的劳动合同，还是订立以完成一定工作任务为期限的劳动合同，在合同期满时，均应当根据《劳动合同法》第四十七条的规定按工作年限不满六个月的，向劳动者支付半个月工资的经济补偿金，这对只需要临聘人员提供几天服务的承办方来说似乎并不公平。

如果与临聘人员建立非全日制劳动用工关系，虽然终止用工时承办方不用向其支付经济补偿金，但与《劳动合同法》第六十八条关于非全日制用工是指以小时计酬为主，一般平均每日工作时间不超过四小时，每周工作时间累计不超过二十四小时的规定不太符合，且非全日制用工双方当事人均可以随时通知对方终止用工，这又给承办方带来人员不稳定的隐患。

法律风险防控建议

防控措施：签订书面合同，明确职责与权力，根据规定购买保险。

无论是建立劳务法律关系，还是劳动法律关系，均都各有利弊，需要承办方根据具体情况来做出合理安排。但无论哪种方式，都应当签订书面合同，明确双方的法律关系与责权利。合同是双方当事人的意思表示，劳动仲裁机构会给予足够重视。同时，承办方应当购买相应的保险，以分担风险。建立劳动关系，可以根据当地社保机构的规定，购买工伤保险；建立劳务关系可以购买雇主责任险等其他保险。

四川省旅游学会实施研学旅行人才培养战略

〔作 者〕梁 东（成都蓝海文化旅游发展集团有限公司）

摘 要： 自教育部等 11 部门发文关于推进中小学生研学旅行的意见以来，研学旅行市场蓬勃发展。2021 年 5 月 27 日，四川省人民政府牵头，在峨眉市举行盛大的四川省研学旅行大会发布了《关于进一步推进研学旅行实施的意见》。为进一步推动研学旅行行业的发展，助力研学教育健康、有序，高质量、内涵式发展，四川省旅游学会作为省一级学术团体，主动作为，从研学市场现状、研学人才需求现状分析，就培养对象、培训内容、培训目标等方面提出了实施研学人才培养的新举措，为推动实施全域研学助力。

关键词： 研学旅行；人才；培养

为加快四川省研学实践教育高位发展，联合四川省教育学会，在全省遴选研学实践教育学术领军人物和研学实践行业专家制定《四川研学实践系列标准》，实施研学实践人才培养战略，推动全域研学实践教育，引领全省研学实践教育优质发展。

1 指导思想

建立教育和旅游两大部门联动机制，制定四川研学实践系列标准，构建研学实践完整标准体系，对试点区县或单位率先实施研学实践人才培养，通过试点到示范，从示范到全域，为全省研学实践教育起到引领示范作用。

2 相关背景

2.1 研学人才现状

研学旅行是推动我国素质教育、创新人才培养模式的重要抓手。学校、旅行社、教育机构等都在大力倡导研学旅行。在研学旅行的整个环节中，专业的课程研发人员、优秀的研学旅行导师和专业的研学安全管理人员，是保证研学旅行质量的重要因素。目前，具有以上综合素养的优秀人才数量远远不能满足四川省研学旅行市场发展的内在需求，严重阻碍四川省研学旅行行业的发展。

研学旅行业界很缺人，缺真正懂研学旅行的人，更缺能够进行实际操作的人才，因此，需要加快研学旅行专业人才的培养。研学旅游除了要"游"之外，更重要的是要"学"，这就需要有专业的人员为学生进行知识讲解。但目前我国许多地方承担研学旅行讲解工作的基本为学校教师和景点导游，在一些专业性较强的知识领域，尤其是一些知识交叉的领域，会显得力不从心。如何培养"既懂行、又会讲"的研学旅行专业人才，也是我省研学旅行要实现可持续发展不得不面对的一个问题。

2.2 研学人才培训现状

随着市场需求量增多，研学旅行人才供不应求，四川部分单位和个人掀起了研学旅行人才的培训热，对于相关从业人员的资格进行认证，相关单位陆续推出"研学导师"、"研学旅行导师师"、"研学旅行课程开发员"、"研学旅行安全管理师"等资格认证。部分机构因此看中这一商机，设立各种培训班，开展研学人才培训，出现了诸多乱象。其中，由教育类协会组织或旅游类协会组织单方面推出的"研学旅行师""研学指导师"资格认证最多，在四川部分培训机构或协会收取天价课程培训费用，不但增加了参训人员的经济负担，更障碍了研学实践教育的有序健康发展。

3 工作目标

3.1 制订研学人才培训计划

由于国家政策的引导和市场的需求，未来对研学旅行人才的要求会更高，应该要求研学服务专业人员必须有专业部门提供的证书，持证上岗，而现在某些行业组织或培训社会机构还停留在为盈利，推出或承办各种研学人才培训。因此，四川省教育学会与四川省旅游学会联合创建 2＋n 机制，充分发挥教育＋旅游的联合学术优势，培训一批专业化、规范化的研学专业人才。

3.2 精确研学旅行专业人才培训内容

以研学实践指导教师为例，在研学旅行过程中，研学实践指导教师既需要制订研学旅行教育方案，又需要指导学生开展各类探究性学习活动，组织学生的各类体验活动。研学实践指导教师与学校学科教育教师有个很大的区别，与普通中小学生的旅游活动导游也有其本质的区别。研学实践指导教师必须同时具备导游的应变能力、拓展培训老师的控场能力学科教育教师的授课能力、产品设计课程化的能力，课程的体系化的能力以及对学生实践的评价能力。研学实践指导教师还需要具有教育的基本素养和情怀、较强组织能力、创新能力、了解孩子身心成长特点和身体素质好等必要素养。因此，无论是教育类还是旅游类的协会，都很难单方面完成这项人才培养工程，只有教育 + 旅游的深度融合、共建共享，才能在培训内容的确定上需全面考虑，制定符合研学实践实际需求的培训内容。

3.3 落实研学人才培训对象

促进研学旅行专业化，培养研学人才是重点。在试点全域研学实践区县和试点单位开展人才培养，促进区域研学实践教育优质发展。

3.4 推动全域研学旅行

研学实践与其他产业关联度高，尤其是旅游业，本身成长性很高，并具有很高的创新率，能迅速引入技术创新，对旅游产业结构升级转换具有重大的关键性的导向作用和推动作用，对经济增长具有很强的带动性和扩散性，对区域经济的驱动作用较大，具有较大的增长潜力。以区域规划、课程开发、研学服务人才培训为抓手，实施全域研学旅行，为全域旅游注入创新活力，助力全域旅游提档升级。

关于研学旅行活动中承办方资格的思考

［作　者］梁　东（成都蓝海文化旅游发展集团有限公司）

摘　要： 自 2016 年教育部等 11 部门发文关于推进中小学生研学旅行的意见以来，社会教育培训机构、教育咨询公司、旅行社等纷纷加入为中小学生提供研学旅行服务的承办机构队伍中来。但关于谁有资格从事研学旅行服务，是否需要有准入资格的讨论却永远没有停息。为了降低中小学研学旅行风险，确保研学旅行有序、高质量开展，需要从根本上厘清认识，统一认识。研学旅行是校外教育活动的创新形式，是旅游服务的新产品。本文从国家有关研学旅行的政策解读入手，从旅游法关于旅游业务、旅游者的定义、产品特征、服务内容及服务合同等几方面进行深入分析。承办机构为主办单位提供的研学旅行服务很难不涉及提供旅游服务，只有在不涉及提供旅游服务时，承办机构才可以不需要具备旅行社经营许可资质与主办单位（学校）签订研学旅行服务合同，提供研学旅行服务，一旦涉及旅游服务，则必须由具有旅游服务经营许可的旅行社作为承办机构。

关键词： 研学旅行；承办机构；资格

近年来，各地积极探索开展研学旅行，在进一步推进研学旅行的实施方面、在促进研学旅行体系完善和全面发展等方面发挥了重要作用，同时也积累了很多有益的经验。但在推进研学旅行工作的过程中，关于"谁"可以作为中小学研学旅行活动的承办机构，在教育主管部门、文旅主管部门、学校和教育服务机构、旅行社等业界引起不少的争论。

1　从国家政策、文件来看

教育部、国家旅游局等 11 部门《关于推进中小学生研学旅行的意见》（教基一［2016］8 号）（以下简称《11 部委意见》）规定，"学校组织开展研学旅行可采取自行开展或委托开展的形式，旅游部门负责审核开展研学旅行的企业或机构的准入条件和服务标准"；国家旅游局（现已变更为文化和旅游部）发布的《研学旅行服务规范》（LB/T054－－2016）载明研学旅行承办机构为"与研学旅行主办方签订合同，提供教育旅游服务的旅行社"。

2017 年 7 月，原国家旅游局联合公安部、工商总局下发了《关于开展全国旅游市场秩序综合整治"暑期整顿"的通知》《国家旅游局办公室关于开展全国旅游市场秩序综合整治"暑假整顿"的通知》（旅办发〔2017〕173 号），其中明确表示户外俱乐部、微信群、保健品公司、培训机构等没有旅游资质的组织和个人，经营旅行社业务属于非法行为。

2018 年，文化和旅游部《关于开展暑期旅游市场秩序专项整治的通知》（办旅发〔2018〕13 号）；2019 年，文旅部下发《关于开展全国旅游市场秩序综合整治"暑期整顿"的通知》，再次明确表示，户外俱乐部、微信群、保健品公司、培训机构、房地产销售企业、保险企业等没有旅游资质的组织和个人，经营旅行社业务属于非法行为。

"旅行社业务"的内涵是什么？我国《旅游法》第二十八条规定招徕、组织、接待旅游者，为其提供旅游服务，要取得旅行社经营许可证，没有取得旅游主管部门的许可，不得招徕、组织、接待旅游者，为其提供旅游服务。因此，我们必须要探讨的是，一方面研学旅行活动的主体是否是旅游者；另一方面研学旅行服务的承办机构，在经营中是否提供了旅游服务；再者就是组织研学旅行活动的主办单位设计的活动方案是否涉及旅游服务需求。

2 从研学旅行活动的主体看

研学旅行活动的主体——学生，参加研学旅行活动的学生是否是旅游者？

关于旅游者的概念定义，最早出现在 1876 年，瑞士出版的一本字典中，对旅游者的解释是：出于好奇心，为了得到愉快而进行旅行的人。1933 年英国人 F. W 奥格威尔在《旅游活动》一书中指出：旅游者必须具备两个条件，一是离开自己的居住地或常住地，到外部的任何一个地方，不超过一年。二是离开期间，将钱花在所去的地方，而不是到所在的地方去获取报酬。我国学者马勇主编的《旅游学概论》一书则认为，旅游者是以闲暇消遣为目的，或因学术、商务、探亲访友、疗养、宗教活动等原因离开长居住地 24 小时的人。

关于旅游者统计，有关国际旅游者的统计标准在此我们不做讨论。我国政府对旅游者的统计标准：任何因休闲、娱乐、观光、度假、就医、医疗、购物、参加会议或从事经济、文化、体育、宗教活动离开自己长住地，到我国境内其他地方访问，连续停留时间不超过 6 个月，并且访问的目的不是以从事的活动获取报酬的人。

关于国内一日游旅游者的统计标准是：我国大陆居民离开常住地 10 公里以上，出游时间超过 6 小时，不足 24 小时，并未在其他旅游住宿设施过夜的国内游客。

中小学生参加学校组织的研学旅行，是由教育部门和学校有计划地组织安排，通过集体旅行、集中食宿方式开展的研究性学习和旅行体验相结合的校外教育活动。研学旅行活动必须是走出校园，才能实现集体旅行、集中食宿，才能达成研究性学习与旅行体验相结合的目标。全国大部分学校目前每学期开展一至三天的研学旅行活动，但由于营地建设滞后，普遍采用早上一早出发，下午六七点返回校园。由此可以看出，中小学生的研学旅行活动的主体，符合我国关于旅游者的定义内涵。

3　从提供的服务内容看

研学旅行通常包含传统的旅游六要素，同时还包含研学旅行所特有的研究、学习、教育等内容。"研学旅行"的服务内容既不是单一的旅游服务，也不是单一的课外教学服务，而是一项内容、环节纷繁复杂的综合性活动服务。

研学旅行承办机构提供的服务是否是旅游服务？如何定义"旅游服务"？根据 2009 年 5 月 3 日实施的《旅行社管理实施细则》明确，旅行社提供的相关旅游服务，主要包括安排交通服务、住宿服务、餐饮服务、观光游览、导游服务、旅游活动设计服务以及接受委托，提供代订或代办交通客票、住宿、餐饮等事务。

从定义中可以看出，向服务的对象提供的服务，只要是以上其中的一项服务，即是为对方提供了旅游服务。

在研学旅行实践中，承办方为学校提供的服务内容通常通过集体旅行、集中食宿方式进行，时间跨度根据个学段的特点安排 1～7 天不等，主办方一般情况下需要承办机构提供交通、食宿、讲解、导游及活动的组织服务等。因此，承办机构提供的研学旅行服务具有旅游服务的内涵。既有教育服务，也有旅游服务，教育服务与旅游服务贯穿在研学旅行服务的全过程。

4 从销售的研学旅行产品特性看

研学服务机构向主办方（学校）销售的产品或服务，包括研学课程的设计、基地课程的开发，以一定主题的基地课程或景区作为旅游吸引物，提供研学导师教育服务，提供安全员、讲解等服务，具体表现为研学旅行线路、活动方式和食宿安排等。

研学旅行服务包括的内容则非常广，一般包含如下内容：

1. 为学生安排交通服务，并保证其安全；

2. 为学生提供门票和告知其如何使用；

3. 让学生在基地（营地）内能快速而有效的找到自己要去的地方和想看到的场景的需求；

4. 为学生提供研学活动的规划和指导服务需求；

5. 研学活动对于拍摄和留念的需求；

6. 满足学生在景区、基地（营地）的饮食和休息等方面的需求；

7. 告知学生哪里是安全的，哪里是危险的地方，保证学生的人身安全；

8. 为学生讲解和指导学生进行探究性学习；

9. 当学生遇到特殊情况可以及时得到服务人员的帮助；

我们再看旅游服务产品的特征。旅游服务产品是指为满足旅游者需求而面向旅游者提供的各种产品和服务。构成要素包括旅游吸引物、旅游设施、可进入性和旅游服务；向旅游者销售的旅游项目，其特征是服务成为产品构成的主体，其表现为线路、活动和食宿服务。

不难看出，研学旅行服务机构向主办单位（学校）所提供的产品，符合旅游服务产品的特征。

5 从研学旅行服务合同要素看

研学旅行服务合同价格一般采用包价形式，每个学生费用是多少，在合同中进行约定，并明确价格所包含的研学行程安排，出行人数，交通、住宿、餐饮等旅游服务安排和标准，游览、娱乐等项目的具体内容和时间，自由活动时间安排等内容。研学旅行服务合同具有旅行社包价旅游合同要数中旅游服务内容。

在我国《旅游法》第五十八条关于包价旅游合同应当采用书面形式，应包括旅行社、旅游者的基本信息；旅游行程安排；交通、住宿、餐饮等旅游服务安排和标准；游览、娱乐等项目的具体内容和时间；自由活动时间安排；旅游费用及其交纳的期限和方式；法律、法规规定和双方约定的其他事项。

《旅游法》第一百一十一条对包价旅游合同的定义是指旅行社预先安排行程，提供或者通过履行辅助人提供交通、住宿、餐饮、游览、导游或者领队等两项以上旅游服务，旅游者以总价支付旅游费用的合同。

综上，在实践中，承办机构为主办单位提供的研学旅行服务很难不涉及提供旅游服务，只有在不涉及提供旅游服务时，承办机构才可以不需要具备旅行社经营许可资质与主办单位（学校）签订研学旅行服务合同，提供研学旅行服务，一旦涉及旅游服务，则必须由具有旅游服务经营许可的旅行社作为承办方。

为加快四川省研学实践教育高位发展，建议相关部门制定切实可行的管理运行机制，打破从业资格的限制，充分利用社会各方资源，发挥市场的资源配置作用，全域推进中小学生研学实践教育，引领全省研学实践教育优质发展。

参考文献

［1］《关于推进中小学生研学旅行的意见》（教基一〔2016〕8 号）.

［2］关于开展暑期旅游市场秩序专项整治的通知》（办旅发〔2018〕13 号）.

［3］《关于开展全国旅游市场秩序综合整治"暑期整顿"的通知》（旅办发〔2017〕173 号）.

［4］《中华人民共和国旅游法》.

［5］邱扶东. 心理学范式的旅游决策研究［D］.华东师范大学，2004.

［6］《旅行社条例实施细则》.

［7］《研学旅行服务规范》（LB/T054——2016）.

后　记

　　2018 年四川旅游迈入"万亿级"产业集群，这是从旅游资源大省向产业大省的标志性转变，四川应该有一本旅游绿皮书，全面系统地解构四川旅游的发展路径、经验、模式。2019 年是文旅融合开启之年，2020 年又是百年未有之大变局重要转折年，历经重大挑战的四川旅游在严峻环境下逐步开启了文旅产业的高质量发展的新篇章，在"十四五"的开局之年，有了四川旅游的第一本绿皮书，虽然比预想的来得稍微晚了一些，但似乎一切又是刚刚好。

　　今年 3 月，我为作为一名四川人、一名旅游人得到编著绿皮书的机会感到荣幸又惶恐。由于书稿涉及面广，主题庞杂，委实时间紧，任务重。幸得四川省旅游学会的鼎力支持、四川大学旅游学院的同人、各高校、科研院所、企业、部门的专家们倾力相助，对书稿内容仔细梳理、反复校对、修改，终于尘埃落定。

　　《绿皮书》通过主题报告对四川旅游的整体运行、供给、需求及主要亮点工作进行总结。通过专题报告对国家重大事件、重大战略、重大历史机遇等进行了回应。从应对疫情的咨询报告、迎接建党百年的红色旅游、四川成效突出的智慧旅游、响应乡村振兴战略的乡村旅游到响应双城经济圈战略的文旅融合等板块对2019—2020 年四川旅游重点和热点领域进行了多角度多层面的阐述。借此机会，我也想对 20 余家机构的 60 余名专家表达由衷的感谢。

　　《四川绿皮书（2019—2020 四川旅游发展报告）》作为四川绿皮书的第一本，我由衷地希望能开个好头，让读者和作者都能有所受益、有所启发。但由于时间和水平的限制，难免有所疏漏，真诚地欢迎广大读者批评指正，提出宝贵意见，以利于今后能够弥补和修正。

四川大学旅游学院　刘　俊